LE CŒUR DE L'ÉTAT

Du même auteur

Chez Fayard

Louis XV (1989). Couronné par l'Académie française : Premier Grand prix Gobert 1990.

Chez d'autres éditeurs

Le Conseil du Roi sous le règne de Louis XV (Genève-Paris, Librairie Droz, 1970, in-8°. Mémoires et documents publiés par la Société de l'École des chartes, t. XIX). Couronné par l'Académie française : Grand prix Gobert 1971.

Le Conseil royal des Finances au XVIIIe siècle et le registre E 3659 des Archives nationales (Genève-Paris, Librairie Droz, 1973, in-8°. Mémoires et documents publiés par la Société de l'École des chartes, t. XXI).

Le Fonds du Conseil d'État et de la chancellerie de Lorraine aux Archives nationales (Nancy, Berger-Levrault, 1954, in-8° [hors commerce]).

Le Fonds du Conseil d'État du Roi aux Archives nationales (Paris, Imprimerie nationale, 1955, in-8°).

Henry Desmarest (1661-1741) (Paris, Éditions A. & J. Picard, 1965, in-8°. Collection « La vie musicale en France sous les rois Bourbons », vol. 10). Couronné par l'Académie française : prix Broquette-Gonin.

Les Manufactures de tapisserie des ducs de Lorraine au XVIIIe siècle (1698-1737) (Nancy, Faculté des lettres, 1965, in-8°. « Annales de l'Est », série Mémoires, vol. 26).

Inventaire des arrêts du Conseil du Roi. Règne de Louis XV (arrêts en commandement), tome I : *1715-1720* (Paris, Imprimerie nationale, 1968, in-4°) ; tome II : *1721-1723* (Paris, Imprimerie nationale, 1974, in-4°).

Le Gouvernement et l'administration sous Louis XV. Dictionnaire biographique (Paris, Éditions du CNRS, 1978, in-8°). Couronné par l'Académie des Sciences morales et politiques : prix Chaix d'Est-Ange.

Le Dur Métier de roi. Études sur la civilisation politique de la France d'Ancien Régime (Paris, Presses universitaires de France, 1986, in-8°. Collection « Histoires »).

En collaboration avec M. Didier Ozanam : *Correspondance secrète du comte de Broglie avec Louis XV (1756-1774)*, publiée pour la Société de l'histoire de France (Paris, Librairie C. Klincksieck, 1956-1961, 2 vol. in-8°).

En collaboration avec Mlle Yvonne Lanhers : *Les Archives d'Ormesson* (Paris, Imprimerie nationale, 1960, in-8°).

Michel Antoine

Le cœur de l'État

Surintendance, contrôle général et intendances des finances

1552-1791

Fayard

In memoriam

Roland Mousnier

AVANT-PROPOS

Les recherches sur l'histoire des organes du pouvoir ministériel dans la monarchie d'Ancien Régime ont abouti jusqu'à présent à des résultats contrastés. Les secrétariats d'État sont assez bien connus, grâce en particulier aux travaux du comte de Luçay, de Camille Piccioni, de Nicola Sutherland, de Jean-Pierre Samoyault et d'Orest Ranum. L'excellente thèse d'Hélène Michaud sur la chancellerie ne concerne que le XVIe siècle. Longtemps moins favorisées, les finances ont enfin été éclairées par de récents travaux de qualité comme les livres de Philippe Hamon sur le règne de François Ier et celui de Françoise Mosser sur les intendants des finances au XVIIIe siècle, mais restent encore privées de vues d'ensemble.

Deux causes majeures expliquent cette disgrâce de l'administration financière. La première tient à sa nature propre, qui était foncièrement collégiale et rendait ainsi son étude plus complexe : alors que le chancelier et les secrétaires d'État disposaient chacun d'une autorité sans partage sur leur département, le principal responsable des finances de la monarchie n'a jamais pu exercer ses fonctions qu'en y associant de très près certains auxiliaires (et cette singularité a souvent échappé aux historiens). Seconde cause : les calamités variées qui ont accablé les archives où les chercheurs auraient disposé d'une matière surabondante pour leurs investigations. Exigé par cette défaillance de la majorité des sources ordinaires, le recours aux sources dispersées, latérales ou supplétives n'a guère encouragé les enquêtes érudites. Je m'y suis quelque peu adonné et je tiens à remercier M. de Saboulin-Bollena et M. Marin de Montmarin, descendants respectifs d'un intendant des finances d'Henri III et d'un de Louis XIV, qui m'ont aimablement communiqué les documents en leur possession.

J'ose aujourd'hui proposer le fruit de mes enquêtes. Que le lecteur veuille bien ne pas se méprendre ! Il ne trouvera dans ces pages ni une histoire des techniques financières et comptables ou des systèmes fiscaux, ni un survol de la politique budgétaire sous les derniers Valois et sous les Bourbons. Mon propos n'a pas été de mettre en lumière les objectifs, les voies et les moyens de cette politique, mais de discerner comment et par qui furent préparées et mises en œuvre, quelles qu'elles fussent, les décisions la conduisant au fil des ans. J'ai donc tenté de déterminer la nature, la structure, le fonctionnement du service suprême des finances royales et sa place au cœur de l'État depuis le milieu du XVIe siècle jusqu'à la Révolution, sans prétendre en écrire une histoire exhaustive et détaillée : j'ai visé, si l'on peut s'exprimer ainsi, à en reconstituer l'organigramme, avec son évolution et ses mutations de règne en règne, au long desquelles se discerne de plus en plus la recherche du statut convenant le mieux aux hautes charges de l'État. Et en cela je n'ai eu d'autre dessein que de défricher le terrain pour permettre à d'autres d'opérer ensuite des labours en profondeur et d'obtenir des récoltes plus plantureuses, objectif impliquant, semble-t-il, un travail d'équipe plutôt qu'une démarche solitaire, tant sont variés les secteurs à prospecter : prosopographie, droit public, droit administratif, techniques bancaires et comptables et même iconographie.

Sources

L'état des sources explique bien souvent le développement prospère ou chétif de tel ou tel domaine de la science historique. Pour l'histoire de l'administration centrale des finances de la monarchie d'Ancien Régime, différents fonds d'archives auraient dû, selon les périodes étudiées, fournir une documentation incomparable, hélas inaccessible de nos jours.

Pour le XVIe siècle et la plus grande partie du XVIIe, deux dépôts auraient été d'une richesse exceptionnelle pour notre propos : ceux de la chancellerie de France et de la chambre des comptes de Paris. Celui de la chancellerie, parce que le chancelier a été longtemps associé de près à la gestion des deniers royaux et que certaines lettres patentes, certains règlements, certaines commissions et d'autres actes concernant le haut personnel administratif et financier, le mouvement des fonds et le fonctionnement des services étaient transcrits sur les registres de l'audience du sceau et ne l'étaient que là. Quant aux archives de la chambre des comptes, elles comportaient, entre autres richesses, deux éléments essentiels pour notre enquête : d'une part, les registres appelés « Mémoriaux », où la compagnie assurait la copie authentique des édits, déclarations, ordonnances, provisions, commissions et autres actes émanés de l'autorité du Roi ; et, d'autre part, les documents relatifs au budget de l'État et leurs pièces justificatives, notamment les registres de comptes des trésoriers de l'Épargne, puis des gardes du Trésor royal. Or, de tous ces matériaux accumulés au fil des siècles, il subsiste peu de choses.

Au moment de la Révolution, il existait 64 registres de l'audience du sceau, dont le plus ancien remontait à 1535. Ils étaient conservés par les grands audienciers de France dans leur dépôt situé à Paris dans le couvent des Célestins. Par décret du 20 septembre 1793, la Convention ordonna de faire brûler ces registres, ce qui fut exécuté sans délai, et provoqua la perte de textes dont beaucoup n'existaient pas ailleurs[1].

1. A.G. Camus, « Mémoire sur les dépôts de chartes, titres, registres, documents et autres papiers qui existaient dans le département de la Seine, et sur leur état à l'époque du 1er janvier 1789, sur les révolutions qu'ils ont éprouvées et sur leur état au 1er nivôse de l'an VI », publié par F. Ravaisson, *Rapport adressé à S. Exc. le ministre d'État au nom de la commission instituée le*

Les archives de la chambre des comptes ont subi deux épreuves désastreuses. En 1737, l'incendie accidentel de ses locaux au Palais de justice anéantit la majeure partie des documents qui y étaient conservés, notamment les registres des « Mémoriaux », qui remontaient au XIVe siècle ; la reconstitution dont ceux-ci ont alors fait l'objet comporte de très nombreuses lacunes[1]. Mais en 1737 il y avait longtemps que la chambre disposait dans le couvent des Cordeliers d'un dépôt où elle entassait les dossiers, titres et autres documents pour lesquels elle n'avait plus de place dans ses bâtiments de la Cité, encombrés à l'excès. Situé sur la rive gauche de la Seine, ce dépôt ne fut pas affecté par le sinistre de 1737 et en 1789 y étaient conservés notamment 393 registres de comptes du Trésor royal en parchemin (1307-1691) et 228 en papier (1600-1691), et 281 registres de comptes du Trésor de l'Épargne en parchemin (1525-1654). Tous ces comptes ont fait partie des milliers de liasses et registres de ce dépôt dont le bureau de triage des titres ordonna la destruction en 1797[2]. Disparition combien douloureuse quand on constate la richesse des informations livrées par les rares registres originaux du Trésor de l'Épargne subsistant aujourd'hui intégralement[3]. Au XVIIIe siècle, l'érudit Antoine Lancelot, menant ses recherches sur le personnel des Conseils du Roi, eut accès à ces comptes du Trésor de l'Épargne et ses dépouillements minutieux nous sont parvenus, palliant providentiellement pour une part la perte des originaux[4].

À partir de 1661, le chancelier cessa d'être mêlé à la conduite des finances et le contrôle général devint le rouage central du gouvernement. Cette évolution conduisait à une gestion administrative de l'État, génératrice d'une quantité d'écrits variés : correspondances, mémoires, registres et dossiers de toute espèce, c'est-à-dire des archives, base de toute action administrative, qu'il était nécessaire de conserver avec soin. Les contrôleurs généraux ne commençèrent à en ébaucher l'organisation et la sauvegarde qu'à partir de 1683 et ce fut seulement à la fin du règne de Louis XIV que l'on créa pour elles à Paris un dépôt unique et central. Mais ensuite les différents départements des finances tendirent à assurer chacun la préservation de leurs dossiers, en sorte qu'au moment de la Révolution les archives de l'administration suprême étaient réparties entre ses services.

---

22 avril 1861 (Paris, 1862, in-8°), p. 259-371. – E. BOUTARIC, « Le vandalisme révolutionnaire. Les archives pendant la Révolution française », dans *Revue des questions historiques,* t. 12 (1872), p. 325-396.

1. Arch. nat., P 2288-2433.

2. J. VIARD, « Les opérations du bureau de triage. Notice et état sommaire de 11 760 liasses et registres de la chambre des comptes détruits en l'an V », dans *B.É.C.*, t. 57 (1896), p. 418-426.

3. « Troisiesme volume des comptes de l'Espargne pour 1562 » (Bibl. nat., Coll. Clairambault, ms. 232 ; orig.). – « Troisiesme volume des comptes de l'Espargne de l'année 1572 » (*ibid.*, ms. 233 ; orig.). – « Compte cinquiesme de Mre Estienne Puget, conseiller du Roy et trésorier de son Espargne » pour 1610 (*ibid.*, Ms. fr. 4518).

4. Bibl. nat., Nouv. acq. fr., 895, 9733, 9735 et 22247.

La suppression ou la modification des départements ministériels provoqua alors un démembrement de leurs archives. Par exemple, le ministère de l'Intérieur hérita du contrôle général la compétence sur les ponts et chaussées, les mines et les canaux avec les archives correspondantes, qui finirent, bien plus tard, par entrer aux Archives nationales. Les archives purement financières du contrôle général subirent, depuis la fin de 1793, des destructions massives et sauvages[1], si bien que le ministère des Finances ne finit par recevoir qu'une part très modeste des dépouilles de l'administration monarchique. À la fin du Second Empire, elles étaient toujours abritées dans ce ministère et, par conséquent, brûlèrent avec lui quand les communards y eurent mis le feu le 22 mai 1871. Ainsi, les Archives nationales ne conservent qu'un lot très maigre de dossiers et registres financiers du contrôle général, situation corrigée depuis bientôt un demi-siècle par l'apport d'archives privées[2].

Dans ces conditions, mes recherches ont dû porter, en dehors des Archives nationales, sur les pièces comptables (rôles, états), les correspondances politiques et administratives et autres recueils de documents conservés dans d'autres dépôts d'archives, dans les bibliothèques de France et même de l'étranger. Je tiens à signaler à cet égard les services rendus par les formulaires de chancellerie, où figurent souvent des actes et des titres dont les originaux ou les expéditions sont introuvables ailleurs.

SOURCES MANUSCRITES

ARCHIVES

Archives nationales

E 1^{B}, 1^{C}, 2^{A}, 3^{B}, 4^{A}, 4^{B}, 5^{A}, 28^{A}, 31, 32^{A}, 32^{B}, 33^{B}, 34^{A}, 34^{B}, 35^{B}, 37^{A}, 38^{B}, 39^{A}, 42^{A}, 46^{B}, 48^{A}, 50, 51, 54^{C}, 55^{C}, 56^{B}, 59^{A}, 61^{C}, 62^{B}, 64^{B}, 66^{A}, 67^{A}, 67^{B}, 71^{B}, 71^{C}, 74^{B}, 75^{B}, 76, 77^{A}, 78^{A}, 78^{B}, 80^{B}, 81^{A}, 83^{A}, 83^{B}, 83^{C}, 87^{A}, 88^{B}, 93^{B}, 96^{B}, 184^{B}, 188^{C}, 233^{C}, 234^{B}, 343^{A}, 343^{B}, 347^{A}, 349^{A}, 349^{B}, 340^{C}, 484, 485^{A}, 551^{B}, 589^{A}, 702^{A}, 710, 909^{B}, 1004^{B}, 1061^{B}, 1102^{B}, 1687, 1689, 1693, 1694, 1699, 1700, 1705, 1706, 1710, 1712-1714, 1726, 1766, 1770, 1775, 1776, 1840, 1899, 1911, 1917, 1924, 1943, 1957, 1974, 1977, 1980, 1983-2157, 2186, 2336, 2356, 2359, 2377, 2408, 2414, 2415, 2431, 2440, 2451, 2469, 2470, 2485, 2506, 2515, 2524, 2525, 2533, 2637, 2645, 2646, 2651, 3656, 3657, 3659.

F^{10} 258.

F^{12} 55.

F^{30} 110^{1}.

1. Voir à ce sujet BOISLISLE, *Correspondance*, t. I, p. XXXV-XLIV.
2. Papiers de Sully (Arch. nat., 120 AP); Archives d'Ormesson (Arch. nat., 144 AP); Fonds Le Peletier des Archives Rosanbo (Arch. nat., 259 AP); Fonds Moreau de Beaumont des Archives Rosanbo (Arch. nat., 264 AP).

G^{7} 25, 29, 31, 128, 532, 672, 787, 1839, 1841, 1849, 1903, 1904, 1908.
H 1009, 1495, 1674, 1691.
K 92, 118^{A}-118^{D}, 136, 161, 163, 899, 1190, 2379-2435, 2701.
KK 133^{Bis}, 166^{Bis}, 201^{B}, 204^{1}, 218^{15}, 218^{19Bis}, 355, 597, 1454.
MM 755^{1}.
O^{1} 4-128, 161, 215, 216, 236, 353, 370, 735.
P 2314, 2315, 2319, 2320, 2325-2327, 2333, 2336, 2374, 2382, 2390, 2394, 2400, 2417, 2420, 2437, 2447, 2487, 2488, 2494, 2496, 2498, 2501, 2506, 2508, 2511, 2513, 2514, 2526^{2}, 2598, 2600, 2649^{A}, 2660, 2661, 2664-2666, 2677, 2678, 2682-2685, 2687, 2702, 2707, 2761, 2809, 3437.
PP 121, 122.
U 764, 870, 945^{A}, 945^{B} et (*passim*) 1131-1315.
V^{4} 1496, 1498, 1499.
V^{6} 51, 701, 1221.
X^{1A} 1529, 1586, 1587, 1604, 1630, 8388, 8420, 8431, 8437, 8442, 8443, 8618, 8619, 8623, 8627, 8650, 8654, 8685, 8720, 8723, 8809, 8820.
X^{1B} 9081, 9083.
Y 4256, 14272.
Z^{1A} 618, 635.
Z^{1F} 560, 630.
AB^{XIX} 2927.
BB^{30} 63.
3 AP 167.
120 AP 2-8, 27, 33.
144 AP 86, 88, 94, 100, 101, 102, 105, 108, 111, 112, 114, 129-136.
259 AP 76, 259, 260.
264 AP 17.
AD^{+} 33-1104 (*passim*).

Archives du ministère des Affaires étrangères

Mémoires et documents, France : 38, 762, 763, 768, 774, 778, 779, 785, 789, 794, 795^{Bis}, 806, 810, 830, 831, 839, 864, 892, 893^{Bis}, 894, 899, 902-904, 1172, 1177, 1208, 1251, 1255, 1259, 1275, 1628.

Archives du Service historique de l'Armée de Terre

A^{1} 12, 13, 24, 26, 87, 112, 142.

Archives départementales

Bouches-du-Rhône : B 1452, 3648.
Calvados : 4 C 96, 97, 103, 104.
Côte-d'or : 2 F 80.
Gironde : C 3811.
Marne : C 2489.
Somme : 1 B 3.
Yvelines : II J 27.

Archives municipales

Caen : BB 9, 12, 26.
Châlons en Champagne : AA 7.
Reims : Coll. Tarbé, cartons IX, X.

Archives privées

Archives de la famille de Saboulin Bollena (Fonds Chastellier).
Archives de la famille Marin de Montmarin.

Archives centrales d'État des actes anciens à Moscou

Collection Lamoignon : vol. 12, 13, 22, 24, 34, 36, 48, 56, 57, 60, 61, 62.

BIBLIOTHÈQUES

Bibliothèque nationale de France

Département des Manuscrits

Manuscrits français : 3005, 3085, 3132, 3154, 3216, 3219, 3306, 3311, 3397, 3622, 3644, 3942, 4010, 4172, 4178, 4179, 4181-4184, 4186, 4187, 4189, 4192, 4222, 4519, 4528, 4530, 4588, 4594, 5128-5135, 5285, 5286, 5809, 5905, 6570, 6616-6619, 6628, 6629, 6631, 6798, 6892-6894, 6919, 7007, 7651, 7686, 7750, 8915, 9735, 10211, 10252, 10407, 10815, 10840, 10841, 11469, 14018, 15519, 15556, 15894, 15896, 15902-15904, 16216, 16218, 16221-16236, 16240, 17342, 17348, 17349, 17371, 17395, 17541, 17553-17575, 17990, 18152-18159, 18161-18164, 18169, 18234, 18235, 18243, 18469,

18478, 18432, 18510, 18676, 20441, 20448, 20460, 20472, 20525, 20549, 20646, 21127.

Nouvelles acquisitions françaises : 164, 165, 168-170, 239, 340, 895, 1237, 1441, 1589, 6002, 6003, 6010, 6210, 6628, 6629, 7220, 7226, 7977, 8486, 9733, 9735, 10211, 11641, 16216, 21095, 22040, 22247.

Collection Clairambault : 232, 233, 362, 547, 647, 649, 651, 664.

V^{C} Colbert : 9, 10, 91, 106, 136, 245, 427.

Collection Dupuy : 94, 273, 848, 851-853, 857.

Collection Joly de Fleury : 1053, 1444, 1721, 2520.

Mélanges Colbert : 42, 42 44, 51, 51^{A}, 128^{Bis}, 264-307, 693.

Collection Morel de Thoisy : 30, 148, 160.

Collection Moreau : 1282.

Pièces originales : 36, 221, 280, 281, 351, 559, 590, 861, 867, 1009, 1042, 1125, 1145, 1170, 1534, 1551, 1578, 1624, 1973, 2133, 2136, 2253, 2382, 2393, 2918, 2964, 3022, 3055.

Dossiers bleus : 7, 95, 150, 171, 244, 533, 665, 683.

Cabinet d'Hozier : 77, 234.

Chérin : 120.

Bibliothèque Mazarine

Manuscrit 2646.

Bibliothèque de l'Assemblée nationale

Manuscrits 190, 1013, 1049.

Bibliothèque du Sénat

Manuscrits 328, 416.

Bibliothèque de l'Institut de France

Manuscrits 310, 475, 480, 503, 508, 588.

Collection Godefroy : Mss 130, 144, 256, 258, 268, 310, 356.

Bibliothèque Sainte-Geneviève

Manuscrits 838, 846.

Bibliothèques municipales

Dijon : Ms. 695.

Lyon : Fonds Coste, n° 758.

Reims : Coll. Tarbé, cartons IX, X.

British Library, Londres

Additional Mss : 21405.

Harleian Mss : 4472^{B}.

Biblioteka narodowa (Bibliothèque nationale), Varsovie

Manuscrit 3648.

SOURCES IMPRIMÉES

Répertoires et catalogues

Catalogue des actes de Henri II (Académie des sciences morales et politiques. Collection des ordonnances des rois de France). Paris, 1979-1998, 5 vol. in-4° *[1547-1551]*.

Catalogue général des livres imprimés de la Bibliothèque nationale. Actes royaux, publ. par A. Isnard, S. Honoré-Duvergé, H. Michaud, etc. (Paris, 1910-1960, 7 vol. in-8°) [Abrégé dans nos références en : *Actes royaux*].

Recueils de documents

[MM. d'Aguesseau et J.-F. Tolozan] *Règlement du Conseil précédé de l'explication des différens articles compris dans chacun des chapitres...* (Paris, 1786, in-4°).

Correspondance des contrôleurs généraux des finances avec les intendants (1683-1715), publ. par A. de Boislisle (Paris, 1874-1898, 3 vol. in-fol.) [Abrégé dans nos références en : Boislisle, *Correspondance*].

[Dionis du Séjour], *Mémoires pour servir à l'histoire du droit public de la France en matière d'impôts ou Recueil de ce qui s'est passé de plus intéressant à la cour des aides de Paris depuis 1756 jusqu'au mois de juin 1775* (Paris, 1779, in-4°).

Documents pour servir à l'histoire des guerres civiles en France (1561-1563), publ. par A. Lublinskaja (Moscou-Leningrad, 1962, in-8°).

Fontanon (A.), *Les Édits et ordonnances des rois de France depuis Louis VI dit le Gros jusqu'à présent*, t. II (Paris, 1611, in-fol.).

Fournival (S.), *Recueil général concernant les fonctions, rangs, dignités et privilèges des charges de présidents trésoriers de France...* (Paris, 1675, in-fol.).

Guillard (R.), *Histoire du Conseil du Roy depuis le commencement de la monarchie jusqu'à la fin du règne de Louis-le Grand...* (Paris, 1718, in-4°).

Lettres de Catherine de Médicis, publ. par H. de La Ferrière et C. Baguenault de Puchesse (Paris, 1880-1943, 11 vol. in-4°. Collection de documents inédits sur l'histoire de France).

Lettres de Henri III, publ. pour la Société de l'histoire de France par M. François et J. Boucher (Paris, 1959-2000, 5 vol. in-8° [*1557-1582*]).

Lettres et mémoires adressés au chancelier Séguier (1633-1649), recueillis et publ. par R. Mousnier (Paris, 1964, 2 vol. in-8°).

Lettres, instructions diplomatiques et papiers d'État du cardinal de Richelieu, publ. par A. Avenel (Paris, 1853-1857, 8 vol. in-4°. Collection de documents inédits sur l'histoire de France).

Les Papiers de Richelieu. Section politique intérieure. Correspondance et papiers d'État, publ. par P. Grillon (Paris, 1975-1985, 6 vol. in-8° [*1624-1631*]. Monumenta Europae historica).

Lettres, instructions et mémoires de Colbert, publ. par P. Clément (Paris, 1861-1882, 8 vol. in-8°) [Abrégé dans nos références en : Clément].

Louis XIV, *Mémoires pour l'instruction du Dauphin,* publ. par P. Goubert (Paris, 1992, in-8°).

Opinions, rapports, choix d'écrits politiques de Charles François Lebrun, duc de Plaisance, recueillis et mis en ordre par son fils aîné... (Paris, 1829, in-8°).

Recueil des lettres missives de Henri IV, publ. par J. Berger de Xivrey et J. Guadet (Paris, 1843-1876, 9 vol. in-4°. Collection de documents inédits sur l'histoire de France).

Remontrances du parlement de Paris au XVIII*e siècle,* publ. par J. Flammermont (Paris, 1888-1898, 3 vol. in-4°. Collection de documents inédits sur l'histoire de France).

Sources narratives

Journal et Mémoires du marquis d'Argenson, publ. pour la Société de l'histoire de France par E.J.-B. Rathery (Paris, 1859-1867, 9 vol. in-8°) [Abrégé dans nos références en : d'Argenson, *Mémoires*].

Mémoires de Messire Arnauld d'Andilly, publ. par B. Petitot (Paris, 1824, in-8°).

Chronique de la régence et du règne de Louis XV (1718-1763) ou Journal de Barbier, avocat au parlement de Paris... (Paris, 1858, 8 vol. in-12) [Abrégé dans nos références en : Barbier, *Journal*].

Journal de la Régence (1715-1723) par Jean Buvat, publ. par E. Campardon (Paris, 1865, 2 vol. in-8°) [Abrégé dans nos références en : Buvat, *Journal*].

Mémoires pour servir à l'histoire de Louis XIV par l'abbé de Choisy, publ. par M. de Lescure (Paris, 1888, 2 vol. in-12).

Journal inédit du duc de Croÿ. 1718-1784, publ. par le vicomte de Grouchy et P. Cottin (Paris, 1906-1907, 4 vol. in-8°) [Abrégé dans nos références en : Croÿ, *Journal*].

Journal du marquis de Dangeau, publ. par L. Dussieux, E. Soulié, etc. (Paris, 1854-1860, 19 vol. in-8°) [Abrégé dans nos références en : Dangeau, *Journal*].

Sommaire mémorial de Jules Gassot, secrétaire du Roi (1555-1623), publ. pour la Société de l'histoire de France par P. Champion (Paris, 1934, in-8°).

Journal d'Olivier Lefèvre d'Ormesson et extraits des mémoires d'André Lefèvre d'Ormesson, publ. par A. Chéruel (Paris, 1860-1861, 2 vol. in-4°. Collection de documents inédits sur l'histoire de France).

Mémoires inédits de Louis Henri de Loménie, comte de Brienne, dit le Jeune, publ. pour la Société de l'histoire de France par P. Bonnefon (Paris, 1916-1919, 3 vol. in-8°).

Mémoriaux du Conseil de 1661, publ. pour la Société de l'histoire de France par J. de Boislisle (Paris, 1905-1907, 3 vol. in-8°).

Mémoires du duc de Luynes sur la cour de Louis XV. 1735-1758, publ. par L. Dussieux et E. Soulié (Paris, 1860-1865, 17 vol. in-8°) [Abrégé dans nos références en : Luynes, *Mémoires*].

Journal et mémoires de Mathieu Marais [...] sur la régence et le règne de Louis XV, publ. par M. de Lescure (Paris, 1863-1868, 4 vol. in-8°) [Abrégé dans nos références en : Marais, *Journal*].

Mes souvenirs par Jacob Nicolas Moreau, publ. par C. Hermelin (Paris, 1898-1901, 2 vol. in-8°) [Abrégé dans nos références en : Moreau, *Mes souvenirs*].

Mémoires de Saint-Simon, publ. par A. de Boislisle et L. Lecestre (Paris, 1879-1930, 43 vol. in-8°) [Abrégé dans nos références en : Saint-Simon, *Mémoires*].

Mémoires du marquis de Sourches sur le règne de Louis XIV. 1681-1712, publ. par le comte de Cosnac, A. Bertrand et E. Pontal (Paris, 1882-1893, 13 vol. in-8°) [Abrégé dans nos références en : Sourches, *Mémoires*].

Les Œconomies royales de Sully, publ. pour la Société de l'histoire de France par D. Buisseret et B. Barbiche (Paris, 1970-1988, 2 vol. in-8° [*1572-1599*]).

Journal inédit de J.-B. Colbert, marquis de Torcy, publ. par Fr. Masson (Paris, 1889, in-8°) [Abrégé dans nos références en : Torcy, *Journal*].

Journal de l'abbé de Véri, publ. par le baron J. de Witte (Paris, 1928-1930, 2 vol. in-8°) [Abrégé dans nos références en : Véri, *Journal*].

Mémoires du maréchal de Villars, publ. pour la Société de l'histoire de France par le marquis de Vogüé (Paris, 1884-1904, 6 vol. in-8°) [Abrégé dans nos références en : Villars, *Mémoires*].

Orientation bibliographique

Plutôt que de donner rituellement une liste interminable des livres et articles consultés, il a paru préférable de nous y référer tout au long de cet ouvrage dans les notes infrapaginales et de renvoyer ici le lecteur à ces trois publications essentielles :

Aline Logette, « Éléments pour une bibliographie critique du contrôle général des finances (1665-1790) », dans *Études et documents* publiés par le Comité pour l'histoire économique et financière de la France, t. I (1989), p. 353-388.

Joël Félix, *Économie et finances sous l'Ancien Régime. Guide du chercheur. 1523-1789* (Paris, 1994, in-8°. Comité pour l'histoire économique et financière de la France. Sources).

Françoise Bayard, Joël Félix, Philippe Hamon, *Dictionnaire des surintendants et contrôleurs généraux des finances du XVIe siècle à la Révolution française de 1789* (Paris, 2000, in-4°. Comité pour l'histoire économique et financière de la France).

Principales abréviations

Arch. Aff. étr., M.D. : Archives des Affaires étrangères, Mémoires et documents.
Arch. dép. : Archives départementales.
Arch. mun. : Archives municipales.
Arch. nat. : Archives nationales.
Arch. S.H.A.T. : Archives du Service historique de l'armée de terre.
B.É.C. : Bibliothèque de l'École des chartes.
Bibl. mun. : Bibliothèque municipale.
Bibl. nat. : Bibliothèque nationale de France.
C. A. H. : *Catalogue des actes de Henri II.*
TSGADA : Moscou, Archives centrales d'État des Actes anciens.

CHAPITRE PREMIER

1547-1560

Le règne d'Henri II constitue une étape capitale dans l'histoire de la monarchie d'Ancien Régime. À ce milieu du XVIe siècle en effet remontent, d'une part, l'apparition du pouvoir ministériel auprès du souverain et, d'autre part, celle des intendants députés par lui à travers les provinces pour veiller à l'exécution de ses décisions. En particulier, ce temps vit en 1552 les commencements de ce qui devint la surintendance des finances, une institution qui est au cœur du présent ouvrage. Certaines décisions majeures affectant le Conseil du Roi et sa composition furent prises par Henri II le lendemain même de son avènement. Celles qui touchèrent les finances s'étalèrent davantage dans le temps, car elles étaient la reprise et le couronnement d'initiatives antérieures. C'est pourquoi, avant de détailler les innovations apportées par Henri II dans la gestion de ses finances, il importe de prendre en considération tant celles qu'il instaura dans la conduite générale de l'État que celles déjà engagées en matière financière par François Ier et dont son héritier reprit le dessein.

* *
*

Le jeudi 31 mars 1547, au début de l'après-midi, François Ier s'éteignit à Rambouillet. Son fils et successeur Henri II partit sur-le-champ pour Saint-Germain-en-Laye en y convoquant le connétable de Montmorency, en disgrâce depuis juillet 1541. Les deux hommes eurent le lendemain une entrevue de près de trois heures, de laquelle sortit une réorganisation complète du gouvernement, manifestée le jour même par plusieurs actes du nouveau Roi. Montmorency devenait principal conseiller du souverain et, en cette qualité, allait détenir désormais une autorité et une influence qui préfigurèrent à beaucoup d'égards celles des premiers ministres du XVIIe siècle. Deux des quatre secrétaires de confiance de François Ier, Gilbert Bayart et Jean Breton de Villandry, étaient congédiés et remplacés par Côme Clausse de Marchaumont et Jean Duthier, pour chacun desquels furent aussitôt scellées des provisions de conseiller du Roi secrétaire de ses finances[1]. En même temps était signée la fameuse ordonnance portant département des provinces et des pays étrangers entre ces quatre secrétaires, retenus par Sa Majesté pour avoir « la charge des expéditions en ses affaires d'État » et faire « les dépêches et réponses ès lieux et endroits » spécifiés par ce département[2]. Deux jours plus tard fut arrêté un nouveau règlement pour le Conseil, prévoyant chaque matin une séance pour « traicter des matières d'Estat et des finances » et une les après-midi pour aviser « aux aultres affaires occurrans » et désignant les membres de chacune, dont les noms révélaient l'exclusion de la majeure partie des conseillers de François Ier et l'appel à de nouveaux venus[3]. Toutes mesures complétées et couronnées par les lettres patentes du 14 septembre suivant, élevant de 1 620 à 3 000 livres par an « les gages, pension et entretenement » des quatre « secrétaires des commandements et finances » institués à l'avènement du Roi « pour faire les expéditions et dépesches d'Estat », confirmés par le souverain dans leurs charges et départements respectifs[4]. Augmentation révélatrice de l'importance vite acquise par ces quatre officiers, auxquels l'ordonnance du 3 avril avait donné séance aux Conseils du matin comme à ceux de l'après-dînée et que, depuis au moins 1558, on appela couramment « secrétaires d'État »[5].

Après cette ordonnance du début de son règne, Henri II resta quelques années sans prendre d'autre initiative notable concernant les institutions. Mais, au seuil de 1551, le chancelier François Olivier ayant souhaité être déchargé de ses fonctions, le Roi accepta son retrait, tout en lui conservant son titre et ses émoluments. Le parlement de Paris s'éleva contre cette décision, ce qui incita Henri II à créer, par édit d'avril 1551, un office de garde des sceaux de France, avec attribution des honneurs et pouvoirs appartenant au chancelier. Les gardes des sceaux qui, jusque-là, avaient été nommés par commission, le furent désormais en titre d'office jusqu'à la fin de l'Ancien Régime[6].

Du coup, certaines résolutions prises dans ces années concernant le gouvernement des finances n'ont pas bénéficié de la même attention, car, pour la question des origines du pouvoir ministériel en ce domaine, les décisions fondamentales ont été beaucoup plus étalées dans le temps. L'une d'elles doit néanmoins être évoquée dès à présent. En ce mois d'avril 1547, si fertile en résolutions essentielles, fut promulguée le mardi 12 une ordonnance portant règlement sur l'administration et la

1. Provisions datées de Hautes-Bruyères le 1er avril 1547 [n.s.] (*C.A.H.*, t. I, nos 2 et 3).
2. Ordonnance datée de Hautes-Bruyères le 1er avril 1547 [n.s.] (*ibid.*, n° 4).
3. Ordonnance datée de Saint-Germain-en-Laye le 3 avril 1547 [n.s.] (*ibid.*, n° 6).
4. Lettres patentes datées de Fontainebleau le 14 septembre 1547 (*ibid.*, n° 1000).
5. Voir en particulier : comte de Luçay, *Les Origines du pouvoir ministériel en France. Les secrétaires d'État depuis leur institution jusqu'à la mort de Louis XV* (Paris, 1881, in-8°) p. 13-18 ; H. Michaud, *La Grande Chancellerie et les écritures royales au XVIe siècle (1515-1589)* (Paris, 1967, in-8°), p. 132-136 ; I. Cloulas, *Henri II* (Paris, 1983, in-8°), p. 139, 146-147.
6. Voir à ce sujet B. Barbiche, *De la commission à l'office de la couronne : les gardes des Sceaux de France du XVIe au XVIIIe siècle*, dans *B.É.C.*, t. 151 (1993), p. 359-390.

garde des finances, leur maniement, leur distribution et la reddition des comptes [1]. Entre autres dispositions, elle prévoyait (art. III) l'établissement de « deux bons personnages expérimentez pour contreroller la recette et dépense des deniers que recevra ledit trésorier de notre Épargne, dont l'un d'iceux fera résidance en notre ville de Paris et fera registre de la recette et dépense qui se fera par ledit trésorier de notre Épargne audit chastel du Louvre et contrerollera et signera au dos toutes les quittances que baillera ledit trésorier aux receveurs généraux et autres qui apporteront les deniers de nos finances ; et l'autre fera résidence ordinairement à la suite de notre cour, lequel aussi fera registre de tous deniers de recette et dépense qui se fera lez nous par ledit trésorier de notre Épargne et contrerollera et signera au dos toutes les quittances que pour ce faire baillera ledit trésorier de notre Épargne, semblablement les mandemens portant quittance que baillera ledit trésorier de notre Épargne pour les assignations des parties que ordonnerons estre payées par lesdits receveurs généraux de nos finances sur les lieux [...], lesquelles quittances ne seront valables ne recevables en la chambre des comptes en l'acquit des receveurs généraux, sinon qu'elles soient contrerollées et signées ainsi que dessus est dit ».

L'article VIII prescrivait que « la distribution de nos finances » se ferait « par nos mandemens patens [...] en présence desdits [...] contrerolleurs, lequel en tiendra registre de dépense séparé par chapitre, selon l'ordre du compte du trésorier de notre Épargne rendu en la chambre de nos comptes [...], lequel registre sera sur chacun article paraphé dudit contrerolleur ». Les mêmes règles de contrôle étaient assignées pour les quittances des sommes versées à l'Épargne par le receveur général des parties casuelles (art. IX et X).

Cinq jours plus tard, le 5 avril, Henri II érigeait « en chef et titre d'office formé » l'état et charge de « nostre conseiller et contrerolleur général tant de nostredicte Espargne que de nozdictes finances extraordinaires et parties casuelles à la suicte de nostredicte court » et en revêtait ce même Jean Duthier dont, deux semaines auparavant, il avait fait l'un de ses secrétaires des commandements [2]. Duthier, qui allait donc cumuler ces deux postes, prêta serment le 22 avril entre les mains du chancelier pour ces nouvelles fonctions qui, en vertu de lettres patentes du 18 janvier 1548, lui valurent 1 200 livres par an de « gaiges et entretenement » [3].

1. Ordonnance datée de Saint-Germain-en-Laye le 12 avril 1547, enregistrée le 16 par la chambre des comptes de Paris (Arch. nat., AD+ 27, n° 20 ; impr. – *C.A.H.*, t. I, n° 43).

2. Lettres patentes datées de Saint-Germain-en-Laye le 17 avril 1547 (Bibl. nat., N.a.f. 9735, fol. 289-292 ; copie par Lancelot), – *C.A.H.*, t. I, n° 77. Publ. par A. Fontanon, *Les Édits et ordonnances des rois de France*, t. II (Paris, 1611, in-fol.), p. 631-636 ; et par S. Fournival, *Recueil général concernant les fonctions, rangs, dignités et privilèges des charges de présidents trésoriers de France...* (Paris, 1655, in-fol.), p. 173-182.

3. Lettres patentes datées de Fontainebleau le 18 janvier 1548 (*ibid.*, fol. 292 v°-297 ; copie par Lancelot. – *C.A.H.*, t. II, n° 2062).

Pour l'administration des finances furent ainsi mis en place en ce mois d'avril 1547 à la fois de strictes formalités d'ordre gestionnaire et comptable et quelqu'un pour les remplir. Je dis « quelqu'un », car Duthier resta seul contrôleur général, l'autre office de contrôleur général, dont l'ordonnance du 12 avril fixait la résidence à Paris, n'ayant jamais été érigé ni pourvu. Concernant le contrôle général, cette dualité foncière entre les écritures et celui qui en était responsable persistera jusqu'à la Révolution et ne doit jamais être perdue de vue. Contemporaine des mesures créatrices des secrétariats d'État, cette ordonnance du 12 avril 1547 avait un caractère moins novateur qu'elles, car elle prenait le relais des réaménagements opérés dans les institutions financières sous le règne précédent[1].

À l'avènement de François Ier en 1515, l'organisation de l'administration centrale des finances était toujours celle qui, mise sur pied à la fin du XIVe siècle et au début du XVe, avait été stabilisée sous Charles VIII. Elle était coiffée par un collège composé des quatre trésoriers de France et des quatre généraux des finances, communément appelés ensemble « Messieurs des finances ». Les trésoriers de France avaient la responsabilité des finances *ordinaires*, c'est-à-dire des terres, biens et seigneuries dont le Roi était propriétaire et seigneur et qui, à l'origine, avaient constitué l'unique ressource de la royauté. Ces quatre charges avaient chacune une compétence géographique (Languedoc, Languedoïl, Normandie, Outre-Seine-et-Yonne). Aux généraux des finances incombait la gestion des finances *extraordinaires*, soit les recettes supplémentaires créées aux XIVe et XVe siècles pour pallier l'insuffisance des revenus domaniaux. Ces recettes (taille, aides, gabelles, traites, etc.), considérées au départ comme des expédients temporaires, étaient devenues permanentes sous le règne de Charles VII et formaient depuis l'élément majeur du budget de l'État, ce qui, dans la pratique, conférait aux généraux plus d'importance qu'aux trésoriers de France. Le collège de ces huit officiers, qui étaient ordonnateurs mais non comptables, était parfois tenu en main par une personnalité étrangère à lui, qui devait à sa situation politique propre ce rôle directeur : telle fut depuis 1518 la position de Semblançay.

D'autre part, il ne faut jamais perdre de vue que, conjointement avec Messieurs des finances mais en restant toujours hors leur collège, le chancelier de France participe au gouvernement des finances. Cela parce

1. L'histoire des institutions financières sous le règne de François Ier vient d'être rénovée par les livres de Philippe HAMON, *L'Argent du Roi. Les finances sous François Ier* (Paris, 1994, in-8°. Comité pour l'histoire économique et financière de la France. Études générales) et *« Messieurs des finances ». Les grands officiers de finance dans la France de la Renaissance* (Paris, 1999, in-8°. Comité pour l'histoire économique et financière de la France. Études générales) auxquels je me référerai dans ces pages. Quels que soient leurs mérites, ils ne dispensent pas de recourir aux travaux anciens mais toujours utiles de G. JACQUETON, « Le trésor de l'Épargne sous François Ier », dans *Revue historique*, t. 55 (1894), p. 1-43, et t. 56 (1894), p. 1-38, et de A. SPONT, *Semblançay (?-1527). La bourgeoisie financière au début du seizième siècle* (Paris, 1895, in-8°). Sur l'ensemble du règne, voir : J. JACQUART, *François Ier* (Paris, 1981, in-8°).

qu'il est le chef des Conseils du Roi, parce que son rôle fait de lui comme le secrétaire général de la monarchie et enfin parce que, en matière de finance, beaucoup de décisions passent par ses mains, qu'elles soient soumises à sa signature ou à son visa ou doivent être présentées au sceau, toutes occurrences où « il peut les bloquer, les retarder, les infléchir »[1]. Le degré d'ascendant personnel du chancelier sur les hommes et les affaires pouvait restreindre ou accentuer son intervention dans les finances : Duprat, par exemple, s'en mêla de fort près.

Cette organisation fut bouleversée par François Ier en plusieurs étapes, rythmées par les événements politiques, militaires ou diplomatiques et par les besoins d'argent qui en découlaient. Au bout de quelques années de règne, le souverain et sa mère acquirent la conviction que Messieurs des finances commettaient des malversations considérables. Leur attribuant, à tort ou à raison, la défaite de Lautrec à La Bicoque en avril 1522, ils résolurent de réagir et passèrent aux actes en 1523. Ils sévirent contre les hommes par des poursuites illustrées par le sort de l'infortuné Semblançay et, en même temps, ils remanièrent les institutions. À cet égard, l'initiative majeure, instrumentée par des lettres patentes échelonnées de mars à décembre 1523, fut la création du trésor de l'Épargne et de l'office de « trésorier de l'Épargne et receveur général des parties casuelles et inopinées des finances ». Ainsi la manutention des deniers royaux était-elle soustraite au collège de Messieurs des finances et, en recette comme en dépense, la totalité des fonds aboutirait au trésor de l'Épargne et passerait par les mains de son trésorier, qui en serait comptable et ne relèverait que du Roi et de son Conseil. Le collège de ces Messieurs, qui fonctionnait parallèlement au Conseil et indépendamment de lui, quand il ne se substituait pas à lui, disparut ainsi sans retour et ses pouvoirs furent ressaisis par le Conseil pour les exercer seul et en dehors de toute ingérence. Ces mesures de 1523 ont marqué la déchéance irrémédiable de Messieurs des finances au profit du Conseil du Roi : ravalés au rang d'officiers provinciaux, ils ne connurent qu'un lent déclin.

La mise en œuvre de ces dispositions ne s'opéra pas sans tâtonnements. Au bout de quelques semaines, il parut opportun de scinder les compétences attribuées au trésorier de l'Épargne en créant, en juin 1524, un trésorier des parties casuelles. Il y eut dès lors « deux trésoriers au sommet de la pyramide financière »[2]. D'où l'idée d'instaurer un droit de regard sur les mouvements de fonds opérés par leurs soins. Idée mise en pratique lorsque François Ier reprit en main les affaires après son retour de captivité : par lettres patentes du 9 mai 1527, il érigea en titre d'office deux charges de « noz conseillers et controlleurs généraux de nostre Espargne, deniers extraordinaires et casuels », l'un pour la recette et l'autre pour la dépense, « sans lequel contrôle et registre aucunes par-

1. Ph. Hamon, *L'Argent du Roi...*, p. 379.
2. *Ibid.*, p. 258.

ties ne seront passées et allouées par les gens de nos comptes en la dépense des comptes » du trésorier de l'Épargne et du trésorier des parties casuelles. Il était précisé que ces deux contrôleurs généraux jouiraient des « honneurs, droits, privilèges, prérogatives, franchises et libertés dont ont acoustumé jouir et user nos autres conseillers et officiers servans en nostre Conseil lès nous ». Cette réorganisation des services progressait non sans peine ni accrocs, alors qu'il fallait drainer les sommes prodigieuses que le Roi devait verser en rançon à l'Empereur, conformément à la paix de Cambrai d'août 1529. Dans ces conditions difficiles s'imposa la nécessité de mettre sur pied « une véritable caisse centrale », « lieu unique et fixe pour le rassemblement des deniers du Roi »[1]. Sa création fut décidée par l'ordonnance du 7 février 1532 : les caisses de l'Épargne perdaient leur caractère ambulatoire et auraient leurs coffres au Louvre; autour du trésorier de l'Épargne et des deux contrôleurs généraux était placé un conseil de surveillance et étaient instaurées de rigoureuses formalités pour le moindre mouvement de fonds. Le trésor du Louvre fonctionna sans trop de difficultés pendant quelques années et il reçut aussi les deniers des parties casuelles, mais le retour de la guerre de 1535 à 1537 lui fut fatal en raison de la lourdeur qu'il entraînait dans la circulation des espèces. Dès le second semestre de 1536, il ne fut plus utilisé, le trésor de l'Épargne reprit son autonomie par rapport à lui et les deux offices de contrôleurs généraux créés en mai 1527 furent supprimés en 1537.

Le retour de la paix en 1538 n'impliqua en rien le rétablissement de l'organisation fixée par l'ordonnance du 7 février 1532. La dualité de trésoriers supérieurs établie en 1524 fut abolie par l'ordonnance de décembre 1542, qui plaça le trésorier des parties casuelles sous la dépendance de celui de l'Épargne. La gestion de ce dernier, ses opérations de caisse échappèrent à toute autre direction et à toute autre surveillance que celles du Roi et de son Conseil et il en fut ainsi jusqu'à la mort de François Ier.

Au terme de ce règne, l'administration centrale des finances laissait l'impression d'un édifice inachevé, mais reposant sur de solides fondations et comportant bien des pierres d'attente. Quels qu'aient été les tâtonnements, les retours en arrière et les tentatives avortées, il est certain que François Ier a mis en route la rationalisation de l'État. Les procédures du mouvement des fonds ont été simplifiées. La fusion des anciennes finances ordinaires et extraordinaires et l'absorption par l'Épargne des revenus casuels ont instauré uniformité dans les recettes. Et, enfin, la suppression du collège délibératif et exécutif de Messieurs des finances et le ressaisissement de ses pouvoirs par le Conseil du Roi, comme la subordination de tous les agents de recette à un comptable unique tenu de résider auprès du souverain, ont permis de centraliser

1. *Ibid.*, p. 272.

décision et exécution. Pour bien apprécier les suites que donnera Henri II aux réformes menées par son père, il importe d'avoir toujours en vue deux points importants. Le premier est cette prépondérance du Conseil du Roi, un Conseil dont les structures, la composition et les compétences se préciseront peu à peu au long du siècle. Et le second est, malgré la déconfiture de Messieurs des finances depuis 1523, la persistance de ce trait coutumier de mentalité qui prêtait un caractère foncièrement collégial à l'administration supérieure desdites finances.

* *
*

Il est évident que l'ordonnance d'Henri II du 12 avril 1547 portant création des formalités du contrôle général et des fonctions de contrôleur général de l'Épargne et des parties casuelles[1] était comme une résurgence de l'érection en mai 1527 des deux offices de contrôleurs généraux, l'un pour la recette et l'autre pour la dépense, que François Ier avait fini par supprimer dix ans plus tard[2]. Mais, mieux combinées et mieux appliquées que celles de 1527, les dispositions prises en 1547 pour le contrôle général lui valurent une longue et brillante carrière. Après cette ordonnance du début de son règne, Henri II resta plusieurs années sans prendre d'autre initiative notable pour le gouvernement de ses deniers, quel qu'ait été alors le coût de l'expédition d'Écosse et de la reconquête de Boulogne. Mais lorsqu'il prit le parti de soutenir par des subsides et même par les armes les princes luthériens allemands dans leur affrontement avec Charles Quint et dut prévoir en conséquence de prendre la tête d'une grosse armée et de mener d'importantes campagnes dans l'Empire, il lui fallut gonfler les moyens provenant habituellement des impôts par l'apport de ressources exceptionnelles. Ce recours, élaboré dans les derniers temps de 1551, fut mis en œuvre dès le début de 1552[3].

Le Roi demanda des contributions extraordinaires aux trois ordres du royaume, mit en vente des offices et contracta des emprunts. Il pria le clergé de France, d'une part, de lui abandonner « par forme de don gratuit » quatre décimes de ses revenus à partir du 1er janvier 1552 et, d'autre part, de lever et verser « par manière d'emprunt » une imposition de 20 livres par clocher. Les grands furent invités à porter leur vaisselle d'argent à la Monnaie, où Sa Majesté enverrait une partie de la sienne. Les villes closes durent fournir la solde de 50 000 hommes de pied pendant quatre mois, soit 1 200 000 livres. En même temps étaient lancées

1. Voir *supra*, p. 22-23. La thèse de H. de Jouvencel, *Le Contrôleur général des finances sous l'Ancien Régime* (Paris, 1901, in-8°), ne traite du XVIe siècle que de manière très succincte.
2. Voir *supra*, p. 25-26.
3. Sur ce financement, voir G. Zeller, *La Réunion de Metz à la France (1552-1648)*, t. I (Paris, 1926, in-8°), p. 319-322.

de nombreuses créations d'offices, dont l'une des plus connues est l'établissement de tribunaux nouveaux, les sièges présidiaux (édits de janvier, mars et mai 1552) ; d'autres offices furent érigés dans la chambre des comptes et la cour des aides de Paris, la cour des aides de Rouen, le nombre des offices de trésoriers généraux des finances dans les provinces fut doublé par la création d'alternatifs. Et enfin Henri II négocia des emprunts : 50 000 écus avec le canton de Soleure et, sur la place de Lyon, 90 000 écus avec un consortium de marchands lucquois et florentins et 40 000 avec des marchands allemands.

De toutes ces sources allaient donc affluer de grosses sommes dans les coffres de l'Épargne. Entendant que tout cet argent fût drainé, compté et employé à bon escient, sans fraude ni gaspillage, Henri II et son Conseil prirent à cette fin des dispositions qui, sans peut-être qu'ils le prévissent, allaient avoir un succès très durable.

À une date qui se situe vraisemblablement dans les dernières semaines de 1551 furent scellées des lettres patentes d'Henri II, dont le texte est demeuré jusqu'à présent introuvable[1]. S'y réfèrent par bonheur des documents ultérieurs, qui en révèlent en partie la teneur. Ce sont les lettres de privilège octroyées respectivement à deux des personnages visés par cet acte de 1551. Dans la première, le Roi s'exprime ainsi : « Comme, en l'an mil cinq cens cinquante ung, nous ayant l'Empereur recommancé la guerre, nous ayons, entre autres provisions que avons donné en noz affaires, advisé appeller et faire venir auprès de nous et de nostre Conseil aucuns bons personnaiges pour avoir l'œil aux expéditions et reiglemens tant de noz finances que autres choses dépendans de la police de nostre royaume, dont ilz feroient rapport à nous et aux gens de nostredict Conseil, comme à chose autant et plus que nulle autre requise pour satisfaire et subvenir aux affaires où nous entrions »[2]. Le Roi précisait que ces fonctions auprès de lui avaient débuté le 1er janvier 1552. Cet exposé se retrouve, un peu plus détaillé, dans le second de ces documents : « Comme en l'année mil cinq cens cinquante ung, veoiant par les grands et apparents desseings et préparatifs de guerre qui se machinoient et dressoient, tant deçà que delà les monts, contre nous et l'estat public de nostre royaume, l'occurrence de noz affaires estre telle qu'il estoit plus que requis de pourveoir et de mectre et introduire au faict de noz finances et recouvrement des deniers nécessaires pour le

1. Elles ont échappé jusqu'à ce jour à nos recherches, comme à celle de l'équipe dressant, au Centre Roland Mousnier de l'université Paris IV-Sorbonne, le catalogue des actes d'Henri II.

2. Lettres de privilège en faveur de Marc de La Rue, sieur de La Couste, datées de Compiègne le 16 mai 1554 ; enregistrées le 2 juin au parlement de Paris (Arch. nat., X^{1a} 8619, fol. LXVII-LXVIII). Le parlement ayant posé, en les enregistrant, certaines restrictions à l'application de ces lettres, le Roi, par autres lettres patentes datées de Paris le 17 octobre 1554, ordonna à cette cour de procéder à l'enregistrement et à l'application purs et simples des premières (*ibid.*, fol. CCCXLIXV°-CCCLI ; enregistrement le 23 novembre).

soustènement d'une guerre que nous préveoions nous survenir et povoir tirer en longueur un bon ordre, eussions pour cest effect, en ladicte année, advisé retenir auprès de nous et à nostre suyte aucuns bons personnages pour, dès lors en avant et en l'advenir, avoir l'œil, vacquer et entendre assiduement au reiglement tant de nosdictes finances ordinaires, extraordinaires ou casuelles, que autres choses de ce dépendans et de la police et bien public de nostredict royaume, pour en faire rapport aux gens de nostre Conseil privé »[1].

Mais l'on n'a trace ainsi que de deux des « bons personnages » investis depuis lors de cette mission de confiance, car, en réalité, ils furent quatre, comme le révèle Lancelot, notre providence, qui a relevé avec grand soin l'apparition et la succession de leurs émoluments dans les comptes originaux du trésor de l'Épargne. En voici les noms : André Guillart, sieur du Mortier, Marc de La Rue, sieur de la Couste, Jean Leconte, sieur de Voisinlieu, et Claude Burgensis, sieur du Goguier. Le jour de leur prise de fonctions étant antérieur à la date du traité de Chambord (15 janvier 1552), on peut supposer que les lettres patentes expédiées pour leur assigner cette tâche ont été scellées en 1551 avant le 31 décembre et après le 5 octobre, où, par le traité de Lochau, Henri II prit un premier engagement avec les princes luthériens allemands. D'autre part, la suite des affaires permet d'assurer que les fonctions qu'ils reçurent alors leur ont été conférées par commission[2]. Qui étaient ces hommes et comment allaient-ils se partager le travail ?

Aucun d'eux ne pouvait se sentir désemparé devant la tâche qui leur incomba à partir de 1552. Leurs antécédents et leurs alliances impliquaient à la fois l'expérience des affaires publiques et de nombreuses relations dans le monde des écritures et des finances royales. Leur désignation prouvait qu'ils jouissaient de la confiance, voire de la faveur du connétable de Montmorency et sans doute aussi d'autres appuis à la cour. Guillart du Mortier[3] était revêtu de l'éminente dignité de conseiller au Conseil privé. Ce frère et père d'évêques était issu d'une famille distinguée de la robe. Son père, maître des requêtes de l'hôtel, puis président au parlement de Paris, avait reçu d'importantes missions diplomatiques, judiciaires et financières sous François Ier. Lui-même avait été d'abord conseiller au parlement de Paris (1519), puis maître des requêtes (1532), conseiller de l'hôtel de ville de Paris (1534), conseiller au parlement de Rennes (1535) et prévôt des marchands de Paris (1542-

1. Lettres de privilège en faveur de Jean Leconte, sgr de Voisinlieu, datées d'Anisy-le-Château le 12 juin 1554; enregistrées le 9 juillet au parlement de Paris (*ibid.*, fol. CV-CVI). Il n'était pas précisé ici que la décision du Roi avait pris effet à dater du premier jour de 1552, mais la chose est certaine.

2. En l'état actuel de la documentation, il est impossible de savoir si la décision du Roi a été exprimée par une seule lettre de commission commune à ces quatre personnages ou par quatre lettres adressées respectivement à chacun d'eux.

3. Sur ce personnage, voir A. JOUANNA, « André Guillart, sieur du Mortier, de L'Isle et de L'Épichelière », dans R. MOUSNIER (et coll.), *Le Conseil du Roi de Louis XII à la Révolution* (Paris, 1970, in-8°), p. 231-253.

1544). Au printemps de 1546, François Ier l'avait envoyé comme ambassadeur auprès du pape Paul III et c'est à son retour de Rome à la fin de 1547 qu'il avait été créé conseiller au Conseil privé. En 1549, il avait fait partie de l'ambassade chargée de négocier avec l'Angleterre le traité de Boulogne. Les affaires d'État lui étaient donc familières. De souche tourangelle, Marc de La Rue était depuis 1527 maître ordinaire en la chambre des comptes de Nantes et fut aussi maire de Tours en 1535; il était gendre d'un des secrétaires les plus actifs de François Ier, Robert Gédoyn, et beau-père d'André Blondet, trésorier de l'Épargne. Jean Leconte de Voisinlieu, successivement auditeur (1534), correcteur (1552), maître ordinaire en la chambre de comptes de Paris (1554-1562) et enfin secrétaire du Roi (1561-1569), avait été pendant de longues années l'homme de confiance du financier Gilles Berthelot, dont la veuve lui légua par testament en 1543 la moitié de ses droits sur Azay-le-Rideau[1]. Quant à Claude Burgensis, il était revêtu des offices de secrétaire des finances et de secrétaire du Roi; on retombe avec lui sur les Gédoyn, car il était gendre de Jean Breton de Villandry, lui-même gendre de Robert Gédoyn.

Sans qu'elle ait été formellement précisée, une hiérarchie s'imposa d'elle-même entre ces personnages. En sa seule qualité de conseiller au Conseil privé, Guillart du Mortier avait déjà sur les trois autres une préséance protocolaire. S'y ajoutaient, et l'ascendant dû à sa naissance, à ses ambassades, à son passé politique, et son crédit auprès du Roi et du connétable, crédit attesté par le choix fait de lui pour être l'un des membres du Conseil institué en août 1553 auprès de la Reine lors du départ du Roi pour les armées[2]. Au reste, cette prééminence de du Mortier est attestée par la tradition : lorsque, au début de son règne, Henri III désigna le responsable principal de ses finances, il précisa que celui-ci aurait « la surintendance desdictes finances comme avoit le feu Sr du Mortier »[3]. Ce dernier, tout en exerçant cette primauté, partagea avec La Rue et Voisinlieu la conduite des affaires, le rôle de Burgensis étant différent. Celui-ci, en effet, n'était pas rapporteur au Conseil, mais s'était vu conférer l'exclusivité de l'expédition et de la signature des actes royaux découlant des décisions qui y seraient prises concernant les finances.

Cette répartition des tâches explique que les dépêches relatives aux finances adressées au Roi ou au connétable soient chacune signées à la fois par du Mortier, La Rue et Voisinlieu[4]. Elle découle aussi de la

1. Voir J. Loiseleur, « Étude sur Gilles Berthelot, constructeur du château d'Azay-le-Rideau, et sur l'administration des finances à son époque », dans *Mémoires de la Société archéologique de Touraine*, t. XI (1859), p. 180-209.

2. Lettres patentes datées de Compiègne le 15 août 1553, enregistrées au parlement de Paris le 31 août (Arch. nat., X1a 8618, fol. 218v°-220). Les autres membres de ce Conseil étaient le cardinal de Tournon, le garde des sceaux Jean Bertrand, Mathieu de Longuejoue, évêque de Soissons, et Claude d'Urfé, gouverneur du Dauphin.

3. Voir *infra*, p. 79.

4. Bibl. nat., Ms. fr. 20460, fol. 4-5 (Reims, 28 mars 1552; orig.). Ms. fr. 6616, fol. 163 (Châlons, 21 avril 1552; orig.) et fol. 171-172 (Châlons, 4 juin 1552; orig. de la main de Voisinlieu). Bibl. mun. Lyon, fonds Coste, n° 758 (Reims, 19 juillet 1554; orig.).

rémunération accordée chaque année à ces quatre personnages « pour leurs estatz et entretenemens » au service des finances : Burgensis n'était payé pour cela que de 1 200 livres, alors que les autres en percevaient 2 000[1]. La différence entre les émoluments de Burgensis et ceux des trois autres met bien en évidence la communauté de responsabilité qu'exerçaient ces derniers.

Avant d'étudier quelle exécution reçut la commission confiée par Henri II à ces quatre personnes, il importe dès à présent de relever certains traits fondamentaux dont elle était marquée dès sa naissance et qui allaient orienter son destin jusqu'à la fin de l'Ancien Régime. Il faut d'abord noter qu'elle se situait dans le droit-fil du dessein de François Ier de concentrer entre les mains du Roi et de son Conseil la conduite des finances du royaume. C'est pourquoi, bien que seul du Mortier fût alors revêtu de la dignité de conseiller au Conseil privé, ses trois compagnons avaient nécessairement accès au Conseil : Burgensis pour y prendre note des décisions afin de veiller ensuite à leur instrumentation, La Rue et Voisinlieu pour y participer aux débats. C'est une caractéristique essentielle que cette appartenance au Conseil indépendamment de toute lettre ou tout brevet conférant la dignité de conseiller audit Conseil. Il est probable que si, en cette dernière qualité, du Mortier y avait droit à un siège, les trois autres, à l'instar des maîtres des requêtes, y rapportaient et écrivaient debout. Un Conseil où le rôle de du Mortier, de La Rue et de Voisinlieu consistait en priorité, comme le rappelèrent les lettres patentes des 16 mai et 12 juin 1554, à « avoir l'œil, vacquer et entendre assiduement au reiglement tant de nosdictes finances [...] que autres choses de ce dépendans et de la police et bien public de nostredict royaume, pour en faire rapport aux gens de nostre Conseil privé »[2]. Ce caractère spécifique de rapporteur au Conseil est un autre point à ne jamais perdre de vue. Enfin, il est évident qu'en faisant appel à ce quatuor Henri II se pliait à une tradition déjà longue considérant les finances comme vouées par nature à une direction collégiale.

* *
*

Il appert avec netteté que les quatre « bons personnages » commis pour vaquer au fait des finances à partir du 1er janvier 1552 s'y consacrèrent effectivement depuis cette date. Leurs appointements coururent dès le premier quartier de cette année. Quelques dépêches émanées d'eux en mars et avril prouvent que, comme le Roi leur en avait fait l'obligation, ils étaient alors à la suite de Sa Majesté et de son Conseil[3].

1. Bibl. nat., N.a.f. 22247, fol. 26-32 (notes de Lancelot). Parallèlement s'y ajoutaient pour du Mortier 2000 livres par an pour ses gages de conseiller au Conseil privé.
2. Sur ces lettres patentes, voir *supra*, p. 28-29.
3. Voir *supra*, p. 30, note 4.

La satisfaction qu'Henri II eut de leurs services, comme la considération et le crédit qui en découlèrent pour eux, sont attestés par la grâce que, deux ans plus tard, le Roi crut devoir accorder à La Rue et à Voisinlieu. Considérant qu'« il ne seroit raisonnable que, estant [...] du nombre de ceulx qui approchent noz personne, Conseil et maison », ils fussent « pirement traicté que nosdicts officiers domestiques », il leur octroya la qualité d'officiers domestiques et commensaux de sa maison, qui, entre autres privilèges, leur conférait celui d'échapper en partie aux impositions à la levée et à l'emploi desquelles ils avaient mission de veiller[1] ! Les successeurs de La Rue et de Voisinlieu n'eurent plus ensuite à être gratifiés de ce titre, leurs activités leur ayant conféré entre-temps une respectabilité et une notoriété qui se suffisaient à elles-mêmes.

De cette importance vite acquise, les démarches du sire de Gouberville livrent un témoignage très vivant. Au début de 1556, désireux d'acquérir l'office de maître particulier des eaux et forêts au bailliage de Cotentin, ce gentilhomme normand se rendit à Blois, où était la cour. Après s'y être présenté le 5 février au trésorier des parties casuelles, le 8, raconte-t-il, « je m'en allé chez Monsieur Le Chandelier, segrétayre du Roy, affin qu'il me dressast une requeste ». La révision de celle-ci lui demanda quelques jours, puis, le mercredi 12, « je baillé ma requeste myse au net à Monsieur Le Chandelier, qui me dist qu'il la bailleroyt à Monsieur de Voysinlieu ». De fait, ayant rencontré Le Chandelier le lendemain dans la cour du château, celui-ci le prévint qu'« il avoit baillé ma requeste à Monsieur de Voysinlieu. Au soyr, je retourné chez ledict Le Chandelier, qui me dist que je me trouvasse demain au matin au lever dudict Sr de Voysinlieu pour luy parler ». Rendez-vous que ne pouvait manquer Gouberville : le 14 février, dit-il, « je parlé de ma requeste à Monsieur de Voysinlieu au matin, comme il alloyt au chasteau : il me dist qu'il la verroyt. Apprès disner, je reparlé à luy comme il alloyt au Conseil ; il me dist qu'il l'avoist en sa saincture et que, si l'opportunité s'y trouvoit, qu'il en parleroyt. Au sortir du Conseil, je parlé encore à luy et me dist qu'il n'en avoyt peu parler et qu'il faloit suyvir l'édict et que aultres foys on avoyt tenu propos de chose semblable au Conseil et qu'on ne l'avoyt pas trouvé bon, et aussy que ce n'estoyt pas à luy de la rapporter et que j'en parlasse à Monsieur de Fourneaulx », maître des requêtes[2].

La relation de ce hobereau normand donne une bonne idée de la place dès lors acquise par les commissaires en charge des finances depuis quatre ans. Quelles que fussent les compétences exercées individuellement par tel ou tel d'entre eux, il était inévitable et nécessaire qu'on en vînt à les désigner ensemble par une dénomination caractéristique. Celle-ci apparaît au moins dès l'automne de 1553 dans un acte officiel, mais pour qu'elle passât dans la langue écrite, il est probable qu'elle

1. Sur ces lettres de privilège des 16 mai et 12 juin 1554, voir *supra*, p. 28-29.
2. *Le Journal du sire de Gouberville (1553-1557)*, t. 2 (Bricquebec, 1993, in-8°), p. 248-249.

avait cours depuis quelque temps déjà dans le parler courant. Le 25 octobre 1553, lors de l'examen d'un litige surgi entre le receveur des octrois de Caen et les échevins de cette ville, il fut décidé au Conseil privé que « les parties produiront leurs procès par inventaires instructifz vers le Sr de Sceaulx, maistre des requestes ordinaire de l'hostel, et le Sr de Voisinlieu, conseiller du Roy et superintendant des finances, pour en faire leur rapport audit Conseil »[1]. Et le 6 décembre suivant, le même Conseil tranche une contestation entre le receveur de la crue du sel à Ingrandes et le receveur général de Tours après avoir pris connaissance d'une « offre communicquée aux gens ayant la superintendance des finances [...] et par eulx ayant entendu le contenu du procès-verbal du trésorier »[2]. Un an plus tard, dans l'édit d'octobre relatif au trésor de l'Épargne et au contrôle général, le Roi fait référence à « ceux que nous avons députez et ordonnez estre intendans au fait de nos finances »[3]. De même, dans l'édit d'octobre 1556 concernant le trésor du Louvre, parle-t-il des « députez près de nous intendans au fait de nos finances[4] ».

Ces termes et ces expressions doivent être entendus avec précaution[5]. Au XVIe siècle et encore au début du XVIIe, les mots *intendance, surintendance, superintendance* furent synonymes et employés indifféremment. Leur sens était encore proche de leur étymologie : ils dérivent du verbe latin *intendere*, qui signifiait « s'appliquer à », « être attentif à », « diriger ». Communément, avoir l'intendance de telle ou telle chose, c'était en assurer le soin. En octobre 1575, par exemple, la cour des comptes, aides et finances d'Aix-en-Provence augmente les gages de l'« intendent et ayant la charge et conduicte de l'orologe du palais »[6]. Plus particulièrement, lorsque Henri II fait allusion à « ceux que nous avons députez et ordonnez estre intendans au fait de nos finances » et aux « députez prez de nous intendans au fait de nos finances », il vise les commissaires en charge depuis le 1er janvier 1552, mais on peut se demander si, dans ses propos, le mot « intendans » n'est pas un participe présent autant qu'un substantif. Plus claire est la formule désignant les « gens ayant la superintendance des finances », qui prouve que ce vocable de « surintendance » désignait alors non pas une fonction indi-

1. Arrêt du Conseil privé daté de Villers-Cotterêts le 25 octobre 1553 (Bibl. nat., Ms. fr. 5905, fol. 14 v° ; copie).

2. Arrêt du Conseil privé daté de Fontainebleau le 6 décembre 1553 (*ibid.*, fol. 24-25 ; copie).

3. Édit daté de Paris en octobre 1554, art. 10 (Arch. nat., AD+ 39 ; impr. – *Actes royaux*, t. I, n°s 1191 et 1192).

4. Édit daté de Paris en octobre 1556, art. X, XV et XVI (Arch. nat., AD+ 41 ; impr. – *Actes royaux*, t. I, n°s 1285 et 1286).

5. Sur ces questions de sémantique, voir le chapitre premier, *Problemi etimologici,* du livre de A. PETRACCHI, *Intendenti e prefetti. L'intendente provinciale nella Francia d'Antico Regime.* I. *1551-1648* (Milan, 1971, in-4° . – Archivio della Fondazione italiana par la Storia amministrativa, t. 13).

6. Arch. dép. Bouches-du-Rhône, B 1452, fol. 30. Dans les délibérations du bureau de police de la même ville, il est question, le 24 novembre 1578, des « surintendantz à la boucherie » (Arch. mun. Aix, fol. 19).

viduelle, mais une équipe d'hommes unis par une tâche commune. Ces « gens ayant la superintendance des finances », on les appela aussi, et ce jusqu'à la fin de l'Ancien Régime, « les gens des finances », « Messieurs des finances », expressions si ancrées dans les habitudes que, tout en s'appliquant à une autre institution collégiale, elle survécut à la déconfiture des Messieurs de 1523.

Quoi qu'il en soit de ces subtilités linguistiques, il est clair que le 1er janvier 1552 constitue la date de naissance des intendants des finances, ces membres du Conseil du Roi destinés à un rôle capital dans l'administration de la monarchie. Conclusion confirmée par celle de Lancelot au terme de ses dépouillements si consciencieux dans les comptes du trésor de l'Épargne : « La suite des intendans des finances commence en 1552 »[1].

Cette création de 1552 peut apparaître à première vue comme dictée par les circonstances, c'est-à-dire les préparatifs et la conduite d'une guerre en terre d'Empire. Celle-ci se réduisit en fait à une brève promenade militaire, dite bientôt « le voyage d'Allemagne », marquée par la prise de possession des seigneuries épiscopales de Metz, Toul et Verdun. Mais les mesures destinées à la soutenir n'avaient pas seulement un objectif momentané. Elles supposaient la méditation d'un projet d'organisation, dont les conjonctures de 1552 permirent de déclencher la mise en œuvre et dont celles des années suivantes, riches en campagnes plus offensives, confirmèrent l'opportunité. Au reste, dans les lettres de privilège accordées en 1554 à Voisinlieu, Henri II ne déclarait-il pas avoir avisé de le retenir en 1552, lui et ses compagnons, « auprès de nous et à nostre suyte [...] pour, dès lors en avant et en l'advenir, avoir l'œil, vacquer et entendre assiduement » « au fait des finances »[2] ? Ces Messieurs ayant été investis de leur charge en 1552 par commission, ils n'en étaient nullement propriétaires et ils pouvaient aisément ou s'en retirer de leur plein gré ou en être écartés par le Roi du jour au lendemain. C'est dire l'importance du rôle des hommes dans cette institution naissante.

Les quatre commissaires installés depuis 1552 – du Mortier, La Rue, Voisinlieu et Burgensis – s'adonnèrent à leurs tâches pendant les années suivantes, au cours desquelles 1554 fut marquée pour eux par deux décisions d'importance. Dans un souci de rationalisation, Henri II et son Conseil résolurent alors d'appliquer au trésorier de l'Épargne le régime de l'exercice alternatif appliqué depuis 1552 aux offices de trésoriers généraux des finances dans les provinces[3]. Décision de principe dont

1. Bibl. nat., N.a.f. 9735, fol. 369v°.
2. Voir *supra*, p. 29.
3. Régime instauré par édit daté de Blois en janvier 1552, enregistré au parlement de Paris le 11 février et à la chambre des comptes le 27 (Arch. nat., AD+ 31, n° 5 ; impr. – *Actes royaux*, t. I, n° 1042).

la mise en œuvre retentit sur les institutions et sur les hommes. Pour en faciliter l'exécution, le trésorier de l'Épargne, André Blondet, en charge depuis avril 1547, accepta de démissionner, mais comme Henri II souhaitait le garder à son service, il lui destina le poste de contrôleur général dont Jean Duthier consentit aisément à se défaire. Ce dernier, on s'en souvient, en cumulait l'exercice, lui aussi depuis avril 1547, avec celui d'un secrétariat d'État qu'il conserva, preuve que ces deux charges avaient vite pris chacune trop de développement pour être remplies par un seul et même personnage[1]. D'où la promulgation, au mois d'octobre 1554, d'un édit par lequel Henri II créait, d'une part, deux offices de trésorier de l'Épargne, que les titulaires exerceraient en alternance, l'un pendant les années paires et l'autre au long des impaires; et, d'autre part, agrégeait à l'office de contrôleur général de l'Épargne et des parties casuelles, qu'abandonnait Duthier, celui de garde des rôles et registres et greffier des parties casuelles, pour ne former qu'un seul et même office de « contrôleur général des finances »[2], qu'il confia le 31 octobre à André Blondet[3]. Le dédoublement de l'office de trésorier de l'Épargne, dont les gages étaient élevés[4], devait permettre à celui dont l'exercice prenait fin de se consacrer l'année suivante à la présentation de sa gestion à la chambre des comptes. Quant au contrôleur général, l'édit, avec un grand luxe de détails, lui assignait sur toutes les catégories de recettes et de dépenses une inspection si serrée et si universelle qu'aucun mouvement de fonds ne pouvait y échapper, à la charge d'en tenir le Conseil rigoureusement informé. Considérant que « pour bien et loyaument satisfaire ausdites charges et devoirs dudit controlle général, [...] il y va d'un grand soin et non moindre diligence et vigilance, avec entretenement de clercs ou commis, outre les frais qu'il faut faire pour le port des registres, estats, rolles et autres pièces, [...] achat desdits registres, papier et autres choses nécessaires », Henri II fixait à 6 000 livres par an les gages du contrôleur général. Celui-ci était tenu de résider à la suite du Roi et de son Conseil, mais si, « par maladie ou légitime empeschement, il ne pourra y vacquer pour quelque temps, il pourra faire exercer sondit office par personnage d'honneste qualité et bonne vie, lequel sera du nombre de nos secrétaires »[5]. Cette faculté de

1. Sur Jean Duthier, secrétaire d'État, voir *supra*, p. 21, 23. Et aussi V.N. MALOV, « Les archives d'un secrétaire d'État de Henri II retrouvées à Moscou », dans *B.É.C.*, t. 135 (1977), p. 313-339; ID., « Documenti per la Storia delle guerre italiane del XVI secolo in un archivio di Mosca », dans *Rassegna sovietica* (Rome), 1979, n° 5, p. 85-95.

2. Édit daté de Paris en octobre 1554; enregistré à l'audience de France le 25, à la chambre des comptes le 29 et aux requêtes de l'hôtel le 30 octobre 1554 (Arch. nat., AD+ 39, impr. – *Actes royaux*, t. I, n°s 1191-1192). – Publ. par A. FONTANON, ouvr. cité, p. 71-76; et par S. FOURNIVAL, ouvr. cité, p. 219-230.

3. Bibl. nat., N.a.f. 895, fol. 33-34 (notes de Lancelot).

4. 20 000 livres pour l'année d'exercice, 10 000 pour l'autre. Les deux trésoriers alors nommés furent Raoul Moreau (années paires), en charge jusqu'en 1570, et Jean de Baillon (années impaires), en charge jusqu'en 1568. Baillon était neveu de Jean Duthier.

5. Cette clause reprenait, en l'accommodant, une possibilité déjà ouverte par l'article 26 de l'ordonnance du 12 avril 1547.

désigner un suppléant était appelée à se développer de façon très significative. Le contrôleur général et sa veuve jouiraient, *ex officio*, des mêmes privilèges et exemptions que les secrétaires du Roi, maison et couronne de France et que les officiers et commensaux de la maison de Sa Majesté. S'y ajouta pour Blondet une pension personnelle de 2 000 livres l'an [1]. Peu après, en complément logique, un contrôleur général fut institué dans les provinces auprès de chaque receveur général des finances, avec charge d'exercer sur les opérations de celui-ci la même inspection que celle exercée auprès du Conseil sur celles du trésorier de l'Épargne [2].

Cet édit d'octobre 1554 a fait du contrôleur général un des agents essentiels de l'administration centrale : ne verra-t-on pas, au temps de Mazarin, un de Messieurs des finances proclamer que le contrôleur général « est dans les finances ce qu'est un procureur général dans un parlement » [3] ! La nature de ses fonctions, érigées par Henri II en titre d'office, différait de celles remplies par les intendants des finances, qui étaient des commissions. Mais ils étaient les uns et les autres associés de façon si intime à la gestion des deniers royaux que les contemporains, lorsqu'ils parlaient de « Messieurs des finances » ou des « gens des finances », désignaient soit, dans un sens étroit, les intendants des finances apparus en 1552, soit, en une acception plus vaste, ces derniers, le contrôleur général et le trésorier de l'Épargne.

Quelque temps après la mise en pratique de ces mesures de 1554, l'équipe des « gens ayant la superintendance des finances » connut plusieurs changements. Marc de La Rue n'en fut plus membre à partir de 1556. Il semble s'être alors retiré en partie à Tours, sans cesser pour autant d'être consulté au sujet des finances, sur lesquelles il fut prié de dresser un mémoire en 1557 et un autre en mai 1559 [4]. Un nouveau venu le remplaça dans les derniers mois de 1556, avant d'accéder à un rôle plus élevé : Jean de Saint-Marcel, sieur d'Avanson. Ce dernier, d'abord conseiller au parlement de Grenoble (1532), puis maître des requêtes (1548-1561) et président au Grand Conseil (1549), avait été nommé en novembre 1554 ambassadeur auprès du Pape. Rappelé de ce

1. Lettres patentes datées de Paris le 2 novembre 1554 (Bibl. nat., N.a.f. 9735, fol. 298-300; copie par Lancelot). Blondet était en outre secrétaire du Roi.

2. Édit daté de Fontainebleau en février 1555 portant création des offices de contrôleurs généraux des finances en chacune des recettes générales et règlement sur l'exercice de leurs charges, enregistré le 6 avril à la chambre des comptes de Paris (Arch. nat., AD+ 40; impr. – *Actes royaux*, t. I, nos 1206-1207). – Publ. par A. Fontanon, ouvr. cité, p. 831-833 ; et par S. Fournival, ouvr. cité, p. 230-235).

3. Voir *infra*, p. 269.

4. Ces deux « Discours de La Coste » sont conservés ensemble à la Bibliothèque nationale (Ms. fr. 4530, fol. 21-79 [Mémoire de 1557] et fol. 1-18 [Mémoire de 1559]). D'autres manuscrits ne livrent que le Mémoire de 1559 (Bibl. nat., Ms. fr. 4528, fol. 1-87. Saint-Pétersbourg, Bibl. Saltykov-Shchedrin, Manuscrit français, F.II.57).

poste pour siéger au Conseil, il avait quitté Rome le 2 novembre 1556 et, dès son retour, s'était occupé des finances[1], préludant ainsi au rôle qui lui échut dès le début de 1557. Guillart du Mortier, en effet, cessa à ce moment d'exercer la commission financière qu'il remplissait depuis 1552, et cela sans doute pour se consacrer plus à fond à son service de conseiller au Conseil privé, où son influence est attestée par des lettres patentes du 12 mai 1557 qui lui conféraient, en sa qualité de conseiller audit Conseil, entrée, séance et voix délibérative au parlement de Paris[2], grâce accordée aussi peu après à d'Avanson[3]. Créature de Diane de Poitiers et fidèle des Guises, ce dernier bénéficia, comme conseiller au Conseil privé, de la même préséance que naguère du Mortier parmi Messieurs des finances, et cela avec les mêmes gages de 2 000 livres par an. Ainsi la charge occupée depuis 1552 par La Rue ne fut plus remplie, bien que l'équipe de « Messieurs des finances » eût accueilli un nouveau membre, Jacques Hurault, sieur de Vibraye, audiencier en la grande chancellerie (1527-1570) et secrétaire des finances (1527). Mais celui-ci y entrait seulement pour partager les activités de Burgensis, sans doute débordé de travail. Les deux hommes furent en effet très occupés. L'examen des documents les montre chargés « de la responsabilité d'un très grand nombre de lettres de finances, notamment en matière d'impôt. [Hurault] semble s'être fait une spécialité des demandes de décimes et des dons gratuits versés par le clergé. Quant au second, sa signature apparaît fréquemment au bas de lettres patentes émanant de la régence instituée en l'absence du Roi parti aux armées »[4]. Dans le quatuor, les fonctions principales n'incombaient plus qu'à deux membres, d'Avanson et Voisinlieu, et c'est sans doute pourquoi les gages de ce dernier passèrent alors de 2 000 à 3 000 livres par an[5]. La besogne ne leur manquait pas au printemps et en l'été 1557, où le trésor de l'Épargne devait entretenir quatre armées d'Italie (armée de Guise, armée de Brissac, armées de Rome et de Montalcino), à quoi s'ajoutaient les dépenses de la guerre diplomatique, les avances consenties au duc de Ferrare et au Pape, sans oublier les sommes employées à réunir les troupes que Montmorency conduisit le 10 août au désastre de Saint-Quentin. Cet épisode eut aussitôt des répercussions sur l'administration des finances.

---

1. Le 20 février 1558, le Roi mandait au payeur des gages du Grand Conseil de verser à d'Avanson ses gages de président en cette cour pour le dernier quartier de 1556, bien qu'il n'ait pu alors y siéger « pour avoir esté lors ailleurs occupé pour nostre service et mesmes au faict de noz finances » (Arch. nat., K 92, n° 11 ; orig.).

2. Lettres patentes datées de Fère-en-Tardenois le 29 mai 1557 entérinées le 29 décembre par le parlement (Arch. nat., X^1a 1586, fol. 511).

3. Lettres patentes datées de Reims le 16 juin 1557 entérinées le 13 septembre par le parlement (*ibid.*, fol. 238v°).

4. H. MICHAUD, ouvr. cité, p. 155.

5. Bibl. nat., N.a.f. 22247, fol. 31 (notes de Lancelot).

* *
*

À Saint-Quentin, le connétable de Montmorency avait été non seulement battu, mais fait prisonnier par les Espagnols. Henri II se trouvait ainsi séparé de son premier conseiller, et cela pour faire face à une situation très grave et reconstituer en hâte une armée. Par la force des choses, les Guises occupèrent alors le devant de la scène. Le cardinal de Lorraine prit un soin particulier des finances, secondé en cela par le garde des sceaux Jean Bertrand, par d'Avanson et Voisinlieu. Il semble que le cardinal se soit fait assister à cette fin d'une sorte de conseil particulier, dont les membres ne bénéficièrent pas pour autant de gages spécifiques et se contentèrent de ceux afférents à leur qualité de conseillers au Conseil privé. Ce groupe comprit d'abord Guillart du Mortier et Charles de Marillac, archevêque de Vienne et ancien ambassadeur, auxquels se joignit l'évêque d'Orléans, Jean de Morvilliers, à son retour de Lyon, où il avait été envoyé avec « l'autorité et superintendance » sur les finances pour renflouer « le Grand parti »[1]. Dans ces circonstances, désireux que ses affaires fussent « maniez et conduictz avec grand respect et le plus secrètement que faire ce pourra, principalement ceux qui concernent l'estat de son royaume », Henri II édicta le 30 octobre un règlement pour son Conseil. Celui-ci tiendrait deux séances différentes : l'une, où il n'admettrait « participans autres que ses principaux serviteurs et qui par Sa Majesté sont expressément préposez et choisis au maniement d'iceulx » affaires; et l'autre, le mardi et le jeudi, pour les affaires des particuliers. À la première séance, celle des Affaires, n'entreraient que les cardinaux, les princes, les conseillers au Conseil privé, les secrétaires d'État, Voisinlieu, cinq secrétaires des finances (dont Burgensis et Hurault de Vibraye), le contrôleur général des finances Blondet et le trésorier de l'Épargne. Les mêmes pourraient siéger aussi aux sessions du mardi et du jeudi, où auraient accès les maîtres des requêtes[2].

Avec les gens de son Conseil des Affaires, Henri II décida de la politique qui compensa bientôt l'humiliation de Saint-Quentin par les conquêtes de Calais, de Guînes et de Thionville. Que le Roi ait pu, dans

1. *Ibid.*, fol. 31 et 32. Par lettres patentes datées de Paris le 13 mai 1557, présentées au parlement le 13 janvier 1558, Morvilliers reçut, en qualité de conseiller au Conseil privé, entrée, séance et voix délibérative au parlement de Paris (Arch. nat., X^{1a} 1587, fol. 10v°). Sur une dépêche au cardinal de Lorraine signée à Paris le 22 janvier 1558 par le garde des sceaux et par Guillart du Mortier, Charles de Marillac, Jean de Morvilliers et d'Avanson, figure cette mention, contemporaine de sa réception : « Mr le cardinal de Sens et autres Messieurs les superintendans des finances » (Bibl. nat., Ms. fr. 6617, fol. 10-11 ; orig.). Deux jours plus tard, écrivant au même prélat, le trésorier de l'extraordinaire des guerres se référait à « ce qu'il vous a esté escript par Messieurs les superintendans des finances » (*ibid.*, Ms. fr. 23191, fol. 193 ; orig.). Sur Charles de Marillac, voir P. de Vaissière, *Charles de Marillac, ambassadeur et homme politique sous les règnes de François Ier, Henri II et François II. 1510-1560* (Paris, 1896, in-8°). Et sur J. de Morvilliers, voir G. Baguenault de Puchesse, *Jean de Morvilliers, évêque d'Orléans, garde des sceaux de France. Étude sur la politique française au XVIe siècle...* (2e éd., Paris, 1870, in-8°).

2. Règlement daté de Saint-Germain-en-Laye le 30 octobre 1557 (Bibl. nat., Ms. fr. 18152, fol. 5-6; copie. – Bibl. Sainte-Geneviève, Ms. 838, fol. 9; copie).

un délai aussi court, rassembler l'armée qui prit ces places s'explique à la fois par la souplesse économique de son royaume et par la résistance et l'efficacité des rouages du gouvernement central, animé par les secrétaires d'État et par « Messieurs les surintendans des finances »[1]. Parmi ceux-ci, d'Avanson et Voisinlieu paraissent avoir été considérés, dans la ligne de la création de 1552, comme occupant une position clé. C'est à eux deux que s'adressent le procureur et l'avocat général de la chambre des comptes de Paris[2] et ils signent ensemble les dépêches au cardinal de Lorraine[3]. Ils se sentirent très affectés par le décès du contrôleur général Blondet, survenu le 7 novembre 1558 à Beauvais au cours du séjour du Roi dans cette ville. Sa mort, écrivirent-ils à Henri II, « nous est venue mal à propos, parce que, à vous en parler à la vérité et comme fidelles serviteurs et subgectz doibvent faire, aïant l'afection qu'il avoit à vostre service et passant devant ses yeulx et par ces mains l'entière cognoissance de toutes voz finances, nous estions ordinairement advertiz de tout ce qu'il cognoissoit estre besoing et nécessaire en vosdictes finances pour vostre service, ensemble des bons et mauvais comptables. Tellement que nous ne pouvons faire de moings, Sire, que de supplier Dieu qu'Il vous veuille donner en son lieu ung autant bon et fidelle serviteur en ung estat qui vous est si requis et nécessaire que cestuy-là »[4]. Ce poste essentiel ne resta pas longtemps vacant : un officier de finance, Simon Goille, en fut pourvu dès le 15 novembre, mais, comme les temps étaient durs, on ne lui assigna que 3 000 livres de gages annuels[5].

Les circonstances entourant la mort de Blondet sont révélatrices et du rang occupé par le contrôleur général auprès du Roi, et de certaines de ses obligations[6]. On commença par dresser l'inventaire de ses biens et effets dans les lieux où il était mort à Beauvais et ce document nous apprend que se trouvaient à ce moment auprès de lui son commis Claude Garrault (secrétaire du Roi et futur trésorier de l'Épargne), un maître d'hôtel, trois valets de chambre, un cuisinier et un sommelier et qu'il y

1. Significative de cette volonté est la grande ordonnance datée de Saint-Germain-en-Laye en décembre 1557 et contresignée par Hurault de Vibraye, dont les 55 articles portent règlement « pour le maniement et administration des finances et pour les charges de receveurs généraux et particuliers et autres officiers comptables, afin de pourveoir à plusieurs abus et malversations » (Arch. nat., AD+ 43 ; impr. – *Actes royaux*, t. I, nos 1363-1367. – Publ. par A. Fontanon, ouvr. cité, p. 642-654 ; et par S. Fournival, ouvr. cité, p. 248-275).

2. Lettre de ces magistrats « À Messieurs, Messieurs Davenson et de Voisinlieu, superintendans sur les finances, en court » ; Paris, 2 juillet 1558 (Tsgada, coll. Lamoignon, vol. 60, fol. 99 ; orig.).

3. En 1558 : dépêches datées de Reims le 1er août (*ibid.*, vol. 61, fol. 257-258 ; orig.). De Reims le 6 août (*ibid.*, vol. 62, fol. 20-21 ; orig.). De Paris le 27 septembre (*ibid.*, vol. 56, fol. 49-50 ; orig.). De Paris le 30 septembre (*ibid.*, vol. 62, fol. 144-145 ; orig). De Paris le 3 novembre (*ibid.*, vol. 57, fol. 39-40 ; orig.).

4. D'Avanson et Voisinlieu au Roi ; Paris, 8 novembre 1558 (Bibl. nat., Ms. fr. 23192, fol. 59 ; orig.).

5. Les provisions de Simon Goille furent datées de Saint-Germain-en-Laye le 15 novembre 1558 et il fut reçu le 17 dans l'office (Bibl. nat., N.a.f. 9735, fol. 313 ; notes de Lancelot). Simon Goille, secrétaire du Roi depuis 1559, était par ailleurs trésorier des menues affaires de la chambre du Roi (1547), trésorier des postes, capitaine concierge du château de Madrid (1553) et trésorier des bâtiments du Roi.

6. Voir à ce sujet H. Michaud, ouvr. cité, p. 188.

avait aussi de la vaisselle d'argent, tous points qui illustrent ce que pouvait être le train de maison de cet officier hors de Paris et des grandes résidences royales. L'inventaire fut continué dans son hôtel parisien et on n'en retiendra ici qu'une mention, celle indiquant qu'il avait fait fabriquer en 1551 une douzaine de tentes et de pavillons à destinations diverses, détail révélateur de la place que tenaient les voyages à la suite du Roi et de la cour dans l'existence de tels serviteurs de l'État.

Mise à l'épreuve par la secousse terrible du désastre de Saint-Quentin et de ses suites, l'administration centrale des finances n'avait pas pour autant perdu son assiette. Tout au long de 1558, on y retrouva les quatre commissaires institués en 1552, parmi lesquels Burgensis et Hurault de Vibraye, les deux secrétaires, continuent à avoir charge des écritures, alors que les fonctions d'intendant ou superintendant incombent toujours à Voisinlieu et à d'Avanson. Cette équipe s'enrichit d'un élément en 1559, où le Roi décida que Jean Ferey, sieur de Durescu, secrétaire des finances et contrôleur général de l'artillerie, serait dorénavant « employé en sa qualité de secrétaire desdites finances à toutes les expéditions qui se pourront présenter près et à l'entour des surintendans desdites finances et en son privé Conseil, tout ainsi que font les sgrs du Goguyer et de Vibraye, et que pour cet effet il entre et assiste à tous Conseils qui seront tenus sur le fait desdites finances [1] ». Il apparaît que, de fait, un temps assez long s'est écoulé avant que Ferey de Durescu ait pu remplir cette fonction de manière continue [2]. En tant que conseiller au Conseil privé, d'Avanson assurait la liaison avec les trois autres membres de celui-ci qui, avec lui, y veillaient particulièrement sur les finances : Guillart du Mortier, Charles de Marillac et Jean de Morvilliers. Mais la présence des deux prélats y connut des éclipses : Morvilliers fut en octobre et novembre 1558 un des négociateurs de la trêve de Cercamp et ensuite, de février à avril 1559, l'un de ceux du traité du Cateau-Cambrésis et Marillac fut envoyé dans l'Empire au début de 1559. Ces absences expliquent peut-être pourquoi Michel de L'Hospital, alors premier président de la chambre des comptes de Paris et conseiller au Conseil privé, paraît s'être occupé des finances au Conseil en 1559 [3].

Le retour du connétable de Montmorency à la cour et au Conseil au milieu de décembre 1558 ayant rééquilibré les partis autour d'Henri II,

1. Brevet daté de Villers-Cotterêts le 28 mars 1559, analysé dans un « Inventaire des titres de la maison Leconte de Nonant... » (Archives du château du Pin). Sur le personnage, voir H. PELLERIN, « Un grand seigneur du pays d'Auge ambassadeur de France à Bruxelles au XVIe siècle » dans *Le Pays d'Auge*, janvier 1957, 7e année, n° 1, p. 7-12.

2. Par lettres patentes datées de Chambord le 20 décembre 1559 fut institué à Paris un bureau des traites des blés et vins comprenant huit commisssaires, dont « Jehan Ferey, l'ung des secrétaires de noz finances » ; voulant, précisait ce texte, « que ledict Ferey, secrétaire de nosdictes finances, face et signe, comme dict est, toutes les dépesches et expéditions qui seront accordées, ordonnées et arrestées en icelluy bureau » (Arch. nat. X^{1A} 8623, fol. 37v°-40v° ; enregistrement le 25 janvier 1560 par le parlement de Paris. – *Actes royaux*,, t. I, n° 1464. – C.A.FII, n° 292).

3. Dans les notes prises par Lancelot dans les comptes du trésor de l'Épargne, L'Hospital apparaît en compagnie de du Mortier, Marillac, Morvilliers et d'Avanson dans les comptes du premier quartier de 1559 (Bibl. nat., N.a.f. 22247, fol. 34).

la signature de la paix le 3 avril 1559 lui permettait de mener une politique nouvelle. À quarante ans, le Roi était alors dans la force de l'âge. Par la paix du Cateau-Cambrésis, il avait « renoncé à occuper des positions intenables sur les frontières du nord et dans les marches italiennes. Le rapatriement des garnisons donnait à la couronne une armée forte, immédiatement disponible pour assurer l'ordre à l'intérieur du pays. Les rapports entre catholiques et protestants auraient pu alors être arbitrés » par le souverain débarrassé des luttes extérieures[1]. Les dépenses militaires diminuant et l'économie étant en expansion, les finances de l'État pouvaient être assainies. Toutes espérances mises à mal par le funeste coup de lance du comte de Montgomery. Un nouveau règne ne pouvait que procurer des changements dans le personnel politique. Allait-il aussi en entraîner dans les institutions ?

« Le Roi est mort ! Vive le Roi ! » En vertu de ce vieil adage, la mort tragique d'Henri II le 10 juillet 1559 fit dans l'instant du Dauphin le roi François II. Et aussitôt le duc de Guise et le cardinal de Lorraine son frère, oncles de la jeune reine Marie Stuart, se rendirent maîtres du pouvoir. Le jour même, le cardinal Bertrand abandonna les sceaux et on les rendit au chancelier Olivier, qui s'en était déchargé en janvier 1551. Un mois plus tard, « considérans ledit office estre inutille et venir à la grande charge de noz finances », le Roi supprimait le poste de contrôleur général, dont Simon Goille avait dû démissionner le 13 août[2]. L'extinction brutale de cet office constitue la première des péripéties contrastées qui, pendant un siècle, vont affecter le statut de la personne ou de l'équipe habilitée à exercer le contrôle général. À quoi s'enchaîna, le 28 août, la promulgation d'un nouveau règlement pour le Conseil privé. Le Roi y prévoyait que « ès jours où il se traictera de matières de finance et autres concernans sesdits affaires, assisteront audit Conseil durant la séance d'iceluy les quatre secrétaires d'Estat et des finances ordonnez auprès de Sa Majesté, les intendans sur les fins des finances, Mes Claude Burgensis et Jacques Hurault, aussy secrétaires de sesdites finances ; semblablement s'y trouveront le trésorier de l'Espargne et le trésorier des parties casuelles, sans que autres, de quelque qualité qu'ils soyent, y puissent entrer, ne eulx s'y trouver s'ils n'y sont appellez par ordonnance et commandement des seigneurs dudit Conseil. Et quand aux jours où se donnera audience pour les parties, les maistres des requestes ordinaires de l'hostel qui seront en leur quartier [...] assisteront audit Conseil, les quatre secrétaires d'Estat et les six autres dessus nommez ou ceux d'entre eulx qui s'y pourront trouver, sans que nuls des

1. I. CLOULAS, ouvr. cité, p. 597.

2. Suppression prononcée par édit daté de Saint-Germain-en-Laye en août 1559 (Bibl. nat., Ms. fr. 4588, fol. 39v°-40 ; formulaire). Cet édit fut publié à l'audience du sceau le 16 août et enregistré à la chambre des comptes le 19 (*ibid.*, Ms. fr. 18510, fol. 69).

autres secrétaires signans en finance se puissent ingérer d'y entrer et assister »[1].

De ce règlement il ressort que le système de gestion des finances mis en place en 1552 par Henri II auprès de lui et de son Conseil traversait sans grave altération l'épreuve du changement de règne. On retrouvait « les intendans sur les fins des finances », assistés par ces deux secrétaires confirmés dans le monopole de l'expédition des décisions prises en Conseil. Leurs gages restèrent les mêmes : 3 000 livres par an pour un intendant et 1 200 pour un secrétaire. Les circonstances voulurent que la besogne de ces Messieurs subit très vite un accroissement sensible, car l'édit d'août supprimant l'office de contrôleur général des finances n'avait pas abrogé pour autant les formalités du contrôle général telles que les avaient réglées l'ordonnance du 12 avril 1547 et l'édit d'octobre 1554[2]. Elles subsistaient dans leur intégralité et leur accomplissement incomba désormais aux intendants des finances, situation qui se renouvellera à plusieurs reprises jusqu'au milieu du XVIIe siècle. D'où pour eux un surcroît de travail qui explique, pour une part, que leur nombre ait dû être augmenté, décision inspirée aussi par des considérations de personnes.

À partir au moins du dernier trimestre de 1559, en effet, Voisinlieu apparaît flanqué de deux autres collègues intendants des finances : Antoine Bohier, sieur de Chesnaye, receveur général des finances de la généralité de Bourges, et Étienne Lalemant, sieur de Vouzay[3]. Ce dernier, maître des requêtes de l'hôtel et homme de confiance du cardinal de Lorraine, avait été envoyé à Lyon en novembre 1557 à la place de Morvilliers pour traiter des intérêts du Roi dans le Grand Parti[4]. Quant à Bohier de Chesnaye, son activité paraît avoir été éphémère : on ne le retrouve plus en 1560, où, à partir du mois de juin, entre en scène un nouvel intendant des finances, Charles Leprévost, sieur de Grandville[5]. On notera enfin que le chancelier Olivier mourut à Amboise le 28 mars 1560 et qu'alors Jean de Morvilliers exerça par commission verbale les fonctions de garde des sceaux jusqu'à ce que Michel de L'Hospital ait pu prêter serment à la fin de juin pour l'office de chancelier de France. On relèvera aussi le décès de Charles de Marillac, survenu à Melun le 2 décembre 1560.

1. Règlement daté de Villers-Cotterêts le 28 août 1559 (Bibl. Sainte Geneviève, Ms. 838, fol. 10 ; copie).

2. Voir *supra*, p. 22-26 et 35-36.

3. Bibl. nat., N.a.f. 22247, fol. 33 ; notes de Lancelot.

4. Sur ce personnage, voir M. ETCHECHOURY, *Les Maîtres des requêtes de l'hôtel du Roi sous les derniers Valois (1553-1589)* (Paris, 1991, in-8°. Mémoires et documents de l'École des chartes, t. 33), p. 239-240. Il fut l'un des premiers à avoir vent de la conjuration d'Amboise et à en faire informer les Guises (L. ROMIER, *La Conjuration d'Amboise. L'aurore sanglante de la liberté de conscience. Le règne et la mort de François II* [Paris, 1923, in-8°], p. 91).

5. Le 27 octobre 1560, Leprévost de Grandville donna quittance au trésorier de l'Épargne pour ses gages d'intendant des finances des mois de juin, juillet, août et septembre 1560 (Bibl. nat., Pièces orig., 2382, doss. 53430, n° 2). Il signa le 20 décembre suivant quittance pour les gages du dernier quartier (*ibid.*). Ses gages étaient de 3 000 livres l'an.

Troublée depuis le mois de mars par la conjuration d'Amboise et ses séquelles, cette année 1560 se termina par la mort de François II le 5 décembre et quelques jours plus tard, le 13, par l'ouverture des états généraux. L'avènement d'un Roi mineur, l'instauration d'une régence et la session des états exposaient les institutions à de sérieux contrecoups, sans parler des mouvements affectant inévitablement les hommes. Qu'allait-il advenir de l'administration centrale des finances? Son sort depuis la disparition d'Henri II pouvait plutôt lui inspirer confiance.

* *
*

Si chargé d'événements qu'il ait été dans sa brièveté, le règne de François II n'a pas ébranlé l'administration des finances. Le rôle majeur dévolu en la matière au Conseil du Roi depuis 1523 n'a pas été remis en cause et l'équipe constituant l'intendance ou surintendance était toujours là, touchée par quelques changements parmi ses membres, sans être perturbée dans sa tâche. C'est la preuve que cette formation installée par Henri II en 1552, loin d'offrir un expédient passager, était devenue en peu d'années une institution stable, personnalisée par plusieurs traits spécifiques. C'était d'abord – héritage du Moyen Âge – son caractère collégial, manifesté par les termes ou expressions employés pour la désigner. Intendant des finances ou aux finances restait encore une locution qui visait tantôt, au sens étroit, l'un des commissaires participant aux débats du Conseil, tantôt, dans une acception plus large, l'un de Messieurs des finances, quelle que fût sa charge propre. Ainsi Burgensis et Hurault de Vibraye, dont les fonctions étaient limitées à l'expédition des actes souverains, se disaient couramment « intendans aux finances »[1]. Une autre particularité consistait en ce que le fait d'être l'un de Messieurs des finances impliquait à lui seul l'appartenance au Conseil du Roi, indépendamment de l'octroi de la dignité ou du titre de conseiller au Conseil privé.

Si la commission créée en 1552 en vue « de pourveoir et de mectre et introduire au faict de noz finances [...] ung bon ordre » devint si vite une véritable institution, cela tint sans doute à la compétence des hommes qui en furent investis. Leur recrutement fut varié. Guillart du Mortier et d'Avanson étaient conseillers au Conseil privé, c'est-à-dire associés quotidiennement aux décisions politiques, et ce au terme d'une carrière menée dans les offices de parlements et de maître des requêtes et marquée aussi par des missions diplomatiques. Parmi les autres, certains étaient officiers des comptes (La Rue, Leconte de Voisinlieu, Leprévost

1. Dans une quittance du 28 juin 1560 au trésorier de l'Épargne, Hurault de Vibraye reconnaît avoir touché 300 livres « pour mes gaiges et estat d'intendans aux finances » du quartier d'avril (Bibl. nat., Pièces orig., 1551, n° 74). Burgensis prend la même qualité dans ses quittances pour les quartiers d'avril et octobre 1560 (*ibid.*, 559, doss. 12611, n°s 12 et 13).

de Grandville) ou de finance (Goille, Ferey de Durescu), un seul maître des requêtes (Lalemant de Vouzay). Il n'y avait donc pas de filière unique pour accéder à ces responsabilités. Des cumuls de fonctions pouvaient renforcer les liens unissant les gens des finances, en particulier la possession d'un office de secrétaire du Roi. Outre qu'il procurait des relations fort utiles dans les milieux de la chancellerie et des écritures royales, il offrait depuis 1485 l'attrait de conférer la noblesse héréditaire sans comporter de grandes obligations de service. La Rue, Ferey de Durescu, Blondet, Goille, Leconte de Voisinlieu, Leprévost de Grandville, Burgensis en furent revêtus. D'aucuns tinrent à détenir en plus quelque sinécure honorifique : Burgensis fut secrétaire de la chambre du Roi et Hurault de Vibraye maître d'hôtel de Sa Majesté. Quelques charges plus actives dans la maison du Roi ou des siens procuraient de hautes protections : Leprévost de Grandville était aussi général des finances de la Reine mère. Le tout sans parler des parentés et alliances et aussi, en ces temps si troublés, des affinités politiques et religieuses.

Fort nécessaire serait une enquête sur les bureaux de Messieurs des finances. Pour la tenue de leurs écritures et de leurs comptes, pour le port de leurs correspondances, ils confièrent des besognes précises à des scribes, des commis, des clercs, des secrétaires, encore peu nombreux semble-t-il. Combien étaient-ils ? Que faisaient-ils ? Comment étaient-ils recrutés et rémunérés ? Autant de questions dont, en l'état des sources, les réponses supposent des recherches aussi ingrates que laborieuses.

Bien que mise en train sous le règne de François Ier, la réorganisation des finances royales par Henri II demeure inséparable des mesures par lui prises dans les premières heures de son avènement en vue de rationaliser la conduite générale de l'État. On ne peut, en particulier, dissocier des ordonnances et règlements qui instituèrent en avril 1547 les secrétaires d'État la mise en place en 1552 des « gens ayant la superintendance des finances », qui en apparaît à sa façon comme le pendant. La réussite de ces deux innovations n'a pu être l'effet du hasard : elle fut l'aboutissement de réflexions préalables. Le mérite en revient-il au Roi ? Il est probable que celui-ci a approuvé ces décisions sans participer en détail à leur élaboration. L'inspirateur et l'organisateur de ces arrangements semble bien avoir été le connétable de Montmorency, à qui la maladie de François Ier donna le temps de préparer les initiatives d'un nouveau maître dont il se savait appelé à être le premier conseiller. S'il fut à la guerre un combattant aussi intrépide et valeureux l'épée à la main qu'un chef incapable de concevoir une stratégie, Montmorency était par ailleurs un homme d'ordre, hostile aux aventures, ménager des deniers publics, fort capable de mettre sur pied l'organisation gouvernementale inaugurée à l'avènement d'Henri II. Une preuve pourrait en être que Jean Duthier, un des secrétaires d'État alors institués et appelé quelques jours plus tard à cumuler cette charge avec celle de contrôleur général, était depuis au moins 1538 secrétaire du connétable.

Chapitre II

1560-1574

Au soir du 5 décembre 1560, à un roi de presque dix-sept ans, mais légalement majeur, succédait un garçonnet de dix ans et demi. Une régence allait donc s'instaurer. Les minorités royales constituaient souvent une période délicate. Celle de Charles IX s'annonçait particulièrement difficile après le règne mouvementé de son frère aîné, alors que les dissensions politiques et confessionnelles enfiévraient les passions et déjà faisaient craindre la guerre civile. Dans les grands remous qui bientôt ballottèrent le royaume, les institutions furent mises à rude épreuve, et spécialement celles qui veillaient sur les deniers publics, car les troubles ne diminuaient pas les besoins de l'État, bien au contraire. Comment l'administration centrale des finances a-t-elle traversé ces années de désordres sanglants ? Par chance, la documentation la visant, si lacunaire et si discontinue qu'elle soit, est plus fournie que pour le règne d'Henri II, en particulier les actes des Conseils.

* *
*

Les membres du Conseil privé présents à Orléans s'y assemblèrent dès le matin du 6 décembre 1560 et prononcèrent que la régence ne pouvait échoir qu'à la Reine mère, Catherine de Médicis. Celle-ci se rendit alors devant le Roi son fils, entourée du roi de Navarre, de cinq cardinaux, des princes, du chancelier de L'Hospital, de deux maréchaux et de l'amiral de France et de plusieurs conseillers du Conseil privé parmi lesquels se trouvaient du Mortier, d'Avanson et Jean de Morvilliers. Ils firent tous allégeance à Charles IX, qui les pria d'obéir désormais à tout ce que sa mère leur commanderait en son nom. « Vindrent aussi devers Leurs Maiestez les cinq capitaines des gardes et celuy des Suisses faire le semblable, ausquels le Roy fit pareil commandement. Furent mandez et appellez les sieurs de L'Aubespine, Bourdin, de Fresne et Robertet, secrétaires d'Estat, ausquels ledit seigneur commanda que doresnavant ils se tinssent près de ladite dame et la suivissent, et non autre, pour recevoir d'elle ses commandements et ne faire aucunes expéditions des affaires de cedit royaume que celles qui leur seroient par elle commandées. Le semblable fut aussi commandé aux intendants des finances[1] ». Ces consignes très générales fondèrent les dispositions arrêtées deux semaines plus tard, le 21 décembre, « pour le gouvernement de l'estat des affaires du royaume » :

> Ce règlement fixait d'abord comment seraient gérées les affaires relatives aux armées. Il précisait ensuite que « toutes choses concernans la iustice, les finances et la police de ce royaume seront traitées et expédiées audit Conseil privé, ladite dame y assistant quand bon luy semblera, sinon luy en sera fait rapport, et suivant la délibération du Conseil en seront faites les dépesches par le secrétaire d'Estat et scellées par Monsieur le chancelier et non autrement. Et avant que le Roy signe aucunes lettres de sa main, elles seront vues et entendues par ladite dame au Conseil des Affaires du matin. Veut aussi ledit seigneur que le contrôleur des postes mette doresnavant tous les paquets qu'il recevra entre les mains des secrétaires d'Estat, chacun en sa charge, lesquels, sans aucunement les ouvrir, les présenteront tout fermez incontinent à ladite dame Reine mère, qui les verra à part, puis les fera lire en pleine compagnie du Conseil des Affaires, où se prendra la résolution de la réponse qui devra être faite par le Roy [...]. Pour ce que des choses que Sa Maiesté a plus à cœur et en désire plus gratifier ses suiets c'est la iustice, a ordonné que, le mardy et vendredy de chacune semaine, sera tenu le Conseil pour les parties, où toutes requestes seront ouÿes [...]. Et le ieudy s'assemblera le Conseil où se traitera le fait des finances et autres choses concernans les affaires d'Estat du royaume et n'y entreront, outre les secrétaires d'Estat, que les superintendans et les deux secrétaires ordonnez pour le fait des finances, et trésorier de l'Espargne et des parties casuelles, non autres ».[2] Au même moment fut arrêtée la liste des « princes du sang et autres seigneurs ordonnez par le Roy pour seoir en son Conseil ».[3]

Pris pendant la tenue des états généraux et peut-être sous leur pression, ce règlement témoignait d'un souci d'organiser avec netteté l'exercice du pouvoir royal pendant la régence. Très rationnels sur le papier, ces arrangements n'en étaient pas moins, dans leur mise en pratique, à la merci des événements et aussi des promotions ou des disgrâces personnelles. La mort de François II, en effet, mit fin sur-le-champ à la prépondérance des Guises et la Régente eut un entourage différent. Par ses prescriptions relatives aux finances, ce règlement du 21 décembre 1560 démontrait que, à cette date et dans cette conjoncture, l'équipe de Messieurs des finances était considérée sans réserve comme constituant dans

1. « Relation de ce qui s'est passé à Orléans le lendemain de la mort du Roy François II, au commencement du règne du Roy Charles IX, le 6.iour de décembre 1560, extraite du registre de Monsieur de Laubespine, secrétaire d'Estat » (publ. par P. Dupuy, *Traité de la maiorité de nos rois et des régences du royaume...* [Paris, 1655, in-4°], p. 347-349).

2. Règlement daté d'Orléans le 21 décembre 1560 (publ. *ibid.*, p. 352-354).

3. « Séance de ceux du Conseil du Roy de l'an 1560, au commencement du règne du Roy Charles 9, extraicte du registre de Monsieur de Laubespine, secrétaire d'Estat » (Arch. nat., U 945[A], fol. 65v°-66v°).

les institutions du royaume un élément régulier et essentiel, symétrique à sa façon des secrétaires d'État. Mais si son existence et son rôle ne faisaient l'objet d'aucune contestation, sa composition n'était pas à l'abri des changements et on en eut très vite la démonstration.

Au décès de François II, on s'en souvient, les gens des finances comprenaient les deux secrétaires ayant le monopole des expéditions, Burgensis et Hurault de Vibraye, et trois « intendans sur les fins des finances », Voisinlieu, Lalemant de Vouzay et Leprévost de Grandville, chargés aussi collectivement du contrôle général des finances, les uns et les autres agissant en liaison avec trois conseillers au Conseil privé, du Mortier, Morvilliers et d'Avanson, le tout sous l'œil attentif du cardinal de Lorraine. L'effacement des Guises retira cette surveillance à ce prélat, sans le priver de son siège au Conseil, et le maître des requêtes Lalemant de Vouzay, son homme lige, perdit son poste d'intendant des finances, ce qui ne l'empêcha pas de se montrer fort actif dans les Conseils[1]. Il ne fut pas remplacé dans son intendance et ne restèrent en charge que Leprévost de Grandville et Voisinlieu, ce dernier faisant figure de cheville ouvrière de l'institution. Mais c'est à la tête de celle-ci que furent opérés les changements les plus notables.

Dès le premier trimestre de 1561, en effet, les finances apparaissent coiffées par deux nouveaux venus se situant au-dessus des intendants des finances : Artus de Cossé, seigneur, puis (1566) comte de Gonnord, conseiller au Conseil privé, et Louis d'Ongnies, comte de Chaulnes, capitaine et gouverneur de Saint-Quentin. L'un et l'autre étaient chevaliers de l'ordre du Roi et capitaines de cinquante lances fournies de ses ordonnances. Leur nomination était riche d'innovations. C'était d'abord cette direction à deux têtes instaurée au sommet de l'institution. Il y avait aussi la qualité de ces dirigeants : ni officiers de judicature ou de chancellerie ni officiers de finance, ils étaient seigneurs et de grande naissance. Ces gentilshommes n'avaient donc pas considéré ces hautes responsabilités comme indignes de leur rang. Il se peut même que la nature des pouvoirs qui leur furent alors conférés ait été réglée en fonction de leur prééminence sociale. Il ressort, en effet, que s'ils faisaient désormais partie de Messieurs des finances, ils y exerçaient une nette primauté hiérarchique. Celle-ci découlait d'abord de leurs gages plus élevés : 4 000 livres par an[2], et était exprimée aussi par le titre de *superintendant* qui leur fut donné et quasi réservé et qui, perdant peu à peu le sens très général avec lequel il avait d'abord été usité, tendait vers une acception plus restreinte et plus précise pour caractériser un rôle spécifique de direction[3]. Ces innovations du début de 1561 comportaient

1. M. Etchechoury, ouvr. cité, p. 93, 114, 147, 239-240.

2. Parallèlement à ces gages de la surintendance, Gonnord touchait 3 000 livres de pension et de gages du Conseil et Chaulnes 1 000 livres de pension.

3. Dans ses notes prises dans les comptes du trésor de l'Épargne, Lancelot a relevé les sommes versées en 1561 par le Roi à Gonnord et à Chaulnes « pour avoir l'œil sur le fait et direction de ses finances [...] à raison de 4 000 livres à chacun d'eulx par an » (Bibl. nat., N.a.f. 22247, fol. 35). Dans le compte original du trésor de l'Épargne de 1562, si Gonnord est encore indiqué comme ayant « l'œil sur le faict et direction » des finances (Bibl. nat., Ms. Clairambault, 232, p. 2 145),

deux traits que l'on retrouvera plusieurs fois jusqu'au milieu du XVIIe siècle, à savoir, d'une part, cette responsabilité bicéphale au sommet de l'administration des finances et, d'autre part, cette accession de gentilshommes à la surintendance, comme en alternance avec des gens de robe ou de plume.

En fait, les deux surintendants institués en 1561 ne semblent pas avoir été sur un pied d'égalité, bien que Chaulnes ait été promu conseiller au Conseil privé en octobre 1563. Gonnord a joué nettement un rôle plus actif et plus étendu que son compagnon. En font foi les nombreuses lettres qu'il reçut de Catherine de Médicis [1] et aussi la substantielle augmentation de gages dont il bénéficia. Ses émoluments de surintendant, en effet, passèrent en 1565 de 4 000 à 11 000 livres, tandis que ceux de Chaulnes ne furent alors haussés que de 4 000 à 8 000 livres [2]. Cette importance particulière de Gonnord est révélée aussi par des lettres patentes du 10 février 1563 adressées aux « gens tenans nostre court de parlement et Grand Conseil, chambre de noz comptes et courtz des aydes », par lesquelles le Roi, considérant que, le seigneur de Gonnord, « conseiller en nostre Conseil privé et superintendant de noz finances, ayant par nous esté interposé à l'intendance d'icelles finances, il est besoing, pour les affaires qui journellement se présentent pour nostre service deppendans de ladicte charge et autres choses de grande conséquence et importance que nous luy commectons et adressons ordinairement, pour de ce dire et faire entendre de nostre part noz voulloir et intention ou prendre voz conseil et advis sur icelles, en quoy sa présence est bien requise et nécessaire », ordonnait qu'il lui serait loisible d'entrer dans ces compagnies pour, en sa qualité de conseiller au Conseil privé, « y avoir scéance et voix délibérative, selon l'ordre et degré gardé et observé à l'endroict des autres conseillers de nostredict Conseil privé, entrée, séance et voix délibérative [3] ». Il ne semble pas que de telles lettres aient jamais été expédiées en faveur de Chaulnes. La prééminence du rôle de Gonnord ressort en outre de l'ensemble des tâches de Messieurs des finances, auxquels les événements imposèrent bientôt des activités dispersées.

À la suite du massacre de Wassy (1er mars 1562), la première guerre de Religion opposa Paris, capitale restée catholique et fidèle aux Guises,

---

Chaulnes est payé « pour son estat de susperintendant des finances » (*ibid.*, p. 2 005, 2 128 et 2 169). Le 25 décembre 1564, Gonnord signait une quittance au trésorier de l'Épargne « pour une année entière [...] de nostre estat de superintendant des finances » (Bibl. nat., Pièces orig., 867).

1. *Lettres de Catherine de Médicis*, publ. par le comte H. de LA FERRIÈRE, t. I, II et III, *1553-1570* (Paris, 1880-1887, in-4°; Coll. de Documents inédits).

2. Bibl. nat., N.a.f. 22247, fol. 39, 40-41 (notes de Lancelot).

3. Lettres patentes datées de Blois le 10 février 1563, entérinées le 10 mars par le parlement (Arch. nat., X^1A 1604, fol. 430v°). – Le parlement ayant entériné ces lettres sans les enregistrer, leur texte n'est connu que par un formulaire de chancellerie où elles ont été recopiées, mais sans la date (Bibl. nat., Ms. fr. 5285, fol. 88v°-89).

à Orléans, tombée aux mains des réformés avec Condé et Coligny. Entre les deux villes, l'armée royale manœuvra pour assiéger et reprendre les cités rebelles et les opérations, concentrées dans l'artère médiane de la Loire, remontèrent à l'automne vers Rouen et la Normandie. À la fin de juillet, la Reine mère et le jeune Charles IX suivirent les troupes royales, laissant Gonnord à Paris, où il gardait le contact avec le monde des manieurs d'argent et aussi avec le parlement, la chambre des comptes et le bureau de la Ville, auprès desquels il serait l'interprète des intentions, des résolutions, voire des exigences de la Régente, cependant que le maréchal de Brissac, son frère, investi des pouvoirs de lieutenant général dans la capitale et ses environs, parerait aux désordres et aux coups de main. De son côté, Chaulnes, qui était gouverneur de Saint-Quentin, se tint à demeure dans la région picarde pour y veiller aux intérêts de l'État[1].

Quant aux intendants des finances, ils furent eux aussi séparés l'un de l'autre : le fidèle Voisinlieu suivit la Reine mère et le Roi en Berry, en Orléanais, en Normandie et au Pays chartrain, de même que le trésorier de l'Épargne, alors que Leprévost de Grandville resta à Paris auprès de Gonnord. De son côté, Ferey de Durescu qui, bien qu'incorporé aux gens des finances en mars 1559, avait reçu depuis lors des tâches extérieures[2], fut l'un des deux commissaires chargés en mai 1562 de « la direction et superintendance générale du faict des vivres » de l'armée que le Roi était en train de lever[3]. Dispersion et itinéraires qui suscitèrent maints envois de messagers entre Gonnord, établi à Paris, et la Reine mère et les autres gens des finances pour échanger informations, projets et documents[4]. Toutes courses émaillées de péripéties alarmantes : un clerc du trésorier de l'Épargne, mandait un jour Voisinlieu à

1. Le 15 juillet 1562, « René Presteseigle, secrétaire de Monsieur de Chaulne, chevalier de l'ordre et superintendant de ses finances », signa une quittance au trésorier de l'Épargne de la somme de 50 livres « à luy ordonnée par le Roy pour ung voïage qu'il a faict en dilligence et sur chevaulx de poste de la ville de Sainct-Quentin audict lieu de Vincennes, apportant lettres audict seigneur de la part dudict Sr de Chaulne, et pour son retour en pareille dilligence avec responce desdictes lettres » (Bibl. nat., Ms. Clairambault, 232, p. 2447). Le 16 octobre suivant, « Nicolas du Nesmes et Estienne Bonnet, clercz », reconnaissaient avoir reçu 95 livres pour un voyage identique « de Paris à Péronne vers Monsieur de Chaulne [...] luy portant lettres de Messieurs de Gonnort et de Grantville concernans les affaires et service et pour son retour audict Paris en pareille dilligence avec responce de sa dépesche » (*ibid.,* p. 2598). On notera aussi, dans cette période, la mort de d'Avanson, survenue le 20 avril 1562.

2. Voir *supra,* p. 40.

3. Commission datée de Paris le 1er mai 1562 (Bibl. nat., Ms. fr. 18676, fol. 156v°-158; formulaire). Son compagnon était Jean de Serres, secrétaire de la chambre du Roi et « commissaire et superintendant général des vivres et advitaillement de noz païs de Picardie, Champaigne, Isle de France et païs messin ».

4. Voir *supra,* p. 48, note 1; p. 49, note 1. Il subsiste au moins 21 dépêches (autographes sauf deux) écrites par Voisinlieu à Gonnord entre les 6 août et 4 novembre 1562 et les 11 janvier et 30 mars 1563 (Bibl. nat., Ms. fr. 3085, fol. 19, 20, 21, 22, 23, 26-27, 28, 29, 30, 31, 32-33, 34; et 3397, fol. 26, 94-95, 96, 97, 98, 99, 100-101, 102-103, 104). Sont parvenues aussi plusieurs lettres du trésorier de l'Épargne à Gonnord, datées entre le 9 août 1562 et le 20 février 1563 (*ibid.,* Ms. fr. 3216, fol. 55-56, 61-62, 71-72, 73, 78-79, 82-83, 84-85; et 3219, fol. 78-79; orig[x]); et quelques lettres de Durescu au même (*ibid.,* Ms. fr. 3216, fol. 25-26, 28, 31, 45-46; et 3219, fol. 85; orig[x]).

Gonnord, « a esté arresté au lieu de Fontaines, qui est entre Romorantin et Blois, et mené à Orléans vers Monsr le prince de Condé, et de malheur avoit une vingtaine de blancs en parchemyn de Monsr le trésorier de l'Espargne, signez de sa main pour servir de quictance, que crainct bien ne luy estre restituez. Et si tost qu'il fut adverty de la prinse de sondict homme [...], supplia la Royne en vouloir escripre à Mondictsr le prince, vers lequel il envoya dès lors ung autre de ses gens »[1]. Condé accepta de restituer ces « blancz », mais retint prisonnier leur porteur[2]. À travers tous ces va-et-vient, le rôle de coordinateur général de Gonnord ressort avec netteté.

Promulgué le 19 mars 1563, « l'édit et déclaration » d'Amboise scella la fin des troubles civils, sans arrêter les pérégrinations du Roi et de son Conseil. Les opérations menées pour chasser les Anglais du Havre attirèrent la régente et Charles IX en Normandie dans l'été de 1563 et comme le Roi atteignit alors sa majorité légale, celle-ci fut proclamée le 17 août au parlement de Rouen. La régence était close, mais auprès d'un souverain de treize ans la Reine mère gardait en fait le timon de l'État. La cour ayant enfin regagné le Louvre le 8 octobre, ce retour dans la capitale, l'établissement de la paix civile et la majorité du Roi fournissaient l'occasion de remettre quelque ordre dans le gouvernement. En particulier, « voïant la grande confusion qu'il y a en son Conseil [...] et désirans y mectre et establir quelque si bon ordre et reiglement que doresnavant chacun saiche ce qu'il aura à faire », Charles IX le dota le 23 octobre 1563 d'un nouveau règlement. Il y prévoyait de tenir chaque matin à son lever son Conseil des Affaires, où entreraient ceux « qui estoient du Conseil du feu Roy, son père », auxquels se joindraient MM. de Gonnord et de Chaulnes, M. de Sipierre, gouverneur des Enfants de France, ou, en son absence, M. de Lansac, les secrétaires d'État et le trésorier de l'Épargne, « ne voulant que, par cy-après, aucun y puisse estre appelé que premièrement ilz ne soient réduictz au nombre de douze, pour après y pourveoir en leurs places les autres de son Conseil ». « Le lundy se tiendra Conseil des Finances, auquel assistera le Roy et ne s'y trouvera que ceulx qui sont au Conseil du matin et les seigneurs de Grantville et de Voysinlieu et celluy des secrétaires des finances qui sera à la court, auquel Conseil sera rapporté tout ce qui touche le faict desdictes finances, pour rendre raison de tout ce qui sera faict et pourveoir à ce qui sera à faire toute la sepmaine et se tiendra ledict Conseil en la chambre du Roy. Le jeudy se tiendra ung Conseil de la guerre, où le Roy se trouvera [...]. Le mercredy et le samedy l'on tiendra Conseil pour les parties, auquel tous ceux du Conseil se trouveront[3]. »

---

1. Voisinlieu à M. de Gonnord; Saint-Just-en-Berry, 1er septembre 1562 (Bibl. nat., Ms. fr. 3085, fol. 26-27; orig. autogr.).

2. Le trésorier de l'Épargne à M. de Gonnord; Bourges, 6 septembre 1562 (Bibl. nat., Ms. fr. 3216, fol. 73; orig.); pour ces « blancz », disait-il, « je vous prometz ma foy que j'ay esté en une merveilleuse peine l'espace de quatre ou cinq jours ».

3. Règlement daté de Paris le 23 octobre 1563 (Saint-Pétersbourg, Bibl. Saltykov-Chtchédrine,

Ces dispositions faisaient la part belle aux gens des finances [1], puisque les deux surintendants assistaient à tous les Conseils, que les deux intendants siégeaient dans le Conseil des Finances expressément institué et que leur présence au Conseil privé, qui semblait impliquée par le règlement, y est attestée aussitôt après sa promulgation [2]. Cette organisation du travail gouvernemental aurait pu être viable dans une cour sédentaire ou peu voyageuse et dans un pays vraiment calme. Or Catherine de Médicis entreprit de montrer son royaume au Roi et le Roi à ses sujets. D'où cette lente pérégrination de Charles IX et de sa mère à travers les provinces depuis le milieu de mars 1564 jusqu'en avril 1566 [3]. Il semble que, cette fois encore, Gonnord soit resté à Paris, ou du moins y ait séjourné par périodes, étant impossible que Messieurs des finances fussent tous absents de la capitale, mais les autres firent partie de la suite du souverain dans ce tour de France. On voit, par exemple, Voisinlieu et Leprévost de Grandville participer à des séances du Conseil privé tenues en 1564 à Troyes les 5, 7 et 10 avril [4], à Châlons-en-Champagne le 24 avril [5], à Arles le 25 novembre [6], et en 1565 à Angoulême le 14 août [7], à Châteaubriant le 28 octobre [8] et aussi en 1566 au cours du long séjour du Roi et de la cour à Moulins. C'est pendant celui-ci que fut rendu, le 18 février 1566, un règlement pour le Conseil qui concernait en priorité les finances, comme l'attestent ces deux articles :

> « Et afin que ledict seigneur [Roy] puisse mieux sçavoir et entendre ordinairement comme les affaires de sesdictes finances passeront, veult que lesdictz personnages de sondict Conseil qui seront [...] par luy à ce députez s'assemblent tous les dimanches de chacune semaine, au logis et avec Monsieur le chancelier, et appellent le trésorier de l'Épargne pour entendre de luy le debvoir que chacun desdicts receveurs généraux fera à satisfaire à ce qu'il debvra ; sçavoir aussy quel denier il aura receu et les despences faictes durant ladicte semaine ; et semblablement adviseront aux autres choses despendantes du faict desdictes finances, pour le lendemain, qui sera le lundy, en faire rapport au Roy et à sondict Conseil, qui veult n'employer ledict jour à aultres affaires que pour celuy desdictes finances. »

Collection Doubrovsky, orig. Publ. par A. Lublinskaja, *Documents pour servir à l'histoire des guerres civiles en France (1561-1563)* [Leningrad, 1962, in-8°], n° 119, p. 325-326). – Liste de « Ceulx qui doibvent entrer au Conseil du matin, qui sont tous ceulx qui estoient du Conseil du feu roy Henry » (*ibid.*, orig. ; publ. *ibid.*, n° 120, p. 328).

1. On notera en outre que Guillart du Mortier, comme ancien membre du Conseil de Henri II, était l'un des membres du Conseil des Affaires.

2. Aux côtés de maîtres des requêtes, Voisinlieu et Leprévost de Grandville apparaissent comme rapporteurs au Conseil privé les 1er, 7 et 21 décembre 1563, 11 et 12 janvier 1564 (Bibl. mun. Dijon, Ms. 695, fol. 10v°, 12, 13, 42v°, 46v°, 61).

3. Sur ce voyage, voir : P. Champion, *Catherine de Médicis présente à Charles IX son royaume (1564-1566)* [Paris, 1936, in-8°]. J. Boutier, A. Dewerpe, D. Nordman, *Un tour de France royal : le voyage de Charles IX (1564-1566)* [Paris, 1984, in-8°].

4. Bibl. nat., Ms. fr. 18156, fol. 62 r°-v°, 64, 66r°-v°, 67.

5. *Ibid.*, fol. 71.

6. *Ibid.*, fol. 94.

7. *Ibid.*, fol. 118.

8. *Ibid.*, fol. 137 v°.

« Au demeurant, afin que ses subjects puissent d'oresnavant estre plus promptement expédiés des affaires qu'ils pourront avoir en son Conseil, veult que tous les mecredys et vendredys de chacune sepmaine les gens de sondict Conseil s'assemblassent pour ouÿr touttes plaintes et requestes de justice et pourveoir aux parties, sans vacquer à aultres choses. Auquel Conseil n'entreront que les maistres des requestes et secrétaires ordinaires, les gens des finances et le sieur de St-Bonnet pour le registre du Conseil, ainsy qu'il est accoustumé[1] ».

Comme celui de tous les textes normatifs, le succès de ce règlement allait être affecté par les événements et aussi par les déplacements du Roi. Mais il révèle incidemment certains usages alors suivis au Conseil et aussi le rôle important du chancelier en matière de finance. Contemporain de la grande ordonnance de Moulins, il prouve que le long voyage de Charles IX à travers les provinces s'est accompagné d'une sérieuse activité législative et réglementaire, dont on a d'autres exemples[2].

Ce fut, en effet, au cours de cette tournée que, le 23 février 1565 à Toulouse, le Conseil privé adopta le texte de lettres patentes par lesquelles le Roi révoquait et supprimait, dans certaines conditions, « tous offices, estatz et commissions de signer en finance »[3]. Comme l'a bien montré Hélène Michaud[4], l'établissement des secrétaires d'État, l'essor et la réussite rapide cette institution ont porté « un coup fatal à la dignité de secrétaire des finances », d'autant que les titulaires de cette charge avaient continué à proliférer alors que leur activité à la chancellerie était en déclin. Situation génératrice de confusions et d'irrégularités à laquelle la déclaration du 25 février 1565 entendit mettre fin :

« Depuis l'advènement à la couronne de nostre très honoré seigneur et père [...], y constatait Charles IX, ont esté octroyées et expédiées tant et si grand nombre de commissions, offices et estatz de signer en noz finances à plusieurs et divers personnaiges, que les gaiges d'iceux en viennent à grande charge à nosdictes finances, oultre la confusion de tant de gens qui, soubz ce prétexte, entrent à nostre Conseil, dont il peult procedder à nostre service et au public [...] très grand intérest; mesmes que les expéditions tant de nosdictes finances que de nostre Conseil passent par tant de mains, chose de grande conséquence. » À quoi désirant pourvoir, prononçait le Roi, « révocquons, cassons, supprimons et adnullons [...] toutes et chacunes desdictes commissions, charges, estatz et offices de signer en finance créez, baillez et octroyez tant par le Roy, nostre feu seigneur et père, le roy François, nostre frère, que par nous [...] à quelques personnes et pour quelques causes que ce

1. Règlement daté de Moulins le 18 février 1566, art. 5 et 7 (Arch. nat., U 945^A, fol. 66v°-68v°; copie).
2. De Mont-de-Marsan en juillet 1565 fut promulgué un important édit portant règlement pour la chancellerie (Bibl. nat., Ms. fr. 7007, fol. 239; copie collationnée).
3. *Ibid.*, Ms. fr. 18156, fol. 102 v°.
4. H. Michaud, ouvr. cité, p. 155-163.

soit, deffendant très expressément, sur peine de faux, à tous ceulx qui en sont pourveuz de plus s'entremettre ne advancer d'entrer en nostredict Conseil s'ilz n'y sont appellez et aussi de signer aulcunes lettres et expéditions ordonnées en icelluy ne concernant le faict de nosdictes finances et offices qui seront mis en taxe, et ausdictz gens de noz courtz de parlemens, de noz comptes, d'en recepvoir aulcuns ne y avoir aulcun esgard, fors et excepté celles qui seront dépeschées desdictz quatre secrétaires d'Estat et de ceulx qui sont pourveuz de semblables estatz et charges créées du temps du feu Roy François, nostre ayeul, aussi de Me Claude Burgensis et Jacques Hurault, lesquelz nous avons exceptez et réservez [...] de nostre présente suppression, et iceulx deulx derniers préposez et ordonnez pour servir l'un en l'absence de l'aultre en nostredict Conseil et auprès de ceulx qui auront la charge et le regard sur nosdictes finances. Et affin que ceulx qui, pour leurs provisions èsdictes charges et commissions, se trouveront avoir baillé argent tourné à nostre proffict et venu à noz finances soient en moindre intérest, voullons et entendons que, faisant de ce deuement apparoir, ilz joissent, prengnent et perçoipvent leurs vies durant les gaiges desdictz estatz telz et semblables qu'ilz faisoient auparavant ce jour d'huy »[1].

Si péremptoire et radicale qu'elle se voulût, cette déclaration n'en fut pas moins d'une application assez désordonnée, voire fantaisiste. Certes, elle était fort claire sur un point précis, qui ne subit aucune altération : le monopole d'écritures dévolu en finance à Burgensis et Hurault de Vibraye. Mais en même temps, en conservant les offices conférés par François Ier, elle impliquait qu'ils pussent changer de titulaires et, d'autre part, elle était grosse de dérogations dont on eut bientôt des exemples. Ainsi Ferey de Durescu, nommé secrétaire des finances en 1558 et qui, on s'en souvient, avait été désigné à ce titre en mars 1559 pour être employé « à toutes les expéditions qui se pourront présenter près et à l'entour des surintendans desdictes finances et en son privé Conseil, tout ainsi que font les sgrs du Goguyer et de Vibraye » et avait reçu depuis plusieurs commissions extérieures au Conseil[2], conserva-t-il sa charge de secrétaire des finances. C'est en cette qualité (cumulée avec celle de secrétaire du Roi) qu'il fut choisi au début de 1566 pour aller représenter Sa Majesté à Bruxelles auprès de la duchesse Marguerite de Parme, sœur de Philippe II et gouvernante des Pays-Bas[3]. Il résida dans cette capitale d'août 1566 à juin 1568, un temps pendant lequel cette responsabilité exclusive des expéditions en finance changea de mains.

Le 6 juillet 1567 mourut le secrétaire d'État Jacques Bourdin, que Charles IX remplaça aussitôt par Claude de L'Aubespine. Un choix qui

1. Déclaration datée de Toulouse le 25 février 1565 (Bibl. nat., Ms. fr. 5285, fol. 126-127; formulaire. – *Ibid.*, F. 12422; impr.).
2. Voir *supra*, p. 40 et 49.
3. Dans un « Rolle d'aucunes expéditions commandées par le Roy » le 11 janvier 1566, il est fait mention du don fait à Durescu de l'office de receveur des tailles de Carentan, « pour dudict office faire [...] son proffict » et ainsi « luy donner meilleur moïen de se meubler et équiper pour le voïage et séjour que Sa Majesté luy envoie faire en Flandres » (Arch. nat., KK 133*bis*, fol. 8; orig.).

frustra de ses espérances Pierre Brûlart, secrétaire du Roi depuis 1557 et neveu du défunt, dans les bureaux duquel il travaillait depuis longtemps. En compensation, par décision du 9 juillet, le Roi lui a « permis, accordé et octroyé [...] qu'il puisse et luy soit loisible signer et expédier toutes lettres tant patantes que missives qui luy seront commandées et délibérées en nostre Conseil privé soit pour le faict de noz finances ou autres noz affaires, tout ainsi que ont faict, font et peuvent faire Mes Burgensis et Hurault, qui ont semblables charges » et aux mêmes gages annuels de 1 200 livres[1]. Solution toute provisoire : dès le 14 août suivant, sur la démission de Jacques Hurault de Vibraye, Sa Majesté supprima « la charge et commission de secrétaire des finances » qu'il exerçait, en ordonnant que « Me Pierre Brûlart, lequel Elle auroit cy-devant pourveu d'une pareille et semblable commission que tenoit ledict Sr de Vibraye et tient à présent Me Claude Burgensis, serve en ladicte charge et commission avec icelluy Burgensis ainsi que faisoit ledict Sr de Vibraye, sans que nul autre puisse par cy-après aucunement entrer en icelle charge et place »[2]. Avant cette nomination, Pierre Brûlart était aussi secrétaire de la chambre du Roi et, depuis 1564, secrétaire des commandements de la Reine mère, poste qui lui procura sans nul doute une haute et efficace protection.

Le réseau des parentés et alliances dans le milieu de la chancellerie s'anima encore peu après, à l'occasion de la retraite de Burgensis. Âgé et fatigué, celui-ci se défit de ses fonctions en faveur de son neveu Pierre Clausse, sieur de Marchaumont, auquel, par lettres patentes du 29 juin 1568, Charles IX annonça avoir « donné et octroyé [...] l'estat et office de nostre conseiller et secrétaire de noz finances, avec pouvoir, charge et commission expresse de signer et expédier tous affaires qui seront résoluz et commandez par nous et les gens de nostre Conseil privé sur le faict et direction de nosdistes finances, que naguères soulloit tenir et exercer nostre amé et féal conseiller Me Claude Burgensis, Sr du Gauguier, son oncle, ledict office, charge et commission à présent vaccant tant par la pure et simple résignation que ledict Sr du Gauguier a faicte en noz mains dudict estat et office de secrétaire de noz finances en faveur dudict Sr de Marchaumont, que desmission qu'il a aussi faicte en noz mains de ladicte charge et commission », et cela avec une pension de 1 000 livres et des gages de 1 200 livres par an[3]. Pierre Clausse était issu du mariage de Côme Clausse, l'un des secrétaires d'État créés par Henri II en 1547, et de Marie Burgensis.

Ces deux successions d'Hurault de Vibraye et de Claude Burgensis méritent attention par la lumière qu'elles projettent sur la nature des

1. Lettres patentes datées de Saint-Germain-en-Laye le 9 juillet 1567 (Bibl. nat., Ms. fr. 5129, fol. 150 ; formulaire).

2. Brevet expédié en l'abbaye d'Ourscamp le 14 août 1567 (*ibid.*, fol. 150v°-151).

3. Lettres patentes datées du château de Boulogne le 29 juin 1568 (*ibid.*, fol. 151). Il était précisé dans ces lettres que Burgensis avait présenté sa démission au Roi par le ministère d'un procureur, faute sans doute d'être en état de le faire en personne ; il mourut avant le 17 septembre 1568.

fonctions dévolues en finance à ces deux personnages. Dans l'un et l'autre cas, en effet, les lettres patentes et le brevet par lesquels ils ont été recrutés établissent une nette distinction entre, d'une part, leur qualité de secrétaires des finances, c'est-à-dire d'officiers, et, d'autre part, le « pouvoir, charge et commission » de signer par exclusivité les expéditions en finance, compétence expresse qui les intégrait de manière spécifique à l'équipe des gens des finances. C'est une nouvelle preuve que, depuis 1552, et mis à part le cas particulier du contrôleur général, tous Messieurs des finances n'exerçaient leurs fonctions que par commission, quels que fussent les offices ou dignités dont ils étaient par ailleurs revêtus.

L'accession de Pierre Brûlart et de Pierre Clausse à cette commission relève de la mise en application de la déclaration du 25 février 1565 et nous conduisent ainsi jusqu'à la fin de 1568. Mais à cette date les événements avaient déjà imposé bien d'autres changements dans l'administration centrale des finances.

* *
*

Depuis le mois de mars 1563, Catherine de Médicis chercha à faire exécuter avec exactitude et équité l'édit de pacification. Au terme du long voyage à travers le royaume, au cours duquel les sujets avaient pu faire entendre vœux, représentations et remontrances, fut promulguée en février 1566 la grande ordonnance de Moulins. Le prestige royal s'était relevé et les haines religieuses avaient quelque chance de décroître. Mais la révolte des Gueux aux Pays-Bas eut bientôt des répercussions fâcheuses. Elle plaça la Reine mère dans une situation critique vis-à-vis de Philippe II[1] et poussa les protestants français à reprendre le combat.

Dans cette conjoncture, il apparut que le Roi risquait de devoir mener à nouveau des opérations militaires contre tels ou tels factieux et que ses troupes auraient donc besoin de chefs. Aussi Gonnord fut-il créé maréchal de France le 4 avril 1567. Il fut appelé désormais le maréchal de Cossé (et aussi maréchal de Secondigny), continua à entrer dans les Conseils, mais quitta la surintendance des finances, que Chaulnes semble avoir conservée jusqu'à la fin de l'année pour l'abandonner alors. Voisinlieu et Leprévost de Grandville restèrent en place, cependant que Pierre Brûlart venait remplacer Hurault de Vibraye. Sur quoi, par la surprise de Meaux (27-29 septembre 1567), les réformés prirent la responsabilité de la rupture de la paix. Une révolte générale éclata dans les vallées de la Loire et du Rhône. Dans ces semaines fiévreuses, il parut nécessaire de créer une troisième commission d'intendant des

1. D'où l'envoi de Ferey de Durescu à Bruxelles en 1566 (voir *supra*, p. 53).

finances : elle fut confiée le 22 octobre à Nicolas de Verdun, jusque-là receveur des parties casuelles[1].

Les opérations de cette deuxième guerre de Religion se concentrèrent surtout autour de Paris. Le 10 novembre 1567, la bataille de Saint-Denis débloqua la capitale. Le connétable de Montmorency y fut si grièvement blessé qu'il mourut le 12. Il n'eut pas de successeur dans son office, mais, le jour même de sa mort, Monsieur, duc d'Anjou, frère du Roi, reçut les pouvoirs de lieutenant général du royaume et, par là, le commandement, au moins théorique, des forces royales, car il fut entouré du duc de Nemours, du duc de Montpensier et du maréchal de Cossé. Peu après, Nicolas de Verdun fut nommé intendant de l'armée de Monsieur[2], recevant là une fonction à laquelle seront ensuite destinés bien d'autres fois les intendants des finances. Verdun fut ainsi quelque temps éloigné du Conseil[3].

La paix de Longjumeau fit cesser les affrontements et un édit du 23 mars 1568 remit en vigueur celui d'Amboise sans limites ni restrictions. Le maréchal de Cossé fut l'un des grands personnages alors députés à travers le royaume pour veiller à l'application de cet édit[4]. Mais la deuxième guerre civile avait conduit, par la faute des protestants, à la faillite de la politique de modération menée sous l'influence du chancelier de L'Hospital. Aussi celui-ci fut-il disgracié le 24 mai 1568, Jean de Morvilliers étant nommé garde des sceaux. Ce changement dans l'une des plus hautes charges de l'État eut ses répercussions sur l'administration des finances.

Depuis le retrait du maréchal de Cossé et du comte de Chaulnes, la surintendance des finances paraît être restée vacante, peut-être exercée à titre transitoire par les intendants des finances alors en poste : Voisinlieu, Leprévost de Grandville et Nicolas de Verdun. Ils furent bientôt

1. Dans ses dépouillements des comptes du trésor de l'Épargne, Lancelot a relevé que les gages et entretenement de Nicolas de Verdun (3 000 livres par an) avaient commencé à courir depuis le 22 octobre 1567, jour de sa nomination comme intendant des finances (Bibl. nat., N.a.f. 22247, fol. 43).

2. Le 2 décembre 1567, Charles IX écrivait de Paris en ces termes à Monsieur, alors à Nemours : « Mon frère, Ayant advisé avec les gens de mon Conseil qu'il estoit besoing d'envoyer et commectre près de vous quelque personnage resséant et entendu, qui ayt l'œil et intendance sur tout ce qui se y présentera concernant le fait de la despence tant de mon armée que de tous autres gens de guerre que j'entretiens, ainsi qu'il a tousjours esté faict par mes prédécesseurs en toutes leurs armées, j'ay choisy pour ce faire Verdun, l'un des intendans de mes finances, que vous congnoissez. Lequel j'envoye présentement vers vous pour se y tenir et présenter à toutes heures » (Bibl. nat., N.a.f. 6002, fol. 4; copie d'après l'orig.).

3. En *post-scriptum* d'une lettre qu'il adressait au Roi du camp de Vitry-le-François le 2 janvier 1568, Monsieur écrivait : « J'ay donné charge à Verdun de vous escripre plus amplement et de tout le faict de voz finances de deçà, auquel je m'en remetz » (*ibid.*, N.a.f. 6003, fol. 7; copie d'après l'orig.).

4. Pouvoir de lieutenant général pour le Roi en Picardie pour le maréchal de Cossé, daté de Saint-Maur-des-Fossés le 6 septembre 1568 (Arch. dép. Somme, 1 B 3, fol. 17-17*bis*; enregistrement par le présidial d'Amiens). – « Instruction à Monsieur de Cossé, comte de Secondigny, mareschal de France, lieutenant général pour le Roy au païs de Picardie, de ce que Sa Maiesté vœult et entend estre par luy faict audict païs de Picardye » (*ibid.*, fol. 37v°-39). Cette mission de Cossé fut, peu après, étendue à la Normandie.

flanqués d'un quatrième collègue : Ferey de Durescu, revenu de sa légation à Bruxelles et qui reçut alors la qualité d'intendant des finances avec laquelle il est mentionné pour une des premières fois le 24 juillet 1568 parmi les conseillers présents au Conseil des finances [1]. Un Conseil sur lequel certain mouvement de personnes allait bientôt avoir ses répercussions, d'autant que, la paix de Longjumeau n'ayant été qu'une trêve, les affrontements recommençaient. Au mois d'août 1568, M. de Mandelot fut nommé lieutenant général au gouvernement de Lyonnais, Forez et Beaujolais, à la place du président de Birague, que, précisait la Reine mère, « l'on faict venir par deçà pour s'en servir en autres choses d'importance » [2]. Celles-ci étaient tout simplement la surintendance des finances.

Il y eut là dans la carrière de Birague un épisode qui a échappé en général à l'historiographie. Le choix du personnage n'était pas surprenant. Du temps de la domination française, il avait cumulé au parlement de Turin les offices de maître des requêtes, de président et de garde des sceaux de la chancellerie. Surtout, il avait acquis toute la confiance du maréchal de Brissac, gouverneur de Piémont, qui fit de lui un collaborateur de tous les instants, lequel ne s'employa pas seulement aux affaires judiciaires et administratives, mais aussi au fait de la guerre, tant comme commissaire des vivres que comme combattant menant les troupes à l'assaut des places. Il était devenu comme le ministre du gouverneur et reçut le titre de « président aux affaires d'Estat » près de lui [3]. Il est compréhensible que, riche de telles expériences, ce robin ait été nommé le 31 août 1565 lieutenant général au gouvernement de Lyonnais, Forez et Beaujolais, d'autant que les fonds destinés au Piémont avaient souvent transité par Lyon. Il est probable, du reste, que ce dernier point fut pris en grande considération pour l'appeler auprès du Roi. Au Conseil des Finances du 20 novembre 1568, en effet, « a esté donné charge à Monsieur le président de Birague de penser s'il ne cognoist point quelques marchans à Lion qui voulsissent advancer une somme de cent mil escuz, qui leur seroit païée sur les lettres de change que Sa Sainctété a envoïées pour recouvrer pareille somme de C^{m} écuz dont Elle faict secours à Sa Majesté, affin que, selon ce qu'en advisera Mondictsieur le président, les dépesches nécessaires en soient faictes » [4].

1. Bibl. nat., Ms. fr. 16222, fol. 259 v°.

2. Voici ce que, par une lettre adressée le 17 août 1568 du château de Boulogne, la Reine mère annonçait à M. Larcher, commissaire député pour l'administration de la justice à Lyon : « Vous verrez ce que le Roy mon filz vous escript présentement par le Sr de Mandelot, chevalier de son ordre et lieutenant de la compagnie d'hommes d'armes de mon cousin le duc de Nemours, lequel il envoye à Lyon pour y exercer la charge de son lieutenant général du gouvernement du Lyonnois au lieu du président de Birague, que l'on faict venir par deçà pour s'en servir en autres choses d'importance » (*Lettres de Catherine de Médicis*, t. III, p. 172). Le pouvoir de lieutenant général de M. de Mandelot fut daté du 28 août 1568 ; voir M. Pallasse, *La Sénéchaussée et siège présidial de Lyon pendant les Guerres de Religion* (Lyon, 1943, in-8°).

3. Voir M. Antoine, « Institutions françaises en Italie sous le règne de Henri II : gouverneurs et intendants (1547-1559) », dans *Mélanges de l'École française de Rome. Moyen Âge et temps modernes*, t. 94 (1982), p. 759-818.

4. Bibl. nat., Ms. fr. 16222, fol. 303.

À cette date, Birague était donc déjà intégré à Messieurs des finances, mais on peut se demander s'il exerça sur eux une supériorité aussi nette que naguère Chaulnes et surtout Gonnord, car ses émoluments furent moins élevés que les leurs[1]. En fait, il a peut-être partagé la suprématie avec le garde des sceaux Jean de Morvilliers. Au moment où il entrait en fonctions, les gens des finances venaient de perdre leur collègue Leprévost de Grandville, mort le 20 octobre, mais allaient en voir surgir un autre. Par édit de novembre, en effet, l'office de contrôleur général des finances, supprimé dans les premiers jours du règne de François II[2], fut rétabli dans son intégralité aux gages de 4 000 livres par an[3] et confié le 6 novembre au maître des comptes Guillaume de Marillac, intronisé dans cette charge au Conseil privé du 4 décembre 1568. Le personnage venait d'accomplir plusieurs commissions financières en province[4]. Sa famille était sous la protection des Bourbon-Montpensier et son frère aîné, feu l'archevêque Charles de Marillac, avait été l'un des membres les plus influents du Conseil sous Henri II et François II.

Par ses relations comme par sa compétence et son expérience, Guillaume de Marillac semblait tout désigné pour accéder à ce poste de contrôleur général. En réalité, il l'avait aussi obtenu contre espèces sonnantes et trébuchantes. Il appert, en effet, que pour recevoir en 1569 du trésorier de l'Épargne le premier versement de ses gages, Marillac dut lui présenter les provisions de son office, auxquelles étaient jointes « deux quictances, l'une de Monsieur le trésorier de l'Espargne Moreau de la somme de dix mil livres, dont ledict Marillac a faict prest audict seigneur [Roy] le dernier jour dudict mois de novembre oudict an 1568, et l'autre quictance du trésorier des parties casuelles, Me Claude Mon-[tescot], et de la somme de 20 000 livres, pour laquelle le Roy luy a accordé ledict office de contreroolleur, dattée du 6e jour de novembre 1568[5] ». On était là en pleine vénalité de fait et le cas est révélateur des

1. D'après les notes de Lancelot, les gages de Birague pour la surintendance coururent depuis le dernier quartier de 1568. Il recevait 4 000 livres par an, soit 2 000 livres pour son état de conseiller au Conseil privé et 2000 pour son « entretenement » de surintendant (Bibl. nat., N.a.f. 22247, fol. 44-49).

2. Voir *supra*, p. 41.

3. Édit daté de Chanteloup en novembre 1568, enregistré le 23 novembre au parlement de Paris (Arch. nat., X^{1A} 8627, fol. 437v°-444).

4. D'abord valet de chambre du Roi (1551) et général des monnaies (1553), Guillaume de Marillac était maître ordinaire en la chambre des comptes de Paris depuis 1555. En mai 1566, il avait été commis pour procéder avec le comte de Matignon à diverses opérations dans la généralité de Rouen (Bibl. nat., Ms. fr. 18154, fol. xxxv°-xxxi); il fit état le 7 juillet 1567 au Conseil des Finances (*ibid.*, Ms. fr. 16222, fol. 134) de cette « commission à luy décernée contre ceux qui ont eu et ont charge des finances du Roy au pays de Normandie » (*ibid.*, Ms. fr. 16223, fol. 8 v°). Sur quoi, par lettres patentes du 13 juillet 1567, Charles IX ordonna à la chambre des comptes de le tenir déchargé de service pendant qu'il l'envoyait en Bretagne « pour le faict de nostre service » (Arch. nat., P 2314, p. 523-527). En compagnie de Claude Barjot, maître des requêtes, il remplit cette commission suscitée par une requête des états de Bretagne demandant « que ceulx qui ont le maniement et administration des deniers levez pour les affaires dudict pays [...] ne fussent plus avant recherchez ne poursuiviz »; ils en rendirent compte le 27 septembre 1568 au Conseil des Finances (Bibl. nat., Ms. fr. 16223, fol. 88 v°-89).

5. Bibl. nat., Ms. fr. 9735, fol. 373 (Notes de Lancelot).

pressants besoins d'argent des derniers Valois, amenés à solliciter des prêts ou des avances de leurs conseillers ou officiers. On assiste là au développement de démarches[1] annonciatrices des constitutions de rentes par lesquelles les membres de son Conseil vinrent au secours des finances d'Henri III[2].

Au long de ses vingt-trois articles, l'édit de rétablissement de la charge de contrôleur général en titre d'office entra en de grands détails sur l'exercice de ses responsabilités, de ses devoirs et de ses prérogatives. Il était tenu de « faire résidence près de nous et de nostredict Conseil privé pour exercer sondict office en personne. Et toutesfoys [si], par maladye ou légitime empeschement, il ne pourroit vacquer pour quelque temps, il pourra faire exercer sondict office par personnage d'honneste qualité et bonne vye, lequel sera du nombre de noz secrétaires », ce qui revenait à lui accorder la faculté de désigner un commis de confiance, une sorte de fondé de pouvoir. Toutes prescriptions complétées par « le reiglement d'entre le controlleur général des finances et le trésorier des parties casuelles » arrêté le 30 novembre 1568[3].

En application de cet édit de novembre 1568, Marillac semble s'être montré fort actif dès son entrée en fonctions, à la fois parce que les affaires l'y obligeaient, parce que c'était dans son tempérament et aussi parce qu'il nourrissait sans doute de grandes ambitions. Moins de six mois après sa nomination, il remontra au Roi que « depuis qu'il a esté pourveu dudict estat, il auroit, de nostre ordonnance et des gens de nostre Conseil, rapporté et respondu plusieurs requestes de nostre ordinaire et extraordinaire, receu les lettres, estatz et mémoires addressez aux gens intendans de noz finances, en général auroit faict pour nostre service plusieurs offices qui ne semblent spécifiquement portez par le règlement dudict estat de controolleur; à l'occasion de quoy et que l'on pourroit estimer que, de son auctorité privée, il eust entrepris oultre les limittes de sa charge, qui seroit luy donner blasme pour avoir faict ce que nous luy avons commandé, nous auroit requis très humblement sur ce [...] luy pourveoir ». On devine où le bon apôtre voulait en venir et où, de fait, il aboutit : le 25 avril 1569, Charles IX lui conféra une commission d'intendant des finances, qu'il exercerait conjointement avec son office de contrôleur général, « sans tirer à conséquence pour ses successeurs audict office »[4].

1. À rapprocher d'un mandement du 23 août 1568, par lequel Charles IX ordonnait au trésorier de l'Épargne en exercice en 1569 de payer « comptant à nostre amé et féal aussi conseiller et intendant de noz finances Me Jehan Ferey, Sr de Durescu, la somme de dix mille livres tournois, de laquelle il nous a libérallement fait prest pour subvenir à noz affaires » (Bibl. nat., Ms. fr. 25726, n° 176; orig.).

2. Voir O. Poncet, « Une utilisation nouvelle de la rente constituée au xvie siècle : les membres du Conseil au secours des finances de Henri III », dans *B.É.C.*, t. 151 (1993), p. 307-357.

3. Règlement arrêté au Conseil privé tenu pour les finances à Melun le 30 novembre 1568 (Bibl. nat., Ms. fr. 16222, fol. 304).

4. Lettres patentes datées de Verdun le 25 avril 1569, enregistrées le 4 juin à la chambre des comptes (Bibl. nat., Ms. Dupuy 848, fol. 235; copie).

Sous la coupe de Birague, Marillac rejoignant Voisinlieu, Durescu et Verdun, il y eut ainsi quatre intendants des finances en charge, mais pour peu de temps : Nicolas de Verdun mourut le 11 août 1569. On se répandit aussitôt en conjectures sur son remplacement éventuel, d'autant que Marillac était destiné à aller assister Monsieur en son armée.

> « Jusqu'à présent, mandait d'Amboise le 18 août le garde des sceaux Morvilliers à son neveu Olivier d'Ormesson, on a monstré de ne vouloir, s'il est possible, augmenter le nombre, attendu qu'il y a trois. Mais, considérant la multitude des affaires qui croissent de jour en jour et que Monsieur de Durescu s'est pour un temps retiré à cause de son indisposition, que Monsieur de Voisinlieu est jà vieil, que Monsieur de Marillac s'en va au camp avec Monsieur et que nous demeurerons icy sans personne qui ayt le soing de recœuillir et veoir les estats, lettres missives et aultres papiers concernants les finances qu'on envoye icy à toutes heures, ces causes me font croire qu'on sera contrainct d'appeller quelqu'un sur lequel on se puisse remettre de telles choses. Dez la nouvelle de la mort de Monsieur de Verdun, Monsieur de Lanssac parla de vous pour demeurer icy ou envoyer au camp. On parla aussy de Monsieur de La Fontaine Godard et l'advis commun fut qu'on ne sçauroit faire meilleure élection que de vous ou de luy. Quant au camp, j'ay plutost empesché que désiré qu'on vous nommast pour vous y envoyer, cognoissant l'insupportable travail, subjection et peine qui y est, oultre plusieurs aultres considérations [...]. Mais aussy n'a-t-il esté besoing de vous excuser, pource que la Royne a voulu que Monsieur de Marillac y allast [...]. Il a esté tenu propos du général Chastellier, mais il est goutteux »[1].

En fait, Verdun n'eut pas de successeur immédiat. Marillac suivit Monsieur et ses troupes et il y mania si bien l'épée autant que la plume que le prince l'arma chevalier sur le champ de bataille de Moncontour (3 octobre 1569), décision confirmée par le Roi en mars 1570. Il resta longtemps encore à l'armée et c'est de Périgueux que, le 12 décembre, il priait Sa Majesté de « trouver bon que je me retire près d'Elle pour le faict de ma charge sur les finances, qui a plus de besoing en fin et commancement d'année qu'en nul autre temps »[2]. Ce mandat de Marillac à l'armée de Monsieur était pour lui un moyen de se mettre en valeur et, en se faisant recevoir le 14 juillet 1570 dans un office de secrétaire du Roi, il donna un autre indice du rôle étendu auquel il se croyait appelé, un tel office ne pouvant que lui faciliter l'expédition de certains actes.

L'équipe des gens des finances ne fut pas affectée en 1569 par la seule disparition de Nicolas de Verdun. Au décès de Florimond Robertet d'Alluye, son poste de secrétaire d'État échut le 8 juin de cette année à Pierre Brûlart, qui fut remplacé dans sa charge de secrétaire ayant

1. Jean de Morvilliers à Olivier Lefèvre d'Ormesson; Amboise, 18 août 1569 (Arch. nat., MM 7551, fol. 33; copie. Publ., non sans fautes, par G. BAGUENAULT DE PUCHESSE, ouvr. cité, p. 426-427).
2. Guillaume de Marillac au Roi; Périgueux, 12 décembre 1569 (Bibl. mun. Reims, Coll. Tarbé, carton X, n° 89; orig.).

l'exclusivité des écritures en finance par Pierre Sarred, secrétaire du Roi depuis 1563 et secrétaire et familier de Monsieur.

À cause de ces mouvements de personnes et surtout des troubles et de « la malice du tems », le dernier règlement du Conseil avait été « délaissé et mal entretenu ». D'où la promulgation le 11 janvier 1570 d'un nouveau « reiglement pour l'ordre et tenue du Conseil des Finances ». Le Roi y statuait que celui-ci se tiendrait désormais « tous les matins à sept heures dans son cabinet ou celuy de la Reine sa mère ou de Monseigneur son frère, ou autre lieu qui sera destiné pour cet effet, et que audit Conseil assisteront le Sr de Morvillier, de Sens [1], de Valence [2], de Limoges [3], de Lansac et de Malassize [...]. Audit Conseil pourront assister [...] ceux qui seront des affaires de Sadite Majesté. Y entreront semblablement les trois intendants des finances, Voisinlieu, Durescu et Marillac, et le thrésorier de l'Espargne, ensemble le secrétaire des finances qui sera pour lors en quartier ». En outre, le Roi ordonnait que « les lundis après disner tous les dessusdits aïans charge desdites finances aillent au logis du Sr de Morvillier où, par ensemble, ils adviseront du fait desdites finances, tant des dons faits par Sadite Majesté qu'autres choses, pour, après en avoir fait rapport à Sadite Majesté, en estre ordonné par Icelle ce que bon Luy semblera [4] ».

Lors de la signature de ce règlement, la troisième guerre de Religion durait encore et ne prit fin que par l'édit de Saint-Germain, promulgué au début d'août 1570. Le Roi envoya aussitôt de grands dignitaires et des commissaires en diligenter l'application dans les provinces. Dans le même temps, le souci de remise en ordre de l'État a pu suggérer la nomination d'un nouvel intendant des finances, Jean Camus, sieur de Saint-Bonnet, désigné le 26 août 1570 [5]. Mais en l'occurrence il y eut aussi et peut-être surtout, de même que pour l'accession de Marillac au contrôle général, des tractations discrètes. Comme le Roi l'expliqua à la chambre des comptes, en nommant Camus de Saint-Bonnet intendant des finances celui-ci lui avait abandonné son office de secrétaire des finances, qui serait supprimé, déchargeant ainsi le trésor de 1 000 livres de gages, moyennant quoi ledit Camus avait « accordé faire prest pour subvenir à nos urgens affaires de la somme de vingt-cinq mil livres tournois, qu'il a fourny comptant », prêt remboursable en trois ans en six payements égaux effectués de six mois en six mois sur la recette générale des finances de Lyon [6]. Une nuance importante séparait ce cas de celui de Marillac : ce dernier avait fourni son prêt pour être pourvu d'un

1. Nicolas, cardinal de Pellevé, archevêque de Sens.
2. Jean de Monluc, évêque de Valence.
3. Sébastien de L'Aubespine, évêque de Limoges.
4. Règlement daté d'Angers le 11 janvier 1570 (Bibl. nat., Ms. fr. 16626, fol. 1-2 ; copie).
5. Lettres patentes datées de Paris le 26 août 1570, visées par arrêt de la chambre des comptes du 30 septembre (Arch. nat., P 2315, p. 948).
6. Lettres patentes datées de Paris le 30 août 1570, portant règlement sur le remboursement de ce prêt, enregistrées à la chambre de comptes le 30 septembre (*ibid.*, p. 941-948). La famille Le Camus était originaire de Lyon. Voir *infra*, p. 67.

office, alors que Saint-Bonnet avançait le sien pour obtenir une commission. Saisies ici occasionnellement, de telles procédures d'accès à des charges proches du Roi et du Conseil étaient déjà peut-être plus communes qu'on ne le croirait.

Il est frappant que le nombre des intendants des finances ait tendu à atteindre le chiffre de quatre et à s'y fixer. L'espèce de symétrie qui s'établissait ainsi avec les secrétaires d'État est révélatrice de la considération que les fonctions de ces intendants avaient acquises. Au reste, leur équipe était à la veille de plusieurs modifications.

Par commission du 22 mars 1571, René de Birague fut nommé garde des sceaux à la place de Jean de Morvilliers. Il ne fut plus dès lors l'un de Messieurs des finances, mais sans cesser, dans ses nouvelles fonctions, de s'occuper desdites finances. Il est malaisé de discerner en quelles mains passa à ce moment la surintendance. Certains règlements suscitent à ce sujet plus d'hypothèses que de certitudes. Celui du 28 juillet 1571 relatif au Conseil des Finances édicte ceci :

> « Audit Conseil des Finances de Sa Majesté n'assisteront doresnavant que le cardinal de Pelvé, les Srs de Morvillier, de Birague, évesque de Lymoges, de Lanssac, de Foix, de Roissy, de Bellièvre et de Cheverny, où seront appellez les Srs de Voisinlieu, de Durescu, intendans des finances, de Marillac, intendant et controlleur d'icelles, et de St-Bonnet, aussy intendant desdictes finances, le trésorier de l'Espargne et le secrétaire des finances qui sera en quartier et non aucun des autres, voulant Sadicte Majesté que tous autres trésoriers, controlleurs et autres des finances dont on pourroit avoir besoing audict Conseil attendront à la porte jusques à ce qu'on ayt affaire d'eulx. Et sytost qu'ilz auront esté ouÿs, sortent hors dudict Conseil sans attendre plus exprès commandement.
>
> Quant ledict seigneur Roy y viendra, entreront avec luy tous ceux qui sont de ses affaires ; et de ceux de son Conseil privé : les princes, les mareschaux de France, le grand escuyer, le grand maître de l'artillerie et les Srs de Sanssac et conte de Retz »[1].

Le fait que, dans ce texte, l'ancien et le nouveau garde des sceaux aient été nommés en tête après un cardinal pourrait être significatif, Morvilliers ayant de longue date un regard sur les finances. C'est aussi dans ce Conseil la première apparition de Pomponne de Bellièvre, revenu de son ambassade en Suisse[2]. D'autre part, Durescu le 7 août et Marillac le 17 octobre 1571 furent promus conseillers au Conseil

1. « C'est l'ordre que le Roy veult qui soit doresnavant tenu et observé en son Conseil des Finances », daté de Fontainebleau le 28 juillet 1571 (Bibl. nat., Ms. fr. 16626, fol. 4 ; copie collationnée).

2. Par lettres patentes datées de Gaillon le 1er juillet 1570 et présentées au parlement le 17 août suivant, le Roi avait octroyé à Bellièvre, en qualité de conseiller au Conseil privé, entrée, séance et voix délibérative au parlement de Paris (Arch. nat. X1A 1630, fol. 183 v°).

privé[1], ce qui peut indiquer qu'ils avaient alors un rôle particulièrement actif. Un règlement donné par Charles IX le 24 octobre 1572 « pour la conduicte et direction de ses affeires », pour sa maison et sa cour, reprit pour le Conseil des Finances les dispositions du 28 juillet 1571[2] et, quant à ses membres, ne parla plus du cardinal de Pellevé, alors à Rome, nomma d'abord Morvilliers et Birague et les autres (dont Bellièvre), puis « les surintendans de ses finances » : faut-il entendre par là que les deux premiers exerçaient en fait la surintendance ou qu'elle était dévolue collectivement aux quatre intendants ? Il est difficile de trancher.

Sur ces entrefaites, la mort de Guillaume de Marillac, survenue le 24 janvier 1573 après une courte maladie, mit fin à une carrière prometteuse et déclencha d'amples changements dans le personnel de l'administration des finances. Dans les heures mêmes qui suivirent ce décès, « sur nostre remonstrance et très humble requeste, annonça Saint-Bonnet, Leurs Majestés ont trouvé bon de supprimer l'estat de controlleur général et réunir ceste charge à l'intendance des finances »[3], car, selon Sébastien de L'Aubespine, cet état de contrôleur général « n'estoit qu'une panetière à financiers »[4]. Et de fait, par un édit du mois, Charles IX, « considérant le peu d'utillité que nous auroit apporté ladicte création, désirant que l'auctorité dudict office [de controlleur général] et ce qui en deppend retourne à la congnoisssance, comme elle a cy-devant esté attribuée, aux intendans de nosdictes finances, pour mieulx et plus exactement pouvoir continuer le debvoir de leurs charges », prononça la suppression et abolition de « l'estat et office de contrerolleur général de noz finances [...] sans que, pour quelque cause et occasion que ce soit, il y puisse cy-après estre aucunement pourveu » et ordonna que « doresnavant lesdicts intendans tiennent et exercent avec leurs charges et chacun par quartier consécutivement le contrerolle général »[5]. Décisions aussitôt appliquées : « Suivant l'édit qui a esté expédié, rapporte Saint-Bonnet, Monsieur de Voisinlieu, comme plus ancien, a commancé faire ce quartier pour parachever, et après je suivray, car Monsieur de Durécu a remis entre les mains du Roy la charge qu'il avoit de l'intendance[6]. » L'office de contrôleur général était aboli aussi brusquement et pour les mêmes motifs (ou prétextes) qu'il l'avait été par l'édit d'août 1559[7].

1. Lancelot a relevé dans les comptes du trésor de l'Épargne que les deux hommes avaient chacun touché depuis ces dates les sommes correspondant à leur « état » de conseiller au Conseil privé (Bibl. nat., N.a.f. 22247, fol. 50-51).
2. Règlement daté de Paris le 24 octobre 1572 (Arch. nat., U 945^A, fol. 70 v°-73 ; copie).
3. Le 2 février 1573, Camus de Saint-Bonnet mandait à Pomponne de Bellièvre : « Vous aurez esté adverty de la soudaine mort de Monsieur de Marillac, qui avoit gardé la chambre et lict pour ung caterre qui luy estoit tumbé du costé de l'oreille gauche, lequel tout-à-coup inopinément luy feit perdre la parolle et fut en ceste agonye XXIII heures, au grand regret de ses amys... » (Bibl. nat., Ms. fr. 15902, fol. 385-386 ; orig.)
4. L'évêque de Limoges à Pomponne de Bellièvre ; Paris, 25 janvier 1573 (*ibid.*, fol. 372-373 ; copie).
5. Edit daté de Paris en janvier 1573, enregistré à la chambre des comptes le 5 février (Bibl. nat., Ms. fr. 4594, fol. 7v°-8 ; formulaire).
6. Même référence que ci-dessus, note 3.
7. Voir *supra*, p. 41.

Les vicissitudes du statut de ce poste ne cesseront qu'en 1665. Elles ont pu être, à l'occasion, suscitées par des rivalités ou des inimitiés personnelles, mais elles semblent avoir eu deux causes majeures. Il y eut, d'une part, la jalousie ou l'agacement des intendants des finances, qui, sans contester la nécessité propre du contrôle général, s'estimaient au moins aussi aptes à y vaquer qu'un officier spécialisé dont l'activité faisait ombre à la leur et lesquels, en outre, lorgnaient les droits perçus lors de son accomplissement. Et, d'autre part, un surintendant, de peur que son autorité ne fût éclipsée par celle d'un contrôleur actif et entreprenant, pouvait penser que le partage de cette fonction entre les intendants éliminait ce risque. Deux points de vue qui, au surplus, pouvaient se rejoindre.

Les contrecoups de la disparition de Marillac tournèrent un peu à la débandade, comme le mandait à Bellièvre un de ses amis : « Monsieur Myllon n'a laissé d'entrer en l'intendance des finances, par la démission de Monsieur de Durescu et ayde de ses aultres bons serviteurs et amys. Ledit Sr de Durescu a en cella ouvert une porte que Monsieur de Voisinlieu veult maintenant essayer de franchir[1] ». Il la franchit dès le 15 février et avec lui se retirait le dernier des intendants des finances nommés par Henri II. Il y avait plus de vingt ans qu'il exerçait cette charge et si cette création de 1552 a pu devenir une institution stable et efficace, elle le dut probablement, au moins en partie, au zèle et à la compétence de cet homme, récompensé le 15 février 1573 de ses bons et loyaux services par l'octroi du titre de conseiller au Conseil privé[2]. Après ces départs, deux autres intendants des finances entrèrent encore en fonction à ce moment : Claude Marcel et Olivier Lefèvre d'Ormesson.

Dans le même temps, René de Birague, qui n'exerçait la charge de garde des sceaux que par commission depuis 1571, en fut pourvu en titre d'office le 19 février 1573, « non sans plusieurs difficultez formées par Monseigneur le chancelier avant que de y consentir »[3]. Ultimes scrupules de Michel de L'Hospital à la veille de sa mort, survenue le 13 mars suivant. Dès le 19, Birague lui succéda en l'office de chancelier de France, nomination qui, trois mois plus tard, eut pour effet l'apparition d'un cinquième intendant des finances. Par lettres patentes du 29 juin 1573, Jean Chastellier, sieur du Milieu, trésorier de France en la généralité de Poitiers et pour lors intendant des finances en l'armée de Monsieur assiégeant La Rochelle, fut « commis et retenu [...] pour, avec noz conseillers et intendans de noz finances, faire, tenir et exercer près de nous et les gens de nostre Conseil privé l'estat de nostre conseiller et intendant de nosdictes finances ». Il était précisé que « le nombre des-

1. Jean Grangier, trésorier des Ligues suisses, à P. de Bellièvre ; Paris, 6 février 1573 (Bibl. nat., Ms. fr. 15902, fol. 392-393 ; orig.).

2. Brevet de conseiller au Conseil privé du Roi daté de Paris le 15 février 1573 (Bibl. nat., Ms. fr. 5185, fol. 189v°-190 ; formulaire).

3. Même référence qu'à la note 1.

dicts intendans de quatre est assez grand et suffisant pour satisfaire à ce qui deppend de nosdictes finances tellement qu'il ne se devroit acroistre ne augmenter, et à cette occasion débatre la présente commission », mais celle-ci « tiendroit », « à la charge toutesfoys que, venant à vacquer l'une desdictes charges, elle demeurera estaincte et supprimée »[1].

De façon très nette et très officielle, Chastellier était donc en surnombre, statut caractérisé par le fait qu'il n'avait pas à assumer le contrôle général, réservé aux quatre autres intendants. Cette charge lui était échue sans doute sur la recommandation de Monsieur quittant le siège de La Rochelle pour aller se faire couronner roi de Pologne, mais probablement en était-il au moins aussi redevable à Birague, car les deux hommes se connaissaient de longue date. Ils avaient servi ensemble le maréchal de Brissac en Piémont jusqu'en 1559 et, lorsque Birague avait été lieutenant général en Lyonnais, Chastellier lui avait été affecté comme intendant. Ce n'est là qu'un exemple de la réussite d'un certain clan « piémontais » sous les successeurs d'Henri II[2].

À la suite de ces démissions, décès et désignations, l'équipe de Messieurs des finances comprenait donc cinq intendants : Camus de Saint-Bonnet, Benoît Mylon, sieur d'Ollainville (et ensuite de Videville), Claude Marcel, Olivier Lefèvre d'Ormesson et Jean Chastellier, les quatre premiers assumant par quartier le contrôle général, responsabilité trop importante par elle-même pour qu'ils aient eu concurremment à exercer la surintendance. Celle-ci semble avoir été en pratique l'apanage de Morvilliers et de Birague[3].

La situation est assez confuse en ce qui touche les secrétaires ayant l'exclusivité des écritures en finance. En 1569, ils n'étaient en principe que deux : Pierre Clausse et Pierre Sarred[4]. Mais certains documents révèlent que, depuis quelque temps déjà, d'autres personnages participaient à côté d'eux aux expéditions. Il subsiste un registre dans lequel, depuis janvier 1566, « sont insérées les coppies collationnées aux propres originaux des arrestz donnez au Conseil privé du Roy, desquelz tient registre le sieur de Saint-Bonnet, Monsieur Me Jehan Camus,

1. Commission datée du château de Boulogne le 29 juin 1573 (Archives de la famille de Chastellier; orig.). Par brevet du 30 novembre et lettres patentes du 2 décembre 1573, Charles IX atttribua à Chastellier « pareilz et semblables gaiges, pensions et droits » qu'aux quatre autres intendants des finances (*ibid.*, orig. et copie collationnée). Sur le personnage, voir D'HOZIER, *Armorial général ou registre de la noblesse de France*, t. VI (Paris, 1768, in-fol.), p. 73-94.

2. Sur les carrières menées après 1559 dans les Conseils et dans l'administration par nombre de gens d'épée et de robe ayant exercé diverses fonctions en Piémont quand le maréchal de Brissac en était gouverneur, voir les pages 804-806 de mon article cité *supra* p. 57, note 3 ; et aussi Ph. HAMON, « Familles, réseaux et clientèles. Autour des premiers pas de Martin Ruzé », dans *Paris et ses campagnes sous l'Ancien Régime. Mélanges offerts à Jean Jacquart* (Paris, 1994, in-8°), p. 325-333.

3. Le 7 février 1573 à Paris fut promulgué, une fois de plus, un nouveau règlement pour le Conseil des Finances (Bibl. nat., Ms. fr. 16626, fol. 3 ; copie). Il ne faisait que reprendre, parfois mot pour mot, les dispositions des règlements des 28 juillet 1571 et 24 octobre 1572. Parmi les membres de ce Conseil, il cite en tête Morvilliers d'abord, puis Birague.

4. Voir *supra*, p. 54 et 61. H. MICHAUD a noté (ouvr. cité, p. 161, note 2) que « la liste des secrétaires particulièrement affectés au service du Conseil est difficile à établir ».

notaire et secrétaire du Roy et de sondit Conseil privé »[1], ce qui implique qu'à ce moment le futur intendant des finances avait déjà un rôle précis auprès du Conseil. Un règlement de Charles IX du 26 juillet 1567 énonce que « quant Messieurs le trésorier de l'Espargne, Voisinlieu et Grenteville entreront au Conseil qui se fera en sadicte chambre, y entreront aussy Messieurs les secrétaires Burgensis, Hurault, Durescu, Bruslart, Villeroy le jeune, Laubespine, Fizes et Sainct-Bonnet »[2]. Si les quatre premiers et le dernier de ces secrétaires nous sont familiers, les trois autres (tous futurs secrétaires d'État) font figure d'intrus. Un règlement postérieur, datable de 1570, constitua peut-être un jalon dans la rationalisation de ces activités. Il édicta en particulier ceci :

> « Au regard des expéditions concernans le fait de finances, Sa Majesté veult, entend et ordonne qu'elles soient faictes par quatre secrétaires de sesdictes finances. C'est assavoir : Sarred, Marchaumont, Dubois et Dolu. Lesquelz serviront par quartier, dont ilz s'accorderont par ensemble, qui sera chacun troys moys de l'année, sans ce qu'aucun d'eulx puisse faire ledict exercice sinon au quartier qui luy sera ordonné [...].
>
> Quant aux autres secrétaires des finances, ilz pourront assister au Conseil des Partyes, où Sadicte Majesté entend que se trouve aussi le greffier du Conseil Camus pour tenir le registre dudict Conseil et faire comme il a tousiours fait jusques à présent »[3].

Ces dispositions semblent donc avoir fixé à quatre le nombre réglementaire des secrétaires entrant au Conseil des Finances. Les règlements du 28 juillet 1571, du 24 octobre 1572 et du 7 février 1573 reprirent l'article limitant cet accès au secrétaire de quartier, mais ces prescriptions qui se voulaient nettes et rigoureuses n'étaient à l'abri ni des exceptions ni des dérogations. Le règlement du 28 juillet 1571, par exemple, spécifiait que lors de la venue de la Reine mère et de Monsieur, lieutenant général du royaume, au Conseil des Finances, Catherine serait accompagnée de son secrétaire Isaac Chantereau et Henri du sien. Et un « Estat des pensionnaires du Roy en son Espargne en l'année 1572 » énumère, sous la rubrique « Intendans aux finances et secrétaires signantz en icelles », après les quatre intendants Durescu, Marillac[4], Voisinlieu et

1. Bibl. nat., Ms. fr. 16221. Cette fonction de Camus de Saint-Bonnet est attestée aussi par le règlement du 18 février 1566 (voir *supra*, p. 52), d'après lequel il l'aurait déjà remplie avant 1566, puisqu'il y est précisé qu'au Conseil de justice « n'entreront que les maistres des requestes et secrétaires ordinaires, les gens des finances et le sieur de St-Bonnet pour le registre du Conseil, ainsy qu'il est accoustumé ».

2. « Ordre et règlement... » daté de Paris le 26 juillet 1567 (Bibl. Institut, Ms. 508, fol. 17-19; copie).

3. Bibl. nat. Ms. fr. 6618, fol. 192-193 ; copie du temps. Ce document n'est pas daté et porte, au fol. 193v°, cette mention dorsale : « Règlement faict à Boulogne ». Dans son ouvrage *Négociations, lettres et pièces diverses relatives au règne de François II* (Paris, 1841, in-4°), L. Paris l'a publié (p. 868-869) en le datant de 1561, ce qui n'est pas soutenable. Si l'on réfléchit que Dolu n'occupait ces fonctions que depuis le 3 mai 1568, Sarred depuis juin 1569 et que Camus de Saint-Bonnet fut nommé intendant des finances le 26 août 1570, il est plausible de dater ce règlement de la fin de 1569 ou plutôt du premier semestre de 1570.

4. Pour Marillac, on lit : « Le Sr de Marillac, en attendant que Sa Majesté aye faict pourveoir quelqu'ung de ses enfans d'un bénéfice de revenu ou meilleur de : III^m livres. »

Saint-Bonnet, « le Sr de Marchaumont, Me Claude Pinart, Me Anthoyne Duboys, Me Nicolas Dolu, Me Loys Pothier et Me Forget »[1], soit six personnes, mais il est vrai qu'il s'agit là de pensions et non de gages.

Il est malaisé de s'y reconnaître dans ce ballet de secrétaires, qui implique beaucoup d'entorses à la déclaration du 25 janvier 1565. Son observation, au demeurant, était-elle conciliable avec les errances du Roi et de la cour, pendant lesquelles certains conseillers et secrétaires demeuraient à Paris, et aussi avec la croissance du Conseil ? Les séances du Conseil privé et du Conseil des Finances, en effet, tendaient à se différencier de plus en plus et, par conséquent, nécessitaient un renfort de secrétaires spécialisés.

Recenser les hommes ayant successivement composé sous Charles IX l'équipe des gens des finances serait une démarche incomplète si l'on ne s'interrogeait, au moins de façon sommaire, sur leur carrière antérieure. À l'exception de Jean Chastellier et de Benoît Mylon, tous Messieurs furent reçus secrétaires du Roi, soit avant leur accession aux finances, soit peu après. Nicolas de Verdun, d'abord greffier de la table de marbre, fut ensuite secrétaire de la chambre aux deniers et trésorier des parties casuelles. Guillaume de Marillac, après avoir été conducteur en la monnaie de Paris (1551), fut général des monnaies (1553), puis maître des comptes (1556). À première vue, ayant été secrétaire du Roi (1549), notaire-secrétaire du parlement de Paris (1551), Jean Camus de Saint-Bonnet pourrait passer pour n'avoir été d'abord qu'un homme d'écritures, mais il était issu d'une famille du patriciat lyonnais : ses frères Antoine et Claude furent receveurs généraux du Clergé de France de 1561 à 1567 et Jean fut lié pendant tout ce temps à leurs activités ; il fut mêlé aussi à toutes les négociations des emprunts royaux contractés à Lyon pour solder les troupes étrangères. Il était donc très au fait des ressources et des besoins d'argent de l'État et fort introduit dans le monde de la banque[2]. Avec Claude Marcel, on assiste à l'ascension du haut commerce parisien[3] : fils d'orfèvre, orfèvre lui-même, garde (1553) et grand garde (1554) de son métier, échevin de Paris (1557-1560), juge-consul (1566), prévôt des marchands (1570-1572), receveur général des finances de la Reine mère (1569) et trésorier de sa maison (1571), garde du buffet, de la vaisselle et des bagues et joyaux du Roi (1571), il fut

1. Bibl. nat., Ms. fr. 7007, fol. 80.
2. Sur le personnage et sa famille, voir C. Michaud, *L'Église et l'argent sous l'Ancien Régime. Les receveurs généraux du Clergé de France aux xvie-xviie siècles* (Paris, 1991, in-8°), p. 147-154, 164-168, 406-408.
3. Sur le personnage, voir C. Michaud, ouvrage cité à la note précédente ; et id., « Claude Marcel, prévôt des marchands et receveur général du Clergé de France. 1520-1570 », dans *Études européennes. Mélanges offerts à Victor-Lucien Tapié* (Paris, 1973, in-8°), p. 295-320.

aussi de 1568 à 1573 le successeur des frères Camus dans la charge si importante de receveur général du Clergé de France. Il l'exerçait encore lorsqu'il fut nommé intendant des finances en février 1573, mais il en démissionna au mois de septembre, avec effet six mois plus tard. Ses fonctions municipales et ses relations avec le clergé le prédestinaient à se montrer dans les moments difficiles un serviteur efficace des finances royales.

Olivier Lefèvre d'Ormesson commença par travailler de 1541 à 1553, en qualité de clerc puis de premier commis, sous André Blondet, trésorier du Dauphin puis de l'Épargne ; on le voit ensuite secrétaire du Roi (1552), argentier du Roi (1553), puis trésorier de l'extraordinaire des guerres en Piémont (1553), trésorier des parties casuelles (1554-1568) et il était depuis avril 1569 revêtu de l'office de trésorier de France et général des finances en Picardie lors de sa nomination comme intendant des finances en février 1573[1]. Quant à Benoît Mylon, après avoir cumulé une charge de contrôleur de l'écurie avec les fonctions de commis de Jean Baillon, trésorier de l'Épargne, il était en 1573 trésorier des guerres. Chastellier, enfin, avait exercé les responsabilités de receveur général des généralités de Piémont et Savoie (1555), trésorier de France et général des finances en Piémont (1556), intendant des finances près du maréchal de Brissac (1559), puis à Lyon près de Birague, trésorier de France et général des finances en Poitou (1568) et intendant de l'armée assiégeant La Rochelle (1572).

Que ce fût par des offices comptables ou d'autres charges, tous ces hommes avaient, sous diverses formes, l'expérience des finances publiques. Il est à remarquer que le cas du maître des requêtes Lalemant de Vouzay, intendant des finances pendant le règne de François II, n'a pas créé de précédent : aucun des intendants des finances de Charles IX n'a été titulaire d'un tel office. De toute évidence, les protections royales ou princières, les clientèles, les parentèles, les réseaux d'alliances ont contribué dans une large mesure au recrutement de Messieurs des finances. Catherine de Médicis a imposé Pierre Brûlart et Claude Marcel et a soutenu Birague, Morvilliers a poussé avec efficacité son neveu Olivier d'Ormesson, Birague a placé Chastellier, Marillac était un fidèle des Bourbon-Montpensier. Il est malaisé de discerner la position des uns et des autres dans les querelles confessionnelles de leur temps.

Faute de pouvoir entrer en de grands détails, on doit tenter d'ébaucher au moins une esquisse de leurs activités auprès du Roi et de son Conseil.

* *
*

1. Sur le personnage, voir J.-F. Solnon, *Les Ormesson au plaisir de l'État* (Paris, 1992, in-8°), p. 20-25.

Un des devoirs majeurs des gens des finances était d'ordre budgétaire : établir les prévisions des recettes et des dépenses de l'État, informer de la situation des caisses, relater le mouvement des fonds et aussi, en ces temps si difficiles, faire face aux dépenses inopinées, liquider les arriérés en souffrance, saisir les occasions inattendues de se procurer des fonds, négocier avances et emprunts, créer et vendre des offices. Toutes tâches dont on ne peut donner que quelques exemples.

Au Conseil du 12 avril 1567, le trésorier de l'Épargne « a présenté ung estat de la recepte et despense par luy faicte ceste année jusques à ce jour d'huy et a esté ordonné que les Srs de Voisinlieu et de Granville le verront et en feront leur rapport »[1]. Le même trésorier, lors du Conseil du 9 juin suivant, « a faict lecture d'un estat par luy dressé des parties ordonnées par le Roy estre païées assignées sur les deniers restans des receptes générales de la présente année, par lequel est apparu que la totalité des finances dudict seigneur qui ont esté trouvées reste èsdictes receptes générales [...] a esté assigné à III ou IIII^{m} livres près. Et néanmoins a esté ordonné que ledit trésorier en fera plus particullière vérifification avecq les Srs de Voisinlieu et de Granville, qui par après feront leur rapport au Conseil de ce qui en aura par eulx esté veu et trouvé »[2]. Et au Conseil du 23 décembre 1568, « le controlleur général Marillac a leu l'estat de la recepte généralle des finances qui se pourroit recevoir en l'année prochaine, qui pourra monter sept millions, ensemble les despenses qui sont à faire dessus, qui exceddent de beaucoup »[3].

Mission d'information, impliquant celle d'admonestation : « Estant hier arryvé en ceste ville, mandait de Chartres Leprévost de Grandville à Gonnord au début de 1563, je présanté voz lectres et recommendacyons à la Royne et commencé seullement à luy remonstrer, en présence de Messieurs les cardinaulx de Bourbon et Guyse, duc de Montpencyer et autres estans en son cabinet, la confusion en laquelle elle mectoit les finances du Roy, vous ordonnant faire payer partie après autre sans avoir veu l'estat général pour entendre que monte la recette et touttes les parties de despenses pour lors ordonner celles que l'on debvera payer, parce qu'il est certain que, prenant particullièrement touttes ou la pluspart desdictes parties de despense, l'on jugera qu'il est raisonnable de les payer, mais les trouvant en général avecques la recepte, laquelle n'en peult porter la moytié, il sera bien force de retrancher d'icelle despense et de cotter les parties plus nécessaires et forcées pour les faire payer. Elle me dict que je estois venu en collère comme vous. Je luy respondis que ce n'estoit sans occasion et que ce jour d'huy je achèverois de luy dire et monstrer à part le mémoire duquel m'avez chargé »[4].

1. Bibl. nat., Ms. fr. 16222, fol. 45.
2. *Ibid.*, fol. 93v°.
3. *Ibid.*, fol. 306.
4. Leprévost de Grandville à M. de Gonnord ; Chartres, 21 janvier 1563 (Bibl. nat. Ms. fr. 3216, fol. 35 ; orig.).

D'où souvent la nécessité de faire flèche de tout bois, comme lors de la reconquête de Rouen, après laquelle Voisinlieu faisait à Gonnord cette suggestion le 26 octobre 1562 : « Monsieur le trésorier de l'Espargne et moy sommes après à faire perquisition en ceste ville des marchandises [...] dont se peult plustost recouvrer argent pour aviser avec ceulx ausquelz elles appartiennent ce qu'elles peuvent valoir, et d'eulx et autres des plus riches et aisez tirer, si possible est, plustost par emprunct, jusques à C^{m} escuz pour subvenir à partie de la despence que le Roy est contrainct faire et continuer. Et si tant est qu'ilz n'eussent, comme il est vraysemblable qu'ilz n'ont, telle somme en deniers comptans, faire que les plus apparans d'entre eulx qui ont acoustumé trafiquer à Anvers s'en vueillent obliger et faire leur debte audit lieu pour l'avoir dedans ung temps qui sera advisé avec eulx »[1]. Le 15 janvier 1563, Voisinlieu se rend chez « Monseigneur le chancellier pour luy communiquer certains articles envoyez de Provence, par lesquelz on despainct une despense qu'il fauldroit quasi ung royaulme pour y subvenir. Contiennent en premier lieu qu'il y a jà cousté au pays plus d'un million de livres pour réprimer la rébellion de ceulx qui avoient prins les armes et s'estoient eslevez contre l'auctorité du Roy. Demandent que on leur laisse pour l'entretenement des garnisons qu'il est besoing y entretenir pour le service du Roy et conservation dudict pays les salins et gabelles qui s'i lèvent pour le Roy, qui se sont montez l'année dernière XXVI^{m} VIII^{c}L livres, pareillement les XX^{m} livres que ledict pays a accordé chacun an durant six ans pour l'abolission du subside de V sols par muy de vin, et les décymes qui se lèvent, montant environ de LIIII^{m} à LV^{m} livres par an. Et oultre, que on leur laisse pareillement ce qui se y lève du taillon pour la gendarmerie, montant XXIII^{m} IX^{c}XIIII livres, VIII sols, et les IX^{m} livres que monte aussi la ferme de l'entrée des espiceries et drogueries. Que on révocque la traicte foraine et que on exempte ledict pays de plus payer le droict de latte et que, sur les confiscations des rebelles, qu'ilz estiment monter plus d'un million de livres, on en donne une bonne partie audict pays pour ayder à le remettre sus. Somme, si on leur accorde lesdictes demandes, ne se fault actendre de long temps d'avoir aucune chose dudict pays, ne mesmes y faire le mesnaige que avyez intention d'y faire pour le rachapt du domaine et acquictement des debtes »[2].

Le Conseil traite aussi des monnaies : le 21 décembre 1563, « sur le récit fait par le Sr de Granville de la remonstrance et requeste de ceulx qui ont offert faire battre la monnoye blanche de lalloy et forme par eulx cy-devant monstrée, a esté advisé que le Roy leur doibt permettre pour ung an de faire les douzains d'argent seullement »[3]. Le Conseil, après avoir entendu lecture, le 14 février 1566, « de l'advis des députez de la

---

1. Voisinlieu à M. de Gonnord; Rouen, 30 octobre 1562 (*ibid.*, Ms. fr. 3085, fol. 20; orig. autogr.).

2. Le même au même; Chartres, 15 janvier 1563 (*ibid.*, fol. 30; orig.).

3. Bibl. nat., Ms. fr. 18156, fol. 58v^{o}.

chambre des comptes de Paris et intendans des finances assemblez suivant l'ordonnance du Conseil pour le reiglement du cours et pris des espèces d'or et d'argent et autre réformation des monnoies », compte tenu de remontrances de ladite chambre relatives au bail des monnaies conclu le 14 octobre, « a arresté de conseiller au Roy, pour plusieurs considérations, de faire surseoir l'exécution et effect dudit bail »[1]. Et trois semaines plus tard, « sur ce qui a esté remonstré du besoing par tout le royaume de la menue monnoie, a esté advisé d'en faire forger quelque quantité [...]. Et ordonné au Sr de Granville en dresser la provision[2] ».

Messieurs des finances avaient aussi à s'occuper de conflits de compétence ou de juridiction. Des députés de la chambre des comptes de Nantes exposent au Conseil du 18 décembre 1563 leurs griefs contre le parlement de Rennes et il leur est demandé de laisser « leursdictes remonstrances par escript, lesquelles ont esté baillées au Sr de Granville pour les veoir et en faire son raport au Conseil »[3]. C'est le même qui, le 10 avril 1564, rapporte « le différend entre les gens des estatz de Normandie et les généraulx de France audit païs pour le reiglement de la recepte des deniers du taillon »[4]. Ces Messieurs étaient naturellement attentifs aux offices ou commissions comptables : « Sur la remonstrance faicte par les intendans des finances afin de déclarer si Sa Majesté entendoit supprimer l'office de receveur général de ses finances estably à Thoulouse naguères vacquant [...] ou y pourvoir par commission », le Conseil du 12 janvier 1564 prononça sa suppression et, le même jour, entendit Voisinlieu faire rapport de « la remonstrance du général en la charge de Normandie du nombre effréné de IIII^xx XVII officiers qu'on a acoustumé de commettre à la recepte du taillon, à la grande foule du pauvre peuple », sur quoi il fut décidé « qu'il suffira que le Roy commette ung receveur en chacun des cinq bailliages de Normandie »[5].

Comme on peut l'imaginer, les gens des finances eurent souvent à présenter au Conseil des demandes d'exemption, de modération ou de dégrèvement d'impôts ou de taxes, par exemple pour les habitants de Limoux[6], pour diverses localités de l'élection de Paris[7], pour la ville de Toulouse[8]. Bien des fois ils eurent aussi à vérifier des comptes, comme ceux du receveur des tailles de Valognes[9], du trésorier de l'extraordinaire des guerres[10], du gouverneur de Marseille[11], du grenier à sel

1. *Ibid.*, fol. 151v°-152.
2. *Ibid.*, fol. 162.
3. *Ibid.*, fol. 57.
4. *Ibid.*, fol. 66v°.
5. *Ibid.*, fol. 6 r°-v°.
6. Le 9 décembre 1563, Grandville rapporteur (*ibid.*, fol. 52v°).
7. Le 29 décembre 1563 (*ibid.*, fol. 59v°).
8. Le 11 janvier 1564 (*ibid.*, fol. 5).
9. Le 12 janvier 1564, Voisinlieu rapporteur (*ibid.*, fol. 6v°).
10. Le 25 novembre 1564 (*ibid.*, fol. 94).
11. Le 1er mai 1565 (*ibid.*, fol. 113).

de Rouen[1]. Ils avaient aussi à traiter maintes affaires contentieuses : le 7 décembre 1563, « ledict Sr de Granville a fait son raport des pièces mises devers luy par ordonnance du Conseil par le S^r d'Alluye et Me Charles de Ronsart, abbé de Tyron, sur ce que l'un et l'autre requéroit estre mis en possession de la terre et seigneurie de Molineuf », faisant partie des biens d'église aliénés au profit du Roi[2]. Et le 13 août 1565, le Conseil renvoie « aux intendans des finances pour y adviser et en faire leur raport à Sa Maiesté », « la requeste de l'arcevesque de Lyon afin d'estre assigné des XXX^m livres qu'il prétend luy avoir esté accordées pour la récompense de la justice ordinaire naguères réunye à la sénes-chaucée de Lyon[3] ».

Par cette dernière décision, une requête adressée au Roi en son Conseil était, comme déjà en bien d'autres cas, confiée pour rapport aux intendants des finances. Il est vrai que, lorsque ceux-ci avaient été institués en 1552, il leur avait été prescrit en termes formels d'« avoir l'œil aux expéditions et reiglemens tant de noz finances que autres choses dépendans de la police de nostre royaume, dont ilz feroient rapport à nous et aux gens de nostredict Conseil[4] ». Henri II et ses conseillers n'avaient-ils pas envisagé à ce moment que des requêtes pussent leur être soumises par cette voie ? C'est qu'il existait depuis des siècles à la suite de Sa Majesté de hauts officiers de robe spécifiquement habilités à recueillir les requêtes à Elle présentées par ses sujets à titre individuel ou en corps : les maîtres des requêtes ordinaires de l'hôtel. Or ces derniers se trouvaient peu à peu concurrencés dans ce rôle par les intendants des finances. Certes les procès-verbaux et les résultats des Conseils sous Charles IX attestent, comme on peut s'y attendre, que les maîtres des requêtes rapportèrent quantité de requêtes au Conseil des Finances. Il y eut aussi des cas où maîtres des requêtes et intendants des finances furent chargés ensemble d'examiner certaines affaires et d'en rendre compte : sur le rapport fait le 19 janvier 1567 au Conseil des Finances « par ledict Sr de Voisinlieu du différend du [...] lieutenant à la cappi-tainerie d'Angers et des habitans de ladicte ville pour certains vivres mis au chasteau de ladicte ville, il a esté ordonné que Messieurs Lamoignon et de Malassize, maistres des requestes ordinaires de l'hostel, et avecq eulx lesdicts Srs de Voisinlieu et de Granville visiteront les pièces pour ce produictes, pour après en faire rapport au Conseil[5] ». Et quelques jours plus tard, au Conseil privé, « après que les sindic de Guyenne et député de Bayonne ont esté oÿz sur les articles cy-devant par eulx res-pectivement présentez, leur a esté ordonné mettre leurs pièces devers Messieurs Lamognon, maistre des requestes, et de Granville, intendant des finances, pour, le tout veu, en faire raport au Conseil[6] ».

1. Le 21 septembre 1566, Voisinlieu rapporteur (*ibid.*, fol. 184v°).
2. *Ibid.*, fol. 51.
3. *Ibid.*, fol. 118.
4. Voir *supra*, p. 28.
5. Bibl. nat., Ms. fr. 16222, fol. V.
6. Au Conseil privé le 25 janvier 1567 (*ibid.*, Ms. fr. 18156, fol. 215).

Quelle qu'ait pu être cette collaboration entre maîtres des requêtes et intendants des finances, il reste, d'après les procès-verbaux des Conseils actuellement conservés[1], que, de 1566 à 1569, les intendants des finances y furent constamment rapporteurs et, en bien des occasions, rapporteurs de requêtes. On pourrait estimer qu'il s'agit là d'un détail sans grand intérêt, mais c'est au contraire un point à ne jamais perdre de vue pour comprendre l'histoire de l'administration centrale des finances.

Une question vient d'elle-même à l'esprit : de quels auxiliaires disposaient Messieurs des finances pour exercer des fonctions qui se développèrent beaucoup depuis 1552 ? Il va de soi que pour minuter et calligraphier lettres missives, instructions et mémoires, établir des rôles, des états, des comptes et autres documents financiers, dresser les actes sécrétés par leurs activités (et cela en un temps où la royauté, ambulatoire déjà par nature, fut contrainte par les événements à de multiples et longs déplacements), Messieurs des finances disposèrent de bureaux. Leurs scribes, clercs ou secrétaires ne paraissent pas avoir été revêtus pour ce rôle d'un caractère public, mais avoir été des sortes de domestiques de leur maître, qui les rémunérait lui-même, non sans veiller à leur obtenir du Roi quelque gratification et des remboursements de frais. Aussi les rencontre-t-on par accident, dans des correspondances ou au hasard d'un compte. De toute manière ces bureaux de Messieurs des finances ne semblent pas avoir été aussi peuplés que ceux des secrétaires d'État, sur lesquels on est moins mal renseigné[2].

De nombreuses lettres de Voisinlieu et du trésorier de l'Épargne font allusion à un certain Prévost, secrétaire de M. de Gonnord, qui paraît avoir été mêlé de si près aux affaires de l'État qu'il lui advint parfois d'assister au Conseil, comme le narre un jour Voisinlieu à Gonnord : « Samedi dernier au soir bien tard, receuz les lettres qu'il vous a pleu m'escripre du mesme jour par Prévost, vostre secrétaire, présent porteur, avec lequel sur l'heure conférasmes ensemble du contenu ès articles et mémoires qu'il avoit apportez. Et le lendemain, qui fut hier matin, en allasmes faire communication à Monseigneur le chancelier, puis, tost après, allasmes trouver la Royne, à laquelle il présenta les lettres que luy escripvez. Et après avoir le tout bien entendu, ordonna faire assembler Conseil en sa chambre à l'issue de son disner, où se trouva bonne et grande compagnye, ainsi que pourrez entendre dudict porteur, qui y fut appellé. Et le tout meurement entendu et leu audit Conseil, fut ordonné expédier les deux lettres que avyez envoyées [...]. Quant aux autres poinctz et articles de vosdits mémoires, est répondu pour chacun

1. Bibl. nat., Mss fr. 5133, 18156, 16221, 16222, 16223. Et aussi Bibl. mun. Dijon, Ms. 695 (épaves des années 1563, 1566, 1567).

2. Sur les bureaux du chancelier et des secrétaires d'État, voir H. Michaud, ouvr. cité, le chapitre iii de la deuxième partie (p. 287-311).

d'iceulx selon ce qu'il en a esté ordonné par ledit Conseil et comme plus amplement pourrez entendre par ledit porteur, qui me gardera de mon particulier vous en faire plus long discours[1]. »

Quelques rares indications sont livrées par les comptes de l'Épargne de 1562. On y voit que Gonnord utilisa aussi son « chevaucheur et valet de chambre », Pierre Chabot, « dict Mouchi », à qui le trésorier de l'Épargne verse 75 livres « pour estre allé en dilligence et sur chevaulx de poste de Paris vers le seigneur de Chaulnes [...] de la part dudict Sr de Gonnort et du Sr de Grantville [...] et pour son retour en pareille dilligence avec responce desdictes lettres[2] ». Le secrétaire de M. de Chaulnes, René Presteseigle, reçut 50 livres pour une chevauchée identique[3]. Deux personnages sans qualité, Richard Guizet et Christophe de Chèvremont, furent rémunérés pour le même motif[4]. En revanche, Nicolas du Nesmes et Étienne Bonnet, rétribués aussi pour de telles liaisons entre Paris et Péronne, Bourges et Rouen, sont désignés comme « clercz suivant les finances »[5].

Une hiérarchie de fait différenciait ces personnages les uns des autres. Le plus éminent était le secrétaire du surintendant, lié de façon si intime aux responsabilités de celui-ci qu'il était connu du Roi et de la Reine mère, les rencontrait et pouvait même être entendu au Conseil. Puis venaient un ou deux collaborateurs très au fait eux aussi des affaires et, en dessous, les « clercs suivant les finances ». Mais le caractère privé que conservera longtemps l'embauche et la rémunération de ces agents rend difficile et décevante la quête d'informations touchant leurs effectifs, leur organisation, leur qualification et leurs personnes.

* *
*

Lors de l'avènement de Charles IX à la fin de 1560, Messieurs des finances étaient quatre. À sa mort le 30 mai 1574, ils étaient deux fois plus nombreux. Cette croissance des effectifs prouvait non seulement, comme on l'a déjà constaté, que la création d'Henri II en 1552 avait pris très vite le caractère d'une institution, mais encore que celle-ci s'était développée, qu'elle avait fait preuve de son utilité et qu'elle avait acquis assez de prestige pour que, de 1561 à 1568, de grands seigneurs n'aient pas cru déroger en en prenant la tête. Le caractère fondateur du règne d'Henri II, à qui l'on devait aussi l'établissement des secrétaires d'État, est attesté par le souvenir qu'il a laissé dans la mémoire des contemporains. Il y a, en effet, une note de nostalgie et de gratitude dans

1. Voisinlieu à M. de Gonnord; Chartres, 11 janvier 1563 (Bibl. nat., Ms. fr. 3085, fol. 28; orig. autogr.).
2. Bibl. nat., Ms. Clairambault 232, p. 2540.
3. Voir *supra*, p. 49, note 1.
4. Bibl. nat., Ms. Clairambault 232, p. 2501-2502, 2504.
5. *Ibid.*, p. 2598-2600. Et *supra*, p. 49, note 1.

ces listes de membres du Conseil annexées aux règlements du 23 octobre 1563 et des 18 et 21 février 1566 : la première énumère « ceulx qui doibvent entrer au Conseil du matin, qui sont tous ceulx qui estoient du Conseil du feu Roy Henry », et la seconde donne « les noms de ceulx qui n'entreront plus au Conseil privé pour y avoir esté mis depuis la mort du Roy Henry ». De même le règlement du 24 octobre 1572 en revient-il à des usages suivis « du vivant du feu Roy Henry »[1].

Dans cette croissance de l'équipe des gens des finances, ses caractères congénitaux se sont épanouis et renforcés. En premier lieu, s'est maintenue, héritage d'un passé ancien, sa nature collégiale. D'autre part, ses membres, en tant que tels, ont continué à n'avoir d'autre qualité que celle de commissaire, qui leur permettait de travailler ensemble à une même tâche sans former pour autant une compagnie ou un corps. À cet égard, le contrôleur général était dans une position particulière et instable, puisque sa charge avait été érigée à l'origine en titre d'office, mais un office tour à tour créé, supprimé ou rétabli, alors que les formalités intangibles du contrôle étaient remplies par les intendants des finances quand l'office de contrôleur général n'existait plus, ce qui illustre la dualité originelle établie par les édits créateurs entre le contrôle et celui ou ceux qui auraient à le pratiquer.

En outre ont continué à s'imposer et la notion selon laquelle les gens des finances étaient inséparables du Conseil du Roi, et le principe voulant que le fait d'être reconnu comme l'un de Messieurs des finances impliquât *ipso facto* l'appartenance et l'accès au Conseil, indépendamment de tout acte du Roi conférant la dignité de conseiller au Conseil privé. Un Conseil où le rôle de Messieurs consistait à tenir le souverain et ses conseillers au courant de l'état des fonds, des prévisions de recettes et de dépenses, des négociations avec banquiers et financiers, mais aussi, et de plus en plus, à exposer des réclamations, des doléances, des affaires contentieuses rejaillissant de façon directe ou indirecte sur les finances publiques et dont beaucoup étaient rédigées en forme de requêtes. Rapporter des requêtes devint une des interventions habituelles des intendants des finances dans les Conseils, en quoi ils empiétaient sur une des attributions fondamentales et spécifiques des maîtres des requêtes de l'hôtel. Il en découlera entre eux et ces derniers une rivalité et des disputes qui eurent, à long terme, de sérieuses répercussions sur le gouvernement de la monarchie.

L'intense activité de Messieurs des finances dans les Conseils du Roi fut-elle une des causes ou un des effets de la croissance des Conseils sous le règne de Charles IX ? Il est tentant de répondre qu'elle fut les deux à la fois[2]. Une cause, parce qu'avec les intendants des finances le

1. Sur ces règlements, voir *supra*, p. 50, note 3 ; p. 52, note 1 ; p. 63, note 2.

2. Sur l'histoire du Conseil, on se reportera toujours à l'irremplaçable ouvrage de N. VALOIS, *Étude historique sur le Conseil du Roi. Introduction à l'inventaire des arrêts du Conseil d'État* (Paris, 1886, in-4°).

Conseil vit entrer de nouveaux rapporteurs, dont le nombre s'accrut depuis 1567, ce qui enflait sa besogne et tendait à différencier et caractériser de plus en plus nettement les réunions consacrées aux finances. Et un effet, parce qu'elle répondait au renforcement que l'apparition et l'essor des secrétaires d'État avaient, d'autre part, procuré au rôle du Conseil. Un renforcement attesté par la promulgation de règlements successifs tendant à codifier ses séances et dont la répétition prouve que, dans cette époque si troublée, ils n'étaient pas observés sans peine, mais aussi que les affaires y affluaient. Au reste, le tout n'était-il pas la suite logique de la résolution prise en 1523 par François Ier de ne faire relever que du Roi et de son Conseil le maniement des deniers de l'État ?

CHAPITRE III

1574-1589

Le 30 mai 1574, la couronne changeait de titulaire pour la troisième fois depuis juillet 1559 et le nouveau Roi était alors loin de ses sujets puisque, depuis le 21 février précédent, il régnait sur la Pologne. C'est au début de septembre qu'Henri III put fouler enfin le sol de France et commencer à y régner, alors qu'il atteignait l'âge de vingt-trois ans. Malgré sa jeunesse, il avait l'expérience des responsabilités du pouvoir et des institutions de la monarchie, ayant été lieutenant général du royaume depuis novembre 1567. De tous nos rois, il a été l'un des plus intellectuels et peut-être le plus animé par un souci personnel impérieux, pointilleux et persévérant de donner aux rouages du gouvernement cohérence, régularité et efficacité. Son goût pour les tâches administratives – qui frappa les contemporains, peu habitués à cela par Charles IX – a inspiré la suite des règlements minutieux qu'il édicta pour son Conseil et pour sa cour, plus nombreux que ceux de tous ses prédécesseurs. Leur répétition, certes, est révélatrice des difficultés et des échecs d'une mise en pratique durable, mais en même temps porte témoignage de l'application du Roi aux affaires et de ses qualités d'homme d'État, car certaines règles alors instituées ont tenu jusqu'à la fin de l'Ancien Régime. En ce qui concerne l'administration centrale des finances, on ne doit jamais perdre de vue en ces temps si agités, d'une part, les retournements de situations, les défaillances de fidélité, les coups de force qui paralysaient les meilleures résolutions et, d'autre part, la détresse endémique des finances royales [1].

* *
*

À la mort de Charles IX, la Reine mère Catherine de Médicis fut investie de la régence jusqu'à l'arrivée d'Henri III, décision que celui-ci

1. Sur l'ensemble de la vie et du règne d'Henri III, on se reportera à P. CHEVALIER, *Henri III roi shakespearien* (Paris, 1985, in-8°) ; J. BOUCHER, *La Cour de Henri III* (Ouest-France, 1986, in-8°) ; et J.-F. SOLNON, *Henri III. Un désir de majesté* (Paris, 2001, in-8°).

confirma par lettres patentes datées de Cracovie le 15 juin. Le Roi Très Chrétien s'enfuit littéralement de Pologne, s'arrêta à Vienne, puis à Venise, d'où, par Ferrare, Mantoue et le Milanais, il se rendit à Turin, puis à Chambéry avant de prendre pied le 5 septembre à Bourgoin sur le sol de France, pour entrer le lendemain à Lyon, où il allait séjourner deux mois et demi et prendre d'importantes décisions.

Pendant le trimestre de régence, bien des questions s'étaient posées sur le nouveau règne, bien des ambitions ou des appétits s'étaient éveillés et bien des projets avaient été agités, touchant notamment l'administration des finances et en particulier le contrôle général, une fonction qui, de toute évidence, était à peu près en permanence un point de mire pour beaucoup, et cela alors que le manque de fonds était pressant. Deux jours avant l'arrivée d'Henri III à Lyon, Jean de Morvilliers faisait écho à son neveu Olivier d'Ormesson des solutions alors envisagées et aussi des bruits qui couraient :

> « On a cherché tous moyens qui se peuvent inventer pour secourir le Roy en ses urgentes affaires. Le controlle général a esté mis en avant et m'a demandé Monsieur le cardinal de Lorraine si le vouliez prendre, que, là où le vouldriez, luy et aultres vous y favoriseroient. Je luy ay répondu que je ne vous inciterois ny ne conseillerois de le prendre, saichant que n'avez les moyens sans vous mettre trop en arrière et danger de vostre maison, oultre que j'estimerois que ne vouldriez approprier à vous seul cest exercice, que le feu Roy et la Royne ont jugé, pour le bien de leurs affaires, debvoir estre baillé en commun à vous quatre intendans des finances. On nomme un personnage qui offre trente mille livres pour l'avoir en tiltre d'office, et aultre trente mil livres qu'il prestera pour un an. Ce jourd'huy, devisant avec Monsieur d'Olinville, je luy ay dict que i'estois d'advis que vous quatre fissiés quelque honneste offre au Roy pour estre admis audict estat, soit en tiltre d'office ou ainsy qu'adviserez, et qu'on vous baillast à chacun mil livres de gages, qui seront les quatre mil attribuez audict office, ou aultrement comme pourrez par ensemble délibérer pour le mieux. Il m'a dict qu'il en escriroit à Monsieur Marcel et à vous. Il sera bon d'y penser et respondre promptement, car les affaires sont si urgentes et la nécessité si grande, qu'on n'aura respect à homme vivant qu'on ne reçoive le premier venu. L'on entend icy que ledict office a jà esté demandé au Roy et, disent aulcuns, donné. Toutesfois la Royne a déclaré ce jourd'huy qu'il falloit en tirer les deniers pour subvenir à la nécessité. Je ne porte pas envye à vostre ayse et repos, mais vous sçavez que qui veult profiter et avoir finance à la court, il s'y fault rendre esclave plus que ne sont les forsats en gallaires[1]. »

Ces propos, outre qu'ils apprennent incidemment qu'au moins deux intendants des finances n'avaient pas suivi la cour à Lyon et étaient demeurés à Paris, révèlent l'influence de Morvilliers dans le Conseil, car

1. Jean de Morvilliers à Olivier d'Ormesson; Lyon, 3 septembre 1574 (Arch nat., MM 755[1], fol. 33v°-34, copie; publ., non sans fautes, par G. BAGUENAULT DE PUCHESSE, ouvr. cité, p. 428-429).

ses avis paraissent l'avoir emporté dans l'adoption de deux mesures prises très peu après. Il est difficile de discerner si elles ont été arrêtées ensemble le même jour et, dans le cas contraire, laquelle a préexisté. L'une et l'autre, au surplus, exigent quelque discussion.

Celle dont on traitera d'abord offre l'avantage de poser une décision nette et durable. Dans les jours suivant son retour en France, « voullant pourveoir à l'ordre et direction de ses affaires et aux charges et estatz qui sont nécessaires pour son service », Henri III signa le 10 septembre 1574 à Lyon un règlement dressé à cette fin [1], premier d'une longue série à venir. Son dernier article est ainsi conçu :

> « Sera traicté au Conseil privé de Sa Majesté de tous affaires tant de finances que autres qui s'offriront, comme il s'observoit du reigne du feu Roy Henry son père. Et aura le Sr de Bellièvre la surintendance desdictes finances, comme le feu Sr du Mortier avoit, qui assemblera les intendans desdictes finances et le trésorier de l'Espargne lorsqu'il verra bon estre, pour avec iceulx en adviser. Et luy, ou le S^r de St-Bonnet, intendant desdictes finances, en fera rapport à Sadicte Majesté lorsqu'il sera par Elle commandé. Et se trouveront lesdicts Srs de Bellièvre et de St-Bonnet à chascun Conseil qui se tiendra, pour, au commancement dudict Conseil, faire entendre l'estat desdictes finances, si besoing est, avant que l'on traicte d'autres affaires [2]. »

Une certitude est acquise : le 10 septembre 1574, de la manière la plus officielle, Pomponne de Bellièvre, et lui seul, a été investi de la surintendance des finances, et cela de manière si ferme qu'il l'exercera sans interruption et sans partage pendant quatorze ans. On remarque aussi qu'il était expressément et exclusivement qualifié pour faire part au Roi des conclusions des délibérations de Messieurs de finances, ce qui mettait bien en évidence l'une des prérogatives essentielles de la charge de surintendant, à savoir que le titulaire de celle-ci (ou son suppléant) était seul habilité à traiter directement et personnellement des affaires avec Sa Majesté, à l'exclusion des autres gens des finances, si estimé que tel ou tel d'entre eux pût l'être par Elle. Le titre de surintendant s'est donc alors restreint et précisé de façon définitive pour désigner uniquement le chef de Messieurs des finances. Le sort de la surintendance qui, sous

1. Règlement daté de Lyon le 10 septembre 1574 (Bibl. nat., Ms. fr. 6619, fol. 134-136; copie du temps).

2. L'original de ce règlement du 10 septembre 1574 n'a pas été retrouvé. Il en subsiste deux copies qui, d'après leur écriture, sont contemporaines de sa promulgation : celle signalée ci-dessus note 1, et une autre aux fol. 258-260 du Manuscrit français 7007 de la Bibliothèque nationale. Elles offrent l'une et l'autre une même teneur du règlement, sauf sur un point de son dernier article : la version du Manuscrit 7007 ne mentionne ni Saint-Bonnet ni son rôle éventuel de suppléant. On a retenu et reproduit ici la teneur du Manuscrit 6619 et cela pour deux raisons. D'abord parce que, dans les faits, une suppléance de Bellièvre a été plusieurs fois nécessaire. Et ensuite parce que cette copie se termine par : « Faict à Lyon, le Xe jour de septembre mil cinq cens soixante-quatorze. Signé, Henry. Et plus bas, Fizes. » Dans le Manuscrit 7007, on lit seulement : « Faict à Lyon, le Xe jour de septembre 1574 », sans mention de la signature du Roi, ni du contreseing du secrétaire d'État. Cette version semble donc reproduire un projet ou un premier état du règlement, alors que celle du Manuscrit 6619 en livre le texte définitif, signé et contresigné.

Charles IX, a paru confus par moments, va être beaucoup plus clair tout au long du règne d'Henri III.

En outre, ce règlement du 10 septembre 1574 attribuait à Camus de Saint-Bonnet le rôle de suppléant éventuel du surintendant. Le choix de sa personne était normal : bien qu'il ne fût alors intendant que depuis quatre ans, il était le plus ancien dans cette fonction, ses collègues n'y ayant accédé qu'en 1573, et il était retenu à ce titre. Quant à la prévision d'une telle suppléance, c'était une précaution dérivant du fait que Bellièvre, outre sa surintendance, était l'un des conseillers les plus écoutés d'Henri III et pouvait donc être appelé à remplir des missions l'éloignant longtemps de la cour. Et l'on verra les événements justifier cette prévoyance.

On ne manquera pas de relever la référence à ce qui « s'observoit du reigne du feu Roy Henry » et à la primauté conférée jadis à du Mortier, ce qui prouve combien les dispositions prises en 1552 par Henri II restaient considérées comme fondatrices de l'institution de Messieurs des finances.

L'autre disposition importante prise à Lyon en septembre 1574 touchait le contrôle général des finances. Elle fut prononcée par un édit de ce mois, enregistré le 2 octobre à la chambre des comptes de Paris, et dont, jusqu'à présent, le texte demeure inconnu. Il figurait dans le registre des Mémoriaux où la chambre l'avait transcrit, mais celui-ci ayant été consumé dans l'incendie de 1737, sa reconstitution n'a pu englober cette loi [1] et aucune autre copie n'en a encore été découverte. La teneur de cet édit ne peut donc être saisie que par le témoignage de ceux qui y ont eu accès avant 1737 et s'y sont référés. Provenant du chancelier Séguier, un mémoire historique dressé en 1649 sur la charge de contrôleur général donne de précieuses indications :

> « Édict portant confirmation de la suppression de l'office de controoleur général des finances et union d'iceluy aux estats et charges des intendans des finances ; portant création des quatre offices d'intendans avec l'union dudit controole et augmentation de mil livres de gages à chacun, moyennant quarante mil livres. Vériffié en la chambre des comptes le 2 octobre 1574 pour jouir par lesditz quatre intendans des finances de l'exercice dudit controole général supprimé, conjoinctement avec leursdites charges d'intendans par forme de commission seullement et non en titre d'office, et des mil livres à chacun d'eux ordonnez par chacun an, outre la pension atttribuée à leurs commissions d'intendans par forme de pension, laquelle pension néantmoins, au cas qu'il pleust au Roy les rembourser à l'advenir desdites XI^{m} livres, demeurera esteinte [2]. »

D'autre part, un inventaire ancien des Mémoriaux de la chambre des comptes mentionne, parmi les actes enregistrés en 1574 :

1. Arch. nat., P 2319.
2. Bibl. nat., Ms. fr., 18510, fol. 69v°.

« Confirmation de suppression de l'office de contrôleur général des finances pour estre exercez par les quatre intendants des finances sous le titres d'intendants et contrôleurs généraux des finances.

Lettres de cachet de jussion sur lesdites affaires.

Quittance de Mollan à la descharge de Jean Camus, Claude Marcel, Benoist Milon et Olivier Lefebvre, intendans et controlleurs généraux des finances, de 40 000 livres pour l'union dudit office, avec attribution de 1 000 livres de gages chacun[1]. »

Pour succincts qu'ils soient, ces abrégés transmettent les dispositions essentielles de l'édit de septembre 1574. Et d'abord qu'il confirmait celui de janvier 1573 portant suppression de l'office unique de contrôleur général des finances, une mesure qui, de fait, allait être appliquée assez longtemps. Trois autres évidences s'en dégagent. La première, que cet édit de 1574 érigeait en titre d'office formé quatre charges d'intendant des finances-contrôleur général. La deuxième, que la chambre des comptes s'est opposée pour une part à cette érection en décidant par son arrêt d'enregistrement que l'intendance demeurerait tenue par commission et que le contrôle général serait exercé collectivement en titre d'office avec les gages correspondants. Et, enfin que le Roi a accepté cette modification à son édit. Pourquoi l'aurait-il rejetée, dès lors qu'elle sauvegardait l'opération financière sous-tendant la combinaison ? Il ressort, en effet, que les résolutions inscrites dans l'édit étaient très proches de « l'honneste offre au Roy » que Morvilliers venait de suggérer à Olivier d'Ormesson[2] et que, selon toutes les apparences, ce dernier et ses trois collègues s'étaient empressés de faire, dût-il leur en coûter dix mille livres à chacun. Leur attitude en l'occurrence trahit l'hostilité et la jalousie latentes des intendants des finances envers l'exercice exclusif du contrôle général par un personnage distinct. On notera aussi la conception de la chambre des comptes selon laquelle les charges d'intendant des finances ne pouvaient être érigées en titre d'office et ne devaient être conférées que par commission, principe que le Roi et son Conseil ne semblent pas avoir contesté. L'épisode dévoile aussi le développement, sous des formes variées, de la vénalité autour des hauts postes de l'État, aboutissant, parmi les gens des finances, à la situation singulière des quatre intendants-contrôleurs généraux, qui, selon les opérations qu'ils effectuaient, les conduisaient à titre soit de commissaires, soit d'officiers.

Une semaine après le règlement du 10 septembre 1574, qui touchait à des matières très variées, Henri III en donna un autre pour « pourveoir à l'ordre de son Conseil privé », prescrivant qu'il se tienne « doresnavant

1. Arch. nat., PP 121, p. 59-60. Ces actes figuraient dans le registre des Mémoriaux coté OOO, aux fol. 334 et suivants.

2. Voir *supra*, p. 78.

chascun jour aux après-disnées, excepté les dimanches et aultres festes recommandées, et que les mecredys seront spéciallement destinez pour les différendz des parties, sinon en cas d'affaires importans ». Le Roi désignait les personnalités retenues pour le composer, obligées de prêter un nouveau serment, et parmi lesquelles figurait Bellièvre[1], titulaire depuis une semaine de la charge de surintendant des finances[2].

C'était une fonction à laquelle sa carrière, soutenue par le chancelier de L'Hospital, par Jean de Morvilliers et par Catherine de Médicis, l'avait jusque-là préparé[3]. Issu du milieu des notables lyonnais et d'une famille de haute robe, il fut d'abord conseiller au parlement de Chambéry (1554-1559), puis lieutenant général du bailliage de Vermandois à Laon (1560-1564), fonction dans laquelle il fut si apprécié que la Reine mère lui fit confier en mars 1564 l'ambassade de Suisse, poste où il résida six ans et se familiarisa avec les affaires d'argent. Pendant son séjour à Soleure, il fut pourvu des offices de lieutenant général (1564) et de président au présidial de Lyon (1568), qu'il résigna à son retour en France, où il fut nommé conseiller au Conseil privé. Il ne cessa dès lors de siéger au Conseil des Finances. Nommé en septembre 1573 ambassadeur de Charles IX auprès du roi de Pologne son frère, il accompagna celui-ci dans son cheminement vers Cracovie et, quelques mois plus tard, organisa sa fuite hors de ce pays. Revenu en France avec lui, il eut toute sa confiance et occupa une place de tout premier plan dans les Conseils de ce prince. Catholique convaincu, adversaire de la violence, diplomate et conciliateur par principe et par tempérament, il eut souvent à travailler à la pacification religieuse du royaume. Cet homme d'un dévouement absolu à l'État et d'un rare désintéressement fut en son siècle un des plus grands et des plus fidèles serviteurs de la couronne.

Comme surintendant, Bellièvre touchait 4 000 livres par an, à quoi s'ajoutaient 2 000 livres pour son état de conseiller au Conseil privé (soit 1333 écus 1 tiers et 666 écus 2 tiers après la réforme monétaire de 1577). Plus élevés que ceux des intendants des finances, ces émoluments (qui ne varièrent pas) marquaient sa prééminence sur eux. Prééminence sans arrogance ni autoritarisme, Bellièvre ayant traité ces Messieurs en collègues plus qu'en subordonnés. En septembre 1574, ils étaient cinq groupés autour de lui : Camus de Saint-Bonnet, Mylon d'Ollainville, Claude Marcel, Olivier d'Ormesson et Jean Chastellier. Celui-ci, confirmé dans sa commission le 15 juin 1575, était, on le sait, en position de surnombre et exerçait seulement l'intendance sans se mêler du contrôle général, que se partageaient les quatre autres. Cette situation lui

---

1. Règlement daté de Lyon le 17 septembre 1574 (Bibl. nat., Ms. fr. 6619, fol. 136-137 ; copie).

2. En l'état actuel de la documentation, il est impossible de spécifier si Bellièvre a été investi de cette charge par le seul effet du dernier article du règlement du 10 septembre ou, en outre, par des lettres patentes ou un brevet du Roi.

3. Sur le personnage, voir O. Poncet, *Pomponne de Bellièvre (1529-1607). Un homme d'État au temps des guerres de religion* (Paris, 1998, in-8°. Mémoires et documents de l'École des chartes, t. 50).

donnant des obligations moins lourdes auprès du Conseil, Henri III et la Reine mère y virent occasion de lui confier de façon systématique des commissions d'intendant d'armée, auxquelles le prédisposait sa carrière en Piémont. Le 8 septembre 1574, il fut nommé surintendant des finances en l'armée de Dauphiné, à quoi s'ajouta le 6 novembre, conjointement avec l'évêque de Valence, la surintendance des vivres en la même. On le retrouve ensuite surintendant des finances en l'armée du duc de Guise par commission du 23 août 1575, en l'armée du duc d'Anjou par commission du 1er avril 1577 et en celle du duc de Mayenne en Dauphiné par commission du 1er juillet 1580, la veille de laquelle il avait été promu conseiller d'État.

En 1574, les émoluments annuels d'un intendant des finances étaient de 2 000 livres, complétés par 1 000 autres livres pour les quatre qui avaient qualité d'intendants et contrôleurs généraux. À partir de 1578, ces émoluments furent haussés à 3 000 livres (1 000 écus) par an, ceux qui étaient chargés du contrôle général recevant toujours en plus la somme de 1 000 livres (333 écus 1 tiers).

Entre autres occupations, Bellièvre et les intendants eurent à préparer la session des états généraux convoqués à Blois [1]. Que ce fût pour cela ou pour quelque autre raison, il parut alors opportun de renforcer l'équipe : à une date se situant sans doute dans le second semestre de 1576, Robert Miron, sieur de Chenailles, maître ordinaire en la chambre des comptes de Paris, proche parent de Jean de Morvilliers, fut nommé intendant des finances. Il se trouva d'abord, comme Chastellier, en surnombre et, par suite, n'eut pas à participer au contrôle général.

Dans le même temps furent prises d'importantes dispositions relatives aux secrétaires signant pour les finances et autres secrétaires des finances. On a vu que la situation à ce sujet n'avait pas toujours été claire et que, depuis 1570, la règle voulait qu'il n'y eût que quatre secrétaires entrant au Conseil des Finances [2]. Norme confirmée par cet article du règlement du 17 septembre 1574 : « Les quatre secrétaires des finances ordonnez pour servir audict Conseil serviront chascun par quartier. Les aultres secrétaires des finances demeureront supprimez, leur réservant Sa Majesté leurs gaiges, droictz et previllèges pour en jouyr leur vie durant [3]. » La suppression ainsi annoncée ne fut pas aussitôt appliquée, probablement parce que certains secrétaires des finances servaient auprès du Conseil privé, ce qui avait été le cas de Camus de Saint-Bonnet avant qu'il ne devînt intendant. Il était difficile de se passer de leur collaboration. Deux ans s'écoulèrent avant qu'un nouveau dispositif pût être mis en place, peu avant les états généraux.

1. La cérémonie d'ouverture des états généraux se fit à Blois le 6 décembre 1576 et celle de clôture le 31 janvier 1577.
2. Voir *supra*, p. 61.
3. Règlement cité *supra*, p. 82, note 1.

Une déclaration du 25 septembre 1576 révoqua les provisions ou commissions de secrétaires des finances accordées depuis Charles IX sans que les titulaires aient versé finance pour les obtenir; et quant à ceux qui auraient payé finance, ils étaient maintenus dans leur charge, avec des gages réduits à la raison du denier 10, mais il leur était interdit d'exercer leurs fonctions et d'en toucher les gages tant qu'ils n'auraient pas fait apparaître la somme effectivement versée aux parties casuelles pour en être revêtus[1]. Ces dispositions préludaient à celles d'un édit du mois suivant par lequel Henri III, soucieux d'« attribuer et prescrire le labeur certain et limité de nos officiers et que chacun doit avoir en sa charge », érigea en titre d'offices formés « quatre secrétaires de nos finances et greffiers en nostre Conseil privé, pour tenir le registre des décrets, ordonnances, jugemens et arrests qui y seront donnés entre les parties, en faire dresser et signer toutes les expéditions et lettres qui seront nécesssaires » et servant « par quartier en nostredit Conseil, ainsy que font à présent les quatre secrétaires ordonnés pour les expéditions de ce qui se traitte pour nosdites finances », cela aux mêmes gages annuels de 1 200 livres[2]. Sur quoi, fondée sur certaines réserves de la déclaration du 25 septembre, une autre du 7 novembre 1576 rétablit « treize desdits estats, charges et commissions de secrétaires de nosdites finances[3] », accessibles moyennant le versement aux parties casuelles d'une somme dont le Roi fixerait le montant. En enregistrant cette déclaration, la chambre des comptes insista par son arrêt sur ce que ces charges avaient statut de commission et précisa que « ceux qui en seroient pourveus seront notaires et secrétaires de la maison de France et ne pourront signer les lettres qui seront délibérées au Conseil de Finances[4] ».

Outre qu'elles montrent la vénalité des charges publiques touchant à la fois offices et commissions, ces décisions organisèrent et délimitèrent enfin avec clarté les tâches des secrétaires ayant l'exclusivité des écritures des Conseils. Depuis octobre 1576 et jusqu'à la fin de l'Ancien Régime, ils constituèrent deux formations distinctes : celle des « quatre secrétaires ordonnés pour les expéditions de ce qui se traite pour nosdites finances », successeurs et continuateurs du mandat confié en 1552 au seul Claude Burgensis, et, d'autre part, ces quatre secrétaires-greffiers du Conseil privé nouvellement institués. Affectés à des besognes voisines sinon identiques, ces deux quatuors symétriques différaient néanmoins sur un point important : les fonctions des secrétaires-greffiers du Conseil privé étaient, dans les termes les plus formels, érigées en titre

1. Déclaration datée de Paris le 25 septembre 1576, enregistrée le 28 à la chambre des comptes de Paris (Arch. nat., P 2320, p. 921-924).

2. Édit daté de Paris en octobre 1576, enregistré le 5, de l'exprès commandement du Roi, à la chambre des comptes de Paris (*ibid.*,, p. 857-862).

3. On notera que ces charges n'étaient pas érigées en titre d'office formé, mais avaient nature de commission.

4. Déclaration datée de Paris le 7 novembre 1576, enregistrée le 19 à la chambre des comptes de Paris (*ibid.*, p. 1051-1056).

d'office, alors que celles des autres restaient conférées par commission. Autre détail : les secrétaires du Conseil privé, et eux seuls, recevaient la qualité de « greffier », qui les amena à constituer leurs propres greffes et ainsi à se séparer de l'équipe de Messieurs des finances, à laquelle, au contraire, leurs quatre autres collègues appartiendront toujours.

* *
*

Grâce à la paix de Bergerac, conclue le 17 septembre 1577 et sanctionnée le même mois par l'édit de Poitiers, prit fin la sixième guerre de Religion. Cet édit de Poitiers, l'un des édits de pacification les plus importants, ouvrit une période de répit de plusieurs années, durant laquelle Henri III, cherchant à donner suite aux doléances et aux vœux des états généraux, fit une œuvre abondante d'administration et de réglementation. Avant même la paix civile, deux mesures avaient été prises auxquelles les gens des finances avaient sans doute été associés de près. Ce fut d'abord l'édit de juillet 1577, qui prononça la fusion des offices de trésorier de France et de général des finances sous l'appellation de trésorier général de France et groupa en chaque généralité cinq de ces officiers pour former le bureau des finances, une compagnie avec laquelle le Conseil des Finances aurait à entretenir une grande correspondance. Puis il y eut, contemporaine de l'édit de Poitiers, « l'ordonnance et règlement général » sur les monnaies, qui substitua l'écu à la livre comme monnaie de compte.

À l'exception d'Olivier d'Ormesson, retenu à Paris par des affaires personnelles, Messieurs des finances avaient suivi la cour à Blois pour les états généraux. Morvilliers en avait envoyé quelques échos à son neveu : « Je ne sçaurois dire quelle sera l'issue de ces estats [...]. L'on n'est point encores entré à cognoistre l'estat des finances. Messieurs vos compagnons voyent Monsieur le chancelier quand il a la commodité. Ilz sont ordinairement avec Monsieur Bellièvre. Tous prennent beaucoup de peine, mais les moyens leurs deffaillent[1]. » Et ceci : « Jusques à l'heure présente, on n'a rien faict pour les finances en présence de Leurs Majestés, car Elles ont esté trop occuppées en aultres affaires. Monsieur le chancelier se trouve mal de ses gouttes. Messieurs des finances se sont quelques fois assemblez avec Monsieur Bellièvre [...]. L'on n'oze mettre le nez au fond des finances, tant on craint de voir le mal tel qu'il est[2]. » Après les états généraux, Henri III entendit qu'on y mît le nez, comme l'atteste cette décision du 31 janvier 1578 :

1. Jean de Morvilliers à Olivier d'Ormesson; s.d. (Blois, décembre 1576) (Arch. nat., MM 755[1], fol. 36v°-37, copie; publ. par G. BAGUENAULT DE PUCHESSE, ouvr. cité, p. 431).
2. Le même au même; Blois, 9 décembre 1576 (*ibid.*, fol. 38; publ. *ibid.*, p. 431-432).

« Le Roy ordonne que, dès demain qui est samedy, Messieurs cardinaulx de Bourbon et de Guyse, de Montmorency, chancellier, mareschal de Cossé, de Lenoncourt, de Foy, du Puy, de Cheverny, de Mende, de Roissy, Bellièvre, de Pibrac, président Nicolay, de Vienne et procureur général s'assemblent, au cabinet où la Royne mère du Roy mange, toutz les jours jusques au premier jour de caresme, ormys les après-disnées des jours destinés pour le faict des parties, pour reveoir toutz les mémoires et adviser aulx moïens qui se pouront trouver concernant le faict des finances, par lesquelz l'on puisse pourveoir aulx affaires de Sa Maiesté. Seront aussy veu audict Conseil toutz les cayers des estatz, à ce que l'on puisse donner ordre à ce qui est nécessaire pour le service du Roy et le bien du royaulme, et par mesme moïen ce qui fust proposé à Bloys pour le service de Sa Majesté [...].

Le Roy veult que le matin l'on entre au Conseil à sept heures et qu'ilz y demeurent jusques à dix ; et l'après-disnée despuis une heure jusques à cinq ; et que les intendans des finances et trésorier de l'Espargne y assistent[1] ».

Il s'agissait là surtout de parer aux besoins immédiats du trésor de l'Épargne. Au-delà de ces nécessités courantes, Henri III, avec cette obsession de cohérence, de clarté et d'efficacité qui caractérisait son esprit méticuleux, réfléchit longuement aux moyens d'organiser sa cour et son gouvernement d'une manière digne de la majesté du Roi Très-Chrétien et propre à assurer une bonne marche de l'État. D'où la promulgation à Paris le 11 août 1578 d'un ensemble de règlements qui forment moins une série de textes distincts qu'une sorte de code incluant 274 articles répartis en 22 titres[2]. Le premier de ceux-ci traite de généralités relatives à l'exercice par le Roi de son autorité. Suivent neuf titres où Henri III règle les rites, fonctions et devoirs des différents offices civils de la cour (grand aumônier, maître de chapelle, grand maître, premiers gentilshommes de la chambre, garde-robe, grand écuyer, premier médecin, etc.), minutieux et subtils arrangements dont Louis XIV s'est beaucoup inspiré. Après quoi apparaissent : 11° « L'ordre du Conseil du Roy », 12° « L'ordre que le Roy veult estre tenu par Monsieur le chancelier », 13° « par les secrétaires d'Estat », 14° « pour les intendans des

---

1. Règlement daté de Paris le 31 janvier 1578 (Bibl. nat., Ms. fr. 7007, fol. 266-267 ; orig.). Par autre règlement du 17 février suivant, le Roi désigna vingt-deux personnes de son Conseil pour s'assembler le matin et « délibérer et consulter sur lesdicts articles » des états présentés à Blois, « pour estre par après sur iceulx faicte par Sa Majesté une bonne loy et ordonnance, qui sera inviolablement gardée » et l'après-dîner continueront leur assemblée en présence du Roi « pour entendre leurs advis [...] et y prendre une conclusion » ; sur les vingt-deux personnes retenues, douze (dont Bellièvre) étaient déjà appelées par le règlement du 31 janvier (*ibid.*, V^eColbert, 9, fol. 108 ; copie). Il semble s'agir du lancement des travaux préparatoires de la grande ordonnance de mai 1579, dite « ordonnance de Blois ».

2. Cet ensemble réglementaire se trouve recopié en entier dans un formulaire (Bibl. nat., Ms. fr. 5286, fol. 13-41) composé par Jules Gassot qui, après avoir été commis du secrétaire d'État Robertet d'Alluye, entra en la même qualité au service de Villeroy, devint secrétaire du Roi en 1571 et partagea ses activités entre les expéditions de chancellerie, celles du Conseil des Finances, dont il devint secrétaire, et diverses missions diplomatiques. Les règlements du 11 août 1578 ayant été dépêchés dans les bureaux de Villeroy, Gassot a pu aisément les transcrire dans son recueil et en livrer ainsi un texte très sûr, auquel nous nous référons. Voir H. MICHAUD, *Les Formulaires de grande chancellerie. 1500-1580* (Paris, 1977, in-4°), p. 209-217 ; et *Sommaire mémorial (souvenirs) de Jules Gassot, secrétaire du Roi (1555-1623),* publ. pour la Société de l'histoire de France par P. CHAMPION (Paris, 1934, in-8°).

finances » et 15° « par les trésoriers de son Espargne ». On trouve ensuite six titres concernant les différents corps de la maison militaire de Sa Majesté et le tout se termine avec « L'ordre que le Roy veult estre tenu pour les ambassadeurs ».

Messieurs des finances se trouvaient concernés principalement par les prescriptions relatives au Conseil. Henri III ordonnait que désormais « il se tienne ung Conseil que l'on appellera Conseil d'Estat tous les lundy, mardy, jeudy et sabmedy au matin, depuis six heures jusques à neuf, et les après-disnées depuis une heure jusques à quatre, où assisteront seulement ceux que Sa Majesté déclarera cy-après. Et s'assembleront en ung lieu commode, qui sera tousiours choisy et ordonné partout où sera logée Sa Majesté ». À ce Conseil d'État, le Roi assignait de larges et précises compétences financières :

[Art. 2.-] « Auquel Conseil et non ailleurs, se verront, vériffiront et arresteront doresnavant tous estatz généraulx et particuliers de recepte et despense, tant au commancement que à la fin de l'année, ceulx de l'ordinaire et extraordinaire de la guerre et tous aultres. À ceste fin, sera mandé aux trésoriers de France, généraulx des finances et receveurs généraulx d'envoyer et addresser doresnavant leurs estatz directement à Monsieur le chancelier, lequel, les ayant receuz, les apportera audict Conseil pour y estre leuz, et après distribuez et mis entre les mains de deux ou troys dudict Conseil pour, avec ung des intendans des finances et le trésorier de l'Espargne, les reveoir et vériffier plus particullièrement et au vray, pour après en faire rapport audict Conseil. Auquel seront aussy taxez les offices qui viendront à vacquer ou se résigneront et n'en sera faict deslivrance d'aucun par le trésorier des parties casuelles que en la présence et par l'ordonnance expresse dudict Conseil, en gardant les formalitez ordinaires, dont sera tenu registre certain par le secrétaire des finances qui sera en quartier, comme de toutes aultres expéditions qui se ordonneront audict Conseil. Seront aussy veuz, présentez et responduz en icelluy les requestes, cahiers, articles et remonstrances des provinces qui seront cy-après envoyez ou présentez à Sadicte Majesté tant par les gouverneurs et lieutenantz généraulx, courtz de parlementz et aultres officiers de Sadicte Majesté, que par les habitans des villes et aultres ses subjectz. Pareillement, les fermes qui seront à bailler pour le service de Sadicte Majesté, soyt de son domaine, douannes, traictes foraines, ses greniers à sel ou aultres, seront proclamées et délivrées selon qu'il sera ordonné audict Conseil et non ailleurs. Sera aussy advisé et pourveu en icelluy aux rabaiz qui seront poursuiviz et demandez par lesdicts fermiers. Tous estatz de la maison, des menuz, escurie, vénerie, faulconnerye, artillerie et aultres ayant esté veuz et arrestez par Sadicte Majesté seront semblablement représentez et leuz audict Conseil au commancement de chacune année, pour estre sur iceulx pourveu de bonnes, seures et irrévocables assignations aux trésoriers desdictes charges, affin que les officiers de Sadicte Majesté et aultres employez èsdicts estatz soyent cy-après payez de leurs gaiges par chacun quartier sans aulcune faulte et que, par ce moyen, Sadicte Majesté puisse estre servie comme il appartient. Touttes commissions ordinaires et extraordinaires, tant pour imposer et lever deniers, vivres et munitions sur le peuple, que pour faire recherche et poursuitte contre faulx monnoyeurs, usuriers et aultres qui auroient commis quelques abuz et malversations, ne seront doresnavant expédiées qu'elles n'ayent esté délibérées et ordonnées audict Conseil. Le semblable sera exactement observé pour le regard des eedictz tant de création d'offices que aultres qui se feront cy-après, pour coupper chemyn au descry et désordre incroïable qu'apporte au nom de Sa Majesté, à la réputation de son Conseil et à ses affaires la facilité qu'il y a de présent en l'expédition d'iceulx. Bref, Sadicte Majesté entend que audict Conseil et non ailleurs se traictent doresnavant toutes matières concernans ses finances, le repoz, soullagement et conservation de ses provinces, dont sera tous les jours faict et tenu registre certain par le secrétaire des finances qui sera en quartier, lequel ne fera faulte, le lendemain au matin que ledict Conseil aura esté tenu, d'apporter au secrétaire d'Estat qui sera en mois ung résultat de tout ce qui aura esté faict et arresté audict Conseil le jour auparavant, pour estre leu à Sadicte Majesté. Deffendant ausdicts secrétaires de faire et délivrer aulcune expédition et dépesche aux parties qu'elle n'ayt esté enregistrée audict registre, veue et signée de la main de Sadicte Majesté sur ledict résultat et contresigné par ledict secrétaire d'Estat.

[Art. 3.-] Lesdicts secrétaires d'Estat feront sur le résultat, chacun selon leurs deppartemens, les expéditions et dépesches desdicts cahiers, articles et remonstrances desdictes provinces qui auront esté veuz et arrestez audict Conseil et semblablement les commissions pour imposer et lever deniers, vivres et munitions, comme ilz ont accoustumé, affin d'en pouvoir advertir les gouverneurs, lieutenans généraulx desdictes provinces et aultres que besoing sera, et mesmes en respondre à Sadicte Majesté selon les occasions. Quant aux aultres expéditions, elles seront faictes sur ledict résultat par ledict secrétaire des finances qui sera en quartier, et non par aultres, en la forme accoustumée. Commandant très expressément Sadicte Majesté ausdicts secrétaires observer ce que dessus et ne délivrer aucune expédition au rapport de qui que ce soyt, que ledict résultat en ayt esté veu et signé par Sadicte Majesté, ainsy que dict est, sur peine d'en respondre. »

Suivaient d'autres prescriptions, conséquences des précédentes, et l'article 6 fixait la composition de ce Conseil :

« Auquel Conseil d'Estat n'entreront doresnavant que les princes, cardinaulx, officiers de la couronne, le grand maistre de l'artillerye, ceulx des affaires de Sadicte Majesté, les gouverneurs et lieutenans généraulx des provinces, le collonel de l'infanterie françoise, les capitaines des gardes et les S^rs^ que Sadicte Majesté a retenuz dudict Conseil qui seront cy-après nommez, les quatre secrétaires d'Estat, deux des six intendans des finances, lesquelz à ceste fin seront deppartiz pour servir doresnavant quatre moys l'année, le trésorier de l'Espargne qui sera en charge et le secrétaire des finances qui sera en quartier, et non aultres. »

Ceux « que Sadicte Majesté a retenuz » étaient nommés un peu plus loin (art. 14) : ils étaient vingt-cinq, quinze de robe courte et dix de robe longue (dont Bellièvre) en majorité ecclésiastiques. Ils prêteraient un nouveau serment et recevraient des lettres patentes les créant « conseiller en nostredict Conseil privé et d'Estat », expression qui, dans l'usage courant, fut bientôt abrégée en celle de « conseiller d'État ». Mais ces dispositions restrictives étaient quelque peu menacées par le maintien de certains usages et de situations personnelles : les présidents et gens du Roi du parlement de Paris, le premier et le second président de la chambre des comptes de Paris, les premiers présidents des autres parlements pourront « entrer, avoir voix délibérative et seoir audict Conseil comme ilz ont cy-devant faict » (art. 17). « De même y auront accès le chancelier de la Reine mère et celui du duc d'Anjou » (art. 18). « Pareillement les secrétaires Sarred et Ruzé, ayant eu cest honneur d'avoir servy Sa Majesté de secrétaires des finances avant son advènement à la coronne, pourront entrer ausdictz Conseilz d'Estat et des Parties quand ilz y voudront aller, comme ilz ont cy-devant faict. Et semblablement Chantereau, comme secrétaire des finances de la Royne mère » (art. 19). En outre (art. 20), « Sa Majesté, suivant ce qu'Elle a cy-devant démonstré se voulloir servir de Gassot et Chaudet, secrétaires de ses finances, lesquelz desià sont entrez en son Conseil et, en ce qui leur a esté commandé, y ont bien servy, veult et ordonne que lesdicts Gassot et Chaudet entrent au Conseil d'Estat et des Finances pour y servir et tenir le registre des expéditions qui se feront audict Conseil en l'absence des quatre secrétaire des finances qui sont ordonnez servir en icelluy ».

Le Roi entendait (art. 7) « se trouver audict Conseil pour le moins une foix la semaine, qui sera le sabmedy après disner, pour sçavoir ce qui aura esté faict et traicté en icelluy toute la sepmaine et entendre l'estat desdicts affaires ». Il fixait, d'autre part (art. 22), le « deppartement par quartiers des Srs du Conseil privé et d'Estat du Roy », « quartiers » de quatre mois commençant en septembre 1578, pendant chacun desquels huit conseillers (trois de robe longue et cinq de robe courte), assistés par deux intendants des finances, auraient à traiter des affaires concernant les provinces et pays qui leur étaient atttribués.

Ces règles établissant « l'ordre du Conseil du Roy » fixaient déjà tant de points touchant Messieurs des finances, que le titre particulier qui les visait était assez bref. Il précisait que « les quatre intendans des finances qui sont pourveuz en tiltre d'office du contreroolle général desdictes finances feront et continueront ledict contreroolle, comme ilz ont accoustumé faire, sinon qu'ilz seront tenuz contrerooller les acquictz des dons que Sa Majesté fera devant qu'ilz soient présentez à Monsieur le chancellier pour estre scellez. Et pource que pour l'intendance desdictes finances il y en a deux oultre les quatre susdicts, Sa Majesté entend que, desdicts six, deux serviront quatre moys consécutifz de l'année, en sorte qu'il y en ayt toujours deux en service à la suite de Sa Majesté. Et en ce faisant, entreront et assisteront audict Conseil d'Estat, chacun en leur quartier et service ». Quartiers et services dont les dates et les titulaires étaient fixés pour les quatre derniers mois de 1578 et l'année entière 1579.

Si l'on s'est étendu si longuement sur cette copieuse réglementation du 11 août 1578, c'est qu'elle est riche d'enseignements. Elle semble résulter d'une sorte de compromis entre la volonté d'Henri III de doter son gouvernement de méthodes et de moyens de travail efficaces et les doléances et les instances des états généraux. Aux desseins du Roi répondent l'instauration de la pratique des résultats et une première ébauche de division des tâches. Ne pouvant et ne voulant tenir en personne toutes les séances du Conseil d'État, Henri III entendit néanmoins être exactement informé de tout ce qui y serait traité et des décisions qui y seraient proposées. À cette fin, le secrétaire présent à chaque séance dresserait un résumé des questions débattues et des conclusions dégagées ; ce résumé, baptisé *résultat*, devait être, avant toute chose, soumis à Sa Majesté qui, après l'avoir lu, après en avoir, au besoin, biffé ou modifié certains articles, le signerait et rendrait ainsi exécutoire cette version revue et corrigée. D'autre part, en attribuant à chaque groupe de conseillers d'État un quartier de service et un « département » de provinces et de pays, Henri III visait, par une répartition précise des affaires entre les hommes, à en canaliser et clarifier la marche et l'examen.

Mais dans toutes ces règles résonne aussi la voix des états généraux. Et d'abord dans le recrutement et le rôle des conseillers d'État : ils sont tirés en majorité de la noblesse et du clergé et leurs activités dans le Conseil sont organisées de telle manière que l'administration des finances semble appelée à passer désormais en partie par leurs mains. Il est frappant de constater que, dans toute cette réglementation, les mots « surintendant » et « surintendance » n'apparaissent pas une seule fois. La personne de Bellièvre n'a pas été écartée : il figure parmi les conseillers retenus et employés, mais sa fonction de surintendant apparaît un peu comme en demi-teinte, même s'il en conserva les émoluments. Quant aux six intendants des finances, ils n'entreraient plus au Conseil d'État que pendant un tiers de l'année, les quatre ayant charge du contrôle général en conservant la responsabilité. Ces textes insistent aussi sur le rôle du chancelier. À la base de ces règlements du 11 août 1578, il y eut donc, au moins en apparence, un dessein visant à un certain effacement du surintendant et des intendants des finances. Cet objectif était-il réellement accessible ? Son atteinte reposait avant tout sur l'assiduité des conseillers aux séances du Conseil.

Henri III tint à ce que ces règlements fussent suivis avec rigueur et, pour y parvenir, les compléta bientôt par des règlements particuliers, inspirés par son souci constant d'instaurer une division rationnelle du travail. Dès le 8 janvier 1579, en signant « le deppartement des provinces que le Roy a faict à Messieurs de son Conseil privé et d'Estat qui entrent en service ès moys de janvier, febvrier, mars et apvril », il précisa que le sieur de Saint-Bonnet « aura l'œil aussi sur ce qui est de la guerre, comme avoit le Sr Millon, et ledict Sr Miron sur ce qui concerne la maison de Sa Majesté et celle de la Royne, sa femme[1] ». Le 5 octo-

1. Bibl. nat., Ms. fr. 5286, fol. 41 v°; copie.

bre suivant, « considérant que l'affluence des affaires particulières [...] recullent bien souvent et empeschent l'expédition des principaulx qui concernent son service et la conservation de son royaume », il assigna certaines matières à tel et tel jour : le lundi et le jeudi seraient réservés aux finances et il commanda « très expressément à ceux qui seront ordonnez pour se trouver aux Conseilz ne faire faulte de s'y rendre précisément [...] et y demeurer[1] ». En prenant connaissance de ce règlement les membres du Conseil insistèrent auprès du Roi sur la nécessité d'une assiduité et d'une exactitude absolues, ce qu'il approuva en spécifiant que « celluy qui présidera audict Conseil se souvienne d'envoyer quérir par l'huissier ceulx qui ne s'y trouveront aux heures destinées par ledict règlement[2] ». Quelques semaines plus tard, le 10 décembre 1579, nouvel effort en vue de distribuer les affaires en fonction des aptitudes personnelles des conseillers : ils sont répartis « pour le faict de l'église », « pour la police et le faict de la gendarmerie », « pour le faict de la justice » et « pour les finances ». Pour ces dernières étaient désignés : « Monsr le président de Bellièvre, Monsr de La Vauguyon, Monsr de Maintenon, Monsr de Combault et les intendans des finances[3]. » Monsieur le surintendant et les intendants des finances se retrouvaient donc ensemble. C'était le prélude à la résurgence d'un Conseil des Finances. Interprétant, en effet, celui du 13 août 1578, un règlement du 20 janvier 1580 décida que « le Conseil d'Estat qui se souloyt tenir les lundy, mardy, jeudy et sabmedy ne se tiendra plus que le mardy. Mais [...] qu'il y aura doresnavant ung Conseil pour lesdictes finances, qui se tiendra les lundy, jeudy et samedy, les matins et après-disnées », auquel accéderaient « les princes, cardinaulx, officiers de la couronne, les conseillers qui sont des affaires du Roy, le grand maistre de l'artillerye et le Sr Strossy, collonel de l'infanterye, quand bon leur semblera, lesdicts conseillers d'Estat de robbe courte et de robbe longue qui seront en quartier ». « Les secrétaires d'Estat, intendans des finances et le secrétaire desdictes finances qui sera en quartier y entreront et chacun fera sa charge comme il est porté par ledict règlement du Conseil d'Estat[4]. »

Cette réglementation minutieuse, voire tâtillonne, mais changeante, était-elle applicable en tous ses points ? On peut en douter. Le registre des résultats du Conseil d'État de 1579 montre, par exemple, chaque intendant des finances rapporteur non seulement durant les quatre mois qui lui étaient attribués, mais tout au long de l'année[5].

L'administration des finances a donc été touchée par les règlements de 1578, 1579 et 1580, mais elle l'a été aussi par des mouvements de personnes.

1. Règlement daté de Paris le 5 octobre 1579 (Bibl. nat., Ms. fr. 16225, fol. 324; copie auth.).
2. Résultat du Conseil d'État du 8 octobre, apostillé et signé par le Roi le 18 octobre (*ibid.*, fol. 331 ; copie auth.).
3. Règlement daté de Paris le 10 décembre 1579 (*ibid.*, Ms. fr. 7007, fol. 268 ; copie).
4. Règlement daté de Paris le 20 janvier 1580 (*ibid.*, Ms. fr. 15519, fol. 223 ; copie).
5. *Ibid.*, Ms. fr. 16225, *passim.*

Si le règlement du 10 septembre 1574 avait prévu une suppléance pour Bellièvre à la surintendance, c'est que, en dehors de celle-ci, l'homme avait dans le Conseil une position très forte, qui ne pouvait que lui faire échoir des missions l'arrachant à la gestion quotidienne des finances. De mars à mai 1575, il participa aux pourparlers avec les députés envoyés par le prince de Condé. Henri III faisait tant de cas de son influence qu'il tint à lui faire obtenir un office de président à mortier au parlement de Paris, dans lequel il fut reçu le 8 juin 1576, juste avant de partir pour la Lorraine, où il était dépêché pour négocier le retrait de Jean-Casimir, fils de l'électeur palatin, et de ses reîtres, ce qui lui valut d'être emmené en otage à Heidelberg et de n'être libéré que le 2 septembre. En juillet 1578, il fut envoyé en mission auprès de Monsieur en Flandre, d'où il fit le 25 août un retour précipité pour être député en novembre en Normandie, où il dut retourner en avril 1579. Il était donc absent lors de la signature des règlements du 11 août 1578, mais probablement avait-il eu vent de leur élaboration. L'ont-ils choqué ou découragé ? Toujours est-il qu'à ce moment il pria la Reine mère d'obtenir de son fils qu'il le déchargeât de la surintendance, demande dont Catherine de Médicis le débouta[1].

Ces règlements de 1578 et surtout leur mise en œuvre ont pu être l'une des causes d'un changement important dans l'État : le 26 septembre 1578, Philippe Hurault de Cheverny fut créé garde des sceaux. C'était un homme de confiance d'Henri III, qui, quand il était lieutenant général du royaume, l'avait eu pour chancelier. Sa nomination visait à alléger les obligations de Birague, âgé et fatigué, qui restait chancelier, jouissait en outre des honneurs de cardinal, dont il avait reçu le chapeau en février, et continua à présider les Conseils et à en signer les arrêts.

Peu après, Olivier d'Ormesson abandonna ses fonctions d'intendant des finances[2], pour aller occuper une présidence de la chambre des comptes de Paris. Son retrait des finances fut-il inspiré par quelque réticence devant les règlements du 11 août 1578 ou par le déclin de sa position personnelle ? La mort de son oncle Jean de Morvilliers le 23 octobre 1577 lui avait fait perdre, en effet, un appui très sûr dans le Conseil. Comme intendant des finances et contrôleur général, il fut remplacé par Étienne de Bray, alors trésorier ordinaire des guerres, dont on constate dès le 5 janvier 1579 la présence au Conseil privé[3]. Un autre des quatre postes d'intendant et contrôleur général changea de titulaire presque en même temps : celui de Camus de Saint-Bonnet. Il en toucha encore les

1. Voir O. Poncet, ouvr. cité, p. 126. Il renouvela cette demande quelque quinze mois après, sans plus de succès.

2. Il semble avoir quitté ces fonctions à partir du 1er octobre 1578, car, d'après les notes de Lancelot, les derniers émoluments qui lui furent versés à titre d'intendant et contrôleur général des finances furent ceux du quartier de juillet, août et septembre 1578 (Bibl. nat., N.a.f. 22247, fol. 60-61).

3. Bibl. nat., Ms. fr. 16225, fol. 1-5. Avant que d'être trésorier des guerres, É. de Bray avait été commis de Nicolas de Verdun, alors trésorier des parties casuelles.

gages pour le quartier de janvier 1579[1], mais son successeur, Jean Hennequin de Cury, apparaît pour la première fois le 30 mars comme rapporteur au Conseil d'État[2]. C'était l'année des changements, car, peu avant qu'elle se terminât, en survint encore un. Le 27 novembre, en effet, mourut Simon Fizes, baron de Sauves, le secrétaire d'État en qui le Roi avait la confiance la plus intime. Henri III résolut de ne pas le remplacer et partagea ses attributions entre ses trois collègues, Pinart, Villeroy et Brûlart. Cette décision ne tarda pas à se répercuter sur Messieurs des finances.

* *
*

Le parti adopté par Henri III depuis les règlements du 11 août 1578 de répartir les tâches dans le Conseil non plus selon la division traditionnelle en trimestres, mais par « quartiers » englobant quatre mois, soit un tiers d'année, a probablement inspiré sa décision de réduire à trois le nombre de ses secrétaires d'État. Son goût de l'ordre et de la symétrie l'a poussé ensuite à ramener à ce même chiffre l'effectif des intendants des finances. Au seuil de 1580, ceux-ci étaient six : Claude Marcel, Mylon de Videville, Étienne de Bray, Hennequin de Cury, Miron de Chenailles et Chastellier, les quatre premiers ayant charge du contrôle général. L'exclusion de la moitié d'entre eux demandait du temps et aussi de l'argent.

La mort se chargea d'éclaircir les rangs. Alors qu'il exerçait son intendance dans l'armée de Dauphiné, Chastellier mourut à la fin de novembre 1580 au siège de La Mure. Henri III supprima alors son poste, mais en confiant cette mission au défunt, il « luy auroit permis de faire son proffict dudict estat d'intendant des finances ». D'où son désir de ne pas léser la veuve d'un vieux et fidèle serviteur décédé en service commandé, laquelle rappelait qu'elle était chargée de six enfants mineurs. Il fut décidé en janvier 1581 de lui accorder 31 000 livres , payables en deux ans[3]. Au début de 1583, n'ayant encore rien touché, Madame Chastellier rappela cette promesse, qui lui fut alors confirmée, avec engagement de lui verser, en attendant son parfait payement, la pension de son mari, soit 2 500 livres par an[4].

Le retrait d'Étienne de Bray et de Hennequin de Cury donna lieu à des arrangements non moins laborieux. Il se déroula, semble-t-il, dans le courant de 1580, car les comptes de l'Épargne de 1581 indiquaient : « Mes Hennequin et de Bray, intendans et controlleurs généraux des finances, avoient esté remboursés et leurs charges supprimées », tout en

1. *Ibid.*, N.a.f. 22247, fol. 62-63 (notes de Lancelot).
2. *Ibid.*, Ms. fr. 16225, fol. 149-152.
3. Résultats du Conseil d'État des 12 et 19 janvier 1581 (*ibid.*, Ms. fr. 4010, fol. 16 et 38v°).
4. Résultat du Conseil d'État du 5 mars 1583 (*ibid.*, Ms. fr. 16230, fol. 70).

faisant état du versement de ses gages à Étienne de Bray[1], qui en fut payé aussi en 1582[2]. De même, les comptes de 1584 mentionnaient que « le Sr de Cury, Jehan Hennequin, intendant et contrerolleur général des finances du Roy, touche ses gages de 1581, 82, 83 et 84, attendant les 10 mil escuz à luy accordez par lettres patentes du Roy du 27 septembre 1581 et du 20 janvier 1583 pour la récompense de sondict estat, duquel il se seroit dès lors démis ès mains de S.M.[3] » ; il fut enfin remboursé le 10 juillet 1585[4], ce qui ne semble pas avoir été le cas d'Étienne de Bray, qui émargeait encore en 1587 et 1588[5]. En fait, il semble que les fonctions de Bray et d'Hennequin aient pris fin le 31 décembre 1580 et que, en contrepartie, ils aient reçu la promesse d'être remboursés de la valeur de leur charge, promesse dont la pénurie du trésor retarda et échelonna l'accomplissement et qui fit rechigner la chambre des comptes[6]. Le nombre des secrétaires entrant au Conseil pour les finances resta fixé à quatre, chacun servant par trimestre. Pierre Clausse, l'un d'eux, avait résigné son poste en 1577 et Pierre Forget en avait été pourvu le 10 décembre[7].

Depuis le 1er janvier 1581, les intendants et contrôleurs généraux des finances ne furent donc plus que trois : Mylon, Marcel et Miron. Arguèrent-ils que le départ de leurs collègues leur valait un surcroît d'occupations ? Toujours est-il que, par lettres patentes du 30 septembre 1581, leur fut acordé, « tant pour leurs pensions et estatz d'intendans desdictes finances, que pour leurs gaiges de contrerolleurs généraux d'icelles », le doublement de leur rémunération, portant l'ensemble à 500 écus par trimestre, soit 2 000 par an[8], somme égale à celle que tou-

1. Bibl. nat., N.a.f. 22247, fol. 66-68 (notes de Lancelot).
2. *Ibid.*, fol. 69-70.
3. *Ibid.*, fol. 73.
4. *Ibid.*, fol. 75.
5. Bibl. nat., N.a.f. 1441, fol. 220 et 232v°; Bibl. Institut, Ms. 503, fol. 137v°. – Il n'est pas impossible qu'après avoir quitté les fonctions d'intendant des finances Étienne de Bray ait été chargé de commissions particulières ; au Conseil d'État tenu à Saint-Germain-en-Laye le 12 février 1584, il apparaît comme rapporteur « à cause de sa commission de Normandye », commission relative à la vente de bois dans les forêts domaniales (Bibl. nat., Ms. fr. 16229, fol. 55v°).
6. Du Conseil d'État du 27 mai 1581 émana, après rapport de Mylon, un résultat par lequel « a esté ordonné que lettres de jussion seront expédiées à la chambre des comptes pour procedder à la vériffication des lettres patentes du XXVIIe décembre dernier, expédiées au Sr de Cury pour l'estimation qui a esté faicte de son office d'intendant et controlleur général des finances de Sa Majesté, duquel il s'est desmis en ses mains et pour récompense d'icelluy, ainsy qu'il est plus au long porté et contenu par lesdictes lettres, lesquelles Sadicte Majesté veult sortir effect » (Bibl. nat., Ms. fr. 4010, fol. 232). Une reconstitution (très incomplète) du plumitif de la chambre comprend, à la date du 10 juillet 1582, cette mention : « Les lettres patentes obtenues par Me Jean Hennequin, Sr de Cury, naguères intendant des finances, pour joïr sa vie durant des honneurs, privilèges, franchises et exemptions appartenans et dont jouissent les autres intendans et contrôleurs généraux des finances, ont esté vériffiées suivant autres lettres de jussion, pour joïr des privilèges et exemptions dont jouissent les conseillers maistres des comptes et grands audienciers en la chancellerie de France » (Arch. nat., P 2661). Aucune de ces lettres patentes de 1581, 1582 et 1583 ne figure dans les Mémoriaux reconstitués de la chambre des comptes (*ibid.*, P 2325, 2326 et 2327).
7. Bibl. nat. Ve Colbert, 136, fol. 455-456. Les trois autres secrétaires étaient alors Antoine Dubois, Nicolas Dolu et Louis Potier.
8. *Ibid.*, N.a.f. 22247, fol. 66-68 (notes de Lancelot).

chait Bellièvre, laquelle, en revanche, ne changea point. Un peu plus tard, ces Messieurs furent nommés conseillers d'État et, au Conseil du 27 janvier 1583, « les Srs de Vuydeville, Benoist Mylon, président des comptes à Paris, Claude Marcel et [Robert] Miron, Sr de Chenailles, tous intendans et contrôleurs généraulx des finances du Roy, ont faict et presté ès mains de Monseigneur le cardinal de Birague, chancelier de France, le serment de conseiller audict Conseil d'Estat, pour y servir et avoir degré et séance, à sçavoir : ledict Sr de Vuydeville le premier, Marcel le second et de Chénailles le troisiesme, et jouyr des facultez, degré et auctoritez attribuez ausdicts estatz[1] ».

Conférer ce rang à Mylon n'était pas un geste anodin, car c'était consacrer sa qualité de suppléant éventuel du surintendant, éventualité qui, on le sait, s'était déjà offerte et se reproduisit encore à plusieurs et longues reprises. La position de Bellièvre auprès d'Henri III n'était pas seulement celle de surintendant de ses finances, mais tout autant, sinon davantage, celle d'un de ses conseillers les plus écoutés, ce que depuis Louis XIII on appellera un ministre d'État. D'où les nombreuses missions de confiance qui continuèrent à lui incomber et à le retenir longtemps loin de la cour. Déjà, en 1580, Villeroy et lui avaient été chargés d'aller en Guyenne mener avec le beau-frère du Roi, Henri de Navarre, un des chefs du parti huguenot, des négociations lentes et pénibles, qui aboutirent le 26 novembre 1580 à la paix de Fleix. Sur quoi, de janvier à mai 1581, Bellièvre séjourna en Guyenne pour vaquer à l'exécution de l'édit de pacification, puis, en août et septembre, fut envoyé en Flandre auprès de Monsieur, repassa ensuite en Guyenne avec le maréchal de Matignon, assista en décembre aux états de Languedoc en qualité de commissaire du Roi[2], revint ensuite auprès du roi de Navarre et ne regagna la cour qu'en février 1582, soit après une bonne année d'absence. Les visées du duc d'Anjou sur les Pays-Bas provoquèrent l'envoi de Bellièvre à Bruges au mois d'août 1582, en compagnie de Brûlart, puis en février et mars 1583 à Teremonde et ensuite en juin à Chaulnes et en juillet à La Fère. Après cela, de la fin d'octobre 1583 jusqu'en avril 1584, il dut s'employer à Nérac à rétablir la concorde entre Henri de Navarre et son épouse, la reine Margot. Nouveau séjour en Languedoc au mois d'août 1584 et, en février 1585, pourparlers à Abbeville

1. *Ibid.*, Ms. fr. 16230, fol. 23.

2. Le 1er novembre 1584, Bellièvre signa quittance au trésorier de l'Épargne de la somme de deux mil écus « à nous ordonnée pour nostre despence et entretenement d'avoir vacqué en Guyenne à l'exécution de l'eedict de pacification durant les mois de janvier, febvrier, mars, avril et may MV^{c}IIII^{XX}, à craison de IIII^{c} escuz par mois » (Bibl. nat., Pièces orig., 280, doss. 6063, n° 26 ; orig.). Le 20 décembre 1581, il avait déjà signé plusieurs quittances au même de la somme de 1700 écus « à nous ordonnée pour le parfaict des fraiz et despences du voyage que nous avons naguères faict ès pays de Guyenne et Languedoc par commandement et pour les affaires et service de Sa Maiesté, comprins nostre retour vers Elle estant à Paris ; et ce oultre et par-dessus les aultres sommes de deniers qui nous ont esté payées pour ledict voyage » (*ibid.*, n° 25 ; orig.). La date de la quittance n° 26 semble indiquer que Bellièvre n'avait pas pu percevoir en son temps l'indemnité qui lui avait été assignée pour les cinq premiers mois de 1581.

avec les envoyés des états de Flandre. Et enfin, de novembre 1586 à janvier 1587, l'ambassade en Angleterre pour tenter, sans grand espoir, de sauver la vie de Marie Stuart. De toute évidence, Bellièvre dut souvent être longuement suppléé à la surintendance et ce rôle fit de Mylon de Videville l'intendant et contrôleur général le plus en vue et lui valut des rémunérations supplémentaires : 1 000 écus, par exemple, par mandement du 18 août 1580, « pour la considération de ses services et pour luy donner moïen de supporter les fraiz et despences qu'il faict à nostre suyte pour la charge qu'il y a d'intendant et contrerolleur général de noz finances[1] ».

Lors de ses retours à la cour, Bellièvre eut maintes fois l'occasion de vérifier que le zèle réformateur d'Henri III et son souci d'organisation ne faiblissaient pas. Ordonnances ou règlements particuliers ou généraux se succédèrent après 1581, dont beaucoup intéressaient Messieurs des finances. Voici, le 6 janvier 1582, deux ordonnances : l'une défendant de « passer ny accorder à l'advenir aucun édict d'errection et création d'offices, admettre ny recevoir aucune invention qui tourne à la foulle de sesdicts subiectz ou diminue le fondz de ses receptes » et prescrivant que les acquits de comptant mis dans les mains du Roi soient expédiés réellement au nom des destinataires et adressés à la chambre des comptes dès qu'ils excéderont mille écus, choses que le garde des sceaux, les secrétaires d'État, les intendants et contrôleurs généraux des finances, le trésorier de l'Épargne étaient tenus de « garder, suyvre et observer religieusement[2] » ; et l'autre relative à la mise en rôles et à la signature des placets présentés à Sa Majesté[3]. Quelque temps après, le 27 mai, injonction aux gens du Conseil des Finances de passer, à partir du 8 juin, les deux premières heures dudit Conseil à réfléchir aux « moyens qu'il y aura les plus convenables et à propos qu'il sera possible et qu'ils pourront excogiter et penser pour trouver moyen de remettre en quelques années [...] le Roy en ses domaines, aydes et aultres revenuz, affin que Sa Majesté ayt moyen de vivre du sien et soullager son peuple, comme c'est son plus grand désir, et affin aussi de se pouvoir veoir hors des grandes nécessitez et peynes où Elle est et se retrouve à toutes heures » ; de quoi ils devaient dresser de « bons et clairs mémoires », à remettre le 25 juin au Roi, qui les fera « veoir et communicquer en plus grande assemblée de personnages aussy les plus qualiffiez » dont il veut prendre avis au début de juillet[4].

1. Mandement daté de Saint-Maur-des-Fossés le 18 août 1580 (Bibl. nat., Ms. fr. 25729, n° 449 ; orig.). À rapprocher d'autre mandement, daté d'Ollainville le 26 octobre 1580, octroyant à Miron de Chenailles et à son frère Marc Miron, premier médecin du Roi, la somme de 2 000 écus, « à icelle répartir entre eulx par moictié », « en considération des continuelz, laborieux et recommandables services qu'ilz font journellement près de nous et pour supporter la despence qu'ilz sont contrainctz faire à ceste occasion » (*ibid.*, n° 495 ; orig.).

2. Ordonnance datée de Paris le 6 janvier 1582 (Bibl. nat., Ms. fr. 7007, fol. 130 ; orig.).

3. Ordonnance datée de Paris le 6 janvier 1582 (*ibid.*, fol. 131 ; copie auth.).

4. Ordonnance datée de Fontainebleau le 27 mai 1582 (Bibl. nat., Ms. fr. 16231, fol. 2v°-3 ; copie auth.).

Ces ordonnances occasionnelles préludaient à la promulgation, le 31 mai 1582, de deux règlements fort importants relatifs l'un à la tenue du Conseil d'État, l'autre à celle du Conseil des Finances. Ils reprenaient bien des dispositions du grand règlement du 11 août 1578, notamment l'usage des résultats, sur lequel ils insistaient, et aussi la répartition des tâches par tiers d'année. D'autre part, en distinguant nettement le Conseil des Finances, déjà réapparu en janvier 1580, ils s'efforçaient de définir avec plus de précision les compétences respectives de ces deux Conseils, dans chacun desquels les gens des finances auraient à siéger. Le Conseil d'État, où le Roi viendrait tous les quinze jours, serait quotidien (sauf les dimanches et fêtes), de sept à dix heures du matin. Il comprenait des membres de droit (princes du sang, grands officiers de la couronne, membres du Conseil des Affaires, maréchaux de France), des membres nommés, soit quinze conseillers de robe courte et douze de robe longue (dont Bellièvre), des membres ès qualité : les trois secrétaires d'État, les trois intendants et contrôleurs généraux des finances et le secrétaire de quartier. En fonction des nécessités, le grand maître de l'artillerie, le grand prévôt de France, les présidents et gens du Roi du parlement de Paris, le premier président de la chambre des comptes de Paris et ceux des autres parlements y avaient accès. Le mercredi et le vendredi étaient réservés à l'expédition des procès et affaires contentieuses entre particuliers. Pour les séances des autres jours, le règlement attribuait à ce Conseil l'examen des remontrances et cahiers présentés par les gouverneurs, les états provinciaux, les cours supérieures et les corps de ville, de même les érections ou suppressions d'offices, les créations de commissions extraordinaires appelées à poursuivre prévaricateurs, usuriers, banqueroutiers et faux monnayeurs, les requêtes concernant l'exécution des fermes, toutes matières impossibles à traiter à fond sans la participation des gens des finances[1].

Quant au Conseil des Finances, qui recouvrait donc une existence propre, ses réunions étaient fixées au lundi, au mardi, au jeudi et au samedi, de une heure à cinq heures de l'après-midi, le Roi y venant une fois dans la semaine. Ses effectifs étaient moindres que ceux du Conseil d'État. Il comprenait, d'une part, le cardinal de Bourbon, le duc de Montpensier, le chancelier de Birague, les ducs de Joyeuse et d'Épernon, le garde des sceaux, M. de Villequier et Bellièvre et, d'autre part, les secrétaires d'État, les intendants et contrôleurs généraux des finances, le trésorier de l'Épargne et le secrétaire de quartier. Il avait mission d'entretenir la correspondance avec les bureaux des finances des généralités et sa besogne avait surtout, si l'on peut dire, un caractère plus technique : vérifier les états trimestriels envoyés par les receveurs généraux, les états des trésoriers de l'Épargne, ceux des trésoriers de la maison du Roi, de la gendarmerie et autres officiers comptables, décider

1. Règlement daté de Fontainebleau le 31 mai 1582 (Bibl. nat., Ms. fr. 16227, fol. 1-10; copie auth.).

les levées de deniers, examiner les propositions de fermes, statuer sur les demandes de diminution des baux des fermes, dresser des rôles des taxes d'offices, veiller à l'exécution des états de recette arrêtés par le Roi, suivre le mouvement des fonds, préparer le budget de l'année à venir[1].

Règlements auxquels, selon un usage désormais établi, était annexé le « département » fixant les compétences au sein du Conseil. À titre d'exemple, on citera ces appendices des règlements du 31 mai 1582. Pour le Conseil d'État, c'était :

« Département du quartier de may, juing, juillet et aoust 1582
de Messieurs du Conseil d'Estat et des secrétaires d'Estat
et intendans des finances.

Monsieur de Foix.
Monsieur de Pibrac. — Monsieur de Villeroy.
Monsieur de Maintenon. — *Monsieur Mylon.*

Languedoc, Daulphiné, marquisat de Saluces, Provence, Lyonnois, Forez, Beaujollois, haulte et basse Marche, Guyenne et Poictou.

Monsieur d'Uzès.
Monsieur de Puigallard. — Monsieur Brulart.
Monsieur de Chasteliers. — *Monsieur Marcel.*

Bourgongne, Champaigne et Brie, Picardye, Metz et pays messin et Berry.

Monsieur d'Estrée.
Monsieur de Vienne. — Monsieur Pinart.
Monsieur d'Escars le jeune. — *Monsieur Myron.*

Paris, Isle de France, Normandie, Bretaigne, Orléans, pays Chartrain, Blaizois, le Mayne, Touraine, Loudunoys, Anjou, Auvergne, hault et bas pays Bourbonnois et Nyvernois[2]. »

Et pour le Conseil des Finances, on lit :

« Les charges que le Roy veult estre
départies à Messieurs les intendans et
contrerolleurs généraulx de ses finances.

Au Sr de Videville, le faict de la guerre, des reistres et la maison de la Royne.

Au Sr Marcel, les Suisses et le clergé.

Au S^r^ d'Eschenailles, la maison de Sa Majesté et les bastimens[3]. »

---

1. Règlement daté de Fontainebleau le 31 mai 1582 (*ibid.*, Ms. fr. 16231, fol. 1-2 ; copie auth.).
2. Bibl. nat., Ms. fr. 16227, p. 11 ; copie auth. Les italiques sont nôtres. De tels départements continuèrent à être distribués les années suivantes. On connaît ceux arrêtés le 8 janvier 1585 (Ms. fr. 16234, fol. 7 et 8), le 9 janvier 1586 (Ms. fr. 16235, fol. 1), les 20 et 21 janvier 1587 (Ms. fr. 16236, fol. 1 et 3 ; Ms. fr. 15519, fol. 242 et 244) et le 20 janvier 1588 (Ms. fr. 16236, fol. 279).
3. *ibid.*, Ms. fr. 16231, fol. 3v° ; copie auth.

Cette répartition des tâches suscite plusieurs remarques. Et d'abord, quant au Conseil d'État, que, pour les ressorts géographiques, il est fait mention seulement des provinces du royaume et non des puissances étrangères, car elles relevaient du Conseil des Affaires et cette instance suprême ne pouvait être assujettie à un quelconque règlement. On note aussi que, en vue de faciliter la coordination de leurs gestions respectives, un même groupe de provinces était attribué conjointement à un secrétaire d'État et à un intendant des finances. Et pour les intendants des finances, on voit croître le dessein d'établir entre eux un partage et une spécialisation des compétences, dessein qui ensuite ne cessera de s'affirmer.

Les Conseils réorganisés en mai 1582 eurent, entre autres choses, à traiter du programme de l'assemblée des notables qui devait se réunir l'année suivante. Au Conseil d'État tenu par Henri III le 16 juillet 1582 fut lue l'instruction baillée aux commissaires dépêchés dans les provinces pour préparer cette assemblée. Le Roi y décida que le Conseil s'emploierait tous les matins à répondre aux cahiers des provinces et, les après-midi, rechercherait les moyens de faciliter le rachat du domaine; ce pourquoi « Sa Majesté a ordonné que ceulx de ses finances s'assembleront les matinées, pour adviser à ce qui devra estre proposé de relevée en l'assemblée de ceux dudict Conseil[1] ». Au cours de ces années assez tranquilles, le Roi s'efforça de réduire ses dépenses, d'améliorer et de clarifier ses ressources, volonté exprimée par maintes ordonnances ou injonctions particulières adressées à ses Conseils. Le 3 mars 1583, six conseillers d'État et un intendant des finances sont désignés « pour revoir tous les articles de recepte et parties aliénées de l'estat du Roy et adviser au ménage qui s'y pourra faire; veoir aussy les cahiers et moïens proposez ès estatz généraulx dernièrement tenuz à Blois [...] et pareillement tous les mémoires, advis et inventions qui ont cy-devant esté mis en avant et ceulx qui sont ès mains desdicts Srs du Conseil et de Messieurs les intendans des finances et autres serviteurs du Roy »; ils prendront « les poinctz dessusdicts l'un après l'autre » et vaqueront « sur chacun d'iceulx particulièrement jusques ad ce qu'il s'en soient résoluz et les facent bien amplement et clairement mettre par escript aussy, chacun par chappitre à part, affin qu'après venant à estre le tout leu à Sadicte Majesté, Elle en puisse prendre résolution[2] ». Deux mois plus tard, Henri III précisait les « natures de deniers » sur lesquels « il ne veut plus désormais faire aucuns dons », avec injonction au chancelier, au garde des sceaux, aux secrétaires d'État, aux intendants des finances et au trésorier de l'Épargne de s'y conformer strictement[3]. En même

1. Résultat du Conseil daté de Fontainebleau le 16 juillet 1582 (*ibid.*, fol. 45; copie auth.).
2. Ordonnance datée de Paris le 3 mars 1583 (Bibl. nat., Ms. fr. 3306, fol. 69v°-70; copie).
3. Ordonnance datée de Paris le 16 mai 1583 (*ibid.*, Vc Colbert, 9, fol. 136; orig.).

temps, était dressé, nanti des mêmes prescriptions, le rôle des « offices que le Roy a ordonné n'estre plus mis en taxe par mort, résignation ou forfaicture, ne qu'il en soict pris argent en aulcune façon[1] ».

Ensuite, les commissaires envoyés à travers le royaume étant rentrés de leur tournée, ils eurent ordre de s'assembler chaque jour « pour dresser ung cahier des poinctz donct les procès-verbaulx conviendront et pareillement des aultres poincts qui sont particulliers par les provinces [...], affin de les représenter à Sa Majesté en l'assemblée des princes et seigneurs de son Conseil[2] », cela en vue de l'assemblée des notables. Celle-ci venait à peine de s'ouvrir le 18 novembre 1583 à Saint-Germain-en-Laye[3] que le cardinal de Birague mourut le 24 et fut remplacé le 26 comme chancelier par Hurault de Cheverny. Les notables siégèrent jusqu'à la fin de janvier 1584. Henri III tint compte largement de leurs délibérations, notamment pour la réorganisation des fermes[4]. Il fut moins heureux en ce qui concernait « les abuz qui se commettent au faict du sel ». Pour proposer des moyens d'y parer, il créa une commission composée du chancelier, de plusieurs conseillers d'État et hauts magistrats et des trois intendants des finances[5]. Et un mois plus tard, il institua une chambre spéciale de justice pour connaître des malversations commises en ses finances[6], au sujet desquelles étaient chuchotés certains noms. Cette chambre prit sa mission très au sérieux, sans craindre de s'attaquer à des personnages d'importance, qui réussirent à esquiver les poursuites, en particulier Mylon de Videville, le principal intendant des finances, qui, vers septembre 1584, se sauva à l'étranger. L'homme lui ayant rendu de discrets services financiers, Henri III semble avoir fermé les yeux sur sa fuite. Mais ainsi n'y eut-il plus en charge que deux intendants-contrôleurs généraux des finances : Claude Marcel et Miron. Et cela alors que la situation politique évoluait dangereusement.

Le 10 juin 1584 était mort célibataire le duc d'Anjou, frère cadet du Roi. Le premier prince du sang, Henri de Bourbon, roi de Navarre, devenait ainsi héritier présomptif de la couronne. Or Navarre, hérétique et relaps, était un des chefs du parti huguenot. La question de la succession

1. Rôle daté de Paris le 17 mai 1583 (*ibid.*, Ms. fr. 7007, fol. 134; copie collat.). Prudemment, fut prévue, deux jours plus tard, « L'exception de l'ordonnance cy-dessus » (*ibid.*, fol. 134; et surtout : Ms. fr. 3306, fol. 95v°-96; copie).

2. Arrêt du Conseil daté de Saint-Germain-en-Laye le 4 novembre 1583 (*ibid.*, Ms. fr. 3306, fol. 129v°-130).

3. Voir à ce sujet A. Karcher, « L'assemblée des notables de Saint-Germain-en-Laye (1583) », dans *B.E.C.*, t. CXIV (1956), p. 115-162.

4. Ordonnance datée de Saint-Maur-des-Fossés le 24 avril 1584 (Bibl. nat., Ms. fr. 16231, fol. 277v°).

5. Ordonnance datée de Saint-Maur-des-Fossés le 29 avril 1584 (*ibid.*, fol. 278).

6. Lettres patentes datées de Saint-Maur-des-Fossés le 29 mai 1584 (*Actes royaux*, t. I, n° 3666).

au trône va diviser la nation, rallumer les troubles et susciter la renaissance et l'audace de la Ligue. Henri III s'efforça encore de poursuivre la remise en ordre de l'État, d'abord par une ordonnance du 14 octobre 1584, qui détaillait les fonctions et devoirs des trésoriers de l'Épargne[1], puis par un ensemble de règlements datés du 1er janvier 1585[2].

Cette nouvelle suite réglementaire se compose de neuf textes, qui souvent se recoupent et portent sur les objets suivants :

1°) Un règlement de portée générale en 20 articles traitant de la nomination aux évêchés et autres bénéfices, de l'interdiction de la vénalité des offices, des nominations aux gouvernements, de l'octroi des évocations, de l'organisation de l'armée, etc.

2°) Un règlement en 10 articles sur l'étiquette auprès de la personne du Roi.

3°) « L'ordre que le Roy veult estre tenu en sa cour, tant au département des heures que de la façon dont il veut estre honoré, accompagné et servi » (51 articles).

4°) « L'ordre que le Roy veut désormais estre gardé en son Conseil » (35 articles).

5°) Un règlement (en 18 articles) déterminant les affaires relevant du Conseil d'État.

6°) Un règlement (en 8 articles) déterminant les affaires relevant du Conseil privé.

7°) Un règlement fixant les vêtements que devront porter dans les Conseils les membres de ceux-ci.

8°) « Ce que Sa Majesté veult et ordonne estre traicté, et non ailleurs, en son Conseil des Finances » (5 articles).

9°) « L'ordre que le Roy veut estre gardé en ce qui deppend de sa grâce et libéralité » (13 articles).

Les gens des finances étaient concernés surtout par les règlements relatifs aux Conseils, qui souvent reprenaient avec insistance des dispositions de ceux des 11 août 1578 et 31 mai 1582. En dehors du Conseil des Affaires, le règlement sur l'ordre à garder au Conseil[3] instituait trois séances : le Conseil d'État (lundi, mardi, jeudi et vendredi après-midi), le Conseil privé (mercredi et vendredi après-midi) et le Conseil des Finances (mardi, jeudi et samedi matin). Conseil d'État et Conseil privé, où le Roi viendrait au moins tous les quinze jours, avaient la même composition, accueillant en particulier les secrétaires d'État, les intendants et contrôleurs généraux des finances, les secrétaires de quartier. Les maîtres des requêtes n'avaient accès qu'au Conseil privé et seulement pendant leur quartier. Les matières dévolues au Conseil d'État[4] y

1. « Ordonnance du Roy pour le reiglement des finances », datée de Blois le 14 octobre 1584 (Bibl. nat., Ms. fr. 17990, fol. 66-67; copie du temps).

2. Ces règlements, dont certains ont été transcrits dans les registres des Conseils, ont fait l'objet en leur temps d'une édition imprimée, où ils forment une suite de livrets, souvent brochés ensemble (Arch. nat. AD+ 101, n° 1; Bibl. nat., *Actes royaux,* t. I, nos 3696-3699).

3. Bibl. nat., Ms. fr. 16234, fol. 1-4v°; copie auth.

4. *Ibid.,* fol. 4v°-5; copie auth.

rendaient indispensable la présence de Messieurs des finances. Entre autres choses, en effet, on devait y porter les requêtes, doléances et remontrances des provinces, des villes et des cours, les différends concernant les offices, la conclusion des baux à ferme et les requêtes sur leur exécution, les liquidations de frais et dépens, les rabais des tailles, « les baulx et marchez des renouvellemens et rafraichissemens des vivres et munitions des places frontières », la taxation des offices, etc. Au Conseil privé était affecté le contentieux intéressant les particuliers[1]. Le Conseil des Finances[2] avait des effectifs plus restreints : le cardinal de Bourbon, les ducs de Joyeuse et d'Épernon, le chancelier, MM. de Retz et de Villequier, « Monsieur de Bellièvre et les secrétaires d'État qui sont à présent, les contrerolleurs et intendans des finances, et non autres. Et les trésoriers de l'Espargne y auront entrée et le secrétaire des finances servant en quartier y entrera aussy seullement quand il y sera appellé. Et si, pour le service de Sa Majesté, il y en entre d'autres, se sera pour ressortir incontinent après que l'on n'aura plus affaire d'eulx ». Peu après, en 1586, Henri III appela le marquis d'O dans ce Conseil[3]. On devait y porter :

> « Les estatz des receptes généralles qui auront esté envoyez à Monsieur le chancellier et mis ès mains de Sa Majesté, tous fermez et cachetez. Ce qui sera nécessaire pour l'advancement du payement de l'estat général de Sa Majesté et ce qui dépendra de l'exécution dudit estat. Les lettres, pacquets et autres mémoires envoyez par les trésoriers généraulx et autres officiers des finances. »

En même temps, « considérant de quel poix et importance sont les affaires qui se traictent en ses Conseilz d'Estat et privé, comme estans les premiers lieux et compaignies de son royaume, pour daigner quelquefoys Sadicte Majesté y assister et présider Elle-mesme [...] et jugeant Sadicte Majesté qu'il est très honneste et requis que ceulx qui en sont soient recongneuz et remarquez de quelque différence des aultres qui sont constituez en aultre degré moindre en charge et auctorité », Henri III, par un règlement spécial et très détaillé, imposa aux membres de ses Conseils de n'y siéger qu'en endossant des tenues vestimentaires particulières[4]. Parmi les laïcs, les conseillers d'épée et les secrétaires d'État devraient se parer, du 1er octobre au 30 avril, d'un « long manteau de veloux violet, fendu jusques au bas par le costé droict, attaché d'un courdon de soye violette; et sera retourné ledict du costé gauche jusques par-dessus le coude. Et ceux de robbe longue [...], de robbe de

1. Arch. nat. AD+ 101, n° 1 ; impr.
2. Bibl. nat., Ms. fr. 16233, fol. 1 ; copie auth.
3. En marge du règlement cité à la note précédente et à hauteur des lignes où sont énumérés les membres de ce Conseil, figure cet ajout : « Depuis, M. d'O a esté receu audit Conseil par le commandement de Sa Majesté. De Neufville » (fol. 1v°).
4. Bibl. nat., Ms. fr. 16234, fol. 5v°-7 ; copie auth.

mesme estoffe et couleur, ayant les manches larges et le colet de ladicte robbe de la mesme forme qu'ont acoustumé de porter les gens de justice; et la cornette de taffetas noir. Tous lesquelz habitz seront doublés de satin cramoysi de haulte couleur, qui n'auront aultre bord que le get dudict satin avecq ung arrière-poinct de soye cramoysie ». Entre le 1er mai et le 30 septembre, le satin remplacerait le velours pour une tenue plus légère. Quant aux « deux contrerôleurs et intendans [des finances] qui à présent ont l'honneur d'estre desdicts Conseilz, seront vestuz de veloux ou satin violet, selon les saisons susdictes, de robbes qui yront jusques à my-jambes, ayant les manches longues et estroictes, où ils auront les bras passez, lesquelles seront doublées comme les aultres ». Pour entrer au Conseil privé, les maîtres des requêtes devaient passer une robe de soie noire à grandes manches. « Et les secrétaires ou greffiers des Conseilz servant en quartier auront de petites robbes de veloux ou satin noir [...] qui auront les manches longues et estroictes pour y passer le bras et iront jusques aux genoux et seront doublées de noir. Et les trésoriers de l'Espargne vestuz comme les susdicts secrétaires ou greffiers. »

Visés par cette réglementation vestimentaire, Messieurs des finances le furent aussi par l'ordre que le Roi voulut « estre tenu en sa cour [1] ». Il y était spécifié que le matin, le Roi n'étant pas encore éveillé, entreraient, « jusques en la chambre d'audience seulement », « les princes du sang, cardinaux, autres princes, officiers de la couronne, le grand maître de l'artillerie et ceux des affaires de Sa Majesté, et aussi les controlleurs et intendans des finances et trésoriers de l'Espargne lorsqu'ils seront mandez ou qu'ils auront affaire pour le deu de leurs charges », « tous lesquels passeront, pour entrer en ladite chambre d'audience, par la salle, antichambre et chambre d'Estat de Sa Majesté ». Celle-ci « ayant fait dire qu'Elle est éveillée, ceux qui au paravent estoient entrez en la chambre d'audience entreront en la chambre royale, et non autres ». Puis, le Roi prenant collation en son cabinet, n'y pénétreront, outre son premier médecin, les princes et cardinaux, que « les officiers de la couronne, le sieur de Bellièvre et les secrétaires d'Estat seulement ».

Le règlement vestimentaire, avec sa minutie dans la coupe et les coloris, et celui sur « L'ordre que le Roy veut estre tenu en sa cour » sont très révélateurs du rang que tenaient alors les intendants-contrôleurs généraux dans la hiérarchie des Conseils, tant qu'ils n'étaient pas revêtus de la dignité de conseiller d'État. De par leur charge, ils avaient « cest honneur d'estre desdits Conseilz d'Estat et privé ». Leur tenue, taillée dans les mêmes tissus que celle des conseillers de robe, en différait par la coupe : ils passaient bien une robe, mais elle s'arrêtait à mi-jambes et avait des manches longues et étroites et non des manches larges. Ils ne portaient pas de collet. Et dans le « logis » du Roi, ils

1. Arch. nat., AD^{+} 101, n° 1; impr.

avaient accès successivement à la salle, à l'antichambre, à la chambre d'État et même à la chambre royale, mais ensuite ne pouvaient pénétrer dans le cabinet de Sa Majesté, où était admis le surintendant. Toutes nuances protocolaires riches de signification et de symboles.

L'application de ces règles minutieuses eût peut-être été possible dans une cour tranquille, or le royaume allait retomber dans la guerre civile. Le 30 mars 1585, par le manifeste de Péronne, la Ligue mit en accusation le gouvernement d'Henri III, lequel, débordé, livra aux ligueurs le pouvoir et les huguenots. Dispositions incluses dans l'édit de juillet 1585, qui déclara Henri de Navarre déchu de tous ses droits, exclusion renforcée en septembre par une bulle du pape Sixte Quint. Et la huitième guerre de Religion de mettre aux prises, d'un côté Navarre, Condé et leurs fidèles réformés, de l'autre les Guises, le clergé et la Ligue, le Roi essayant entre eux de sauvegarder l'unité du royaume. Guerre qui, sous couvert d'un affrontement religieux, soulevait la question dynastique et mettait en jeu le sort de la monarchie.

Dans cette conjoncture violente et tragique, qu'advint-il de Messieurs des finances ?

Le règlement vestimentaire du 1er janvier 1585 avait fixé la tenue que devraient porter les « deux contrerôleurs et intendans qui à présent ont l'honneur d'estre desdits Conseilz ». Ces personnages, on s'en souvient, étaient alors Claude Marcel et Miron de Chenailles, réduits à deux depuis que Mylon s'était mis à l'écart en prenant la fuite. Celui-ci, au reste, semble avoir continué à être payé de ses émoluments[1], bien qu'il n'assumât plus aucun service auprès du Conseil, ayant même pris ouvertement le parti de la Ligue. Mais il ne se sentait plus visé depuis qu'un édit de mai 1585 avait révoqué les juges établis par le Roi pour connaître des fraudes et malversations commises dans ses finances[2]. Comme Bellièvre dut encore accomplir diverses missions loin de la cour[3], Marcel et Miron eurent tant de besogne qu'Henri III jugea devoir leur donner un collègue en la personne d'Adrien Pétremol, sieur de Rosières, président au bureau des finances de Châlons-en-Champagne, nommé intendant et contrôleur général des finances le 2 septembre 1587[4]. Il entrait dans une carrière qui allait être assez mouvementée.

1. D'après les comptes et les rôles du trésor de l'Épargne, ses gages d'intendant et contrôleur général des finances auraient encore été ordonnancés en 1585 et 1588 (Bibl. nat., N.a.f. 22247, fol. 74-75 et 78-79, notes de Lancelot; Bibl. Institut, Ms. 503, fol. 111v°; orig.).

2. Édit daté de Paris en mai 1585 (*Actes royaux,* t. I, nos 3729-3730).

3. Voir *supra,* p. 95-96.

4. Le texte des lettres patentes datées de Paris le 2 septembre 1587 investissant Adrien Pétremol de ces fonctions n'a pas été retrouvé, mais les dispositions en sont connues par une analyse figurant dans un dossier généalogique, analyse assez précise pour mériter d'être ici reproduite. Le Roi y confiait à Pétremol « l'état, charge et commission d'intendant et contrôleur général des finances [...] pour et avec les Srs Marcel et de Chenailles, conseillers du Roy en son Conseil d'État, intendants et contrôleurs généraux desdites finances, avoir la charge et direction des finances de S.M., en faire raport à S.M. et à son Conseil, signer et expédier lettres patentes et commissions concernant ladite charge, controller par mois ou par tiers d'année, alternativement avec lesdits

Débordé par la Ligue, Henri III s'échappa de Paris au soir de la journée des Barricades, le 13 mai 1588. Accompagné du duc de Montpensier, des maréchaux de Biron et d'Aumont, de François d'O, du chancelier de Cheverny, du cardinal de Lenoncourt et de Jacques Faye, avocat général au parlement, il alla passer la nuit à Rambouillet et, le lendemain, gagna Chartres, où il resta jusqu'au 4 juin. Après avoir passé quelques jours à Vernon, il arriva à Rouen le 14 juin, y discuta avec la Ligue et repartit le 20 juillet pour Chartres, où il séjourna tout le mois d'août, s'y appliquant aux affaires par la promulgation, le 16 août, d'un nouveau règlement pour son Conseil, par lequel, après s'être référé aux règlements précédents, « lesquelz Sa Majesté veult et entend estre à l'avenir gardez et observez plus exactement et songneusement que jamais par Monsieur le chancellier et par tous ceulx qui ont l'honneur d'assister et seoir ausdicts Conseilz », il insistait une fois encore sur l'élaboration de résultats propres à lui rendre compte en détail de toutes les délibérations, afin de pouvoir lui seul prononcer en connaissance de cause[1]. Le 1er septembre, il arriva à Blois, où les états généraux étaient convoqués pour la mi-octobre. Au long de ses déplacements, le Roi fut suivi ou rejoint par ceux de ses ministres et conseillers qui restaient guidés par leur loyalisme envers le souverain et la dynastie, notamment les dévoués serviteurs de la couronne : le chancelier, les secrétaires d'État, le surintendant et les trois intendants et contrôleurs généraux des finances. Or à peine le Roi, la cour et le Conseil étaient-ils réunis à Blois que ces fidèles furent comme frappés par la foudre.

Le 8 septembre 1588, Henri III ordonna au chancelier de Cheverny, aux trois secrétaires d'État, Villeroy, Brûlart et Pinart, et au surintendant Bellièvre de cesser leurs fonctions, de se retirer sur leurs terres et de ne plus paraître à la cour. Cette purge ministérielle fit sensation non seulement sur ses victimes, mais sur tout le monde. Elle signifiait qu'au nom de la raison d'État le Roi entendait disposer lui-même en entier de ses affaires et qu'il reprochait aux disgraciés de ne pas l'avoir assez prémuni contre la Ligue et les Guises. Elle mettait fin aussi à toute intervention de la Reine mère dans la conduite de l'État.

Henri III était décidé à ne confier les postes vacants qu'à des gens dont il fût sûr. Le 9 septembre, François de Montholon, avocat au parlement de Paris, reçut par commission la charge de garde des sceaux et prêta serment le 17. Deux secrétaires d'État seulement furent désignés le 15 : Martin Ruzé, sieur de Beaulieu, et Louis Revol. Ruzé était un

Srs Marcel et de Chenailles, la recette et dépense de l'Épargne et parties casuelles, etc., et jouir des mêmes honneurs et gages de 1333 écus sol. 2 tiers, comme avoient jouy ceux qui avoient été ci-devant pourvus de pareilles charges, états et commissions. » Y était joint l'acte du serment prêté par Pétremol entre les mains du chancelier de Cheverny le 4 septembre 1587 (Bibl. nat., Pièces orig., 2253, doss. Pétremol, fol. 179).

1. Règlement daté de Chartres le 16 août 1588 (Bibl. nat., Ms. fr. 7007, fol. 281-282; orig.).

homme de confiance du Roi, qu'il avait accompagné en Pologne, et était l'un des secrétaires des finances conservés en 1576[1]. Quant à Revol, président en la chambre des comptes de Grenoble et secrétaire ordinaire de la chambre du Roi, il avait eu en 1586 le secrétariat et l'intendance de l'armée de Dauphiné et de Provence commandée par le duc d'Épernon. En même qu'il pourvoyait à ces charges, Henri III édictait des règlements copieux, rigoureux et méticuleux pour leur exercice[2]. Pour les secrétaires d'État, il était précisé que leur nombre serait de quatre au maximum, qu'ils tiendraient leur charge « par commission et non autrement » et, détail significatif, qu'ils prêteraient serment devant le Roi et non plus seulement entre les mains du chancelier[3]. Malgré ces dispositions, Ruzé et Revol furent seuls jusqu'à la fin de l'année pour expédier les affaires[4]. À partir de 1589, on retrouva le nombre traditionnel de quatre secrétaires d'État. Un règlement du 1er janvier 1589 détermina leurs départements et donna les noms des nouveaux pourvus, qui n'étaient autres que Louis Potier et Pierre Forget, deux des quatre secrétaires du Conseil d'État. Leurs lettres patentes de nomination ne furent expédiées que le 22 février 1589 et, « à cause de la nécessité de l'Estat, ils assistèrent le Roy de XVm escus chacun, qu'ils financèrent lors de leur réception et dont ils furent depuis remboursez[5] ».

Aux finances, seule la surintendance changea de mains sur le moment. Après le renvoi de Bellièvre elle échut à François, marquis d'O, qui avait été appelé en 1586 au Conseil des Finances. Ses gages, fixés à 6 000 écus par an, furent donc triples de ceux de Bellièvre[6]. Les trois intendants et contrôleurs généraux des finances restèrent en place, mais Miron de Chenailles, qui toucha encore ses émoluments du dernier quartier de 1588[7], fut mis ensuite à l'écart. Marcel et Pétremol ne restèrent seuls que peu de temps. En février 1589, Pierre Mollan, trésorier de l'Épargne, fut retenu le 10 comme intendant et contrôleur général et le même sort advint le 13 à Michel Sublet, sieur d'Heudicourt, trésorier des parties casuelles[8]. Il semblait, là aussi, que le Roi en revenait au chiffre coutumier de quatre commissaires, mais les événements le firent bientôt dépasser. Deux mois plus tard, deux autres intendants et contrôleurs généraux furent désignés ; Charles de Saldaigne, sieur d'Incarville,

1. Voir *supra*, p. 84.

2. « Règlement que le Roy a faict dresser pour estre suivy et observé de poinct en poinct par son chancelier ou garde des sceaux... », donné à Blois en 1588 (Bibl. Institut, Ms. 508, fol. 342-348 ; copie).

3. Règlement pour les secrétaires d'État daté de Blois le 15 septembre 1588 (*ibid.*, fol. 44-51 et 350-358 ; copies). Une forme particulière de serment fut arrêtée avec ce règlement (Bibl. nat., Ms. fr. 18243, fol. 68-69 ; copie).

4. Après avoir congédié Villeroy, Brûlart et Pinart, Henri III aurait désigné pour leur succéder, outre Ruzé et Revol, l'abbé (et futur cardinal) d'Ossat, mais celui-ci se serait récusé (Comte de Luçay, ouvr. cité, p. 31).

5. Bibl. nat., Ve Colbert, 136, fol. 453-454.

6. Bibl. Institut, Ms. 503, fol. 302 et 482v° ; orig.

7. Bibl. nat., N.a.f. 22247, fol. 79v° (notes de Lancelot).

8. Bibl. Institut, Ms. 503, fol. 336v° ; orig.

secrétaire du Roi et maître ordinaire en la chambre des comptes de Rouen, nommé le 21 avril 1589 [1], et Jacques Vallée, sieur des Barreaulx, trésorier de France au bureau des finances d'Orléans, pourvu le lendemain [2]. Ces six Messieurs conservèrent les émoluments de 2 000 écus par an, attribués à leur charge depuis 1581.

Les circonstances expliquent l'arrivée de ce renfort. Le 3 avril 1589 avait été signé à Tours le traité réconciliant Henri III et Henri de Navarre et les deux princes se rejoignirent le 30 au Plessis-lès-Tours. Si, entre-temps, le Roi jugea nécessaire d'augmenter l'effectif des gens des finances, c'est que leur action était essentielle pour soutenir pécuniairement l'effort militaire, politique et administratif que les deux Henri allaient conduire ensemble pour la reconquête de la capitale et des villes rebelles, pour le rétablissement de l'autorité royale et la pacification du royaume. Il est remarquable, par exemple, que, vers ce printemps, l'intendant et contrôleur général Pétremol, qui avait été pourvu, à la suite de « la rébellion et forfait du Sr de Videville », de l'office de président des comptes de celui-ci, ait reçu commission pour présider la chambre des comptes établie à Châlons-en-Champagne par démembrement de celle transférée de Paris à Tours [3]. De même, comme des intendants des finances avaient exercé depuis Charles IX des intendances d'armée [4], Henri III pouvait être amené à leur en confier encore et, par suite, il lui était nécessaire d'en recruter un nombre tel que leurs missions extérieures ne pussent contrarier leurs activités auprès de lui et du Conseil.

Lors de la mort d'Henri III au matin du 2 août 1589, François d'O, surintendant des finances, était donc entouré de six intendants et contrôleurs généraux : Claude Marcel, aussi conseiller d'État, Adrien Pétremol, Pierre Mollan, Michel Sublet d'Heudicourt, Charles de Saldaigne d'Incarville et Jacques Vallée des Barreaux.

Avec l'accession du marquis d'O à la surintendance, on retrouvait la situation que les finances avaient connue sous Charles IX de 1561 à 1568, lorsqu'elles étaient dirigées par les comtes de Gonnord et de Chaulnes, c'est-à-dire par des gentilshommes de vieille souche chevaleresque. François d'O était aussi de haute et ancienne noblesse.

---

1. Lettres patentes [datées de Tours le 21 avril 1589] octroyant à Charles de Saldaigne « l'une desdictes charges, estatz et commissions de nostre conseiller intendant et contrerolleur général des finances establys près nostre personne » (Bibl. nat., Ms. fr. 10815, fol. 120; formulaire).

2. *Ibid.*, N.a.f. 22247, fol. 80 (notes de Lancelot).

3. Lettres patentes de commission (*ibid.*, Ms. fr. 3644, fol. 37-38; minute non datée). Sous la même cote (fol. 31-32), figure la minute non datée de l'édit établissant à Châlons, pour la Champagne, la Brie, la Picardie et le Vermandois, une chambre des comptes par démembrement de celle de Paris transférée à Tours; cet édit avait été promulgué au mois d'avril 1589. Quant à Mylon de Videville, il était si bien passé au service de la Ligue qu'il exerçait dans le gouvernement du duc de Mayenne ses fonctions d'intendant et contrôleur général des finances.

4. Voir *supra*, p. 56, 83.

C'était depuis toujours un favori de Henri III, qu'il accompagna en Pologne. Nommé ensuite maître de la garde-robe du Roi et gouverneur de Basse-Normandie, il vécut à l'écart de la cour à partir de 1581, mais y revint en 1586 pour entrer au Conseil des Finances. Ce seigneur, en effet, était fort entendu en matière économique et financière, prenant même des intérêts dans des partis, notamment dans celui du sel en 1585. Gouverneur de Paris et d'Île-de-France lors de la journée des Barricades, il avait suivi Henri III hors de la capitale et il n'est pas étonnant que le Roi, qui l'appelait « mon grand économique », lui ait confié la surintendance, avec des émoluments trois fois plus élevés que ceux de Bellièvre.

Si l'on examine comment Henri III recruta les intendants et contrôleurs généraux de ses finances, on ne voit guère de différence avec les règnes précédents : ces Messieurs furent choisis soit parmi les officiers de robe et de plume, soit parmi les officiers comptables. À la première catégorie appartinrent Miron de Chenailles, Hennequin de Cury, Saldaigne d'Incarville et Vallée des Barreaux. Lorsque Miron fut retenu, il était maître ordinaire en la chambre des comptes de Paris et son principal appui à la cour n'était autre que son frère Marc Miron, sieur de L'Estoile, premier médecin d'Henri III et l'un de ses conseillers les plus écoutés. De la même chambre provenait Hennequin de Cury, qui y fut successivement auditeur (1552) et maître ordinaire (1559), à quoi il avait ajouté l'office de grand audiencier en la chancellerie (1570) et une charge de secrétaire des finances (1576). Saldaigne d'Incarville était secrétaire du Roi et maître ordinaire en la chambre des comptes de Rouen, mais il avait de grandes relations dans les milieux d'affaires, car il avait eu part au bail des cinq grosses fermes adjugé en mai 1584 et avait été l'un des dix associés au grand parti du sel conclu en octobre 1585[1]. Quant à Vallée des Barreaux, d'abord contrôleur des greniers à sel de la généralité d'Orléans, il était depuis 1581 trésorier de France au bureau des finances de cette ville et avait exercé en 1586 l'intendance des finances de l'armée du duc de Joyeuse; sa sœur Marie Vallée était l'épouse de Miron de Chenailles.

Avec Adrien Pétremol, on rencontre un personnage ayant exercé des offices de l'une et l'autre catégorie. D'abord greffier du bailliage de Troyes (1561), il fut ensuite trésorier de l'extraordinaire des guerres en Picardie, Champagne, Pays messin, Normandie, Bretagne, Bourgogne et Écosse (1568), puis trésorier de France au bureau des finances de Châlons; sa femme Charlotte Hennequin, était cousine d'Hennequin de Cury.

Les autres intendants et contrôleurs généraux d'Henri III n'avaient accompli leur carrière que dans les offices de finance, et non les moindres. Avant d'être trésorier de la maison du Roi (1569) et trésorier

1. Il détenait l'une des douze parts du grand parti du sel de 1585 (Contrat d'association des partisans du sel, 15 décembre 1585 [Arch. nat., 120 AP 33, fol. 1-4]).

des guerres (1574), Étienne de Bray avait été commis de Nicolas de Verdun quand celui-ci fut trésorier des parties casuelles. Pierre Mollan, d'abord trésorier des parties casuelles lui aussi, était passé de là au poste prestigieux de trésorier de l'Épargne (1579). Quant à Sublet d'Heudicourt, il était trésorier des parties casuelles.

On remarquera que, parmi les intendants des finances issus de compagnies de justice ou de plume, on ne relève ni maîtres des requêtes ni magistrats de cours des aides, mais seulement des officiers de chambres des comptes et de bureaux des finances.

Il ne saurait être question de relater ici en détail l'activité de Messieurs des finances au long du règne d'Henri III. D'abord parce que ce n'est pas le propos de ce livre et aussi en raison de l'état de la documentation, où les comptes généraux, les ordres d'ordonnancement, les pièces justificatives sont rares. Aussi est-il assez malaisé de trancher catégoriquement la question de savoir si, à cette époque, le surintendant (ou son suppléant) était caractérisé par le privilège d'être seul ordonnateur des fonds. D'après les souvenirs de Jules Gassot, ancien commis de Villeroy et secrétaire surnuméraire du Conseil d'État, Bellièvre « disoit souvent "qu'il n'y avoit point d'argent." L'on luy attribue cela comme pour devise pendant qu'il estoit en ceste charge des finances. Mais les aultres seigneurs du Conseil disoient que l'on sçavoit aussy bien que luy qu'"il n'y avoit point d'argent et qu'il n'avoit que faire de le dire si souvent", mais qu'on l'avoit mis là pour en chercher et en trouver quand il n'y en avoit point, qui est la charge de Messieurs les intendans des finances d'en trouver les inventions et, quoy que ce soit, faire venir argent[1]. » Un témoignage de poids est, dans les années 1583 et 1584, celui d'un diplomate anglais :

> « Concernant les finances royales, la principale autorité en la matière réside en un seul homme, qui à présent se nomme *Mounsieur Bellièvre*, qui est aussi l'un des membres du Conseil privé. Sa charge est de veiller à l'exécution des ordonnances du Conseil et de déterminer les gens à assigner sur une recette plutôt qu'en une autre et de dresser l'état des finances royales qui doit être signé par Sa Majesté. Après ce surintendant, il y a d'autres officiers appellés *intendans des finances*, qui sont les collaborateurs dudit surintendant et ces quatre-là servent par quartier, c'est-à-dire trois mois chacun. Et de temps en temps ils servent de contrôleurs, ce qui consiste à tenir le compte et le registre de tous commandements et assignations qui ont eu lieu durant les trois mois, pour recevoir une vérification complète des officiers du Roi en sa chambre des comptes[2]. »

1. J. GASSOT, *Sommaire mémorial...*, p. 278.
2. D. POTTERS et P.R. ROBERTS, « An Englishman's view of the court of France », dans *French History*, t. 2 (1988), p. 312-344 (ce passage p. 330).

Toutefois, quand on voit avec quelle insistance pointilleuse Henri III, au long des multiples règlements qu'il a imposés à ses Conseils, est revenu sur son exigence d'être tenu au courant de tout ce qui s'y débattait et s'y concluait, on est porté à s'interroger sur l'étendue des pouvoirs du surintendant, sans douter pour autant de sa prééminence sur les intendants.

Concernant les activités de ceux-ci, des données qui paraissent très sûres sont fournies par un ouvrage contemporain, *Le Guidon général des finances*, écrit par un certain « Jean Hennequin, Champenois », en lequel il est tentant mais guère plausible d'identifier l'ancien intendant des finances[1]. Il est probable, en revanche, que celui-ci était de la même famille que cet auteur, qui aurait ainsi pu recueillir un témoignage de première main. Dans la cinquième partie de son livre traitant « Du Conseil privé et intendans des finances » (fol. 226v°-230), ce « Champenois » s'est proposé de décrire sommairement « une partie des actions de Nos seigneurs du Conseil privé et des intendans des finances, qui sont ceux qui ont la charge universelle des finances ».

Et aussitôt de débuter en exposant « que, sur les estatz envoyez par estimation audit Conseil privé par les trésoriers généraux des finances de ce royaume, chacun en son regard, de la valeur des finances tant ordinaires qu'extraordinaires, en chacune généralité, au commencement de l'année ils font un estat général de toutes lesdites finances, contenant ce que chacun receveur général doit apporter de clair au trésorier de l'Espargne; et des sommes y contenues, ils assignent les trésoriers de l'extraordinaire de la guerre, artillerie, marine de levant et ponant, argenterie, chambre aux deniers, payement des officiers domestiques, menuz plaisirs, vénerie et faulconnerie et autres trésoriers prenans assignation à l'Espargne. Ausquels et à chacun d'eux ils dressent estats particuliers des sommes qu'ils doivent prendre audit Espargne, ensemble ceux qui doivent estre payez sur icelles sommes, afin que lesdits trésoriers n'aillent payer deniers assignez, pour faire payement à certains personages, les charges d'une autre assignation [...]. Pour ce regard et en toutes autres choses, lesdits sieurs du Conseil privé ne peuvent rien résoudre sans en avoir premièrement communiqué ausdits intendans des finances. »

« Sur tous lesquels trésoriers Messeigneurs du Conseil privé et intendans des finances ont la superintendance, tout ainsi que les trésoriers généraux de France ont sur les receveurs généraux et particuliers [...]. Et pour ce que toutes les finances de ce roïaume sont régies et administrées par le trésorier

1. *Le Guidon général des finances, contenant la conservation et interprétation des droicts sacrez et inaliénables du domaine du Roy et coronne de France. Avec l'instruction du maniement de toutes ses finances, tant ordinaires qu'extraordinaires [...] par Jean* H*ENNEQUIN*, *Champenois* (Paris, 1585, in-8°; Bibl. nat., Rés. p. F 37). Deux raisons au moins incitent à douter de la paternité de Hennequin de Cury. La première est précisément que ce « Champenois » ne s'intitule pas sieur de Cury et ne se prévaut pas des qualités flatteuses de ci-devant maître des comptes, grand rapporteur en chancellerie et intendant-contrôleur général des finances. Et la seconde que l'ouvrage est dédié à un maître des comptes de la chambre des comptes de Rouen, personnage de moindre rang qu'Hennequin de Cury, ce dernier ne pouvant offrir de livre qu'à un dédicataire de qualité plus élevée que la sienne. C'est ainsi que le livre de Charles Figon cité *infra* p. 112-113, paru en 1579, est dédié au secrétaire d'État Simon Fizes.

de l'Espargne, ou bien en a la cognoissance, aussi est sur luy que lesdits sieurs ont plus d'esgard, luy faisant faire apparoir de iour en iour, de mois en mois, le fonds estant audit Espargne et les despences qu'il convient faire sur ledict fonds, et surtout sçavoir s'il pourra suffire à tout [...]. Lesdits intendans des finances sont tenuz de tenir registre et contrerolle de toute la recepte et despence dudit trésorier de l'Espargne, ensemble du trésorier des parties casuelles.

Tous rolles et cahiers que le trésorier de l'Espargne présente audit Conseil contenant les parties par luy payées pour iceluy voir et arrester, lesdits intendans des finances en doivent avoir la communication, pour iceux voir, calculer et arrester les sommes, et paraffer chacun fueillet desdicts roolles et cahiers. Dont ledit trésorier de l'Espargne en baillera une copie signée de sa main ausdits intendans des finances, afin que rien n'y puisse estre adiousté ny changé après ledict arrest et calcul, ou bien après que le Roy les aura signez. Lesdits intendans des finances voyent et contrerollent tous les roolles, cahiers, validations, provisions et acquits qui seront obtenus du Roy pour servir à la reddition des comptes de tous les officiers comptables tant ordinaires qu'extraordinaires, pour, si besoin est, en faire rapport à Mesdits sieurs du Conseil privé. »

« Iceux intendans des finances seront tenuz envoyer à la chambre des comptes à Paris, six mois après chacune année expirée, le registre deuement signé du contrerolle par eux faict des quittances, mandemens portans quittance, roolles, cahiers et acquits qui auront esté levez en forme deue, servant tant en recepte que despence à la reddition des comptes desdits trésoriers de l'Espargne et parties casuelles. »

« Lesdits intendans des finances, en qualité de contrerolleurs généraux des finances de ce roïaume, doivent faire roolles et estats de tous les offices nouvellement créés, comme aussi de ceux qui vacquent par résignation, mort ou fourfaicture, par chacune sepmaine. Lesquels roolles ils doivent présenter incontinent à Mesdits sieurs du Conseil privé pour procéder à la taxe desdits offices, et sur chacun article desdits roolles iceux intendans doivent faire rapport des personnes qui poursuivent lesdits estats et offices [...]. Lesquels roolles ainsi taxez, clos et arrestez et signez par un secrétaire des finances, seront mis ès mains desdits intendans des finances pour iceux enregistrer, desquels en sera fait une copie collationnée [...] pour bailler au trésorier des parties casuelles [...]. Et l'original d'iceux roolles doit estre mis ès mains de Monsieur le chancelier ou garde des sceaux pour en expédier les lettres de provision. »

« Bref, concluait Hennequin, il ne se passe aucune chose audit Conseil privé que lesdits intendans n'en ayent la cognoissance, ny qu'ils en donnent leurs advis, rapportent toutes les requestes présentées en iceluy par les particuliers, soit pour demander taxes de quelques frais, validations de quelques parties raïées ou supercédées en quelques comptes, remboursement de quelques deniers prestez au Roy, modération de fermes, aliénation de domaine ou tailles, affranchissemens, exemptions à temps ou à perpétuité et autres choses concernans lesdites finances. »

De ces propos il ressort que les intendants des finances comptaient dans les Conseils parmi les rapporteurs les plus actifs, un rôle qu'ils partageaient avec les conseillers d'État, que les grands règlements du

Conseil des 11 août 1578, 20 janvier 1580, 31 mai 1582 et 1er janvier 1585 constituaient expressément en rapporteurs pendant le tiers d'année ou « quartier » qui leur était dévolu. Mais ce qui importe, c'est que, comme le précise Hennequin, les intendants des finances venaient exposer non seulement tout ce qui relevait des recettes et dépenses de l'État, du mouvement des fonds et de la comptabilité publique, mais aussi une multitude de requêtes. C'était déjà, on le sait, un usage courant sous Charles IX[1], mais il s'amplifia encore sous Henri III, où, dans les registres du Conseil, on voit à longueur de pages ces Messieurs rapporter des requêtes émanées de particuliers et de corps, notamment celles tendant au dégrèvement, à la modération, à l'exemption de la taille, du taillon et autres impositions directes ou de diverses taxes indirectes, toutes requêtes produites par les états provinciaux, les compagnies d'officiers, les villes, bourgs et communautés[2]. Or, depuis des siècles, rapporter au Roi en son Conseil les requêtes de ses sujets constituait une attribution spécifique des maîtres des requêtes de l'hôtel, parmi lesquels, à part une seule exception sous le règne si bref de François II[3], il n'avait point été recruté d'intendant des finances.

Par la force des choses, et peut-être sans y tendre d'abord de façon systématique, les intendants des finances se sont ainsi posés en rivaux des maîtres des requêtes, et cela à tel point que, du temps d'Henri III, on les considérait comme leur faisant pendant en ce qui regardait les finances de près ou de loin. Vision des choses développée par Charles Figon, ancien secrétaire du garde des sceaux Jean Bertrand, dans son livre *Discours des estats et offices, tant des gouvernement que de la iustice et des finances de France*, paru en 1579[4], donc en un temps où les intendants étaient chargés du contrôle général. S'efforçant d'y représenter les institutions comme autant de branches et de rameaux issus d'un tronc commun, il y caractérisa en ces termes les intendants des finances (fol. 13) :

> « Tout ainsy que les maistres des requestes sont ordonnez pour rapporter au Roy et au Conseil d'Estat et à Monditseigneur le chancellier et garde des Sceaux ce qui deppend et appartient au fait de la justice, il est de même bien requis et nécessaire, pour la grande importance dont sont les finances du Roy au bien, soustènement et conservation de son Estat et de toute la république, qu'il y ait de bons, grands, probes et excellens personnages qui en ayent la

1. Voir *supra*, p. 72-73.
2. Bibl. nat. Ms. fr. 16224, 16225, 16229-16232, *passim*.
3. Voir *supra*, p. 42.
4. *Discours des estats et offices, tant des gouvernement que de la iustice et des finances de France, contenant une briefve description de l'auctorité, iurisdiction et congnoissance et de la charge particulière de chacun d'iceux* (Paris, 1579, in-8°; Bibl. nat., 8° Lf³ 7). En 1579, Figon était maître ordinaire en la chambre des comptes de Montpellier; des documents de 1574 et 1579 lui donnent la qualité de secrétaire de la reine de Navarre et montrent qu'il posséda les offices de greffier criminel de la sénéchaussée de Toulouse, puis de greffier du scel du bailliage de Montfaucon-en-Velay (Bibl. nat., Ms. fr. 16225, fol. 285 et 309v°).

charge et cognoisssance. À ceste fin sont constituez et ordonnez les intendans des finances, pour avoir l'œil au mesnagement et par tous les lieux et endroicts où elles passent, pour en faire les estats et en rendre raison à Sa Majesté en toutes heures et occasions qu'il est requis. Toutes les lettres et provisions concernans l'avancement, dépence et maniement desdites finances sont par eux rapportées, vérifiées et parrafées par l'advis et autorité dudit Conseil d'État ou des Finances, comme les maistres des requestes font celles de la justice. Tellement qu'estant les estats et charges des uns et des autres presque conformes et égales, ie les ay voulu faire adhérantes au corps de cest arbre, chacune du costé de son subiect et function particulière. »

Voilà qui est clair et ces propos de Figon ont d'autant plus de poids que ses fonctions auprès du garde des sceaux lui avaient permis de saisir, et ce que le Roi attendait des intendants des finances, et comment ils s'en acquittaient.

Les maîtres des requêtes ne pouvaient rester indifférents face à une telle situation, d'autant que les mêmes règlements qui ouvraient tous les Conseils (sauf celui des Affaires) aux intendants des finances limitaient la présence des maîtres des requêtes au seul Conseil des Parties et uniquement pendant leur quartier ! D'où les remontrances dont ils saisirent successivement Henri III et dont la rédaction a été scandée par la promulgation des principaux règlements du Conseil.

Provoquées par les règlements du 11 août, leurs remontrances de 1578 roulaient sur six points dont « le quart poinct concerne le rapport en finance, non pour la distribution de vos deniers, car en ce ilz n'ont iamais requis d'estre employez, mais pour ce qu'ilz ont de tout temps cogneü et fait rapport des différends, rabais, érections, information de commoditez et incommoditez, et générallement des plainctes particulières de vos subiects, encores qu'ilz concernent les finances et qu'il ne soit loisible à personne signer les expéditions en queue, sinon qu'aux maistres des requestes[1] ».

Celles que suscita le règlement du 31 mai 1582 sont plus véhémentes. Après y avoir rappelé d'abord leur glorieux passé :

« Voilà, Sire, disaient-ils, le discours quelles ont esté les charges et fonctions de vos maistres des requestes, conduit et mené d'un fil continu quasi depuis la naissance de vostre monarchie iusques à vous, par lequel vous pouvez cognoistre combien nostre condition est auiourd'huy misérable, qui sommes des premiers rangs reiettez iusques aux derniers degrez [...]. Le rapport des requestes des villes, des provinces et communautez, des rabais et modérations, des contraventions à vos ordonnances, des plainttes de vos suiets et cours souveraines se fait ordinairement par d'autres hommes et privez de l'honneur de faire aucun rapport à Vostre Maiesté [...]. Nous restons doncques maistres des requestes sans requestes, officiers sans charge ny

1. « Remonstrance faitte au Roy par Messieurs les maistres des requestes de son hostel en l'an 1578 par feu Mr des Roches Fumée, lors maistre des requestes et depuis conseiller au Conseil d'Estat » (Bibl. nat., Ms. fr. 16218, fol. 348-353, copie ; ce passage fol. 351v°-352).

fonction, inutiles à vostre suitte, sans authorité ny dignité, exposez à la mocquerie d'un chacun[1]. »

Lamentations renouvelées à l'occasion des règlements du 1er janvier 1585 :

« La misère et calamité du temps » a amené « telle confusion en tous ordres, qu'ilz ont quasi esté dépouillés du tout de leur première et ancienne dignité et de leurs charges et sont demeurez avec un beau tiltre desnuez de toute function [...]. La congnoissance de vostre domaine, la réformation de vos forestz, la correction des officiers, la congnoissance de la contravention à voz eedictz, les plainctes de vostre peuple, des villes, communaultez, ne viennent plus jusques à eulx [...], vos maistres des requestes vous remonstrent que ce qui se traictoit autrefois en un seul Conseil de Vostre Majesté est divisé en trois. Et par le règlement très beau et très excellent qu'il vous a pleu faire, ce qui est attribué à vostre Conseil d'Estat est ce qui est de leur charge. Et supplient Vostre Majesté considérer, Sire, que tout ce qui est estably pour vostredict Conseil d'Estat y est mis affirmativement et en termes si généraulx qu'il comprent tout et ne leur laisse rien [...]. Ils sçavent aussy que nosseigneurs du Conseil de Vostre Majesté estans princes, prélatz, ducz, comtes, chevalliers, honnorés de ceste dignitté pour ouïr et donner leur advis, ne peuvent sans beaucoup de peyne veoir les pièces et faire les rapportz, et encores qu'ils le facent très dignement comme toutes choses, si le font-ilz laborieusement. Le département des provinces qui leur est baillé pour recepvoir les requestes et les plainctes estoit [...] la vraye function desdicts maistres des requeste. Ils supplient doncques en toute humilité Vostredicte Majesté qu'il Luy plaise, pour le soullagement de nosdicts seigneurs de vostre Conseil et dignité de leurs charges, restablir ausdicts maistres des requestes ce qui leur est osté et leur donner lieu d'entrer en tous lesdicts trois Conseilz pour rapporter et y faire comme leurs prédécesseurs faisoient[2]. »

Sans jamais les désigner nommément, toutes ces récriminations visaient au premier chef les intendants des finances. Elles n'eurent aucun effet sur Henri III qui, tout en confiant par ailleurs de plus en plus de commissions aux maîtres des requêtes, persista à les écarter en grande partie de ses Conseils[3]. Mais si l'on insiste tant sur ces remontrances, c'est que la situation qu'elles déploraient mérite la plus grande attention. Plus tard, en effet, s'ils regagnèrent au Conseil la majorité du terrain qu'ils jugeaient perdu, jamais les maîtres des requêtes ne parvinrent à recouvrer sur les intendants des finances le rapport des requêtes et affaires concernant les matières autres que « la distribution

1. « Remonstrance faitte au roy Henry IIIe, à présent régnant, par les maistres des requestes ordinaires de son hostel » (*ibid.*, Ms. fr. 16218, fol. 354-358, copie ; ces passages fol. 357).

2. Bibl. nat., Ms.fr. 16216, fol. 201-208 ; orig. expédié par Nicolas Martin, greffier des requêtes de l'hôtel.

3. À ce sujet, voir M. Etchechoury, ouvr. cité, en particulier les p. 105-106. Il advint même que, par ordonnance datée de Poitiers le 12 avril 1581, Henri III statua que le Conseil des Parties « cesse et ne se tienne plus durant quelque temps et jusques à ce que par Sadicte Majesté autrement en soit ordonné » (Bibl. Institut, Ms. 508, fol. 161-162 ; copie). Cette suspension dura quelques mois, mais le règlement du 31 mai 1582 révèle que ce Conseil avait alors repris ses séances.

des deniers du Roi ». Esquissée très tôt, cette répartition des tâches, après s'être fixée de façon durable sous Henri III, a eu des répercussions fort étendues tant sur l'évolution du Conseil du Roi que sur celle de l'administration des finances.

De leur rôle de rapporteurs au Conseil et de leur participation à ses débats découlait souvent pour Messieurs des finances la mission de mettre en forme les décisions qui y étaient prises. Ce qui impliquait non seulement l'élaboration de documents d'ordre financier ou comptable, mais la rédaction d'arrêts et de lettres patentes. « Quant j'ay esté superintendant des finances, dira Bellièvre à Henri IV, j'ay tousiours donné ordre que les intendantz ont faict en cela ce qui est de leurs charges, de dresser les édictz avec les secrétaires du Conseil[1]. »

Outre leur activité de rapporteurs, les gens des finances en exerçaient une autre non moins importante : celle de négociateurs. La gestion quotidienne des deniers du Roi les amenait souvent à constater que les caisses de l'Épargne étaient vides ou menacées de l'être à bref délai, que les rentrées de fonds allaient tarder et qu'en attendant il fallait trouver de l'argent. Et comment y parvenir, sinon en obtenant des avances ou des prêts de ceux qui étaient en mesure d'en fournir? Bien souvent ils ont ainsi été amenés à pressentir avec plus ou moins d'insistance tel financier ou tel groupe de traitants, à le convaincre de tirer d'embarras le trésor, à négocier les conditions de son secours. Les relations personnelles de ces Messieurs, par exemple celles de Marcel avec le clergé, orientaient évidemment de telles démarches.

Parfois la somme quémandée était assez modeste. Suivant l'ordre de Votre Majesté, Lui rapportent en octobre 1577 Camus de Saint-Bonnet et Marcel, « nous avons ce matin, au logis de Monsieur l'évesque de Paris, parlé au Sr Gondy, lequel, sur la remonstrance dudict S^r évesque et veue vostre lettre, a fort voluntiers promis fournir ceste après-disnée pour vostre service les deux mil escus dont il a pleu à Vostre Majesté luy escrire et le Sr Castille[2] a faict fournir quatre mil escus, qui sont en tout six mil escus qu'on envoye promptement par le commis de l'Espargne. Quant au Sr Dadjaceto, il s'est excusé sur ce qu'il dict n'estre payé de ses assignations, combien que, oultre la promesse des Srs de vostre Conseil, nous ayons offert la nostre pure et simple[3] ».

Un crédit plus élevé, mais encore peu considérable, pouvait déjà faire l'objet de discussions serrées : « Pour satisfaire au commandement qu'il a pleu à Vostre Majesté me donner, mandait Marcel au Roi en juin 1582,

---

1. Bellièvre à Henri IV; Paris, 10 décembre 1602 (Bibl. nat., Ms. fr. 15894, fol. 437; orig. autogr.).
2. Philippe de Castille, receveur général du clergé de 1575 à 1602.
3. Camus de Saint-Bonnet et Marcel au Roi; Paris, 4 octobre 1577 (Bibl. nat., Ve Colbert, 9, fol. 49; orig.).

j'ay parlé à ung personnage que je pense avoir quelque moyen pour vous servyr au faict des XVI^{m} escus pour les gentilzhommes de vostre chambre. Mays m'ayant demandé la seureté du remboursement, il m'a semblé ne le pouvoir asseurer sur la présente année en voz receptes générales, comme l'on l'eust bien déziré. Et n'ayant moyen quant à présent trouver crédit sur l'année prochaine, l'on a mys en avant de offrir le semblable qui a esté faict avec Vauhardy pour le dernyer quartyer, qui fust avecq condityon de recevoir tout se qu'il proviendroyt de voz parties cazuels du quartier ensuyvant, dont je n'ay voulu faire l'offre, tant pour avoyr esté jà contracté avecq le trézorier Du Boys, que pour ne vouloyr entreprendre cest office sans avoir sur ce vostre commandement[1]. »

Mais, en d'autres cas, des dépenses plus lourdes étaient à couvrir et les tractations laborieuses. Au mois d'août 1578, Miron de Chenailles exposait à Henri III qu'étant nécessaire « que vostre armée conduicte par Monsieur le duc du Mayne soit secourue de deniers pour le tenir en estat de faire quelque bon service à Vostre Maiesté pour facilliter l'exécution du voïage de la Royne votre mère », « tous ceulx de votre Conseil se sont résoluz de ne perdre temps pour y pourvoir. Et avons ce jourd'huy traicté avec Zamet, Castille et Cenamy, qui ont tous part au faict du clergé, ne s'estant trouvé en ceste ville le Sr Gondy, pour les induire à nous secourir de la somme de cinquante mil escuz seullement, en leur faisant le mesme party que Vostre Maiesté leur a ci-devant accordé à Sainct-Maur pour les cent mil escuz qu'ilz doivent fournir. Mais en fin nous n'avons sceu gaigner autre chose que belles parolles d'affection qu'ils portent à vostre service, leur deffaillant les moïens, à l'occasion des grandes sommes de deniers qu'ilz ont jà fournies. Et n'en avons poinct trouvé qui nous ayt faict meilleure offre que ledict Zamet, qui nous a promis bailler en pur prest sans aucunes debtes jusques à la somme de dix mil escuz. Et ledict Cenamy trois. Quant audict Castille, il nous présente neuf mil escuz, qui luy sont deubz et assignez sur le don que ceulx de ceste ville ont faict à Vostre Maiesté, dont il devoit estre païé il y a longtemps. De sorte, Sire, que, ne pouvans tirer autre secours en chose si pressée, a esté advisé, soubz vostre bon plaisir, qu'il se falloit aider de vingt mil escuz du taillon du quartier d'octobre prochain et du surplus sur les recetes générales de Paris, Orléans et Tours, qui sera déduict et deffalqué au sol la livre sur toutes les charges et assignations qui sont sur lesdictes recetes, fors et excepté les rentes constituées, à quoy il ne fault toucher[2]. »

Les gens du Conseil des Finances n'hésitaient pas[3], à proposer leur crédit personnel pour amadouer les hommes d'affaires. Au début de

1. Claude Marcel au Roi ; Paris, 7 juin 1582 (Bibl. nat., Ms. fr. 6628, fol. 103-104 ; orig. autogr.).

2. Miron de Chenailles au Roi ; Paris, 13 août [1578] (*ibid.*, fol. 44-45 ; orig.).

3. Ils pouvaient aussi y être invités par le Roi : par une lettre adressée d'Ollainville à Bellièvre le 1er novembre 1578, Henri III le pressait de convaincre Camus de Saint-Bonnet et Marcel de s'engager pour une somme de 55 000 livres (*Lettres de Henri III*, publiées par M. François, t. IV [Paris, 1984, in-8^{l}, n° 3157, p. 95).

juin 1583, ils avaient ainsi à discuter avec le traitant Jean-Baptiste de Gondi : « N'aïant jamais peu obtenir de luy qu'il se contentast pour la seureté de son remboursement de l'assignation sur l'année prochaine et des bagues que Vostre Majesté avoict laissées pour luy bailler en gages, considérant de combien le secours de ceste somme importe à voz affaires et aussy l'affection que vous y apportez, pour faire tousiours connoistre à Vostre Maiesté qu'il n'y a nul péril qui nous puisse desmouvoir ny entrer en aucune considération où il y va de vostre service, nous nous sommes résoluz, nous autres qui sommes du Conseil de voz finances, de nous y obliger en noz propres et privez noms. Et par ce moïen il nous a donné bonne asseurance que ladicte partie sera preste et fournie à Lyon au tems que nous luy avons demandé, de sorte que Vostre Majesté peult tenir cest affaire pour tout résolu[1]. »

De même incombait-il à Messieurs des finances de mener les pourparlers préalables à la conclusion du bail de telle ou telle ferme. Par exemple, en mars 1578 : « Pour satisfaire au commandement de Vostre Majesté affin d'expédier et envoïer ès villes où il y a greniers à sel les affiches et proclamations nécessaires sur l'offre faicte par Chastelain pour le party du sel, au Conseil de Vostre Majesté tenu samedy dernier [...] fut proposée la forme, charges et condicions soubz lesquelles l'on debvoit procedder à la publication dudict party par lesdictes affiches, où se trouva difficulté sur le fournissement des greniers pour résouldre s'ilz seroient publiez estre à bailler tant en général qu'en particulier. Sur quoy, icelluy Chastelain, appelé pour sçavoir de luy la seureté que Vostre Majesté pouvoit avoir de ce qui proviendroit desdicts greniers à sel les baillant particullièrement, feist offre de $II^{c}L^{m}$ escuz de deniers d'entrée, et que néantmoins il en communiqueroit avec ses associez, d'aultant que désirions qu'il passast jusques à $III^{e}M$ escuz. Pour à quoy satisfaire, il nous demande délay jusques à ce jourd'huy matin, qu'il a baillé par escript contenant le mesme offre de $II^{e}L^{m}$ escuz païables moitié de ladicte somme comptant lors de l'adjudication des baulx, et l'aultre moitié ès trois premières années qu'ilz entreront en la joïssance dudict bail, à condicion toutesfois que sy ledict offre ne luy est accordé dedans trois jours, il entend icelluy révocquer et en estre deschargé. Dont il nous a semblé devoir advertir Vostre Majesté[2]. »

Autres négociations délicates : celles qu'il fallait conduire pour obtenir des subsides du clergé. Ce fut Bellièvre en personne qu'Henri III envoya en juillet 1579 à Melun faire appel à la générosité de l'assemblée du Clergé de France[3].

1. Le chancelier de Birague au Roi ; Paris, 3 juin [1583] (Bibl. nat., Ms. fr. 6628, fol. 32-33 ; orig.).

2. MM. Marcel, Hurault, Miron de Chenailles et de Cheverny au Roi ; Paris, 13 mars 1582 (*ibid.*, Ms. fr. 6629, fol. 5-6 ; orig.). Au Conseil d'État du 13 avril 1579, MM. de Vienne et Miron de Chenailles avaient été « commis pour ouÿr et interroger Mes Jehan de Vauhardy et Robert Le Tellier et autres ayans contracté pour le faict des regrattiers et collecteurs de seel, sur ce qui leur a esté verballement commandé par Sa Majesté » (*ibid.*, Ms. fr. 16225, fol. 193).

3. Voir les lettres du Roi à Bellièvre des 18 et 26 juillet 1579 (*Lettres de Henri III*, t. IV, n°s 3448 et 3460, p. 244 et 250).

Les liaisons que, par la force des choses ou par leurs origines sociales et professionnelles, les gens des finances entretenaient avec le monde des financiers ont alimenté, à tort ou à raison selon les cas, les reproches de concussion et prévarication que mémorialistes et pamphlétaires leur ont prodigués. Quoi qu'il en ait été, cette activité de négociateurs constituera jusqu'à la fin de l'Ancien Régime l'une des caractéristiques majeures des fonctions des intendants des finances.

On n'est guère mieux renseigné sur les bureaux de Messieurs des finances sous Henri III que sous ses prédécesseurs. Une certaine lumière est fournie par une décision du Roi, tardive et relative aux seuls secrétaires d'État. Ceux-ci, précisa l'article XXV du règlement qu'il leur donna le 15 septembre 1588, « auront ung commis et six clercs et non davantage pour leur ayder aux expéditions [1] ». Ce qui importe ici, c'est cette hiérarchie indiquée entre les clercs et le commis, ce dernier apparaissant nettement comme le supérieur de ses clercs et comme l'homme de confiance du secrétaire d'État, d'autant qu'en général on le voit titulaire d'un office de secrétaire du Roi.

L'organisation semble avoir été la même chez Messieurs des finances. Des mentions éparses font connaître Raoul Le Féron [2] et Charles de Morel [3], commis de Claude Marcel, l'un en 1577 et l'autre en 1588. En 1577, on rencontre Pierre Le Houp, commis d'Olivier d'Ormesson [4]; en 1579, René de La Mare, commis de Miron de Chenailles [5]; et en 1588, Pierre de Mouchy, commis de Pétremol [6]. Sous ces commis s'affairaient « les clercs suivant les finances », dont les noms surgissent çà et là dans des états de dépense ou sur des quittances, notamment lorsqu'ils étaient défrayés de débours occasionnés par des courses ou voyages effectués pour le service du Roi. Il est à peu près impossible de les dénombrer. Dans des rôles de dépenses, on en relève quinze de septembre à décembre 1588 [7] et sept entre janvier et juillet 1589 [8]. Quelle proportion

---

1. Règlement pour les secrétaires d'État, daté de Blois le 15 septembre 1588 (Bibl. Institut, Ms. 508, fol. 44-51 et 350-358; copies). Entre autres choses, cet article précisait : « Tous lesquelz commis et clercs, ils ne pourront prendre que Sa Majesté ne les cognoisse et ne les ayt agréables. Et pour cest effect, chacun d'eux en baillera les noms signez de leurs mains à Sa Majesté avant que les employer. » Cette obligation s'explique par les circonstances où se trouvait le Roi. On ne sait s'il l'imposa aussi aux gens des finances.

2. Bibl. nat., Ms. fr. 26160, n° 666; quittance orig.

3. Bibl. Institut, Ms. 503, fol. 99, 120v° et 141v°.

4. Bibl. nat., Ms. fr. 26160, n° 680; quittance orig.

5. *Ibid.*, N.a.f. 7977; rôle orig.

6. Bibl. Institut, Ms. 503, fol. 121v°.

7. Isaac Raby, Étienne Guérin, Jacques Jacquart, Antoine Chochepin, Abel Legret, Simon Collon, Pamphile Denis, Robert Duval, Jacques Castel, Pierre Louvencourt, Jacques Perreau, Michel Jalleau, Simon Poictevyn, Étienne Labadie et Pierre Le Roux (*ibid.*, fol. 16, 17, 36v°, 37v°, 40v°, 67v°, 68v°, 146v°, 148, 171, 210v°, 211r°-v°).

8. Nicolas Caboche, Charles Moreau, Gaspard Villeneufve, Adam Bonvallet, David Rolland, Daniel Jorien et Antoine Valette (*ibid.*, fol. 342, 391v°, 412, 413, 425v°, 457v°, 458v°, 463, 486v°, 507).

ces vingt-deux clercs représentaient-ils par rapport aux effectifs des bureaux de Messieurs des finances en cette fin du règne d'Henri III ? On l'ignore et il paraît difficile de parvenir à en savoir plus. Toutefois, on est enclin à se demander si, en 1589, les commis et les clercs du surintendant et des six intendants des finances n'étaient pas plus nombreux au total que ceux des quatre secrétaires d'État.

* *
*

Telle que l'avait mise sur pied Henri II, l'administration centrale des finances avait en 1589 trente-sept années d'existence. Des années au long desquelles elle s'était imposée comme une institution essentielle dans l'État, bien que les guerres civiles ne lui eussent mesuré ni les traverses ni les secousses. Une institution qui s'était même renforcée depuis 1574, ce dont elle était redevable pour une bonne part au Roi lui-même. Et d'abord parce que, en instituant avec netteté dès le début de son règne un surintendant, en le gardant quatorze années à son service tout en prévoyant sa suppléance éventuelle, Henri III a clarifié et consolidé la charge de surintendant de ses finances, dont, par moments, le sort avait paru quelque peu confus sous Charles IX. D'autre part, son souci méticuleux de conférer rigueur, cohérence et rationalité au fonctionnement des organes du pouvoir royal a été servi par la ténacité avec laquelle il a promulgué cette suite de règlements généraux et particuliers dont il a doté ses Conseils et qui toujours, ouvertement ou par quelque biais, touchaient Messieurs des finances. Leur succession répétitive atteste que leur application, pour laborieuse et intermittente qu'elle ait été, fut efficace. Au reste, ce zèle réglementaire n'était que fidélité au parti pris en 1523 par François Ier de ne donner à ses finances toute autre direction et toute autre surveillance que celles du Roi et de son Conseil.

Ce qui frappe, c'est que, quelles que fussent les mesures la visant, cette administration ne paraît pouvoir se développer et se renforcer que conformément aux traits reçus à sa naissance en 1552, qui l'ont marquée comme un code génétique réglant jusqu'au bout son évolution. C'est d'abord son caractère collégial, hérité du Moyen Âge : les finances, ce n'est pas le seul surintendant, c'est l'équipe que forment avec lui le contrôleur général et les intendants. Le nombre de ceux-ci tendit à se fixer à quatre et si les circonstances ou les disgrâces personnelles l'ont fait varier par moments sous Henri III, jamais la collégialité de l'ensemble n'a été altérée ni mise en cause.

Autre trait essentiel : l'appartenance des gens des finances aux Conseils du Roi, indépendamment de toute lettre ou de tout brevet conférant l'accès à ceux-ci. Au cours de leur carrière, certains intendants des finances ont été gratifiés de la dignité de conseiller d'État, mais, pour Henri III, c'était un moyen de reconnaître ou vanter leurs services, de renforcer leur prestige personnel et aussi de leur permettre de continuer à siéger dans les Conseils après avoir quitté leur intendance. Des Conseils où l'importance de leur rôle finit, non sans tâtonnements ni éclipses, par stabiliser la tenue d'une séance propre aux finances.

Dans ces Conseils se sont dégagées deux des activités majeures des intendants des finances : celles de négociateurs et de rapporteurs. Négociateurs pour, en conformité avec les instructions arrêtées au Conseil, obtenir dans les meilleures ou les moins mauvaises conditions les prêts, les avances, les traités, les baux et autres opérations menées dans le monde des financiers. Et rapporteurs pour présenter au Roi et à ses Conseils non seulement toutes choses concernant les finances, mais de très nombreuses requêtes, faisant ainsi figure, dès le règne d'Henri III, de rivaux invincibles des maîtres des requêtes, ce qui créait une situation promise à de grandes conséquences.

Le contrôle général était aussi une procédure administrative instaurée par Henri II et qui avait prospéré depuis sous la double face qui était sienne, à savoir celle des formalités d'écriture et d'enregistrement qu'elle comportait, et celle du ou des sujets qui en étaient chargés. Supprimé en janvier 1573, l'office de contrôleur général des finances le resta tout au long du règne d'Henri III, ses fonctions étant partagées entre les intendants, que l'on appelait intendants et contrôleurs généraux des finances. D'où la nature composite de leur service : quand ils procédaient au contrôle, ils agissaient en officiers, alors qu'ils exerçaient leur intendance en vertu d'une commission. Ce statut de commissaire, qu'ils avaient reçu à leur création en 1552, était appelé à demeurer le leur encore longtemps.

Les variations subies depuis 1554 par l'exercice du contrôle général des finances – conféré tantôt à un seul officier, tantôt à titre collectif aux intendants – attestent l'importance de ce contrôle pour la gestion des deniers publics et l'influence qui en rejaillissait sur celui qui en avait la responsabilité. En sorte que le partage de celle-ci entre les intendants a pu répondre (comme on l'a déjà remarqué), et à l'hostilité de ces intendants envers un poste dont le titulaire acquérait un ascendant pouvant éclipser le leur, et aussi à une précaution du Roi visant à éviter que les pouvoirs d'un officier aussi important n'entamassent son autorité suprême sur les finances.

CHAPITRE IV

1589-1610

Combien dramatique l'avènement d'Henri IV à l'aube du 2 août 1589 ! La légitimité du Roi était rejetée, les armes à la main, par une partie de la nation. Sa capitale et bien de ses « bonnes villes » étaient au pouvoir de la Ligue. Pour mettre fin à la guerre civile, et faire reconnaître et respecter son autorité à travers tout le royaume, il ne pouvait compter que sur ses forces morales, son sens politique, ses talents militaires, son expérience des hommes, le dévouement de ses serviteurs et le loyalisme de ceux de ses sujets qui dominaient les passions confessionnelles. Cette reconquête de la France allait être grosse dévoreuse d'argent, non seulement pour entretenir les armées et mener les opérations, mais aussi pour acheter fidélités, ralliements et soumissions. C'est dire combien le triomphe sur tant d'obstacles allait dépendre du zèle, de l'ingéniosité, de l'habileté des gens des finances, et aussi de leur force de persuasion face aux contribuables et au monde des financiers. Ils s'en acquittèrent – au moins certains d'entre eux – avec assez de succès pour que le Roi parvînt à régner en paix sur toutes les terres et provinces de son royaume et, grâce à Sully, à laisser à sa mort un budget en équilibre et les finances de l'État dans une situation florissante[1].

* *
*

Lors de la mort d'Henri III, François de Montholon se démit des sceaux entre les mains du cardinal de Vendôme qui, comme chef du Conseil, les conserva quelques mois. La défaillance de Montholon fut la seule qui survint au sein du gouvernement. Les quatre secrétaires d'État reportèrent leur fidélité sur le nouveau Roi et l'un d'eux, Ruzé de Beaulieu, instrumenta et signa, avec tous les grands présents à Saint-Cloud, l'acte dans lequel furent consignées les dernières paroles d'Henri III mourant sur sa soumission au siège apostolique et la légitime succession

1. Sur ce règne, on se reportera au livre de J.-P. BABELON, *Henri IV* (Paris, 1982, in-8°).

du roi de Navarre. Le surintendant d'O, les six intendants-contrôleurs généraux des finances, ainsi que François Hotman et Balthazar Gobelin, trésoriers de l'Épargne, firent de même allégeance à Henri IV. Les correspondances diplomatiques, politiques et administratives, les états, rôles, mandements et autres actes de finance, les arrêts du Conseil purent donc continuer à être préparés, dressés et expédiés sans solution de continuité et à assurer la pérennité de l'État, mais dans des conditions matérielles souvent précaires, à la suite d'un souverain sans capitale, éloigné des principaux châteaux royaux, condamné à galoper d'un théâtre d'opérations à un autre, occupant des logis provisoires. Dans les premiers mois, Henri IV gouverna comme il put. La mort de « Charles X », le « roi » de la Ligue, faisant du cardinal de Vendôme le troisième prince du sang, trop proche de la couronne, il lui retira les sceaux le 10 décembre 1589, les retint lui-même et fut donc pendant quelque temps son propre garde des sceaux. Dans cette situation et dans l'euphorie de sa victoire sur le duc de Mayenne à Ivry (14 mars 1590), Henri IV jugea bon d'organiser quelque peu l'exercice de son métier de roi. Ce fut l'objet d'un règlement qu'il donna à Mantes le 23 mars 1590, en quelques articles d'une concision et d'une netteté toutes militaires.

Il prévoyait que tous les jours, sauf les dimanches et fêtes « employez au service divin », se tiendrait, de six à huit heures du matin, « au logis du Roy et en la chambre destinée et marquée pour ce seul effect, Conseil pour les affaires de la guerre », auquel assisteraient les princes du sang et autres princes, les officiers de la couronne, le grand maître de l'artillerie, le surintendant d'O, le baron de Biron, Philippe du Plessis-Mornay, les secrétaires d'État « et non autres, si ce n'est qu'ilz y soyent appellez par le commandement de Sa Majesté ou lesdicts dessusnommez, selon que l'occasion s'en offrira pour le service de Sa Majesté ».

Le lundi, de deux à cinq heures de l'après-midi, « sera tenu Conseil pour les requestes et remonstrances des particuliers, au mesme lieu », où entreraient les membres du Conseil de la Guerre, les conseillers d'État « qui servoyent le feu Roy lors de son décedz », les maîtres des requêtes et aussi « les officiers du Roy sur le faict des finances, si bon leur semble ». « Et seront faictes les expéditions par le secrétaire du Conseil qui sera en quartier. »

Le « Conseil pour le faict des finances » devait se réunir les mardi, jeudi et samedi, de deux à cinq heures du soir, et rassembler les gens du Conseil de la guerre « et les contrerolleurs, intendans et officiers du Roy sur le faict des finances [1], dont les expéditions seront aussy faictes par le secrétaire comme dessus ».

Enfin, le mercredi et le vendredi, « au mesme lieu et à pareille heure [...] sera ouvert le sceau et seront scellées les lettres qui se trouveront de justice et raisonnables, en la présence des dessusnommez pour le

1. Par « officiers », il faut entendre ici les trésoriers de l'Épargne et, éventuellement, le trésorier des parties casuelles.

Conseil de la Guerre, du Sr de Rozières, conseiller audict Conseil [d'Estat], contrerolleur et intendant des finances, et des Srs maistres des requestes et officiers de la chancellerie et non autres ».

Le règlement se terminait par cette remarque : « Le tout jusques à ce que Sadicte Majesté y ayt mis et estably l'ordre et le règlement qu'Elle désire et espère bientôt mectre en la direction de ses affaires[1]. » C'était annoncer le caractère provisoire de ces dispositions. Certaines, en effet, étaient difficiles à suivre avec ponctualité, en particulier celles concernant le sceau, trop contraignantes pour un Roi à cheval, à qui il était partout possible de réunir quelques fidèles en Conseil, mais non de tenir l'audience du sceau avec ses formes cérémonieuses et son assistance nombreuse.

Au reste, le roi de France pouvait-il se passer de chancelier ? Désirant s'appuyer sur « les vieux serviteurs des Valois qui ont l'expérience des affaires et lui apportent une sorte de garantie morale vis-à-vis de l'opinion[2] », Henri IV décida de faire appel au chancelier de Cheverny, retiré dans son château d'Esclimont depuis sa disgrâce de septembre 1588. Il le convoqua à son camp d'Aubervilliers en juillet 1590 et le vieil homme, un an après la mort d'Henri III, recouvra l'intégralité de ses fonctions de chancelier. Il déchargeait ainsi le Roi de la sujétion de tenir le sceau et retrouvait sa place traditionnelle dans les Conseils. Des Conseils où le règlement du 23 mars 1590 faisait une large place aux gens des finances.

Henri III avait porté à six le nombre des intendants-contrôleurs généraux des finances afin de pouvoir en députer certains à des missions à travers le royaume ou aux armées tout en recourant au service des autres auprès de lui. La même nécessité s'imposa plus que jamais à Henri IV et il maintint en place l'équipe reçue de son prédécesseur. Le 4 juillet 1590, par exemple, Vallée des Barreaux signe quittance au trésorier de l'Épargne pour la somme de 1 200 écus, « ordonnée par Sa Majesté pour nostre estat et entretenement extraordinaires des six premiers mois de l'année MV^{c}IIII^{xx}X, pendant lesquelz nous avons actuellement servy en la charge de conseiller, intendant et contrôleur général des finances près la personne de Sadicte Majesté en ses camp et armée[3] ». En juillet 1591, après avoir d'abord averti le duc de Nevers, gouverneur de Champagne, qu'il lui envoyait Pétremol de Rozières « pour vous soulager en ce qui est du faict des finances de vostre gouvernement[4] », le Roi dut

1. « Ordre et règlement que le Roy veult estre tenu et gardé en son Conseil estant près de sa personne, tant pour le faict de la guerre, celuy de ses finances et pour son grand sceau, que pour le rapport des requestes des particuliers », daté de Mantes le 23 mars 1590 (Bibl. nat., Ms. fr. 7007, fol. 283 ; copie).
2. J.-P. Babelon, ouvr. cité, p. 505.
3. Bibl. nat., Pièces orig., 2918, doss. 64907, n° 16 ; orig.
4. Henri IV au duc de Nevers ; Mantes, 8 juillet 1591 (*Lettres de Henri IV*, t. III, p. 425).

renchérir et lui annoncer que, devant la nécessité de payer les régiments étrangers qu'il faisait venir et que « ne pouvant estre mieux ne plus justement aydé que de mes bons et affectionnez serviteurs et subjects qui sont dans les bonnes villes de mon obéissance, j'ay faict résolution de les faire rechercher de me faire quelque secours volontaire durant chacun des six mois de ceste présente année, ayant à cest effect choisy le Sr de Rozières, conseiller en mon Conseil d'Estat, pour prendre la charge des provinces de Picardie et de Champaigne et se transporter èsdictes bonnes villes pour exhorter les habitans et communaultez d'icelles à me faire ledict secours volontaire », à quoi Nevers était prié « d'entreprendre de tout vostre pouvoir affin qu'il en réussisse le fruict que j'en désire et qui m'est sy nécessaire [1] ». Trois mois plus tard, le Roi dépêchait Sublet d'Heudicourt auprès du corps de ville de Châlons-en-Champagne « pour affaires concernans nostre service, à partie desquelles nous sçavons que vous luy pourrez de beaucoup aider, continuans le zèle et affection que vous avez à nostredict service [...]. En fournissant les V^{m} escus dont le Sr de Rozières nous a escrit, que nous vous prions faire délivrer incontinent, nous eussions bien désiré, pour la nécessité en laquelle nous sommes, que vous eussiez eu le moyen de nous faire davantage de secours, mais nous nous contenterons de cela pour ceste heure [2] ».

Des désagréments variés pouvaient accompagner ces missions, comme celui qui, pendant son séjour en Champagne, advint à Pétremol. Le 10 octobre 1591, mandait-il au Roi, « j'envoye à Monsieur de Beaulieu des moyens pour trouver argent pour vostre service et n'y en a icy poinct en ce pays, si ce n'est par lesdictes ouvertures, encores que Messieurs du parlement [3] ont mis en avant de faire mon procès pour ceste demande sur poinsson de vin [4]. J'estime que Vostre Majesté me garantira du mal qu'ilz me veullent pour vostre service sans leur en avoir donné subiect et n'estoys près du feu Roy du temps que l'on faisoyt de maulvais eedictz dont les deniers estoient mal employez, car pendant que j'ay esté près de luy, j'ay faict révocquer les maulvais eedictz et casser les comptans, dont j'ay beaucoup de tesmoings [5] ».

1. Le même au même; Mantes, 15 juillet 1591 (*ibid.*, p. 438-439). Le 26 juillet suivant, le Roi écrivait au même, de Compiègne : « J'estime que le Sr de Rozières est à présent près de vous et qu'il servira, suivant le commandement que je luy ay faict, pour vous faire un bon fonds de deniers. A quoy je vous prie, mon cousin, de vouloir bien tenir la main et y faire travailler incessamment ledict Sr de Rozières et tous mes aultres officiers de mes finances » (*ibid.*, p. 444-445). Le 29 décembre 1591, Pétremol de Rozières donna quittance de la somme de 1 200 écus pour ses « estat et appointemens extraordinaire en l'armée de Sa Majesté » durant le second semestre de cette année (Bibl. nat., Pièces orig., 2253, doss. Pétremol, fol. 86; orig.).

2. Henri IV au corps de ville de Châlons; du camp de Brieulle-sur-Bar, 10 octobre 1591 (Arch. mun. Châlons, AA 7; orig.).

3. C'est-à-dire la chambre du parlement loyaliste que Henri III avait transférée en avril 1589 à Châlons.

4. Il pourrait s'agir de l'application des lettres patentes du 26 octobre 1586, prorogeant jusqu'au 1er octobre 1591 le droit de 5 sols par muid de vin à l'entrée des villes et bourgs, institué par les lettres patentes du 18 juillet 1581.

5. Pétremol de Rozières au Roi; Châlons, 10 octobre 1591 (Bibl. nat., Ms. fr. 3644, fol. 95; orig.).

Sous la conduite du surintendant marquis d'O, l'équipe des six intendants contrôleurs généraux conserva cet effectif de manière à peu près stable pendant plusieurs années, mais sa composition varia au gré des départs et des décès. Pierre Mollan, qui en faisait partie depuis le 10 février 1589, s'en retira ou en fut exclu à la fin de l'année et y fut remplacé, à dater du 1er janvier 1590, par Jacques Lallier, sieur du Pin. Avec Claude Marcel, nommé par Charles IX en 1573 et mort le 16 octobre 1590, disparut le plus ancien de Messieurs les intendants contrôleurs généraux. Son fils Mathieu Marcel lui succéda dans ces fonctions à partir du 7 janvier 1591.

Des changements assez complexes marquèrent l'année 1592, au cours de laquelle, à une date inconnue[1], décéda Lallier du Pin. Le 18 janvier, Pétremol de Rozières mourut à Louviers, où était le Conseil pendant que se déroulait le siège de Rouen. En son armée devant cette ville, Henri IV, le 30 janvier, créa intendant et contrôleur général Gilbert Combaud, alors secrétaire du Roi chargé des rôles et papiers de la chancellerie, et cela « moyennant le prest de XIIm escus comptant » fait par lui aux mains du trésorier de l'Épargne, « pour en estre remboursé sur deniers ordinaires et extraordinaires dudit Espargne ». Sa commission fut expédiée le 2 février 1592 et « au mesme temps ou bien tost après, on le commet pour se transporter ès receptes générales d'Orléans, Tours et Poictiers pour l'accélération et vérification des deniers et finances desdites receptes qui pouvoient estre lors entre les mains des receveurs généraulx d'icelles. Au commancement du mars suyvant, il part de ladite armée avec sadite commission et se transporte jusques à Bloys, où, estant surprins et arresté de maladie, il y est déceddé le deuxième jour de juin ensuyvant ». Ce qu'apprenant son frère s'offrit pour reprendre son poste, sur quoi Sublet d'Heudicourt lui répondit « que Sadite Majesté n'entendoit y pourvoir, mais vouloit qu'il demeurast supprimé, sauf à luy à se pourvoir par requeste pour son remboursement[2] ».

Il est malaisé de démêler le fil des successions de ces défunts, d'autant que le 1er février 1592, la veille de celle de Combaud, fut expédiée la commission instituant Octavien Dony, sieur d'Attichy, intendant et contrôleur général. D'autre part, à partir de 1592, les notes de Lancelot montrent Louis Guibert, sieur de Bussy, secrétaire du Conseil d'État, émargeant au trésor de l'Épargne comme intendant et contrôleur général[3]. Il semble, enfin, que Lallier du Pin n'eut pas de remplaçant sur-le-champ[4]. À qui échut la charge de Pétremol ? Il est difficile de trancher.

1. On sait seulement que ce fut avant le 12 octobre.
2. Tous détails tirés des « Très humbles remonstrances [...] à Nosseigneurs du Conseil d'Estat de Sa Majesté » présentées par le frère et héritier du défunt; s.d. [1608 ou 1609] (Arch. nat., 120 AP 27, fol. 132-133; orig.).
3. Bibl. nat., N.a.f. 22247, fol. 87 (notes de Lancelot).
4. Voir *infra*, p. 128.

Quoi qu'il en fût, pendant les sept premiers mois de 1593 les intendants contrôleurs généraux se retrouvèrent au nombre de six : Sublet d'Heudicourt, Marcel, Guibert de Bussy, Dony d'Attichy, Vallée des Barreaux et Saldaigne d'Incarville. Mais un septième collègue vint ensuite les rejoindre : Louis Picot, sieur de Santeny, pourvu de sa charge le 1er août 1593[1], un renfort qui préludait à d'autres.

Après les dures années 1591 et 1592, la situation s'éclaircit pour Henri IV, progrès illustré par son abjuration à Saint-Denis le 25 juillet 1593, suivie d'une trêve avec la Ligue. Le Roi n'en continuait pas moins à avoir de grands besoins d'argent, ce qui explique sans doute, pour une large part, la promulgation d'un édit donné à Mantes en janvier 1594, dont, une fois encore, le texte intégral reste introuvable et la teneur n'est connue que par des analyses. Cet édit portait « création de huict intendans et controoleurs généraux des finances, sçavoir les sieurs Sublet, de Saldaigne, Vallée, Marcel, Guibert, Dony, Picot et de Vienne, avec augmentation à chacun de mil escus de gages[2] ». Interrogé à ce sujet le 28 juin 1597 par la chambre des comptes, Saldaigne lui déclara sous serment qu'« estant à Mantes, le Roy luy aïant demandé, et à ses confrères, la somme de XLIIm escus, qui étoit VIIm escus pour chacun d'eux et, sur la difficulté qu'il y avoit de trouver lors deniers, Sa Majesté donna à chacun d'eux la somme de M escus[3] ».

Combinaison qui n'agréa point à la chambre des comptes lorsque cet édit lui fut envoyé pour enregistrement. « Attendu l'importance dudit édit, la grande charge, désordre et confusion que le nombre des intendans et controolleurs généraux apporte aux finances de Sa Majesté, le remboursement fait à la plus part d'iceux de la finance par eux payée, leurs gages excessifs ordinaires et extraordinaires, montants pour chacun d'iceux à cinq mil quatre cens escus par an, comprise l'augmentation à eux attribuée par ledit édit », la chambre arrêta le 18 mars qu'elle ne pouvait « entrer en la vérification dudit édit; Sadite Majesté sera suppliée de réduire le nombre desdits intendants et exercer le controlle général desdites finances par une seule personne, suivant l'édit de la création d'iceluy, comme il a esté fait cy-devant durant les règnes des roys Henry second et Charles neufiesme[4] ». Cette mauvaise volonté ne pouvait être tolérée par Henri IV et la chambre eut ordre de procéder à l'enregistrement de l'édit[5], ce à quoi elle procéda le 1er avril, « du très exprès commandement du Roy fait à bouche et par écrit [...], à la charge qu'avenant vacation par mort d'aucuns desdits offices, ils demeureront

1. Bibl. nat., N.a.f. 22247, fol. 89-90 (notes de Lancelot).
2. Mémoire sur la charge de contrôleur général des finances (Bibl. nat., Ms. fr. 18510 [Séguier], fol. 69v° -70).
3. Plumitif de la chambre des comptes de Paris; 28 juin 1597 (Arch. nat., P 2665, fol. 386v°).
4. Arrêt de la chambre des comptes séant à Tours, daté du 18 mars 1594 (*ibid.*, P 2333, p. 431-432).
5. La chambre était sur le point de se réinstaller à Paris.

suprimés jusqu'à ce qu'ils soient réduits au nombre de trois ou quatre pour le plus, de faire le serment en ladite chambre, du jour duquel ils jouiront des gages à eux attribués par ledit édit, et que les deniers provenans de la composition desdits offices seront employés aux urgents affaires du Roy et non ailleurs[1] ».

Les postes d'intendants et contrôleurs généraux étaient donc cette fois intégralement érigés en titre d'offices formés. En étaient revêtus les sept personnages qui les exerçaient alors avec le statut qui était le leur depuis l'édit de septembre 1574[2] et leur était adjoint un huitième et nouveau collègue, ce Jean de Viene que l'on retrouvera ensuite. Cette création de janvier 1594 illustre les modes variés selon lesquels se pratiquait la vénalité des charges. Un autre exemple s'en offrit bientôt dans des conditions assez curieuses.

Par une déclaration du 10 mai 1594, Henri IV donna et octroya à son « amé et féal conseiller et trésorier général de France en Guyenne, maistre Pierre de Prugue », « un estat et office d'intendant et controlleur général de nos finances [...] tel et semblable qu'un de ceux que nous avons n'a guères unis, conjoints et accumulez par notre édict du mois de ianvier dernier passé, lequel nous avons à cette fin créé et érigé [...] en tiltre d'office formé outre et par dessus les huit portez par ledit édict [...], à la charge que le premier desdits offices vacquant par mort demeurera suprimé ». Le Roi se déclarait porté à cette décision parce qu'il lui avait « esté rendu de si bons témoignages par nostre cher et amé cousin le sieur de Matignon, mareschal de France et nostre lieutenant général en Guyenne, et autres de nos bons et principaux serviteurs en ladite province estans près de nous, de l'affection que [...] maistre Pierre de Prugue a tousiours monstré avoir au bien de nos affaires en ladite province, soit pour nous y avoir tousiours actuellement servy et assisté nostredit cousin durant ces derniers troubles, que pour l'avoir secouru en nosdites affaires de plusieurs notables sommes de deniers aux plus urgentes nécessitez, le tout pour ayder, comme il est advenu, à la conservation de ladite province en nostre obéyssance [...], joint qu'il nous a encore, puis peu de jours, secouru fort à propos en la nécessité de nos affaires d'une notable somme de deniers ». Le Roi spécifiait entendre que Prugues, tout en jouissant de l'entrée en son Conseil, « aille faire l'intendance provinciale desdites finances audit pays de Guyenne près nostredit cousin ledit sieur mareschal de Matignon [...], ainsi que l'ont iusques à présent fait ceux qui en ont eu commission particulière de nous[3] ».

---

1. Arrêt de la chambre des comptes séant à Tours, daté du 1er avril 1594 (*ibid.*, P 2664, fol. 278).

2. Voir *supra*, p. 81. À la suite de l'édit de janvier 1594, ceux des intendants contrôleurs généraux qui n'avaient pas encore la dignité de conseiller d'État en furent pourvus et en prêtèrent le serment les 26 mars (Guibert de Bussy), 30 mars (Vallée des Barreaux), 11 avril (Dony d'Attichy) et 22 octobre 1594 (Picot de Santeny) (Bibl. nat., Ms. fr. 18159, fol. 87v°-88, 89v°, 95 et 381).

3. Lettres patentes en forme de déclaration, datées de Saint-Germain-en-Laye le 10 mai 1594 (publ. par FOURNIVAL, ouvr. cité, p. 389-391).

C'était là une décision singulière. Bien que cet office d'intendant et contrôleur général fût déclaré « tel et semblable » qu'un des huit créés par l'édit du mois de janvier précédent, son titulaire devait l'exercer non pas auprès du Roi et de son Conseil, mais du lieutenant général de Guyenne, à l'instar des intendances attribuées par commission auprès des gouverneurs et lieutenants généraux. Ce neuvième office était érigé par une déclaration et non, comme il était de règle, par un édit. Il revenait au chancelier de recevoir le serment de cet officier et de le « mettre en possession dudit estat, charge et office », ce qui eut lieu le 21 juillet suivant. Il lui était fixé des gages annuels de 3 000 écus, que la chambre des comptes devait passer et allouer sans difficulté dans les comptes du trésorier de l'Épargne. C'était là le seul rôle assigné en l'occurrence à cette chambre qui, si cet office en surnombre avait été institué par édit, aurait dû enregistrer celui-ci et ne l'aurait fait que de très mauvais gré, au cas où elle aurait fini par y consentir. M. de Prugues était bien en cour. Il n'était pas seul dans ce cas.

Le lendemain même du jour où avait été donnée cette déclaration en sa faveur, furent expédiées des lettres patentes conférant « à nostre amé et féal conseiller secrétaire de noz finances et de noz commandemens en l'Estat de Navarre, Me Raymond de Viçose », l'« estat, charge et commission de nostre conseiller, intendant et controlleur général de nosdictes finances vaccant par le décez dudict [Jacques Lallier, Sr] du Pin ». Là aussi, le chancelier recevrait son serment et le mettrait en possession de sa commission, formalité accomplie le 10 juin 1594. Ses gages n'étaient que de 2 000 écus par an et la chambre des comptes n'avait rien d'autre à faire que de les passer et allouer dans les comptes de l'Épargne [1]. Cela suffit à cette compagnie pour susciter en 1598 des difficultés à Viçose. Celui-ci, à qui étaient dus plus de 8 000 écus, « pour voyages faictz en divers lieux par commandement du Roy depuis l'avènement de Sa Majesté », en avait obtenu le 14 février 1598 la réassignation [2], contre laquelle la chambre regimba. Viçose dut se présenter devant elle, où il affirma « avoir fait les voyages pour lesquels lesdites rescriptions lui ont esté délivrées », ce que la chambre agréa, mais pour ses appointements elle ordonna qu'elle procéderait à vérification, bien que l'intéressé eût avancé « avoir fait le serment de ladite commission d'intendant ez mains de Mr le chancellier et que sadite commission n'estoit adressante à la chambre, qu'il a fait ladite charge près le sieur mareschal de Matignon [3] ». Ces atermoiements indisposèrent Henri IV qui, quelques jours plus tard, envoya son premier valet de chambre,

1. Commission datée de Saint-Germain-en-Laye le 11 mai 1594 (Bibl. nat., Pièces orig., 1624, doss. 37787 [Lallier], n° 6; copie auth.). Viçose avait été pourvu le 8 mars 1590 d'un office de secrétaire du Roi qu'il résigna en 1600.

2. Résultat du Conseil d'État daté de Paris le 14 février 1598 (*ibid.*, Ms. fr. 18162, fol. 110; N. Valois, t. I, n° 4645).

3. Plumitif de la chambre des comptes de Paris; 12 décembre 1598 (Arch. nat., P 2666, fol. 182).

M. de Beringhen, signifier à cette compagnie qu' « il vouloit qu'elle expédiât l'affaire du Sr de Viçouze, parce qu'il désire le renvoyer en Guyenne et désire le contenter[1] ».

Le caractère peu banal de ces deux nominations s'explique assez aisément en ce printemps de 1594. La fortune souriait alors à Henri IV. Il avait été sacré le 27 février et était enfin entré à Paris le 22 mars. Avant cette date déjà, Meaux, Bourges, Orléans, Lyon surtout et d'autres villes s'étaient ralliées à lui et les soumissions s'accélérèrent et se multiplièrent ensuite : Rouen, Le Havre, Harfleur, Pont-Audemer et la haute Normandie, Troyes, Auxerre, Abbeville, Agen, Marmande, Riom, etc. Dans la jubilation d'une conjoncture aussi favorable, le Roi considérait que le moment était venu de récompenser des serviteurs dont, contre vents et marées, la fidélité et le dévouement l'avaient aidé à atteindre un but si désiré. Bien qu'il ne comptât pas employer Prugues et Viçose près de sa personne, on ignore qui conçut l'idée de les récompenser par des charges assimilées à celles de Messieurs des finances. Toujours est-il qu'il entendit les avantager de cette manière. Prugues, il est vrai, l'avait secouru non seulement de ses services, mais de ses propres deniers, ce qui ne paraît pas avoir été le cas de Viçose. Mais ce dernier était huguenot et le bienfait dont il était gratifié marquait la volonté d'Henri IV de tenir la balance égale entre ses sujets de toutes confessions. On notera enfin qu'avec ces deux hommes on rencontre des gens originaires du sud-ouest du royaume et incorporés, l'un dans les institutions de la Guyenne et l'autre dans celles de Navarre, qui furent parfois comme un vivier d'où Henri IV tira des collaborateurs. Si l'on s'est étendu sur leur cas, c'est à cause de leur insertion parmi les gens des finances, mais celle-ci était fictive, leurs activités ne se déployèrent qu'en Guyenne et, en ce qui concerne Viçose, à une fin très particulière, puisqu'il ne s'agissait de rien moins que de gérer les fonds destinés aux protestants en vertu de l'édit de Nantes[2].

1. *Ibid.*, fol. 185 (Plumitif du 16 décembre 1598).

2. Outre ses fonctions d'intendant auprès des gouverneurs de Guyenne (ou dans le cadre de celles-ci ?), le protestant Viçose fut chargé, en exécution des brevets annexés à l'édit de Nantes, de « faire la recette et maniement de tous et chacuns deniers que Sa Majesté a affectez à ceux de la religion prétendue réformée pour les garnisons qui sont en leur garde, pensions et autres affaires secretz qui les concernent ». Vers 1604, Viçose fut autorisé à se faire aider pour cette gestion par un commis et coreligionnaire, Isaac Ducandal, secrétaire du Roi depuis 1604. Viçose avait « pouvoir de retenir par ses mains XII deniers pour livre de tout le maniement qu'il feroit en ladicte charge, tant pour les frais, despence, port et voicture et entretenement de clerq et commis dudict Ducandal, que pour gratiffier annuellement ledict Sr de Viçose sur ce qui proviendroit de ladicte taxation ». Ces dispositions furent confirmées par brevet de Louis XIII du 18 janvier 1611. Le paiement des sommes ainsi affectées « se faisoit par contant et sans qu'ilz fussent obligez d'en rendre compte à autres qu'[au Roy] luy-mesme ou à ceux de son Conseil qu'il y voudroit commettre, affin que ceste despence ne fust point connue par autres. » À la mort de Viçose en 1619, Ducandal fut commis le 20 mars pour lui succéder dans ce maniement, qui portait alors sur 574 214 livres (Ordonnance de comptant du 4 mars, brevet et commission du 20 mars et commission du 21 mai 1619; Bibl. nat., Morel de Thoisy, 30, fol. 51-54; minutes).

Quel écho reçurent l'édit de janvier 1594, puis les lettres patentes dont bénéficièrent Prugues et Viçose? Les maîtres des requêtes de l'hôtel en eurent forcément connaissance, ne fût-ce que par la présentation de ces actes à l'audience du sceau, à laquelle participaient certains de leurs collègues, qui durent en avertir les autres. Il se pourrait donc bien que l'érection en titre d'office des postes d'intendants-contrôleurs généraux et, là-dessus, les charges octroyées à Prugues et Viçose aient poussé les maîtres des requêtes à réitérer leurs représentations du temps d'Henri III. En une assemblée tenue le 25 juin 1594 aux requêtes de l'hôtel, ils arrêtèrent que « remonstrances bien humbles seroient faictes à Monseigneur le chancelier pour les conserver ès entiennes dignités, honneurs et prérogatives de leurs estats et que, pour cet effect, ils raporteront au Conseil du Roy tous procès, requestes et affaires qui sont de justice, privativement à tous autres, et que Mrs les conseillers dudict Conseil délaisseront ledict rapport ausdicts maistres des requestes, selon l'antienne forme[1] ». Une fois encore, sans être expressément désignés, les intendants des finances étaient pris à partie, d'autant que la plupart avaient reçu un brevet, voire une lettre de conseiller d'État.

Comme l'impliquaient ces remontrances, il était certain qu'avec un surintendant et les huit intendants contrôleurs généraux institués par l'édit de janvier 1594, les effectifs de l'administration centrale des finances étaient pléthoriques, faisant ainsi planer un risque de confusion dans la conduite des affaires. Certains en eurent conscience, auxquels le décès de François d'O le 21 octobre 1594 offrit soudain l'occasion de parer.

* *
*

La mort du marquis d'O incita Henri IV à reprendre ses finances fermement en main. Fallait-il en confier la responsabilité individuellement à un nouveau surintendant ou collectivement à quelques conseillers sûrs ? On songea à restituer la surintendance à Bellièvre, d'autant qu'à la mort de Revol le Roi venait, le 3 octobre, de confier son secrétariat d'État à Villeroy, autre disgracié de 1588. Bellièvre, en effet, après avoir tenu souvent depuis 1590 un rôle de négociateur officieux, avait été l'un des délégués d'Henri IV aux conférences de Suresnes d'où était sortie la trêve et le Roi l'avait réintroduit dans son Conseil. Le 14 avril 1594, il avait ordonné que lui fussent versés 14 000 écus, correspondant à ses gages de conseiller d'État depuis le dernier quartier de 1588 jusqu'au 31 décembre 1593 et à sa pension pendant le même temps, et cela « nonobstant l'intermission de résidence actuelle qu'il ait pu faire » auprès de Sa Majesté[2]. Mais Bellièvre était alors à Lyon, où le Roi

1. Arrêté des requêtes de l'hôtel du 25 juin 1594 (Bibl. nat., Ms. fr. 18234, fol. 146v°-149; copie).

2. *Ibid.*, Ms. fr. 26175, n° 757. – N.a.f. 22247, fol. 93-95 (notes de Lancelot).

l'avait dépêché en juin avec des pouvoirs très étendus, mission de haute confiance dont il n'entendait pas le rappeler trop tôt. Au reste, Bellièvre ne souhaitait surtout pas être réinvesti de la surintendance. Au duc de Nevers qui lui avait fait des ouvertures en ce sens, il répondait le 18 novembre : « Vous m'estimez digne de la plus pénible charge du royaulme, en laquelle j'ay faict naufrage et suys sorty de la mair n'ayant que la chemise. Si je demande une charge, je m'oblige de y satisfère, et je ne sache homme de France qui puisse satisfaire à la charge des finances. C'est chose qui se pouvoit fère du temps du feu Roy, s'il l'eust permis. Quant est de ce Roy, j'estime qu'il le désire, qu'il permectra. Mais les debtes du royaulme sont si grandes, le peuple si paouvre, les désordres si grandz, l'insolence d'aulcuns si démesurée, la licence d'abuser des finances parmy ceulx qui en ont la charge si enracinée, que, quelque désir que l'on aye de servir fidellement le Roy, et Sa Majesté d'estre bien servye, il est à craindre que celuy qui se trouvera chargé des finances ne coure fortune de demourer soubz le fais[1]. »

Henri IV partageait sans doute cette opinion, car, par le « Règlement du Conseil des Finances » qu'il signa le 25 novembre 1594, il commença par annoncer sa résolution « de supprimer l'estat de suppe-rintendant de ses finances et de remettre toute la conduicte et direction d'icelles à ung Conseil [qu'il] veult establir et composer particullièrement à cest effect[2] ». Ce règlement se divisait en deux parties, la première traitant des compétences, des devoirs et des pouvoirs de ce Conseil et la seconde de sa composition et du rôle de ses membres.

En trente-deux articles, la première partie entrait en de grands détails sur les activités incombant au Conseil, sur les délais dans lesquels il devait remplir telle ou telle obligation : établissement du brevet de la taille, envoi des commissions des tailles, confection de l'état général des finances, des états de l'ordinaire et extraordinaire des guerres, révision des comptes des officiers de finance, taxation des offices, examen des commissions pour levées de deniers, adjudication des baux des grosses fermes, réduction des pensions et des décharges de taille, étude des projets et avis concernant les finances, payement des voyages et courriers, le tout avec des formalités très strictes pour les secrétaires d'État, les gouverneurs des provinces, le trésorier de l'Épargne, les trésoriers de l'ordinaire et de l'extraordinaire des guerres.

L'autre volet du règlement énumérait d'abord les huit personnes retenues « pour tenir ledict Conseil », à savoir : le duc de Nevers, le connétable Henri de Montmorency, le chancelier de Cheverny, MM. de Bellièvre, de Schomberg, de Harlay de Sancy, Forget de Fresnes, secrétaire d'État, et de La Grange Le Roy, ancien trésorier de l'Épargne[3]. Il était

1. Bellièvre au duc de Nevers; Lyon, 18 novembre 1594 (*ibid.*, Ms. fr. 3622, fol. 142-143; orig.).

2. « Règlement du Conseil des Finances », daté de Saint-Germain-en-Laye le 25 novembre 1594 (*ibid.*, Ms. fr. 7007, fol. 176-181; orig.).

3. Le duc de Retz, qui ne figurait pas le 25 novembre 1594 sur la liste de ces personnes, y fut bientôt ajouté : sa présence est attestée par un résultat du « Conseil du Roy tenu pour les finances » le 14 mars 1595 (Bibl. Institut, Ms. Godefroy, 144, fol. 13-14; orig.).

ensuite spécifié quels autres personnages entreraient dans ce Conseil, non pour le « tenir », mais pour participer à ses débats et à quelles conditions :

« Entreront aussi audict Conseil et y auront scéance les secrétaires d'Estat, quand ils y viendront.

Et parce que le nombre des intendans et controlleurs généraux des finances est maintenant beaucoup plus grand que ne seroit nécesaire, n'y ayant pas lieu de les y pouvoir occuper tous ensemble sans y apporter du désordre, Sa Majesté s'est, pour cette raison, résolue de ne s'en servir audict Conseil, pour ceste présente année, que de quatre d'iceulx qu'Elle retiendra; et lesquelz serviront chacun six mois et seront deux en service seullement, en sorte que, chasque quartier, il en sortira ung et en entrera ung aultre, affin qu'il en demeure tousiours ung qui soit instruit de ce qui aura esté faict auparavant. Et auront lesdicts quatre retenuz pour cestedicte année leurs gaiges ordinaires et extraordinaires pour le temps de leur service, tant que la guerre durera et qu'ilz seront prest de Sa Majesté en son armée. Et pour les aultres qui ne seront retenuz pour ledict Conseil desdictes Finances, serviront au Conseil d'Estat, pour y rapporter les requestes pour les cas qui ne sont réservez audict Conseil des Finances. Et quand il y aura des armées royalles en campagne, ils y seront envoyez pour y servir, sans que aultres que eulx y puissent estre employez. Et d'aultant qu'ilz ne seront pas pendant la présente année obligez à sy grande subiection que de coustume, Sa Majesté leur ordonne seullement pour ceste année [*sic*] de gaiges chascun, sans aucun extraordinaire, sy ce n'est qu'ilz soient employez, comme dict est, èsdictes armées, auquel cas ilz l'auront comme il est accoustumé.

Ainsy entreront audict Conseil lesdicts deux intendans et controlleurs généraux des finances qui seront en service par quartier, et pour le temps d'icelluy seullement; et tiendront le controolle par quartier.

Entrera aussi audict Conseil le trésorier de l'Espargne qui sera en charge.

S'y présentera pareillement le secrétaire du Conseil qui sera en quartier, et pendant icelluy seullement, pour y demeurer quand par celluy qui présidera audict Conseil il en aura commandement.

Sera par ledict secrétaire tenu deux registres, l'ung des ordonnances dudict Conseil, par résultatz qui seront signez de ceulx dudict Conseil, et l'aultre des expéditions généralles qui se feront, lesquelz registres ilz se remettront de quartier en quartier les ungs aux aultres.

Le trésorier des parties casuelles estant en charge y entrera le jour qui sera destiné pour faire la taxe des offices, et non plus.

Les autres trésoriers de l'ordinaire et extraordinaire des guerres et autres comptables et officiers n'entreront audict Conseil s'ilz ne sont mandez ou qu'ilz n'en ayent faict demander premièrement permission à celluy qui présidera audict Conseil, et ressortiront incontinent après qu'ilz auront esté ouÿs sur ce qu'ilz auront à y proposer pour le faict de leurs charges.

Et d'aultant que Sa Majesté désire que les affaires qui seront traictez audict Conseil soient tenuz secretz, Elle charge particulièrement celluy qui y présidera de ne permettre que autant que les desnommez et ainsy qu'il est contenu cy-dessus y puissent entrer et y demeurer, ordonnant aux autres dudict Conseil de se lever et cesser ledict Conseil s'il y est contrevenu. Veult en outre et ordonne Sa Majesté que lorsque ceulx dudict Conseil desnommez pour icelluy vouldront traicter quelque affaire particulier, auquel ilz n'ayent besoing des intendans des finances, trésoriers de l'Espargne et secrétaire dudict Conseil, qu'ilz le traictent ceulx sans les y appeller.

Les huissiers se tiendront hors la porte dudict Conseil et leur est enjoinct d'observer ce que dessus pour ce qui est de leur charge, à peine de privation de leurs estatz, et à cest effect leur sera baillé ung extraict du présent règlement pour ce qui les concerne.

Ledict Conseil se tiendra à la suite de Sa Majesté et non ailleurs, si ce n'estoit de son exprès commandement, et s'assemblera tous les jours s'il est nécessaire, et pour le moins trois foys la sepmaine, et les après-disnées au logis de Sa Majesté, en ung lieu que pour ce sera marqué et réservé. Et ne sera audict Conseil rien résolu que au moings trois de ceulx qui sont ordonnez pour le tenir, sy tant ilz sont près de Sa Majesté, ne s'y retrouvent. »

Deux jours plus tard était arrêtée la liste de « Ceulx des intendans et controlleurs généraux des finances dont le Roy se veult servir en l'année prochaine » :

« Le Sr de Heudicourt.
Le Sr de Saldaigne.
Le Sr Desbareaux.
Le Sr Marcel[1]. »

Le choix des personnages retenus pour « tenir » ce Conseil était dosé avec soin : de grands seigneurs, des gens rompus au recrutement des troupes et à en assurer la solde et des hommes d'expérience du règne précédent, dont l'ancien surintendant Bellièvre, mais celui-ci fut retenu à Lyon jusqu'à la fin de novembre 1595. Quelqu'un avait vivement souhaité leur être joint : un certain Maximilien de Béthune, baron de Rosny[2]. Conseiller d'État de Navarre depuis le 1er janvier 1580, conseiller d'État depuis octobre 1590, les premiers arrêts du Conseil où il apparaît comme rapporteur remontent au début de 1594[3] et les circonstances consécutives à la mort de François d'O lui semblèrent présenter l'occasion de se pousser plus avant. Mais les autres membres du Conseil des finances lui firent barrage avec vigueur et avec succès[4]. Peu après cette éviction, il crut tenir sa revanche. En mai 1595, au moment d'aller mener campagne en Bourgogne et en Franche-Comté, Henri IV décida de ne se faire suivre que de quelques conseillers, qui siégeront à Lyon, et de laisser au Louvre un Conseil de direction des affaires,

1. Liste datée de Saint-Germain-en-Laye le 27 novembre 1594 (Bibl. Ass. nat., Ms. 190, fol. 208; copie).
2. Sur la vie et l'œuvre du personnage, voir B. Barbiche et S. de Dainville-Barbiche, *Sully. L'homme et ses fidèles* (Paris, 1997, in-8°).
3. *Ibid.*, p. 60.
4. *Les Œconomies royales de Sully*, publ. pour la Société de l'histoire de France par D. Buisseret et B. Barbiche, t. I, *1572-1594* (Paris, 1970, in-8°), p. 557.

présidé par le prince de Conty, comprenant Schomberg, Forget de Fresnes, La Grange Le Roy, les intendants contrôleurs généraux Sublet d'Heudicourt, Marcel et Guibert de Bussy et le secrétaire Blaise Méliand, auxquels le Roi se hasarda de joindre Rosny. Mais celui-ci y subit, à l'en croire, tant de rebuffades qu'il préféra claquer la porte et se retirer dans son comté de Moret-sur-Loing[1]. Il n'y rongea pas son frein très longtemps : Henri IV l'imposa au Conseil des Finances à la fin de juillet 1596.

Revêtu de lettres patentes, le règlement du 25 novembre 1594 fut adressé, pour qu'elle l'enregistrât, à la chambre des comptes[2] et sa mise en œuvre fut entreprise, ce qui souleva aussitôt des questions pratiques : « Fault adviser si dès cest heure l'on praticquera le règlement de n'admettre au Conseil que deulx des intendans des finances, ou bien sy, pour le reste de ceste année, l'on y admettra les quatre qui sont réservez pour servir l'année prochaine. Fault ordonner audict secrétaire du Conseil d'enregistrer ledit règlement au registre qu'il aura à faire pour les ordonnances dudit Conseil. Ce faict, semble qu'il se doibt commencer à veoir l'estat des despences qui sont à faire pour le reste de ceste-dicte année[3]. »

Par ce règlement du 25 novembre, Henri IV entendait confier « la conduicte et direction » de ses finances non à un unique surintendant, mais à une sorte de surintendance à plusieurs têtes, superposée à l'équipe pléthorique des huit intendants contrôleurs généraux. À la réflexion, une volonté de restreindre l'influence de ces derniers semble avoir inspiré ces dispositions : quatre seulement serviraient par année au Conseil des Finances, et non pas ensemble mais par roulement, et les autres n'auraient accès qu'au Conseil d'État ou seraient députés auprès des armées.

Le duc de Nevers, qui était chef de ce nouveau Conseil des Finances, mourut le 21 octobre 1595, mais déjà avant cette date l'homme de confiance du Roi y était Nicolas de Harlay de Sancy. Le retour de Bellièvre n'ébranla guère sa prééminence, même si les avis de l'ancien surintendant d'Henri III faisaient autorité dans le Conseil et auprès du Roi. Plus le temps passa et plus Harlay de Sancy tendit à faire figure de surintendant. Au reste, Henri IV, qui avait déclaré la guerre à Philippe II le 16 janvier 1595, paraît avoir été déçu assez vite par l'organisation

1. *Les Œconomies royales de Sully*, t. II, *1594-1599* (Paris, 1988, in-8°), p. 6-9.

2. Le 2 janvier 1595, la chambre délibéra « sur les lettres patentes du Roy portant rétablissement d'un Conseil pour les finances et nommination de ceux qu'il entend y avoir l'œil, avec le règlement qui se doit observer » (Plumitif de la chambre ; Arch. nat., P 2665, fol. 2).

3. Ce plan de travail et d'autres directives sont exposés dans un mémoire fort intéressant, postérieur de peu au 27 novembre 1594, dont malheureusement certains passages ont été rongés par des moisissures (Bibl. nat., Ms. fr. 7007, fol. 2-3).

instaurée à la fin de 1594. Aussi l'année 1596 fut-elle bientôt marquée, dans le Conseil comme dans les provinces, par des mesures assez frappantes.

Par un édit du début de février 1596, le Roi supprima les huit offices d'intendants et contrôleurs généraux des finances érigés en novembre 1594 et résolut de réduire à deux charges seulement la fonction des offices éteints : l'une pour exercer l'intendance des finances et l'autre le contrôle général, toutes deux conférées par commission annuelle. Étaient abolis en même temps « toutes les provisions et estats d'intendant de sesdites finances [1] ». Les huit officiers destitués étaient gratifiés d'une pension de 666 écus 2 tiers (2 000 livres) et seraient remboursés de la finance qu'ils prouveraient avoir versée pour obtenir leur office [2]. Promulgation accompagnée le 11 février de l'expédition des commissions annoncées. Sachant ne pouvoir faire meilleure élection « que des deux plus anciens qui tenoient lesdits offices, tant pour la longue expérience qu'ils ont fait au maniement desdittes charges, que pour la fidélité et intégrité que nous y avons reconnu », le Roi retint Sublet d'Heudicourt en qualité d'« intendant général des finances [3] » et Saldaigne d'Incarville en celle de contrôleur général [4], tous deux aux gages de 3 000 écus par an.

C'était un bouleversement de l'organisation mise en place en janvier 1594, mais aussi en grande partie des usages suivis sous les Valois. Réduits à deux, Messieurs des finances n'avaient jamais été aussi peu nombreux depuis 1552 et même un seul était créé intendant, avec, il est vrai, le titre inusité jusqu'alors d'« intendant général des finances ». Était rejeté l'exercice collectif du contrôle général pratiqué depuis 1573 et dont, comme initialement, la responsabilité allait incomber à un personnage unique, qui en était revêtu par commission et non en titre d'office.

Ce remaniement n'entamait pas, au contraire, le rôle imparti au Conseil des Finances créé en novembre 1594. Dans une déclaration du 20 mai 1596 adressée à la chambre des comptes, le Roi lui rappela que « pour avoir la principalle charge et surintendance de nosdites

1. Cette mention ne semble pas avoir visé les charges confiées en mai 1594 à Prugues et à Viçose (voir *supra*, p. 127-129).

2. Édit daté de Fontainebleau en février 1596. Cet édit fut porté le 29 février à la chambre des comptes de Paris. Son texte ne figure pas dans le registre correspondant des Mémoriaux reconstitués, où, en revanche, est transcrit l'arrêt par lequel, le 4 mars, la chambre en ordonna l'enregistrement, « sans approbation de la qualité et titre d'officiers, et sauf à faire droit sur le remboursement de la finance mentionné èsdites lettres, après que vériffication en aura esté faite en icelle. » Le préambule de cet arrêt donne une bonne analyse de la teneur de l'édit (Arch. nat., P 2336, fol. 121-122).

3. Commission datée de Folembray le 11 février 1596, enregistrée le 5 avril par la chambre des comptes de Paris (*ibid.*, P 2336, fol. 315-320). Sublet d'Heudicourt prêta serment le 13 février entre les mains du chancelier.

4. Commission datée de Folembray le 11 février 1596, enregistrée le 19 mars par la chambre des comptes de Paris (*ibid.*, fol. 237-240). Saldaigne d'Incarville prêta serment le 12 février entre les mains du chancelier.

finances », il avait « estably ung Conseil particulier à cest effect », dont il indiquait la composition, qui n'était autre que celle de novembre 1594[1]. « Et d'autant, lui disait-il, que vous estes les juges de l'administration d'icelles [finances], y pouvez quelques fois estre surprins, pour vous estre les despences représentées longtemps après qu'elles ont esté faictes et n'en avez autre lumière que celles que pouvez tirer des acquitz qui vous sont rapportez, nous avons voulu pourvoir à ce qu'elles soient touttes attestées et certiffiées par ledit Conseil, en sorte qu'elles ne vous puissent estre par après déguisées. » En conséquence, « pour remédier aux abbuz et désordres qui ont esté introduictz au maniement de nosdites finances », il édictait toute une série de formalités incombant au Conseil des Finances, au contrôleur général, aux trésoriers de l'Épargne et des parties casuelles et autres officiers comptables, à d'autres encore et aussi à la chambre des comptes elle-même, non sans laisser à celle-ci quelque marge dans l'application[2].

Toutes ces mesures aboutissaient à un véritable renversement des structures léguées par Henri III. À la mort de celui-ci, les finances étaient coiffées par un surintendant unique, assisté – ou mené – par une équipe de six intendants contrôleurs généraux. Et maintenant les choses étaient comme inversées : la surintendance devenait collégiale, exercée ensemble par les membres du Conseil des Finances, dont ne relevaient qu'un intendant et un contrôleur général. Le Roi venant à l'occasion y siéger, ce Conseil fut alors la haute instance de direction. On le voit, par exemple, convoquer devant lui le premier président, le procureur général et d'autres officiers de la chambre des comptes pour leur demander ou leur donner des explications, leur signifier injonctions, reproches ou admonestations[3].

Quant aux intendants contrôleurs généraux « limogés » en février 1596, ils ne furent pas réduits à se morfondre en attendant le remboursement de leurs offices[4]. Ils restaient conseillers d'État[5] et se virent confier dans les provinces des missions financières : Vallée des Barreaux, par commissions des 29 mars et 8 avril 1596, fut chargé, d'une

1. Voir *supra,* p. 131-132.

2. Déclaration datée du camp devant La Fère le 20 mai 1596 (Bibl. nat., Ms. fr. 7007, fol. 158-160; copie collationnée par Saldaigne d'Incarville). – Ce fut seulement le 20 juillet suivant que Saldaigne entra en la chambre des comptes, apportant « de la part du Roy lettres de cachet de Sa Majesté portans créance audit sieur d'Incarville pour le fait du règlement des finances que le Roy a fait dresser, lequel il veut estre gardé, et néantmoins dit que le Roy luy a commandé de suivre en sa charge ce que la chambre avisera sur ledit règlement pour son service, et a présenté ledit règlement, qui a été à l'instant mis ez mains du procureur général » (Plumitif de la chambre; Arch. nat., P 2665, fol. 194v° -195).

3. Plumitif de la chambre (Arch. nat., P 2665, fol. 299, 306, 329, 344v°, 345, 369v°, 370, 387-388, 429, etc.).

4. Ce remboursement lanterna longtemps et Sully n'en vint à bout qu'en 1609 (*ibid.,* 120 AP 27, fol. 126-129 et 130-131).

5. Il est à remarquer que, par brevet daté du camp de Rouy le 7 mars 1596, M. de Prugues fut retenu comme conseiller d'État. Dans cet acte, le Roi ne le qualifie plus « intendant et contrôleur général de nos finances », mais « conseiller, intendant de ses finances et trésorier de France en Guyenne » (FOURNIVAL, ouvr. cité, p. 391).

part, du « règlement » des salines, greniers à sel, gabelles, péages, impositions des provinces de Languedoc, Provence, Dauphiné et la part du royaume et, d'autre part, de la recherche des levées de deniers, vivres, étapes, munitions, magasins et autres impositions faites avec ou sans commission depuis le 1er janvier 1589 dans les mêmes ressorts[1]. Encore en 1596, « sur les plainctes qui furent faictes des abbus et malversations qui se commettoient au faict des finances en la province de Bretaigne et pour y apporter l'ordre requis et nécessaire », le Roi y députa Dony d'Attichy[2]. C'est que la reprise en mains de l'administration des finances ne pouvait pas se limiter aux organes du pouvoir central, mais devait s'étendre à tout le royaume.

Pour liquider l'arriéré des troubles civils et faire face à la guerre extérieure, Henri IV avait de gros besoins d'argent et celui-ci rentrait mal, alors que, dans les régions du Sud-Ouest, la pression fiscale, trop lourde, suscitait les soulèvements des Croquants[3]. Le Conseil des Finances peinait à combler le déficit. Aussi fut-il résolu, au début d'avril 1596, de convoquer à l'automne une assemblée des notables. En attendant, un édit de mars 1596, en vue de réduire le nombre des officiers dans les bureaux des finances, ordonna que celui-ci serait, par voie d'extinction, ramené à deux trésoriers de France par bureau[4]. Mesure aggravée par une autre plus expéditive, inspirée probablement par Rosny : des lettres patentes du 14 septembre 1596 frappèrent d'interdiction tous les bureaux des finances du royaume[5]. En même temps étaient commis différents conseillers et officiers pour aller signifier cette interdiction aux bureaux et, avec pouvoir de subdéléguer, « exercer [...] tout ce qui dépend et apartient à la direction et conduicte de nosdictes finances ». Furent ainsi députés : La Grange Le Roy, membre du Conseil des Finances, dans les généralités de Rouen et Caen[6], Gilles Maupeou, maître des comptes, dans les généralités de Bordeaux et Limoges[7], Louis Lefèvre de Caumartin, conseiller d'État, dans les généralités de

1. Commissions visées par arrêt du Conseil daté de Paris le 7 octobre 1597 (Bibl. nat., Ms. fr. 18161, fol. 7v° -9; N. Valois, I, n° 3855). Vallée des Barreaux vaqua à ces commissions jusqu'en 1598.

2. Commission visée par arrêts du Conseil datés de Paris le 21 octobre 1597 (Bibl. nat., Ms. fr. 18161, fol. 38; N. Valois, I, n° 3930) et le 15 mai 1614 (Arch. nat., E 44, fol. 220-221).

3. Voir Y.-M. Bercé, *Histoire des Croquants...* (Paris, 1974, in-8°), t. I, p. 257-293.

4. Édit daté du camp de Rouy en mars 1596 (Bibl. nat., Ms. fr. 16598, fol. 4v°-5; copie).

5. Lettres patentes datées de Monceaux le 14 septembre 1596 (Arch. dép. Marne, C 2489, fol. 426; enregistrement par le bureau des finances de Châlons-en-Champagne).

6. Commission datée de Montceaux le 14 septembre 1596 (Arch. Aff. étr., M.D. France, 762, fol. 328-329; copie).

7. Procès-verbal de Gilles Maupeou, « conseiller du Roy, maistre ordinaire en sa chambre des comptes et commisaire députté par Sa Majesté à la direction de ses finances en la généralité de Guyenne et Limoges », et de Claude Dupré de Cando, trésorier de France à Limoges, daté de Cordouan les 12-19 septembre 1596 (publ dans *Archives historiques... de la Gironde,* t. XXVIII, n° LXXIX, p. 219-221). La commission de Maupeou est visée par un arrêt du Conseil daté de Saint-Germain-en-Laye le 31 décembre 1597 (Bibl. nat, Ms. fr. 18161, fol. 161; N. Valois, I, n° 4304).

Bourges, Moulins et Riom, où il fut suppléé par Robert Myron, conseiller au parlement de Paris[1], Antoine Rybault, ci-devant intendant des finances du duc de Mayenne, dans les généralités de Châlons et Soissons, et Rosny en personne dans celles d'Orléans et Tours[2].

Les résultats de la tournée de Rosny furent beaucoup plus spectaculaires que ceux des autres commissaires, car, en vidant les caisses des officiers comptables, il ramena, à en croire les *Œconomies royales*, plusieurs charrettes remplies de 300 000 écus. Ces procédés brutaux n'étaient guère en harmonie avec la gestion dont rêvait Bellièvre et pesèrent sur les délibérations de l'assemblée des notables qui s'ouvrit à Rouen le 4 novembre 1596[3]. Les vues de Bellièvre parurent l'emporter, notamment avec l'institution d'un « Conseil du Bon ordre », mis en place au mois de mai 1597[4]. Mais la « surprise d'Amiens » (11 mars 1597) rendit caduques ces prudentes dispositions, inopérantes face aux circonstances et à l'effort exigé par les dépenses du siège de cette ville. Une fois encore, Rosny prouva son aptitude à trouver des fonds en cas d'urgente et pressante nécessité et les Espagnols enfermés dans Amiens finirent par capituler le 25 septembre. Venant après une alarme aussi grave, ce succès assura l'ascension définitive de Rosny. Le Conseil du Bon ordre disparut au bout de deux mois et, selon ses dires, Rosny aurait, dès la fin de 1596 préparé l'état général des finances – qui était comme le projet de budget – pour l'exercice 1597[5]. Depuis 1595, Harlay de Sancy avait peu à peu dominé le Conseil des Finances et l'on s'attendait à ce que la surintendance fût rétablie en sa faveur. Mais il vit son crédit s'étioler, d'autant qu'il était en butte à l'hostilité de la maîtresse royale du moment, Gabrielle d'Estrées, et il fut disgracié. Les responsabilités prises par Rosny en 1598 dans la gestion des finances impliquaient en fait l'exercice personnel de la charge de surintendant et, ainsi qu'on l'a montré, sans qu'il en ait jamais reçu la collation officielle par quelque lettre ou brevet du Roi[6], il agit, fut considéré, obéi et rémunéré comme tel et, au cours du second semestre de 1598, en porta le titre[7]. Avec lui, l'administration centrale des finances allait connaître une des périodes les plus originales de son histoire.

1. Lettres patentes datées de Paris le 29 mars 1608 relatives au paiement de « journées et vaccations » dues à Myron pour cette commission (Bibl. nat., Pièces orig., 1973, doss. 45293, n° 77; orig.).

2. A. Chamberland, « La tournée de Sully et de Rybault dans les généralités en 1596 », dans *Cinquantenaire de la Société archéologique d'Eure-et-Loir,* t. I (Chartres, 1909, in-8°), p. 420-432.

3. Voir à ce sujet J.-P. Babelon, ouvr. cité, p. 740-743; B. Barbiche et S. de Dainville Barbiche, ouvr. cité, p. 66-69; J.R. Major, *Bellièvre, Sully and the Assembly of Notables of 1596* (Philadelphie, 1974; Transactions of the American Philosophical Society).

4. Lettres patentes datées de Paris le 21 mai 1597 portant création d'un « Conseil particulier » pour les finances (Bibl. nat., F. 46902[(11)]; impr. – *Actes royaux,* t. I, n° 4823).

5. *Les Œconomies royales,* t. II, p. 271.

6. D. Buisseret et B. Barbiche, « Sully et la surintendance des finances », dans *B.É.C.*, t. 123 (1965), p. 538-543.

7. I. Aristide, *La Fortune de Sully* (Paris, Comité pour l'histoire économique et financière de la France, s.d. [1990], in-8°), p. 38. On peut se demander si Henri IV n'a pas attendu la promulgation de l'édit de Nantes et sa mise en œuvre pour conférer ouvertement à un protestant une des plus hautes responsabilités de l'État.

* *
*

L'année 1598 vit non seulement Rosny accéder de fait et de manière publique à la surintendance, ce fut aussi l'année de l'édit de Nantes (avril) et du traité de Vervins avec Philippe II (2 mai). L'établissement de la paix à l'intérieur et à l'extérieur allait faciliter la reconstruction morale et matérielle du royaume, dont la remise sur pied dépendait beaucoup de l'assainissement des finances par l'amortissement d'une dette de quelque 200 millions de livres, par la revalorisation des revenus publics et l'extinction du déficit. On ne peut comprendre comment Rosny entreprit et mena cette tâche sans dénombrer les responsabilités qu'il se fit confier conjointement avec la surintendance des finances[1]. En 1599, il fut revêtu le 16 juillet de la charge de surintendant des fortifications, le 5 septembre de celle de grand voyer de France[2] et enfin, le 13 novembre, de celle de grand maître de l'artillerie. En 1602, il fut nommé, d'une part, le 26 janvier, capitaine de la Bastille, un château fort où il amassa ensuite une réserve de cinq millions de livres en espèces, et, d'autre part, le 12 novembre, surintendant des bâtiments du Roi, en remplacement de Harlay de Sancy[3]. Soit un ensemble de services qui, notamment pour la défense du royaume et les travaux publics, supposaient des dépenses élevées dont le surintendant des finances escomptait maîtriser les recettes et l'emploi et où, d'autre part, il entendit placer des collaborateurs dont il fût sûr.

En cumulant honneurs, charges et dignités, Rosny en cumulait aussi les gages et rémunérations[4]. Outre 10 800 livres pour la surintendance des finances, il en touchait chaque année 2 000 comme conseiller d'État, 3 600 comme conseiller au Conseil des Finances, 6 000 comme grand voyer de France, 6 000 comme surintendant des fortifications, 24 000 comme grand maître de l'artillerie, 2 200 comme capitaine de la Bastille, 6 000 comme surintendant des bâtiments du Roi. S'y ajoutaient les émoluments de capitaine de cent, puis (à partir de juin 1606) de deux cents hommes d'armes (4 000, puis 5 000 livres), de gouverneur de Poitou depuis décembre 1603 (6 000 livres), une pension de 10 000 livres sur les bénéfices du cardinal de Bouillon et une pension du Roi qui passa en 1608 de 60 000 à 90 000 livres, sans parler de quelques autres appointements plus modestes. À la fin du règne d'Henri IV, il encais-

1. Voir B. Barbiche, « Henri IV, Sully et la première "monarchie administrative" », dans *Proceedings of the Annual Meeting of the Western Society for French History*, vol. 17 (1990), p. 10-23. B. Barbiche et S. de Dainville-Barbiche, ouvr. cité, p. 105-120.

2. Voir B. Barbiche, « Une révolution administrative : la charge de grand voyer de France », dans *Pouvoirs et institutions en Europe au xvie siècle. Vingt-septième colloque international d'études humanistes. Tours. 1984* (Paris, 1987, in-8°), p. 183-296.

3. Voir B. Barbiche, « Henri IV et la surintendance des bâtiments » dans *Bulletin monumental*, t. 142 (1984), p. 19-39.

4. I. Aristide, ouvr. cité, p. 35-44 et 129-134.

sait ainsi plus de 170 000 livres par an pour les émoluments et pensions de ses différentes fonctions.

Lors de l'accession de Rosny à la surintendance, l'administration centrale des finances fonctionnait selon le régime instauré par l'édit de février 1596. Celui-ci, on s'en souvient[1], avait prescrit une réduction majeure du nombre des intendants des finances et mis fin à l'exercice collégial du contrôle général, ne laissant plus subsister qu'un intendant général et un contrôleur général, investis l'un et l'autre de leur charge par commission valable un an seulement. Rosny projetait d'autant moins de faire abroger ces mesures qu'il les avait peut-être inspirées dans la coulisse. Au reste, la rigueur qu'elles affichaient avait vite subi une entorse : dès le 28 janvier 1597, Dony d'Attichy avait recouvré ses fonctions d'intendant des finances, dont la commission lui fut renouvelée car il en perçut encore les émoluments en 1598[2], mais non l'année suivante. Si Rosny entendait observer strictement l'édit de 1596, les circonstances lui dictèrent quelques accommodements.

À la place de Dony d'Attichy, Jean de Viene fut commis le 3 janvier 1599 « pour faire la charge d'intendant de noz finances la présente année[3] ». L'homme, jadis secrétaire de François d'O et alors protégé par Gabrielle d'Estrées, avait eu l'un des offices d'intendants contrôleurs généraux créés en janvier 1594 et supprimés en février 1596. En ce début de 1599, il rejoignait donc l'intendant Sublet d'Heudicourt et le contrôleur général Saldaigne d'Incarville, tous deux prorogés depuis 1596 dans leur commission et confirmés encore dans celle-ci pour 1599[4]. Mais ceux-ci moururent presque en même temps : Sublet d'Heudicourt en juin 1599 et Saldaigne d'Incarville le 16 juillet suivant. La commission de contrôleur général passa alors à Jean de Viene, qui dut en conséquence abandonner celle d'intendant, laquelle échut le 19 août à Louis Picot de Santeny, conseiller d'État, autre revenant qui avait été intendant contrôleur général d'août 1593 à février 1596[5]. Mais Sublet d'Heudicourt n'eut pas alors de remplaçant. Ces changements accidentels préludaient à d'autres plus réfléchis.

En 1600, si la commission de contrôleur général de Jean de Viene fut reconduite, celle de Picot de Santeny ne le fut point et surgit à sa place

1. Voir *supra*, p. 135.

2. Les comptes du trésor de l'Épargne indiquaient que, en vertu de lettres de commission datées de Rouen le 28 janvier 1598, Dony d'Attichy avait touché en 1597 et 1598 ses gages d'intendant des finances (Bibl. nat., N.a.f. 22247, fol. 99-101 ; notes de Lancelot).

3. Commission datée de Paris le 3 janvier 1599 (Arch. nat., K 2381, n° 54; orig.).

4. Le plumitif de la chambre des comptes mentionne, à la date du 27 février 1599 : « Commission au Sr d'Incarville de la charge de controlleur général des finances; vérifiée », ce qui implique le renouvellement de sa commission.

5. Les comptes du trésor de l'Épargne de 1599 indiquaient que Viene avait perdu en cours d'année sa charge d'intendant et que Picot de Santeny en avait été rémunéré depuis le 19 août (Bibl. nat., N.a.f. 22247, fol. 102; notes de Lancelot).

comme intendant un nouveau venu, un fidèle de Rosny, le maître des comptes Gilles Maupeou, qui se fit alors protestant. Viene et Maupeou, et eux seuls, furent confirmés dans leurs fonctions les années suivantes. Rosny avait incontestablement le dessein de s'en tenir à une stricte application de l'édit de 1596 et s'il vint en 1605 à y déroger, ce fut en faveur d'une de ses créatures, son secrétaire Isaac Arnauld, qui, le 21 octobre 1605, fut commis « pour durant le reste de ceste année et l'année prochaine, exercer ladicte charge d'intendant de noz finances[1] » et créé conseiller d'État. Ces trois hommes furent continués dans leurs charges jusqu'à la mort de Jean de Viene le 28 juin 1608. Maupeou quitta alors son intendance pour prendre le contrôle général[2] et Arnauld resta seul intendant. Avec ces deux personnes, Maximilien de Béthune, créé duc de Sully en février 1606, disposait de collaborateurs tout à sa dévotion et qui étaient aussi des hommes nouveaux n'ayant occupé aucune charge dans les finances sous les Valois et même avant 1596. Cette situation n'avait pas changé lors de l'assassinat d'Henri IV.

Après une existence assez chaotique depuis 1589, l'administration des finances avait donc retrouvé une assiette stable grâce à l'édit de février 1596, dont Sully, après en avoir été peut-être l'inspirateur, se fit le tenace metteur en œuvre. Et l'on peut se demander si l'arrière-pensée qui avait guidé la rédaction de cet édit n'était pas de consacrer de façon définitive la suprématie du surintendant sur la conduite des finances du royaume et, par conséquent, de réduire le nombre et aussi l'influence des intendants des finances. Il n'était plus question que, comme la coutume semblait peu à peu l'imposer sous les Valois, ils fussent quatre et tendissent ainsi à faire figure de réplique financière de ces puissants personnages qu'étaient devenus les secrétaires d'État. En 1610, il n'y avait auprès de Sully qu'un intendant des finances[3] et un contrôleur général, investis de leurs fonctions par commission; encore celle-ci, loin d'être valide « tant qu'il nous plaira » selon la formule rituelle, l'était un an seulement, sa reconduction dépendant du bon vouloir du Roi ou au moins de celui de M. le surintendant. Jamais depuis Henri II l'expression « Messieurs des finances » n'avait désigné si peu de monde et des fonctions d'un statut aussi précaire.

Avec Rosny, la surintendance des finances échut, une fois de plus, à un gentilhomme, et à un gentilhomme très fier et très conscient de

1. Commission datée de Limoges le 21 octobre 1605 (*ibid.*, Ms. fr. 18169, fol. 15v°-16; copie).

2. Un rôle de dépenses ordonnées en 1609 au trésorier de l'Épargne pour les « Gaiges, pensions et entretenemens » de 1608 indique que Gilles Maupeou fut payé de « ses gaiges et appoinctemens à cause de sa charge de controolleur général des finances durant les sept derniers mois de ladicte année MVI^c^VIII » (Arch. nat. 120 AP 6, fol. 218v°; orig.).

3. Le titre d' « intendant général des finances » conféré en février 1596 à Sublet d'Heudicourt (voir *supra*, p. 135), apparaît très rarement dans les documents et semble en fait avoir été à peu près inutilisé.

l'ancienneté de sa race, titré marquis en août 1601 et haussé en février 1606 au rang de duc de Sully et pair de France. Un gentilhomme qui était un homme de guerre, ayant toujours combattu aux côtés d'Henri de Navarre lors des troubles et tendant à conduire les affaires un peu comme une campagne militaire. Un homme doué d'une grande puissance de travail, du sens de l'organisation et d'une remarquable faculté d'assimilation qui lui permit de s'adapter à l'administration des finances sans y avoir été préparé. Avec cela, un caractère énergique, emporté et hautain, une fidélité inébranlable à la réforme protestante. Et par-dessus tout, quelles que fussent ses capacités et son autorité, un ministre dont l'ascendant sur les hommes et les affaires découlait de la confiance et de l'amitié sans faille que lui vouait le Roi.

L'action de Sully surintendant des finances ne peut être évoquée séparément de celle qu'il mena dans ses autres charges, car il se trouva ainsi placé à la tête d'un réseau administratif vaste et complexe, dont la France n'avait jamais connu l'équivalent avant lui[1]. Pour les finances, dépendaient de lui, outre les intendants et le contrôleur général, de nombreux officiers comptables, depuis les trésoriers de l'Épargne jusqu'aux receveurs des tailles et autres. Comme grand maître de l'artillerie, il avait un lieutenant général et fut représenté dans chaque arsenal par un lieutenant dont dépendaient les officiers locaux de l'artillerie. En tant que grand voyer, il institua dans chaque généralité un ou plusieurs lieutenants, choisis souvent parmi les trésoriers de France. Dans certaines villes, un même personnage fut à la fois lieutenant du grand maître de l'artillerie et lieutenant du grand voyer, cumul illustrant l'osmose réalisée entre des services différents relevant de Sully. Celui-ci, pour la surintendance des bâtiments du Roi, était secondé par un intendant des bâtiments et un contrôleur général. Cette variété d'attributions et de personnel subordonné conférait dans le gouvernement un poids exceptionnel au ministre qui régissait un tel ensemble.

Pour être assisté dans l'exercice de ses diverses responsabilités, Sully s'entoura d'un certain nombre de collaborateurs qu'il recruta en raison de leur qualification et souvent aussi de leurs convictions religieuses. Jusqu'à la mort de Jean de Viene en juin 1608, il n'y eut qu'un catholique dans l'entourage du surintendant, ensuite il n'y en eut plus et on est ébahi par la place qu'y tinrent les huguenots de la famille Arnauld. Antoine Arnauld de La Mothe (v. 1490-1585), procureur général de la reine Catherine de Médicis, anobli en 1577, eut une nombreuse descendance. Son fils aîné, Antoine II Arnauld d'Andilly, catholique et adversaire acharné des jésuites[2], un des grand avocats de son temps, est sur-

1. Voir B. Barbiche et S. de Dainville Barbiche, ouvr. cité, p. 188-199. B. Barbiche, « L'administration centrale des finances au temps de Sully », dans *L'Administration des finances sous l'Ancien Régime. Colloque tenu à Bercy les 22 et 23 février 1996* (Paris, 1997, in-8°. Comité pour l'histoire économique et financière de la France), p. 17-29.

2. Antoine Arnauld d'Andilly fut l'un des meilleurs amis de Sully, qui lui fit obtenir une pension de 2 000 livres par an sur l'Épargne (Arch. nat., 120 AP 4, fol. 112; 120 AP 7, fol. 115). Sur la famille Arnauld, voir Tallemant des Réaux, *Historiettes*, publ. par. A. Adam, t. I (Paris, 1960, in-8°), p. 504-514; B. Barbiche et S. de Dainville Barbiche, ouvr. cité, p. 589-592.

tout connu par sa postérité, car il est le père de Robert Arnauld d'Andilly, des mères Angélique et Agnès Arnauld, abbesses de Port-Royal, d'Henri Arnauld, évêque d'Angers, et d'Antoine Arnauld, « le grand Arnauld », c'est-à-dire de quelques-unes des figures les plus marquantes du mouvement janséniste. Si Antoine Arnauld d'Andilly ne quitta point le giron de l'Église romaine, ses frères optèrent pour le protestantisme et peuplèrent l'entourage le plus proche de Sully. Isaac, qui avait qualité de conseiller d'État de Navarre et de secrétaire du Roi, succéda en 1603 à Claude, son frère défunt, dans le poste de secrétaire de Rosny, avant de devenir intendant des finances et conseiller d'État en octobre 1605. Et Claude, secrétaire du Roi lui aussi et titulaire depuis avril 1601 d'un office de trésorier de France à Paris, avait été commis de Saldaigne d'Incarville avant de passer en qualité de secrétaire au service de Rosny. Un autre frère, Pierre, trésorier de France à Paris de 1603 à 1608, fut secrétaire de Sully après la mort de Claude, conjointement avec Isaac, mais opta ensuite pour la carrière des armes. Quant à Louis, secrétaire du Roi et contrôleur général des restes, Sully l'associa à ses fonctions de grand voyer en le faisant préposer en mars 1605 à la recette et dépense des ponts et chaussées et autres travaux d'utilité publique[1]. Enfin, une sœur de ces Messieurs, Marie Arnauld, était l'épouse d'Hilaire Lhoste, huguenot lui aussi, secrétaire du Roi et commis de Jean de Viene, puis de Gilles Maupeou au contrôle général. Autre protestant et secrétaire du Roi, Benjamin Aubéry du Maurier, fut secrétaire de Sully avec Pierre Arnauld à partir de 1607.

Il semble bien que ces secrétaires de Sully aient eu à connaître à la fois des affaires relevant des finances et de celles afférant à ses autres charges. À la fin de 1606, par exemple, une somme de 6 491 livres fut versée à Pierre Arnauld « pour ses peines, sallaires et vaccations d'avoir minutté, faict escripre et mettre au net par le commandement de Monsieur le duc de Sully, pair de France, grand maistre et cappitaine général de l'artillerie et surintendant des finances de Sa Majesté », entre le 1er janvier 1605 et le 31 mars 1606, « plusieurs eedictz, ordonnances, lettres pattentes, lettres closes et particulières et autres expéditions tant en papier qu'en parchemin concernant le service de Sa Majesté, contenues en l'estat d'icelles signé et certiffié par Mondictsieur de Sully[2] ». Pour les mêmes écritures, le même Arnauld et Aubéry du Maurier furent payés en 1609 le premier de 10 177 livres et le second de 6 923, et il est significatif qu'à cette occasion l'ordonnance de payement les ait qualifiés l'un et l'autre du titre, jusque-là inusité, de « principal commis »[3]. La conduite des finances reposait donc non seulement sur l'activité et l'autorité du surintendant, mais aussi sur les soins de tels hommes de confiance, investis auprès de lui de responsabilités étendues, entourage

1. Commission datée de Paris le 22 mars 1605 (Arch. dép. Gironde, C 3811).
2. Arch. nat., 120 AP 4, fol. 254.
3. Bibl. nat., Vc Colbert, 106, fol. 82. – Arch. nat., 120 AP 7, fol. 191.

dans lequel il est tentant de voir une préfiguration, encore lointaine et floue, de nos cabinets ministériels[1].

La situation était identique, mais à moindre échelle, auprès de l'intendant général et du contrôleur général des finances. C'est ainsi que René Peschot, secrétaire des finances et commis de Maupeou, alors intendant des finances, touche 3 882 livres « pour avoir minutté, escrit, faict escrire et mettre au nect toutes et chacunes les expéditions concernant les affaires et service de Sa Majesté soubz ledict Sr de Maupeou durant ladict année MVI^cV, plus au long contenu en la déclaration et cahier de fraiz certiffié par ledict Sr de Maupeou et arresté par Mr de Viene, controlleur général[2] ». Auprès du contrôleur général s'affairait un collaborateur d'une particulière importance. Depuis au moins 1605, Hilaire Lhoste, secrétaire du Roi et qualifié « commis de Mr de Viene, controolleur général des finances », perçut chaque année – indépendamment des gages et entretenements de son cahier de frais – la somme de 2 400 livres, « à luy ordonnée pour avoir tenu les registres du controolle général durant ladite année [...] ainsy qu'il est accoustumé ». Pour 1606, il est indiqué comme ayant « tenu le controolle général soubz ledict Sr de Viene » et cette formulation fut de règle les années suivantes, y compris lorsqu'il continua à remplir ce rôle auprès de Maupeou, devenu contrôleur général après la mort de Viene[3]. De la justification de cette dépense il ressort qu'en pratique la majeure partie, sinon la totalité, des écritures du contrôle général était assurée par Lhoste, sous la responsabilité de Viene puis de Maupeou, lesquels se déchargeaient sur lui de cette besogne, qui semble avoir été assez lourde[4]. Cette commission du contrôle général était un poste de confiance, qui conférait à son titulaire un rôle éminent. Lhoste en étant gratifié en 1605 « ainsy qu'il est accoustumé », on est porté à croire que l'état de choses ainsi révélé était sans doute antérieur à Henri IV et à Sully.

Il est donc certain qu'à partir de 1598, avec la seule assistance d'un et parfois deux intendants et d'un seul contrôleur général, la charge de surintendant a acquis au sommet de l'administration des finances une

1. Voir *Origines et histoire des cabinets des ministres en France*. Actes du colloque organisé par l'Institut français des sciences administratives (Paris, 1975, in-8°. *Hautes études médiévales et modernes* publiées par la IVe Section de l'École pratique des hautes études, vol. 24).

2. Arch. nat., 120 AP 3, fol. 275v°.

3. Pour 1605 : Arch. nat. 120 AP 3, fol. 274v°. Pour 1606 : 120 AP 4, fol. 229v°. Pour 1608 : 120 AP 6, fol. 244. Pour 1609 : Bibl. nat., V^c Colbert, 106, fol. 81. Pour 1610 : Arch. nat., 120 AP 7, fol. 180.

4. Au titre de 1604, Lhoste reçut la somme de 1 500 livres, « à luy ordonnée pour les fraiz d'avoir faict escrire, grossoïer et mettre au nect sept registres du controolle général desdictes finances tenu par ledict Sr de Viene [...] pour iceux registres mettre en la chambre des comptes, ainsy qu'il est accoustumé » (Arch. nat., 120 AP 3, fol. 200v°-201). – Pour 1605, le même versement s'éleva à 2 502 livres (120 AP 4, fol. 254v°). – Pour 1606, 1608 et 1609 à 1 500 livres (120 AP 5, fol. 129v°-130; 120 AP 6, fol. 203; 120 AP 7, fol. 138v°-139). – Dans la même période, Lhoste fut remboursé chaque année de la somme de 150 livres « qu'il a employée à l'achapt de sept gros registres servans à enregistrer toutes et chacunes les expéditions subiectes au controlle » (120 AP 3, fol. 141; 120 AP 4, fol. 229v°; 120 AP 5, fol. 69v°; 120 AP 6, fol. 203; 120 AP 7, fol. 139; 120 AP 8, fol. 161).

autorité et une suprématie qu'elle n'avait encore jamais atteintes, résultat dû à la lente évolution de l'État, à la forte personnalité de Sully et à son sens de l'organisation. La situation ainsi créée eut des répercussions inévitables sur l'équilibre du gouvernement.

Peu après que Sully eut acquis ouvertement la surintendance, plusieurs dispositions réglementaires vinrent statuer sur l'administration des finances et leur gestion au Conseil[1]. Ce furent en 1598 un édit du mois d'août portant règlement pour les chambres des comptes et, le 29 octobre, un « Règlement pour les parties casuelles », très précis et contraignant[2]. Puis survint l'arrêt du Conseil du 19 janvier 1599 relatif « au faict, maniement et distribution » des finances[3]. Rendu sur le rapport de Rosny, cet arrêt, dense et concis, fixait mois par mois, et presque semaine par semaine, les tâches et les obligations assignées au Conseil, aux trésoriers de France et aux officiers comptables, en même temps qu'il visait à centraliser à la chambre des comptes de Paris l'examen des comptes de toutes les recettes générales du royaume, mais il précisait que la chambre ne pourrait « passer ny allouer aux comptes des comptables que les parties emploïées ès estatz vériffiez par le Conseil ». Cette dernière réserve était capitale, car, en astreignant les comptables à faire d'abord examiner leurs écritures au Conseil, elle instaurait un préalable obligatoire à leur présentation à la chambre, amoindrissant ainsi l'autorité d'une compagnie que d'autres articles du règlement paraissaient conforter et, par suite, accroissait le poids de la surintendance sur la conduite des affaires. Il y eut enfin l'édit de février 1599 portant règlement pour la chancellerie, qui concernait les finances par le rappel des formalités et des contrôles qui incombaient aux secrétaires du Roi, aux secrétaires d'État, aux intendants et au contrôleur général pour les expéditions en finance[4]. À tous ces actes on peut joindre un règlement des finances du 8 avril 1600, bien qu'il ne touchât qu'indirectement le Conseil[5].

1. Ces mesures ont été précédées par la promulgation d'un « Règlement et stile de procedder au Conseil privé du Roy », inclus dans un résultat de ce Conseil daté de Paris le 30 juin 1597 (Arch. nat., V^{6} 1221, orig.; Bibl. nat., Ms. fr. 7007, fol. 301-304, copie auth.). Ce règlement ne doit rien à Sully et répond aux préoccupations de l'assemblée des notables de Rouen.

2. Édit daté de Paris en août 1598 (*Actes royaux*, t. I, n°s 4985-4986). – Règlement daté de Paris le 29 octobre 1598 (Arch. nat., E 1^{c}, fol. 140-141, orig.; N. Valois, t. I, n° 4959; Bibl. nat., Ms. fr. 16626, fol. 38-39, copie collationnée par Hilaire Lhoste).

3. Arrêt du Conseil daté de Paris le 19 janvier 1599 (Bibl. nat., Ms. fr. 7007, fol. 164-165, copie collat.; Ms. fr. 18164, fol. 16, copie auth.; N. Valois, n° 5179). Arrêt publié par G. Boussinescq, aux pages 189-190 de son article « Le règlement des finances du 19 janvier 1599 », dans *Revue Henri IV*, t. I, 2e éd. (1912), p. 169-190.

4. Édit daté de Paris en février 1599, enregistré le 9 février à l'audience de France (Arch. Aff. étr., M.D. France, 763, fol. 223-227, copie collat.; Arch. nat., AD+ 128, impr. – *Actes royaux*, t. I, n°s 5013-5015).

5. Règlement daté de Paris le 8 avril 1600 (Bibl. Institut, Ms. Godefroy 144, fol. 15-18; orig.). Ce règlement était destiné à des officiers provinciaux : trésoriers de France, receveurs généraux, receveurs particuliers, élus.

Cet ensemble réglementaire, consécutif à l'ascension de Sully, venait soutenir l'action du Conseil institué en novembre 1594, dont les membres exerçaient collectivement la direction suprême des finances. Sully avait accédé à ce Conseil en juillet 1596 et, avant de s'y imposer, avait dû compter avec l'influence et l'autorité dont certains hommes y jouissaient en raison de leurs prérogatives, de leurs fonctions et de leur expérience. Il ne put jamais éliminer de tels gêneurs, mais il veilla à ne faire accéder à ce Conseil des Finances que des gens dont il n'eût pas à se défier, à commencer par son frère Philippe de Béthune au retour de son ambassade à Rome[1]. Y siégeait de droit le chancelier de France, qui était chef des Conseils du Roi et dont on sait qu'il avait part à l'administration des finances. En 1598, Hurault de Cheverny était toujours chancelier, il était âgé et semble s'être accommodé de l'action envahissante et des procédés de Sully. Les choses allaient changer lorsque, après sa mort le 30 juillet 1599, Henri IV confia, dès le 2 août, la chancellerie à un homme qu'il connaissait de très vieille date et qu'il avait en haute estime : Bellièvre.

Celui-ci devait cette nomination à ses longs et fructueux états de service et, en tout dernier lieu, au fait d'avoir été l'un des négociateurs de la paix de Vervins. Il appartenait depuis le début au Conseil des Finances où, en raison de son prestige, de son passé politique et de son expérience de surintendant des finances pendant le règne précédent, il était un de ceux dont Sully était obligé de prendre les avis en considération. Influence accrue avec son accession à l'office de chancelier, puisqu'il lui appartenait en cette qualité de présider les Conseils en l'absence du Roi et alors de prononcer la décision. En sorte que les occasions d'affrontements entre lui et Sully allaient devenir plus fréquentes et plus vives que naguère, d'autant que d'autres motifs de discorde s'y ajoutaient[2]. Bellièvre était né en 1529 et Sully en 1559, d'où un conflit de générations, attesté par ces protestations de Bellièvre à son ami Villeroy à la suite de quelque incident : M. de Rosny « me demande raison de ma charge comme si j'estois un clerc de finance. J'en ay tant supporté iusqu'à présent que, voyant qu'il entreprent toutz les iours de fère le mestre du Conseil, je me résoulz de le remonstrer au Roy avec toute humilité et qu'il n'est raisonnable qu'un si jeune homme que cestuy-là, qui commence à sçavoir ce que c'est du munde, entreprenne de me fère la leçon[3] ». Les opposaient aussi la religion, l'origine sociale et

1. Lettre de Henri IV au président de Thou, datée de Montceaux en novembre 1598, lui annonçant l'expédition de son brevet de conseiller au Conseil des Finances (*Lettres de Henri IV*, t. V, p. 62-63). – Brevet de conseiller au Conseil des Finances pour le président de Calignon, chancelier de Navarre, daté de Montceaux le 4 novembre 1598 (publ. par comte DOUGLAS, *Vie et poésies de Soffrey de Calignon* [Grenoble, 1874, in-4°], p. 361, n° XXXIX, orig.). – Brevet de conseiller au Conseil des Finances pour Philippe de Béthune, daté de Paris le 3 septembre 1605 (Bibl. nat., Ms. fr. 18152, fol. 164-165; copie collat.). – Brevet de conseiller au Conseil des Finances pour Merry de Vic, daté de Paris le 26 septembre 1607 (Bibl. nat., Doss. bleus, 665, dr Vic, fol. 24v°; copie).

2. Voir R. MOUSNIER, « Sully et le Conseil d'État et des Finances », dans *Revue historique*, t. 192 (1942), p. 68-85.

3. Bellièvre à Villeroy; Paris, 10 décembre 1602 (Bibl. nat., Ms. fr. 15894, fol. 547-548; orig. autogr.). Même plainte du même au même dans une lettre du 28 mai 1603 : « Je ne puis plus sup-

le caractère : l'un, fidèle à l'Église, était issu de la haute robe, d'un naturel discret et pondéré, homme de savoir et juriste, ayant scrupule à s'écarter des voies légales et des usages hérités du passé ; et l'autre, protestant indéfectible, se prévalait d'une vieille et illustre origine chevaleresque, avec une conception du gouvernement qui était celle d'un homme de guerre et avec un caractère hautain, arrogant et emporté.

Pendant plusieurs années, Bellièvre bataille pour empêcher Sully de « fère le mestre du Conseil », un Conseil où les séances consacrées aux finances lui parurent dépréciées par les procédés de M. le surintendant. Peu après son accession à la chancellerie, il adressa à Sa Majesté une longue lettre relative à la réforme des Conseils, où, entre autres choses, il préconisait ceci : « Outre lesdicts Conseilz d'Estat et des Parties, vostre service requiert qu'il y aict un Conseil particullier et fort secret, où l'on parlera du fond de ses finances, seront veuz les roolles de l'Espargne et se y feront les expéditions nécessaires pour reigler les receptes générales et autres affaires semblables, auquel Conseil, qui se tiendra trois fois la sepmaine après le disner, assisteront, s'il plaist à Vostre Majesté, ceulx ausquelz Elle a cy-devant ordonné de signer les expéditions des finances. Messieurs les secrétaires d'Estat assisteront en tous les Conseilz lorsque, pour faire expédier les affaires de Vostre Majesté, ilz vouldront venir, où aussi entreront le controlleur général et l'intendant de voz finances et les trésoriers de l'Espargne, ainsi qu'ilz ont accoustumé de faire cy-devant. Les trésoriers des parties casuelles entreront sur la fin du Conseil pour la taxe des offices, qui se fera deux fois la sepmaine. Les trésoriers généraulx de France, trésoriers de l'ordinaire et extraordinaire des guerres y entreront quant, pour les affaires de leurs charges, ilz auront à proposer quelque chose au Conseil et en sortiront après qu'ilz auront esté ouÿs[1]. » Ces suggestions de Bellièvre étaient fondées sur son expérience de surintendant d'Henri III, mais le Vert Galant n'avait pas l'humeur réglementaire de son prédécesseur et, en outre, n'était guère pressé de trancher entre deux serviteurs qu'il estimait chacun. « Le Roi fuit quant on luy parle de régler le Conseil des Finances », constatera Villeroy encore en 1601[2].

Bellièvre ne se lassa pas de revenir à la charge. À la fin de 1602, il se tourna de nouveau vers Henri IV : « Je supplye très humblement vostre bonté, Sire, de me permectre que ie luy dise que au Conseil des Finances, où se traictent voz affaires, on ne laisse ce qui est de vostre service pour celuy des particuliers, estant trop vrai que l'on ne y trauvaigle pas tant qu'il est à désirer pour renvoyer aux provinces avec quelque raisonnable contentement vos subiectz qui y demandent la iustice.

porter telles choses et m'asseure que ce n'est pas la volunté que un qui ne faict que venir au munde gromande ceulx qui ont si longuement servy comme j'ay faict » (*ibid.*, fol. 562 ; orig. autogr.).

1. Bellièvre au Roi ; s.d. [1599] (*ibid.*, fol. 438-439 ; orig.). Cette lettre n'est pas datée, mais d'après sa teneur remonte au début du cancellariat de Bellièvre.

2. Villeroy à Bellièvre ; Calais, 2 septembre 1601 (*ibid.*, Ms. fr. 15896, fol. 330 ; orig. autogr.).

C'est chose, Sire, à laquelle il fault remédier afin que Vostre Majesté soit aymée et bényе de Dieu et du peuple[1]. »

Le chancelier s'employait à sauvegarder les règles au Conseil avec tant de constance, de vigilance et d'arguments que Sully jugea expédient de tourner certain obstacle plutôt que de s'y attaquer, et cela sur un point qui mérite une extrême attention. Aucun ministre, sous l'Ancien Régime, n'avait le pouvoir de promulguer sous sa seule signature et sous sa propre responsabilité des décisions de nature législative ou réglementaire. Toutes devaient prendre obligatoirement la forme d'un acte émané du Roi, instrumenté en forme soit de lettres patentes, soit d'arrêt du Roi en son Conseil, ce dernier appelé de façon commune « arrêt du Conseil », tous actes sujets au contrôle du chancelier, chef né des Conseils du Roi. Les lettres patentes, en effet, étaient soumises à son visa à l'audience du sceau et, d'autre part, tout original-minute d'arrêt du Conseil devait être signé par lui et n'était valide qu'une fois revêtu de cette signature (ou de celle du garde des sceaux). Or Sully se mit à donner à certaines de ses décisions la forme d'arrêts du Conseil et, sans les faire adopter au Conseil, à les faire tenir, pour qu'il les signe (et, au besoin, les scelle), à Bellièvre, que le procédé révoltait. Le 28 mai 1603, il mandait ainsi à Villeroy : « Je vous escrirey de la nouvelle forme de l'arrest que M. de Rosny a apporté de Fontainebleau. Il m'a icy traicté comme un chauffe-cire : prenés cest arrest et le sellés. Il m'a envoïé par le jeune Arnault[2] ledict arrest, qui ne l'a pas baillé à moy, mais à l'un des miens qui ne sçait pas escrire. Je fuz confuz quand ie veidz ceste insolence, qui m'est du tout insupportable. Et n'eût esté que je n'ay voulu ennuyer le Roy de ceste indiscrétion, je m'en fusse plainct. Il ne fust jamais que l'on aye présenté à un chancelier une lettre sans que on luy face entendre que c'est et doresnavant ce président nouveau du Conseil présumera de me faire passer des affères par ses volontés extraordinaires[3]. » Les jours suivants, Bellièvre voulut exploiter l'incident pour défendre ses prérogatives : « Je désirerois fort qu'il se voulust modérer. S'il continue de la sorte, il se rendra du tout insupportable. Monsieur de Vienne m'a demandé s'il ie signerai l'arrest. Je luy ay dis par deux fois que ie feray ce qui me sera commandé par le Roy. Je ne puis pas m'empescher ny m'opposer aux voluntés du Roy [...]. J'avois dict au jeune Arnault, quand il me pressa de sceller l'arrest, qu'il dict à Monsieur de Rosny que je me trouverois au Conseil avecques luy et que ie faciliterois ce qui est de la volonté du Roy. Nous trouvantz au Conseil, sans que ie luy eusse rien dict, il commença d'en parler d'un si hault ton que, s'il continue de la sorte, ie ne luy feray du tout poinct de responce[4]. »

1. Bellièvre au Roi ; Paris, 10 décembre 1602 (*ibid.*, Ms. fr. 15894, fol. 437 ; orig. autogr.).
2. Pierre Arnauld ; voir *supra*, p. 143.
3. Bellièvre à Villeroy ; Paris, 28 mai 1603 (*ibid.*, Ms. fr. 15894, fol. 562 ; orig. autogr.).
4. Bellièvre à Villeroy ; Paris, 31 mai 1603 (*ibid.*, fol. 563-564 ; orig. autogr.).

Pour échapper à l'irritation indignée et légitime du vieux chancelier, Sully se mit à dresser des arrêts du Conseil, à les signer, puis à les faire expédier et exécuter sans solliciter le seing de Bellièvre. Un pointage systématique dans les archives du Conseil des Finances de tous les arrêts qui portent la signature du surintendant non accompagnée de celle du chancelier a permis à M. Barbiche d'en dénombrer « plus de cent vingt, dont le plus ancien date du 15 novembre 1596 et le dernier du 26 janvier 1610 »[1]. Or il s'en faut de beaucoup, pour cette période, que les originaux d'arrêts aient tous été conservés : il en manque plus qu'il n'en subsiste. Il est donc permis de penser que, si l'on disposait de la majeure partie des originaux, la proportion des arrêts signés de Sully et dépourvus du seing du chancelier serait plus forte que celle découlant du recensement ici évoqué. Il y a là un fait dont on ne peut craindre de surestimer l'importance, car c'est le point de départ d'une conception et d'une pratique de Messieurs des finances consistant à se considérer et se comporter comme formant à eux seuls un Conseil et à exprimer leurs décisions en forme d'arrêts de celui-ci. Cette manière d'agir prendra ultérieurement une extension grosse de conséquences. Mais l'affrontement décisif entre le surintendant et le chancelier ne se déroula pas sur ce terrain.

Une partie des recettes du « budget » provenait de ce que l'on appelait alors « les parties casuelles » et, pour la plus grande part parmi celles-ci, de la vente et de la transmission des offices royaux. Soucieux de revaloriser cette catégorie de revenus de l'État, Sully soumit au Conseil un projet tendant à réglementer la vénalité des offices, largement pratiquée déjà sous les Valois. Jusqu'alors les officiers, inamovibles et propriétaires de leur charge, pouvaient la vendre ou la résigner à condition de survivre au moins quarante jours à l'expédition des lettres de provision de leur successeur. Le projet de Sully prévoyait d'accorder aux officiers la dispense de cette clause des quarante jours moyennant le payement d'une taxe annuelle – une sorte de prime d'assurance – égale au soixantième de la valeur des offices. Le financier qui proposait de prendre à ferme la perception de cette taxe s'appelant Charles Paulet, celle-ci fut vite baptisée « paulette » dans le public. L'adoption de ce système eût consolidé la vénalité et consacré l'hérédité des offices, un choix d'une si grande portée qu'il fit l'objet de discussions longues et acharnées[2].

Les offices étaient au cœur de l'organisation des pouvoirs publics, mais d'une manière propre à chacune des catégories d'offices, dont les

1. B. Barbiche, « Sully et la première monarchie administrative », dans *Proceedings of the annual meeting of the Western Society for French history*, t. 17 (1990), p. 16. Puisque le premier des arrêts ainsi recensés date du 15 novembre 1596, on doit en conclure que Sully usait déjà du procédé du temps du chancelier de Cheverny, moins sourcilleux sur ce point que son successeur.

2. Voir à ce sujet R. Mousnier, *La Vénalité des offices sous Henri IV et Louis XIII* (2e éd., Paris, 1971, in-8°), surtout p. 223-273 et 600-605.

trois principales étaient les offices de chancellerie, les offices de finance et les offices de judicature. Ceux de chancellerie et de finance avaient en commun une caractéristique fondamentale : celui qui en était revêtu en exerçait les fonctions par son action individuelle et en était responsable. C'était, par exemple, le cas du trésorier de l'Épargne, d'un receveur des tailles ou de tout autre officier comptable, et aussi d'un secrétaire du Roi, d'un grand rapporteur ou d'un audiencier de la chancellerie. En outre, ces officiers n'étaient pas fort nombreux dans toute la France. Le cas des officiers de judicature était très différent et c'est à eux, et à eux seuls, que s'appliquait le vieux dicton : « L'officier est beste de compagnie ». La quasi-totalité d'entre eux, en effet, étaient groupés en des institutions où la responsabilité de chacun se diluait et même s'évanouissait dans l'action collective de « la compagnie » et dans ses arrêts ou autres actes impersonnels, dont tout le corps – autant dire personne – était responsable. Or les officiers de ce type étaient légion à travers le royaume : ils peuplaient les cours supérieures et les tribunaux inférieurs de leurs ressorts (présidiaux, bailliages, sénéchaussées, prévôtés, vigueries, vicomtés, élections, greniers à sel, maîtrises des eaux et forêts, etc.) et les bureaux des finances, c'est-à-dire le réseau des juridictions censées – des plus imposantes aux plus modestes – faire respecter l'autorité et les lois du Roi en ces temps où le terme de justice englobait une partie de ce que l'on a depuis dénommé administration. Les questions ou projets touchant l'accession à ces milliers d'offices de judicature ou leur transmission étaient donc d'importance primordiale pour le souverain et ses ministres, en particulier pour le chancelier, surintendant de la justice du Roi.

Aussi Bellièvre s'opposa-t-il au projet d'établissement de la paulette, faisant valoir notamment, et avec justesse, qu'elle ferait perdre au Roi le contrôle du recrutement des magistrats auxquels il déléguait le pouvoir de rendre la justice en son nom, avec le risque de voir siéger des juges incapables ou corrompus, car le chancelier déplorait le « nombre effréné d'offices de judicature et aultres » et ne se faisait guère d'illusions sur les mérites de la magistrature de l'époque[1]. Sully, pour sa part, insistait sur l'accroissement de ressources qu'en tireraient les parties casuelles et aussi sur la volonté d'Henri IV d'associer le monde des officiers à la restauration du pouvoir royal et à la reconstruction du royaume, ce monde des officiers où, d'autre part, ceux des cours supérieures venaient de bénéficier d'une disposition de l'édit de mars 1600 sur les tailles, qui avait fait passer du stade coutumier au plan légal l'anoblissement procuré par leurs charges[2].

1. L'opinion de Bellièvre est connue grâce : 1°, à une lettre qu'il adressa de Fontainebleau à Villeroy le 29 novembre 1602 (Bibl. nat., Ms. fr. 15894, fol. 543-546; orig. autogr.); 2°, à un mémoire que, peu après, il remit à Henri IV (*ibid.*, fol. 450-451 et 453-454, autogr., publié par E. Fages, « Contre la paulette. Mémoire du chancelier Bellièvre », dans *Revue Henri IV,* t. I (1905-1906), p. 182-188.

2. F. Bluche et P. Durye, *L'Anoblissement par charge avant 1789*, t. 2 (Paris, 1962, in-4°).

Commencés en septembre 1602, les débats au Conseil se terminèrent le 28 novembre, où Sully, soutenu par Henri IV, l'emporta, mais de peu (huit voix pour son avis et six contre). Par ses manœuvres dilatoires, Bellièvre parvint à retarder de deux années l'application de cette décision : le « droit annuel » ou paulette fut établi par un arrêt du Conseil du 7 et une déclaration du 12 décembre 1604 et fut alors affermé pour six ans à Charles Paulet. Cette défaite de Bellièvre a été très lourde de conséquences, les unes immédiates, sur lesquelles on reviendra, et d'autres beaucoup plus graves à longue échéance, que l'on ne peut ici évoquer qu'en bref.

L'institution de la paulette a eu, en effet, des suites funestes pour l'État monarchique et il est étonnant que Henri IV et Sully ne les aient pas pressenties. En l'occurrence, l'attitude du surintendant est même empreinte de contradiction. Au long des guerres de Religion, le rôle des compagnies d'officiers venait de se révéler en général hésitant, ambigu et inopérant et, en dehors du recours à la force armée, les Rois n'étaient alors parvenus à sauver l'État que grâce à l'action personnelle de quelques ministres et conseillers, de certains gouverneurs et de nombreux commissaires. Par sa propre expérience, Sully connaissait bien ce résultat, son évidence et ses causes et l'on sait qu'il se montrait souvent plein de morgue avec les robins et, à l'occasion, les menait bâton haut, tout cela parce qu'il entendait pallier par une gestion exécutive les défaillances et dérobades d'une gestion judiciaire des affaires. Néanmoins, alors qu'il préconisait et pratiquait déjà des procédures plus modernes, celles de l'avenir, voici qu'en faisant instaurer la paulette il renforçait le statut corporatif et le conservatisme des compagnies d'officiers de judicature, dont le recrutement allait échapper au Roi et relever de plus en plus de la cooptation, et sur lesquelles le souverain n'aurait guère de moyen d'agir. Malgré tout, à cause de son ascendance maternelle[1], aurait-il conservé quelque solidarité ou affinité avec la robe ? Si Henri IV avait régné plus longtemps, subi et constaté les dangereux effets que la paulette emportait à long terme, on peut se demander s'il n'aurait pas fini par l'abolir. Il est certain, en tout cas, que ni lui, ni Bellièvre, ni même Sully ne pouvaient imaginer à quel point, sous les deux règnes suivants, les Rois allaient user et abuser des ventes d'offices, qui ont aggravé la nocivité foncière du droit annuel. Celle-ci a atteint son paroxysme dans les cours supérieures, en y suscitant et y ancrant un aristocratisme de corporation, rebelle à toute innovation, dont les capacités de blocage infligèrent des atteintes mortelles à la monarchie.

Mais, en cette fin de 1604, les contemporains n'avaient cure d'envisager cet avenir et leur attention se portait sur les réalités du moment.

1. Par sa mère Charlotte Dauvet, Sully était apparenté aux plus hautes familles de la robe et de la plume. Voir B. Barbiche, « Les deux familles de Sully », dans *xviie siècle*, 1992, p. 21-32. – B. Barbiche et S. de Dainville Barbiche, ouvr. cité, p. 438-442.

* *
*

La promulgation des actes royaux instituant la paulette en décembre 1604 consacra la chute politique de Bellièvre, consécutive à l'échec de son opposition à cet établissement. On eut le sentiment qu'il était désavoué par Henri IV lorsque celui-ci, dans ce même mois de décembre, créa un garde des sceaux en la personne de Nicolas Brûlart de Sillery. Le personnage, qui avait été aussi l'un des plénipotentiaires de la paix de Vervins, n'avait que quinze ans de moins que Bellièvre et sa carrière s'était déroulée au parlement de Paris et dans les ambassades. Au reste, Bellièvre ne fut mis à l'écart de façon ni brutale ni totale, Henri IV tenant à traiter avec égards un homme pour lequel il conservait une grande estime et qui, au surplus, restait, malgré son âge, animé d'un esprit vigoureux. L'édit portant création d'un office de garde des sceaux en faveur de Sillery précisait que celui-ci exercerait les fonctions ordinaires du chancelier « en absence ou malladie qui empesche ledit Sr de Bellièvre d'y vacquer », la succession lui étant assurée en cas de vacance[1]. Sillery prêta serment le 2 janvier 1605, mais les sceaux ne lui furent pas remis; il commença, à la fin de ce mois, à apposer sa signature en-dessous de celle de Bellièvre sur les originaux-minutes d'arrêts du Conseil. Ce fut seulement à Tours au début d'octobre 1605, lors du départ de Henri IV pour sa campagne en Limousin, que Bellièvre céda les sceaux, avec l'amertume d'un homme qui se sentait désormais, disait-il, « comme un apothicaire sans sucre ». Au reste il continua à présider les Conseils et à en signer les arrêts presque jusqu'à sa mort, survenue le 9 septembre 1607. Sillery lui succéda alors aussitôt.

Pendant plus de deux ans, le fonctionnement de la chancellerie s'est ainsi trouvé perturbé par la coexistence d'un chancelier exerçant encore une partie de ses attributions et d'un garde des sceaux lui-même sans sceaux pendant neuf mois. Sully sut tirer grand parti de cette période de flottement pour accroître les pouvoirs du surintendant aux dépens de ceux du chancelier[2]. Et d'abord en élargissant et renforçant son rôle d'ordonnateur, d'autant plus aisément que Sillery n'avait pas des finances la même expérience que Bellièvre. On constate, par exemple, que les rôles de comptants et d'assignation tendent de plus en plus depuis 1605 à n'être signés que du seul Sully. D'autre part, pour accélérer la réalisation de son plan de réduction de la dette, il entreprit de recourir sur une grande échelle au crédit public en chargeant des financiers de racheter les rentes et les portions aliénées du domaine royal et d'acquitter les dettes. Une cinquantaine de « partis » furent ainsi conclus

1. Voir B. Barbiche, « De la commission à l'office de la couronne : les gardes des sceaux de France du XVIe au XVIIIe siècle », dans *B.É.C.*, t. 151 (1993), p. 359-390; ce détail p. 364-365.

2. Voir B. Barbiche, « De l'État de justice à l'État de finances : le tournant de l'année 1605 », dans *Henri IV, le Roi et la reconstruction du royaume. Actes du colloque de Pau-Nérac (septembre 1989)* (Pau, 1990, in-8°), p. 95-109.

avec des gens d'affaires entre 1606 et 1609. De même, ce fut seulement à partir de l'automne 1605 que le trésor de la Bastille commença à se remplir. Tout cela inséparable d'une politique systématique d'abaissement de la chambre des comptes de Paris, avec laquelle il entretint des rapports exécrables.

Cette énergie gouvernementale ne se limita pas à la sphère des finances. Ce ne fut que depuis la fin de 1604 que Sully put exercer dans leur plénitude ses fonctions de grand voyer, notamment en créant des lieutenants dans les provinces, ce à quoi Bellièvre s'était longtemps opposé. Une charge de grand maître, surintendant et général réformateur des mines et minières de France avait été rétablie par édit de juin 1601, avec pouvoir de désigner des lieutenants. L'obstruction du parlement de Paris retarda jusqu'en juillet 1603 l'enregistrement de l'édit et Sully ne se fit pas pourvoir de cette charge, mais elle présente avec celle de grand voyer trop de similitudes pour que sa restauration et son organisation n'aient pas été inspirées par lui. Maître du budget des ponts et chaussées et indirectement des mines, Sully put développer à partir de 1605 une politique centralisée d'équipement et de grands travaux (canal de Briare, places Royale et Dauphine à Paris, etc.).

Comme l'a bien montré M. Barbiche, « l'année 1605 marque donc incontestablement le début d'une nouvelle phase dans l'histoire du règne d'Henri IV. Mais la disgrâce de Bellièvre et le début de la toute-puissance de Sully n'ont pas seulement la portée d'un simple remaniement ministériel. Le gouvernement royal a alors changé de nature [...]. La vieille monarchie française, d'essence judiciaire, est devenue une monarchie exécutive et gestionnaire [...], il exista alors en France une administration – les ponts et chaussées – dont les agents ne détenaient aucun pouvoir judiciaire [1] ».

Cette prépondérance de Sully et la tournure ainsi prise par la conduite des affaires n'agréaient pas pleinement à tous les conseillers d'Henri IV. Des résistances s'y firent sentir en 1608 et 1609, lors de la discussion de projets de suppressions ou de créations d'offices et de l'examen d'une proposition tendant à remplacer par un autre le bail en cours du droit annuel. Il n'est pas impossible que, vers ce temps, le crédit de Sully auprès du Roi ait un peu baissé au bénéfice de Jeannin [2]. Arnauld d'Andilly a même assuré – mais faut-il le croire ? – qu'au moment où Henri IV fut assassiné, il était sur le point de confier les fonctions de surintendant à l'intendant Isaac Arnauld, son oncle, résolution dont la reine Marie de Médicis aurait eu vent [3].

1. *Ibid.*, p 106.
2. R. Mousnier, *La Vénalité des offices...*, p. 141-142, 260, 606.
3. *Mémoires de Messire Robert Arnauld d'Andilly*, publ. par B. Petitot (Paris, 1824, in-8°), p. 322.

Dans ses activités à la tête de la surintendance, Sully ne fut secondé que par un et parfois deux intendants et par un seul contrôleur général des finances. Depuis juin 1608, aucun d'eux n'avait servi auparavant sous les Valois, car Sully avait dû longtemps conserver dans ces fonctions des hommes en charge sous Henri III. On a déjà relevé la présence envahissante de la famille Arnauld dans ces postes et dans l'entourage de leurs titulaires. Le montant de leurs émoluments et indemnités est révélateur de l'ampleur de leur rôle [1]. Un intendant des finances touchait un « entretenement » de 6 000 livres par an, auquel s'ajoutaient 3 000 livres s'il exerçait en même temps le contrôle général; ses gages de conseiller d'État étaient de 2 000 livres, et s'il avait un brevet de conseiller au Conseil des Finances il percevait en plus 3 000 livres. Mais ces Messieurs des finances bénéficiaient aussi de largesses royales « ordonnancées par le surintendant, équivalent d'une sorte de prime de rendement, à moins qu'on ne préfère y voir la préfiguration des indemnités versées de nos jours aux membres des cabinets ministériels grâce aux fonds secrets ou fonds spéciaux mis à la disposition du premier ministre [2] ». Isaac Arnauld, par exemple, reçut ainsi 9 000 livres en 1606 [3] et 12 000 en 1609 [4], Maupeou 4 000 livres en 1607 [5] et 9 000 en 1609 [6]. Avec leurs émoluments et gages ordinaires et le renfort de gratifications extraordinaires, Maupeou et Isaac Arnauld encaissèrent chacun 21 600 livres en 1609, soit 4 600 de plus qu'un secrétaire d'État et 2 400 de moins que le chancelier.

Toutes proportions gardées, le sort de leurs proches collaborateurs et de ceux du surintendant n'était pas moins enviable. Sous les Valois, les bureaux des secrétaires d'État et de Messieurs des finances se composaient d'un ou de quelques commis, qui étaient des agents d'encadrement, coiffant plusieurs clercs, agents d'exécution souvent appelés « clercs suivant les finances » lorsqu'ils œuvraient pour les gens des finances. Mais dans les dernières années du règne d'Henri IV, sans que le terme de clerc devienne inusité, l'appellation de « principal commis » ou « premier commis » vint s'appliquer aux hommes dont dépendait la direction et l'organisation du travail. Auprès de Sully, ces chefs de bureau furent qualifiés « secrétaires ».

Secrétaires et premiers commis avaient une rémunération annuelle de 3 000 livres, soit la moitié de celle d'un intendant des finances. Lhoste touchait en plus 2 400 livres pour ses fonctions au contrôle général [7]. S'y ajoutaient les gages afférents aux offices dont ils étaient tous pourvus : secrétaire du Roi, secrétaire des finances, secrétaire de la chambre du Roi, trésorier de France, etc. C'est ainsi que Pierre Arnauld, secré-

1. Voir B. Barbiche, art. cité *supra*, p. 142, note 1.
2. *Ibid.*, p. 24.
3. Arch. nat., 120 AP 4, fol. 46b
4. *Ibid.*, 120 AP 2, fol. 244v°; 120 AP 7, fol. 20v°.
5. *Ibid.*, 120 AP 2, fol. 134v°.
6. *Ibid.*, 120 AP 7, fol. 20.
7. Voir *supra*, p. 144.

taire du Roi, était trésorier de France à Paris et émargeait aussi au budget de l'artillerie comme secrétaire (1604), officier ordinaire (1605) et commissaire. De même que les intendants et le contrôleur général, ces chefs de service bénéficiaient de gratifications extraordinaires : 5 000 livres en 1605 et 7 500 en 1609 pour Pierre Arnauld[1], 3 000 en 1609 pour Lhoste[2], 9 000 en 1609 pour Aubéry du Maurier[3]. On peut conclure avec M. Barbiche que, « quel que fût leur rang dans la hiérarchie administrative, les membres du personnel de la haute administration des finances, à l'ombre de Sully, et grâce à sa protection, se sont donc copieusement enrichis au service du Roi ».

Ces Messieurs, d'autre part, étaient défrayés de leurs dépenses en papier, parchemin, registres, encre et autres fournitures. Lhoste reçut ainsi en 1607 150 livres « pour l'achapt de sept gros registres qui ont servy et servent durant icelle année dernière à enregistrer les acquictz pattens, commissions et autres expéditions concernans le service de Sa Majesté qui doivent estre controollez[4] ». En 1609, on voit ainsi encaisser : Pierre Arnauld, 10 177 livres « pour son cahier de frais pendant unze mois, à raison de 4 livres 10 sols pour peau de parchemin et 15 sols pour feuillet de papier », Aubéry du Maurier, secrétaire de Sully, 6 923 livres « pour son cahier de frais pendant treize mois », Peschot, commis de Maupeou, 4 963 livres pour son cahier de frais de l'année, Nicolas Jouyse de Bouilly, commis d'Isaac Arnauld, 1 350 livres pour le même motif[5]. De tels remboursements étaient de règle aussi pour la chancellerie et les secrétariats d'État. En 1609, par exemple, 700 livres furent destinées à M. Angenoust, secrétaire du Roi et secrétaire de feu le chancelier de Bellièvre, par avance sur la somme de 1 799 livres, à lui due « pour ses peines, sallaires et vacations d'avoir fait escrire et mis au net les inventaires des quittances des parties cazuelles et marc d'or sur lesquelles les provisions auroient esté scellées par ledit sieur chancelier en l'année 1605, fait relier et mis en bonne forme en la chambre des comptes avec les originaux desdites quittances, à raison de X sols pour chacun feuillet et C livres pour ses peines et reliage desdits registres[6] ».

Si l'on parvient à recenser de façon assez serrée les secrétaires et principaux commis, il est beaucoup plus malaisé de débusquer et d'identifier

1. Arch. nat., 120 AP 2, fol. 46; 120 AP 7, fol. 17 et 20.
2. *Ibid.*, 120 AP 7, fol. 17.
3. *Ibid.*
4. *Ibid.*, 120 AP 4, fol. 229v°. L'année suivante, il reçut la même somme pour le même motif (120 AP 5, fol. 69v°).
5. Bibl. nat., V^{C} Colbert, 106, fol. 81-82.
6. *Ibid.*, fol. 87v°. En 1608, 300 livres sont versées « à Philippe Leullier, vallet de chambre de Mr le chancelier, [...] pour son payement de la quantité de cyre qu'il a fournye extraordinairement pour sceller les commissions, lettres patentes et autres expéditions importans le service de Sadicte Majesté durant l'année dernière » (Arch. nat., 120 AP 6, fol. 101v°). La même somme lui fut destinée l'année suivante pour la même dépense effectuée en 1608 (*ibid.*, fol. 263).

leurs subordonnés. On peut établir qu'en 1606 Isaac Arnauld, intendant des finances, employait, outre son premier commis Jouyse de Bouilly, son neveu Robert Arnauld d'Andilly, le futur coryphée du jansénisme, alors âgé de dix-sept ans, et un certain Jean de Beaune[1]. Mais il est difficile de se faire idée des effectifs de ces gens et de la besogne incombant à chacun dans les bureaux. Par fortune, certains d'entre eux surgissent à l'improviste dans une correspondance ou un document financier. C'est ainsi que, dans des rôles de dépenses adressés au trésorier de l'Épargne en 1605, la rubrique « Voyages » fait apparaître les noms de seize personnages, chacun qualifié « suivant les finances » : les Srs Hotman de Fontenay, Fortia, Marteau de Nogent, Staffort Grandin, Gilles Tristan, Hervé Nallot, Jacques Morrisson, des Granges, Claude Buisson, Balthazar Mydorge, Louis Jolly, Yves Dubuisson, Jean Héroard, Jean Morisset, Jean Bardoyn et Claude Choart[2]. Tous furent alors remboursés de frais de missions accomplies hors de Paris. Marteau de Nogent reçevait 350 livres « pour estre allé de Paris à Fontainebleau pour affaires concernans le service de Sa Majesté, compris le séjour qui luy a convenu faire et retour[3] ». D'autres avaient accompli des déplacements plus lointains et plus chargés de responsabilités : Gilles Tristan était défrayé d'abord de 650 livres « pour ung voyage qu'il a fait de Paris ès généralitez de Molins et Lymoges pour affaires importans le service de Sa Majesté, mesmes pour le recouvrement desdictes receptes, compris son séjour et retour, le tout en poste », puis de 465 livres « pour ung voyage qu'il a faict de Paris à Lyon, Montpellier et Béziers en Languedoc pour affaires concernans le service de Sa Majesté, mesmes pour le recouvrement des deniers deubz à Sa Majesté par les fermiers des gabelles de Lyonnois et Languedoc [...], compris son séjour de deux mois et retour audict Paris, le tout de cheval et à ses journées[4] ». Quant à Jean Bardoyn, on lui versait 120 livres pour être allé de Paris à Rouen « pour le recouvrement des deniers des impositions et subsides qui se lèvent sur le vin, cydre et poyré en Normandie, compris son séjour de trois sepmaines et retour, le tout à cheval et à ses journées[5] ». Ces mentions n'indiquent ni de quels commis dépendaient ces clercs ni si ces « voyages » constituaient pour eux une occupation habituelle ou occasionnelle. La seule certitude est qu'en 1605 ils étaient au nombre de seize et qu'ils avaient – mais en quel nombre ? – d'autres collègues.

Il est enfin d'autres personnages incorporés aux gens des finances et qui ont peu fait parler d'eux depuis 1589 : les quatre secrétaires du

1. Arch. nat., 120 AP 4, fol. 255.
2. *Ibid.*, 120 AP 3, fol. 118v°, 119v°, 124v°, 126, 185v°, 187v°, 249, 251v°, 252v°, 253, 289-290. – Bibl. nat., Ms. fr. 10407, fol. 26v°, 33v°, 34v°, 35.
3. Arch. nat., 120 AP 3, fol. 124v°.
4. *Ibid.*, fol. 179v° et 290.
5. *Ibid.*, fol. 290v°.

Conseil d'État et des finances, bien caractérisés depuis l'érection en titre d'office en 1576 de l'ensemble des charges de leurs collègues les secrétaires du Conseil d'État privé [1]. Leur service était organisé par trimestre et les règlements qui se sont succédé depuis 1589 ont tous spécifié que le secrétaire de quartier entrerait aux Conseils d'État et des Finances. Ils y tenaient donc un rôle essentiel. Après la mort d'Henri III, certains de ces postes de secrétaire changèrent de titulaires au fil des ans, mais l'on est mal renseigné sur ces successions, à la fois quant à l'identité des nouveaux venus et quant aux transactions auxquelles elles ont pu donner lieu soit de la part du Roi, soit entre particuliers. Un point non moins obscur est celui du caractère de leurs fonctions. Autant il est évident que, depuis leur édit de création en octobre 1576, les charges de secrétaire-greffier du Conseil privé étaient constituées en titre d'offices formés, autant le statut de celles de secrétaire du Conseil d'État et des finances apparaît ambigu à la fin du règne d'Henri IV. Les déclarations du 25 septembre et du 7 novembre 1576, l'édit d'octobre 1576 y faisaient allusion en les qualifiant d'« états, charges et commissions », sans jamais les appeler « offices », ce qui, au reste, correspondait au statut de commissaire du premier d'entre eux en 1552, Claude Burgensis. Mais leurs activités s'étaient accrues depuis de manière fort sensible, d'où l'essai hasardé en 1596 de flanquer ces quatre secrétaires du Conseil d'État de deux collègues supplémentaires. Suscitée probablement par les propositions de quelque financier, la tentative semble avoir tourné court [2]. Elle a dû dériver des besoins d'argent qui, plus que les nécessités de service, avaient servi de prétexte en 1594 et 1595 pour constituer en offices de « clercs-commis » les emplois des commis des secrétaires [3].

Concernant tous ces états et offices, on ne dispose de renseignements précis que pour les années 1605 à 1609. Les quatre secrétaires du Conseil d'État et des finances étaient alors les Srs Luillier d'Interville, Baudouin des Portes, Fayet et Blaise Méliand; ce dernier, en place depuis 1586, eut pour successeur en 1608 Jean de Flécelles. Leurs « gaiges ordinaires et augmentations à cause de leurs survivances », qui s'élevaient en 1605 à 3 000 livres par an, passèrent ensuite à 3 960 livres [4]. Luillier d'Interville et Fayet jouissaient en outre chacun

1. Voir *supra*, p. 84.

2. À la date du 8 août 1596, on lit dans le plumitif (reconstitué) de la chambre des comptes de Paris : « Sur les lettres patentes portant création de deux états de secrétaires des finances au Conseil d'État outre les quatre, et déclaration sur icelles, la chambre a ordonné qu'après que l'opposition sera vuidée audit Conseil, elle fera ce que de raison » (Arch. nat., P 2665, fol. 210). Il ne fut plus question ensuite de cette création. – De même un édit de mars 1605 portant création de vingt-six offices de conseiller notaire et secrétaire du Roi et de ses finances se heurta à une si vive opposition de la même chambre que son exécution paraît avoir été assez aléatoire.

3. La table des Mémoriaux (détruits) de la chambre des comptes de Paris indique parmi les enregistrements de novembre 1594 : « Création de clercs-commis au greffe du Conseil privé »; et parmi ceux d'août 1595 : « Création de quatre clercs-commis des secrétaires [du Conseil] d'Estat et des Finances » (Arch. nat., PP 122). Il semble qu'il n'ait été créé en 1594 que deux offices de clercs-commis des secrétaires-greffiers du Conseil privé.

4. Arch. nat., 120 AP 3, fol. 108; 120 AP 4, fol. 197v°; 120 AP 5, fol. 234; 120 AP 6, fol. 45v°; 120 AP 7, fol. 114v°.

d'une pension annuelle de 1 200 livres[1], et le même Fayet, ayant acheté l'un des offices de clercs-commis, l'avait uni à sa charge et en tirait un supplément de 600 livres l'an[2]. Dans les mêmes années, les quatre clercs-commis de ces Messieurs furent Jean Bachelier (remplacé en 1609 par Simon Repérant), Jean et Ambroise Leconte et le susdit Fayet, aux gages annuels de 600 livres[3].

Que la rémunération des secrétaires du Conseil d'État et des finances ait été égale à celle d'un secrétaire ou d'un principal commis du surintendant et supérieure à plus de la moitié de celle d'un intendant des finances atteste le poids et le rang de leurs activités au sein de l'administration supérieure des finances et du fonctionnement même de l'État. Mais ces émoluments officiels ne constituaient qu'une portion – et peut-être la moindre – du revenu qu'ils tiraient de leurs fonctions, car ils étaient en droit de percevoir des taxes lors de la délivrance des grosses d'arrêts du Conseil et de l'expédition des pièces de procédure et de bien d'autres actes, sans parler des gratifications occultes récompensant des services rendus ou des informations utiles. Ces profits divers passaient pour fort élevés et même un peu trop. À en croire, en effet, un mémoire remis à Bellièvre en 1599 au début de son cancellariat, ces charges étaient source d'enrichissements aussi substantiels qu'illicites et se négociaient donc fort cher :

> « Antiennement, ung seul secrétaire choisy faisoit facillement toute la charge des greffes des Conseilz privé et des Finances, et à présent la charge est divisée en huict greffiers : quatre des finances, lesquelz vendent à présent leurs offices chascun cent mil livres, et quatre des partyes, qui vendent chascun les leurs quatre-vingtz mil, prix qui faict justement soupsonner qu'èsdictes charges il s'y commect de l'abbus ; pour lequel augmenter et accroistre, ont esté créées en tiltre d'office des commis, lesquelz font toutes sortes d'exactions, tellement que pour trois ou quatre mil escus de finance, que les commis du Conseil des Partyes ont payé, ils font du pillaige chasque année pour plus de six mil escus [...], estant le bruict commung, véritable ou calomnieulx, que chascun desdicts commis a ung confident en chasque quartier. Il seroit donq expédient d'oster lesdicts commis et constraindre les greffiers en chef de les remplacer et de prendre des clercs, desquelz ilz seroient responsables comme antiennement. Et quant auxdicts greffiers, il seroit fort raisonnable que leurs taxes fussent modérées[4]. »

Même si, comme le reconnaissait avec loyauté l'auteur inconnu de ce réquisitoire, une rumeur publique est par elle-même de caractère « véri-

1. *Ibid.*, 120 AP 3, fol. 110 ; 120 AP 4, fol. 193 ; 120 AP 6, fol. 49. – Bibl. nat., Ve Colbert, 106, fol. 37v°-38.
2. Arch. nat., 120 AP 7, fol. 114v°.
3. *Ibid.*, 120 AP 3, fol. 108 ; 120 AP 4, fol. 197v° ; 120 AP 5, fol. 234 ; 120 AP 6, fol. 45v°. Les secrétaires-greffiers n'étaient alors que deux en charge : Louis Vizet et Alexandre Chauvelin.
4. Bibl. nat., Ms. fr. 16216, fol. 81-85. Ce mémoire n'est ni daté ni signé, mais d'après sa teneur il remonte aux premiers temps du cancellariat de Bellièvre en 1599. On remarquera que les charges des secrétaires du Conseil d'État et des finances y sont considérées comme des offices.

table ou calomnieux », il reste que la situation exposée à Bellièvre semble avoir été assez proche de la réalité et n'avoir guère changé ensuite. Dans les dernières années du règne d'Henri IV, il existait entre les secrétaires des Conseils et le monde des financiers des liens étroits, qui allaient encore se renforcer dans les décennies suivantes.

* *
*

Entre l'assassinat d'Henri III et celui d'Henri IV, la haute administration des finances a dû affronter bien des vicissitudes. Depuis 1589 jusqu'à la fin de 1594, elle a traversé une période de chaos, dont elle commença à émerger jusqu'au début de 1596, après quoi, sous l'influence d'abord discrète de Sully, elle tendit à se régénérer, surtout lorsque celui-ci fut investi de la surintendance en 1598, mais ce fut seulement à partir de 1605 qu'il parvint à la restructurer à fond. Au reste, quels qu'aient été les expédients dictés par les circonstances et par les hommes, les épreuves subies par cette administration n'ont pu altérer ses caractères originels.

Comme l'avait décidé François Ier en 1523, elle est restée sous la dépendance unique et directe du Roi et de son Conseil, quelques changements qu'ait connus l'organisation de celui-ci. Au prix d'expériences assez contrastées, elle a conservé son essence collégiale, héritée du Moyen Âge et renforcée en 1552. À la mort d'Henri III en 1589, on compte six intendants-contrôleurs généraux des finances, coiffés par un surintendant aux pouvoirs encore assez incertains. Au début de 1594, les charges d'intendant-contrôleur général sont érigées en titre d'office et on en crée huit ! Mais la même année, la mort du marquis d'O à la fin de novembre provoque la suppression de la charge personnelle de surintendant et l'établissement d'un Conseil de finances qui était comme une surintendance à plusieurs têtes. Arrangement provisoire : en février 1596, tous ces offices d'intendants-contrôleurs généraux sont abolis et leurs fonctions sont transférées à deux charges, l'une d'intendant et l'autre de contrôleur général, conférées chacune par commission. Les gens des finances n'avaient jamais été aussi peu nombreux depuis Henri II. De janvier 1597 à juillet 1599, puis d'octobre 1605 à juin 1608, un second intendant les rejoignit, mais au moment de la mort du Roi en mai 1610 Sully n'était assisté que de l'intendant Isaac Arnauld et du contrôleur général Gilles Maupeou. Collégialité restreinte donc, mais collégialité toujours, car ni le chancelier ni les secrétaires d'État n'étaient entourés de collaborateurs aussi proches, pénétrant avec eux dans les Conseils.

Le résultat le plus notable de ces péripéties institutionnelles a été, au temps de Sully, le renforcement et la consécration des pouvoirs et du prestige de la charge de surintendant, bien qu'Henri IV ne l'en ait pas revêtu par un acte en forme. Avec lui, le surintendant s'est imposé comme le seul ordonnateur des deniers du Roi, prérogative qui a hissé celui qui en jouissait vers les sommets de l'État. Ascension favorisée en outre par le soutien indéfectible que lui accorda Henri IV, par les capacités propres de Sully, par sa force de caractère, par sa hauteur de vues, par son ascendant personnel sur les hommes et les affaires et par le cumul de la surintendance avec d'autres charges éminentes, ce qui accroissait son champ et ses moyens d'action. Depuis 1605, dans le rôle si étendu qui fut le sien, le surintendant des finances a été au sein du gouvernement, quelles qu'aient été les différences ou les nuances de cérémonial, un ministre dont l'importance éclipsait bien souvent celle des secrétaires d'État et surtout minait celle du chancelier et cette menace sur la chancellerie est le trait le plus frappant de cette évolution.

Le contrôleur général ayant été suspecté sous les Valois de se poser en rival éventuel du surintendant et des intendants, son office avait été supprimé en 1573 et les fonctions en avaient été alors confiées aux intendants, qui les exerçaient tour à tour par quartier. Combinaison abandonnée en 1596, où l'on revint à un contrôleur général unique, mais investi de la charge non en titre d'office inamovible, mais par une commission annuelle renouvelable. La circonspection marquant cette solution illustre bien le rôle essentiel de l'étape constituée par le contrôle général dans le jeu des recettes et des dépenses de l'État.

Autre caractéristique originelle des gens des finances toujours bien vivace depuis Henri II : le seul fait d'être l'un d'eux, intendant ou contrôleur général, leur donne accès au Conseil, indépendamment de l'octroi de la dignité de conseiller d'État. Certes, dans leur subtilité protocolaire, les règlements précisaient que ces Messieurs pénétraient dans les Conseils non pour les « tenir », mais pour y « assister », y rapporter les affaires, y opiner et en appliquer, voire en mettre en forme les décisions. Mais, à long terme, cette appartenance statutaire au Conseil a eu de grosses conséquences, d'autant que les intendants des finances tendaient à y supplanter les maîtres des requêtes dans leur rôle de rapporteurs, ce qui chagrinait beaucoup ces officiers.

Dernière particularité stable des intendants des finances, le statut de commissaires, qui les constituait révocables du jour au lendemain, est demeuré le leur depuis 1552, mise à part la brève période durant laquelle, de janvier 1594 à février 1596, il a été celui, inamovible, d'officier. Au terme de ces deux années, le retour à la commission originelle est d'autant plus digne d'intérêt qu'il fut alors spécifié que celle-ci, éventuellement renouvelable, ne serait conférée que pour un an. La chambre des comptes s'appliquait avec une vigilance particulière au maintien de ce statut, ce en quoi elle faisait preuve de plus d'obstination que de lucidité. La vénalité, en effet, s'étant instaurée en pratique dans l'accession à ces commissions d'intendant, leur retrait ou leur renouvellement impliquaient le remboursement de la finance versée pour en être pourvu et, par suite, des combinaisons budgétaires susceptibles d'être considérées comme inopportunes, ce qui, sans rendre de telles commissions inamovibles, atténuait leur instabilité foncière.

Au mois de mai 1610, l'administration centrale des finances apparaissait à la fois transformée et identique à elle-même et, en définitive, consolidée. Non qu'Henri IV ait déployé pour la remettre sur pied et la faire fonctionner le même souci d'ordre et la même ardeur réglementaire que son prédécesseur, mais, par le soutien et la confiance dont il gratifia sans défaillance un surintendant combatif, méthodique et persévérant, il a permis à l'institution de retrouver stabilité et efficacité après les vicissitudes des guerres civiles et ainsi d'être en force d'affronter l'avenir, un avenir qui pouvait alors paraître inquiétant pour le rôle traditionnel du chancelier de France dans la gestion des deniers du Roi.

CHAPITRE V

1610-1643

La disparition brutale d'Henri IV le 14 mai 1610, alors que son successeur Louis XIII était mineur, allait imposer, comme en 1560, l'instauration d'une régence, phase souvent délicate dans la vie de la monarchie. À ce risque assez banal d'affaiblissement du pouvoir royal vint se joindre celui résultant des piètres capacités politiques de la Reine mère régente, Marie de Médicis. D'où bientôt le développement d'une crise gouvernementale, qui ne se dissipa complètement qu'à partir de 1624 avec l'ascension de Richelieu vers la charge de principal ministre de l'État. Entre l'avènement et la mort de Louis XIII, les conjonctures n'ont pas épargné les secousses aux institutions. La participation d'abord couverte, puis ouverte de la France à la guerre européenne, en imposant un effort fiscal sans précédent, a mis à l'épreuve l'ingéniosité et l'efficacité de l'administration suprême des finances. Mais les événements l'ont touchée surtout dans son personnel, affecté par des disgrâces et des changements variés, alors que son organisation foncière se révéla non seulement en état de faire face aux circonstances, mais apte à se renforcer en des temps difficiles.

* *
*

Henri IV fut assassiné le vendredi 14 mai 1610 vers quatre heures du soir. Présent aux côtés du Roi lors du crime, le duc d'Épernon courut aussitôt au parlement, dont le premier président fut averti d'autre part par le procureur général de la Reine, Louis Dollé. Marie de Médicis, en effet, entendait se prévaloir des dispositions que son époux venait de prendre à son sujet. À la veille d'aller à la tête de ses armées mener campagne dans l'Empire pour régler la succession de Clèves et de Juliers, Henri IV avait décidé que sa femme, assistée d'un Conseil spécial, exercerait la régence en son absence et Marie avait été sacrée à Saint-Denis la veille même du geste de Ravaillac. Aussitôt convoqué, le parlement arrêta séance tenante que la Reine serait régente du royaume pendant la minorité du Roi, « avec toute puissance et autorité ». Décision confirmée solennellement le lendemain au cours d'un lit de justice tenu par le jeune Louis XIII[1].

La Régente allait d'abord gouverner avec le concours des conseillers et ministres d'Henri IV, parmi lesquels les plus écoutés du défunt étaient Sully, Villeroy, le président Jeannin et le chancelier de Sillery. Sully, on s'en souvient, n'était alors assisté pour la surintendance des finances que d'Isaac Arnauld, comme intendant, et de Gilles Maupeou, comme contrôleur général. Par sa rudesse de caractère et par sa rigueur budgétaire, M. le surintendant s'était fait beauoup d'ennemis et ceux-ci entendaient bien prendre leur revanche. Un premier frémissement, encore modeste, de ces rancunes fut donné trois semaines à peine après le meurtre d'Henri IV par les maîtres des requêtes, qui décidèrent le 4 juin 1610 de présenter des remontrances à Louis XIII[2]. Adoptées le 29 juillet, elles réclamaient, entre autres choses, que, « suivant l'attribution de leurs charges, qui mesme a donné le nom à leurs offices, ils raportent toutes requestes, soit pour le faict de justice ou de finances, privativement à tous autres, limitant les autres charges à ce qui est de leur institution[3] ». Cette démarche n'a pas dû faire beaucoup de bruit en son temps, mais elle est fort significative pour l'historien, qui lui voit prendre avec ténacité la suite des récriminations adressées en vain à plusieurs reprises par ces officiers contre les intendants des finances sous Henri III et Henri IV[4] et aussi parce qu'elle est révélatrice des murmures suscités par la gestion exécutive des affaires.

Si, en dépit de ces remontrances, Sully n'avait rien à craindre des maîtres des requêtes, les motifs de soucis et d'irritation ne lui manquaient pas d'autre part. Sans parler du revirement de la politique extérieure, la conduite des finances lui devenait difficile. Depuis au moins le dernier trimestre de 1610, il avait dû accepter la désignation d'un second intendant des finances. Celui-ci, il est vrai, était un revenant : Dony d'Attichy, qui avait déjà occupé un tel poste de février 1592 à février 1596[5], mais qui était aussi, depuis plusieurs années, intendant de la maison et général des finances de la Reine. Surtout Sully ne pouvait compter sur l'appui de celle-ci, qui ne l'aimait guère et qui était soumise aux pressions de son entourage et des grands, dont l'avidité était stimulée par les millions d'écus amassés au trésor de la Bastille. Dans ces

1. Sur le règne de Louis XIII en général, on se reportera à : P. Chevallier, *Louis XIII roi cornélien* (Paris, 1979, in-8°); et V.-L. Tapié, *La France de Louis XIII et de Richelieu* (Paris, 1967, in-8°).
2. Arrêté des requêtes de l'hôtel du 4 juin 1610 (Bibl. nat., Ms. fr. 18234, fol. 358v°-359, copie; Bibl. Ass. nat., Ms. 1013, fol. 85v°, copie).
3. « Remonstrance des maistres des requestes au Roy pour estre conservé en leur antienne dignité »; 29 juillet 1610 (Bibl. nat., *ibid.*, fol. 361v°-367, copie, ce passage fol. 363v°; Bibl. Ass. nat., *ibid.*, fol. 86v°-88, copie).
4. Voir *supra*, p. 112-115 et 130.
5. Voir *supra*, p. 125-126. La signature de Dony d'Attichy sur des arrêts du Conseil apparaît pour la première fois sur des arrêts datés de Paris le 18 novembre 1610 (Arch. nat., E 28^A, fol. 372 et 373).

conditions, il demanda plusieurs fois sans succès à être déchargé des finances et enfin, après avoir préparé le budget de l'année à venir, il obtint, par brevet du 26 janvier 1611, de résigner la surintendance et aussi la capitainerie de la Bastille, moyennant l'octroi par le Roi d'un don de 300 000 livres et le maintien dans ses autres charges et fonctions[1]. Il se flattait, semble-t-il, que le gâchis dans lequel les finances promettaient de sombrer rendrait son rappel inéluctable, ce en quoi il se ménageait de grosses désillusions.

Sa retraite déclencha diverses mesures tendant, en principe, à replacer la conduite des finances plus nettement sous l'autorité directe de la Régente et du Conseil. Dès le 5 février 1611, fut promulgué un important règlement, qui commençait par poser « que la suppression de l'estat de superintendant des finances, faicte par le règlement de l'an 1594[2], dont aucun restablissement n'a esté faict depuis, tiendra ». Il statuait ensuite que ceux du Conseil « qu'il plaira à la Royne nommer seront commis et députés pour, avec le contrôleur général et les intendans, avoir le soing, maniement et direction desdictes finances un an durant, sauf à les continuer si ladicte dame Royne juge expédient de le faire pour le bien et service de Sa Majesté[3] ». Trois conseillers d'État, Charles de L'Aubespine de Châteauneuf, le président et historien Jacques Auguste de Thou et le président Jeannin, furent investis de la direction des finances. Mais Jeannin fut en plus choisi pour tenir aussi pendant un an « ladite charge et commission de nostre conseiller et controolleur général de nos finances », que lui cédait Gilles Maupeou, transféré dans celle d'intendant[4], ce qui porta à trois le nombre des intendants des finances. En fait, Jeannin reçut par cette combinaison « l'emploi principal des finances », dont, a-t-il relaté, la Régente « me donna charge sous le nom de contrôleur général, avec pareil pouvoir que si elle m'eût donné le titre de superintendant[5] ».

Messieurs des finances s'attelèrent aussitôt à leur tâche et, dès le 9 février suivant, signèrent les « Maximes » suivant lesquelles ils avaient « résolu de dresser les états du Roy des recettes générales de l'année 1611[6] », cependant que, le même jour, le Conseil adoptait un

---

1. Brevet daté de Paris le 26 janvier 1611 (Arch. Aff. étr., M.D. France, 768, fol. 163; copie). Sur l'éviction de Sully, voir B. Barbiche et S. de Dainville Barbiche, ouvr. cité, p. 327-336.

2. C'est-à-dire le « Règlement du Conseil des Finances » du 25 novembre 1594 (voir *supra*, p. 131-134).

3. Règlement en XVIII articles daté de Paris le 5 février 1611 (Bibl. nat., Ms. Clairambault 362, fol. 2, 8-10, orig.; publ., d'après une autre source, par R. Mousnier, « Les règlements du Conseil du Roi sous Louis XIII », dans *Annuaire-Bulletin de la Société de l'histoire de France,* années 1946-1947, n° I, p. 128-131).

4. Lettres patentes datées de Paris le 5 février 1611 (Bibl. Institut, Ms. Godefroy 310, fol. 244; copie).

5. « Discours apologétique fait par M. le président Jeannin de sa conduite durant les troubles de la Ligue et depuis sous les règnes du feu roi Henry-le-Grand et du Roi à présent régnant. 1622 », publ. par B. Petitot, dans *Œuvres mêlées du président Jeannin* (Paris, 1822, in-8°), p. 128-148, ce passage p. 146.

6. « Maximes suivant lesquelles Messieurs qui ont charge de l'administration des finances ont résolu de dresser les états du Roy des recettes générales de l'année 1611 », datées de Paris le 9 février (publ. par R. Mousnier, *Les Règlements...*, n° III, p. 133-135).

règlement « sur le faict des finances », qui reprenait et précisait les dispositions de celui du 5 février et en tête duquel il était proclamé que le Roi « ne pouvant désirer un meilleur ordre que celuy qui a esté pratiqué aux dernières années du règne du feu roy Henry quatriesme, son père, recognoissant la bonne administration qui a esté tenue tant pour l'augmentation de ses revenus en son domaine, fermes et impositions, qu'en la réduction de la despense, gages d'officiers, droictz, rentes et autres charges que Sa Majesté a à supporter sur le fonds de ses finances », entendait « faire suivre et entretenir cet ordre le plus exactement que faire se pourra[1] ». Toutes mesures amplifiées et renforcées le 21 juin par un nouveau et copieux « règlement des finances[2] ».

La résolution ainsi affichée de persévérer sans Sully dans la voie tracée par lui émanait de ceux qui avaient été associés à son œuvre : Châteauneuf, le président de Thou et Jeannin, ainsi que Maupeou et Arnauld, créatures de l'ancien surintendant. Et de fait divers témoignages attestent le rôle majeur alors tenu par Jeannin. Le 19 février 1611, par exemple, Messieurs des finances adressaient aux trésoriers de France de Caen « l'arrest du Conseil avecq la commission du Roy pour faire publier en l'estendue de vostre générallité [...] les droictz des cinq grosses fermes estre à bailler au Conseil de Sa Majesté au premier juing prochain pour six années suivantes et consécutives [...]. Desquelles publications et proclamations vous dresserez voz procès-verbaulx, èsquelz vous incérerez les enchères qui se feront par dessus les offres dudict Montceau, que vous envoierez à Monsieur le président Janyn, conseiller au Conseil d'Estat et controolleur général des finances[3] ». Peu après, les mêmes officiers étaient avertis par les mêmes signataires de « l'intention du Roy par la dépesche que nous vous envoyons. Nous vous prions d'y vacquer en toute diligence et dans le temps et la forme qu'il vous est mandé, envoyant à Monsieur le président Janyn, conseiller au Conseil d'État et controolleur général des finances, l'estat que vous en dresserez, avec vostre advis[4] ». Pour le contrôle général, Jeannin perçut 6 000 livres par an, en plus de 2 000 de gages du Conseil et 12 000 de pension[5], à quoi s'ajoutaient des gratifications extraordinaires, révélatrices de son rôle de principal dirigeant des finances : il

1. « Règlement sur le faict des finances », daté de Paris le 9 février 1611, publ. *ibid.*, n° IV, p. 136-140.

2. « Règlement des finances faict en suicte du règlement de la direction des finances du cinquiesme jour de febvrier dernier », daté de Fontainebleau le 21 juin 1611 (Bibl. nat., Ms. fr. 16626, fol. 12-19, orig. ; publ., d'après une autre source, par R. Mousnier, *Les Règlements...*, n° V, p. 140-144).

3. Messieurs des finances aux trésoriers de France à Caen ; Paris, 19 février 1611 (Arch. dép. Calvados, 4 C 97 ; orig. signé « De Laubespine. J.A. de Thou. P. Jeannin. Dony. G. Maupeou. Arnauld ».

4. Messieurs des finances aux trésoriers de France à Caen ; Paris, 12 mars 1611 (*ibid.*, orig. signé des mêmes).

5. Comptes de l'Épargne de 1611 (Bibl. nat., N.a.f. 22247, fol. 155v° ; notes de Lancelot). Quittance au trésorier de l'Épargne du 25 décembre 1612 (*ibid.*, Pièces orig., doss. 36199, n° 5 ; orig.).

reçut ainsi, au titre de 1612, la somme de 15 000 livres, « dont Sa Majesté nous a fait don en considération des grandz, agréables et recommandables services que nous avons renduz et rendons journellement au maniement des plus importantes affaires de l'Estat et pour nous donner moyen de continuer et supporter les grandes despences que nous sommes contrainct faire à ceste occasion[1] ». Maupeou, Arnauld et Dony d'Attichy percevaient alors par an chacun 8000 livres pour leur intendance et leurs gages du Conseil et une pension de 3 600 livres[2].

Si louables et sincères que fussent les bonnes intentions professées par Jeannin et ses collègues, les pratiques gouvernementales sous Marie de Médicis furent caractérisées par le manque d'une autorité régulatrice. On fut bientôt choqué par la rapide fortune que conquérait à la cour un obscur ménage d'Italiens, les Concini, dont la femme, Leonora Galigaï, avait suivi jadis en France la Reine, sa sœur de lait. Le mari était d'une audace et d'une avidité étonnantes : nommé conseiller d'État dès le 26 juillet 1610, il reçut la même année la charge de premier gentilhomme de la chambre, le gouvernement de Roye, Péronne et Montdidier, une pension de 64 000 écus et la Régente lui acheta pour 330 000 livres le marquisat d'Ancre, à quoi s'ajoutèrent en 1611 la lieutenance générale de Picardie et le gouvernement d'Amiens et en octobre 1613 le bâton de maréchal. D'autre part, le procureur général de la Reine, Louis Dollé, promu conseiller d'État le 26 juillet 1611[3], semble bien avoir été, en cette qualité, affecté au Conseil de direction des finances institué le 5 février précédent. Sa signature, en effet, apparaît en 1611 et 1612 avec celles des autres gens des finances au bas de certaines lettres[4] et d'arrêts du Conseil[5].

Sully écarté du pouvoir, Marie de Médicis fit surtout confiance parmi les serviteurs du feu Roi à Villeroy et, pour les finances, à Jeannin, tout en subissant l'influence de Concini qui, depuis la fin de 1613, fut communément appelé « le maréchal d'Ancre ». Les mouvements d'opposition, après avoir affecté en 1611 les huguenots et les officiers, furent ensuite le fait de la noblesse et du parti des princes mené par Condé, violemment hostile aux Concini. En février 1614, les princes rompirent avec le gouvernement, quittèrent la cour et prirent les armes. La Régente préféra recourir à la conciliation plutôt qu'à la force et un traité signé le 15 mai 1614 à Sainte-Menehould par ses négociateurs accorda aux princes à peu près tout ce qu'ils réclamaient, en particulier la réunion des états généraux, qui seraient convoqués à l'automne.

1. Quittance de Jeannin au trésorier de l'Épargne du 31 décembre 1612 (*ibid.*, n° 8; orig.).
2. Arch. nat., KK 201^{B}, fol. 2v°-3 (« Pentions, gaiges, estats et appointemens » payés en 1612 par le trésorier de l'Épargne).
3. Comptes de l'Épargne de 1611 (Bibl. nat., N.a.f. 22247, fol. 156; notes de Lancelot).
4. Messieurs des finances aux trésoriers de France à Caen; Paris, 10 février 1612 (Arch. dép. Calvados, 4 C 97; orig. signé « De Laubespine. J.A. de Thou. P. Jeannin. Dony. G. Maupeou. L. Dollé. Arnauld ».). – Les mêmes aux mêmes; Paris, 22 mars 1613 (*ibid.*, orig. signé « De Laubespine. Arnauld. L. Dollé »).
5. Arrêts du Conseil datés de Paris le 9 août 1611 (Arch. nat., E 32^{A}, fol. 68 et 72).

Pendant cette période confuse, l'administration des finances est restée stable avec à sa tête le Conseil de direction, Jeannin surintendant de fait dans le poste de contrôleur général, et trois intendants des finances : Maupeou, Arnauld et Dony d'Attichy, ce dernier remplacé à sa mort au début de 1614 par Louis Dollé[1]. Leurs commissions leur avaient été décernées au départ pour une année, mais leur maintien en fonction atteste qu'elles furent prorogées régulièrement.

Le 27 septembre 1614, Louis XIII entra dans sa quatorzième année et, en droit, devint majeur. Il alla le 2 octobre tenir lit de justice au parlement de Paris pour la proclamation de sa majorité, cérémonie au cours de laquelle il déclara qu'il faisait sa mère chef de son Conseil, ce qui signifiait qu'elle allait conserver la direction des affaires. Puis il présida le 27 octobre la séance d'ouverture des états généraux et ensuite celle de leur clôture le 23 février 1615. En écho aux débats des états fut promulgué le 21 mai 1615 un long règlement des Conseils, dont les cinquante et un articles détaillaient les compétences et la composition du Conseil des Affaires, du Conseil d'État et des finances, du Conseil privé et du Conseil de direction des finances[2]. Il prévoyait notamment (art. XII) qu'« audit Conseil d'État et des finances entreront trois maîtres des requêtes qui seront nommés par Monsieur le chancelier et changeront tous les quartiers, lesquels feront rapport des requêtes et instances auxquelles ils auront été commis. Les princes du sang, cardinaux, autres princes, ducs, pairs et officiers de la couronne, secrétaires d'État, ceux du Conseil de la direction et intendants des finances auront entrée, séance et voix délibérative audit Conseil ». Les gouverneurs et lieutenants généraux des provinces y entreraient avec séance et voix délibérative « quand il sera question du fait de leur charge » et le chevalier d'honneur de la Reine y aurait aussi accès. On remarque, d'une part, le rôle assigné aux maîtres des requêtes, sans doute pour tenir compte de leurs représentations, et, d'autre part, la distinction posée avec netteté entre le Conseil d'État et des finances et le Conseil de la direction en place depuis janvier 1611.

La mise en œuvre de ces belles dispositions risquait fort d'être entravée par les circonstances. Au lendemain des états généraux, les cours supérieures se mirent bientôt à s'agiter et les gentilshommes et les princes entraînés par Condé revinrent à leurs « brouilleries », auxquelles Sully ne fut pas étranger[3]. La question de l'administration des finances

1. Commission d'intendant des finances pour Louis Dollé, datée de Paris le 7 janvier 1614 (Bibl. nat., Ms. fr. 10815, fol. 120; formulaire). Commission décernée « à cause du décedz survenu en la personne du S[r] d'Attichy » et accordée pour un an.

2. Règlement daté de Paris le 21 mai 1615 (publ. par R. MOUSNIER, *Les Règlements...*, n° VII, p. 146-152).

3. Il semble que, pendant les états généraux, Marie de Médicis ait tenté d'amadouer Sully. Lorsque celui-ci s'était démis de la surintendance en janvier 1611, il avait été gratifié par le Roi d'un don de 300 000 livres (voir *supra*, p. 165), duquel, quatre ans après, il n'avait pas encore touché un sol. Sur ses représentations, un arrêt du Conseil du 29 janvier 1615 ordonna qu'il en serait

fut alors agitée. Villeroy eut en juillet des conversations avec Condé au sujet de l'application du règlement du Conseil du 21 mai et rendit compte à la Reine mère des points sur lesquels portaient les observations et les revendications du prince, qui désirait en particulier que les arrêts du Conseil d'État et des finances fussent signés de lui, lorsqu'il y viendrait siéger, et des plus anciens conseillers de robe longue. Cette proposition fut rejetée par le Roi, « comme aussy en ce qu'il s'est laissé entendre qu'il estimoit estre expédient d'establir ung superintendant des finances et que il vous a sur ce nommé le duc de Sully, estant chose à laquelle je ne me puis résouldre pour le présent, pour les considérations que vous pouvez assez juger et que je luy feray plus particulièrement entendre lorsqu'il sera près de moy [1] ». Sully semble donc avoir alors tenté, par Condé interposé, de reprendre la surintendance.

Malgré une situation aussi tendue, Marie de Médicis ne crut pas pouvoir différer le voyage de Louis XIII en Guyenne pour la célébration de son mariage avec l'infante Anne d'Autriche, d'autant que ce déplacement procurait l'avantage de parcourir, à l'aller et au retour, plusieurs provinces et, en y montrant le Roi, de stimuler le loyalisme des populations. La cour quitta Paris pour cette grande tournée le 17 août 1615, après qu'il eut été pourvu au maintien de l'ordre et à l'expédition des affaires dans la capitale, menacée par les mouvements de l'armée des princes et privée de la présence des souverains, du chancelier, de Jeannin et d'autres ministres et conseillers.

Ce fut l'occasion de désigner un quatrième intendant des finances, Charles Duret de Chevry, président en la chambre des comptes et vieil ami de Sully [2], aussitôt appelé à une mission de confiance. Isaac Arnauld et ce nouveau collègue reçurent du Roi, en raison de l'absence du chancelier de Sillery, « qui vient avec nous en nostre voyage de Bourdeaux », « pouvoir [...] et à l'un de vous en l'absence de l'autre, d'expédier vos constrainctes sur vostre seing sur les certiffications des trésoriers de nostre Espargne ou de leurs commis, en vertu desquels et de la copie collationnée de ces présentes [...], nous voulons lesdits fermiers, receveurs et autres redevables à nostre Epargne estre constraincts au payment des sommes y contenues par toutes voyes dûes et raisonnables, comme pour nos propres deniers et affaires [3] ».

---

payé, à raison de 100 000 livres par an, à partir de janvier 1615 (Arch. nat., E 48^{A}, fol. 176-177). Sur cet épisode de la vie de Sully, voir B. Barbiche et S. de Dainville Barbiche, ouvr. cité, p. 353-355.

1. Louis XIII à Villeroy; Paris, 14 juillet 1615 (Bibl. Institut, Ms. Godefroy 268, fol. 18-20; orig.).

2. Commission datée [de Paris le 8 août 1615] (Arch. nat., O^{1} 9, fol. 124v°-125; copie ne mentionnant pas la date, qui est indiquée par Bibl. nat., Pièces orig., 1042, et Doss. bleus, 244). La commission était « valable tant qu'il nous plaira ». Duret de Chevry avait épousé en premières noces la veuve de Jean de Viene. Sur le personnage, voir Tallemant des Réaux, *Historiettes*, t. I, p. 170-174; et B. Barbiche et S. de Dainville Barbiche, ouvr. cité, p. 606-607.

3. Pouvoir à Mrs Arnauld et Duret de Chevry daté de Paris en août 1615 (Arch. nat., O^{1} 9, fol. 124; copie. – Cette copie n'indique pas la date, qui ne peut être qu'identique ou très peu postérieure à celle de la commission citée à la note précédente.).

En fait, si l'on en croit Arnauld d'Andilly, premier commis de son oncle Isaac Arnauld, ce fut sur celui-ci que la Reine mère « se reposa de la principale conduite des affaires dans Paris et du soin de pourvoir à tant de dépenses qui pressoient de tous côtés [...]. M. Arnauld étant donc demeuré avec ce pouvoir, il fit tout ce qu'il put pour faire que M. de Liancourt, gouverneur de Paris, et M. de Verdun, premier président du parlement, vécussent en bonne intelligence, et cela lui réussit quelques jours. Mais ils se rebrouillèrent aussitôt et ainsi, nul d'eux ne pouvant aller chez l'autre, ni demeurer d'accord du rang de leurs signatures, il fallut faire toutes les expéditions doubles et il les signoit avec eux. Feu M. le cardinal de Retz, qui n'étoit alors qu'évêque de Paris, étoit de ce petit conseil, comme aussi M. Molé, procureur général et depuis garde des sceaux, et M. le président de Chevry, intendant des finances, en fut aussi durant quelques jours, après lesquels il alla au voyage[1]. Je faisois en leur présence, sur le bout de la table, toutes ces lettres et ces expéditions, dont le nombre étoit presque incroyable, parce qu'une partie des villes d'alentour de Paris étant menacées et dépourvues de toutes les choses nécessaires pour leur défense, et l'armée des princes étant venue jusqu'à Dammartin, on avoit recours de toutes parts à ce petit conseil, qui étoit aussi obligé de pourvoir en même temps à plusieurs choses nécessaires pour l'armée du Roi[2] ».

Couronnement de la politique extérieure menée depuis la mort d'Henri IV, le mariage de Louis XIII et d'Anne d'Autriche fut célébré à Bordeaux le 28 novembre 1615. La Reine mère en conçut tant de satisfaction qu'elle préféra écouter ceux qui, dans le Conseil, préconisaient un règlement amiable plutôt que la guerre pour mettre fin à la rébellion des princes. Elle fit signer une trêve pour le mois de février et envoya Villeroy et quelques fidèles (dont Duret de Chevry) négocier en Poitou, pendant qu'elle s'installait à Tours avec la cour. Longues et difficiles, les tractations aboutirent le 3 mai 1616 au traité de Loudun, par lequel Condé accepta de licencier ses troupes, mais en échange de lourdes concessions : outre l'octroi de la charge de gouverneur de Berry et de grosses indemnités pour lui et ses affidés, il obtenait l'éviction du maréchal d'Ancre du gouvernement d'Amiens et pour lui-même une place éminente au Conseil et le droit d'en signer les arrêts[3]. Le 16 mai, le Roi et la cour effectuèrent leur entrée à Paris, où Condé vint s'installer le 17 juillet, accueilli par le public avec beaucoup de chaleur. Il entendit alors

1. Au début d'octobre 1615, Duret de Chevry était en effet présent à Bordeaux. Un arrêt du Conseil daté de cette ville le 10 octobre ordonna qu'il serait remboursé de la somme de 38 000 livres qu'il avait avancée au Roi, à court d'argent, après l'avoir empruntée à cette fin « en son propre et privé nom », au maréchal de Roquelaure, lieutenant général en Guyenne (Arch. nat., E 51, fol. 128-129; arrêt signé « Brûlart. P. Jeannin. G. Maupeou ».).

2. Arnauld d'Andilly, *Mémoires,* t. I, p. 367-368.

3. « Règlement du Conseil projeté avec Monseigneur le Prince en la conférence de Loudun et veu et rapporté en présence du Roy et de la Reyne sa mère et de Monseigneur le chancelier », daté d'avril 1616 (publ. par R. Mousnier, *Les Règlements...,* n° VIII, p. 153-155). Ce règlement reprenait, avec quelques différences obtenues par Condé, celui du 21 mai 1615.

diriger le Conseil, se montrant si arrogant et présomptueux que Marie de Médicis, conseillée notamment par Sully, jugea la situation intenable et le fit arrêter le 1er septembre.

Guerre des princes, voyage de Guyenne et mariage du Roi, conférences de Loudun, emprisonnement de Condé : tous ces concours de circonstances agirent inévitablement sur les hommes et sur les institutions, en plus des faits divers. Pendant le séjour de la cour à Tours, Louis Dollé mourut en mars 1616. « J'ay parlé à Sa Majesté [la Reine mère] de l'office d'intendant au lieu de feu Monsieur Dollé, manda Jeannin à Villeroy. Elle diffère à remplir ceste place. Et ne peux dire quel conseil Elle y prendra, sinon qu'à mon advis, ayant perdu un serviteur particulier et comme domestique, Elle y voudra mettre un autre de mesme qualité[1] ». Cette indécision se prolongea et le poste ne fut rempli que plus tard. Les autres changements reflétèrent l'affrontement des partis. Dès le 26 avril à Tours, le chancelier Brûlart de Sillery avait dû rendre les sceaux au Roi. Lors du retour de la cour à Paris, le premier président du parlement d'Aix, Guillaume du Vair, fut nommé garde des sceaux le 16 mai. Quatre jours après, le 20, le contrôle général des finances fut retiré à Jeannin et confié à Claude Barbin[2], qui avait succédé à Dony d'Attichy dans la charge d'intendant de la maison et général des finances de la Reine mère. Peut-être fut-ce alors que, en compensation, Pierre de Castille, maître des requêtes et gendre de Jeannin, fut désigné pour occuper la place d'intendant des finances vacante depuis la mort de Dollé. Villeroy, de son côté, s'était retiré à Conflans. Après la venue de Condé à Paris, le secrétaire d'État Brûlart de Puisieulx fut exilé le 9 août et son département confié à Claude Mangot[3].

L'arrestation de Condé fut la revanche de Concini, devenu maître du gouvernement. Le 25 novembre 1616, les sceaux furent ôtés à du Vair et remis à Mangot, dont la charge de secrétaire d'État échut à l'évêque de Luçon, M. de Richelieu. Les Concini, selon Arnauld d'Andilly, « avoient si bien mis M. Barbin dans l'esprit de la Reine mère que, sur la fin de 1616, il n'exerçoit pas seulement la charge de surintendant des finances sous le nom de contrôleur général, mais étoit plus puissant que nul autre dans les affaires [...]. Comme il étoit nouveau dans la conduite des finances, il supplia la Reine mère de commander à M. Arnauld l'intendant de l'y assister et tous deux ensemble me chargèrent de travailler non seulement à l'état général des finances pour 1617, mais aussi

1. Jeannin à Villeroy; Tours, 30 mars 1616 (Bibl. Institut, Ms Godefroy 268, fol. 96-97; orig.).

2. Les comptes de l'Épargne de 1616 attestaient que les gages et entretenement de Barbin comme contrôleur général lui avaient été assignés depuis le 20 mai 1616 (Bibl. nat., N.a.f. 22247, fol. 183; notes de Lancelot).

3. D'après un mémoire généalogique sur la famille Vignier, fut expédié le 13 août 1616 un brevet par lequel le Roi accordait à Jacques Vignier, maître des requêtes, « la réserve de la première charge d'intendant des finances qui viendroit à vacquer » (Bibl. nat., Cabinet d'Hozier, 334, doss. 9379, fol. 32). Cette expectative n'eut aucune suite et Vignier fut nommé le 2 septembre 1617 surintendant des maison et affaires du prince de Condé. On le rencontre en 1626 conseiller ordinaire en la direction des finances (*ibid.*, N.a.f. 895, fol. 63).

à tous les états qui en dépendent et que l'on nomme les états de l'Épargne[1] ». C'est à ce moment qu'Isaac Arnauld, estimant que son neveu avait acquis à ses côtés l'expérience et l'entregent faisant de lui son digne successeur, résolut de lui donner sa charge d'intendant. Et même, relate d'Andilly, il « m'en passa une démission par-devant notaire, qu'il me mit entre les mains, voulant se réserver seulement une place au Conseil[2] ». Ce précieux document fut mis en attente pour être produit au moment opportun.

Ayant pris conscience dans sa solitude silencieuse que son pouvoir était bafoué et mis en danger par les éclats despotiques de Concini, le jeune Louis XIII résolut d'en finir avec le personnage en le faisant arrêter, comme Marie de Médicis l'avait fait pour Condé. Concini ayant voulu résister à ceux qui avaient mission de se saisir de lui, il fut tué le 24 avril 1617. Sa disparition et l'éloignement de la Reine mère, reléguée à Blois, mirent fin à cette phase du règne consécutive à l'assassinat d'Henri IV.

* *
*

Le 24 avril 1617, devant le cadavre de Concini, Louis XIII se crut libre de toute tutelle et, à seize ans et demi, se sentit enfin roi. Dans les heures mêmes qui suivirent l'événement, il rappela les hommes en qui il avait confiance, les vieux ministres, les anciens serviteurs de son père, ceux qu'on appelait « les barbons » : Villeroy, le chancelier de Sillery pour présider les Conseils, mais sans les sceaux retirés à Mangot et restitués à du Vair, Puisieulx réintégré dans son secrétariat d'État, Richelieu étant chassé du sien. Aux finances, Jeannin fut – officiellement cette fois – investi de la charge de surintendant, mais, semble-t-il, comme Sully l'avait été jadis, c'est-à-dire sans que sa nomination ait été instrumentée par un acte écrit. Quant à Barbin, il fut emprisonné et le contrôle général confié à Maupeou, les autres intendants des finances (Arnauld, Castille et Duret de Chevry) restant en place. Mais en fait, selon le constat d'Arnauld d'Andilly, « toute la faveur et le crédit passèrent en un moment à M. de Luynes, qui avoit eu la principale part dans le dessein de la mort du maréchal d'Ancre[3] ». À ce dernier, favori de la Reine mère, succédait le favori du Roi.

Petit gentilhomme provençal, maître de la fauconnerie du Roi, Luynes avait su acquérir l'amitié du jeune Louis XIII, délaissé par sa mère et passionné de chasse au vol et de vénerie. Il fut avec Déageant l'âme du complot royal qui aboutit à l'élimination de Concini et fut ainsi poussé sur le devant du théâtre. On eut bientôt des preuves de son ascendant sur

1. Arnauld d'Andilly, *Mémoires*, t. I, p. 369-370.
2. *Ibid.*, p. 369.
3. *Ibid.*, p. 371.

les affaires et sur la distribution des charges. Dès le 15 mai 1617, en effet, Déageant fut breveté conseiller d'État et créé intendant des finances, cette dernière nomination explicable peut-être par le fait que Maupeou était trop pris par le contrôle général pour exercer pleinement son intendance. Mais le 31 août suivant Louis XIII décernait à Déageant un brevet par lequel il lui permettait d'« assister le sieur de Luynes tant aux affaires de Sa Majesté qu'aux siennes particulières[1] ». Quelques semaines plus tard, précédant de peu dans la tombe Villeroy (décédé le 12 novembre), l'intendant Arnauld trépassa de mort subite avant d'avoir pu accomplir sa promesse de céder sa charge à son neveu d'Andilly. Mais, rapporte celui-ci, « M. le chancelier de Sillery, M. de Villeroy et M. le président Jeannin dirent au Roi, ce dernier portant la parole, qu'ils croyoient que Sa Majesté ne pouvoit mieux faire que de me donner la charge de mon oncle et [...] Sa Majesté n'eut point de peine à l'accorder[2] ». Luynes acquiesça d'abord à ce choix, puis, sous diverses pressions et devant l'hostilité de Pierre de Castille, se ravisa et la commission d'intendant des finances d'Isaac Arnauld échut non pas à d'Andilly mais à l'un des secrétaires du Conseil d'État et des finances, Pierre Baudouyn, Sr de Soupir et des Portes.

Quant à ce « titre de superintendant que le Roi [...] m'atttribua aussitôt qu'il fut entré au gouvernement du royaume », explique Jeannin, « je l'exerçois toujours, tant durant la régence de la Reine mère que depuis, non en particulier mais en commun avec M. le chancelier, M. le garde des sceaux, quand il y en a eu un, quelques-uns des anciens du Conseil et les intendans, ayans estimé que j'en devois user ainsi sous la foiblesse d'une régence et la minorité d'un jeune roi, pour, en faisant bien et comme en public, éviter l'envie et médisance qui suit volontiers ceux qui sont employés en pareilles charges, quoique souvent bien innocens [3] ». Une méthode de travail qui se situait assez dans la tradition de Bellièvre auprès d'Henri III.

La prépondérance de Luynes suscita bientôt les mêmes réactions que naguère celle de Concini. Après l'assemblée des notables tenue à Rouen du 4 au 28 décembre 1617, l'opposition des grands ne tarda pas à se reformer, renforcée en février 1619 par l'évasion de la Reine mère du château de Blois, qui déclencha la première « guerre de la mère et du fils », terminée dès la fin d'avril. Cet épisode a pu être à l'origine des changements alors opérés dans les finances. Il y eut d'abord un règlement du 5 août 1619 visant à préciser les attributions respectives des intendants des finances et des membres du Conseil de la direction[4]. La

1. A. Helly, *Guichard Déageant, conseiller d'État, intendant des finances, premier président de la chambre des comptes de Dauphiné. 1574-1645* (Grenoble, 1914, in-8°), p. 54-55.
2. Arnauld d'Andilly, *Mémoires*, t. I, p. 372-373.
3. Jeannin, *Discours apologétique...*, p. 146-147.
4. Règlement daté de Tours le 5 août 1619 (publ. par R. Mousnier, *Les Règlements...*, n° X, p. 156-158).

réorganisation qu'il inférait était sans doute liée au départ de Déageant. Celui-ci avait perdu la faveur de Luynes et, sous couvert de le charger de seconder le duc de Lesdiguières, lieutenant général de Dauphiné, on se débarrassait de lui en l'envoyant dans cette province (son pays natal). Nommé à cette fin le 15 avril 1619 premier président de la chambre des comptes de Grenoble, Déageant fut assuré le 13 août de la continuation de ses appointements de 15 000 livres comme conseiller d'État et intendant et secrétaire des finances[1].

Ces mesures préludaient à une autre plus frappante : le changement de surintendant. Le 6 septembre 1619, la démission de Jeannin, qui, en raison de son âge, avait déjà plusieurs fois demandé à être déchargé du fardeau des finances, fut acceptée par un brevet du Roi par lequel, « mettant en considération les longz et laborieux services dudit Sr Jeannin [...] et luy voulant donner le moyen de les continuer et supporter les dépenses nécessaires à la suitte de la cour », Sa Majesté ordonnait « que les mesmes estatz et entretenemens qu'il souloit percevoir pendant qu'il exerceoit ladite charge et commission de superintendant, lesquels reviennent à XXVI^m livres, luy soient conservés et payés chacun an sa vie durant sans aucune discontinuation[2] ». Désigné le même jour, son successeur était Henri de Schomberg, comte de Nanteuil, conseiller d'État, gouverneur de la Marche et lieutenant général en Limousin, qui venait de commander l'armée royale pendant la querelle de la mère et du fils.

Sa nomination fut instrumentée en deux temps. Le 6 septembre 1619 fut dressé un brevet par lequel le Roi l'établissait « superintendant de sesdites finances[3] » et le lendemain furent scellées des lettres patentes qui exprimaient la même décision[4]. Il fut donc investi de ses fonctions par des actes royaux en forme. En outre, par un second brevet du 6 septembre, Louis XIII ordonna qu'il prendrait « désormais scéance dans tous ses Conseilz, immédiatement après les officiers de sa couronne[5] ». M. de Schomberg avait une expérience de diplomate et d'homme de guerre plutôt que de financier. Aussi, dans l'heure même de sa désignation, le duc de Luxembourg, un des frères de Luynes, vint-il aborder Arnauld d'Andilly, présent au lever du Roi, pour lui déclarer : « Je vous apprends une nouvelle : c'est que M. le comte de Schomberg est surintendant des finances au lieu de M. le président Jeannin; mais j'ai sur cela une autre chose à vous dire, c'est qu'il a une telle estime pour vous,

1. Accordée par brevet du 13 août 1619, cette continuation fut confirmée et agencée par arrêt du Conseil daté de Tours le 22 août suivant (Arch. nat., E 62^B, fol. 169-170). Voir A. HELLY, ouvr. cité. Les gages de la première présidence de la chambre des comptes de Dauphiné n'étaient que de 1200 livres par an (ARNAULD D'ANDILLY, *Mémoires*, t. I, p. 390).

2. Brevet daté de Tours le 6 septembre 1619 (Arch. Aff. étr., M.D. France, 38, fol. 313v°-314; formulaire). Jeannin était alors âgé de soixante-dix-neuf ans.

3. Brevet daté de Tours le 6 septembre 1619 (Bibl. nat., N.a.f. 7226, fol. 353; copie).

4. Commission datée de Tours le 7 septembre 1619 (*ibid.*, fol. 357-358; copie). – Sur l'expédition de ces deux actes et sa signification, voir *infra*, p. 191, note 2.

5. Brevet daté de Tours le 6 septembre 1619 (*ibid.*, fol. 355; copie).

qu'il désire avec passion que vous vouliez bien accepter le principal emploi auprès de lui pour le soulager en cette charge, dans laquelle il veut prendre une entière confiance en vous, et M. de Luynes vous en prie ». Sur quoi l'interpellé passa dans la chambre de Luynes, où il trouva M. de Schomberg et accepta sa proposition [1]. Avec le titre de premier commis, Arnauld d'Andilly allait tenir le rôle de fondé de pouvoir du surintendant. Presque en même temps que la surintendance, le contrôle général changea aussi de mains : Maupeou s'en défit au bénéfice de Pierre de Castille, qui en fut investi le 25 septembre [2], l'un et l'autre conservant leurs fonctions respectives d'intendants des finances.

Une nouvelle prise d'armes ayant éclaté en juin 1620, l'armée royale dispersa celle des princes et le traité d'Angers, conclu le 10 août grâce aux bons offices de Richelieu, scella la réconciliation du Roi et de sa mère. Puisqu'ils avaient alors des troupes sous la main, Louis XIII et Luynes résolurent de les utiliser pour en finir avec la résistance des protestants du Béarn, ce qui leur fut aisé, mais déclencha l'agitation huguenote qu'il leur fallut réduire les années suivantes, durant lesquelles plusieurs remaniements affectèrent les charges des finances et aussi celles du gouvernement, marquées par une hécatombe de gardes des sceaux. Le 2 avril 1621, Luynes fut créé connétable de France, marque de faveur éclatante. Puis, annonça le Roi au chancelier à la fin de juin, Maupeou « ayant désiré se retirer de l'ambarras de la cour et se donner quelque repos après de si longs et continuelz services qu'il a renduz au feu Roy, mon seigneur et père, et à moy [...], je luy ay bien volontiers permis non de se retirer de tout, car je désire que, aultant que son aage et sa santé luy pourront permettre, il me continue sesdits services en mon Conseil d'Estat et direction de mes finances et que vous l'y appelliez à Paris pendant mon absence, conformément au brevet que je luy en ayt faict expédier [3] ». Maupeou conservait donc sa place au Conseil. Là-dessus, alors qu'il accompagnait Louis XIII au siège de Nérac, du Vair mourut à Tonneins le 3 août et, sur-le-champ, par simple commission verbale, Luynes fut nommé garde des sceaux. Il réalisait ainsi un cumul de fonctions sans précédent, mais pour peu de temps, car une méchante fièvre le fit succomber le 15 décembre dans la bourgade de Monheurt en Agenais. Merry de Vic reçut le 24 les provisions de garde des sceaux. Ces campagnes à la suite du Roi étaient éprouvantes pour de vénérables hommes de robe : Vic mourut à Pignan, près de Montpellier, le 2 septembre 1622. Nommé le 23 du même mois, son successeur Louis Lefèvre de Caumartin ne lui survécut guère, étant décédé à Paris le 21 janvier 1623. Les sceaux furent alors restitués au chancelier Brûlart de Sillery. On notera qu'avant de recevoir les sceaux, Vic et Caumartin siégeaient depuis longtemps au Conseil de la direction des finances.

1. ARNAULD D'ANDILLY, *Mémoires*, t. I, p. 391-392.
2. Commission datée du 25 septembre 1619 (Arch. nat., O^1 9, fol. 126v°-127 ; copie).
3. Le Roi au chancelier Brûlart de Sillery ; Cognac, 30 juin 1621 (Arch. Aff. étr., M. D. France, 774, fol. 66 ; orig.).

À une date difficile à préciser, un nouvel intendant rejoignit alors Messieurs des finances : Thomas Le Clerc. Peut-être fut-il choisi pour remplir la place vacante par la mise à l'écart de Déageant[1]. Lorsque Maupeou se retira en juin 1621 de son poste d'intendant des finances, celui-ci échut à l'un des quatre secrétaires du Conseil d'État et des finances, Claude Malier, sieur du Houssay, un fidèle de Sully[2]. Cinq intendants des finances étaient donc en fonctions à ce moment : Baudouyn de Soupir, Castille, Duret de Chevry, Le Clerc et Malier du Houssay. L'un d'eux connut bientôt une mésaventure pénible : à la fin de 1622, Pierre de Castille, accusé de malversations, dut suspendre ses activités d'intendant et de contrôleur général des finances, pour la grande affliction du vieux Jeannin, son beau-père. Ce dernier se tourna alors vers la Reine mère, alléguant ses anciens et fidèles services, non pas, lui disait-il, « pour en avoir besoin pour moi, mais en faveur du sieur de Castille, mon gendre, que je ne prétends pas justifier par mes services. C'est seulement afin qu'il reçoive cette grâce du Roi de ne pas le déposséder de sa charge, qui noirciroit sa réputation d'une note perpétuelle d'infamie jusqu'à ce qu'il ait [été] reconnu en justice s'il est coupable ou innocent. Sa Majesté ne doit pas craindre que ceux qui ont charge aux finances soient épargnés par les officiers des cours souveraines qui leur sont donnés pour juges, car ils sont communément haïs et enviés, dont peut-être aucuns d'eux donnent quelque sujet, et par ce moyen leurs péchés véniels seront tenus pour mortels et punis avec sévérité [...]. Rien ne me pèse tant sur le cœur, sinon d'avoir appris que le Roi le tient pour coupable; impression qui lui a été donnée par aucuns de ses malveillans, entre lesquels je mets le sieur d'Andilly[3] ». Cette intervention de Jeannin semble avoir été efficace : sans être destitué de ses postes, Castille fut alors considéré comme en congé. Sa disgrâce n'allait pas demeurer isolée.

Pendant que M. de Schomberg exerçait la surintendance avec beaucoup d'intégrité personnelle, d'autres s'étaient mis en tête de se substituer à lui. C'était le cas du marquis de La Vieuville. Depuis longtemps, ce grand maître de la fauconnerie du Roi et capitaine des gardes s'était

1. Ses émoluments d'intendant des finances coururent pour toute l'année 1621 (Bibl. nat., N. a. f. 22247, fol. 218v°-219; notes de Lancelot).

2. Claude Malier du Houssay était secrétaire du Conseil d'État et des finances depuis la fin de 1609; il avait été gratifié le 20 juillet 1617 d'un brevet de conseiller d'État (Bibl. nat., Ms. fr. 18158, fol. 257; copie collat.). Sur le personnage, voir B. Barbiche et S. de Dainville Barbiche, ouvr. cité, p. 624.

3. Lettre du président Jeannin à la Reine mère; Paris, 25 janvier 1622 (publ. dans Jeannin, *Discours apologétique...*, p. 151-153, sous la date du 25 janvier *1623*, qui est erronée, Jeannin étant mort le 31 octobre 1622, et qui, d'après les événements, doit être corrigée en *1622*). Jeannin y fait allusion aussi aux mauvais offices rendus naguère à son gendre par « feu M. le garde des sceaux » (du Vair) et aussi par « M. le garde des sceaux », ce qui correspondrait à Lefèvre de Caumartin. Arnauld d'Andilly (*Mémoires*, t. I, p. 372-373) s'est élevé avec force contre l'accusation ici formulée par Jeannin.

initié aux finances sous la conduite de son beau-père le trésorier de l'Épargne Bouhier de Beaumarchais et, d'autre part, il était poussé à la cour par la faction des Brûlart. Tant et si bien qu'au début de janvier 1623 Schomberg reçut de Louis XIII l'ordre de se retirer dans son comté de Nanteuil et de lui remettre tous ses papiers, cependant que, le 6 janvier, M. de La Vieuville était créé surintendant à sa place. Nomination instrumentée par un brevet [1], dont la teneur était identique à celle du brevet décerné le 6 septembre 1619 à M. de Schomberg [2]. Il y était donc spécifié qu'il était ainsi investi de sa charge « sans qu'il luy soit besoin d'autres lettres ny expéditions » et cette disposition paraît avoir été suivie d'effet, car il n'y a pas trace de l'instrumentation d'un acte plus solennel. À la fin du mois, comme à Schomberg en 1619, le Roi, par un autre brevet, lui donna « séance dans le Conseil de sesdites finances immédiatement après les officiers de sa couronne [3] ». Au même moment, la mort du garde des sceaux Lefèvre de Caumartin le 21 janvier vint attester la faveur des Brûlart, car les sceaux furent rendus au chancelier Brûlart de Sillery, qui recouvra ainsi l'intégralité des attributions de son office.

Des mesures frappantes accompagnèrent ce regain d'influence du chancelier et l'accession de La Vieuville à la surintendance. Vacant depuis la disgrâce de Castille, le contrôle général fut confié le 23 janvier, pour un an seulement, à M. Bochart de Champigny, conseiller d'État et ancien ambassadeur à Venise [4]. Mais les postes d'intendants des finances furent les plus touchés, car leurs titulaires durent être remplacés ou reconduits par de nouvelles commissions, dont chacune n'était valable que pour une année renouvelable. Duret de Chevry vit ainsi la sienne, valable initialement « tant qu'il nous plaira » [5], révoquée et rétablie pour un an [6]. Le Clerc et Malier du Houssay recouvrèrent aussi leur charges, mais non pas Baudouyn de Soupir, alors qu'apparut un nouveau venu, Charles Le Beauclerc, secrétaire des commandements de la Reine, commis pour occuper le quatrième poste [7].

Diversement commenté en son temps [8], ce remaniement attestait la volonté de La Vieuville de s'assurer de la docilité de Messieurs des

1. Brevet daté de Paris le 6 janvier 1623 (Arch. nat., O1 9, fol. 128; copie).
2. Voir *supra*, p. 174.
3. Brevet daté de Paris le 31 janvier 1623 (*ibid.*, fol. 128v°-129; copie).
4. Commission datée de Paris le 23 janvier 1623 (*ibid.*, fol. 123-124; copie). Cette copie ne reproduit pas la date de cet acte, mais celle-ci est visée dans le préambule de la commission par laquelle, le 31 janvier 1624, Bochart de Champigny fut prorogé dans ces fonctions pour une nouvelle année (*ibid.*, fol. 133; copie).
5. Voir *supra*, p. 169, note 2.
6. Commission datée de Paris en janvier 1623 (*ibid.*, fol. 139; copie).
7. Commission datée de Paris le 24 janvier 1623, visée par sa prorogation pour une autre année, expédiée au début de 1624 (*ibid.*, fol. 133v°).
8. Des remarques assez piquantes émaillent une « Remonstrance faite au Roy après le congé donné à Mrs de Schomberg, surintendant des finances, et de Castille, contrôleur général et intendant, et aux autres intendans au commencement de l'année VIᶜXXIII » (Bibl. nat., Ms. Dupuy, 851, fol. 139; minute). On y lit notamment : « D'avoir mis avec celuy qui est demeuré le sieur Beauclerc, je croy, Sire, sy c'est par vostre choix, que c'est à cause de sa probité et prud'hommie qui

finances, en particulier par la limitation de leurs commissions à un an, qui incluait la menace d'un non-renouvellement. En pratique, La Vieuville ne se contenta pas de gérer la surintendance, mais visa à être mêlé de près aux affaires générales. La diplomatie était alors dirigée par les Brûlart, c'est-à-dire le chancelier de Sillery et son fils Puisieulx. Mais, peu satisfait de leur action, Louis XIII, poussé par sa mère, elle-même inspirée par Richelieu (cardinal depuis septembre 1622), finit par se débarrasser d'eux : le vieux chancelier fut disgracié le 6 janvier 1624, Étienne d'Aligre étant créé garde des sceaux, et Puisieulx fut destitué le 5 février de son poste de secrétaire d'État, attribué à Le Beauclerc.

Ces changements n'affectèrent guère les finances, où les commissions du contrôleur général et des intendants furent prorogées pour un an au début de 1624. Simplement fallut-il pourvoir au remplacement de Le Beauclerc, promu secrétaire d'État : le choix tomba sur Louis Tronson, secrétaire du cabinet du Roi[1]. L'événement majeur de 1624 eut lieu le 29 avril, où le cardinal de Richelieu fut enfin appelé à entrer au Conseil étroit ou Conseil des Affaires, le plus important des Conseils du Roi. Quant aux autres Conseils, un règlement du 1er juin vint bientôt après tenter de mettre ordre à leur composition, leur compétence et leur fonctionnement[2]. Il y était précisé que le surintendant, le contrôleur général des finances auraient, de même que les secrétaires d'État, accès à tous les Conseils et que « les intendants des finances et trésoriers de l'Épargne y serviront comme ils ont accoustumé ». Les secrétaires du Conseil d'État et des finances, chacun dans leur quartier, n'entreraient qu'au Conseil de la direction et au Conseil des Finances.

Après l'éviction des Brûlart, La Vieuville se comporta en ministre dirigeant, notamment pour la politique extérieure. Mais il était guetté par Richelieu, qui anima sous main une campagne de libelles prenant à partie le surintendant à la fois pour son manque de fermeté en faveur de la religion catholique et pour ses louches compromissions et celles de son beau-père Beaumarchais avec le monde des financiers. Louis XIII lui

---

vous est congneue. Mais il est aussi peu propre à ce mestier-là comme il est bon et bien intelligent à celluy de secrétaire. Et quant au sieur de Champigny, que Vostre Majesté a faict contrôleur général de ses finances, ce a esté indubitablement par advis d'autruy, pour le porter et couler insensiblement à une autre charge plus grande de son premier mestier. Mais, Sire, il en seroit aussy peu digne comme il est de celle de contrôleur, où il n'entend que le hault allemand, chose grandement préjudiciable au bien de vos affaires et à la prompte expédition qui est deue à voz subiectz. Le Sr comte de Schombert est bon et brave cavallier, mais à la vérité il n'estoit pas bon financier et, partant, incapable d'avoir la superintendance de vos finances. Mais quiconque, Sire, vous a conseillé au lieu de luy d'y mettre le Sr de La Vieuville, il se congnoit mal en gens. Il fera au commencement du bruict et vous prometttra montz et merveilles. Mais il n'en naistra que des souriz, comme l'on dict, aussy sera il excusable, car ce n'est pas sa norriture, ny son premier mestier. De dire que son beau-père luy aprendra, je doute que ce ne soit à vos despens et à leur profict commung. Et puis, Sire, il fault qu'un superintendant ne soit pas seulement grand mesnager, mais grand homme d'Estat. » La suite du propos de cet auteur inconnu reflète la nostalgie de la gestion de Sully.

1. Commission valable un an datée de Paris le 7 février 1624 (Arch. Aff. étr., M.D. France, 763, fol. 305 ; formulaire).

2. Règlement daté de Compiègne le 1er juin 1624 (publ. par R. Mousnier, *Les Règlements...*, n° XIV, p. 160-163).

retirant sa confiance, La Vieuville démissionna le 12 août et, le lendemain, fut jeté dans un carrosse du Roi et conduit sous escorte en captivité au château d'Amboise. Richelieu en entrant au Conseil n'y avait, comme les autres membres, que voix consultative et délibérative. La disgrâce de La Vieuville montrait que le cardinal était en passe d'y acquérir la primauté, mais sans pouvoir encore être considéré comme principal ministre de l'État.

Sur le moment, il fallut d'abord parer au plus pressé : le remplacement du surintendant. Louis XIII manda alors à M. de Schomberg de revenir à la cour, mais ce fut pour le créer ministre d'État. Il fut aussi question de Sully, qui arriva à Paris à ce moment, mais son heure était passée[1]. La Vieuville eut finalement deux successeurs : Bochart de Champigny, qui conservait par ailleurs le contrôle général, et Michel de Marillac, conseiller d'État et ordinaire en la direction des finances. La charge leur fut conférée par lettres patentes du 27 août 1624, pour l'exercer conjointement « pendant le temps des commissions des controolle et intendance de nosdictes finances seulement[2] ». Cette surintendance à deux têtes avait un précédent, à vrai dire assez lointain, puisqu'il remontait au début du règne de Charles IX. En 1624, cette solution a pu être inspirée par le souci d'alléger les obligations de Bochart de Champigny, toujours responsable du contrôle général. Mais elle a dû surtout être dictée par la conjoncture de ces années, où le Roi, appelé à conduire des opérations militaires loin de Paris, entendait être suivi partout par un surintendant dont un collègue, au contraire, demeurerait dans la capitale.

Le dispositif des lettres patentes instituant ces deux surintendants étant le même que celui de la commission de Schomberg en 1619, il comportait la clause « sans que dudict maniement, conduitte et direction vous soyez tenus rendre compte à aultres qu'à nostre propre personne ». C'est pourquoi, dans les jours qui suivirent, Louis XIII signa un nouveau règlement « pour la direction de ses finances », dont les disposi-

1. Dès le 2 août 1624, G. Pesaro, ambassadeur de la République de Venise, mandait de Paris à ses maîtres : « Corre, quelche rumore di mutatione di governo contro il marchese della Vieuville [...]. Si parla di poner nella sua carcia il duca de Solli, il quale deve hoggi esser in questa citta con pretesto di ordinar a Rhoni, suo figliuolo, li disordini che lascia correre nella carcia di gran maestro dell'Artigliera » (Dépêche n° 298; Bibl. nat., Ms italien 1783, p. 44-45; copie). Et le 15 août le même annonçait : « Doppo molta fluttuatione di tutti li giorni passati, il marchese della Vieuville e caduto dalle gratie di Sua Maesta et hoi e in camino per condursi, guardato, prigione nel castillo di Ambrosa [...]. Il duca di Solli arrivo, ben veduto del Re e dalla corte, ricevuto nell'Arsenale al suono dell'artigliera, incontrato da proprio figliuoli e dal marechial di Crichi fuori della citta. Della venuta sua hanno fabricato gl'inimici del marchese e sopra li libelli famosi, ma non pare che questo signore possi esser facilmenta rimesso in questa carica [...]. Onde per le finanze si delibera che, oltre li quattro ordinarii intendenti, tre consiglieri siano aggionti, et di questo modo soppita la carica de sopraintendente generale [...]. Per li tre sono dechiarati Monr Champigny et Marsegliach, vecchio d'anni, e della carica di consigliore di Stato » (dépêche n° 300; *ibid.*, p. 54-57; copie).

2. Commission datée de Saint-Germain-en-Laye le 27 août 1624 (Bibl. nat., N.a.f. 7226, fol. 375-376; copie). Sur leur rôle intérimaire depuis le 12 août 1624, voir la dépêche n° 300 de l'ambassadeur de Venise citée à la note précédente. – M. de Marillac était fils de Guillaume de Marillac, contrôleur général des finances de 1568 à 1573.

tions visaient précisément à assurer dans la pratique cette sujétion des surintendants à sa personne, tant pour l'ordonnancement des dépenses courantes ou extraordinaires et des « comptants ès mains du Roy », que pour l'établissement de l'état général annuel des finances et la rédaction et adoption de « tous édictz, traictez et partis » et de « tous rabais, diminutions et desdommagements d'importance [1] ». Vers ce temps, pour remplir la charge d'intendant des finances vacante par le décès de Le Clerc, on rappela Baudouyn de Soupir [2], dont la commission n'avait pas été reconduite l'année précédente [3]. Les surintendants restèrent donc assistés du nombre traditionnel de quatre intendants. D'autre part, Brûlart de Sillery étant mort le 1er octobre, le garde des sceaux d'Aligre fut nommé chancelier le 3. Tous ces mouvements dans les hauts postes de l'État s'achevèrent par des lettres patentes du mois d'octobre instituant une chambre de justice pour la recherche et la punition des abus et malversations commis au préjudice du Roi. Certaines de ces poursuites firent grand bruit, notamment celles visant le trésorier de l'Épargne Beaumarchais, beau-père de La Vieuville.

* *
*

Les premières années qui suivirent l'entrée de Richelieu au Conseil furent difficiles pour lui avant qu'il ne parvînt à imprimer vraiment sa marque aux affaires. Messieurs des finances ne lui suscitèrent alors guère d'embûches. Le règlement pour la direction des finances du 2 septembre 1624 commençait par enjoindre aux deux surintendants de s'assembler « au logis du plus ancien d'iceulx avecq les intendans des finances et le trésorier de l'Épargne estant en charge deux fois la sepmaine, et plus souvent si les affaires du Roy le requièrent, pour disposer et préparer les affaires et les rapporter par après au Conseil de la direction pour y estre jugées et terminées par arrest, comme il est accoustumé ». Cette disposition fut suivie et cette réunion sans le chancelier autour du surintendant ne tarda pas à être appelée « la petite direction ». La commission du contrôle général fut prorogée pour Bochart de Champigny au début de 1625 [4], comme le fut le 26 décembre celle de la surin-

1. « Règlement fait par le Roy pour la direction de ses finances », daté de Saint-Germain-en-Laye le 2 septembre 1624 (publ. par R. Mousnier, *Les Règlements...*, n° XVI, p. 163-165).

2. Commission d'intendant des finances en la charge « que naguères exerçoit le feu Sr Le Clerc » pour Baudouyn qui a « cy-devant servy en la mesme charge » et « ce jusques au temps qu'expireront les commissions de nosdits autres intendans » (Arch. nat., O1 9, fol. 136; copie). La date de l'acte n'est pas incluse dans cette copie. Un arrêt du Conseil du 21 août 1624 confie encore à Le Clerc une affaire à examiner (*ibid.*, E 79a, fol. 417), mais le 14 septembre Baudouyn, en qualité d'intendant des finances, signait un certificat avec le garde des sceaux, les surintendants et les trois autres intendants (Duret de Chevry, Tronson et Malier du Houssay) (Bibl. nat., Pièces orig., 36, doss. Aligre, n° 127; orig.).

3. Voir *supra*, p. 177.

4. Commision de 1625 visant celles du 24 janvier 1623 et du 31 janvier 1624 (Arch. nat., O1 9, fol. 136v°-137; copie sans la date).

tendance pour lui et Marillac, une fois encore pour un an[1]. Ce délai fut loin d'être couvert, car, dès le 20 février 1626, Louis XIII accepta que Bochart de Champigny, arguant de son âge et de sa santé, se déchargeât « du soing et travail de l'administration de ses finances », tout en le retenant « pour le servir en son Conseil des Dépesches et en ses Conseilz ordinaires », en lui permettant de tirer de son successeur en la charge de contrôleur général la somme de 100 000 livres et en lui conservant ses appointements et entretenements de surintendant et de conseiller d'État, soit 16 000 livres[2]. Le même jour, Marillac fut continué dans ses fonctions de surintendant, pour en « avoir seul désormais l'entier maniement, conduite et direction[3] ».

Le contrôle général fut alors postulé par de nombreux concurrents. Du consentement du Roi, Bochart de Champigny le proposa à Arnauld d'Andilly, mais cette combinaison échoua à cause de Monsieur, qui refusa de se séparer de d'Andilly, intendant général de sa maison, auquel Louis XIII et Richelieu accordèrent en compensation la faculté de choisir à son gré le nouveau contrôleur général. Il désigna son oncle maternel, M. Marion de Druy, président au Grand Conseil, dont la commission, valable « tant qu'il nous plaira », fut expédiée le 1er mars 1626[4].

Ces changements du début de 1626 ne paraissent pas avoir eu de liens directs avec les cabales des grands, qui tracassèrent le Roi et Richelieu les mois suivants et eurent, au contraire, des répercussions sur les organes du gouvernement. Froissé par l'attitude du chancelier d'Aligre au moment de l'arrestation du maréchal d'Ornano, Louis XIII le relégua sur ses terres le 1er juin et créa Marillac garde des sceaux. Celui-ci ne pouvant cumuler ce poste avec celui de surintendant, Schomberg suggéra d'y placer Pierre de Castille, rentré en grâce après ses déboires de 1622 et sa comparution devant la chambre de justice, mais le Roi n'y voulut point consentir[5]. Sur le conseil de Richelieu appuyé par la Reine mère, la surintendance fut confiée à un gentilhomme, le marquis d'Effiat, qui en fut investi par lettres patentes du 9 juin[6], en même temps que Louis XIII lui donnait rang dans ses Conseils « immédiatement après les officiers de sa couronne », comme naguère Schomberg et La Vieuville[7], et lui octroyait entrée, séance, voix et opinion délibérative

1. Commission datée du 26 décembre 1625 (*ibid.*, fol. 137v°-138; copie sans la date; cette date est visée dans la commission de Marillac citée *supra*, p. 179, note 2).

2. Brevet daté de Paris le 20 février 1626 (Bibl. Institut, Ms. 508, fol. 663; copie). Bochart de Champigny fut nommé en décembre 1628 premier président du parlement de Paris.

3. Commission datée de Paris le 20 février 1626 (*ibid.*, fol. 563v°-564; copie).

4. Commission datée de Paris le 1er mars 1626 (*ibid.*, fol. 564v°-565; copie). ARNAULD D'ANDILLY, *Mémoires*, t. II, p. 24. M. Marion de Druy avait été breveté conseiller d'État le 14 juillet 1618.

5. Marillac à Richelieu; 9 juin 1626 (P. GRILLON, *Les Papiers de Richelieu*, t. III [Paris, 1979, in-8°. *Monumenta Europæ historica*], n° 75, p. 353). Sur Castille, voir *ibid.*, t. I, p. 210, 320.

6. Commission datée de Blois le 9 juin 1626 (Bibl. nat., N.a.f. 7226, fol. 405; copie). Antoine Coiffier de Ruzé, marquis d'Effiat, était le petit-neveu de Martin Ruzé de Beaulieu, secrétaire d'État de septembre 1588 à novembre 1613.

7. Brevet daté de Blois le 9 juin 1626 (*ibid.*, fol. 406; copie).

au parlement de Paris[1]. Les conjurations de 1626 firent une autre victime : Louis Tronson, destitué, lors du procès de Chalais, de ses fonctions d'intendant des finances. Son éviction permit à Castille de reprendre l'exercice de son intendance, à défaut de la surintendance. Comme Baudouyn de Soupir mourut au mois d'octobre, l'effectif des intendants des finances se trouva réduit à trois à la fin de 1626, et cela pour plusieurs années.

Le marquis d'Effiat était un fidèle de Richelieu et son accession aux finances témoignait des progrès de l'emprise du cardinal sur la conduite des affaires, que, dans le même temps, une autre décision de Louis XIII vint attester de manière frappante. Par brevet du 26 juin 1626, en effet, Sa Majesté déchargea Richelieu, d'une part, « de toutes les affaires tant du dedans que dehors le royaume, voulant toutesfois qu'il prenne autant de cognoissance des estrangères et des générales et plus importantes qui seront dans l'Estat qu'il cognoistra le pouvoir faire sans faire préjudice à sa santé » et, d'autre part, « des visites et sollicitations des particuliers, déclarant à cet effet que son intention est qu'ils s'adressent aux autres ministres et aux secrétaires d'Estat, qui proposeront leurs affaires au Roy affin que ledit S^{r} cardinal n'ay autre soing que d'en dire son advis quand il se trouvera près sa personne[2] ». Et en octobre le cardinal fut créé grand maître, chef et surintendant général de la navigation et commerce de France[3].

Les nouveaux dirigeants des finances étaient donc en place depuis peu de mois lorsque s'ouvrit le 2 décembre 1626 l'assemblée des notables qui siégea à Paris jusqu'au 24 février suivant. C'est en partie ce qui explique qu'à la séance inaugurale l'exposé de la situation financière y ait été présenté par Marillac, qui venait de gérer la surintendance pendant presque deux ans, et non par d'Effiat, qui n'en était pourvu que depuis le 9 juin. Mais cette intervention de Marillac relevait aussi de la part que le chancelier ou le garde des sceaux prenait *ex officio* à l'administration des finances.

D'Effiat assuma avec beaucoup de dévouement le poste de confiance qui lui était dévolu, répondant au mieux aux besoins du Trésor, tant pour les campagnes contre les protestants, que pour les frais de la guerre « couverte », bien secondé en cela par le contrôleur général Marion de Druy et par Marillac. Leur souci d'efficacité est attesté par un brevet du 26 août 1626 portant de huit à douze le nombre des conseillers ordinaires de la direction des finances[4]. Au seuil de 1627, les intendants des

1. Lettres patentes datées de Blois le 9 juin 1626 (Arch. nat., X^{1A} 8650, fol. 449v°-450; enregistrement par le parlement).
2. Brevet daté de Blois le 26 juin 1626 (Arch. nat., AB^{XIX} 2927, n° 4bis; orig. signé par le Roi et contresigné par les quatre secrétaires d'État; publ. par P. Grillon, *Les Papiers de Richelieu*, t. I, n° 100, p. 368).
3. Lettres patentes datée de Saint-Germain-en-Laye en octobre 1626 (publ. *ibid.*, n° 280, p. 511-515).
4. Brevet daté de Châteaubriant le 26 août 1626 (publ. par R. Mousnier, *Les Règlements...*, n° XX, p. 168-169).

finances, annonça Marillac à Richelieu, « demandent le renouvellement de leurs commissions avec la clause *tant qu'il nous plaira*, dont j'estime que savez la différence. Je suivray ce que vous trouverez bon[1] ». La réponse du cardinal n'est pas connue, mais il découle des faits que les impétrants obtinrent satisfaction et que l'usage suivi depuis 1611 de limiter à un an la validité de ces commissions fut alors en grande partie abandonné. Concernant la surintendance, le siège de La Rochelle donna occasion à une innovation digne de remarque. Au moment de quitter ce terrain d'opérations en février 1628 pour aller séjourner quelque temps à Paris, Louis XIII laissa à Richelieu le commandement de l'armée assiégeante et commit le conseiller d'État L'Aubespine de Châteauneuf et deux maîtres des requêtes « pour avoir l'administration et intendance de la justice et police et direction des hôpitaux de nostredicte armée[2] ». Quand le Roi regagna son camp devant La Rochelle, il était privé de d'Effiat, qui avait dû rester dans la capitale, et trouva sur place M. de Châteauneuf, le principal intendant de son armée, auquel il avisa, le 26 avril 1628, de commettre « la direction et intendance des finances qui seront emploïées et distribuées tant pour l'entretenement de cette armée que pour les autres despences qui ce feront près de nous jusques ad ce que le S^r^ marquis d'Effiat y soit arrivé[3] ». Par cette commission, Châteauneuf était investi auprès du Roi d'une véritable suppléance du surintendant absent qui, pour brève qu'elle ait pu être, constitua le précédent à ces postes de directeurs des finances que l'on verra apparaître plus tard.

Si accaparés qu'ils fussent par les affaires politiques et la poursuite du siège de La Rochelle, Messieurs des finances ne laissaient pas de réfléchir à une gestion rigoureuse des deniers publics. C'est ainsi que, un mois avant la reddition de la ville, en un Conseil tenu par Louis XIII dans son camp, fut rendu un arrêt très important pour l'accomplissement du contrôle général. Sur ce qui y fut remontré au Roi « par aucuns de ses principaux officiers » que ceux-ci et le Conseil étaient mal avertis de l'extinction ou amortissement de certains droits, des usurpations sur le domaine, des suppressions effectives d'offices, des remboursements frauduleux de dettes déjà acquittées, de l'inexécution de traités et partis et encore d'autres abus et irrégularités, et qu'il en découlait « de grandes pertes et dommages au domaine, finances et affaires de Sa Majesté », Celle-ci en conclut « que s'il se tenoit un ou plusieurs registres avec le contrôle général des finances, où les susdits fassent registrer [...], le service et les affaires de S.M. en recevront un grand avantage par l'éta-

1. Marillac à Richelieu ; 1er janvier 1627 (Arch. Aff. étr., M. D. France, 785, fol. 43, orig ; publ. par P. Grillon, ouvr. cité, t. II, n° 1, p. 9).

2. Commission datée du camp d'Aytré devant La Rochelle le 9 février 1628 (Bibl. nat., Ms. Dupuy, 94, fol. 99, copie ; publ. par G. Hanotaux, *Origines de l'institution des intendants de province* [Paris, 1884, in-8°], n° XXIV, p. 279-281).

3. « Commission de directeur en l'absence du surintendant », datée du camp d'Aytré le 26 avril 1628 (Bibl. nat., Ms. fr. 10211, fol. 271v° ; copie).

blissement d'un ordre qui donneroit en son temps connoisssance de ce qui se seroit passé en chacune nature d'affaires ». À cette fin, le Roi ordonnait que « dans le controlle général des finances il sera tenu un registre dans lequel seront enregistrées par chapitres différents, au long ou par extrait selon que le cas le requerra », tous les actes et documents dont, en une longue série d'articles, il donnait la liste. Les feuillets de ces registres seraient numérotés et paraphés par le contrôleur général et signés à la fin par le chancelier ou le garde des sceaux, le surintendant et le contrôleur général. Ces registres devaient être « incessamment portez à la suitte de son Conseil par le commis et garde des registres dudict controlleur général et ses successeurs, et délivreront ausdits Srs garde des sceaux de France, surintendant et controlleur général des finances à la fin de chacun quartier l'extrait sommaire de tous les actes enregistrés audit registre[1]. »

La tenue très stricte imposée par ce règlement minutieux pour les registres du contrôle général révèle que, soucieux d'imposer une rigueur accrue dans la conduite de l'État, le Roi et certains de ses ministres avaient bien conscience qu'une bonne politique repose d'abord sur une information sûre et précise[2]. On peut se demander qui, de Richelieu, de Marillac, du contrôleur général Marion de Druy ou de quelque autre, fit prescrire ces règles, lesquelles, au surplus, s'insèrent dans la même ligne que la grande ordonnance de janvier 1629 préparée par Marillac, « le Code Michau », fort mal reçue par les parlements. Si Marion de Druy fut l'inspirateur du règlement de 1628, il n'eut guère le loisir de veiller à son application, étant mort vers la fin de l'année. Il n'eut pas, à proprement parler, de successeur, car, à partir de 1629, l'exercice du contrôle général fut partagé entre les trois intendants des finances alors en charge, Duret de Chevry, Malier du Houssay et Castille[3]. Là-dessus, au moment de la paix d'Alès, Castille décéda à son tour le 29 juin 1629. Il

1. « Arrest du Conseil d'Estat du Roy portant règlement pour les registres du controlle général des finances et pour la nature des actes qui y doivent estre enregistrez, avec ordre aux commis ou gardes desdits registres de les porter à la suitte dudit Conseil de S.M. », daté du camp devant La Rochelle le 13 septembre 1628 (Bibl. nat., N.a.f. 9733, fol. 179-182, copie par Lancelot; publ., d'après une autre source, par R. Mousnier, *Les Règlements...*, n° XXIV, p. 177-181).

2. Cet arrêt du Conseil du 13 septembre 1628 est à rapprocher d'un projet d'arrêt destiné à être présenté au Conseil dans le même temps et ordonnant « qu'il sera tenu registre, par celui des ministres de son Estat que Sa Majesté ordonnera, dans lequel seront enregistrés touts les traittés, accords et actes de paix, trèves, mariages, alliances, négociations, reconnoissances, concessions et autres de quelque nature que ce soit concernant son Estat et affaires, passez avec les princes, potentats, seigneuries, communautés et les particuliers, tant dedans que dehors le royaume; et qu'il sera fait une exacte recherche des actes de mesme nature qui se sont passez cy-devant, lesquels seront enregistrés dans un autre registre séparé; et que les originaux de ces actes, tant du passé que de l'avenir, seront portez au trésor des chartes et adjoutés à l'inventaire d'iceluy » (Projet d'arrêt daté du camp devant La Rochelle le 23 septembre 1628; Arch. Aff. étr., M.D. France, 789, fol. 191; publ. par P. Grillon, ouvr. cité, t. III, n° 539, p. 498-500). Ce projet est resté lettre morte, mais sa coïncidence dans le temps avec l'arrêt relatif aux registres du contrôle général n'a pas dû être l'effet du hasard.

3. Le plumitif de la chambre des comptes de Paris révèle qu'elle enregistra les 27 janvier et 10 février 1629 les commissions chargeant ces trois intendants du contrôle général (Arch. nat., P 2677, fol. 9v°-10 et 15).

fut remplacé le 14 juillet par François Sublet de Noyers, qui, devenu commis du contrôle général quand son oncle Bochart de Champigny en avait reçu la responsabilité, avait conservé depuis cet emploi. Il fut revêtu par commission de la charge d'intendant et contrôleur général des finances et, par brevet du même jour, le Roi spécifia qu'il ferait « la fonction du controlle général de sesdites finances qu'avoit deffunct le Sr de Castille [...], à la charge toutesfois de rembourser [...] la dame de Castille, sa veufve, de la somme de XXXIII^m^ livres payée par le S^r^ son mary pour sa part dudit controlle[1] ». Si le Code Michau resta lettre morte pour les cours souveraines, son article LX, par lequel le Roi se réservait de « pourvoir par un bon règlement à ce qui concerne l'ordre de ses Conseils et des affaires qui y seront traictées », reçut pleine et entière exécution le 18 janvier 1630 avec la promulgation de deux règlements, l'un en VI titres et 55 articles traitant de l'organisation générale des Conseils, de la composition et des compétences de leurs différentes séances, et l'autre fixant en 11 articles l'« Ordre que Sa Majesté veult estre gardé en la direction de ses finances[2] ». Ces textes récapitulaient et complétaient ceux qui les avaient précédés et leur particularité par rapport à ces derniers est d'avoir été appliqués dans une large mesure.

Ouverte par ces règlements, l'année 1630, venant après 1629 où les difficultés n'avaient pas manqué à Richelieu, fut pire encore pour lui, « l'année des tribulations » dira le cardinal, couronnée les 10 et 11 novembre par la journée des Dupes. Celle-ci fit une victime fameuse dans le gouvernement : le garde des sceaux Michel de Marillac, emmené prisonnier au château de Châteaudun et remplacé par M. de Châteauneuf, conseiller d'État et membre du Conseil de direction des finances depuis 1611. Mais « le grand orage » n'affecta en rien l'administration des finances et même, comme le surintendant s'était souvent affronté au Conseil avec Marillac, l'influence et la faveur de d'Effiat furent alors renforcées et il fut promu maréchal de France le 1er janvier 1631. Il est vrai que cet administrateur dévoué et intègre était aussi un homme de guerre. Il avait participé aux sièges de La Rochelle et de Privas et en 1630 il avait été envoyé à l'armée de Piémont comme lieutenant général aux côtés de Montmorency et de La Force. Ce fut sans doute en raison de ses activités militaires qu'il parut opportun de le faire aider par un quatrième intendant : le 25 mai 1631, Michel Particelli, sieur d'Émery, l'un des secrétaires du Conseil d'État et des finances, fut nommé intendant et contrôleur général des finances[3]. En mai 1632, le maréchal

1. Commission datée de Nîmes le 14 juillet 1629 (Arch. Aff. étr., M.D. France, 794, fol. 18 ; orig. sur parchemin devenu minute par l'adjonction d'un membre de phrase). – Brevet de même date (*ibid.*, fol. 17 ; minute). Sur le personnage, voir O. Ranum, *Les Créatures de Richelieu* (Paris, 1966, in-8°), p. 129-151.

2. Règlements datés de Paris le 18 janvier 1630 (*ibid.*, M.D. France, 795bis, fol. 15-21 et 22-24, orig^x^ ; publ., d'après une autre source, par R. Mousnier, *Les Règlements...*, n° XXVII, p. 183-191, et n° XXVIII, p. 191-196).

3. Commission datée de Fontainebleau le 25 mai 1631 (Bibl. nat., Ms. fr. 23940, fol. 200v°-201 ; copie).

d'Effiat, tout en continuant à chercher des fonds pour la guerre, partit commander avec La Force l'armée chargée de protéger les électeurs rhénans contre les Impériaux et les Suédois et c'est au milieu des troupes que, pris de maladie aux confins du pays de Trèves, il succomba le 27 juin 1632.

Son remplacement à la surintendance ne s'effectua pas sur-le-champ et ce fut seulement du 4 août que datèrent les lettres patentes par lesquelles Claude de Bullion et Claude Bouthillier, deux créatures de Richelieu, étaient investis conjointement de la charge de surintendant des finances[1]. Par brevet du même jour, le Roi spécifia qu'ils prendraient « désormais séance en sesdits Conseils au-dessus de ses plus anciens conseillers d'Estat, proche et joignant l'un de l'autre d'un mesme costé, et immédiatement apprès les officiers de sa couronne[2] ». Après avoir fait partie du Conseil de la direction dès au moins 1619 et aussi après avoir été surintendant de la maison et des finances de Navarre, Bullion était ministre d'État depuis quelque temps déjà. Bouthillier était secrétaire d'État et ne cessa pas tout à fait de l'être, car si, en prenant les finances, il céda à son fils Bouthillier de Chavigny son secrétariat d'État, ce fut à titre de survivance. Les deux surintendants se mirent aussitôt à travailler ensemble[3], mais l'activité de Bullion tendit en général à éclipser celle de son collègue. Quelques mois plus tard, compromis dans les cabales de la duchesse de Chevreuse, Châteauneuf fut destitué le 25 février 1633 de sa charge de garde des sceaux, qui fut confiée le 28 à Pierre Séguier, alors conseiller d'État et président à mortier au parlement de Paris. C'était pour Richelieu un fidèle entre les fidèles et il eut dès lors une influence majeure dans le gouvernement.

Peu après, l'on revint pour le contrôle général au régime du responsable unique : le 7 mai 1633, Duret de Chevry reçut la commission qui lui en attribuait le plein exercice[4]. Diverses raisons ont pu inspirer cette décision. En premier lieu, le fait que, selon une pratique déjà ancienne, Richelieu et les ministres entendirent confier désormais aux intendants des finances des missions dans les provinces ou aux armées, missions susceptibles de les retenir longtemps loin du Conseil et donc peu compatibles avec un exercice régulier du contrôle. Mais la réorganisation en cours de celui-ci était alors repoussée par la chambre des comptes et l'on s'apprêtait à surmonter cette opposition par un coup d'autorité,

1. Pouvoir daté de Saint-Germain-en-Laye le 4 août 1632 (Arch. nat., O[1] 9, fol. 287-288; copie). Sur ces personnages, voir O. Ranum, ouvr. cité, p. 153-221.

2. Brevet daté de Saint-Germain-en-Laye le 4 août 1632 (*ibid.*, fol. 286v°-287; copie).

3. Voir le « Mémoire faict par moy [Bouthillier] le 15[esme] du mois d'aoust 1632 touchant ce que nous avons faict Monsieur de Bullyon et moy au commencement que nous sommes entrés en la charge de surintendants des finances » (Arch. Aff. étr., M.D. France, 806, fol. 176; publ. par O. Ranum, ouvr. cité, p. 240-242).

4. D'après des documents généalogiques, cette commission était datée du 7 mai 1633 (Bibl. nat., Pièces orig., 1042; Doss. bleus, 244). Le plumitif de la chambre des comptes indique qu'elle procéda le 23 mai 1633 à l'enregistrement de la « commission addressante à M. le président de Chevry de controlleur général des finances » (Arch. nat., P 2678).

dont cette nomination de Duret de Chevry a pu constituer une étape préparatoire [1].

Vacante par son accession au contrôle général, sa charge d'intendant des finances échut en janvier 1634 à celui dont Bullion et Bouthillier avaient recommandé à Richelieu la désignation : c'était une fois encore l'un des secrétaires du Conseil d'État et des finances, Claude Cornuel, créature de Bullion [2]. Ensuite, l'équipe de Messieurs des finances demeura stable jusqu'en 1636, « l'année de Corbie », où Sublet de Noyers fut nommé secrétaire d'État de la Guerre le 17 février à la place de Servient. Les intendants des finances se trouvèrent réduits à trois par cette mutation et allaient le rester pendant plusieurs années, malgré l'accroissement de leurs occupations. Sur leur demande, en effet, et avec l'agrément de Bullion, Louis XIII consentit à leur redonner le contrôle général dès le décès de Duret de Chevry, survenu le 17 septembre. Malier du Housssay et Cornuel, ayant reçu l'assurance « que le Roy avoit eu agréable de mettre le controolle entre nos mains, attendant qu'il ayt pleu à Sa Majesté d'en disposer autrement », se tournèrent vers le chancelier Séguier [3], lui envoyant, « suyvant les ordres que Mondict sieur de Bullion nous en a donnés, deux commissions pour y travailler en la mesme forme qui se praticquoit auparavant que feu Monsieur de Chevry exerçast seul le controolle [4] ». Quatre jours plus tard, Malier du Houssay adressait ses remerciements à Séguier pour l'expédition de la commission désirée [5].

Les circonstances de ces changements de personnes et d'attributions attestent le rôle majeur qu'y tenait Bullion. Celui-ci, en effet, remplissait ses fonctions avec beaucoup de régularité et de dévouement, tout en se ménageant une grande liberté d'action. Richelieu s'en agaça parfois et, sans lui retirer sa confiance, le sermonna à diverses reprises, notamment en 1638, où Bullion dut acquiescer en juillet à un règlement des finances par lequel le cardinal visait à l'obliger à agir dans le cadre traditionnel des Conseils [6]. Que la position de Bullion n'en fût pas diminuée pour autant, on en eut la preuve peu de temps après la mort de Cornuel en octobre. « Je n'ay peu encores trouver le Roy en disposition de luy par-

1. Voir *infra*, p. 211-212.

2. Le 9 janvier 1634, les surintendants écrivaient au cardinal une lettre où l'on peut lire : « Nous ne sçaurions assez remercier Vostre Éminence de la grâce qu'il vous a pleu nous faire de l'intendance des finances pour Monsieur Cornuel » (Arch. Aff. étr., M.D. France, 810, fol. 11, orig. de la main de Bullion; publ. en partie par O. Ranum, ouvr. cité, p. 200, note 3).

3. D'Aligre, en disgrâce depuis juin 1626, étant mort le 11 décembre 1635, Séguier fut aussitôt promu chancelier de France et en prêta le serment le 19.

4. Malier du Houssay et Cornuel à Séguier; 26 septembre 1636 (Bibl. nat., Ms. fr., 17371, fol. 97-98; orig. de la main de Cornuel).

5. Malier du Houssay à Séguier; Paris, 30 septembre 1636 (*Ibid.*, fol. 133, orig.; publ. par R. Mousnier, *Lettres et mémoires adressés au chancelier Séguier*, t. I, n° 60, p. 313-314). D'après l'inventaire après décès de Cornuel (Arch. nat., Min. centr., LI/258), cette commission était datée du 24 septembre 1636, donc antérieurement à la date de son scellement.

6. Sur l'élaboration de ce règlement et sur son texte, voir O. Ranum, ouvr. cité, p. 187-188 et 242-243.

ler de l'intendant qui vous est nécessaire, lui manda alors le cardinal, mais j'attends l'heure et le moment propre, jugeant bien que, sans cela, il vous seroit du tout impossible que vous peussiés supporter le fais des affaires si vous n'aviés quelqu'un pour vous soulager[1]. » À la grande satisfaction de Bullion, le candidat recommandé par lui, le maître des comptes Jacques Tubeuf, fut retenu par Louis XIII[2]. Bullion n'était plus alors en fort bonne santé et lorsqu'il mourut le 23 décembre 1640, « il y a longtemps, remarqua Bouthillier de Chavigny, que nous nous devions préparer à veoir cet accident[3] ». Le Roi en fut très attristé, qui s'ouvrit alors en ces termes à Richelieu : « Je vous ay déjà escrit ce matin sur la mort de Monsieur de Bullion, auquel tant plus je pense et tant plus je le regrette pour sa fermeté [...]. Je ne pense pas qu'il s'en puisse trouver un pareil. Je croy que il est besoin que vous disiés à Monsieur Boutilier que il soit un peu plus ferme et plus rude qu'il n'est pas, autrement il n'y auroit pas d'argent pour la demie-année sy il accordoit facilement tout ce que on luy demandera[4]. » Cette année 1640, qui s'achevait avec la carrière de Bullion, s'était ouverte par un fait de grande conséquence : en janvier, un certain Jules Mazarin, sur la prière de Richelieu, s'était mis de façon définitive au service de la France, ce qui lui valut d'être promu cardinal en décembre 1641.

Bouthillier restait donc seul surintendant et fut confirmé dans ce poste[5]. Une de ses premières décisions fut, trois jours après le trépas de son collègue, de faire nommer un quatrième intendant-contrôleur général des finances, Séraphin de Mauroy, ci-devant premier commis de Sublet de Noyers[6]. Sa collaboration se révéla-t-elle superflue ? En tout cas, Malier du Houssay étant décédé le 13 septembre 1641, Bouthillier avertit Richelieu qu'il croyait « du service du Roy et du meilleur ordre des finances de n'en point mettre d'autre, non plus que de controlleur général des finances ; les trois intendans que nous avons sont capables, en bon aage de bien servir, et véritablement ils le font. Si Vostre Éminence me mande sur ce point l'intention de Sa Majesté et la sienne, je leurs dirai ses bons sentimens pour eux et je séparerai entr'eux trois le département qu'avoit feu Monsieur du Houssay, sans leur donner toutefois plus d'apointements qu'ils ont[7] ». « On n'a point pensé de deçà à

1. Richelieu à Bullion ; Paris, 22 octobre 1638 (Avenel, t. VI, n° CXXX, p. 222-223).
2. Bullion à Richelieu ; 12 novembre 1638 (Arch. Aff. étr., M. D. France, 831, fol. 341 ; orig.).
3. Bouthillier de Chavigny à Mazarin ; 23 décembre 1640 (cité par O. Ranum, ouvr. cité, p. 202-203).
4. Louis XIII à Richelieu ; 23 décembre 1640 (*ibid.*, p. 203).
5. Commission datée de Saint-Germain-en-Laye le 26 décembre 1640 (Bibl. nat., Ms. fr. 23940, fol. 203v°-204 ; copie).
6. Commission datée de Saint-Germain-en-Laye le 26 décembre 1640 (Bibl. nat., Ms. fr. 10252, fol. 61 ; copie). – Sur le personnage, voir comte A. de Mauroy, *Généalogie historique de la maison de Mauroy* (Lyon, 1910, in-8°), p. 141-144. Depuis février 1636, les intendants-contrôleurs généraux n'étaient plus que trois. À la fin de 1640, c'étaient : Malier du Houssay, Particelli d'Émery et Tubeuf.
7. Bouthillier à Richelieu ; 1er octobre 1641 (Arch. Aff. étr., M. D. France, 839, fol. 272 ; orig.).

faire mettre un nouvel intendant à la place de M. du Houssay, lui répondit le cardinal ; il y a longtemps que je sais bien qu'en ce genre trois font autant que quatre[1]. » Malier du Houssay n'eut donc pas de successeur immédiat. Mais un effectif de quatre intendants des finances paraissait si traditionnel, ces charges excitaient tant de convoitises, que, dans les semaines mouvementées du procès de Cinq-Mars et de Thou, il naquit à ce sujet assez de rumeurs pour que Bouthillier crût devoir demander ses intentions à Richelieu. Celui-ci le rassura : « Je n'ay point ouÿ parler ny d'un quatriesme intendant, ny d'un contrôleur général, que par ce que vous m'en avés escrit du bruict qui en court à Paris ; m'estant arresté à ce que vous m'en mandastes incontinant après la mort de feu Mr du Houssay, que les trois intendans suffisoient pour faire la fonction tant de l'intendance que du contrôle général[2]. »

Les choses étaient toujours en cet état lorsque Richelieu s'éteignit le 4 décembre suivant. Le cardinal Mazarin s'imposa comme son successeur, mais d'abord le personnel des ministères ne changea point avant que, le 13 avril 1643, Sublet de Noyers fût prié de démissionner du secrétariat d'État de la Guerre, confié à Michel Le Tellier. À cette date, l'état de santé du Roi ne laissait plus d'espoir et, se sentant perdu, Louis XIII prenait ses dispositions pour la minorité de son fils aîné. Il n'eut plus ensuite qu'à attendre la mort, qui vint le chercher le 14 mai 1643, jour anniversaire de son avènement.

* *
*

L'ouverture d'un nouveau règne en mai 1643 incite à s'attarder, par-delà les changements de personnes et l'agitation des hommes, sur l'état en lequel se trouvaient les organes de l'administration des finances une trentaine d'années après la retraite de Sully, mort lui-même le 22 décembre 1641, dix-huit mois à peine avant Louis XIII. Cette administration a conservé son caractère collégial, caractère inné et qui n'a jamais été mis en cause. Mais qu'en était-il des différents éléments de l'ensemble constitué par les gens des finances et, d'abord, du premier d'entre eux ?

La prééminence du superintendant ou surintendant a résulté au départ de la préséance protocolaire qu'un ou deux de Messieurs des finances exerçaient sur les autres en fonction de leur rang au Conseil et aussi de leur prestige social. C'est sur quoi se fondèrent les rôles de Guillart du Mortier et de d'Avanson sous Henri II, de Gonnord, de Chaulnes et de Birague sous Charles IX, sans que le Roi ait jugé nécessaire de consolider cette situation de fait par la collation de quelque diplôme écrit. Une

1. Richelieu à Bouthillier; Amiens, 3 octobre 1641 (Avenel, t. VI, n° CCCCXLI, p. 879-881).
2. Richelieu à Bouthillier; Valence, 30 août 1642 (*ibid.*, t. VII, n° LXIV, p. 108-110).

étape fut franchie à l'avènement d'Henri III avec le règlement du 10 septembre 1574 : « Et aura, y annonçait le Roi, le Sr de Bellièvre la surintendance desdictes finances, comme le feu Sr du Mortier avoit, qui assemblera les intendans desdictes finances et le trésorier de l'Espargne lorsqu'il verra bon estre, pour avec iceulx en adviser. Et luy [...] en fera rapport à Sa Majesté lorsqu'il sera par Elle commandé[1]. » L'attribution de cette charge à Bellièvre fut exprimée par cet article de règlement, sans que, semble-t-il, le Roi ait fait instrumenter un acte adressé personnellement à l'intéressé pour l'investir de ses fonctions. Mais ce même article énonçait ce qui était et demeura toujours la prérogative fondamentale du poste de surintendant, à savoir que, parmi les gens des finances, lui seul était habilité à rendre raison au Roi des affaires et à être responsable devant lui.

Bellièvre conserva la surintendance pendant quatorze ans, non sans avoir dû y être suppléé à diverses reprises. Lors de sa disgrâce en septembre 1588, son remplacement par François d'O paraît avoir été opéré de fait, sans décision écrite du Roi. Mais après la mort du marquis d'O en octobre 1594, Henri IV résolut « de supprimer l'estat de supperintendant de ses finances » et donna le 25 novembre un règlement en conséquence[2]. Décision qui dénonce la nature indécise de cet « estat », puisque le Roi le supprime sans qu'il ait jamais été créé de façon publique et officielle. On sait ce qu'il advint de cette suppression et comment, à partir de 1598, Sully put se dire et être appelé surintendant des finances et être rémunéré comme tel. On a vu enfin, lors de sa retraite en 1611, le règlement du 5 février proclamer « que la suppression de l'estat de superintendant des finances faicte par le règlement de l'an 1594, dont aucun restablissement n'a esté faict depuis, tiendra ». Elle tint effectivement, mais plus en apparence qu'en réalité, puisque Jeannin, avec les pouvoirs de contrôleur général, exerça alors en fait ceux de surintendant, tant ils avaient acquis de prestige et d'ascendant avec Sully. Écarté en mai 1616 au bénéfice de Barbin, Jeannin reprit après la mort de Concini la direction des finances et cette fois avec la qualité de surintendant, mais comme Sully naguère, c'est-à-dire sans collation officielle de la charge.

L'investiture de ses successeurs fut, au contraire, explicitée de façon très nette. Celle de Schomberg, on s'en souvient, se déroula en deux étapes. Le 6 septembre 1619, un secrétaire d'État contresignait le brevet par lequel Sa Majesté, après avoir recherché « entre les mains de qui Elle pourroit commettre ladicte charge, comme l'une des plus importantes de son Estat », et reconnu les mérites et le zèle de M. de Schomberg, déclarait qu'Elle l'avait « faict et estably superintendant de sesdictes finances et luy en a donné l'entière charge, conduicte et direction, avecq pareil pouvoir et auctorité que la tenoit ledict Sr Jeanin et, aupara-

1. Sur ce règlement, voir *supra*, p. 79.
2. Voir *supra*, p. 131.

vant luy, ceulx qui l'ont tenue et exercée, sans qu'il soit tenu d'en rendre compte à aultre que à Sadicte Majesté, ny qu'il luy soit besoin d'aultres lettres ou expéditions que le présent brevet[1] ». Nonobstant cette dernière clause[2], par des lettres patentes revêtues du grand sceau de France et adressées le lendemain à Schomberg, « nous vous avons commis, ordonné et députté, lui annonça Louis XIII, commettons, ordonnons et députtons par ces présentes, signées de nostre main, pour exercer, tant qu'il nous plaira, ladicte charge de superintendant des finances, avecq tous les pouvoirs, auctoritez et fonctions qui en dépendent[3] ». Dans ces formules de chancellerie à première vue routinières et répétitives, il y a des mots clés et ici ce sont les mots « vous avons commis » et « commettons ». Lorsque, par lettres patentes ou par arrêt en son Conseil, le Roi déclarait « commettre » telle personne pour exécuter telle ou telle tâche ou remplir telle ou telle fonction, cela signifiait, en droit strict et en bonne diplomatique, qu'il la créait commissaire. C'était là, dans les écritures royales, une règle absolue. Par conséquent, nous avons la preuve qu'au mois de septembre 1619 la charge de surintendant des finances en était venue à être considérée comme ayant statut de commission, à la fois par la formulation de sa collation et aussi par son caractère révocable *ad nutum*, étant valable « tant qu'il nous plaira ».

Pour le reste, ces lettres patentes étaient peu disertes. Le Roi y mandait « généralement à tous ceulx qu'il appartiendra de vous obéir et recognoistre et aulx trésoriers de nostre Espargne de vous payer par chacun an, sur vos simples quittances, les gaiges et appointementz qui y sont attribuez ». Il n'y était pas fait la moindre allusion à la chambre des comptes. Le tout « nonobstant la suppression faicte de ladicte charge de superintendant de nos finances par un règlement de nostre Conseil le cinquiesme febvrier MVI^{c}XI, ausquelz nous avons desrogé et desrogeons par cesdites présentes ». En fait, cette commission du 7 et le brevet du 6 septembre se complétaient sans faire double emploi. Le brevet, en effet, en spécifiant que Schomberg exercerait la surintendance « sans qu'il soit tenu d'en rendre compte à aultre que à Sadicte Majesté », mettait en relief, mieux que les lettres patentes, la prérogative foncière de la charge : sa subordination immédiate et exclusive au Roi.

Non moins digne d'intérêt était un second brevet dressé le 6 septembre en faveur de Schomberg, par lequel le Roi, « considérant la dignité de ceste charge, joincte aux grandes vertus et aux qualitez dudict Sr de Schomberg », entendait que celui-ci « prenne désormais scéance dans tous ses Conseilz, immédiatement après les officiers de sa couronne, sans néantmoings que cela puisse à l'advenir estre tiré à consé-

1. Brevet daté de Tours le 6 septembre 1619 (Bibl. nat., N. a. f. 7226, fol. 353 ; copie).

2. Celle-ci n'est pas, en général, à prendre au pied de la lettre, les brevets étant en principe à la chancellerie royale des actes de caractère provisoire et d'effet transitoire préludant à l'envoi ultérieur de lettres patentes. Voir à ce sujet, H. Michaud, ouvr. cité, p. 245-252.

3. Commission datée de Tours le 7 septembre 1619 (Bibl. nat., N. a. f. 7226, fol. 357-358 ; copie).

quence par ceulx qui luy pourront sucedder en ladicte charge, ceste grâce estant accordée par Sa Maiesté audict Sr de Schomberg autant en considération de sa personne et de ses services que de ladicte qualité de surintendant des finances[1] ». En donnant au surintendant rang dans les Conseils après le connétable et le chancelier de France et avant les secrétaires d'État, cette décision d'ordre protocolaire révèle la nature de ses fonctions : son statut de commissaire ne pouvait lui valoir les mêmes préséances qu'aux officiers de la couronne, si important que fût son rôle dans l'État. Il fallait donc une grâce du Roi visant sa personne pour lui procurer des honneurs que sa charge n'impliquait pas par essence.

Après avoir congédié Schomberg, Sa Majesté, ayant « recherché entre les mains de qui Elle pourroit commettre la charge de superintendant de sesdites finances », fit choix du marquis de La Vieuville et, par brevet du 6 janvier 1623[2], annonça l'avoir « fait et estably » en ce poste. Comme le voulait ce brevet, aucune autre expédition ne fut dressée pour cette nomination, mais un autre du 31 janvier attribua dans les Conseils à La Vieuville le rang conféré naguère à Schomberg[3].

Lorsque Bochart de Champigny et Marillac furent désignés pour succéder ensemble à La Vieuville, il leur fut dépêché le 27 août 1624 une lettre patente de commission, très proche de celle adressée en 1619 à Schomberg. Ils étaient commis pour, « en quallité de surintendans, nous servir de surintendans et avoir désormais l'entier maniement, conduitte et direction de nosdictes finances pendant le temps des commissions des controolle et intendance de nosdictes finances seulement, avecq les mesmes pouvoirs, fonctions et auctoritez que ont eu cy-devant ceulx que nous y avions establiz superintendans et ainsy qu'il est requis pour le bien de nos affaires, sans que dudict maniement, conduitte et direction vous soyez tenus rendre compte à aultres que à nostre propre personne[4] ». Cette commission paraissait devoir expirer à la fin de l'année, mais elle fut toujours renouvelée.

Après la démission de Bochart de Champigny, Marillac fut commis dans les mêmes termes pour continuer seul les fonctions de surintendant, et cette fois « tant qu'il nous plaira »[5]. Sa promotion comme garde des sceaux lui fit bientôt abandonner la surintendance, où lui succéda le marquis d'Effiat. Les lettres de commission expédiées pour lui le 9 juin 1626, tout en reprenant des formules des précédentes, s'enrichirent de quelque libellés nouveaux, fort riches de sens[6]. Nous vous commettons, y disait le Roi, « pour faire la charge de surintendant de nosdictes finances, avec plain et entier pouvoir que nous vous donnons d'ordonner d'icelles et de les administrer ainsy qu'en voz loyauté et conscience

1. Brevet daté de Tours le 6 septembre 1619 (*ibid.*, fol. 355; copie).
2. Brevet daté de Paris le 6 janvier 1623 (Arch. nat., O^1 9, fol. 128; copie).
3. Brevet daté de Paris le 31 janvier 1623 (*ibid.*, fol. 128v°-129; copie).
4. Commission datée de Paris le 27 août 1624 (Bibl. nat., N. a. f. 7226, fol. 375-376; copie).
5. Commission datée de Paris le 20 février 1626 (*ibid.*, fol. 401 ; copie).
6. Commission datée de Blois le 9 juin 1626 (*ibid.*, fol. 405; copie).

vous jugerez estre à propos pour le bien de nostre service ». Il faut s'arrêter ici avant de poursuivre, car des propos essentiels viennent d'être formulés avec ce « plain et entier pouvoir que nous vous donnons d'ordonner d'icelles » finances, ce qui signifie, en peu de mots, que le surintendant était, sous l'autorité du Roi, l'ordonnateur suprême des deniers de l'État.

Enchaînant, le Roi déclarait ensuite à d'Effiat qu'il jouirait « de ladicte charge avecq les mesmes honneurs, auctoritez, prérogatives, prééminances et fonctions, estatz et appointemens qui vous seront par nous ordonnez, que souloyt avoir ledict Sr de Marillac et avant luy nostre cousin le comte de Schomberg, mareschal de France, et le marquis de La Vieuville, tout ainsy que sy le tout estoit cy par le menu spéciffié et déclaré, sans que de ladicte administration vous soyez tenu ny obligé de rendre compte à nostre chambre des comptes de Paris ny ailleurs qu'à nostre propre personne ». Avec l'apparition de cette référence à la chambre des comptes se faisait jour une autre indication majeure. Elle impliquait, en effet, que le surintendant n'avait d'aucune façon qualité de comptable. Il n'était donc pas astreint à se justifier de sa gestion et devait l'assumer selon ses « loyauté et conscience », n'ayant à en rendre raison qu'au souverain. Cette supériorité du surintendant fondait, parmi les injonctions finales, la défense faite à tous les officiers de finance d'« acquiter aucunes partyes, soient de dons ou autrement, quelques acquictz qui leur soyent expédiez, sy ils ne sont visez ou accompagnez de voz ordonnances particullières, ainsy qu'il a esté faict par le passé ».

On sent l'intérêt de ces quelques propositions nouvellement introduites dans la commission dépêchée pour d'Effiat, car elles caractérisent en passant des traits essentiels des fonctions de surintendant et cela dans un texte où l'on se défend de les spécifier « par le menu ». Toute précision ne pouvant qu'aboutir à une limitation, l'autorité du surintendant tirait sa force des termes très généraux par lesquels étaient exprimées ses compétences. Comme ses prédécesseurs, le marquis d'Effiat eut à prendre séance dans les Conseils immédiatement après les officiers de la couronne[1] et en plus le Roi lui octroya entrée, séance, voix et opinion délibérative au parlement de Paris[2].

Désignés pour exercer ensemble la surintendance après la mort du maréchal d'Effiat, Bullion et Bouthillier en furent investis par des lettres patentes du 4 août 1632, dont le dispositif reprend les clauses de celles instrumentées en 1626 pour leur prédécesseur[3]. À première vue, et mises à part les modifications liées à l'identité des personnes, ces deux actes sont donc rigoureusement semblables. En réalité, une différence

1. Brevet daté de Blois le 9 juin 1626 (*ibid.*, fol. 406; copie).

2. Lettres patentes datées de Blois le 9 juin 1626 (Arch. nat., X^{1A} 8650, fol. 449v°-450; enregistrement le 24 mars 1627 par le parlement de Paris).

3. Pouvoir daté de Saint-Germain-en-Laye le 4 août 1632 (Arch. nat., O^1 9, fol. 287-288; copie).

majeure les sépare, différence due à un mot, un seul mot. S'adressant à d'Effiat, comme déjà auparavant à Schomberg, à Bochart de Champigny et à Marillac, Louis XIII disait en 1626 « nous vous avons commis et depputé, commettons et depputons [...] pour faire la charge de surintendant de nosdites finances ». Cette fois, disait-il à Bullion et à Bouthillier, « nous vous avons constitué, ordonné et estably, constituons, ordonnons et establissons [...] pour faire la charge de surintendant de nosdites finances. » Un mot a disparu, un mot essentiel, le verbe « commettre », avec « députer », son jumeau. Leur ont été substitués les verbes « constituer », « ordonner » et « établir ». L'élimination de « commettre » signifiait que désormais l'exercice de la surintendance, au lieu d'être le fait d'une commission, serait le propre d'une charge particulière, ni office ni commission, dont le ou les titulaires seraient « constitués, ordonnés et établis », termes de règle pour conférer leurs pouvoirs à d'importants personnages, notamment les gouverneurs et lieutenants généraux des provinces. Ce changement de vocabulaire n'a pu résulter de la fantaisie ou de l'étourderie d'un scribe. Sans aucun doute a-t-il été voulu par Louis XIII, son premier ministre et son Conseil pour conférer encore plus de lustre à une charge que, néanmoins, il ne pouvait être question d'ériger en office de la couronne. Un tel statut, en effet, l'eût rendue inamovible et, ce faisant, lui aurait concédé une autorité excessive. En outre, le moment ne tendait pas à la multiplication des offices de la couronne, mais bien plutôt à leur extinction : par édit de janvier 1627, Louis XIII venait de supprimer ceux de connétable et d'amiral de France. La sagesse et l'air du temps voulaient donc que les responsabilités de surintendant fussent accordées soit seulement pour une année renouvelable, soit « tant qu'il nous plaira », c'est-à-dire qu'elles demeurassent toujours révocables au gré du souverain. C'est pourquoi, en même temps que leur pouvoir de surintendants, fut dressé pour Bullion et Bouthillier, comme naguère pour leurs prédécesseurs, un brevet du Roi leur donnant « séance en sesdits Conseils au-dessus des plus antiens conseillers d'Estat, proche et joignant l'un de l'autre d'un mesme costé et immédiatement apprès les officiers de sa couronne [1] ».

Après 1643, à une seule exception près, les surintendants administreront les finances en vertu d'un pouvoir et non d'une commission, ce qui prouve que cette charge a atteint sous Louis XIII son statut définitif. C'était, certes, une conséquence du prestige et de l'autorité que lui avaient conférés sa gestion par Sully. Mais celui-ci avait souvent agi en empiétant sur les compétences du chancelier, alors que ce dernier regagna sous Louis XIII le terrain perdu par Bellièvre sous Henri IV. D'autre part, Sully avait élargi son emprise sur les hommes et les affaires en joignant à l'exercice de la surintendance celui des charges de grand voyer, de grand maître de l'artillerie et de surintendant des bâti-

1. Brevet daté de Saint-Germain-en-Laye le 4 août 1632 (*ibid.*, fol. 286v°-287 ; copie).

ments du Roi. Or aucun des surintendants des finances de Louis XIII ne réalisa un semblable cumul[1]. En réalité, si la surintendance a continué avec eux de s'affirmer, c'est que, dès ses débuts discrets, elle impliquait des responsabilités qui, par la force des choses, situaient ses titulaires dans les plus hautes instances décisionnelles de la monarchie. C'est aussi pourquoi, dès Charles IX, des gentilshommes l'ont exercée sans aucun risque de dérogeance et qu'ensuite elle échut, en une alternance presque régulière, tantôt à des gens d'épée et tantôt à des gens de robe longue.

Si étendus que fussent les pouvoirs du surintendant, il ne faut pas perdre de vue que ses possibilités en matière d'écritures publiques n'étaient pas sans limites. Il faisait dresser et il signait de multiples documents financiers : états, rôles, ordonnances de comptant, quittances, assignations, etc., mais il ne disposait pas de la signature en commandement. Du moment, en effet, que les décisions qu'il avait prises ou avait fait adopter par le Roi ou le Conseil devaient être instrumentées soit par un édit, une déclaration ou toute autre forme de lettres patentes, soit par certain type d'arrêt du Conseil, l'expédition de ces actes incombait de manière exclusive aux secrétaires d'État et, dans tous les cas, incluait, à l'audience du sceau comme lors de la validation des minutes d'arrêts, intervention et contrôle du chancelier. Les surintendants ne supportaient pas toujours de bon gré les bornes ainsi fixées à leur autorité, mais il n'apparaît pas que, sous Louis XIII, ils se soient avisés, comme naguère Sully, de faire rédiger des arrêts du Conseil et de les rendre exécutoires sans les soumettre à la signature du chancelier ou du garde des sceaux. Au reste, l'exercice de leurs fonctions requit toujours la collaboration des intendants des finances.

* *
*

Les intendants des finances illustraient depuis l'origine le caractère collégial de l'administration suprême des finances, dont, quelle que fût la prééminence du surintendant, ils partageaient la direction avec lui. Cette responsabilité collégiale est clairement formulée dans cette dépêche adressée par Malier du Houssay au bureau des finances de Caen lors de la disgrâce de La Vieuville :

« La démission de Monsieur le marquis de La Vieuville de la charge de superintendant des finances a apporté si peu de dérangement en l'ordre que le Roy y avoit desià estably, que je n'avois pas estimé qu'il fust nécessaire de

1. Le marquis d'Effiat fut pourvu le 21 octobre 1629 d'un des offices d'intendant général des deniers communs et d'octroi des villes et communautés du royaume créés en 1628, aux gages de 4 000 livres par an. Mais il est douteux que cela ait renforcé son autorité de surintendant des finances.

vous en donner advis. Mais Sa Majesté ayant depuis jugé à propos de commettre quelques-uns des principaux de son Conseil pour soustenir ceste charge et prendre le soing de la direction des finances et, pour cest effect, commis Messieurs de Champigny, controlleur général, et de Marillac, l'un des anciens dudict Conseil, et avec eux Messieurs les intendans, j'ay creu estre obligé de vous le faire sçavoir par la présente, afin que vous continuiez à m'advertir des affaires qui se présenteront concernans vostre charge et le service de Sa Majesté[1]. »

Autre signe de cette collégialité, parmi bien d'autres du même genre, dans ce fait que, lors de l'audience qu'il donne le 21 août 1642 aux prévôt des marchands et échevins de Paris pour leur notifier et motiver le « reculement d'un demi-quartier des rentes de la ville sur les gabelles, les aydes et les cinq grosses fermes », Louis XIII soit flanqué du surintendant Bouthillier, lui-même entouré par les intendants[2].

Constituées en commissions lors de leur apparition en 1552, les charges d'intendant des finances n'avaient pas changé de statut depuis, sauf de janvier 1594 à février 1596 où, unies à celle de contrôleur général, elles avaient été érigées en titre d'offices formés[3]. Leur nombre, assez traditionnellement fixé à quatre depuis Charles IX, avait été réduit de manière drastique en 1596 et, au moment de la mort d'Henri IV, Sully n'était assisté que d'un seul intendant, Isaac Arnauld, et du contrôleur général Gilles Maupeou. Mais dès la fin de 1610 fut recruté un deuxième intendant, Dony d'Attichy, et, en janvier 1611, ayant dû céder à Jeannin le contrôle général, Maupeou redevint intendant. Un quatrième, Duret de Chevry fut nommé au mois d'août 1615. Ces Messieurs furent cinq un moment après la mort de Concini et l'arrivée de Déageant. Revenus à quatre après le départ de ce dernier, ils se retrouvèrent cinq en 1621 et 1622, puis quatre de janvier 1623 à octobre 1626 et ensuite ramenés à trois jusqu'en mai 1631. De nouveau, ils furent alors quatre jusqu'en février 1636, où il n'en resta plus que trois, mais un quatrième les rejoignit en décembre 1640. La mort de Malier du Houssay en septembre 1641 créa une vacance qui ne fut pas comblée et lors du décès de Louis XIII trois intendants des finances étaient en fonction : Particelli d'Émery, Mauroy et Tubeuf. Depuis 1611, la plupart des commissions d'intendant des finances n'eurent de validité que pour un an et durent donc être renouvelées, mais cet usage tendit à s'émousser et, à la fin du règne, elles furent octroyées « tant qu'il nous plaira ».

1. Malier du Houssay aux trésoriers de France de Caen; Saint-Germain-en-Laye, 15 août [1624]; la lettre continue en ces termes : « ... le service de Sa Majesté, que je vous supplie d'entreprendre avec soing et affection, estant contraintct de vous mander que les plus grandes plainctes que nous recepvons au Conseil sont des longueurs et des traverses que vous y apportez. Tesmoignez le contraire à Sa Majesté par les effectz, comme je feray de vos services quand les occasions se présenteront, estant, Messieurs, vostre... » (Arch. dép. Calvados, 4 C 97; orig.).

2. Bouthillier à Richelieu; Paris, 24 août 1642 (AVENEL, t. VII, n° LXIV, p. 108-109, note 1).

3. Voir *supra*, p. 126-127 et p. 135.

Le recrutement de ces commissaires fut varié. Si l'on prend en considération leur situation au moment de leur accession à une intendance des finances, on ne trouve parmi eux qu'un maître des requêtes : Pierre de Castille, qui venait d'être pendant cinq ans ambassadeur en Suisse. Duret de Chevry était président en la chambre des comptes de Paris et Tubeuf maître ordinaire en la même. D'autres étaient premiers commis de secrétaire d'État : Le Clerc chez Brulart de Puisieulx et Mauroy chez Sublet de Noyers, Mauroy étant aussi titulaire de l'office de grand maître des eaux et forêts de Bourgogne, comme l'avait été avant lui Baudouyn de Soupir. Certains, tel Déageant, étaient secrétaires du Roi et secrétaires des finances. D'autres occupaient des postes proches des souverains : Tronson était secrétaire de la chambre du Roi, Dollé procureur général de la Reine mère, Le Beauclerc secrétaire des commandements de la Reine. Mais ce furent les charges de secrétaires du Conseil d'État et des finances qui procurèrent le plus d'accès aux intendances des finances : ce fut le cas de Baudouyn de Soupir, de Malier du Houssay, de Particelli d'Émery et de Cornuel. En outre, beaucoup d'entre eux étaient ou devinrent possesseurs d'un office de secrétaire du Roi et tous prenaient la qualité de conseiller d'État, d'abord à titre honorifique en vertu d'un brevet, puis, au bout de plus ou moins de temps, l'exerçaient de manière effective par octroi de lettres patentes.

On remarquera qu'en recevant une charge d'intendant des finances les intéressés se gardaient bien de résigner le ou les offices dont ils étaient alors titulaires et ce cumul illustre bien la différence séparant l'officier et le commissaire. Celui-ci, quels que fussent l'importance, les compétences et le lustre de sa charge, était révocable d'un moment à l'autre, alors que l'officier était inamovible. Par conséquent, en cas de disgrâce, un intendant des finances trouvait une position de repli dans l'office ou les offices dont il restait titulaire. D'autre part, l'exercice de sa commission était facilité par les prérogatives et les honneurs et aussi le prestige social attachés à l'office dont il jouissait. Duret de Chevry, par exemple, nommé intendant des finances en août 1615, était depuis 1610 président en la chambre des comptes de Paris et le resta jusqu'à sa mort en 1636, étant alors contrôleur général. De toute évidence, cet office de président des comptes, en lui assurant la noblesse et la considération inhérente à une présidence de cour supérieure, procurait plus de poids à ses fonctions d'intendant et, en outre, l'aidait de façon fort opportune dans les relations, parfois tendues, de Messieurs des finances avec Messieurs des comptes. N'est-il pas significatif que, parlant de lui, les contemporains ne l'appellent guère autrement que « le président de Chevry » ? Aussi vit-on Cornuel, intendant des finances en 1634, acheter dès l'année suivante une présidence des comptes et Tubeuf, maître des comptes quand il fut nommé intendant en 1638, se faire recevoir en 1643 président en la chambre[1]. Mais M. de Bullion, surintendant des finances et ministre

1. On s'explique ainsi que les offices de président des comptes aient alors été d'un prix élevé : lors de la mort de Cornuel, son office de président de comptes fut évalué à 420 000 livres, celui de secrétaire du Roi qu'il possédait aussi n'en valant que 24 000 (inventaire après décès du 13 février 1639; Arch. nat., Min. centr., LI/258, orig.; Bibl. nat., Pièces orig., 861, doss. 10320, fol. 46-78, expédition).

d'État, n'a-t-il pas tenu à acquérir un office de président à mortier au parlement ? Duret de Chevry, lui encore, fut pourvu en mars 1621 de la charge de commandeur secrétaire-greffier des ordres du Roi, sinécure très flatteuse qui permettait à son titulaire de porter au cou la croix de l'ordre du Saint-Esprit[1].

Les intendants des finances de Louis XIII sont donc entrés en charge avec des compétences et des expériences très variées. Quelles que fussent leur culture et leurs aptitudes administratives et financières, leur recrutement dépendit aussi de leur faveur auprès du souverain ou des princes, de leurs liaisons avec les ministres, de leurs parentés et alliances, des relations que leur participation ouverte ou occulte à des partis ou des fermes d'impôts leur avaient procurées avec le monde des financiers[2], des démarches qui les avaient fait connaître au Conseil ou dans les bureaux ministériels[3]. Reconstituer les voies et moyens du cheminement de chacun jusqu'à l'intendance eût exigé une enquête longue et minutieuse qu'il n'était pas question d'entreprendre ici. Il semble que le noyau protestant qui s'était formé à la surintendance autour de Sully n'a guère survécu à son retrait et même Gilles Maupeou revint dans le giron de l'Église catholique huit jours avant sa mort, survenue le 3 février 1641.

Sous Charles IX et Henri III, l'accession aux charges d'intendant des finances avait donné lieu, bien qu'elles fussent conférées par commission, à des tractations pécuniaires entre le Roi et ceux qui en furent revêtus ou leurs héritiers[4]. Ces commissions firent-elles l'objet, du temps de Louis XIII, de semblables combinaisons ? Ou bien relevèrent-elles, avec l'agrément du souverain, d'une vénalité entre particuliers ? À l'appui de cette dernière hypothèse on pourrait citer, bien qu'elle soit demeurée lettre morte, la résignation de son poste d'intendant passée devant notaire par Isaac Arnauld en faveur de son neveu Arnauld d'Andilly[5], mais ce cas isolé ne peut faire autorité et seule une recherche spécifique permettrait d'y voir clair.

Les intendants des finances disposaient d'un pouvoir de décision considérable et d'une marge d'initiative très étendue. Jamais, en effet, ne doit-on perdre de vue que le cardinal de Richelieu ne suivait que de loin leurs activités, se consacrant avant tout à la politique générale et à la conduite de la diplomatie et des opérations militaires et craignant d'en

1. Bullion fut garde des sceaux et surintendant de l'ordre du Roi de février 1633 à février 1636.
2. Voir à ce sujet F. Bayard, *Le Monde des financiers au XVIIe siècle* (Paris, 1988, in-8°).
3. Concernant, par exemple, Déageant, daté de Grenoble le 6 juin et de Bordeaux le 19 octobre 1615, un « Estat et parcelle des deniers que le pays de Daulphiné a délibéré lever et imposer la présente année MVI^c quinze, tant pour le payement du don gratuit et taillon accordez au Roy pour cestedicte année aux estats dudict pays, que pour autre payement d'autres deniers pareillement accordez aux cy-après nommez » (Arch. nat., E 51, fol. 159-170) indique (fol. 159v°) : « À Monsieur Déagent, agent ayant charge des affaires du païs en court, la somme de neuf cent livres. »
4. Voir *supra*, p. 58-59, 80-81.
5. Voir *supra*, p. 172 et 175.

être détourné par des questions mineures. Voici, par exemple, ce qu'il mandait au garde des sceaux un jour de 1627 : « M. le président de Chevry m'escript pour les consignations qu'il a garde de rien faire, n'ayant pas l'édit; vous verrés s'il vous plaira le sceler, en sorte qu'il puisse avoir effect. Il escript de plus que les gens d'affaires sont si fort desgoûtez à cause d'un arrest du parlement, qu'ils ne veulent rien faire; je ne sçay ce qu'il contient, mais M. Deffiat m'a dit que vous aviez résolu d'y remédier, mais que vous attendez mon retour. Je ne puis juger pourquoy, n'estimant ny raisonnable que les affaires demeurent pour mon absence, ny aussi que mon ombre serve de descharge au Conseil, qui la tire de l'authorité du Roy et qui doibt trouver force dans la justice des affaires. J'ay assez de charge et trouve assez d'espines pour les grandes affaires qu'il fault faire, sans que j'en reçoive de celles où je n'ay point de part[1]. » Et quoi de plus révélateur que cette sévère admonestation suscitée dans l'été de 1639 par les troubles de Normandie, annonciateurs de la révolte des Nu-Pieds :

> « Messieurs du Conseil trouveront bon, s'il leur plaist, que ie leur die qu'il est de leur prudence de regarder si bien doresenavant aux establissemens qu'ilz voudront faire, qu'il n'en puisse arriver d'inconvéniens pareilz à ceux de Normandie.
>
> Le nom de gabelle est si odieux, et le fruict de l'establissement qu'ilz ont voulu faire de si peu de conséquence, que ie ne sçaurois assez m'estonner comme ilz ont voulu faire une adjonction à la ferme des gabelles qui peust apporter tant de trouble et si peu de proffit. On pourroit, ce me semble, considérer qu'il falloit estre d'autant plus retenu en telles affaires, que l'esloignement du Roy pouvoit donner hardiesse aux meschans de faire esclore leurs mauvais desseins. Toutes fois et quantes qu'on en usera ainsy, on rapelera dans la mémoire des peuples le souvenir de tout ce qui les blesse, et bien que la dernière nouveauté soit la vraye cause de leur mouvement, pour rendre leur cause plus plausible, ilz l'imputent à tout ce qui leur est à charge.
>
> Je supplie Messieurs du Conseil de considérer l'avenir par le passé et ne s'embarquer plus dans des affaires dont les conséquences soient si mauvaises qu'on ne puisse iamais apaiser la rébellion qu'en révocquant avec honte ce qu'on a fait. [...]
>
> Sa Majesté apréhande aussy que la taxe nouvelle des aysez des petites villes face encores un mauvais effet et ie puis respondre que, si on l'estend dans les places frontières, il en arrivera tel inconvénient qu'on ne le pourra pas par après réparer.
>
> Je sçay bien que Messieurs les surintendans diront aussy tost qu'on ne fait rien de rien et que nécessité oblige à faire beaucoup de choses qu'ilz condamneroient eux-mesmes en une autre saison. Mais ie les prie de croire que celles qui peuvent donner non seulement des cœurs, mais des places à nos ennemis sont condamnables en tout temps. Toutes les villes où nous avons passé sont au désespoir d'estre privées de tous leurs deniers d'octroy et

1. Richelieu à Michel de Marillac; 31 octobre 1627 (P. Grillon, ouvr. cité, t. II, n° 734, p. 607-608).

d'estre contraintes d'abbandonner tout ce qui peut ayder à leur conservation. Je ne condamne pas ce qu'on a fait, puisque la nécessité y a contrainct, mais l'ose bien dire que c'est chose du tout nécessaire, non seulement de leur en donner d'autres, mais de restablir la réputation du Conseil, aux parolles duquel elles adioustent peu de foy[1]. »

Tant que, à partir de 1596, le surintendant ne fut assisté que d'un seul intendant des finances, et parfois de deux, la question de la répartition des tâches ne se posa guère. Mais il y eut trois intendants dès janvier 1611 et quatre à partir d'août 1615, en sorte qu'il fallut revenir aux usages du temps d'Henri III et assigner en particulier à chacun certaines matières et, comme aux secrétaires d'État, un lot de provinces. Toutes attributions dont ces Messieurs avaient soin d'aviser les personnes et les corps avec lesquels ils auraient à traiter les affaires et à entretenir la correspondance. Maupeou rappelait ainsi un jour aux trésoriers de France de Caen qu'il leur avait « cy-devant donné advis comme, au depparte-ment qui avoit esté faict des affaires de feu Monsieur l'intendant Arnauld, je debvois avoir le soing de ce qui regarde les bois de vostre généralité[2] ». À la retraite de Maupeou en 1621, son successeur Malier du Houssay écrivait aux mêmes : « J'ay faict si peu de séjour à la cour depuis qu'il a pleu au Roy m'honorer de la charge d'intendant des finances de Monsieur Maupeou [...], que je n'ay peu prendre part aux affaires des généralitez de mon département jusques à présent, que je vous fais celle-cy pour vous supplier bien humblement de me donner advis de ce qui se passera doresnavant en vostre généralité concernant le service du Roy, affin que j'en puisse rendre raison au Conseil et que je contribue avec vous tout ce qui me sera possible pour l'accélération de celles où il sera besoing d'interposer l'autorité de Sa Majesté[3]. » Tels et tels arrêts du Conseil se réfèrent, par exemple, à « l'intendant des finances au despartement duquel est la province de Bretagne »[4], « au Sr intendant qui a le département des cinq grosses fermes »[5]. Un état du

1. Mémoire daté de Langres le 27 août 1639 (Bibl. nat., Ms. fr. 18510, fol. 266-267, orig.; publ., d'après la minute, par Avenel, t. VI, n° CCLXVII, p. 494-497). Le lendemain, Richelieu écrivait de la même ville à Bouthillier : « J'ay sceu les désordres de Rouen, mais je ne sçay pas de remède [...]. Je vous avoue que je ne sçay comme vous ne pensés un peu plus que vous ne faictes aux conséquences des résolutions que vous prenés dans vostre Conseil des Finances. Il est aisé de prévenir les maux mesme les plus incurables, et quand ils sont arrivés ils se trouvent sans remède » (Avenel, *ibid.*, n° CCLXIX, p. 500-501). Voir à ce sujet M. Foisil, *La Révolte des Nu-Pieds et les révoltes normandes de 1639* (Paris, 1970, in-8°), p. 152-281.

2. Maupeou aux trésoriers de France de Caen; Paris, 16 juin 1618 (Arch. dép. Calvados, 4 C 97; orig.).

3. Malier du Houssay aux trésoriers de France de Caen; Paris, 15 décembre 1621 (*ibid.*; orig.). Deux jours plus tard, le receveur général des finances de la généralité mandait aux mêmes : « Les deppartemens ayant esté faictz enfin entre Messieurs les intendans, la Normandye est escheue à Monsieur Malier, sieur du Houssay »; Paris, 17 décembre 1621 (*ibid.*, 4 C 103; orig. autogr.).

4. Arrêt du Conseil daté du camp devant Saint-Jean-d'Angely le 3 juin 1621 (Arch. nat., E 67^{B}, fol. 185).

5. Arrêt du Conseil daté d'Amboise le 25 mai 1619 (*ibid.*, E 61^{C}, fol. 227-228).

Conseil dressé en 1630 donne idée de ces diverses attributions, en un temps où les intendants des finances n'étaient que trois et se partageaient l'exercice du contrôle général :

« Départemens de Mrs les intendans et contrôleurs généraux des finances.

Mr de Chevry Duret :
Mois pour le controlle : janvier, febvrier, mars, avril.
Provinces : Paris, Riom, Tolouse, Montpellier, Provence, Bretagne, Lymoges et les bois.
Fermes : Cinq grosses fermes, gabelles de Languedoc et Provence, patente de Languedoc, domaine de la Roine Marguerite, traittes d'Anjou.
Comptables : L'extraordinaire des guerres de deçà et delà les monts.

Du Houssay Malier :
Mois pour le controlle : septembre, octobre, novembre, décembre.
Généralités : Soissons, Amiens, Rouen, Caen, Bourdeaux, Bourges, Orléans et bois desdites généralités.
Fermes : Gabelles de France, convoy et comptablie de Bordeaux, escu pour tonneau de mer en Normandie, vin et cidre en Normandie, IX livres pour tonneau de vin en Picardie, domaine de Calais, la grande coustume de Baïone.
Comptables : Marine de Ponant, bastimens, artillerie.

Monsieur de Noyers Sublet :
Mois pour le controlle : may, juin, juillet et aoust.
Généralités : Tours, Poitiers, Molins, Lyon, Grenoble, Dijon et Châlons et bois desdites généralités.
Fermes : Les 30 s. de Paris, 30 s. et 5 s. en Broage, 8 s. Melun et Meulan, douane de Valence, gabelles de Lyonnois et Daulphiné, aydes de France, Ingrande, 15 s. soubs les ponts de Saumur, Poitou et Marans, pavés et boues de Paris.
Comptables : Maisons du Roy, des Roines et de Monsieur, fortiffications, Ligues de Suisse, parties casuelles[1]. »

Il revenait à ces Messieurs, chacun dans son département, d'assurer les missions ordinaires de la surintendance comme l'établissement et l'exécution du brevet de la taille ou la gestion du domaine, mais s'y greffaient un grand nombre d'autres activités. Et d'abord des examens de comptes, puisqu'aucun comptable ne pouvait rendre raison de ses opérations devant la chambre des comptes sans que celles-ci n'eussent été auparavant vérifiées au Conseil par un ou plusieurs intendants. Maupeou et Arnauld durent ainsi revoir les états de recette et dépense de la recette des tailles de Forez[2], Maupeou de même pour ce qui revenait « à Sa Majesté à cause du tiers qu'Elle s'est réservée par ledict bail [des Cinq grosses fermes] sur les deniers provenans des amandes et confisca-

1. Bibl. Institut, Ms. Godefroy 310, fol. 294.
2. Arrêt du Conseil daté de Paris le 13 août 1611 (Arch. nat., E 32^{A}, fol. 154-155).

tions »[1], pour « la recepte des deniers provenans des héréditez des notaires »[2], pour le maniement des deniers du droit de pied fourché perçu par les échevins de Caen[3]. À Le Beauclerc il revint d'arrêter les comptes du commis chargé du « recouvrement des deniers de lotz, ventes, arrérages de rentes, confisquations [...] et générallement de tous les deniers casuelz extraordinaires [...] ès générallitez et ressortz des parlemens de Thoulouze, Bordeaux, pays d'Aunis et gouvernement de La Rochelle »[4] et aussi ceux de la ferme du droit de parisis des greffes du parlement de Bordeaux[5]. Le receveur d'un droit d'octroi indument perçu à Villeneuve-le-Roi dut présenter ses comptes à Duret de Chevry[6], comme fut obligé de le faire en 1625 devant Tronson le receveur et payeur des gages des officiers du présidial de Sens pour sa gestion depuis 1598[7]. Dony d'Attichy, Maupeou et Arnauld furent commis ensemble pour recevoir les comptes du « party de la vente et revente des greffes et insinuations ecclésiastiques de ce royaume »[8]. Ce ne sont là que quelques échantillons d'une masse de cas semblables qui attestent que ces vérifications de comptes amples ou modestes constituèrent une activité majeure des intendants des finances. Certains comptables cherchaient à échapper à cette formalité, dont le Roi dut rappeler le caractère obligatoire par un arrêt de son Conseil enjoignant à « tous ses officiers comptables de sa cour et autres qui prennent leurs assignations à l'Espargne et aux fermiers de vérifier estat en son Conseil de leur recepte et despence auparavant que de présenter leurs comptes en ladicte chambre des comptes, aux peines portées par les ordonnances[9] ».

Vérification souvent connexe à celle du maniement des deniers publics, que celle de titres légitimant certaines levées ou prétentions : à Maupeou et à Le Beauclerc incomba en 1623 l'examen de « tous les contracts et articles » arrêtés de 1600 à 1622 « tant pour rachapts de plusieurs parts et portions de son domaine, rentes, offices et droicts héréditaires, que pour l'exécution d'eedits, déclarations et arrests[10] » et Tronson puis Baudouyn de Soupir eurent à examiner les pièces justifiatives des créanciers de la ville de Troyes[11]. Maupeou et Dollé furent ainsi amenés à être chargés des premières poursuites contre le trésorier général de l'artillerie, prévaricateur et en fuite[12]. Dans des moments de pénu-

1. Arrêt du Conseil daté de Paris le 31 décembre 1611 (*ibid.*, E 33ᴮ, fol. 219).
2. Arrêt du Conseil daté de Paris le 14 août 1612 (*ibid.*, E 37ᴬ, fol. 135).
3. Réponse du Roi le 30 mars 1617 au cahier des états de Normandie du 7 décembre 1616 (*Cahiers des états de Normandie sous les règnes de Louis XIII et Louis XIV*, t. I, p. 137.
4. Arrêt du Conseil daté de Fontainebleau le 27 avril 1623 (Arch. nat., E 74ᴮ, fol. 125).
5. Arrêt du Conseil daté de Saint-Germain-en-Laye le 27 octobre 1623 (*ibid.*, E 77ᴬ, fol. 195).
6. Arrêt du Conseil daté de Paris le 1er février 1625 (*ibid.*, E 81ᴬ, fol. 230).
7. Arrêt du Conseil daté de Fontainebleau le 3 septembre 1625 (*ibid.*, E 83ᶜ, fol. 32).
8. Arrêt du Conseil daté de Paris le 13 mars 1612 (*ibid.*, E 34ᴮ, fol. 142).
9. Arrêt du Conseil daté de Fontainebleau le 30 juillet 1625 (*ibid.*, E 83ᴬ, fol. 324-325).
10. Arrêt du Conseil daté de Paris le 5 juillet 1623 (*ibid.*, E 75ᴮ, fol. 10).
11. Arrêts du Conseil datés de Paris le 13 mars 1624 (*ibid.*, E 78ᴮ, fol. 107-108) et de Fontainebleau le 13 août 1625 (*ibid.*, E 83ᴮ, fol. 124-125).
12. Arrêts du Conseil datés de Paris les 13, 20 et 29 décembre 1612 (*ibid.*, E 38ᴮ, fol. 133, 292 et 408).

rie aiguë du Trésor, les intendants des finances durent parfois mettre en œuvre des expédients. En 1622, voici Duret de Chevry et Malier du Houssay chargés par le Roi de « trouver et empruncter d'un ou plusieurs de ses subiectz et à tel intérest qu'ils trouveront estre plus utille et advantageux » la somme de 190 347 livres, « pour employer à l'armement tant des vaisseaux de Brouage que de trois autres vaisseaux [...] dont Sa Majesté se veult servir contre ses subiectz rebelles [1] ». Le souverain fit même appel à leur propre crédit : en 1615, la cour étant à Bordeaux, Duret de Chevry y emprunta sur son crédit personnel 380 000 livres « pour subvenir à des despences extraordinaires et inopinées qu'il luy convient faire pour le bien de son Estat [2] ». De telles démarches mettaient ceux qui en étaient investis en relation avec le monde des financiers et l'on a déjà souligné, à propos du XVIe siècle, la grande importance de leur rôle de négociateurs.

Être financier, c'était alors exercer une profession dont l'objectif était d'« approvisionner le Trésor royal, à tout moment, en se passant des voies ordinaires. L'innovation est l'indispensable moyen [...], les nouvelles techniques financières s'inspirent toutes d'un système existant, celui des fermes [3] ». Le Roi était sans cesse saisi d'avis par lesquels des particuliers l'assuraient avoir imaginé un moyen sûr et facile de procurer des ressources à Sa Majesté. De telles propositions, si incertaines qu'elles fussent parfois, ne pouvaient être rejetées ni adoptées sans être étudiées au préalable et il était enjoint à tous ces « donneurs d'avis » de remettre leur projet détaillé à tel membre du Conseil de direction, qui en ferait rapport. De multiples arrêts ont ainsi confié de tels dossiers aux gens du Conseil et, parmi eux, en grande majorité à Messieurs des finances. Un recensement effectué de façon systématique parmi les arrêts de 1624 révèle qu'en cette année 87 au moins d'entre eux ont prescrit ce genre d'examen[4]. En voici un exemple : Antoine Sercamanen, bourgeois de Paris, ayant proposé « ung moyen juste et raisonnable, sans surcharger les finances de Sa Majesté, dont Sa Majesté pourra tirer la somme de 400 000 livres », il lui fut enjoint de mettre dans les trois jours « ès mains du Sr de Chevry, conseiller audit Conseil et intendant des finances, les mémoires et instructions concernans ledit advis », afin de savoir s'il est en effet « juste et raisonnable »[5]. Duret de Chevry, seul ou avec un de ses collègues, eut treize fois au moins à procéder

1. Arrêt du Conseil daté du camp devant Royan le 9 mai 1622 (*ibid.*, E 71B, fol. 60).
2. Arrêt du Conseil daté de Bordeaux le 10 octobre 1615 (*ibid.*, E 51, fol. 128-129). Voir *supra*, p. 170, note 1.
3. F. BAYARD, ouvr. cité, p. 77.
4. Arch. nat., E 78A-E 80B. Il est probable que le nombre de tels arrêts fut en réalité plus élevé, la série des arrêts du dernier trimestre semblant quelque peu lacunaire. Onze arrêts du mois de mars statuent en ce sens, dont huit sous la seule date du 26 (E 78B, fol. 262-263, 266-267, 310-311, 312-313, 376-377, 378, 391-392 et 399-400).
5. Arrêt du Conseil daté de Paris le 17 janvier 1624 (*ibid.*, E 78A, fol. 49). Sur Sercamanen, voir F. BAYARD, ouvr. cité, p. 96, 98-100, 108, 129; cet auteur (p. 80 et 93) a pu dénombrer 1427 avis présentés au Conseil de 1590 à 1653 par 1 140 personnes !

cette année-là à un tel examen. C'était un rôle important, car l'adoption d'un projet faisait bénéficier son auteur d'un droit d'avis, qui donna lieu à des manœuvres frauduleuses. En sorte que le Roi, averti que « diverses personnes ayans obtenus des arrests d'avis sur des propositions vaines qu'ils ont faites audict Conseil sans les expliquer, ont déclaré par après que lesdicts avis procédoient de personnes puissantes et qualifiées, qui est un pur artifice pour se faire donner sous leurs noms de grandes sommes de deniers, bien que lesdicts avis ne soient procédez que de leur industrie, ostans par ce moyen le fruit qui en apartient à des personnes foibles qui en sont les vrais autheurs », dut en 1627 fixer des règles strictes à la délivrance de ce droit[1].

Dans le Conseil de Louis XIII, de même que sous les règnes précédents, les intendants des finances ont donc tenu un rôle majeur de rapporteurs, ce qui, comme aussi dans le passé, les conduisit à y présenter d'innombrables requêtes. Pratique devenue habituelle sous Henri III et contre laquelle les maîtres des requêtes se hérissaient depuis toujours, au motif qu'elle usurpait l'une des compétences foncières de leur office. Sur ce grief avaient porté des remontrances qu'ils avaient présentées et réitérées en vain à Henri III, à Henri IV et encore à Louis XIII au début de son règne[2]. Cet insuccès ne les décourageait pas et leur hostilité à l'édit de décembre 1639 portant création de seize nouveaux offices dans leur compagnie leur fournit l'occasion de renouveler leurs doléances contre les empiétements de Messieurs des finances. Le 27 décembre 1641, ils décidèrent de remettre au chancelier et au surintendant une série de demandes préconisant, entre autres choses, que le Roi fasse « donner une déclaration portant suppression des offices de maistres des requestes nouvellement créés » et qu'il ne soit « expédié aucunes lettres patentes ny arrest du Conseil portant commission aux commissaires du Conseil d'examiner les affaires des gabelles, aydes, sol pour livre, subvention et autres affaires du Roy et des traictans, qu'il n'y ait pareil nombre de maistres des requestes employés dans la commission que des conseillers audict Conseil; et s'il y a quelques instances concernant lesdittes affaires, seront instruictes par lesdicts maistres des requestes et non par lesdicts conseillers, suivant l'ordonnance[3] ». Si la première de ces revendications fut satisfaite en partie, quatre des nouveaux offices ayant été éteints en janvier 1642, la seconde n'eut pas plus d'effet que ses devancières. Ces plaintes répétées et infructueuses des maîtres des requêtes ne peuvent être négligées, ce qu'elles dénoncent ayant eu des répercussions très étendues sur le fonctionnement de l'État monarchique.

---

1. Arrêt du Conseil daté de Saint-Germain-en-Laye le 30 août 1627 (*ibid.*, E 93ᴮ, fol. 168). F. Bayard (ouvr. cité, p. 87-89) a calculé que la période 1615-1635 fut celle de la plus grande activité des donneurs d'avis.
2. Voir *supra*, p. 112-115, 130, 164.
3. Résolution des maîtres des requêtes; 27 décembre 1641 (Bibl. nat., Ms. fr. 18234, fol. 498v°-503; copie). L'édit de décembre 1639 avait été enregistré en 1640 : le 20 avril par le parlement et le 30 avril par la chambre des comptes de Paris.

Si étendue et variée que fût l'action des intendants des finances auprès du surintendant et du Conseil, ils n'en étaient pas moins appelés à remplir à l'extérieur des tâches importantes et parfois pendant assez longtemps. Malier du Houssay, par exemple, expliquait aux trésoriers de France de Caen qu'il n'avait pu leur faire part en son temps de son accession à l'intendance des finances, « ayant esté dès lors député par Sa Majesté vers Messieurs de l'assemblée du clergé, où j'ay esté occupé plus de quatre mois, que je n'ay peu prendre part aux affaires des généralitez de mon département jusques à présent[1] ». Particelli d'Émery fut l'un des commissaires du Roi auprès de l'assemblée du clergé qui se tint à Mantes du 25 février au 22 août 1641[2]. Le même personnage, peu après sa nomination d'intendant des finances, avait été commissaire du Roi aux états de Languedoc qui siégèrent à Pézenas du 12 décembre 1631 au 22 juillet 1632[3]. En 1625, Baudouyn de Soupir fut commis pour se transporter en Champagne et, flanqué de deux trésoriers de France, y « faire thoiser, visiter, priser et estimer » les travaux effectués à l'aqueduc de Reims et aux canaux et écluses en dépendant[4].

Comme cela se pratiquait sous Henri III, les intendants des finances reçurent des commissions auprès des armées ou à des fins militaires. En mai 1633, Sublet de Noyers fut commis pour se rendre en Picardie « et y faire en toute diligence travailler aux fortiffications des villes et places, citadelles et chasteaux de Doullens, Monstreuil, Calais, fort de Lay, Ardres, Abbeville, Rue, Saint-Quentin, Le Castellet, Péronne, La Capelle, Corbye, Amyens et La Fère, suivant les devis et desseings du Sr d'Argencourt, notre maréchal de bataille, que nous envoyons avec vous en nostredite province à cet effet » et il apparaît que Sublet alla exécuter cette commission plusieurs mois de chacune des années 1633, 1634 et 1635[5]. Particelli d'Émery, en janvier 1635, fut député en Pro-

1. Malier du Housssay aux trésoriers de France de Caen; Paris, 15 décembre 1621 (Arch. dép. Calvados, 4 C 97; orig.). L'assemblée du clergé, réunie à Paris le 18 mai 1621, dut se transporter à Poitiers le 9 juillet, puis à Bordeaux au mois d'août et ne cessa ses travaux que le 2 octobre.

2. « Instruction aux sieurs de Léon, conseiller au Conseil d'Estat, et d'Hémery, intendant et contrôleur général des finances, commissaires députés par Sa Majesté pour assister, de sa part, en l'assemblée du clergé qui est convoquée en la ville de Mantes »; Paris, 21 février 1641 (Avenel, t. VI, n° CCCLXXX, p. 753-755).

3. Devic et Vaissete, *Histoire générale de Languedoc,* t. XI (Toulouse, 1889, in-4°), p. 1049-1057. Dans le registre 1628 des Mémoires et documents France des Archives des Affaires étrangères sont conservées 25 dépêches adressées de Languedoc par Particelli à Richelieu entre le 22 novembre 1641 et le 3 août 1632.

4. Arrêt du Conseil daté de Fontainebleau le 10 septembre 1625 (Arch. nat., E 83c, fol. 96-97).

5. Commission datée de Fontainebleau le 27 mai 1633 (Varsovie, Biblioteka narodowa [Bibliothèque nationale], Ms. 3648, fol. 9-11; copie). Dans ce manuscrit, intitulé « Registre de plusieurs ordonnances », ont été recopiés en leur temps des ordonnances, commissions, instructions, devis et autres actes émanés de Sublet de Noyers pendant ses séjours en Picardie; le plus ancien de ces documents est daté de Calais le 30 novembre 1633 et le plus récent de Charleville le 18 avril 1635. Ce manuscrit n'a pas été connu de Ch. Schmidt pour son article « Le rôle et les attributions d'un intendant des finances aux armées. Sublet de Noyers de 1632 à 1636 », dans *Revue d'histoire moderne et contemporaine*, t. 2 (1900-1901), p. 156-175. D'après un formulaire provenant du chancelier Séguier, commission aurait été donnée en avril 1634 à Sublet de Noyers pour se rendre à Nancy, récemment occupée par les troupes françaises, et y faire travailler à la citadelle (Bibl. nat., Ms. fr. 17541, fol. 288v°-290).

vence pour avoir soin des réparations et fortifications que le Roi avait décidé de faire aux places maritimes et aux îles de la côte[1] et peu après fut envoyé comme ambassadeur à la cour de Savoie, où il résida jusqu'en 1639. Et si en 1636 Malier du Houssay fut payé successivement de 3 000, puis de 5 000 livres, à lui ordonnées par le Roi « pour avoir par luy vacqué pendant huict mois entiers en la province de Champaigne pour y exécuter les ordres de Sa Majesté »[2], ce fut sans doute à l'occasion des opérations et mouvements des troupes royales.

Les activités essentielles et variées que menaient les intendants des finances à la suite du Roi et de son Conseil ou à travers le royaume ne doivent pas faire perdre de vue que, par moments, ils cumulèrent l'exercice de leur intendance avec celui du contrôle général.

* *
*

Si les intendants des finances viennent d'être évoqués ici aussitôt après le surintendant, c'est qu'ils en étaient indissociables, constituant auprès de lui moins ses assesseurs que plutôt les membres d'un même corps dont il était la tête. Mais le contrôleur général – quand il y en avait un – était, après le surintendant, le plus éminent de Messieurs des finances. D'où les manèges auxquels donnait lieu la postulation du contrôle général. Depuis sa création en 1547, celui-ci a eu ainsi une existence contrastée, selon que l'on considère les formalités qu'il impliquait ou les hommes chargés de les appliquer. Instituées « pour contreroller la recette et dépense des deniers que recevra ledit trésorier de notre Épargne », dont il serait fait registre, les formalités avaient été non seulement maintenues, mais étendues au trésorier des parties casuelles et autres comptables, précisées et accrues sur de nombreux points. Récemment, l'arrêt du Conseil du 13 septembre 1628 avait porté un ample règlement « pour les registres du controlle général des finances et pour la nature des actes qui y doivent estre enregistrez[3] ». De ces actes figure une intéressante énumération dans un arrêt du Conseil postérieur de peu à la mort de Louis XIII, d'après lequel le contrôle devait nécessairement concerner :

« chacun mandement, rescription et quictance de l'Espargne » ;
« chacune autre quictance expédiée et à expédier à l'ordinaire des parties casuelles et du marc d'or » ;
« chacune autre quictance des offices de nouvelle création et autres expédiées et à expédier par les trésoriers des parties casuelles, marc d'or » ;

1. Arch. S.H.A.T., A[1] 24, n° 325 et suivants. Par arrêt du Conseil du 31 mars 1635, Particelli eut ordre, à l'occasion de ce séjour en Provence, de donner avis au Roi « sur le fait de la liquidation des debtes de ladite province » (*ibid.*, A[1] 26, n° 160 ; orig.).
2. « Deniers payez par ordonnances » par le trésorier de l'Épargne durant le troisième quartier de 1636 (Bibl. nat., N. a. f. 164, fol. 296v° ; orig.).
3. Voir *supra*, p. 183-184.

toute quittance « des trésoriers généraux des deniers provenans de la vente et revente du domaine et autres deniers extraordinaires de S. M. et par tous autres officiers et commissionnaires qui pouroient estre préposez à l'expédition desdictes quictances et recouvrement des deniers, de quelque nature qu'ilz puissent estre et en quelque manière qu'il soit ordonné par S. M. en sondit Conseil ou autrement, sans aucune excepter ny réserver » ;

« chacune commission, lettres d'octroy, acquictz patens, de dons, pensions, rembourssemens, rassignations et autres de pareille nature » ;

« chacun bail à ferme et traictez qui seront faictz audit Conseil. »[1]

Il s'agissait donc d'une étape majeure dans le maniement des deniers royaux, en recette comme en dépense, puisqu'elle légitimait les opérations du trésorier de l'Épargne, du trésorier des parties casuelles et de tous autres comptables, si valides qu'elles fussent par ailleurs, et mettait en suspens les vérifications de la chambre des comptes, qui ne pouvaient porter que sur des actes bien et duement visés et enregistrés au contrôle général. Du caractère indispensable de celui-ci témoigne une démarche du trésorier de l'Épargne peu de temps après la mort de Concini. Il représenta que, le 4 mars 1617, « les Srs Barbin, controlleur général des finances, de Maupeou, Arnault, Duret et de Castille, intendans desdites finances, auroient vériffié, arresté et signé un roolle en papier de plusieurs despences tant ordinaires que extraordinaires faictes par Sa Majesté et par luy acquictées en l'année dernière des deniers de sa charge » et que, Barbin ayant été enfermé à la Bastille, il a été impossible de lui « faire signer l'original en parchemin dudit roolle, sur lequel luy doibt estre expédié des lettres patentes de Sa Majesté pour luy servir de descharge en son compte qu'il a à rendre ainsy qu'il est accoustumé ». En considération de quoi, il fut décidé au Conseil des Finances que « l'original d'icelluy [roolle] en parchemin sera signé par lesdits Srs de Maupeou, Arnault, Duret et de Castille seullement, lequel servira de vallable descharge [...], tout ainsy que s'il estoit signé dudit Barbin, sur lequel les lettres pattentes de Sa Majesté sur ce nécessaires seront expédiées, et que ladite minutte de roolle demeurera par devers ledit Sr de Maupeou, à présent controolleur général desdites finances[2] ».

Cette régularisation de signature est très révélatrice de la place éminente occupée parmi les gens des finances par celui ou ceux à qui incombait le contrôle général, dont certains – notamment les intendants – craignaient qu'elle n'impliquât un excès d'autorité et de prestige. Érigée en titre d'office en 1547 et 1554, la charge de contrôleur général avait perdu ce statut au mois d'août 1559. Elle fut alors commise aux intendants des finances, jusqu'à ce qu'elle ait été rétablie en titre d'office en novembre 1568, pour être éteinte derechef en janvier 1573 et

1. Arrêt du Conseil daté de Versailles le 22 mars 1644 (Arch. nat., E 188^{c}, fol. 341-342).

2. Arrêt du Conseil daté de Paris le 3 juin 1617 (*ibid.*, E 55^{c}, fol. 19-20). Barbin avait été incarcéré le 24 avril précédent.

alors assumée en tant que commission par les intendants, situation qui dura jusqu'à l'édit de janvier 1594 portant création de huit offices d'intendant-contrôleur général, abolis par édit de février 1596, en conséquence duquel il n'y eut plus qu'un seul poste de contrôleur général, conféré désormais par commission.

À la mort d'Henri IV, Gilles Maupeou en était de nouveau titulaire depuis la fin de juin 1608. Il s'effaça pour reprendre une intendance des finances lorsque le contrôle général fut confié le 5 janvier 1611 à Jeannin, dont on sait qu'en cette qualité il exerça en fait la surintendance[1]. Cet arrangement illustre bien l'importance des fonctions du contrôleur général et explique peut-être pourquoi la nomination de Jeannin fut libellée en des termes assez singuliers. Il fut, en effet, non pas « commis et député », mais « ordonné et député [...] pour tenir ladite charge et commission de nostre conseiller et controolleur général de nos finances[2] ». On ne sait en quels termes Barbin en fut investi le 20 mai 1616, mais ses successeurs eurent clairement qualité de commissaires. Ce fut d'abord, vers le 24 avril 1617, Gilles Maupeou, de retour, puis, le 25 septembre 1619, Pierre de Castille, qui resta en même temps intendant des finances[3]. Lorsqu'il dut s'abstenir du contrôle, celui-ci fut peut-être assumé par intérim par les intendants avant qu'il ne fût commis le 23 janvier 1623 à Bochart de Champigny[4], qui, en un cumul très révélateur, le conserva lorsqu'il fut nommé surintendant le 27 août 1624. Après sa démission, la commission de contrôleur général fut expédiée le 1er mars 1626 en faveur de Marion de Druy[5], au trépas duquel à la fin de 1628 les intendants furent investis collectivement de la charge, avant qu'elle ne retrouvât un titulaire unique en la personne de Duret de Chevry, désigné par commission du 7 mai 1633[6]. À son décès le 17 septembre 1636, sur la demande des intendants et à leur vive satisfaction, le contrôle général fut remis en leurs mains et il était toujours en leur possession lors de la mort de Louis XIII.

De par ses attributions, le contrôleur général était de façon constante en relation avec le trésorier de l'Épargne et autres hauts officiers de finance, avec les fermiers, les traitants et donc avec les milieux d'affaires, ce dont il tirait considération et influence. En outre, même quand il était seul dans le poste, il n'était pas cantonné dans ses écritures et, à l'instar des intendants, il rapportait de nombreuses affaires au Conseil, comme, par exemple, des propositions de donneurs d'avis, et cela aussi lui valait beaucoup d'égards. Enfin, celui ou ceux qui exerçaient le contrôle percevaient, à l'occasion de celui-ci et de l'enregistre-

1. Voir *supra*, p. 165.
2. Lettres patentes datées de Paris le 5 janvier 1611 (Bibl. Institut, Ms. Godefroy 310, fol. 244; copie).
3. Voir *supra*, p. 175, note 2.
4. Voir *supra*, p. 177, note 4.
5. Voir *supra*, p. 181, note 4.
6. Voir *supra*, p. 186, note 4.

ment des documents présentés, des droits et redevances proportionnés au montant des sommes en jeu. Pour toutes ces raisons, cette charge excitait bien des convoitises et bien des intrigues : d'après Arnauld d'Andilly, il n'y eut pas moins de dix-huit concurrents pour la briguer lorsque Bochart de Champigny s'en démit en 1626[1] !

Cette émulation était aussi de nature pécuniaire. Si les commissions de contrôleur général n'ont pas relevé de la vénalité publique, le Roi admit qu'elles ressortissent à la vénalité privée par le biais de brevets de retenue et elles se hissaient à une cote élevée. À en croire une mauvaise langue, Pierre de Castille traita en 1619 pour 30 000 écus (100 000 livres) de la charge de contrôleur général de Maupeou[2]. Ce n'était pas un faux bruit, car, après la mort de Marion de Druy en 1628, les intendants se partagèrent le contrôle moyennant 100 000 livres, puisque, par brevet du 20 février 1626, Louis XIII avait autorisé Bochart de Champigny démissionnaire à « tirer de la charge de controlleur général la somme de cent mil livres de celuy à qui Sa Majesté y voudra mettre[3] ».

Parmi ceux qui exercèrent seuls le contrôle général dans son intégralité, Castille et Duret de Chevry étaient intendants des finances quand ils en furent pourvus et parmi les autres on rencontre un président au parlement de Paris, conseiller d'État et ancien ambassadeur (Bochart de Champigny), un maître des requêtes honoraire, breveté conseiller d'État et président au Grand Conseil (Marion de Druy) et aussi un traitant, créature de Concini (Barbin).

Pour examiner des comptes, négocier avec les financiers, entretenir la correspondance avec les bureaux des finances, préparer les rapports à présenter au Conseil, Messieurs des finances étaient depuis longtemps assistés de secrétaires, commis et autres collaborateurs. Les noms et les effectifs de tous ces auxiliaires restent sous Louis XIII aussi malaisés à connaître que sous les règnes précédents. En général, on n'a trace que de celui qui était le plus important.

Auprès des surintendants apparaissent Lucas Coffinier, premier commis de Jeannin[4], et le sieur de Vouillac, commis de Bouthillier. Coffinier était aussi titulaire d'un office de secrétaire du Roi et l'autre

1. ARNAULD D'ANDILLY, *Mémoires*, t. II, p. 24.

2. Un « Mémoire contre le Sr de Castille » allègue que celui-ci « traicta avec Monsieur de Maupeou pour sa charge de controolleur général des finances moïennant trente mil escuz » (Arch. Aff. étr., M. D. France, 779, fol. 87, orig. anonyme).

3. Brevet daté de Paris le 20 février 1626 (Bibl. Institut, Ms. 508, fol. 563 ; copie).

4. Il émarge en 1618 pour 1 200 livres de pension et entretenement (Bibl. nat., Ms. fr. 4519, fol. 24v°). Un arrêt du Conseil du 16 mars 1624 ordonna à la chambre des comptes de rétablir et allouer les « appointements extraordinaires » à lui assignés pour ses services auprès de Jeannin « en plusieurs voyages » à la suite du Roi « ès provinces de Touraine, Poictou, Bretaigne, Guyenne et Normandye » de 1614 à 1619 (Arch. nat., E 78[B], fol. 295-296).

d'un office de maître des comptes[1], deux offices de grand prix, révélateurs du rang élevé de leurs possesseurs. Le chancelier participant de près à l'administration des finances, il avait à cette fin un secrétaire spécialisé. Pour Séguier, ce fut Jacques Denisot, secrétaire du Roi, qui, en 1636 comme en 1639, toucha 12 000 livres « pour tout ce qu'il peut prétendre luy estre deub pour l'expédition des inventaires des minuttes et grosses des quittances de finances et marcq d'or des offices scellez par Monsieur le chancellier[2] ».

Vers la fin des années 1630, on remarque auprès de chacun des secrétaires d'État un personnage désigné comme « principal » ou « premier commis ». Le même rôle était tenu auprès de chaque intendant des finances par un collaborateur de confiance, dont tel ou tel a pu rester en poste sous plusieurs maîtres successifs. Nicaise de Billy, secrétaire du Roi de 1612 à 1632, fut d'abord au service de Dony d'Attichy, puis de son successeur Dollé et enfin de Pierre de Castille[3]. En la même qualité apparaissent Étienne Perriquet aux côtés de Duret de Chevry depuis 1615[4] et Henri de Toulouse auprès de Baudouyn de Soupir en 1618. Ces commis avaient sous leurs ordres des scribes, des expéditionnaires et autres employés dont certains étaient appelés « clercs suivant les finances » et dont on ne connaît pas le nombre. Ces commis étaient chaque année remboursés de leurs frais de bureau. Pour 1611, par exemple, Nicaise de Billy encaissa le somme de 5 460 livres, « à moy ordonnée, certifia-t-il, [...] pour mes peynes, sallaires et vaccations d'avoir minutté, faict escrire et mectre au nect soubz ledict sieur d'Attichy à mes frais et despens [...] plusieurs règlemens, ordonnances, estatz, lettres clauses et particulières, arrestz et autres expéditions tant en papier qu'en parchemin concernant le service de Sadicte Majesté[5] ». En 1618, son « cahier de frais » atteignit 7 927 livres 10 sols et celui de Toulouse, commis de Baudouyn de Soupir, 7 512 livres 15 sols[6]. Le même Billy illustre un cas qui n'a pas dû être isolé parmi les commis de Messieurs des finances, à savoir l'appartenance au monde des traitants et la partici-

1. Un état de dépenses du premier quartier de 1643 prévoit le versement à Vouillac de la somme de 5598 livres « dont Sa Majesté luy a faict don en considération de ses services et pour remboursement de pareille somme par luy paîée aux parties casuelles pour le huictiesme denier et marc d'or d'un office de maître des comptes à Paris dont il est pourveu » (Bibl. nat., N. a. f. 168, fol. 435; orig.).

2. Bibl. nat., N. a. f. 164, fol. 208v°; orig. (année 1636). N. a. f. 165, fol. 351v°; orig. (année 1639).

3. Le personnage est visé notamment par une quittance du 31 décembre 1611 (Bibl. nat., Pièces orig., 351, doss. 7572, n° 100; orig.); un arrêt du Conseil du 11 août 1615 (Arch. nat., E 50, fol. 387) et un autre du 1er juillet 1628 (*ibid.*, E 96B, fol. 153).

4. Un arrêt du Conseil du 15 juin 1624 ordonna le rétablissement dans les comptes de l'extraordinaire des guerres de sommes à lui versées « pour ses appointemens extraordinaires » de 1615 et 1616, à lui accordés « en considération et pour le récompenser des fraiz et despences par luy faictes pendant lesdicts huict mois à la suitte de Sadicte Majesté au voyage qu'Elle a faict en Guyenne pour son mariage » (Arch. nat., E 79A, fol. 155).

5. Quittance du 31 décembre 1611, visée *supra*, note 3.

6. Bibl. nat., Ms. fr. 4519, fol. 226v°-227.

pation à leurs opérations, qui finirent, en ce qui le concerne, par aboutir à la faillite[1].

Les contrôleurs généraux des finances, eux aussi, étaient assistés de commis et l'on connaît trois de ceux de Gilles Maupeou, tous secrétaires du Roi. Ce sont d'abord René Peschot, attaché à lui depuis au moins 1605 et à qui furent allouées 6 875 livres pour son cahier de frais de 1618[2], et Job Causse, attesté en 1612 mais en place probablement déjà en 1609[3]. Et puis l'on retrouve Hilaire Lhoste, crédité, comme du temps de Sully[4], de 2 400 livres « pour avoir tenu ledit controlle [des finances], durant ladite année de ce compte sous ledit Sr de Maupeou[5] ». Ce poste de « commis au contrôle général » fut tenu auprès de Bochart de Champigny par son neveu Sublet de Noyers, qui y fut maintenu ensuite sous Marion de Druy, à la mort duquel il fut promu intendant et contrôleur général des finances[6]. On a déjà insisté sur l'importance de cette commission. Elle donnait beaucoup de relief à celui qui l'occupait et elle suscitait aussi tant d'ambitions qu'au mois de mars 1631, en un moment où les besoins pressants de l'État firent lancer une rafale d'édits portant création de multiples offices, l'un d'eux érigea quatre offices formés de « commis et gardes des registres au controlle général de nos finances, pour les tenir et exercer par ceux qui en seront par nous pourveus, chacun par quartier, sous les controlleurs généraux de nos finances, comme faisoit cy-devant ledit commis au controlle, lesquels nous feront serment ez mains de nos très chers et féaux chanceliers et gardes des sceaux ». L'édit fixait les taxes à percevoir par ces officiers sur les parties impétrantes, leur assignait 2 000 livres de gages annuels sur les deniers de la chancellerie, 200 livres par an sur les droits de marc d'or et 150 livres par mois d'extraordinaire, « quand il en sera par nous ordonné aux officiers de nostredit Conseil », et enfin leur accordait les privilèges des officiers domestiques et commensaux de Sa Majesté[7]. Par cette répartition entre quatre officiers « la commission au contrôle » se gonflait et prenait aussi un caractère officiel, ce qui n'agréa point à la chambre des comptes de Paris : elle apporta tant d'obstacles et de lenteurs à l'enregistrement de cet édit (et de beaucoup d'autres), qu'elle dut y procéder sur commandement du Roi et seulement le 22 juin 1633. Peu avant, le 7 mai, peut-être pour en faciliter l'exécution, le contrôle général,

1. Sur le personnage et son frère Guy, associé à ses opérations, voir F. Bayard, ouvr. cité, p. 220, 271, 275, 287, 310, 445. Le même auteur cite (p. 215) parmi les traitants un certain Perriquet : s'agit-il du commis de Duret de Chevry ?

2. Bibl. nat., Ms. fr. 4519, fol. 226v°. Sur Peschot, voir *supra*, p. 144.

3. Arrêt du Conseil daté de Paris le 18 décembre 1612 (Arch. nat., E 38[B], fol. 227-228).

4. Voir *supra*, p. 144.

5. Bibl. nat., Ms. fr. 4519, fol. 225v°. Cette référence ne couvre que l'année 1618, mais il apparaît que ce versement était annuel et régulier.

6. Bibl. nat., N. a. f. 895, fol. 70.

7. Édit daté de Paris en mars 1631, enregistré le 10 mars à l'audience de France (Arch. nat., AD[+] 212, n° 13, impr. – *Actes royaux*, t. II, nos 7653-7655). Deux édits datés de Fontainebleau au mois d'avril suivant accordèrent à ces commis gardes des registres, l'un le droit de survivance et l'autre une augmentation d'attributions (*Actes royaux*, t. II, n°s 7682-7685).

partagé depuis 1629 entre les quatre intendants, avait été confié au seul Duret de Chevry. Quant aux quatre offices nouveaux de commis gardes des registres, ils ne furent pourvus qu'en 1635[1]. Pour leur conférer un surcroît de prestige et de gages et aussi pour procurer au Roi un supplément de finance, un édit d'avril 1637 leur attribua l'hérédité, amplifia leur qualité en leur conférant le titre de secrétaires du contrôle général et leur unit et incorpora l'office de contrôleur des parties casuelles de la généralité de Paris[2]. La chambre des comptes ayant accueilli cet édit avec plus de mauvaise volonté encore que celui de 1631, le prince de Condé dut venir le 30 avril 1640 en faire opérer l'enregistrement forcé. Née probablement de l'inventivité de quelque « donneur d'avis », l'institution de ces quatre offices de « conseiller du Roi, commis garde des registres et secrétaire du contrôle général des finances » n'en mérite pas moins beaucoup d'attention, car, à travers divers contretemps et remaniements, elle subsistera jusqu'à la fin de l'Ancien Régime et, durant certaines périodes du XVIIIe siècle, sera appelée à un rôle élargi.

Parmi « Messieurs des finances », enfin, s'affairaient les secrétaires du Conseil d'État et des finances, dont le nombre avait fini par se stabiliser à quatre. Ils conservèrent sous Louis XIII le statut qui les singularisait par rapport à celui de leurs collègues les secrétaires-greffiers du Conseil privé, dont les charges étaient constituées depuis octobre 1576 en titre d'offices formés, alors que leur activité à eux était fondée sur le double exercice d'un office de secrétaire du Roi et d'une commission particulière les habilitant à signer en finance. Loin d'être due à quelque tradition routinière, cette dissemblance révèle qu'en ne désignant ces secrétaires que par commission, le Roi entendait sauvegarder la possibilité de les congédier et de les remplacer à tout moment. Souplesse de recrutement qui, en contre-partie, était source d'intrigues tendant à l'éviction et au remplacement de tel ou tel sujet ou à l'accession de surnuméraires. Aussi ces secrétaires du Conseil d'État et des finances avaient-ils comme une activité à double face, accomplissant, d'un côté, la besogne découlant de leur rôle au Conseil et, de l'autre côté, mêlés de près aux rapports du gouvernement avec le monde dont la plupart d'entre eux étaient issus, celui des financiers.

Ces secrétaires servaient chacun un quartier par an et avaient alors entrée au Conseil d'État et des finances. Ils y tenaient un rôle muet, tenant la plume sans avoir, en principe, voix consultative ni délibérative.

1. Guy de Billy le 4 octobre, Louis Le Royer et Louis Guérin le 11 octobre furent reçus en cette qualité par la chambre des comptes de Paris (Arch. nat., P 2761, fol. 598v°).

2. Édit daté du château de Boulogne en août 1637, enregistré le 28 août à l'audience de France (Arch. nat., AD⁺ 248, n° 3 ; impr. – *Actes royaux*, t. II, n°s 8811-8812). Un des nombreux édits de mars 1631 avait créé dans chaque généralité un office de contrôleur des parties casuelles, mais celui de la généralité de Paris n'avait pas trouvé preneur.

D'autre part, bien qu'ils n'eussent pas la qualité de greffiers, ils en remplissaient le rôle. Certains arrêts des Conseils de finance, en effet, étaient rendus en commandement et les originaux-minutes en étaient alors conservés et les expéditions délivrées par les secrétaires d'État. Mais la grande majorité de tels arrêts étaient des arrêts simples, et il revenait aux secrétaires du Conseil d'assurer la garde des originaux-minutes et d'instrumenter les grosses de ces actes, que l'on prit peu à peu l'habitude d'appeler « arrêts en finance ». On pourrait être tenté, devant la présence silencieuse de ces secrétaires au Conseil un trimestre par an et leurs travaux de plume, de considérer qu'ils occupaient, parmi les gens des finances, une position honorable mais un peu en retrait, d'autant que leurs clercs-commis les suppléaient de façon courante dans leurs écritures. Mais ce serait se tromper lourdement, car ils jouaient en réalité un rôle de premier plan en raison de leurs intelligences avec les gens d'affaires.

Au début du siècle déjà, Bellièvre s'était élevé contre cette collusion[1], que ni Sully ni Richelieu n'avaient pu ou voulu éliminer, de sorte qu'on en vient à se demander quelle appartenance l'emportait chez eux, une quarantaine d'années plus tard, entre celle qui les attachait au Conseil et celle qui les liait à leur milieu d'origine, celui des financiers. On constate en effet qu'ils étaient, à des degrés divers, issus du monde des traitants, des fermiers et autres manieurs d'argent. La remarque de D. Dessert, considérant que vers 1661 ces quatre charges étaient « capitales pour les affaires de finance et toujours occupées par de grands financiers dont elle marquent en quelque sorte la consécration professionnelle »[2], doit déjà être appliquée au règne de Louis XIII. Au reste, elles ne constituaient pas toujours l'étape ultime de leur ascension : Gabriel de Guénégaud passa de là dans le plus prestigieux des offices de finance, celui de trésorier de l'Épargne, dont il fut revêtu en octobre 1626[3]. Et l'on sait que quatre d'entre eux, Baudouyn de Soupir en 1618, Malier du Houssay en 1621, Particelli d'Émery en 1631 et Cornuel en 1634 accédèrent à une intendance des finances, aux fonctions de laquelle certaines commissions les avaient préparés : Particelli fut intendant des finances de l'armée de Piémont en 1629 et 1630, Guillaume de Bordeaux intendant des finances en l'armée du maréchal de La Force en 1633, « intendant de noz finances, vivres et magasins » des armées d'Allemagne sous les maréchaux de La Force et de Brézé en 1634 et dans l'armée de Champagne en 1635[4]. Rien d'étonnant, par suite, à ce que ces charges

1. Voir *supra*, p. 158.

2. D. DESSERT, *Argent, pouvoir et société au Grand Siècle* (Paris, 1984, in-8°), p. 329. Les noms de certains secrétaires (Bouer, Bordeaux, Flécelles, etc.) apparaissent souvent dans le livre déjà cité de F. BAYARD.

3. Avant d'être secrétaire du Conseil d'État et des finances, il avait été commis du trésorier de l'Épargne.

4. D.X. BAXTER, *Servants of the Sword. French Intendants of the Army. 1630-70* (Urbana, Chicago, London, 1976, in-8°), p. 210.

de secrétaire du Conseil d'État et des finances aient fait l'objet d'un fructueux trafic : devenu intendant des finances, Cornuel céda la sienne à Bordier en 1635 pour la somme confortable de 600 000 livres[1] !

Une commission délivrée par Louis XIII pendant ses campagnes contre les protestants du Midi est très révélatrice du double rôle des secrétaires du Conseil d'État et des finances. Elle donne, en effet, une bonne idée des services que le Roi attendait d'eux au Conseil, mais, en outre, par ses références floues et ses allusions imprécises, par ses propos riches de sous-entendus, elle évoquait aussi les autres activités de ces Messieurs. Par lettres patentes du 31 août 1621[2], Jean Bouer, sieur des Fontaines, secrétaire du Roi depuis juillet 1605[3], fut « commis et député [...] pour signer en nos finances, laquelle commission à cet effet, disait le Roi, nous avons de nouveau créé et érigé, créons et érigeons et luy avons donné et donnons pouvoir et puissance de signer et expédier tous mandemens, acquitz, commissions et autres lettres tant patentes que missives concernant le faict de nosdictes finances et servans à l'acquict des trésoriers de nostre espargne et trésoriers tant ordinaires que extraordinaires de noz guerres, de nostre artillerie, réparations, fortifications et avitaillement et receveurs généraux et particulliers, fermiers et autres nos comptables quelqonques, et semblablement toutes autres lettres et provisions qui luy seront par nous commandées et délibérées en nostre Conseil, pour quelque cause et matière que ce soit; et générallement de signer et expédier les choses susdictes et les dépandances tout ainsy qu'ont accoustumé faire les autres secrétaires de noz finances; et ladicte commission avoir, tenir et dorrenavant exercer par ledict Bouer aux honneurs, [...] droicts, proffficts et revenus, émolumens accoustumez, et aux gaiges de mil livres tournoiz par an, tant qu'il nous plaira ». La commission se terminait par l'injonction faite à la chambre des comptes de l'enregistrer « non obstant les réunion et suppression de telz et semblables offices, les ordonnances par nous sur ce faictes, auxquelles et à touttes autres faisant au contraire de ces présentes nous avons, de nostre

1. Dans l'inventaire après décès de Cornuel, dressé à partir du 13 février 1638, on relève parmi les papiers du défunt : « Le compromis de l'office de secrétaire du Conseil, faict entre ledict deffunct sieur président et le sieur Bordier moyennant la somme de six cens mil livres, recongneue [...] le dix-septiesme janvier MVI^{c} trente-cinq » (Arch. nat., Min. centr., LI/258; Bibl. nat., Pièces orig., 861, doss. 19320, fol. 46-78; grosse).

2. S'agissait-il de remplacer Malier du Housssay, nommé intendant des finances en juin 1621 ? Par commission verbale, le duc de Luynes, connétable de France, venait d'être nommé garde des sceaux le 3 août, en remplacement de feu Guillaume du Vair.

3. En réalité, il semble qu'avant cette commission Jean Bouer en ait déjà reçu une, car, dans des comptes de 1618, il est l'un des quatre secrétaires rémunérés et gratifiés aussi d'un acquit patent (Bibl. nat. Ms. fr. 4519, fol. 23, 192 et 193). Par brevet daté de Paris le 18 juillet 1617, il avait été titré conseiller d'État (*ibid.*, Ms. fr. 18159, fol. 255; copie collat.). D'autre part, il reçut le 22 mars 1619 la commission d'intendant de l'armée que le duc de Mayenne allait commander en Guyenne, ce qui explique que, dans un arrêt du Conseil daté de Paris le 24 septembre 1620, il soit qualifié « conseiller et secrétaire audit Conseil et intendant [des] finances en Guyenne » et « que, pour l'exercice desdictes charges, il est à la suitte de Sa Majesté » (Arch. nat., E 64^{B}, fol. 180).

propre mouvement et grace spécialle, plene puissance et authorité royalle, dérogé et dérogeons par cesdictes présentes [1] ». Ultime prescription fondée sur les intrigues et les compétitions auxquelles avaient donné lieu les vacances, les créations et les suppressions de telles charges.

La secrétairerie du Conseil d'État apparaît ainsi comme un lieu de contact entre le surintendant, le contrôleur général et les intendants des finances, c'est-à-dire les hommes du Roi, d'une part, et, d'autre part, les financiers, d'autant que tel et tel de ces intendants étaient d'anciens secrétaires. D'où une sorte de symbiose entre l'administration centrale des finances et le monde de l'argent.

Quel émolument régulier était-il versé à tous ces hommes au titre de leurs fonctions au Conseil et dans l'administration des finances, indépendamment des gages que leur rapportaient les dignités et offices dont ils étaient pourvus par ailleurs, comme ceux de gouverneur de province, de magistrat de cour supérieure, de secrétaire du Roi, de trésorier des ordres ou de maréchal de France ? On ne doit jamais oublier que les particularités constatés à ce sujet pour tel ou tel personnage ont pu tenir à son ancienneté ou à sa faveur.

Pour la surintendance, on voit la somme versée par année à Jeannin « pour son estat et entretenement » passer en 1618 de 20 000 à 26 000 livres [2]. Au même titre, son successeur Schomberg encaissa annuellement 30 000 livres [3]. Marillac et Bochart de Champigny durent se partager ces appointements et se contenter chacun de 16 000 livres [4]. Bullion et Bouthillier furent plus favorisés : l'un et l'autre touchèrent d'abord 22 000 livres chacun, puis 27 000 à partir de 1640 [5] et Bouthillier, resté seul surintendant après la mort de Bullion, fut alors payé de 32 000 livres par an [6].

Quant aux intendants de finances, les trois qui étaient en charge en 1612 recevaient 8 000 livres chacun pour leur « estat et appointement » et 3 600 livres de pension, soit un total de 11 600 livres [7]. Mais, depuis au moins 1615, leur rémunération globale passa à 14 000 livres (12 000 pour « estatz et appoinctemens » et 2 000 de gages du Conseil) et s'y

1. Commission datée du camp devant Montauban le 31 août 1621 (Arch. S.A.H.T, A^1 12, n° 68 ; copie). Bouer fut reçu en cette qualité à la chambre des comptes de Paris le 22 novembre 1621.

2. Bibl. nat., Ms. fr. 4519, fol. 20 v°.

3. *Ibid.*, N.a.f. 22247, fol. 211 ; notes de Lancelot (année 1620). N.a.f. 895, fol. 55 ; notes de Lancelot (année 1622).

4. *Ibid.*, N.a.f. 895, fol. 102v°-103 ; notes de Lancelot (année 1625). Bochart de Champigny touchait en même temps son état de contrôleur général. Ses appointements de surintendant lui furent conservés lors de sa retraite (voir *supra*, p. 181).

5. *Ibid.*, N.a.f. 164, fol. 680v°-681 (année 1636). N.a.f. 895, fol. 80 ; notes de Lancelot (année 1638). N.a.f. 165, fol. 312v° (année 1639). N.a.f. 895, fol. 92 ; notes de Lancelot (année 1640)

6. *Ibid.*, N.a.f. 895, fol. 94 (année 1641) et 95 (année 1642) ; notes de Lancelot.

7. Arch. nat., KK 201^B, fol. 3.

maintint pendant plusieurs années[1]. Une diminution apparaît depuis au moins 1618, où ils ne touchent plus que 12 000 livres par an, « tant pour leurs gaiges du Conseil que pour leurs appoinctemens » somme qui semble être restée stable jusqu'à la mort de Duret de Chevry en septembre 1636, où les intendants se firent confier une nouvelle fois le contrôle général, qu'ils conservèrent jusqu'à la fin du règne[2].

L'exercice du contrôle général procurait à son titulaire une rémunération spécifique, quels que fussent ses autres gages ou pensions. Du temps de Sully, Viene puis Maupeou encaissèrent ainsi 9 000 livres, mais, de février 1611 à mai 1616, Jeannin ne perçut que 6 000 livres par an « pour nostre estat et appointement à cause de nostredite charge de controlleur général des finances »[3]. Cette somme vint s'ajouter aux appointements de Maupeou quand il exerça ensemble les charges d'intendant et de contrôleur général entre avril 1617 et septembre 1619[4]. Mais lorsque Bochart de Champigny cumula la surintendance et le contrôle général, celui-ci lui procura 12 000 livres[5]. La même somme fut assignée à Marion de Druy[6] et ensuite à Duret de Chevry[7]. Quand le contrôle général incombait aux intendants des finances, ils s'en acquittaient à tour de rôle pendant trois ou quatre mois et s'en partageaient les émoluments : en 1639, Malier du Houssay, Particelli d'Émery et Tubeuf touchèrent ainsi chacun 10 000 livres comme intendants, 2 000 pour leurs gages du Conseil et 4 000 pour le contrôle[8].

Enfin les quatre secrétaires du Conseil d'État et des finances avaient aussi une rétribution régulière, qui, par exemple, s'éleva en 1618 à 5 160 livres, soit 3 960 pour leurs « gages ordinaires », et 1 200 pour leur « entretenement », alors que leurs quatre clercs-commis ne percevaient que 600 livres[9], mais les uns et les autres n'étaient en service qu'un quartier par an.

Tous ces gages statutaires des gens des finances doivent être comparés à ceux des autres grands offices ou charges de la monarchie. Rien que « pour son estat », le chancelier de France bénéficiait chaque année de 40 000 livres[10]. Si l'on se tourne vers les secrétaires d'État, il appa-

1. Bibl. nat., N.a.f. 22247, fol. 179 (année 1615). Ms. fr. 4519, fol. 22 (1618). N.a.f. 22247, fol. 204v°-205 (1619) et fol. 212 (1620); notes de Lancelot. N.a.f. 895, fol. 54 (1622); notes de Lancelot.

2. *Ibid.*, N.a.f. 895, fol. 70 (année 1628), fol. 74v° (1630), fol. 78 (1633), fol. 80 (1634), fol. 84 (1635); notes de Lancelot.

3. Quittances de Jeannin au trésorier de l'Épargne des 25 décembre 1612 et 16 octobre 1614 (Bibl. nat., Pièces orig., 1578, doss. 36199, n° 5 et 9; orig.). En 1612, « pour sa pension et gaiges du Conseil », il reçut d'autre part 14 000 livres (Arch. nat., KK 201ᴮ, fol. 2v°).

4. Il fut crédité en 1618 de 20 000 livres, dont 14 000 comme intendant et 6000 comme contrôleur général (Bibl. nat., Ms. fr. 4519, fol. 22).

5. Bibl. nat., N.a.f. 895, fol. 58 (année 1625); notes de Lancelot.

6. *Ibid.*, fol. 70 (année 1628).

7. *Ibid.*, fol. 84 (année 1636); N.a.f. 164, fol. 682 (année 1636).

8. *Ibid.*, N.a.f. 164, fol. 313.

9. *Ibid.*, Ms. fr. 4519, fol. 23.

10. *Ibid.*, Ms. fr. 4519, fol. 20v° (année 1618); N.a.f. 164, fol. 74v°-75, 140, 680v° (1636); N.a.f. 165, fol. 74v°-75, 145, 231 et 312v° (1639); N.a.f. 168, fol. 72, 140, 223 (1643). En 1618, le garde des sceaux Guillaume du Vair reçut 30 000 livres (Ms. fr. 4519, fol. 20v°).

raît qu'en 1636 et 1639 22 000 livres leur étaient allouées à chacun : 20 000 pour ses appointements et 2 000 pour ses gages du Conseil[1]. Il ressort donc que les gages, états et entretenements réguliers affectés à la surintendance étaient inférieurs à ceux attribués au chancelier et supérieurs à ceux assignés aux secrétaires d'État, lesquels, en contrepartie, dépassaient ceux versés aux intendants et au contrôleur général des finances. Ces différences situent tous ces personnages dans la hiérarchie gouvernementale sous Louis XIII et, en particulier, placent le surintendant à un rang élevé. Mais il s'agit des traitements fixes et ordinaires, auxquels, selon les personnes, s'ajoutaient des pensions, des honoraires de ministre d'État, des grâces royales et autres largesses parfois substantielles, dont Messieurs des finances figurent parmi les bénéficiaires.

Indépendamment du remboursement de leur cahier de frais, en effet, le Roi leur octroyait des dons pour divers motifs. S'il donna ainsi 15 000 livres à Jeannin en 1612, ce fut sans doute pour marquer qu'avec la seule qualité de contrôleur général il exerçait en fait la surintendance[2]. Au chapitre des « dons, présens récompenses et biensfaits », il émarge pour 10 000 livres en 1618, étant alors surintendant, cependant que les intendants y figuraient chacun pour 9 000[3]. Les mêmes eurent droit, au même titre, à 6 000 livres en 1619, 9 000 en 1620 et 1621[4], ce qui semble indiquer que ces générosités, au montant variable, étaient passées en habitude pour reconnaître des services ou encourager le zèle. D'autre part, les gens des finances pouvaient être, à tout moment, appelés à des tâches extraordinaires, sources de payements supplémentaires. Pour la seule année 1618, par exemple, Pierre de Castille, intendant des finances, fut crédité de 16 800 livres, à savoir : 6 000 pour avoir été l'un des commissaires chargés, en exécution de l'édit de mars 1618, de la vente et revente des offices de gardes des petits sceaux et de maîtres-clercs des élections[5], puis 4 800 pour s'être occupé de même, avec M. Foucquet, maître des requêtes, de la vente et revente des offices de contrôleurs, visiteurs, marqueurs, gardes des tables et marteaux des cuirs ordonnée par lettres patentes du mois d'avril 1618[6] et encore 6 000 pour ses activités en la commission vaquant, en vertu de l'édit de septembre 1616, à la vente et revente des greffes des justices royales ressortissant aux parlements de Paris, Dijon et Rouen[7], soit un total supérieur à ses gages d'intendant, à quoi s'ajoutait la récompense de 9 000 livres déjà signalée. L'exercice d'une intendance des finances pouvait donc, par des voies diverses, procurer des revenus confortables. Les quatre

1. *Ibid.*, N.a.f. 164, fol. 680v° (1636); N.a.f. 165, fol. 312v°-313 (1639).
2. Voir *supra*, p. 165.
3. Bibl. nat., Ms. fr. 4519, fol. 194.
4. *Ibid.*, N.a.f. 8486, fol. 100v°, 213 et 340v°.
5. *Ibid.*, Ms. fr. 4519, fol. 232-233. Les autres commissaires (le procureur général et cinq conseillers de la cour des aides de Paris) ne touchèrent chacun que 4 000 livres.
6. *Ibid.*, fol. 216 v°.
7. *Ibid.*, fol. 225v°-226.

secrétaires du Conseil d'État et des finances, eux aussi, figuraient – et peut-être d'habitude – au rôle des « dons, présens, récompenses et biensfaits » : en 1618, ils eurent ainsi à se partager 12 000 livres [1], mais c'était presque une bagatelle en comparaison des profits réguliers et occultes de leur charge.

* *
*

Malgré le manque d'une autorité régulatrice pendant la régence de Marie de Médicis et l'instabilité gouvernementale jusque vers 1621, l'administration centrale des finances a continué à se développer sous le règne de Louis XIII. Croissance résultant de l'effort exigé par la participation de plus en plus active de la France au grand conflit européen de la guerre de Trente Ans. Pour augmenter le rendement des impôts directs et indirects et en imaginer de nouveaux, pour choisir les « affaires extraordinaires » propres à alimenter le trésor de l'Épargne, pour assurer la solde des armées et leur approvisionnement en vivres, armement et munitions et les montages de la diplomatie, les gens des finances ont dû être sans cesse sur la brèche, assurant ainsi une mission d'une importance vitale. Les mêmes besoins suscitèrent dans le même temps un recours de plus en plus étendu à l'action des intendants de justice, police et finance dans les provinces, qui devinrent les principaux correspondants du surintendant et des intendants des finances et les exécutants privilégiés de leurs décisions et de celles du Roi en son Conseil. Ainsi l'administration centrale des finances en vint-elle à constituer l'un des points d'appui majeurs utilisés par le Roi pour asseoir une gestion exécutive de l'État, un rôle qu'elle a assuré sans que, pour autant, ses traits constitutifs aient été altérés.

Le premier était sa nature collégiale, que l'épanouissement des charges de surintendant et de contrôleur général n'a point offusqué. Sous Louis XIII, celle de surintendant en est venue à se situer hiérarchiquement juste après le chancelier et avant les secrétaires d'État. Elle avait acquis avec Sully un degré d'autorité et de prestige que n'ont pu altérer la disgrâce de ce ministre et la suppression théorique de ses fonctions entre janvier 1611 et avril 1617. Elle a ensuite été conférée sans solution de continuité et c'est peut-être alors seulement qu'elle a pris plus nettement ses caractéristiques. À la fin du règne de Henri IV, en effet, l'ascendant de Sully sur les affaires tenait en même temps à sa forte personnalité, à la confiance et à l'amitié que lui vouait le Roi et aux postes dont le cumul avec les finances élargissait son champ d'action. Ses successeurs n'ont pas agi dans les mêmes conditions : aucun n'a été doué d'une individualité aussi marquée, aucun n'a pu se

1. *Ibid.*, fol. 192.

prévaloir de l'étroite amitié de Louis XIII ou de Richelieu, aucun n'a dirigé simultanément d'autres services importants. Par conséquent, ce furent les dures conjonctures de ce temps qui ont procuré stabilité et prépondérance à la surintendance. Peu à peu, elle a été concédée de façon régulière par des lettres patentes du Roi. Pour Schomberg, Bochart de Champigny, Marillac et d'Effiat, ce furent des lettres de commission. Mais ensuite Bullion et Bouthillier en furent investis par des lettres de pouvoir. Ainsi se dessinait une charge sans statut propre, qui n'avait pas de place dans la hiérarchie traditionnelle, dont la collation était chaque fois une mesure individuelle, ce pourquoi elle devait être nécessairement assortie d'un brevet fixant le rang élevé exceptionnel auquel son titulaire prendrait place dans les Conseils.

Les fonctions de contrôleur général ont pris, elles aussi, plus de relief entre 1610 et 1643. Elles ont alors toujours été tenues par commission depuis 1617. Revêtus d'elle seule, Jeannin de janvier 1611 à mai 1616 et ensuite Barbin jusqu'à la fin d'avril 1617 ont exercé en fait la surintendance et il est remarquable que Bochart de Champigny ait tenu à en cumuler la gestion avec celle de la surintendance. Non moins significatifs l'empressement avec lequel les intendants saisissaient les occasions de prétendre en être collectivement investis et la satisfaction par eux affichée lorsque ce vœu était comblé, ce qui leur advint pendant quatre ans et demi, de janvier 1629 à mai 1633, puis pendant six ans et demi, de septembre 1636 jusqu'à la mort de Louis XIII. Néanmoins, quelles que fussent leurs compétences respectives, Messieurs des finances – surintendant, contrôleur général, intendants – continuaient à former une équipe dirigeante qui n'avait d'équivalent ni à la chancellerie ni dans les secrétariats d'État.

Ces Messieurs, d'autre part, restaient marqués par leur appartenance foncière au Conseil du Roi. Par nécessité, le surintendant était créé ministre d'État. Quant aux autres, avant même d'être honorés de la dignité de conseiller d'État, ils entraient au Conseil de la direction des finances (ou grande direction) et au Conseil d'État et des finances, où leurs activités de rapporteurs s'amplifiaient aux dépens des maîtres des requêtes, fort affligés et irrités par cette concurrence. Mais ces Conseils étaient toujours présidés par le chancelier, qui restait ainsi associé à la gestion des affaires financières, alors que la petite direction des finances, issue du règlement du 2 septembre 1624, se tenait sans lui et, ne réunissant que le contrôleur général et les intendants autour du surintendant, constituait comme le conseil particulier de ce dernier et aussi une démonstration de leur collégialité. À partir de 1611, les surintendants (sauf peut-être La Vieuville) ne se sont plus employés à s'affranchir de la participation du chancelier à la conduite des finances et ainsi, grâce à la vitalité du Conseil de la direction et du Conseil d'État et des finances, ce grand officier a éloigné la menace que les empiétements de Sully avaient fait peser sur ses compétences. En particulier, il ne semble pas que les surintendants aient alors signé et fait exécuter à son insu des arrêts du Conseil.

Comme dans le passé, les intendants des finances entretinrent les correspondances relatives aux provinces et aux matières de leurs départements, préparèrent leurs rapports pour les Conseils, en mirent en forme les décisions et négocièrent avec le monde des traitants. Ce dernier aspect de leurs activités a été essentiel, car il les mettait en relations avec les gens d'affaires, relations si constantes et si intimes que les financiers finirent par accéder à des places d'intendant des finances et firent main basse sur les quatre charges de secrétaires du Conseil d'État et des finances. Présagée dès le règne d'Henri IV par certaines pratiques, cette symbiose entre Messieurs des finances et le monde des traitants est devenue une situation typique du règne de Louis XIII.

C'est là sans doute l'explication d'un constat fait au long de cette période. Bien que, en effet, les postes d'intendant et de contrôleur général n'aient eu, de 1610 à 1643, d'autre statut que celui de commission, on note que, par le biais de brevets de retenue ou par d'autres procédures, leur attribution ou leur transmission a fait alors l'objet de transactions pécuniaires relevant d'une vénalité spéciale, différente de celle des offices aux parties casuelles et constituant une vénalité entre particuliers, connue du Roi et bénéficiant de sa part d'une permission tacite, voire d'une décision nette et claire. C'est là, parmi beaucoup d'autres, un cas illustrant ce commerce privé ou officieux des charges civiles et militaires, distinct et indépendant du système de la paulette, qui reste l'un des aspects les plus mal connus de l'appropriation des fonctions publiques sous l'Ancien Régime.

CHAPITRE VI

1643-1661

Les dispositions prises par Louis XIII dans les dernières semaines de sa vie pour garantir la stabilité de l'État et le respect de l'autorité royale pendant la minorité de son successeur commencèrent à voler en éclats quelques jours seulement après sa mort. Ces prémices du nouveau règne furent marquées et par de rapides changements de personnes, et par des décisions relatives au Conseil du Roi, le tout affectant nécessairement la direction des finances. Toutefois, les affaires restaient entre les mains d'un cardinal premier ministre. Le génie politique de ce dernier ne le cédait en rien à celui de son prédécesseur, mais son art de gouverner était tout différent. Son entente avec la Régente était plus totale que naguère celle de Richelieu avec Louis XIII, mais son origine étrangère allait longtemps le rendre suspect aux yeux d'une partie de la nation, en sorte que la pratique du pouvoir dut requérir beaucoup d'habileté et d'endurance de sa part. Les turbulences consécutives à l'instauration de la régence préludèrent aux épisodes mouvementés de la Fronde, qui, sans ébranler les structures de l'administration suprême des finances, lui infligèrent néanmoins bien des contrecoups. Pour elle, cependant, les années les plus critiques furent celles de la période postérieure, au long de laquelle elle fut menacée d'être altérée en profondeur. Une remise en ordre énergique élimina si bien ce risque qu'au moment de la mort de Mazarin elle avait retrouvé son aplomb, ce qui allait faciliter l'exécution des réformes que Louis XIV entendit bientôt lui imposer.

* *
*

Sentant venir la mort alors que le Dauphin son fils n'avait que quatre ans et demi, Louis XIII voulut organiser la régence de son successeur de telle manière qu'elle échappât aux perturbations qui avaient marqué sa propre minorité. La coutume dynastique voulant que cette régence échût à la Reine sa femme et que les princes de la famille royale fussent associés à la tutelle du Roi mineur et au gouvernement de l'État, il prit les dispositions qu'il crut les plus sûres pour parer aux risques pouvant découler de l'application de ces règles. En vue de conférer plus de solennité et de force à ces dernières volontés, il les exprima non par la voie d'un testament, mais par celle de lettres patentes en forme de déclaration, rédigées avec l'assistance du chancelier Séguier, contresignées par les quatre secrétaires d'État et qui seraient revêtues du grand sceau de France et enregistrées par le parlement de Paris.

« Comme les événemens des maladies sont incertains, y proclamait Louis XIII, [...], nous avons estimé estre obligez de penser à tout ce qui seroit nécessaire pour conserver le repos et la tranquillité de nostre Estat, en cas que nous vinssions à lui manquer. Nous croyons que, comme Dieu s'est servy de nous pour faire tant de grâce à cette monarchie, qu'Il désire encore cette dernière action de prudence, qui donnera la perfection à touttes les autres sy nous apportons ung si bon ordre pour le gouvernement et administration de nostre couronne que, Dieu nous appelant à Luy, rien n'en puisse affoiblir la grandeur et que, dans le bas aage de nostre successeur, le gouvernement soit soustenu avec la force et la vigueur sy nécessaire pour maintenir l'auctorité royale. »

Il statuait en conséquence que, advenant son décès, la Reine serait « régente en France » et aurait « l'éducation et instruction de nosdictz enfans, avec l'administration et gouvernement du royaume [...], avecq l'advis du Conseil et en la forme que nous ordonnerons cy-après ». Il nommait son frère le duc d'Orléans lieutenant général du royaume. Il établissait auprès de la Reine un Conseil « pour la régence », où « les grandes et difficiles affaires de l'Estat [seroient] résolues suivant la plurallité des voix ». Pour composer ce Conseil et « estre ministres de l'Estat », il désignait, dans l'ordre : le prince de Condé, premier prince du sang, le cardinal Mazarin, le chancelier Séguier, M. Bouthillier, surintendant des finances, et M. Bouthillier de Chavigny, secrétaire d'État des Affaires étrangères, Condé et Mazarin étant déclarés chefs de ce Conseil. En cas de décès ou de forfaiture de l'un d'eux, son remplaçant serait choisi par ce Conseil à la pluralité, comme il y serait pourvu aux grandes charges de l'État (secrétaires d'État, surintendant des finances, gouverneurs de province, etc.).

Pour solenniser ces dispositions, Louis XIII non seulement les signa en ajoutant de sa main « *Ce que dessus est ma très expresse et dernière volonté, que veux estre exécuttée* », mais il exigea que sa femme et son frère les souscrivent aussi, signatures rarissimes aux côtés de celle du Roi sur un acte de chancellerie et attestant le serment qu'ils avaient prêté de s'y conformer. Le 21 avril 1643, le prince de Condé et le chancelier Séguier se rendirent à Paris pour présenter ces lettres patentes au parlement, qui les enregistra séance tenante « pour estre exécuttées selon leur forme et teneur »[1]. Le même jour, en la chapelle du château de Saint-

1. « Déclaration du Roy sur la régence de la Royne », datée de Saint-Germain-en-Laye en avril 1643 (Arch. nat., X^{1A} 8654, fol. 458bis; enregistrement le 21 avril par le parlement de Paris). – La minute-brouillon de cette déclaration est entièrement de la main de Séguier (Bibl. nat., Ms. fr. 17319, fol. 34-39); sur sa préparation, voir M. Laurain-Portemer, *Études mazarines*, t. II, p. 329-356.

Germain-en-Laye, était célébré en grande cérémonie le baptême du Dauphin, qui n'avait été qu'ondoyé à sa naissance; son parrain était le cardinal Mazarin.

En fixant lui-même la composition du Conseil de régence et en précisant que les décisions y seraient prises à la pluralité des voix, le Roi mourant entendait contrebalancer l'influence de sa femme, de son frère et de Condé, dont il se méfiait et dont il savait l'inexpérience, par un groupe de quatre ministres, ses fidèles, de l'un desquels, Mazarin, il faisait le chef du gouvernement[1]. Ce dispositif imposait au pouvoir souverain de la Régente des bornes que, malgré son serment, Anne d'Autriche n'était guère disposée à respecter[2].

Louis XIII s'éteignit à Saint-Germain-en-Laye le jeudi 14 mai 1643. La cour gagna Paris le lendemain et le petit Louis XIV fut conduit le lundi 18 au palais de la Cité pour tenir au parlement le lit de justice où serait instaurée la régence de sa mère. La déclaration de Louis XIII enregistrée quatre semaines auparavant n'y fut – contrairement à ce que beaucoup ont écrit – ni « cassée » ni « annulée » : on se contenta de retenir de ses clauses celles qui ne gênaient pas, sans tenir compte des autres[3]. Par un arrêt très bref, le Roi séant en son lit de justice déclara « la Royne sa mère régente en France, conformément à la volonté du deffunct Roy [...], pour avoir le soing de l'éducation et norritures de sa personne et l'administration absolue, libre et entière des affaires de son royaume pendant sa minoritté », et son oncle le duc d'Orléans lieutenant général du royaume et chef des Conseils. Il précisait qu'il demeurait « au pouvoir de ladicte dame de faire choix de personnes de probité et expérience, en tel nombre qu'elle jugera à propos, pour délibérer ausdictz Conseils et donner leurs advis sur les affaires qui seront proposées, sans que néanmoings elle soit obligée de suivre la pluralité des veoix, sy bon ne luy semble[4] ». Le soir même de cette séance mémorable, Anne d'Autriche créa un autre événement en instituant premier ministre le cardinal Mazarin. Le lendemain 19 mai, le duc d'Enghien écrasait à Rocroi la redoutable infanterie d'Espagne.

Après le lit de justice, la Reine régente était donc libre de composer son Conseil à son gré, sans être pour autant liée par ses avis. L'appel à Mazarin ne fut que la première étape d'un remaniement important qui,

1. Sur le personnage, voir : M. Laurain-Portemer, *Études mazarines* (Paris, 1981-1997, 2 vol. in-8°). P. Goubert, *Mazarin* (Paris, 1990, in-8°). C. Dulong, *Mazarin* (Paris, 1999, in-8°).

2. Anne d'Autriche rédigea contre cette déclaration une protestation secrète qu'un membre de sa maison alla déposer chez un notaire parisien (C. Dulong, *Mazarin*, p. 43).

3. On a trop rarement souligné combien cette séance préfigurait celle de l'ouverture du testament de Louis XIV le 2 septembre 1715.

4. Arrêt du Roi séant en son lit de justice à Paris le 18 avril 1643 (Arch. nat., X^{1A} 8388, fol. 13v°-14). Publ. par A. Chéruel, *Histoire de France pendant la minorité de Louis XIV*, t. I (Paris, 1879, in-8°), p. 66.

dans le personnel du Conseil et du gouvernement, visa les fidèles de Richelieu. Séguier échappa à la mise à l'écart, mais il ne put rester l'homme de confiance de la Régente et de Mazarin au point où il l'avait été du feu Roi et de Richelieu. Quant aux Bouthillier, Anne d'Autriche leur fit sentir sans tarder l'aversion qu'elle éprouvait envers eux. Avant la fin du mois de mai fut promulgué un édit – en préparation sans doute depuis quelque temps déjà – par lequel « la charge et commission » de contrôleur général des finances était érigée en titre d'office formé et celui-ci conféré à une créature de Mazarin, l'intendant Particelli d'Émery [1]. C'était un camouflet pour Bouthillier qui, tout en restant ministre d'État, dut abandonner le 3 juin la surintendance, prologue à la disgrâce de son fils Chavigny, contraint de se démettre de son poste de secrétaire d'État des Affaires étrangères, confié le 23 juin à Loménie de Brienne. La surintendance échut le 10 juin à deux titulaires, investis de leur pouvoir dans les mêmes termes que leurs prédécesseurs et gratifiés comme eux d'un brevet du Roi leur donnant séance dans les Conseils « au-dessus de tous les plus antiens conseillers de son Conseil d'Estat et immédiatement après les officiers de sa couronne [2] ». Ces deux hommes, l'un et l'autre déjà conseillers d'État, étaient le chancelier de la Reine, Nicolas de Bailleul, président à mortier au parlement de Paris, et Claude de Mesmes, comte d'Avaux, personnage rompu aux missions diplomatiques.

Ces décisions touchant les finances méritent une attention toute particulière, et en premier lieu l'édit rétablissant en titre d'office la charge de contrôleur général. Après avoir rappelé que le contrôle était opéré par les intendants des finances depuis la mort de Duret de Chevry, le préambule annonçait que le feu Roi, ayant reconnu que l'accomplissement de cette commission « séparée en plusieurs personnes estoit négligée, au préjudice de ses affaires, et que ceste charge tenue et exercée par commission n'estoit pas dans le lustre et auctorité requise pour le dignement servir, auroit résolu, pour en relever la dignité, d'ériger de nouveau ladicte charge en tiltre d'office formé, et y attribuer non seulement les fonctions portées par ledict édict du mois d'octobre 1554, mais les augmenter de celles qui convenoyent à ladicte charge, auroit faict choix de la personne du S^r d'Hémery, intendant de ses finances, qu'il y vouloit faire pourveoir pour l'advenir [...], afin que cette charge luy pust tenir lieu de quelque récompense des services utiles qu'il a rendus à cet Estat, tant en ladicte commission d'intendant de nos finances, qu'en plusieurs traictez, ambassades ou négotiations ». Il était précisé que Louis XIII « ayant esté prévenu de la mort sans effectuer son dessein, il auroit déclaré à la Reyne [...] sur ce sa volonté et intention ». En faisant pro-

1. Édit daté de Paris en mai 1643 (Bibl. nat., Ms. fr. 4172, fol. 364v°-367 ; copie. – Arch. nat., O¹ 9, fol. 149v°-152 ; copie). On se souvient que les fonctions de contrôleur général avait été érigées en titre d'office d'avril 1547 à avril 1559, de novembre 1568 à janvier 1573 et de janvier 1594 à février 1596.

2. Pouvoir daté de Paris le 10 juin 1643 (Arch. nat., O¹ 9, fol. 295v°-297 ; copie). – Brevet de même date (*ibid.*, fol. 297 ; copie). Bailleul fut créé peu après ministre d'État (*ibid.*, fol. 297v°-298).

mulguer cet édit, Anne d'Autriche assurait donc – réalité ou tromperie – exécuter les ultimes volontés de son défunt époux, envers lesquelles elle affectait plus de respect que pour celles exprimées par la déclaration d'avril relative à la régence.

Quoi qu'il en ait été, l'édit créait en titre un « office formé de conseiller en nos Conseils et controlleur général des finances de France, auquel sera par nous présentement pourveu et doresnavant quand l'occasion y escherra, pour par les pourveus avoir entrée en nos Conseils et avoir voix délibérative en toutes les affaires » et, bien évidemment, remplir les fonctions propres de l'office, à savoir :

> « Controoller touttes les quittances, mandemens, rescriptions des trésoriers de nostre Espargne, des trésoriers de nos parties casuelles, des deniers de l'ordinaire, extraordinaire, de nos parties casuelles, prestz des offices, droict anuel et autres deniers dont ils font la recepte, marc d'or des ventes et alliénations de nostre domaine et autres alliénations, soit à perpétuité ou à faculté de rachapt, offices domaniaux, taxes et restitutions et autres deniers ordinaires et extraordinaires dont sera faict recepte à nostre proffict, pour quelque cause que ce soit et de quelque nature qu'ils soyent, par les trésoriers desdicts deniers extraordinaires ou autres à ce commis. Comme aussi pour controller toutes les commissions qui seront expédiées pour la levée de nos tailles, subsides, empruntz et autres impositions, lettres patentes, octroys, dons, acquictz patentz, remboursemens, roolles, validations, restablissemens et autres expéditions généralement quelconques subiectes audict controolle, à faulte de quoy elles seront de nul effect et valeur. Pouvoir audicts pourveus de faire rapport en nosdicts Conseils des choses qui regarderont le bien de nostre service et affaires, et outre aux mesmes fonctions portées par ledict édict du mois d'octobre 1554, lequel édict et lesdictes fonctions nous avons restably et restablissons par ces présentes. »

Les gages de l'office étaient fixés à 19 000 livres, dont 16 000 à prendre sur le trésor de l'Épargne et 3000 sur le marc d'or. Duquel office de « nostre conseiller en nos Conseils controlleur général de nos finances » Particelli d'Émery était pourvu par l'édit, « avec faculté audict S^{r} d'Hémery et ses successeurs, en cas d'absence, maladie ou autre légitime empeschement, de commettre audict controlle telle personne capable que bon luy semblera », le tout à charge de payer aux parties casuelles pour cet office la somme qui serait fixée au Conseil et avec jouissance du droit annuel[1].

Une des singularités de cet édit était de créer un office et, en même temps, d'en pourvoir quelqu'un nommément désigné. Cette anomalie, le prestige ainsi conféré au titulaire, l'identité de celui-ci ne furent peut-être pas du goût de tous. Certes, Particelli prit séance au Conseil de la direction en qualité de contrôleur général dès le 3 juin 1643, jour de la

1. Particelli ayant cédé en mars 1648 son office de contrôleur général pour la somme de 600 000 livres (voir *infra*, p. 234), il est probable qu'il l'avait acquis pour ce prix en 1643.

disgrâce de Bouthillier[1], mais l'édit dont il était bénéficiaire ne fut publié et enregistré à la chancellerie que le 8 octobre, il ne prêta serment au Roi que le 17 novembre, la chambre des comptes n'enregistra l'édit que le 23 novembre, avant de recevoir son serment le lendemain[2]. Ces délais incitent à présumer que le statut et la personne du nouveau contrôleur général suscitèrent de sérieux remous. De la primauté qu'il était appelé à exercer en fait dans la gestion des finances témoignaient les personnalités des deux surintendants, qui n'étaient, ni l'un ni l'autre, préparés à cette fonction. Bailleul avait suivi une carrière de judicature et d'Avaux, déjà réputé pour ses talents de négociateur, continua à donner toute son attention à la diplomatie. Particelli avait, au contraire, une expérience déjà longue du maniement des deniers publics et aussi des affaires politiques.

Depuis la mort de Malier du Houssay en septembre 1641, les intendants des finances n'étaient plus que trois : Tubeuf, Mauroy et Particelli. Le poste rendu vacant par l'accession de ce dernier à l'office de contrôleur général fut attribué dès le 30 mai 1643 au procureur général de la Reine, Étienne Le Charron, maître des requêtes honoraire[3]. Malier du Houssay n'avait donc pas eu de remplaçant, mais voici qu'en juillet 1643 le Roi, « désirant pourveoir à la charge d'intendant des finances pour composer le nombre de quatre intendans qui doivent servir ordinairement en ses Conseils », annonça, par brevet du 3, qu'il avait fait choix pour cela d'un des fils du défunt, Pierre Malier de Montharville, à charge pour lui « de mettre ès coffres de la Reyne, sa mère, la somme de deux cens mil livres, pour servir à des dépenses nécessaires », somme dont lui-même ou ses héritiers seraient remboursés, « vacance advenant de ladite charge ». Cela « pour n'avoir le Sr Malier du Houssay, son père, ny ses héritiers, receu aucune récompense pour les services rendus par luy en sa charge d'intendant des finances et autres employs qu'il a exercés très fidellement durant sa vie ». Montharville ne manqua pas de verser aux « coffres » d'Anne d'Autriche ce qui lui était demandé[4]. Il était depuis 1631 titulaire de l'office d'intendant des turcies et levées des rivières de Loire, Cher, Allier « et fleuves y descendant », mais il disposait surtout d'appuis familiaux, cumulant avec sa qualité de fils de feu du Houssay celle de beau-frère du surintendant Bailleul[5]. À partir du second semestre de 1643, l'équipe de Messieurs des finances comprit donc, autour des surintendants Bailleul et d'Avaux (ce dernier bientôt en mission à Münster), le contrôleur général Particelli d'Émery, les inten-

1. *Journal d'Olivier Lefèvre d'Ormesson*, éd. par A. Chéruel, t. I (Paris, 1860, in-4°), p. 60-61.

2. Bibl. nat., Ms. fr. 18510, fol. 70. – Arch. nat., P 2682, fol. 385.

3. Bibl. nat., Pièces orig., 690; Doss. bleus, 171. Le Charron fut nommé le même jour conseiller d'État ordinaire.

4. Brevet daté de Paris le 3 juillet 1643, accompagné d'un certificat du 21 septembre suivant, attestant le versement des 200 000 livres (Arch. nat., O^1 9, fol. 143; copie).

5. En 1621, Nicolas de Bailleul avait épousé en secondes noces Élisabeth Malier du Houssay, fille de l'intendant des finances. Ce dernier eut aussi deux fils évêques.

dants Tubeuf, Mauroy, Le Charron et Malier de Montharville, sans oublier les quatre secrétaires du Conseil d'État et des finances, les sieurs de Bordeaux, Bordier, Bouer des Fontaines et Galland, lequel venait de succéder à Le Ragois.

Témoins du remue-ménage affectant les charges des finances, les maîtres des requêtes y virent l'occasion de ranimer leurs vieux griefs, dont ils remplirent une série d'« Articles », qu'ils présentèrent dès le début de la régence [1]. Un nouveau règlement des Conseils, promulgué le 16 juin 1644, atteste que leurs réclamations furent écoutées dans l'ensemble avec une oreille assez favorable, notamment celle pressant Leurs Majestés, comme déjà bien souvent dans le passé, de faire statuer que « lesdictz maistres des requestes, à l'exclusion de tous autres, conformément aux ordonnances, rapporteront à la personne du Roy et de la Royne régente, sa mère, et dans tous les Conseilz touttes requestes, plainctes et doléances de ses peuples, instruiront et rapporteront touttes instances sans qu'aucun autre s'y puisse inmiscer, sinon pour les affaires èsquelles le Roy seul aura intérest, qui pourront estre rapportées par les intendans des finances ».

Au long de ses trente-quatre articles, ce règlement du 16 juin 1644 [2] ne disait mot du Conseil suprême de l'État, le Conseil des Affaires ou Conseil d'En-haut, mais fixait la compétence, la composition et la tenue des autres. Il en distinguait trois, siégeant sous la présidence du chancelier cinq jours par semaine le matin de huit à treize heures, à savoir :

« Le Conseil privé ou des Parties », le mardi et le vendredi.
« Le Conseil de Direction », le mercredi et le samedi.
« Le Conseil des Finances pour les parties », le jeudi.

Il précisait qu'au Conseil privé se traiteraient « toutes les affaires de justice entre les particuliers et les communautez » et qu'au « Conseil des Finances pour les parties » du jeudi seraient rapportées « les affaires des finances de particulier à particulier ou entre les communautez, mesme entre les traictans, pourveu qu'il ne soit question des droicts du Roy et que le jugement de l'affaire ne donne recours au traictant contre Sa Majesté ».

Dans sa séance du mercredi matin, le Conseil de Direction entendrait « les affaires des particuliers avec les traictans ou des particuliers avec le

1. « Articles présentés au Roy et à la Reyne régente, sa mère, par les maistres des requestes, sur lesquelz Leurs Majestez sont très humblement suppliées de pourveoir » (Arch. nat., V^4 1499, fol. 12-15 ; enregistrement par les requêtes de l'hôtel). Ces « Articles » ne sont pas datés, mais leur place parmi les autres documents transcrits dans ce registre les fait remonter à mai ou juin 1643.

2. « Règlement que le Roy veult et ordonne estre cy-après observé en ses Conseils », daté de Rueil le 16 juin 1644 (Arch. nat., E 1688, fol. 111-116 ; orig. non signé. – Bibl. nat., Ms. Clairambault 649, fol. 26v°-38 ; copie).

Roy en ses Conseils » et, ce jour-là, « le contrôleur général et les intendans des finances commenceront à rapporter, ensuitte les maistres des requestes ». Mais le samedi matin, seuls « les conseillers d'Estat et ensuitte les maistres des requestes [y] rapporteront les affaires ».

Le règlement précisait que les maîtres des requêtes rapporteraient « toutes les affaires de justice, mesme les procès-verbaux des rébellions faictes à l'exécution des édicts, après néantmoings qu'ils auront communiqué lesdicts procès-verbaux aux conseillers d'Estat qui seront commis pour telles natures d'affaires, avec l'intendant [des finances] qui aura le département de la province et de l'affaire dont sera question ».

En écho à des querelles de rang et de préséance [1], il était spécifié que le contrôleur général prendrait « sa séance au Conseil du mercredy, jeudy et samedy au bout de la table, vis-à-vis la chaise du Roy, ou en son rang de conseiller d'Estat et les intendans des finances avec le trésorier de l'Espargne en exercice, derrière la chaise du Roy ».

Outre les Conseils de la matinée, était prévue la tenue d'un Conseil « le mercredy après disné », « auquel se rapporteront par le contrôleur général et les intendans tous les traictez et autres affaires concernans purement les finances et autres droicts de Sa Majesté. Auquel Conseil auront seulement entrée et voix délibérative ceux qui en ont esté jusques à présent, si ce n'est que celuy qui tiendra le Conseil juge à propos que les conseillers d'Estat et maistres des requestes y doivent estre appellez pour le jugement et rapport de quelques affaires ». Cette séance du mercredi après-midi ne semble rien d'autre que la petite Direction. Les intendants des finances et le trésorier de l'Épargne y auraient séance « comme les conseillers d'Estat aux autres Conseils ».

Il était prescrit que « les affaires de finance qui regarderont les comptes des comptables, employ de gages, restablissement de parties rayées ou mises en souffrance ne seront rapportées au Conseil qu'après en avoir communiqué au contrôleur général ou à l'intendant qui en aura le département ». Et, d'autre part, il était défendu aux intendants de prendre « aucune communication des affaires dans le Conseil ».

On connaît un « Deppartement des intendans des finances », qui est probablement consécutif à ce règlement du 16 juin 1644 [2]. Il précise pour chacun « son deppartement et sa charge », c'est-à-dire, d'une part,

1. Lorsque Particelli d'Émery avait pris séance au Conseil de Direction le 3 juin 1643 en sa nouvelle qualité de contrôleur général, un incident protocolaire avait surgi. Il avait pris place « au bout de la table, assis tout contre sur une chaise sans dossier, tournant le dos par ce moyen à tous les conseillers d'Estat qui sont hors la table [...]. Ils en firent rumeur, se levèrent et M. de Rancey prit la parolle, disant qu'ils ne pouvoient pas parler derrière le dos de M. d'Émery. Luy, au contraire, soustint que c'estoit la place du controlleur général. M. le chancelier dict qu'il avoit veu, estant maistre des requestes, Mr de Castille dans cette place, mais sur un siège pliant, parce que lors les intendans n'estoient pas assis, mais qu'aujourd'huy il ne falloit qu'augmentant de charge il changeat de siège [...]. Mr le duc d'Orléans dict que, puisque c'estoit l'usage, il n'y avoit rien à dire et Mr d'Émery commença à rapporter. Les conseillers d'Estat s'assirent, s'esloignant de la table » (Olivier d'Ormesson, *Journal*, t. I, p. 60-61.

2. « Deppartement des intendans des finances. 1644 » (Bibl. Mazarine, Ms. 2646, fol. 196v°-198 ; copie).

la répartition entre eux des provinces ou généralités et des fermes et, d'autre part, les matières relevant spécifiquement d'un seul. Tubeuf y est indiqué comme étant le premier des quatre, ayant comme fermes : « Gabelles de France, Gabelles de Lyonnois et Languedoc, Pattentes de Languedoc et Arsat, Sol pour livre de Languedoc, Surtaux de Lion, Entrée de Paris et ferme de Seyne », à quoi s'ajoutaient : « Barrage, boue et pavé de Paris, Maison royalle, Ordinaire et extraordinaire de la guerre, Clergé, Parlement de Paris ». Deuxième du tableau, Mauroy recevait pour fermes : « Cinq grosses fermes, IX£ XVIIIs de Picardie, Domaine de Calais, Domaine de Chasteauregnault, Gabelles et fermes des [Trois]-Éveschez » et, par ailleurs, les bâtiments du Roi, les monnaies, les bois et les chambres des comptes. Les ponts et chaussées étaient attribués expressément à Le Charron, ainsi que les cartes, le domaine de la Reine, la marine de Levant et de Ponant et la cour des aides, et parmi les fermes : « Aydes de Paris, XXs. de la subvention, Bétail à pied fourché, Gabelles de Provence et Dauphiné ». De Mallier de Montharville, enfin, dépendaient d'abord le taillon, puis les Ligues suisses, l'artillerie et le Grand Conseil et six fermes : « Brouage, Convoy de Bordeaux, Coustume de Bayonne, Domaine de Navarre, Ferme du papier et du fer, Ferme de cendres »[1].

Plusieurs remarques surgissent d'elles-mêmes à la lecture du règlement du 16 juin 1644. C'est d'abord qu'il ne fait nulle mention, directe ou indirecte, des surintendants des finances. Silence normal concernant d'Avaux, puisqu'il venait d'être nommé avec Servient plénipotentiaire au congrès de Münster, où il résidera jusqu'à la paix de Westphalie. Silence révélateur s'agissant de Bailleul. Sans doute celui-ci était-il ministre d'État et entrait ainsi au Conseil des Affaires, où étaient débattus devant la Régente les plus hauts intérêts de la monarchie et par conséquent ses ressources, mais il ressort que, de gré ou de force, il ne se mêlait guère de la gestion quotidienne des finances, alors accaparée par Particelli d'Émery. Cette situation montre que l'autorité et le prestige de la surintendance, si importants qu'ils fussent devenus, n'en restaient pas moins tributaires de la personnalité du titulaire de cette charge. Ainsi le rôle d'un surintendant pouvait-il être éclipsé par l'action d'un contrôleur général à l'individualité plus marquée.

Une autre observation se dégage du règlement de juin 1644, c'est qu'il semble donner – au moins en principe – une large satisfaction aux revendications émises un an plus tôt par les maîtres des requêtes. Ses prescriptions visent, en effet, à restituer à ces officiers la plénitude de leur qualité de rapporteurs dans les Conseils, dont ils se considéraient comme indûment dépouillés par les intendants des finances, voire par les conseillers d'État. Mais les intendants des finances n'étaient-ils pas

1. Ces départements demeurèrent assez stables, comme le prouve leur composition en 1649, publiée par J.-P. Charmeil dans son livre *Les Trésoriers de France à l'époque de la Fronde* (Paris, 1964, in-8°), p. 257-260.

souvent promus conseillers d'État ? Ce règlement de 1644 a donc peut-être été dressé en vue de calmer les rancœurs du monde des officiers contre les commissaires, d'autant que certains de ses articles ordonnaient le renvoi devant les cours supérieures des « affaires de juridiction contentieuse », de celles regardant les « tailles, aydes, subventions et autres impositions » et « l'exécution des édictz qui ont esté vérifiez èsdictes compagnies, si ce n'est que lesdictes compagnies eussent apporté quelque modification à l'enregistrement des édictz ». Or les cours supérieures manifestaient de moins en moins de docilité devant les initiatives fiscales du gouvernement.

Ayant déjà exercé le contrôle général quand celui-ci avait été partagé entre les intendants des finances après le décès de Duret de Chevry en 1636, Particelli en connaissait bien les règles, les usages et les agents, en particulier les quatre commis au contrôle et gardes des registres, dont le rôle et le statut semblent lui avoir paru contraires à sa liberté d'action. Reprenant une clause figurant déjà dans les édits d'octobre 1554 et de novembre 1568, qui avaient érigé la charge de contrôleur général en titre d'office, celui de mai 1643 conférait à Particelli le pouvoir « de commettre audict controolle telle personne capable que bon luy semblera »[1], éventualité alarmante pour les quatre commis-gardes des registres, qui étaient alors Louis Royer, Louis Guérin, Guy de Billy et Jean Despinay. De fait, s'ouvrit bientôt pour eux une période où ils durent se défendre pied à pied contre le dessein de Particelli de les déposséder de leurs fonctions pour les faire exercer par l'une de ses créatures.

L'office de contrôleur des parties casuelles de la généralité de Paris avait été uni aux leurs par édit d'avril 1637[2]. Dès le 21 octobre 1643, un arrêt du Conseil révoqua cet édit, supprima dans toutes les généralités les offices de contrôleur des parties casuelles et ordonna en conséquence que la finance payée par les commis-gardes des registres pour l'acquisition de celui de la généralité de Paris leur serait reversée[3], opération dont les modalités durent être précisées par arrêts des 18 novembre et 19 décembre suivants[4]. Mais peu après, les offices de commis et gardes des registres furent eux-mêmes abolis, et cela dans des conditions assez particulières. En prononçant leur extinction, l'arrêt du Conseil du 22 mars 1644 annonça que Sa Majesté, ne pouvant, pour liquider la finance de ces quatre offices (fixée à 500 000 livres), « toucher aux deniers ordinaires et extraordinaires de son Espargne, dont Elle a fait

1. Voir *supra*, p. 225.
2. Voir *supra*, p. 211-212.
3. Arrêt du Conseil daté de Paris le 21 octobre 1643 (Arch. nat., E 184^B, fol. 3-6).
4. Arrêts du Conseil datés de Paris le 18 novembre (*ibid.*, E 1687, fol. 118) et le 19 décembre 1643 (*ibid.*, fol. 138).

estat pour les plus pressées despences de la guerre », établissait, pour parvenir à ce remboursement, les droits que, pendant neuf ans, les commis-gardes des registres percevraient pour l'enregistrement et le contrôle de tous les mandements, rescriptions, quittances et autres documents qui leur seraient apportés. « Et seront tenus lesdicts commis au contrôle rendre leursdicts offices quittes au proffict de Sa Majesté en fin desdictes neuf années, pendant lequel temps ils jouiront de leurs gages entièrement et sans aucun retranchement[1] ».

Cette combinaison mise en œuvre, les quatre commis-gardes des registres se sentirent lésés et, dès l'année suivante, présentèrent requête tendant à ce que, « pour esviter à confusion, il pleust à Sa Majesté ordonner que ledict S^r^ controlleur général ne pouroit commettre autres que les supplians, ou ceux qui auroient leurs droictz, au controlle des expéditions subiectes au controolle dont il se voudra dispenser et ce pendant le temps qu'ilz doivent jouir desdicts droictz de controolle, attendu que les commissions que ledict controolleur général a pouvoir et faculté d'octroyer à telles personnes que bon luy semble (quoyque les droictz leur soient réservez) ruyne entièrement leur revenu, offrant à Sa Majesté laisser le quart de leurs droictz audict S^r^ controolleur général pour le désinterresser du préiudice qu'il recevra pour raison de ce, et pour le remplacement duquel quart ilz supplient Sa Majesté leur accorder douze années de jouissance desdicts droictz à commencer du premier jour de janvier de la présente année, au lieu des neuf années à eux accordées commenceans le XXIIe mars de l'année dernière ». Exposé, arguments et proposition si solides, que cette requête fut satisfaite en tous ses points, du moins en principe, par un arrêt du Conseil du 31 mars 1645, dont un édit de novembre reprit les dispositions[2].

Le contrôleur général s'efforça de rendre ces arrangements purement théoriques. Pour écourter la période de douze années prévue par l'arrêt du Conseil du 31 mars et l'édit de novembre 1645, il obligea les commis-gardes des registres à se charger, pour obtenir le remboursement de leurs offices, de la vente de ceux de commissaires conservateurs des tailles créés en chaque paroisse par édit d'octobre 1645 (et supprimés par arrêt du Conseil du 7 mars 1646) et de ceux d'auditeurs des tailles créés en chaque élection par édit de mars 1646, dont ils ne purent obtenir les expéditions nécessaires qu'après avoir signé quittance de leur remboursement en la forme fixée par lui[3]. Toutes disputes et tractations pendant lesquelles, à partir de 1646, Particelli fit remplir les fonctions de commis au contrôle général par un homme à lui, un secrétaire du Roi nommé Nicolas Colbert[4].

1. Arrêt du Conseil daté de Paris le 22 mars 1644 (*ibid.*, E 188^C^, fol. 341-342).

2. Arrêt du Conseil daté de Paris le 31 mars 1645 (*ibid.*, E 1689, fol. 61-62). Le 4 décembre 1645, la chambre des comptes de Paris vérifia un édit de novembre portant suppression, dans les mêmes conditions, des quatre offices de commis et gardes des registres du contrôle général (*ibid.*, P 2683, fol. 105).

3. Détails fournis par le préambule d'un arrêt du Conseil rendu à Paris le 23 décembre 1648 sur la requête des quatre commis-gardes des registres (*ibid.*, E 233^C^, fol. 234-235).

4. Nicolas Colbert (v. 1595-1649). Secrétaire du Roi depuis 1630, il avait une activité de

Ces combinaisons et manœuvres autour des charges de commis-gardes des registres, outre qu'elles reflètent des conflits d'attribution au sein du contrôle général, dévoilent aussi l'impécuniosité du trésor à ce moment et sans doute des difficultés dans l'application du règlement du Conseil du 16 juin 1644. Celui-ci faisait si peu de cas de la surintendance des finances que – commise par mégarde ou à dessein – cette négligence et la prépondérance ainsi reconnue de fait au contrôleur général ont pu froisser les intéressés, en sorte qu'on en vient à se demander si, avec aussi d'autres motifs, le souci d'apaiser leur susceptibilité n'a pas suscité deux règlements signés le 7 octobre 1645. Ils sont l'un et l'autre si brefs et concis que leur transcription s'impose ici.

Le premier, touchant ce que le Roi voulait et ordonnait « estre doresnavant observé pour l'administration de ses finances », énonçait ceci :

> « Premièrement, qu'en chacune sebmaine, tous les vendredis au matin, tous les surintendantz de ses finances et controolleur général d'icelles s'assembleront afin de voir et examiner les moyens de soustenir les despenses de l'Estat et celles qui seront commandées par Sa Majesté, lesquelz moyens seront par après raportez et examinez aux directions particulières et ensuitte au Conseil tous les mercredis après disner, et qu'ausdites assemblées des vendredis il sera dressé un estat contenant toutes les despences qui seront à faire, tant par comptables que par ordonnances de comptant que pour intérestz, remboursementz de debtes, rentes ou droictz domaniaux, pensions et appointementz du Conseil et généralement de tout ce qui se paye par les trésoriers de l'Espargne, à la réserve des voyages et menus dons, ensemble des fondz sur lesquelz lesdites despenses debvront estre payées ou assignées ; lequel estat sera résolu, arresté et signé par lesdits Srs surintendantz et controolleur général et sera donné coppie d'iceluy audit controolleur général en chacune assemblée.
>
> Que nulles assignations ne seront changées qu'en l'assemblée qui sera tenue le vendredy d'après celle où lesdits payementz et assignations auront esté résolues, et qu'il sera fait mention dudit changement dans ledit estat de despence qui sera arresté.
>
> Qu'aucunes lettres de pensions, acquitz patentz, appointementz, dons et gratiffications ne seront controllées et les sommes y contenues ne seront acquittées qu'à la fin de chaque année.
>
> Et que nul payement ou remboursement de debtes, droictz et rentes ne pourra estre faict qu'en vertu d'arrestz du Conseil [1] ».

Le second fixait en ces termes ce qu'il fallait observer « pour ce qui regarde la fonction de la charge de controolleur général des finances de France » :

---

partisan. Fils de Gérard III Colbert et de Marie Pingré, il était oncle à la mode de Bretagne du futur ministre de Louis XIV. Voir J.-L. Bourgeon, *Les Colbert avant Colbert* (Paris, 1973, in-8°), p. 10, 203 ; et J. Villain, *La Fortune de Colbert* (Paris, 1994, in-8°), p. 10-12.

1. « Règlement que le Roy veult et ordonne, par l'advis de la Royne régente, sa mère, estre doresnavant observé pour l'administration de ses finances », daté de Fontainebleau le 7 octobre 1645 (Bibl. nat., Ms. fr. 4172, fol. 217v°-218 ; copie).

« Premièrement, que les minuttes de tous les arrestz qui seront désormais raportés au Conseil des Finances seront signées par le controolleur général des finances lorsqu'il sera présent audit Conseil, et qu'il les signera après le raporteur.

Que les minuttes des estatz tant de la valeur des finances que par estimation qui seront deslivrez aux receveurs généraux des finances, fermiers, commis aux recouvrementz, traittans et autres officiers comptables, comme aussy des estatz au vray qui seront rendus par eux au Conseil des Finances seront signez et arrestez par le controolleur général avec les surintendantz des finances.

Que toutes les ordonnances de comptant seront signées au Conseil et par le controolleur général des finances, ainsy qu'il se pratique à présent.

Qu'il sera mis ez mains dudit controolleur général un estat par le menu des comptantz lorsqu'il controollera l'acquit de comptant [1] ».

Escomptant de l'application de ces règlements « plusieurs avantages qui doibvent réussir au bien de nos affaires et de nostre service », la Régente ordonna le 2 décembre à la chambre des comptes de les enregistrer, ce qu'elle exécuta le 29 du même mois [2]. En fait, ils préludaient à de grandes et longues turbulences autour du poste de contrôleur général. Visant en apparence à attester la prééminence du surintendant, ils adaptaient la conduite des affaires au rôle directeur qui était alors en réalité celui du contrôleur général. C'était Particelli d'Émery, en effet, qui était le vrai responsable de la politique financière et fiscale appliquée depuis le début de la régence, chargé par Mazarin du soin « de résoudre la quadrature du cercle : trouver de l'argent, encore et toujours de l'argent, pour payer les opérations militaires qui dévorent les finances royales [3] ». Une politique dont les voies et moyens suscitaient une résistance croissante de la part des cours supérieures et aussi l'agitation endémique des croquants.

Devant ces mouvements d'opposition, il parut opportun de clarifier la situation en confiant de manière ouverte à Particelli des responsabilités qui en fait étaient les siennes depuis déjà quatre ans. Nicolas de Bailleul, aussi honnête qu'incompétent, résigna ses fonctions de surintendant et celles-ci furent confiées le 16 juillet 1647 à Particelli d'Émery pour les exercer « conjointement avec le S^r d'Avaux ou seul en son absence », charge pour laquelle il prêta serment le jour même entre les mains du Roi [4], avant d'être nommé ministre d'État deux jours plus tard [5].

1. « Règlement que le Roy veult et ordonne, par l'advis de la Royne régente, sa mère, estre observé pour ce qui regarde la fonction de la charge de controolleur général des finances de France », daté de Fontainebleau le 7 octobre 1645 (*ibid.*, fol. 217 ; copie).

2. Commission à la chambre des comptes de Paris datée du 2 décembre 1645 (*ibid.*, fol. 363v°-364 ; copie) – Plumitif de la chambre (Arch. nat., P 2683, fol. 120).

3. M. Pernot, *La Fronde* (Paris, 1994, in-8°), p. 31.

4. Pouvoir daté d'Amiens le 16 juillet 1647 (Arch. nat., O¹ 9, fol. 292-293 ; copie). Le lendemain 17 fut expédié le brevet du Roi lui donnant séance dans les Conseils « au-dessus des plus anciens conseillers d'Estat, immédiatement après les officiers de sa couronne » (*ibid.*, fol. 293v°-294 ; copie).

5. Lettres patentes datées d'Amiens le 18 juillet 1647 (*ibid.*, fol. 294 ; copie).

En l'investissant du pouvoir de surintendant, « voulons en outre », lui spécifiait le Roi, « que vous puissiés tenir et exercer l'estat et office de controolleur général de nos finances dont vous estes pourveu et que vous en fassiés cy-apprès les fonctions comme vous les avés faites jusqu'à présent, sans incompatibilité, de laquelle nous vous avons aussy relevé et dispensé ». Particelli pratiqua donc ce cumul, mais c'était beaucoup de responsabilités pour une même personne dans une conjoncture en train de se dégrader. Au mois de mars 1648, il prit le parti de céder le contrôle général et le proposa à Tubeuf, qui n'en voulut point. Ce qu'apprenant, d'autres se mirent sur les rangs, parmi lesquels Bordier et Galland, secrétaires du Conseil d'État et des finances[1]. Un autre l'emporta : par un « traité de composition » fait « sous le bon plaisir de Sa Majesté » le 9 avril, Particelli céda pour 600 000 livres l'office de contrôleur général à l'intendant de Paris, Antoine Le Camus, président en la chambre des comptes et ancien maître des requêtes, qui en reçut les provisions le 20 du même mois[2]. Il confia à Olivier d'Ormesson qu'« il avoit cinquante-quatre mille livres d'appointemens et que M. le cardinal en avoit trente-cinq mille sur le revenu[3] ». Le personnage accédait à ce poste en des jours déjà très orageux, annonciateurs de la Fronde, durant laquelle sa fonction allait être au cœur des tourbillons dans lesquels fut ballottée l'administration des finances.

* *
*

Après les grands éclats des mois de mai et juin 1648 et l'adoption par le parlement de Paris des articles de la chambre Saint-Louis, Mazarin, voyant l'extrême impopularité de Particelli d'Émery, le fit exiler le 9 juillet dans son château bourguignon de Tanlay et le fit remplacer le jour même à la surintendance par le maréchal de La Meilleraye, grand maître de l'artillerie et cousin germain du cardinal de Richelieu. Les circonstances expliquent que sa nomination ait donné lieu à des arrangements particuliers. L'un d'eux fut que la charge lui fut conférée par commission pour l'exercer seul[4], ce qui semblait sous-entendre qu'on lui en attribuait l'intérim avant le retour en scène de ses prédécesseurs. Et un autre qu'il parut nécessaire de le « faire soulager en cette adminis-

1. Olivier d'Ormesson, *Journal*, t. I, p. 471, 473. D'après ce mémorialiste (*ibid.*, p. 355), Particelli aurait déjà envisagé en juillet 1646 de prendre la surintendance et de céder le contrôle général à Tubeuf « pour luy oster l'intendance de l'Espargne et enfin le perdre ».

2. Bibl. nat., Doss. bleus, 150; N.a.f. 11641, p. 4-12. Le traité d'office est visé par un arrêt du Conseil du 14 mai 1655 (Arch. nat., O^1 10, fol. 95v°-96; copie). En outre, le 24 avril 1648, Le Camus fut nommé surintendant général des bâtiments et jardins du Roi (Bibl. nat., Ms. fr. 4187, fol. 185v°-188).

3. Olivier d'Ormesson, *Journal*, t. I, p. 475.

4. Lettres patentes datées de Paris le 9 juillet 1648, par lesquelles le maréchal était « commis, ordonné et estably » seul « surintendant de nos finances » (Bibl. nat., Ms. fr. 4178, fol. 48-50; copie).

tration et qu'en vous establissant pour chef d'icelle il estoit à propos d'ordonner des personnes capables et expérimentées, et de qui les bonnes conditions, aussy bien que la probité, fussent bien cogneues à nous et au public, pour s'employer à la direction de noz finances avec vous ». C'est que, bien qu'il fût assuré dans le préambule de sa commission que « l'oeconomie » de la charge de grand maître de l'artillerie avait « beaucoup de rapport avec celle de surintendant de noz finances », le maréchal était peu préparé à ses nouvelles fonctions. Aussi lui était-il précisé qu'il aurait « un plein et entier pouvoir d'ordonner de noz finances et les administrer comme vous le jugerez debvoir faire en conscience pour le bien de noz affaires et service, et ce en présence de noz amés et féaulx les Srs d'Haligre et de Morangis, lesquelz nous avons establiz directeurs de noz finances près de vous ».

En conséquence, considérant qu'ayant estimé devoir confier « l'administration principalle et la superintendance [de nos finances] à une personne d'authorité et de dignité relevée », et jugeant bon de la « soulager dans les soins d'une charge de si grand poids et conséquence » et, à cette fin, de « choisir deux personnes de nostre Conseil de qui les bonnes qualitez fussent particulièrement connues », le Roi, par commission du même jour adressée à Étienne d'Aligre et Antoine Barrillon de Morangis, conseillers d'État ordinaires, les établit « directeurs de nos finances pour, en cette qualité, signer les expéditions et ordonnances concernant noz finances, aux honneurs, auctoritez, pouvoirs, prérogatives, prééminences et fonctions qui y appartiennent et aux appointemens qui vous seront par nous ordonnez, sans que vous soyez tenus de rendre raison en nostre chambre des comptes, ny ailleurs qu'à nostre propre personne, de la direction de noz finances[1] ». Un brevet du Roi de même date fixa leur rang dans les Conseils[2]. Les compétences attribuées à ces deux hommes étaient exprimées à dessein en termes très généraux, car une formulation plus précise ou plus circonstanciée eût impliqué restrictions et limitations, alors qu'en réalité ils étaient habilités non seulement à seconder, mais, le cas échéant, à suppléer le surintendant et à avoir, comme le dira un jour Séguier, « esgal maniement » avec lui[3].

Que La Meilleraye et les deux directeurs fussent ainsi destinés à une gestion commune de la surintendance, la preuve en fut aussitôt fournie par un arrêt du Conseil du 11 juillet. Le Roi y faisait « très expresses inhibitions et deffences à tous recepveurs généraulx de ses finances » et autres officiers comptables, « comme aussy à tous les intéressez en ses

1. Commission datée de Paris le 9 juillet 1648 (*ibid.*, fol. 51-53; copie).
2. Brevet daté de Paris le 9 juillet 1648 (*ibid.*, Ms. fr. 4222, fol. 177; copie). Ce brevet ordonnait qu'ils prendraient, « en ladite qualité de directeurs des finances, rang et séance dans lesdits Conseils après les Srs de Léon, de Bellièvre et Le Bret, Favier, Colmolin et d'Ormesson, qui sont les six les plus anciens d'iceux Conseils, et qu'ils soyent toujours assis et tiennent rang immédiatement après eux, nonobstant qu'il y eût d'autres conseillers ausdits Conseils qui deussent prétendre de précéder lesdits Srs d'Haligre et de Morangis comme plus anciens qu'eux dans lesdits Conseils ».
3. Voir *infra*, p. 250.

fermes, traictez, prestz ou recouvrementz de ses deniers, de faire aucun payement de ce qu'ilz doibvent fournir à l'Espargne ou aux porteurs de quictances, billets ou rescriptions d'icelles pour les trois derniers quartiers de la présente année ou termes des prestz et traictez eschéans pendant les six derniers mois de ladicte présente année, qu'après qu'il leur aura esté ainsy ordonné par le sieur mareschal de La Meilleraye, surintendant des finances de France, et par les sieurs Dalligre et de Morangis, directeurs desdictes finances, à peyne de payer deux fois [1] ». Et de fait le maréchal eut bientôt à prendre le commandement des troupes appelées à protéger la cour dans une capitale hérissée de barricades, laissant ainsi aux deux directeurs la responsabilité suprême des finances.

Les premiers troubles de la Fronde et le repli de la cour à Rueil le 13 septembre mirent en émoi le monde des financiers, qui ne commença à reprendre un peu confiance qu'avec le retour du Roi et du Conseil à Paris le 30 octobre, quelques jours après la signature le 24 de la paix de Westphalie, événement grandiose et glorieux qui passa inaperçu dans l'effervescence où était le pays. Mais la fuite de la cour à Saint-Germain et le siège de Paris mirent les gens d'affaires en état de choc et, comme leur concours était vital pour la poursuite de la guerre contre l'Espagne, ils profitèrent des circonstances, avant comme après la paix de Rueil, pour accroître leur fortune et leur prestige, tout en se renforçant dans le Conseil[2]. Toutes manœuvres dont l'administration des finances fut un des principaux théâtres.

En marge des grands mouvements des traitants et des partisans, mais peut-être non sans quelque connexion avec eux, les commis-gardes des registres du contrôle général entrèrent en scène aussitôt que Particelli eut été évincé de la surintendance le 9 juillet 1648. Dès le lendemain, la chambre des comptes de Paris manda devant elle les commis au contrôle[3]. En conséquence, elle vit se présenter le 11 juillet et les quatre commis en titre d'office, et Nicolas Colbert, commis utilisé par Particelli. Les quatre collègues se déclarèrent en état de fournir les registres du contrôle général « des années 1638 et suivantes jusques et compris 1645, qu'ils ont esté dépossédez de leurs charges, pour laquelle dépossession ils ont fait plainte contre Me Michel Particelle d'Hémery, cy-devant controlleur général des finances, dont ils ont offert bailler mémoire » ; quant à Colbert, il assura avoir remis ses registres au nouveau contrôleur général, M. Le Camus. Sur quoi la chambre arrêta que, le surlendemain, les quatre apporteraient leurs contrôles, « ensemble les mémoires de leursdites plaintes », et Colbert aussi ses contrôles[4].

En fait, ce fut seulement le 17 juillet que la chambre put, d'une part, donner acte à ce dernier de l'apport de ses registres et, d'autre part, voir

1. Arrêt du Conseil daté de Paris le 11 juillet 1648 (Arch. nat., E 1693, fol. 148).
2. Voir F. Bayard, « Les financiers et la Fronde », dans *xviie siècle*, 1984, p. 355-362.
3. Plumitif de la chambre (Arch. nat., P 2684, fol. 169 v°).
4. *Ibid.*, fol. 169 v°.

les commis en titre d'office lui présenter « leurs mémoires et plaintes contre le S. d'Hémery imprimez[1] ». Mais, s'en prenant autant à Particelli qu'à son successeur au contrôle général, ces derniers se portèrent opposants à la réception et installation de Le Camus en la chambre des comptes, qui n'avaient pas encore eu lieu, et, par arrêts des 18 et 30 juillet, cette compagnie reçut leur opposition. Et ainsi, pendant que les officiers des cours supérieures remplissaient de leurs éclats la chambre Saint-Louis et que les Parisiens dressaient des barricades, s'engagèrent dans les formes et se poursuivirent de même des procédures judiciaires. En décembre, par requête présentée au Conseil, les quatre commis réclamèrent leur rétablissement en la propriété et possession de leurs offices et l'invalidation de la quittance de remboursement extorquée par Particelli, sur quoi il fut ordonné, avant faire droit, que cette requête serait communiquée à Le Camus[2]. Celui-ci répliqua en demandant l'évocation au Conseil de l'instance d'opposition formée en la chambre des comptes par les parties adverses, ce qu'il obtint par arrêt du 5 mai 1649[3]. Satisfaction fut bientôt donnée à tous. Le 20 mai 1649, en effet, il fut décidé au Conseil, d'une part, que les quatre commis-gardes des registres du contrôle général seraient « remis et restablis en la fonction, exercice, possession et jouissance de leursdicts offices [...] et en touts les gages, droictz et esmolumens [...] dont ilz jouissoient lors de l'édit de suppression desdicts offices du mois de novembre 1645 » et que certaine quittance par eux contestée serait nulle. Quant à Le Camus, il lui était accordé en compensation un dédommagement de 120 000 livres, il lui était fait « mainlevée de l'opposition formée par lesdicts commis en la chambre des comptes à l'enthérinementt de ses lettres de provision dudict office de controolleur général des finances » et il était ordonné « qu'il sera passé oultre à l'enthérinement d'icelles ainsy qu'il est accoustumé[4] ». Il se hâta de faire procéder à cette dernière formalité : sa réception à la chambre des comptes eut lieu le 4 juin suivant[5]. C'est que, indépendamment de cette contention avec les commis-gardes des registres et malgré son heureux dénouement, d'autres menaces risquaient de viser son office de contrôleur général.

Comme toujours lorsque le Trésor était aux abois furent alors échafaudés divers projets tendant à lui procurer des fonds. Il fut question, bien entendu, de créer de nouveaux offices, mais aussi de tirer profit de charges existantes, soit en doublant ou quadruplant leur nombre, soit en divisant l'une d'elles, pour finir par mettre en vente, ou plutôt aux enchères, les charges supplémentaires obtenues par ces montages. Des bruits divers circulèrent à ce sujet, mais le contrôle général ne fut pas touché le premier : ce furent les intendances des finances.

1. *Ibid.*, fol. 172.
2. Arrêt du Conseil daté de Paris le 23 décembre 1648 (Arch. nat., E 233^{C}, fol. 234-235).
3. Arrêt du Conseil daté de Paris le 5 mai 1649 (*ibid.*, E 234^{B}, fol. 272-273).
4. Arrêt du Conseil daté de Paris le 20 mai 1649 (*ibid.*, fol. 507-508).
5. Bibl. nat., N.a.f. 1589, fol. 20 v°.

« Considérant que les quatre intendantz de noz finances ne peuvent suffire pour vacquer comme il seroit nécessaire au rapport et à l'expédition de toutes les affaires qui se présentent dans leurs charges et départemens », le Roi estima devoir en créer quatre autres, mais en deux temps : Jacques Le Tillier et Jacques Bordier reçurent leur commission les 10 et 11 juin 1649 [1], les deux autres, Guillaume de Bordeaux et Étienne Foullé, le 18 juin [2]. Ces quatre nouveaux intendants furent, dans les mêmes jours, nommés conseillers d'État ordinaires [3]. Comme le mandait Le Tellier au chancelier et aux directeurs des finances, la Reine régente s'était résolue à cet établissement « pour en tirer quelque secours dans la nécessité extresme des affaires du Roy à présent », en l'occurrence les préparatifs du siège de Cambrai [4]. Pour être pourvus de leur commission et de leur dignité, ces quatre personnages, en effet, s'étaient engagés à fournir chacun au trésorier de l'extraordinaire des guerres la somme de 240 000 livres, en trois versements successifs dont le premier serait de 100 000 livres [5]. En contrepartie, le Roi leur décernait à chacun un brevet d'assurance de 200 000 livres, avec promesse du remboursement de 40 000 livres en l'année 1650 [6].

Aux yeux du public, ce doublement des effectifs pouvait paraître naturel pour deux motifs. Il y avait d'abord les déambulations de la cour, partie le 30 avril 1649 pour Compiègne, à proximité des frontières de Picardie, mais désireuse de rester en liaison avec la capitale et le monde des financiers. S'y joignait la détresse du Trésor, à laquelle il était devenu si courant de parer par le trafic des charges que celui-ci ne pouvait surprendre. La banalité de ces mobiles permettait d'en masquer un autre, non moins déterminant, décelable par le recrutement de certains

1. Commission pour M. Le Tillier datée de Compiègne le 10 juin 1649 (Bibl. nat., Ms. fr. 4179, fol. 373v°-374; copie suivie de cette mention : « Il a esté faict de pareilles commissions que celle cy-dessus, sçavoir : une à M. Bordier, dattée du XIe dudict mois de juin 1649 ».

2. Commissions datées d'Amiens le 18 juin 1649 (Pour Bordeaux : Arch. nat., KK 1454, fol. 54; formulaire. – Pour Foullé : Arch. S.H.A.T., A[1] 87, n° 59; minute).

3. Lettres patentes de conseiller d'État ordinaire pour M. Le Tillier, datées de Compiègne le 11 juin 1649 (Bibl. nat., Ms. fr. 4179, fol. 375; copie suivie d'une mention indiquant que de semblables lettres ont été expédiées, « sçavoir : une pour ledict Sr Bordier, dudict jour XIe juin 1649; une pour ledict Sr de Bordeaux, du XVIe juin et une pour Mondictsieur Foullé, dudict jour XVIe juin 1649 ».)

4. Le Tellier au chancelier; Compiègne, 11 juin 1649 (*ibid.*, fol. 373; copie). Lettre du même, de même date, aux directeurs des finances (*ibid.*, fol. 371v°-372; copie). Voir aussi R. MOUSNIER, *Lettres et mémoires adresssés au chancelier Séguier (1633-1649)*, t. II (Paris, 1964, in-8°), p. 996-997.

5. Promesse de Jacques Bordier datée de Compiègne le 12 juin 1649, par laquelle il « promet à Sa Majesté de payer en ses coffres la somme de deux cents quarante mille livres, pour le prix d'une charge d'intendant des finances dont il plaira à Sa Majesté de m'honorer, ensemble de la dignité et séance de conseiller ordinaire en ses Conseils d'Estat privé et finances, ladite somme payable, sçavoir : cent mille livres le jour que je seray receu et installé en ladite charge d'intendant des finances et en ladite séance de conseiller d'État ordinaire, quarante mille livres au dernier jour du présent mois de juin, et les cent mille livres restant dans le dernier de juillet prochain » (Bibl. nat., Ms. fr. 18510, fol. 295-296; copie).

6. Brevet d'assurance pour M. Le Tillier daté de Compiègne le 10 juin 1649 (Bibl. nat., Ms. fr. 4179, fol. 376; copie suivie de cette mention : « Il a esté faict trois semblables brevetz d'assurance de pareille somme chacun, pour lesdictz sieurs Bordier, de Bordeaux et Foullé »).

de ces nouveaux venus : Bordier et Bordeaux étaient secrétaires du Conseil d'État et des finances (Bordier était en outre depuis novembre 1644 intendant des finances de Gaston d'Orléans), mais les deux autres (Le Tillier et Foullé) étaient maîtres des requêtes, ce qui ne s'était pas vu depuis la brève intendance de Lalemant de Vouzay en 1559 et 1560 et celle de Pierre de Castille de 1616 à 1629[1]. C'était donc presque une innovation, mais c'était aussi un artifice. Depuis les déclarations des 13 juillet et 22 octobre 1648, en effet, les intendants de justice, police et finances ne pouvaient plus subsister qu'en Languedoc, Bourgogne, Provence, Lyonnais, Picardie et Champagne. Privés ailleurs de ces agents si précieux, la Régente et Mazarin gardaient la possibilité d'y envoyer des maîtres des requêtes en chevauchée, pratique tombée depuis longtemps en désuétude, mais fondée sur les ordonnances les plus vénérables[2]. D'où l'idée de déployer en chevauchée dans les provinces des maîtres des requêtes qui fussent en même temps intendants des finances, attachés à ce titre à la suite du Roi et de son Conseil et par conséquent insoupçonnables en principe de venir remplacer à demeure les intendants de justice, police et finances supprimés, même si, en fait, c'était leur vraie mission[3]. C'est ainsi que, le 4 janvier 1650, il fut prescrit à Foullé de « se transporter en la généralité de Limoges et s'employer à tout ce qui sera du deub de sa charge et nécessaire pour le service du Roy »[4] et que, un mois plus tard, Le Tillier fut dépêché aux mêmes fins en Dauphiné[5]. Les officiers provinciaux ne furent guère dupés par cette combinaison[6]. Bordeaux fut nommé en mai 1650 intendant de l'armée de Flandre[7], mais comme secrétaire du Conseil il avait déjà exercé des intendances d'armée[8], que, depuis Charles IX, on confiait souvent à des intendants des finances.

La création de ces quatre nouvelles commissions d'intendants des finances devait procurer 960 000 livres, mais en versements étalés sur deux mois, alors que les besoins du Trésor étaient plus que pressants.

---

1. Voir *supra*, p. 42 et 171.
2. Voir M. Antoine, « Des chevauchées aux intendances : filiation réelle ou putative ? », dans *Annuaire-Bulletin de la Société de l'histoire de France*, année 1994, p. 35-65.
3. Voir R. Bonney, *Political Change in France under Richelieu and Mazarin. 1624-1661* (Oxford, 1978, in-8°), p. 62-63.
4. Lettre de cachet datée de Paris le 4 janvier 1650 (Bibl. nat., Ms. fr. 4181, fol. 1v°-2 ; copie).
5. « Instruction à M. Le Tillier, conseiller du Roy en ses Conseils, intendant de ses finances, pour le voïage qu'il fera en Dauphiné pour les affaires du Roy », datée de Paris le 8 février 1650 (Arch. nat. K 118^{A}, n° 18 ; orig.).
6. Au sujet de la venue de Foullé, le bureau des finances de Limoges mandait dès le 29 janvier 1650 au syndicat des bureaux à Paris : « La fonction de Messieurs les intandans des finances est dans le Conseil seulement, et la nostre dans nostre généralité, beaucoup au-dessoubz de la leur. Ainsin, qu'elles sont différentes. Que pour la charge de maistre des requestes, il a droict de faire sa chevauchée dans cette généralité qui luy est escheue en deppartement, mais non pas de faire nostre charge » (Bibl. nat., Ms. fr. 7686, n° 149 ; orig.).
7. Commission datée de Paris le 18 mai 1650 (Arch. nat., O^{1} 4, fol. 418v°-420 ; copie).
8. Voir *supra*, p. 213.

Aussi fut-il imaginé de tirer argent des fonctions de contrôleur général. Elles avaient été érigées en titre d'office en mai 1643 et confiées alors à Particelli, auquel Le Camus avait succédé le 20 avril 1648. Supprimer cet office pour confier le contrôle à plusieurs commissaires pouvait être un moyen d'attirer les capitaux de riches financiers[1]. Le 24 juin 1649, le comte d'Harcourt entama le siège de Cambrai, opération très dispendieuse à laquelle on attachait un intérêt majeur, et le lendemain fut adopté en Conseil un arrêt par lequel le Roi, « considérant combien il est important pour le bien de ses affaires que la fonction [de controlleur général] soit faicte par commission ainsi que les autres de ses finances », ordonnait « qu'il sera envoyé une déclaration en sa chambre des comptes portant suppression de ladite charge de controlleur général des finances et ce pendant que les intendans de sesdites finances en feront la fonction ainsi qu'ils faisoient avant le restablissement de ladite charge, jusques à ce que par Sa Majesté y ayt esté pourveu[2] ». Un édit du mois de juin prononça en effet l'extinction de l'office de contrôleur général des finances. Le procureur général de la chambre des comptes ne le présenta que le 19 juillet à celle-ci et le rapporteur par elle désigné ne semble pas avoir été pressé de remplir sa tâche[3]. C'est qu'à cette date il ne pouvait guère ignorer les combinaisons, les contestations et les spéculations que le sort du contrôle général faisait bouillonner, le contrôleur Le Camus rechignant à être dépossédé d'un office qu'il avait payé 600 000 livres.

Comme la poursuite des opérations militaires mettait le Trésor dans une situation critique, Mazarin envoya d'urgence Le Tellier de Compiègne à Paris pour rassembler des fonds et presque tendre la sébile. Rien de plus instructif que les dépêches qu'il adressa alors au cardinal :

> « Mon voyage en cette ville, lui manda-t-il le 2 juillet, sera tout-à-fait inutille pour tirer de Messieurs des finances de l'argent pour les travaux du siège de Cambray et pour le payement de la demye monstre deue à l'armée allemande dès le premier jour pour le présent mois. Et je doubte qu'il serve à obliger Messieurs les nouveaux intendantz à avancer le payement des sommes qu'ilz doibvent de reste, quelque remise qu'on leur ayt faict espérer. Ce sera beaucoup s'ilz payent présentement ce qui est escheu du prix de leur traicté.
>
> J'ay travaillé par trois différentes scéances avec Messieurs les directeurs[4] et M. Tubeuf et par l'examen qu'ilz ont faict en ma présence des fonds qui leur restent, ilz n'ont rien trouvé dont ilz puissent secourir le Roy que deux parties qui font ensemble cent mille livres [...], et encore n'en parlent-ilz pas affirmativement. [...]

1. Daté de 1649, un « Mémoire pour la suppression des charges de controlleur général etc. » figure parmi les papiers de Séguier (Bibl. nat., Ms. fr. 18510, fol. 69-70).
2. Arrêt du Conseil daté d'Amiens le 25 juin 1649, signé de Gaston d'Orléans et de Séguier (Arch. nat., E 1694, fol. 87). Il existe un projet de cet arrêt entièrement de la main de Séguier (Bibl. nat., Ms. fr. 18510, fol. 68).
3. Plumitif de la chambre (Arch. nat., P 2684, fol. 228).
4. On notera ce détail montrant les directeurs exerçant en fait la surintendance.

Tout ce que j'ay faict de plus considérable avec Messieurs des finances jusques icy est d'avoir tiré d'eux soixante mille livres pour l'artillerye de l'armée de Flandres, moyennant lesquels l'équipage qui est sur pied subcistera pendant la campagne, lequel autrement se fust dissipé dans peu de jours faute d'entretenement.

Quant à Messieurs les intendantz nouveaux, Mr Le Tillier a payé à peu prez tout ce qu'il a deub payer jusques icy. Mr Bordier payera dans demain les quarante mille livres qu'il doibt dès le dernier jour du mois passé. Mr Foulé a payé quatre-vingtz mille livres sur les cent qu'il debvoit payer le jour de son installation. Et Mr de Bordeaux a promis de payer pour tout, ce jour, cent mille livres faisant partie des six vingtz qu'il doibt. Mais je ne vois poinct qu'on puisse espérer qu'ilz advancent le payement de ce qu'ilz doibvent de reste, parce qu'ayant promis hier matin d'en rendre responce auiourd'huy à trois heures chez Monsieur le chancellier, ilz ne s'y sont point trouvés et se sont faictz entendre doucement qu'ilz ne trouvoient pas crédit pour satisfaire à ce qu'on désiroit d'eux en ce rencontre. [...]

Reste ce qu'on avoit espéré du controolle général des finances, sur la supression duquel j'ay entendu Mr Le Camus fort au long. Il m'a d'abord proposé ung expédient qui agréeroit à V.É., qui est d'en faire quatre et luy en donner deux pour son remboursement et que le Roy proffiteroit des deux autres, desquelz il croit que l'on tireroit six cens mille livres. Je luy offris d'abord mon entremise pour faire réussir cest expédient, que je luy fis cognoistre estre très utille pour sa fortune particulière. Mais quand j'ay conféré avec luy la seconde fois, je l'ay trouvé tout changé et résolu seulement d'aller représenter à la Royne et à V.É. la justice de ses intérestz et de la conservation de la charge de controolleur général en la forme que Mr d'Hesmery l'a exercée. [...]

On me vient présentement de proposer que sy V.É. faisoit agréer à la Reyne la continuation de Mr Le Camus dans sa charge, il fairoit prester au Roy présentement cent mille escus sur partye des pierreryes qui sont icy entre les mains de Mr de Beauvais[1], lesquelles il doibt remettre ce soir à Mr Tubeuf. V.É. me faira sçavoir, s'il Luy plaist, ses intentions sur cella. Et ce pendant j'agiray de mesme que sy la supression debvoit estre exécutée [...].

Sy Mr de Bordeaux paye auiourdhuy comme il a promis, j'essayeray de faire partir demain une voicture de deux cens mille livres pour arriver à Compiègne dimanche au soir[2] ».

D'un jour à l'autre, marchandages, suggestions et projets se faisaient et se défaisaient. Quarante-huit heures plus tard, Le Tellier en présentait ainsi le bilan :

« Je n'ay poinct veu Mr le controolleur général despuis qu'il m'a dict qu'il s'en alloit à Compiègne. Deux de Messieurs ses frères m'ont dict qu'il estoit party pour aller remonstrer ses intérestz à la Reyne et obtenir de la bonté de Sa Majesté sa manutention dans sa charge. À quoy qu'ilz espèrent très bon

1. Augustin Potier de Blancmesnil, évêque de Beauvais, grand aumônier de la Reine.
2. Le Tellier à Mazarin; Paris, 2 juillet 1649 (Arch. Aff. étr., M.D. France, 864, fol. 384-387; orig.).

succez de son voyage. Ilz m'ont pourtant offert de faire prester au Roy dans demain pour tout le jour, sur les pierreries qui sont entre les mains de Mr de Beauvais, la somme de trois cens mille livres, et pareille somme de trois cens mille livres dans huict ou dix jours [...]. Je crois que ledict S^r Le Camus se tient ferme sur ce qu'il cognoist bien qu'il n'y a que la nécessité qui oblige la Reyne d'ordonner la supression de sa charge et que, sy l'occasion du siège de Cambray se passe sans que Sa Majesté trouve le moyen d'en profitter, il pourra espérer d'esviter cest orage [...].

J'ay conféré sur ce subiect avec des personnes intelligentes aux affaires du Conseil et leur ay ouÿ examiner les expédientz dont on se pourroit servir pour tirer présentement ung secours considérable de la charge de controolleur général des finances ». Elles proposaient de créer encore quatre charges d'intendants des finances et de confier le contrôle aux douze ainsi établis, qui l'exerceraient soit par quartier (solution dont on pourrait espérer de un million à 1 200 000 livres), soit un mois chacun à tour de rôle (ce qui procurerait 900 000 livres). « Mais comme ces expédients ne peuvent réussir qu'avec du temps pour trouver des marchandz et aux marchandz pour trouver de l'argent, Mr Tubeuf et Mr l'abbé Mondin[1], que l'ay veus séparéement, estiment qu'il seroit advantageux que la Reyne acceptast les offres qu'on faict de la part de Mr Le Camus de faire compter quatre cens mille livres présentement à huict ou dix jours après deux cens mille sur les pierreries qui sont entre les mains de Mr de Beauvais [...]. Et le premier d'iceux croid qu'on pourra aquitter le Roy de cette somme avec les intérestz en faisant la supression du controolle à loisir. [...]

J'ay faict partir ce jourd'huy après midy deux cens mille livres pour faire lesquelz j'ay donné au trésorier huict mille livres d'argent comptant que j'avois. Et ce d'autant que Mr de Bordeaux n'a payé que quatre-vingtz neuf mille livres d'argent comptant, Mr Le Tillier doibt seize mille livres, Mr Bordier en doibt quarente et Mr Foulé vingt des termes desià escheus[2] ».

À l'heure où Le Tellier signait cette missive, le comte d'Harcourt avait dû lever le siège de Cambrai, l'ennemi ayant réussi à y faire entrer des renforts. Cet échec poussa sans doute à écarter la proposition de porter à douze le nombre des intendants des finances, qui sera reprise et adoptée quelques années après, mais il ne fit pas cesser les démarches autour du contrôle général. À la fin de juillet, relata Le Tellier à Mazarin, M. Le Camus « m'a dit que, pour faciliter le prest de II^cM livres que V.É. désire qu'il fasse, il est en terme de s'accommoder de la moitié de sa charge avec M. de Miromesnil[3], sans que cela soit à charge au Roy, parce que les gages et droictz attribuez à l'une seroient partagez entre les deux, et que s'il plaisoit à V.É. le faire agréer à la Reyne, il pourroit payer C^M livres comptant et le surplus quinze jours après. Qu'il espère

1. Très lié avec Tubeuf, l'abbé Mondin, mort en mars 1650, était l'homme d'affaires de Mazarin. Voir C. Dulong, « Le processus d'enrichissement du cardinal Mazarin d'après l'inventaire de l'abbé Mondin », dans *B.É.C.*, t. 148 (1990), p. 355-425.

2. Le Tellier à Mazarin; Paris, 4 juillet 1649 (Arch. Aff. étr., M.D.France, 864, fol. 390-398; orig.).

3. Jacques Dyel, sgr de Miromesnil, ancien maître des requêtes et intendant de la généralité de Rouen, conseiller d'État.

d'autant plus tost que V.É. luy fera une grâce, qu'il sçait que M. de Miromesnil a son aprobation[1] ».

Cet arrangement ne se fit point, la cour se réinstalla à Paris le 30 août et le temps travailla si bien pour Le Camus que, par arrêt du Conseil du 14 octobre 1649, il fut décidé que l'édit de suppression de l'office de contrôleur général serait retiré de la chambre des comptes[2], où serait envoyé un édit du mois portant rétablissement dudit office, et que, « dès à présent, ledict S^r Le Camus rentrera et sera maintenu en la fonction et exercice de ladicte charge [...], pour en jouir tout ainsy et en la mesme manière qu'il a fait ou deub faire avant ledict eedict du mois de juin dernier[3] ». Le Camus se crut dès lors titulaire d'un office si bien assis qu'en 1652, par le contrat de mariage de sa fille Marie avec Adrien Hanyvel de Mannevillette, receveur général du clergé, il ne craignit pas de s'engager à en démissionner six ans plus tard en faveur de ce gendre[4]. On verra, le moment venu, ce qu'il advint de cette clause.

Ces péripéties attestent l'attrait exercé par le rôle du contrôleur général, mais d'autres charges firent l'objet de spéculations du même ordre, comme, par exemple, celle de secrétaire du Conseil d'État et des finances vacante par le passage de Guillaume de Bordeaux à une intendance. Ces postes de secrétaires étaient depuis longtemps accaparés par les manieurs d'argent et l'un des plus gros d'entre eux, François Catelan, se mit aussitôt sur les rangs. Le 2 juillet, annonçait Le Tellier à Mazarin, il « m'a faict offrir ce matin de faire ung prest au Roy de cinquante mille livres, pourveu qu'il pleust à Sa Majesté d'agréer le S^r de La Milletière, son beau-père, en la charge de secrétaire du Conseil dont est pourveu Mr de Bordeaux. Messieurs les directeurs estiment qu'il n'y a poinct d'inconvénient en sa proposition et croyent qu'on pourroit tirer dudict Sr Catelan cent mille livres au lieu de cinquante qu'il offre et qu'ainsy le secours qu'on peut attendre d'eux en ceste occasion pourroit doubler. Monsieur le chancellier ne s'esloigne pas de leur sentiment, quoy qu'il ne doubte pas que dans le monde on ne congneust bien que ledict Sr Catelan aura faict mettre la charge soubz le nom de son beau-père, tout à fait incapable de cette fonction-là[5] ». En réalité, Séguier se montrait assez réservé devant cet arrangement, monté pour deux affairistes protestants, et lorsqu'il reçut l'ordre d'expédier les lettres patentes

1. Le Tellier à Mazarin; Paris, 30 juillet 1649 (Arch. Aff. étr., M.D. France, 864, fol. 440-442; orig.).

2. Le 10 novembre, la chambre des comptes arrêta « que l'édit de suppression de la charge de controlleur général des finances présenté par le procureur général le 20 juillet dernier luy sera rendu pour le raporter à M. le chancelier, qui le demande; et à l'instant, M. Pérochel, raporteur d'iceluy, l'aïant représenté, il auroit esté mis ez mains du procureur général » (Arch. nat., P 2684, fol. 263v°; plumitif de la chambre).

3. Arrêt du Conseil daté de Paris le 14 octobre 1649 (Arch. nat., O^1 12, fol. 10; copie).

4. Contrat du 16 novembre 1652 (Arch. nat., Min. centr., LI/236). Voir C. Michaud, *L'Église et l'argent...*, p. 286-287.

5. Le Tellier à Mazarin; Paris, 2 juillet 1649 (Arch. Aff. étr., M.D. France, 864, fol. 384-387; orig.).

de secrétaire du Conseil des Finances en faveur de Brachet de La Milletière, il temporisa, se sentant, déclara-t-il, « obligé de représenter à Son Éminence que la voix publique donne l'exclusion au beau-père comme au gendre, qu'il n'y a de changement que de nom et que Catelan sera le maistre de la charge, puisque c'est luy qui fournist les deniers. Ces sentiments semblent bien raisonnables et sy on a esté retenu d'admettre Catelan en ceste charge, crainte qu'il ne fût approuvé du public, je croy que le beau-père ne le sera pas davantage. Son Éminence fera réflexion là-dessus et me donnera ses commandementz [1] ». Le cardinal trancha pour la solution la moins hypocrite : Catelan succéda à Bordeaux.

En cet automne de 1649 où Le Camus était confirmé dans son office de contrôleur général, la vieille Fronde tendait à s'assoupir et les affaires publiques connurent un moment d'accalmie. Dans ces conditions, Particelli d'Émery et d'Avaux – celui-ci revenu de Münster – purent, le 8 novembre, reprendre la surintendance des finances au maréchal de La Meilleraye. Mais de nouveaux changements ne tardèrent pas à affecter le groupe de Messieurs des finances et même le gouvernement, à cause à la fois des hasards de la vie et aussi de l'évolution de la situation politique, où l'éclaircie fut de courte durée.

Le 13 novembre 1649 mourait Étienne Le Charron, qui, en mai 1643, avait remplacé Particelli dans son intendance des finances. Le choix de son successeur ne tarda pas : il tomba sur Barthélemy Hervart, un banquier très puissant, très honnête et tout dévoué à la couronne, conseiller d'État depuis le 1er octobre précédent [2]. Sa commission ne fut scellée que le 9 janvier 1650 [3], car la Régente, qui avait approuvé sa désignation sans savoir qu'il était protestant, fut tentée de revenir sur sa décision, mais renonça en définitive à se déjuger. Quelques jours plus tard, à la veille de l'arrestation de Condé, Tubeuf, l'intendant de finances alors le plus en vue, passa sous seing privé le 17 janvier avec Pierre Gargam, secrétaire du Roi depuis 1636 et titré conseiller d'État depuis le 4 décembre 1647, un traité par lequel il promit « de fournir audit Sr Gargam sa démission de ladite charge d'intendant des finances pour s'en faire pourvoir, et ce moyennant la somme de deux cent cinquante mil livres », dont 150 000 furent versées comptant et le reste le 21 octobre suivant. Dès le 20 janvier furent expédiées pour Gargam et la commission d'« intendant des finances de France », et les lettres le créant conseiller ordinaire au Conseil d'État privé, finances et direction, puis le 25 fut signé pour lui et ses héritiers un brevet de retenue de

1. Mémoire de Séguier à Mazarin; Paris, 13 juillet 1649 (*ibid.*, fol. 414-416; orig.).

2. Sur le personnage, voir : G. Depping, « Un banquier protestant en France au XVIIe siècle. Barthélemy Herwarth, contrôleur général des finances (1607-1676) », dans *Revue historique*, t. X (1879), p. 285-338, et t. XI (1879), p. 63-80; et C. Badalo-Dulong, *Banquier du Roi. Barthélemy Hervart. 1606-1670* (Paris, 1951, in-8°).

3. G. Depping, art. cité, p. 308-311.

250 000 livres[1]. Le retrait de Tubeuf était tout relatif, car il restait président en la chambre des comptes, intendant et contrôleur général des bâtiments de la Reine mère, surintendant de ses maison, affaires et finances et mêlé de fort près aux affaires personnelles de Mazarin[2].

Peu après la nomination de Gargam, la cour quitta Paris pour la Normandie, que pacifia en février le comte d'Harcourt. Mais, au retour dans la capitale, Mazarin dut à contre-cœur dépiter le chancelier Séguier en faisant créer, le 2 mars, L'Aubespine de Châteauneuf garde des sceaux. Sur quoi, le 5 mars, la cour se remit en chemin, cette fois pour la Bourgogne, où Condé conservait de nombreux partisans. Ainsi la commission continuant d'Aligre et Barrillon de Morangis dans leurs fonctions de directeurs auprès de Particelli et de d'Avaux fut-elle datée de Dijon le 17 mars[3]. La cour se réinstalla à Paris le 3 mai. C'est alors que Malier de Montharville se retira en démissionnant le 9 mai de son intendance des finances au nom et au profit d'un traitant, Denis Marin[4], qui en fut investi le 25[5] et fut aussitôt associé aux affaires[6]. Sur ces entrefaites, coup de théâtre avec la mort de Particelli le 23 mai, suivie de la démission de d'Avaux et, le 25, de la nomination d'un seul et unique surintendant : René de Longueil, seigneur de Maisons, président à mortier au parlement de Paris, créé le lendemain ministre d'État[7], cependant que les deux directeurs des finances restaient en place.

Le 2 juin, la cour sortit de nouveau de Paris pour s'établir à Compiègne et y parer à la menace que Turenne et les Espagnols faisaient peser sur la frontière de Picardie, puis retrouva la capitale le 29 juin avant de reprendre la route dès le 4 juillet en direction de la Guyenne, où Bordeaux était devenue la principale place d'armes de la Fronde princière. Le Roi ne put faire que le 15 octobre son entrée dans cette ville et il regagna Paris un mois plus tard. Ces pérégrinations de la cour apparaissent d'une certaine façon comme une justification des effectifs alors pléthoriques des gens des finances, qui comprenaient un

1. Ces détails sur la démission de Tubeuf et la nomination de Gargam sont tirés de l'analyse des titres et papiers de Gargam insérée en son inventaire après décès, dressé à partir du 27 mars 1657 (Arch. nat., Min. centr., XC/117).

2. Voir C. DULONG, « Du nouveau sur le palais Mazarin : l'achat de l'hôtel Tubeuf par le cardinal », dans *B.É.C.*, t. 153 (1995), p. 131-155; ID., *La Fortune de Mazarin* (Paris, 1990, in-8°).

3. Commission datée de Dijon le 17 mars 1650 (Bibl. nat., Ms. fr. 4222, fol. 211-212; copie).

4. Démission passée devant notaires à Paris le 9 mai 1650. Sur le personnage de Marin, voir : C.N. AMANTON, *Recherches biographiques sur Denis Marin de La Chasteigneraye, conseiller d'État, intendant des finances sous Louis XIV* (Dijon, 1807, in-8°); et surtout J. VILLAIN, « Denis Marin. Traitant timide et inquiet », dans *Études et documents* (Comité pour l'histoire économique et financière de la France), t. VIII (1996), p. 149-185.

5. Commission datée de Paris le 25 mai 1650 (Arch. Montmarin; orig.). Le même jour furent expédiées des lettres patentes le créant conseiller d'État ordinaire (*ibid.;* orig.).

6. Dès le 31 mai 1650, fut expédiée pour lui commission du Roi « pour assister et vacquer avec lesdits Srs commissaires aux ventes et reventes de nosdits domaines, greffes et controolles d'iceux, droictz, offices héréditaires, circonstances et dépendances » (*ibid.;* orig.).

7. Pouvoir de surintendant daté de Paris le 25 mai 1650 (Arch. nat., O^1 9, fol. 343v°-345; copie). Lettres patentes de ministre d'État datées de Paris le 26 mai 1650 (*ibid.*, fol. 345-346; copie). Le même jour fut expédié le brevet relatif à son rang au Conseil en qualité de surintendant (*ibid.*, fol 346; copie).

surintendant, deux directeurs, un contrôleur général et huit intendants (sans oublier les quatre secrétaires). Il était impossible qu'ils suivissent tous le Roi, la Régente et le Conseil dans leurs déplacements et la présence de certains d'entre eux à Paris et en diverses provinces permettait de garder le contact avec les gens d'affaires, de veiller à la perception des impôts et donc à l'État de faire face à la guerre civile et à la guerre extérieure. En fait foi une commission du Roi dressée à Libourne le 16 juillet 1650 pour Denis Marin, intendant des finances alors à Paris, et lui prescrivant de se « transporter à nostre cour et suitte et y exercer vostre charge particullièrement pour faire compter noz fermiers et receveurs généraux et particuliers, tant des années dernières que de la présente, veoir, examiner et arrester leurs estatz, calculler leurs registres, prendre garde que tous nos droictz soient levez suivant noz ordres, faire voicturer les deniers dont lesdits fermiers et receveurs se trouveront redebvables à l'Espargne ou ez mains des assignez à qui ilz ont esté destinez pour les despences de nostre Estat. Et lorsque vous jugerez à propos d'aller aux bureaux des finances et eslections, vous y pourrez présider et adviser avec noz officiers ce qui sera à faire pour l'accélération et seureté de noz deniers [1] ».

Face à l'union des Frondes à la fin de janvier 1651, Mazarin se sentit obligé de quitter Paris dans la nuit du 6 au 7 février pour se réfugier à Saint-Germain, d'où il gagna Le Havre pour, le 13, y libérer les princes. Ensuite il rejoignit Sedan avant de finir par s'installer le 11 avril à Brühl, hôte de l'archevêque électeur de Cologne. De cet exil volontaire le cardinal continua à influencer la Régente, en organisant, malgré mille traverses, les contacts avec Paris et en rassemblant, en vue de son retour futur, des hommes et de l'argent. L'un de ses plus sûrs correspondants parisiens était Le Tellier et lorsqu'il demanda à ce ministre de lui indiquer un mandataire pour ses affaires particulières, celui-ci lui proposa son premier commis, un certain Jean-Baptiste Colbert, titré conseiller d'État depuis le 6 décembre 1648 [2]. Mazarin accepta et Colbert consentit. Les deux hommes eurent d'abord quelque peine à s'accommoder l'un de l'autre, mais Colbert prit en main la gestion périlleuse et compliquée des intérêts du cardinal absent.

Depuis que celui-ci s'était établi à Brühl, les nouvelles de changements dans le Conseil ne lui manquaient pas : le 3 avril, les sceaux avaient été retirés à Châteauneuf pour être confiés à Mathieu Molé, premier président du parlement de Paris, qui dut les céder le 13 du même

1. Commission datée de Libourne le 16 juillet 1650 (Arch. Montmarin; orig.).

2. Né en 1619, pourvu en 1640 d'un office de commissaire des guerres, Jean-Baptiste Colbert, entré en 1643 dans les bureaux de son cousin Colbert de Saint-Pouange, premier commis et beau-frère de Le Tellier, succéda en 1645 à ce cousin dans ce poste de premier commis, où il acquit pleine confiance du ministre. Il avait été titré conseiller d'État au moment de son mariage.

mois à Séguier, rentré en grâce, mais pour peu de temps. Ces va-et-vient n'affectèrent pas Messieurs des finances, que touchèrent, au contraire, ceux de l'automne.

Le 7 septembre 1651, le jeune Louis XIV tint, avec toutes les solennités accoutumées, un lit de justice pour la proclamation de sa majorité. C'était un tournant important dans la vie politique, car désormais « ceux qui se révolteront contre l'autorité royale ne pourront plus prétendre qu'ils veulent servir le monarque en s'opposant aux desseins malfaisants de sa mère ou de ses mauvais conseillers[1] ». Le lendemain de cette cérémonie, L'Aubespine de Châteauneuf fut rappelé et reçut « la première et principale direction » des affaires, cependant que Séguier devait partager ses fonctions avec le premier président Molé, qui récupérait les sceaux. Amnistié, rentré en grâce et bientôt créé duc et pair, La Vieuville, après une éclipse de quelque vingt-sept ans, redevenait surintendant des finances, évinçant de la place le président de Maisons, mais il avait dû pour cela promettre à Mazarin de verser 400 000 livres, dont la moitié au moins fut payée[2]. Les deux directeurs des finances conservaient leurs fonctions. La guerre condéenne entraîna bientôt de nouvelles pérégrinations pour le Roi et son Conseil. Le 27 septembre 1651, la cour quitta Paris pour Fontainebleau, dont elle sortit le 2 octobre pour arriver à Bourges le 7 et enfin s'établir à Poitiers le 31. Le 12 décembre, Louis XIV rappela Mazarin, qui passa la frontière le 24 à Sedan avec une armée et, au terme d'une marche prudente, rejoignit le Roi à Poitiers le 28 janvier 1652. C'est vers ce temps que Colbert prit de plus en plus figure de secrétaire privilégié de Son Éminence.

L'année 1652 fut l'une des plus pleines d'intrigues, de querelles, de batailles, d'émeutes et d'épidémies. Après le combat de la porte Saint-Antoine à Paris, Mazarin, le 19 août, s'était de nouveau éloigné, s'établissant cette fois à Bouillon. Pour l'un de ses plus fidèles soutiens dans le parlement de Paris, M. Ménardeau de Champré, conseiller en cette cour alors transférée à Pontoise et aussi conseiller d'État, fut créé le 23 août un troisième poste de directeur des finances[3]. Il n'est pas certain que l'arrivée de ce compagnon ait comblé d'aise les directeurs en

---

1. M. Pernot, ouvr. cité, p. 269.

2. Le 13 septembre 1651, la chambre des comptes de Paris enregistra cette lettre du roi, datée du 9 : « De par le Roy. Nos amés et féaux, désirant donner un établissement solide à la conduitte de nos affaires et en nos Conseils, nous avons rapellé près de nous le S^r^ marquis de Châteauneuf pour en avoir la première et principale direction. Nous avons donné la garde des sceaux de France au Sr Molé, premier président en notre cour de parlement de Paris, et la surintendance de nos finances au S^r^ marquis de La Vieuville » (Arch. nat., P 2685 [2e partie], fol. 144v°-145). Le même jour avaient été écrites à la chambre des comptes de Rouen une lettre du Roi lui annonçant la nomination de La Vieuville et son projet de réforme et une lettre de ce ministre (publ. par Ch. de Beaurepaire, « Documents historiques extraits des plumitifs de la cour des comptes, aides et finances de Normandie », dans *Mélanges*, publ. par la Société de l'histoire de Normandie, 2e série, 1893, p. 331-334. Le 30 septembre furent expédiées des lettres patentes de conseiller d'honneur au parlement de Paris pour M. de La Vieuville (Arch. nat., O^1^ 9, fol. 379-380; copie).

3. Commission datée de Compiègne le 23 août 1652 (Bibl. Institut, Ms. 310, fol. 259-260; copie).

place depuis quatre ans, d'Aligre et Barrillon de Morangis. Après la déroute des princes, le Roi fit le 21 octobre un retour triomphal à Paris. Mazarin qui, de son exil, entretenait une correspondance assidue avec la Reine mère, fut rappelé par Louis XIV dès le 26 octobre, mais il crut bon d'attendre que les passions se fussent apaisées et rejoignit l'armée royale aux confins de la Lorraine et du Barrois avant de ne faire sa rentrée officielle à Paris que le 3 février 1653, aussi follement acclamé par les Parisiens qu'ils l'avaient naguère conspué.

Au moment où le cardinal reprenait ouvertement la conduite de l'État, l'une des premières décisions attendues de lui était la concession de la surintendance des finances, vacante depuis un mois. Le 2 janvier 1653, en effet, le duc de La Vieuville était mort subitement en travaillant avec l'intendant Guillaume de Bordeaux aux affaires de sa charge. La Reine mère avait aussitôt confirmé et renforcé les directeurs dans leur rôle pour qu'ils pussent gérer les finances jusqu'à l'entrée en fonction du remplaçant[1]. L'événement avait déchaîné dans l'heure ambitions, conjectures et potins, toutes choses dont les correspondants de Mazarin l'instruisaient quotidiennement. Le jour même de la mort de La Vieuville, le jeune procureur général du parlement de Paris, Nicolas Foucquet, proposa au cardinal ses services, qu'il jugeait compatibles avec ceux de son office parlementaire[2]. À en croire l'abbé Foucquet, frère de ce magistrat, Le Tellier se croyait assuré de succéder au défunt[3]. D'aucuns se demandaient si le premier ministre ne songeait pas à l'établissement d'un collège de directeurs. « Mr de Bordeaux, mandait Colbert à Mazarin le 5 janvier, m'a prié d'escrire à Vostre Éminence que, si Elle prenoit la résolution de composer un Conseil de Finance, il croyoit avoir assez fait connoistre à Vostre Éminence son entière dévotion à son service pour prendre la liberté de Luy demander en grâce une place de directeur [...]. Et que si Vostre Éminence, au lieu d'un Conseil de Finance, prend résolution d'establir deux surintendans, comme il sera nécessaire pour le bien du service du Roy qu'il y en ait un de sa profession, il demande aussy cette grâce à Vostre Éminence[4] ». Le cardinal était trop loin de Paris pour se prononcer et cette attente faisait stagner les affaires. « Depuis la mort de Mr de La Vieuville, lui rapportait l'intendant Le Tillier, sans toucher à la suffisance ni intégrité de ces Messieurs ausquels les affaires ont esté par Sa Maiesté confiées et déposées, les finances sont iusqu'à présent dans une si grande létargie que si,

1. Colbert à Mazarin; 4 janvier 1653 (Clément, t. I, n° 91, p. 198-200).

2. Foucquet à Mazarin; Paris, 2 janvier 1653 (Arch. Aff. étr., M.D. France, 892, fol. 39-40; orig.).

3. L'abbé Foucquet à Mazarin; Paris, 18 janvier 1653 (*ibid.*, fol. 123; orig. chiffré).

4. Colbert à Mazarin; Paris, 5 janvier 1653 (Clément, t. I, p. 199, note 1). À propos de Bordeaux, Colbert précisait : « Ce que je puis ajouter à Vostre Éminence est que cet homme-là a un merveilleux talent pour embarquer l'homme d'affaires ».

par vos prudents conseils, il n'i est bien tost pourveu, tous les gens de bien commencent à désespérer du salut de l'Estat, qui ne peut se remettre que par un restablissement très asseuré des finances [...]. On fait icy courre le bruit que le dessein de V.É. est de faire un Conseil de Finance [...]. On a tousiours recogneu en France que tels Conseils estoient la ruine des affaires et jamais n'ont subsisté plus de six semaines[1] ». Un autre correspondant du cardinal ne voulait « non plus de Conseil de Finances, comme parlent quelques-uns, parce qu'il y auroit à toute heure de la jalousie et de la division et que, si l'on a de la peine à trouver un homme comme il fault, il seroit bien plus malaysé d'en trouver plusieurs [...]. Il ne fault, Monseigneur, qu'un homme de probité, de foy et ferme [...]. Vostre Éminence le peut desià conoistre par ces paroles : c'est Monsr Servien, qui a desià la voix publique et pour qui ie sçai qu'on a fait en ce rencontre des vœux publiquement dans la chambre des comptes et à la cour des aydes[2] ». On disait aussi que le président de Maisons était désireux de réintégrer un poste que les maréchaux de L'Hospital et de Villeroy n'auraient pas refusé.

Peu après son retour, le cardinal se détermina pour une surintendance à deux têtes, conférée le 8 février à des fidèles : Abel Servient, déjà ministre d'État, et Foucquet; celui-ci était aussi créé ministre d'État et demeurait procureur général du parlement[3] et les contemporains, Mazarin le premier, continuèrent à ne jamais l'appeler que « Monsieur le procureur général ». Pour la carrière rapide et prometteuse de Foucquet, c'était, à trente-huit ans, une étape prestigieuse, qui ne s'annonçait guère comme pouvant être la dernière. Les deux hommes n'étaient pas de la même génération et, comme Servient avait un caractère très rude, on pouvait s'interroger sur ce que serait leur entente, d'autant qu'à ce moment le chancelier Séguier et le garde des sceaux Molé se chicanaient sur leurs attributions respectives. Le Roi finit par ordonner qu'ils remettraient chacun « un mémoire raisonné de leursdites prétentions, avec les pièces dont ils se voudront servir pour la justification d'icelles », à trois commissaires sur le rapport desquels statuerait Sa Majesté. Il arrêtait qu'en attendant « Monsieur le chancelier commette et subroge les rapporteurs aux procès et instances et reçoive le serment des conseillers d'Estat, et que Monsieur le garde des sceaux continue à recevoir les foy et hommages deus à Sa Majesté et à jouir du droit annuel des advocats dudit Conseil[4] ».

1. Le Tillier à Mazarin; Paris, 18 janvier 1653 (Arch. Aff. étr., M.D. France, 892, fol. 137-140; orig. autogr.).

2. Lettre à Mazarin; Paris, 21 janvier 1653 (*ibid.*, fol. 141-142, orig.; la signature de ce correspondant a été coupée lors de la reliure du document).

3. Pouvoir de surintendants daté de Paris le 8 février 1653 (Arch. nat., O^1 10, fol. 23-24; copie). Lettre de ministre d'État de même date (*ibid.*, fol. 25; mention). Et brevet de même date pour la préséance des surintendants dans les Conseils (*ibid.*, fol. 24v°-25; copie). Sur le remplacement de La Vieuville, voir D. DESSERT, *Fouquet* (Paris, 1987, in-8°), p. 89-94.

4. Règlement daté de Fontainebleau le 2 mai 1653 (Arch. nat., O^1 12, fol. 530; copie). Les mémoires préparés en conséquence par Séguier sont conservés à Londres (British Library, Ms. Harleian, 4472^B, fol. 242-271). Voir la lettre de Séguier à Mazarin du 5 mai 1653 (Arch. Aff. étr., M.D. France, 892; orig.).

Lors de leur accession à la surintendance, Servient et Foucquet trouvaient en charge trois directeurs des finances (d'Aligre, Barrillon de Morangis et Ménardeau de Champré), le contrôleur général Le Camus et huit intendants : Mauroy, Hervart, Gargam, Marin, Le Tillier, Foullé, Bordeaux et Bordier[1]. Ils conservèrent les directeurs, car ceux-ci, institués en 1648, jouissaient en 1653 de préséances honorifiques plutôt que de responsabilités majeures. Sous la Fronde, comme le disait Séguier, ils « avoient esgal maniement que Mrs les surintendantz »[2], mais leurs pouvoirs avaient été amoindris lorsque La Vieuville redevint surintendant en 1651 et il y avait peu de chances pour que, sous des personnalités telles que Servient et Foucquet, ils pussent regagner le terrain perdu. Quant aux quatre intendants qui n'étaient en poste que depuis le milieu de juin 1649 (Le Tillier, Foullé, Bordeaux et Bordier), on sait certains des motifs qui avaient alors poussé à leur recrutement[3]. Depuis, les mêmes motifs avaient inspiré les missions qui leur avaient été assignées loin du Conseil sous Maisons et La Vieuville. En 1651, Marin, avec son principal commis, passa d'abord trois mois en Normandie pour le service du Roi[4], puis fut nommé le 25 septembre intendant des finances de l'armée de Guyenne[5]. Le Tillier fut envoyé en Berry en avril 1652[6] et Foullé en Auvergne dans le même temps[7]. Ceux qui n'étaient pas députés à travers les généralités n'en étaient pas moins assujettis à des allées et venues lourdes de responsabilités, comme en fait foi, par exemple, cette instruction donnée à Paris le 3 octobre 1651 à Mauroy « s'en allant à la suitte du Roy », alors à Compiègne :

> « Visera touttes les ordonnances qui seront signées du Roy et contresignées par Messieurs les secrétaires d'Estat, soit pour deniers payables à l'Espargne, que deniers qui seront ordonnez aux trésoriers de l'extraordinaire des guerres, artillerie, fortiffications que autres comptables, et libellera sur quelz fondz lesdictes despences devront estre prises et ne souffrira qu'autres que luy ordonne desdicts deniers près Sadicte Majesté, dont il fera tenir registre pour estre rapporté à Monsieur de La Vieuville.

1. Les quatre secrétaires du Conseil d'État et des finances étaient alors : Jean Galland, Jean Bouer des Fontaines, François Catelan et François Bossuet.

2. Des difficultés ayant surgi en 1657 au sujet du rang de Ménardeau de Champré au Conseil, Séguier écrivait à ce sujet à Le Tellier le 21 septembre 1657 que les conseillers d'État et les maîtres des requêtes « avoient souffert que Messieurs d'Haligre et Barillon ayent pris des places au-dessus de ceux qui estoient avant eux dans le Conseil, mais qu'ilz avoient pris l'occasion de la fonction qu'ilz faisoient de directeurs généraux des finances et qu'ilz avoient esgal maniement que Mrs les surintendantz » (Bibl. nat., Ms. fr. 6894, fol. 48-49; orig.).

3. Voir *supra*, p. 238.

4. D'où pour lui des « appoinctemens extraordinaires » de 5 000 livres (Bibl. nat., V^C Colbert, 106, fol. 198).

5. Commission datée de Paris le 25 septembre 1651 (*ibid.*, Ms. fr. 4182, fol. 407v°-490; copie).

6. « Instruction pour le S^r Le Tillier, conseiller ordinaire du Roy en ses Conseilz et intendant de ses finances, s'en allant en Berry » auprès de l'armée royale qui va assiéger Montrond, datée de Saint-Fargeau le 17 avril 1652 (*ibid.*, Ms. fr. 4184, fol. 248v°-249; copie). Il fut payé de 8 000 livres pour les quatre mois passés en Berry (*ibid.*, V^C Colbert, 106, fol. 358).

7. D'où 1 200 livres « pour le parfaict paiement des voïages qu'il a faict ès provinces d'Auvergne et autres » (*ibid.*, V^C Colbert, 106, fol. 316).

Mandera les receveurs généraux des finances, receveurs des tailles ou commis auxdictes receptes, commis des gabelles, des cinq grosses fermes, soubz-fermiers des aydes et autres comptables des provinces où il passera et voisines de la cour, et autres qu'il estimera à propos, et les fera compter pour vériffier les deniers qui peuvent estre entre leurs mains, lesquelz deniers il fera mettre ez mains du commis de l'Espargne estant à la cour et suitte, pour servir aux despences nécessaires, dont il donnera advis audict S^r^ de La Vieuville. Et pour cet effect donnera touttes contrainctes nécessaires contre lesdicts receveurs, fermiers et comptables[1] ».

Servient et Foucquet en usèrent de même. Le 1er avril 1653, pour accélérer le payement de la solde et de l'ustensile des troupes encore en quartiers d'hiver et pour préparer celles-ci à se remettre en campagne, Marin eut ordre de se transporter dans les généralités d'Orléans et de Tours, Gargam en Bourgogne et en Champagne, Bordeaux en Picardie et Foullé en Bourbonnais[2]. Ces tournées n'étaient pas de tout repos : il fallut donner à Marin le pouvoir d'« envoyer des gens de guerre dans les lieux reffusans de payer ce qu'ilz doibvent de la taille depuis l'année 1647[3] » et ses collègues ne se déplacèrent qu'avec une escorte[4]. D'autre part, en cette même année 1653, les intendants de justice, police et finances furent progressivement réinstallés dans toutes les généralités du royaume, chargés surtout de veiller à une assiette et une levée des impôts aussi exactes que possible.

Une question vient d'elle-même à l'esprit : celle des appointements, pensions ou largesses auxquels avaient alors droit les gens des finances. Quels que fussent les marchandages et combinaisons ayant précédé l'accès à leurs charges et quel que fût le montant des sommes qu'ils avaient déboursées à cette fin, des gages ordinaires étaient attachés à ces charges et aussi des rémunérations supplémentaires. En général, ces versements étaient ordonnancés par deux sortes de documents portant assignation sur le trésor de l'Épargne. Dans des *rôles* de dépenses figurait un chapitre intitulé « Pensions, gages ou appointements » ou bien « Gages, états, pensions, appointements et entretenements », dans lequel

---

1. « Instruction à Monsieur de Mauroy, intendant des finances, s'en allant à la suitte du Roy », datée de Paris le 3 octobre 1651 (Arch. nat., K 118^B^, n° 134; orig.).

2. Ordres pour ces quatre intendants datés de Paris le 1er avril 1653 (Bibl. nat., Ms. fr. 4186, fol. 130-133; copie). En 1658, Bordeaux fut payé de 13 500 livres « pour ses vaccations durant unze mois des années 1653 et 1654 en la généralité d'Amiens pour l'exécution des ordres du Roy » (*ibid.*, N.a.f. 169, fol. 230v^o^).

3. Ordre daté de Paris le 20 avril 1653 (*ibid.*, fol. 179v^o^-181; copie).

4. Foullé reçut 4 000 livres « pour les frais qu'il a faictz et fera dans les provinces de Bourbonnois et autres adjassantes et escorte qui luy pourra convenir prendre » (*ibid.*, V^C^ Colbert, 106, fol. 482v^o^-483). À Bordeaux furent allouées 3 000 livres « pour partie du voïage qu'il a faict de Paris en la ville d'Amiens et pour ses escortes » (*ibid.*, fol. 459). 5 000 livres furent versées à Gargam « pour le voyage qu'il a faict [...] ez provinces de Champagne et Bourgongne, y compris les fraiz extraordinaires de l'escorte qu'il a esté obligé de prendre » (*ibid.*, fol. 368v^o^).

étaient prescrits les payements réguliers afférents aux traitements ordinaires des emplois intéressés, alors que des *états* de sommes payables par ordonnances au comptant spécifiaient les rétributions extraordinaires.

Dans ces rôles et états, les bénéficiaires des payements se succédaient dans l'ordre hiérarchique le plus strict, ce qui permet de bien situer Messieurs des finances parmi les hauts responsables de l'État. En tête figure le premier ministre, précédant le chancelier ou le garde des sceaux, lui-même suivi du surintendant des finances, après lequel viennent les secrétaires d'État, puis les directeurs des finances, le contrôleur général, les intendants des finances, le trésorier de l'Épargne et enfin les secrétaires du Conseil d'État et des finances. L'usage voulait alors que les gages et appointements ordinaires fussent payés en deux fois : dans un premier temps, leurs bénéficiaires en recevaient trois quartiers, assignés en général par « Comptant du Trésor sur certification », puis, vers la fin de l'année, le « quartier retranché » leur était ordonné dans un rôle de dépenses ou, à partir de 1672, imputé sur les restes.

Un rôle de dépenses ordonnées pour le premier quartier de 1653 et couvrant les gages annuels[1] révèle que Mazarin y émargeait pour 140 000 livres (20 000 comme premier ministre, 18 000 comme cardinal, 2 000 pour ses gages du Conseil et 100 000 « pour sa pension extraordinaire »)[2]. Le chancelier Séguier et le garde des sceaux Molé touchaient chacun 30 000 livres pour trois quartiers de leurs appointements ordinaires. Servient et Foucquet avaient l'un et l'autre 42 000 livres (trois quartiers de surintendance [22 500], de ministre d'État [15 000] et de conseiller d'État ordinaire [4 500]). À chaque secrétaire d'État étaient affectées 19 500 livres (trois quartiers d'appointements [15 000] et de conseiller d'État ordinaire [4 500]). Les directeurs avaient droit chacun à 22 500 livres (trois quartiers de direction [18 000] et de gages du Conseil [4 500]). Le contrôleur général Le Camus encaissait 21 000 livres (trois quartiers du contrôle [12 000] et de gages du Conseil [4 500]). Il était prévu 13 500 livres pour chacun des huit intendants des finances (trois quartiers d'appointements [9 000] et de gages du Conseil [4 500]. Les quatre secrétaires du Conseil se partageaient 36 780 livres pour les trois quarts de leurs gages ordinaires et extraordinaires. On remarquera que les gages d'un directeur étaient alors les mêmes que ceux d'un surintendant.

Pour la même année 1653 on dispose d'un état détaillant les rémunérations extraordinaires de l'ensemble des mêmes personnages[3].

1. Rôle arrêté à Paris le 29 mai 1653 (Bibl. nat., V^C Colbert, 106, fol. 352-354; copie du temps). Il existe une autre copie de ce rôle (*ibid.*, N.a.f., 169, fol. 35-37).

2. Un rôle du 29 août 1647 lui assignait déjà la même somme (*ibid.*, N.a.f., 170, fol. 181; orig.).

3. État arrêté à Paris le 29 mai 1653 (*ibid.*, V^C Colbert, 106, fol. 556-559; orig.). Il existe un autre original de cet état (*ibid.*, N.a.f., 169, fol. 255v°-257). Un état arrêté à Paris le 2 juillet 1654, fixant aux mêmes personnages leurs rétributions extraordinaires de 1654, indique les mêmes sommes que celui cité ici (*ibid.*, V^C Colbert, 106, fol. 572-581 ; orig.).

Séguier, ainsi que Molé, eut droit à 30 000 livres « pour ses extraordinaires » et à 10 000 « que Sa Majesté luy a ordonnée pour certaines considérations dont Elle ne veult estre faict mention », discrétion affichée ensuite aussi pour les autres. Servient et Foucquet se répartissaient 28 000 livres, accordées « pour certaines considérations » et 20 000 autres « pour leur anmeublement à cause de leursdictes charges ». Les mêmes « considérations » procuraient 22 500 livres aux trois directeurs et 26 000 aux secrétaires d'État. Le Camus percevait 14 600 livres, soit 7 600 « pour ses extraordinaires » et 7 000 « pour le quartier retranché de ses appoinctemens, pention et gages du Conseil ». Chaque intendant des finances encaissait 4 500 livres pour le quartier retranché de ses appointements et 7 600 pour ses extraordinaires. Ces derniers et certaines « considérations » procuraient donc à leurs bénéficiaires de fort appréciables suppléments de revenus.

Certains de ces Messieurs reçurent encore, au titre de 1653, d'autres versements complémentaires. Ainsi Servient et Foucquet 12 000 livres « pour leurs appoinctementz de surintendans des finances de Navarre », rubrique assez anachronique[1], et, depuis cette année, Hervart toucha régulièrement 10 000 livres « pour ses appoinctementz [...] à cause de la première commission » de l'Épargne et 3000 « pour ses appoinctements de la marine[2] ».

Il allait de soi que Messieurs des finances fussent rétribués pour certaines tâches ou missions spéciales. 26 000 livres furent destinées aux directeurs, au contrôleur général et aux intendants des finances pour leurs vacations de 1653 en la commission siégeant au Louvre pour la vente et revente du domaine[3]. Le contrôleur général Le Camus et l'intendant Paget furent crédités de 12 000 livres pour avoir « travaillé [en 1653] aux liquidations des diminutions prétendues par les soubzfermiers des aydes[4] ». Et naturellement les intendants des finances députés auprès des armées ou dans les provinces étaient défrayés de ces tournées : 8 000 livres à Le Tillier « pour ses appoinctementz extraordinaires du service qu'il a rendu à Sa Majesté dans la province de Berry durant quatre mois [de 1653], à raison de 2 000 livres par mois[5] » et 4 000 à Foullé pour sa tournée en Bourbonnais[6].

Les mêmes rôles et états ordonnançant les diverses rémunérations perçues par Messieurs des finances livrent, à l'occasion, quelques renseignements sur leurs commis et sur leurs bureaux. Lorsque Bouthillier fut écarté de la surintendance, ses commis reçurent leurs appointements du premier semestre de 1643, soit 6 000 livres pour le Sr Citoys, secré-

1. État arrêté à Paris le 20 décembre 1653 (*ibid.*, V^C^ Colbert, 106, fol. 362, orig. ; N.a.f., 169, fol. 262, orig.).
2. Voir *infra*, p. 261.
3. Rôle arrêté à Paris le 29 mai 1653 (*ibid.*, V^C^ Colbert, 106, fol. 359 ; copie).
4. Rôle arrêté à Paris le 8 août 1654 (*ibid.*, fol. 512 v° ; copie).
5. Rôle arrêté à Paris le 29 mai 1653 (*ibid.*, N.a.f., 169, fol. 40 v° ; copie).
6. Rôle arrêté à Paris le 20 décembre 1653 (*ibid.*, fol. 114 ; copie).

taire du Roi, et 1 000 pour le Sr Courtois, les Srs Vouillac, Bertrand, Langlois, Lefebvre et les frères Largebaston se partageant 6 500 livres, tous chiffres qui désignent Citoys comme le commis de confiance de Bouthillier[1]. Toujours pour 1643, 81 800 livres furent versées « aux secrétaires et commis qui servent tant soubz Monsieur le cardinal Mazarini que soubz Messieurs les surintendans, controlleur général et intendans au lieu de leurs cahiers de frais[2] », ce qui n'empêcha pas les commis des intendants Particelli d'Émery, Mauroy et Tubeuf de bénéficier encore de 3 000 livres au titre de « suplément de leur cahier de fraiz » du premier semestre[3].

Certains détails assez précis concernent l'année 1651[4]. Le président de Maisons, surintendant, employait alors au moins onze commis auxquels il eut à distribuer 24 500 livres, à eux ordonnées « pour avoir vacqué à plusieurs expéditions, lettres et autres choses nécessaires et faict plusieurs frais pour le service de Sa Maiesté » et ainsi réparties : 4 000 livres pour les Srs de Longueil, 3 600 pour les Srs Frotté, Laguillaumie, Angot et Menain, 2 000 pour les Srs Chevalier, Dufos, Cossin, Lavergne et Lambert, 1 500 au Sr Lesieur. M. d'Aligre, directeur des finances, avait au moins deux commis, les Srs Guynet et Mugneron, qui reçurent chacun 3 000 livres « pour leurs sallaires et vaccations des estatz par eux dressés et expéditions qu'ils ont faictes durant l'année 1651 ». Pour le même motif, quatre commis de M. Barrillon de Morangis, autre directeur, les Srs de Croissy, Gimardez, Philippes et de La Tour, eurent à se partager 6 000 livres. Auprès de Gargam, intendant, apparaissent cinq commis (Chanet, Piques, Largebaston, Louvencourt et le Sr de Pinteville), gratifiés de 8 000 livres, cependant que la même somme était prévue pour Coquille et Tartière, commis de l'intendant Marin.

Les états de payement conservés pour 1653 et 1654[5] n'entrent pas du tout dans les mêmes détails et apprennent seulement que les salaires des secrétaires et commis du cardinal premier ministre, du chancelier et du garde des sceaux, des surintendants et des directeurs s'élevaient ensemble à 83 800 livres. Dans le même temps, les cahiers de frais des commis du contrôleur général et des intendants des finances atteignaient 72 000 livres. En 1654, les 9 000 livres prévues pour les commis d'Hervart semblent destinées à ceux qui l'assistaient dans sa première commission de l'Épargne. Les commis de l'Épargne paraissent avoir été les mieux rémunérés : 10 000 livres pour le principal d'entre eux, 8 000 pour le commis au comptant et 5 000 puis 8 000 pour celui du petit comptant.

1. État arrêté à Paris le 31 août 1643 (*ibid.*, N.a.f. 168, fol. 452v°; orig.).
2. État arrêté à Paris le 1er décembre 1643 (*ibid.*, fol. 506v°; orig.).
3. État arrêté à Paris le 26 avril 1654 (*ibid.*, fol. 536; orig.).
4. Rôle arrêté à Paris le 30 septembre 1653 (*ibid.*, V[C] Colbert, 106, fol. 197-198; copie collat.).
5. État arrêté à Paris le 29 mai 1653 (*ibid.*, V[C] Colbert, 106, fol 358-359; orig.). État arrêté à Paris le 2 juillet 1654 (*ibid.*, fol. 574; orig.).

De manière incidente, ces divers ordres de payement font ressortir que, indépendamment de la commission de l'Épargne, les activités des surintendants se structuraient peu à peu. En 1653, on y remarque trois personnes faisant, l'une « la première commision soubz Messieurs les surintendans », l'autre « la seconde commission soubz Mesdits Sieurs » et la troisième « celle des ponts et chaussées[1] ». La division du travail semble s'être ensuite accentuée avec les années et en 1657 on voit des rémunérations versées : « Au Sr de Chaune, qui a faict la seconde commission soubz Mesdicts Sieurs [les surintendans], au Sr Alart, qui a faict la commission de la guerre [...], au Sr de Rives, qui a faict la commission des despesches [...], au Sr Bernard, qui a faict la commission des ponts et chaussées[2] ».

Pour intéressantes qu'elles soient, toutes ces données laissent notre curiosité insatisfaite. Elles sont muettes sur les clercs qui travaillaient sous les secrétaires et les commis et donc sur les effectifs réels des bureaux ministériels. Et les chiffres qu'elles livrent sont trop partiels et trop épars pour donner une idée juste du coût du fonctionnement de ces services de l'État.

* *
*

Le 7 juin 1654 se déroula à Reims le sacre de Louis XIV, exaltation solennelle et suprême de son autorité aux yeux des peuples. La cérémonie avait entraîné des frais et comme, en ces années de l'après-Fronde, le poids de la guerre restait très lourd, le gouvernement était plus que jamais acculé aux expédients habituels et aussi occasionnels : anticipations, emprunts, « crues » d'impositions, taxes nouvelles, partis variés et, bien sûr, création d'offices ou de charges. Du point de vue qui est ici le nôtre, ce dernier recours porta la période s'étendant de 1654 à 1658 au comble de la confusion.

Après le sacre du jeune Roi, les fonds manquaient pour les besoins les plus urgents des armées. Cette pénurie fit reprendre un projet ajourné en 1649[3], prévoyant d'accroître derechef le nombre des intendants des finances en le portant à douze. Le doublement de leurs effectifs, passés alors de quatre à huit, avait déjà suscité bien des démarches et des compromis. La nouvelle augmentation en provoqua davantage encore. Les premières invites en ce sens furent assez discrètes. Les postulants devaient fournir chacun 200 000 livres en argent comptant et il n'en surgit d'abord qu'un seul, le maître des requêtes Jacques Paget, un fidèle de Servient. « Il prépare son argent, annonçait celui-ci à Mazarin de Paris le 26 juin, et nous cherchons un autre marchand, M. le procureur général et

1. Bibl. nat., N.a.f., 169, fol. 258 ; orig. – V^C^ Colbert, 106, fol. 558 ; orig.
2. *Ibid.*, N.a.f., 170, fol. 530 ; orig. – V^C^ Colbert, 106, fol. 600 ; orig.
3. Voir *supra*, p. 242.

moy. Il demande une quittance de l'Épargne de la somme qu'il donnera et une asseurance de la charge en cas de mort, pareille à elle qui a esté cy-devant donnée aux autres intendants. Si V.É. a agréable d'envoyer icy les expéditions toutes dressées, nous les ferons sceller et ne les donnerons qu'en recevant l'argent qu'il doit fournir[1] ». Toutes ces tractations ne pouvaient aller vite en cette saison où le Roi, son premier ministre et ses secrétaires d'État étaient à la suite des armées aux confins de la Picardie et de la Champagne, alors que le chancelier, le garde des sceaux et les surintendants demeuraient à Paris. Aussi, peu après, Servient redemandait-il une prompte expédition de la commission de Paget, « dont j'envoye la coppie à V.É. et celle du brevet d'assurance qu'il demande [...], sans laquelle il ne se trouveroit personne qui voulust rien donner de ces charges. Il ne s'est encor présenté que luy, et une personne riche et intelligente que j'ay sondée pour le mesme sujet n'y a pas voulu songer. Peut-estre que lorsque la chose esclattera devantage, il se trouvera plus de marchands. Nous avons un extrême besoin de la somme qui en doibt revenir, pour envoyer une partie en Catalogne et employer l'aultre au payement de la monstre des gardes[2] ». Les huit intendans déjà en charge ne voyaient pas d'un bon œil cet afflux de nouveaux collègues et s'appliquaient à y faire obstacle[3].

Aussi les amateurs restaient-ils rares et cette attente stimulait l'imagination de Mazarin. Le 11 juillet, annonçait-il, « l'on envoye à présent la commission pour M. Paget[4] et une autre en blanc, que Mrs les surintendans pourront remplir de quelque personne qui se trouvera capable pour cela et qui donnera les 200^{M} livres en argent comptant. Quand ces deux charges seront remplyes, on se desfera plus aisément des deux autres, pour lesquelles il sera aisé de faire expédier les commissions et on pourra songer ensuite à les faire ériger en tiltre d'office en finançant, qui pourra estre un affaire nouveau qui produira quelque bonne somme. La proposition de créer aussi trois nouveaux contrôleurs généraux pour servir par quartier avec l'ancien me semble bonne et je ne tiens pas cette affaire incompatible avec celle des intendans puisqu'estans destinés à servir dans les provinces, le nombre des officiers n'en paroistra pas augmenté dans le Conseil. Mais comme la charge de contrôleur général en chef est vériffiée à la chambre des comptes et que c'est un obstacle que l'on a trouvé lorsqu'on l'a voulu partager, il faudroit songer aux moyens de le vaincre ou d'obliger M. Le Camus à y consentir », tous projets sur lesquels Son Éminence imposait le secret[5]. On verra, au cours des mois

1. Servient à Mazarin ; Paris, 26 juin 1654 (Arch. Aff. étr., M.D. France, 893bis, fol. 88-90 ; orig.autogr.).
2. Le même au même ; Paris, 4 juillet 1654 (*ibid.*, fol. 119-122 ; orig.).
3. Colbert à Mazarin ; Paris, 4 juillet 1654 (*ibid.*, fol. 148v° ; orig.).
4. Commission datée de Sedan en juillet 1654 (Arch. nat. O^{1} 10, fol. 70v°-71 ; copie datée sans quantième, celui-ci remontait sans doute au début du mois) – Brevet d'assurance daté de même (*ibid.*, fol. 72 ; copie).
5. Mazarin à l'abbé Foucquet ; Sedan, 11 juillet 1654 (Bibl. nat., Ms. fr. 23202, fol. 128-129 ; orig.).

et années postérieurs, ces combinaisons assez acrobatiques mises à l'essai.

Pour le moment, Servient et Foucquet se tourmentaient de ne pas recevoir les lettres patentes et brevet demandés, craignant « que, sy la chose estoit différée plus longtemps, ceux que nous avons tasché d'y engager ne viennent à se refroidir par le décry que les anciens pourveuz taschent de donner à ces nouvelles charges et qu'ilz ne veuillent pas donner la somme qu'on désire, à laquelle ilz ont déjà beaucoup de peine de se dispozer[1] ». Le 19 juillet, ils purent avertir avoir « remply la commission qui nous avoit esté envoyée en blanc du nom du Sr de Boylesve, lequel on a jugé devoir estre préféré au Sr Housset, trésorier des parties casuelles, qui se présentoit en mesme temps », mais ils relataient aussi n'avoir jamais « rencontré tant de difficulté à treuver de l'argent, tous les hommes d'affaires évitant industrieusement de conclure les traittez qu'ils sont obligez de faire avec nous pour n'estre pas engagez à nous secourir, à cause de la difficulté qu'ilz rencontrent en cette saison, où l'argent est très rare et très cher. Nous ne lairrons pas de faire tous les effortz possibles affin de mettre ensemble une somme d'argent assez considérable [...]. Ce que nous pouvons dire est que nous n'y obmettrons aucun soin ny aucun travail et que nous mettrons en pratique tous les moyens qui pourront produire de l'argent promptement, parmy lesquels celuy de faire encor deux intendans nous paroist le meilleur, pourveu qu'il se trouve des marchands qui en veuillent donner le mesme prix que ceux qui viennent d'y estre establiz[2] ».

On finit par découvrir des bailleurs de fonds et, put annoncer Servient le 4 août, « nous avons remply du nom du Sr Brisacier la dernière commission d'intendant des finances qui nous a esté envoyée [...]. Le trésorier de l'extraordinaire a desià receu trois cens mil livres et dans deux jours il touchera le reste[3] ». L'autre commission fut garnie du nom de ce trésorier Housset dont on n'avait pas voulu peu auparavant. Ces deux dernières commissions avaient été datées dès le 12 juillet[4].

Même après la nomination effective des quatre personnages recrutés, les ministres n'étaient pas au bout de leurs peines. Mazarin fut averti par Servient que l'on avait « tasché d'exciter le corps des maistres des requestes sur l'establissement des nouveaux intendans. Je croy qu'il

1. Les surintendants à Mazarin; Paris, 14 juillet 1654 (Arch. Aff. étr., M.D. France, 893^Bis^, fol. 150; orig.).

2. Les mêmes au même; Paris, 19 juillet 1654 (*ibid.*, fol. 167v°-168; orig.). À la suite de la commission et du brevet d'assurance pour Paget (mentionnés *supra*, p. 256, note 4), le copiste ajoute : « A esté expédié de pareilles lettres et un pareil brevet pour le Sr de Boislève ».

3. Servient à Mazarin; Paris, 4 août 1654 (*ibid.*, fol. 203v°-204; orig. chiffré).

4. Commissions et brevets d'assurance datés de Sedan les 11, 12 et 16 juillet 1654 (Arch. S.H.A.T, A^1^ 142, n°s 367 et 367bis, minutes; Bibl. nat., Ms. fr., 4189, fol. 13v°-15v°; copies). Le 16 juillet, le Roi mandait au garde des sceaux : « Ayant estimé à propos pour le bien de mes affaires d'establir encore deux intendantz de mes finances, outre les deux qui en ont esté naguères pourveuz, pour les mettre au nombre de douze, j'ay bien voullu vous en donner advis par cette lettre et vous dire que, lorsque lesdictes commissions vous seront représentées, vous ayez à les sceller sans difficulté » (*ibid.*, fol. 22; copie).

seroit très préjudiciable au Roy de faire aucun changement dans le Conseil en cette conjoncture [...]. Cependant M. le chancelier se laisse en quelque façon préoccuper aux maistres des requestes. Il seroit bon de luy faire sçavoir que l'occasion n'est pas propre pour faire présentement aucun changement dans le Conseil[1] ». Séguier sut entendre et faire entendre raison et put assurer le 9 août au cardinal que lors de « l'establissement des quatre intendantz toutes choses se sont passées avec satisfaction. Il y a eu quelques plaintes de Mrs les maistres des requestes, qui ont esté proposées avec tant de respect que l'on a sujet de contentement de leur procédé. Ilz ont désiré que, suivant l'ordre ancien, ilz fissent leur rapport derrière la chaire du Roy, ce qui leur a esté accordé avec justice[2] ».

Peut-être les maîtres des requêtes étaient-ils dépités de ne compter qu'un des leurs, Paget[3], parmi les nouveaux intendants. Les trois autres étaient respectivement : un maître ordinaire des comptes à Paris, Guillaume Brisacier, reçu dans cet office le 9 janvier précédent ; le trésorier des parties casuelles, Claude Housset ; et l'un des tout premiers financiers de l'après-Fronde, fort lié à Foucquet, Claude de Boylesve. « Je n'ay plus aucun intérest dans les affaires de Sa Maiesté, certifia alors ce dernier, m'en estant desmis entre les mains des sieurs Languet, Marchant, Desbordes et Jacquier, lesquels seuls avoient signé au Conseil ; et qu'en cas qu'il se trouve cy-après que, directement ou indirectement, j'y aye intérest, je me soubmetz à la perte de ladicte charge » d'intendant des finances[4]. Quoi qu'il en fût de ce vertueux désistement, le métier de financier se révélait une fois de plus à cette époque, avec Boylesve et Housset, comme une voie d'accès au collège de Messieurs des finances.

Le versement des sommes que ces recrutements auraient dû faire entrer dans les coffres du Roi traîna en longueur. À la date du 12 août 1654, constataient les surintendants, « nous avons eu assez de peine de faire payer aux nouveaux intendans les deux cens mil livres qu'ilz doivent donner chacun. Néanmoins nous espérons que, dans deux ou trois jours, ilz auront tous satisfait. La principalle raison qu'ilz allèguent pour ne pas achever leur payement, c'est qu'ilz n'ont pas encor leurs départemens [...]. Il est bien vray que ce seroit une surprise de les faire intendans sans leur donner les estatz des généralitez pour les envoyer sans délay. C'est pourquoi [...] il a fallu inévitablement composer les

1. Servient à Mazarin ; Paris, 1er août 1654 (Arch. Aff. étr., M.D. France, 893*Bis*, fol. 192 ; orig. chiffré).
2. Séguier à Mazarin ; Paris, 9 août 1654 (*ibid.*, fol. 221-223 ; orig.).
3. Maître des requêtes depuis décembre 1643, il avait été auparavant maître ordinaire (1633), puis président en la cour des comptes, aides et finances de Montpellier (1640). Il fut reçu secrétaire du Roi en 1655.
4. Attestation datée de Paris le 22 juillet 1654 et adressée au chancelier (Bibl. nat., Ms. fr., 18510, fol. 297-298 ; orig.). Sur le personnage, voir D. DESSERT, *Argent, pouvoir...*, p. 548.

départemens des nouveaux pourveuz et pour cet effect toucher à celuy de M. Gargant aussy bien qu'aux autres[1] ». Mazarin, vers qui Gargam s'était tourné pour ne pas « entrer en partage avec les autres intendants pour son département », pria les surintendants « de le favoriser en tout ce que vous pourrez, estant un homme qui sert fort utilement[2] ». Hervart aussi s'inquiéta à ce sujet et le cardinal le rassura pleinement[3]. En outre, parmi les nouveaux, Boylesve et Housset étaient en bisbille au sujet de leurs rangs respectifs au Conseil[4].

Les quatre intendants supplémentaires étaient supportés sans plaisir par les huit déjà en place. Un an à peine après leur nomination, alors que les 800 000 livres qu'ils avaient versées pour être embauchés avaient été depuis longtemps dépensées et que le besoin d'argent restait pressant, Mazarin pensa tirer parti de cette aversion, en imaginant de supprimer les quatre charges récemment créées et, en contrepartie, d'obtenir des intendants « réservés » 400 000 livres « en augmentation de finance ». Menées surtout par l'intendant Le Tillier et par l'abbé Foucquet, les tractations aboutirent, en échange d'un prêt de 440 000 livres consenti par les quatre « nouveaux », à leur maintien en poste[5]. La somme ainsi promise ne fut pas versée aussi vite que le souhaitait le cardinal. L'épisode allait être suivi de beaucoup d'autres du même genre.

L'effectif des intendants des finances porté et maintenu à douze, il était impensable de dépasser ce nombre, mais, on l'a vu, Mazarin songeait à procurer des fonds par la création de plusieurs contrôleurs généraux. L'idée, au reste, ne lui était pas propre et, au mois d'août 1654, un de ses familiers, l'évêque de Coutances, lui confia qu'un riche président au Grand Conseil, M. Malon de Bercy, réitérant une offre déjà faite l'année précédente, traiterait volontiers d'un poste de contrôleur général pour lequel il était prêt à fournir 100 000 écus comptant et « dix mil louis d'or à qui V.É. le desirera » ; le prélat s'en était ouvert de sa part à Foucquet, qui « luy a tesmoigné que Monsr Le Camus n'exerceant point sa charge, il seroit bien aise qu'il remplist sa place[6] ». On ignore la réponse que lui fit Mazarin, mais cette démarche de M. de Coutances est

1. Les surintendants à Mazarin ; Paris, 12 août 1654 (Arch. Aff. étr., M.D.France, 893*Bis*, fol. 240 v° ; orig.).
2. Mazarin aux surintendants ; Péronne, 19 août 1654 (Bibl. nat., Mél. Colbert, 41, fol. 256 v° ; minute). Par commission datée de La Fère le 15 octobre 1654, Gargam reçut la direction de « la subsistance, conservation et police » des troupes en quartiers d'hiver dans les généralités d'Amiens, Soissons et Châlons (*ibid.*, Ms. fr. 4189, fol. 211-214 ; copie).
3. Colbert à Mazarin ; Paris 22 août 1654 (CLÉMENT, t. I, n° 116, p. 227). Mazarin à Hervart ; Péronne, 26 août 1654 (Bibl. nat., Mél. Colbert, 41, fol. 275 ; minute).
4. Le 7 août, Mazarin envoyait de Rethel à l'abbé Foucquet « la lettre de cachet pour la préséance du Sr de Boislève sur le Sr Housset » (Bibl. nat., Ms. fr. 23202, fol. 131 ; orig.).
5. Voir à ce sujet les différentes lettres d'Hervart à Mazarin (s.d.), de Mazarin à Foucquet (6 juillet 1654), de Le Tellier à Mazarin (10 juin), de Servient à Mazarin (10 et 12 juin) (Arch. Aff. étr., M.D. France, 894, fol. 118-121, 128-129, 130-131, 136-137. – Bibl. nat., Mél. Colbert, 42, fol. 512 v°).
6. Claude Auvry, évêque de Coutances, à Mazarin ; Paris, 5 août 1654 (Arch. Aff. étr., M.D. France, 893*Bis*, fol. 206 ; orig.).

riche d'enseignements, car elle dévoile le manque de zèle de Le Camus dans ses fonctions et atteste que le contrôle général était la visée aussi bien de ministres en quête d'écus que de particuliers rêvant à de hautes destinées. Ce dernier cas pourrait bien avoir été celui d'un autre fidèle de Mazarin, le directeur des finances Ménardeau de Champré qui, en cet été 1654, assurait le cardinal qu'il n'y avait personne sur qui Son Éminence « aye plus de pouvoir que sur moy et sur qui Elle puisse faire plus de fondement suivant ma capacité, qui n'a pas esté jugée grande puisque jusques à présent, ny en finance ny en aultres affaires, on ne m'a pas cru capable de donner quelque advis, aussy ne m'a-t-on faict participation quelconque d'aulcunes affaires[1] ». Une offre de service qui fut sans effet sur le moment, mais qui, d'une part, confirmait que les pouvoirs des directeurs avaient décliné après la Fronde, et, d'autre part, présageait les perturbations qui, à partir de l'année suivante, allaient affecter le contrôle général. Celles-ci, toutefois, furent précédées de remous au sein même de la surintendance.

Avec deux surintendants, trois directeurs, un contrôleur général et douze intendants l'équipe de Messieurs des finances n'avait encore jamais compris tant de monde, et cela alors que, dans le même temps, les conseillers d'État étaient aussi très largement en surnombre. Mazarin, le chancelier et les surintendants furent ainsi comme écartelés entre des besoins et des objectifs contradictoires. Il leur fallait faire face à tout prix aux dépenses courantes de l'État et d'une longue guerre et simultanément désiraient remédier aux désordres et à la confusion, et d'abord dans l'administration des finances et dans le Conseil. Déjà difficiles à concilier par eux-mêmes, ces desseins achoppaient aussi à l'occasion sur des rivalités ou des querelles de personnes.

Les deux surintendants différaient l'un de l'autre par l'âge, le caractère et la carrière. Servient, ministre d'État depuis déjà avril 1649, entendait considérer son jeune collègue comme son second et manifesta d'emblée cette conception des choses à l'occasion du recrutement du collaborateur le plus intime des surintendants. On a vu que, lorsque le poste de contrôleur général était conféré, il comportait pour son titulaire la latitude de se faire aider ou suppléer par un auxiliaire de son choix et que cette facilité avait abouti à la création de quatre offices de commis-gardes des registres du contrôle général, dont on sait les vicissitudes. De même avait émergé auprès du surintendant un « premier commis », sur lequel il se reposait d'une part importante de son travail, mais dont les fonctions ne tenaient qu'à une délégation personnelle, n'avaient jamais été constituées en office ou en commission du Roi et, par suite, pour essentielles qu'elles fussent en pratique, demeuraient assez discrètes. Tel

1. Ménardeau de Champré à Mazarin; Paris, 24 août 1654 (*ibid.*, fol. 274-275; orig. autogr.).

avait été sous Louis XIII le rôle d'Arnauld d'Andilly auprès de Schomberg[1]. Brisacier l'avait tenu après 1643 sous l'un des prédécesseurs de La Vieuville[2].

C'était une mission de si haute confiance et aussi de si haut prestige qu'elle échut souvent à des intendants des finances. Bailleul et d'Avaux en avaient investi Tubeuf, que Particelli y avait maintenu avant de souhaiter l'en priver et si, dès juillet 1646 puis en mars 1648, il lui avait offert de lui céder le contrôle général, c'était en vue de l'écarter de cette première commission[3]. La Vieuville la fit assumer par Bordeaux, dont il parut un moment se déprendre au bénéfice d'Hervart[4], mais dont il renonça à se séparer. Quand Servient devint surintendant, il voulut confier cet emploi à un de ses intimes, Charles de Marandé[5]. Mazarin s'y opposa et prescrivit le maintien de Bordeaux. Servient n'ayant pu longtemps s'en accommoder, le cardinal consentit à son retrait, et pour lui succéder désigna Hervart, à qui, dès lors, en plus de ses appointements et gages d'intendant des finances, furent versés des émoluments annuels de 10 000 livres, comme « faisant la première commission de l'Espargne soubz Messieurs les surintendans »[6], une fonction qui lui tenait particulièrement à cœur[7], d'autant qu'il s'y jugea concurrencé. Il apparaît, en effet, que Servient associa de si près M. de Marandé à ses activités de surintendant[8] qu'Hervart en fut blessé et en fit de vives

1. Voir *supra,* p. 174-175. Ce fut aussi, semble-t-il, le rôle de Déageant auprès de Luynes.

2. Dans le préambule de sa commission d'intendant (*supra,* p. 257, note 4), le Roi se réfère aux « employs que nous vous avons confiez depuis plusieurs années, soit dans noz affaires importantes auprès des secrétaires de nostre Estat, où vous avez exercé la principale commission, soit dans noz finances, où vous avez aussy eu la charge de premier commis du surintendant d'icelles ». On a trace de ses appointements de premier commis du secrétaire d'État Loménie de Brienne pour le second semestre de 1643 (Bibl. nat., N.a.f. 168, fol. 330v°; orig.).

3. O. D'ORMESSON, *Journal*, t. I, p. 355 et 471.

4. « Pour vous faire connoître de quelle sorte est M. de Bordeaux dans l'esprit de M. de La Vieuville, mandait Colbert à Mazarin le 1er décembre 1651, vous sçavez qu'il y a plus d'un mois qu'il s'est déclaré à M. Hervart qu'il vouloit oster sa confiance audit sieur de Bordeaux et luy donner ensemble le règlement toute la première commission, mais qu'il estoit bon de dissimuler et qu'il s'en allast en Dauphiné » (CLÉMENT, t. I, n° 73, p. 175-176). Par lettre du 15 décembre 1651, le Roi annonça au duc de Lesdiguières, gouverneur de Dauphiné, l'envoi d'Hervart « non seulement pour terminer les affaires qu'il y a commencées, mais pour y faire un bon establissement pour asseurer la recepte des impositions ordinaires de ladicte province nécessaires pour le soustien de l'Estat et la conservation propre de la province dans les occasions présentes » (Bibl. nat., Ms. fr., 4183, fol. 172; copie). Hervart avait déjà été dépêché en Dauphiné en septembre 1650.

5. Charles de Marandé, titulaire d'une charge de maître d'hôtel du Roi, semble avoir été un collaborateur de confiance de Servient pendant ses négociations à Münster. Sur le personnage, voir H. COURTEAULT, « Comment M. de Peñaranda, premier plénipotentiaire d'Espagne à Münster, traversa la France en pleine Fronde », dans *Annuaire-Bulletin de la Société de l'histoire de France,* 1924, p. 109-136.

6. Bibl. nat., V^C Colbert, 106, fol. 378v°-379 (orig.; 1653), fol. 581 (orig.; 1654), fol. 599v° (orig.; 1657).

7. Dans l'été de 1654, Hervart s'étant alarmé « au sujet du changement des départemens à cause de la nouvelle création des quatre intendans » des finances, « ce que je puis vous dire, lui écrivit Mazarin, est que l'intention du Roy n'est en nulle façon que l'on touche à ce qui est de l'Espargne, mais bien que la commissison vous en soit conservée toute entière. J'en escriray en cette conformité à Mrs les surintendants » (Colbert à Mazarin; Paris, 22 août 1654 [CLÉMENT, t. I, n° 116, p. 227]. – Mazarin à Hervart; Péronne, 26 août 1654 [Bibl. nat., Mél. Colbert, 41, fol. 264v°; minute]).

8. Le 16 août 1655, Servient écrivait de Paris à Mazarin : « la perte que M. de Marandé a

plaintes à Mazarin, qui tint à ordonner aux surintendants « de ne pas souffrir que [M. Hervart] reçoive le moindre trouble, ny qu'il y ait rien de diminué des fonctions qui luy appartiennent et dont ont jouy les plus considérables et les plus authorisez de ceux qui l'ont précédé en pareil employ[1] ».

La raison d'être majeure de cette première commission était de veiller de façon constante sur le trésor de l'Épargne, de s'assurer de l'enregistrement exact des fonds et ainsi d'exercer un contrôle permanent sur la besogne des trésoriers, et cela en liaison avec le Roi ou le premier ministre[2]. Ce premier commis ne devait souffrir la délivrance d'aucune expédition sans l'avoir enregistrée, en portant d'un côté les fonds, objets des assignations, et de l'autre les ordonnances qui, une fois délivrées et assignées, entraînaient la consommation de ces fonds. Dans les écritures entre le souverain et les surintendants, le motif de certaines dépenses était souvent énoncé plus au long que dans les ordonnances, où son libellé était plus sommaire afin de préserver le secret des affaires. Ses registres étaient donc confidentiels. Il devait les collationner avec ceux des trésoriers pour déceler d'éventuels détournements de fonds, déguisements d'écritures et autres faussetés. Les traitants devaient lui rapporter les ordonnances de comptant. Il vérifiait l'emploi des fonds, les réassignations de vieux billets et, naturellement, était tenu d'avertir les surintendants de toute irrégularité et de toute opération suspecte. On pourrait penser qu'une telle besogne faisait en partie concurrence à celle du contrôleur général, mais chacune avait sa nature propre. Le contrôle général était une formalité substantielle, instituée et confirmée par édits, sans preuve de laquelle les chambres des comptes ne pouvaient examiner les documents soumis à leur jugement. La première commission, elle, était une pratique, née des nécessités quotidiennes du travail et du fait que le surintendant avait à traiter trop d'affaires pour les suivre toutes dans le détail : c'était un arrangement particulier, connu et

---

faicte de sa femme est cause que je n'envoye encor par ce courrier à V.É. l'estat véritable des despences de cette année, qui est bien aisé à justiffier puisqu'il y en a trois différents registres outre celuy de l'Espargne, assavoir celuy que je fais tenir, celuy de Mr le procureur général et celuy de M. Hervart. Je me promets de la bonté de V.É qu'Elle ne voudra pas estre informée de ce qui me regarde par la voye seulle d'un homme qui faict profession ouverte d'estre mon ennemy et de qui les partisans ont dict à Charenton et ailleurs depuis peu qu'il avoit jetté à son dernier voyage les fondemens de ma ruyne dans l'esprit de V.É., ce que luy-mesme n'a pas tout à fait désavoué à ceux qui luy en ont parlé de ma part. [...] M. Hervart se plaint de ce que je le prive de ses fonctions et faict en cela comme les coupeurs de bource qui sont les premiers à crier au voleur, car il seroit bien malaisé dans les entreprises continuelles qu'il faict et l'opinion qu'il a de pouvoir disposer selon son caprice de toutes choses dans la surintendance, sans vouloir observer aucun ordre ny règle, qu'il pust marquer quelle sorte de fonction il me voudroit laisser » (Arch. Aff. étr., M.D. France, 894, fol. 272-273 ; orig.). – Parmi les rémunérations versées à diverses personnes pour le premier quartier de 1657, on relève une somme de 10 000 livres destinée « au Sr Marandé, qui a faict la première commission soubz Messieurs les surintendans » (Bibl. nat. N.a.f., 170, fol. 530 ; orig. – V^C Colbert, 106, fol. 600 ; orig.).

1. Mazarin aux surintendants ; Le Quesnoy, 17 août 1655 (*Lettres de Mazarin*, t. VII, n° XL, p. 53-54).

2. Voir G. Depping, art. cité, p. 315-318 ; et J. Lair, *Nicolas Foucquet, procureur général, surintendant des finances, ministre d'État de Louis XIV*, t. I (Paris, 1890, in-8°), p. 341-342.

approuvé du Roi, mais sans caractère légal ou réglementaire, donc temporaire par essence, mais en même temps si commode et si indispensable qu'il durera jusqu'à la fin de l'Ancien Régime, où « le premier commis des finances » aura toujours la haute main sur le Trésor.

Au temps de Mazarin, la première commission auprès des surintendants impliquait donc de hautes responsabilités. Il en découlait même un travail si étendu et si varié que le premier commis dut l'aménager et se faire aider : certains états de payement révèlent la présence à ses côtés, de 1653 au moins jusqu'en 1657, d'un personnage faisant « la seconde commission soubz Mesdits sieurs » les surintendants[1] et de trois autres ayant respectivement « celle des ponts et chausssées »[2], celle de « la guerre »[3] et celle « des dépesches »[4], tous agents bien rémunérés aux frais du Roi.

Il est piquant de constater que, face au premier commis du surintendant ayant l'œil sur l'Épargne, les trésoriers de celle-ci, personnages eux aussi fort occupés, durent également s'organiser et le firent de manière identique. Dans les mêmes années, en effet, on les voit assistés par un premier commis à l'Épargne[5], un « commis au comptant de l'Épargne »[6] et un « commis du petit comptant de l'Épargne »[7], lesquels recevaient aussi leurs émoluments du Roi.

Avec la collaboration d'Hervart, cumulant la première commission avec son intendance des finances, Servient et Foucquet entreprirent de gérer ensemble la surintendance, ce qui suscita vite des frictions. En sa qualité de plus ancien, Servient revendiqua le droit d'écrire seul les fonds sur les ordonnances, mais son collègue soutenait que l'ancienneté ne conférait en rien cette prérogative et que la signature pouvait être apposée indifféremment par l'un ou l'autre et même par Hervart. Ce différend finit par être porté devant Mazarin, qui arrêta que les surintendants n'auraient ni l'un ni l'autre la signature et que ce serait désormais Hervart qui écrirait tous les fonds de sa main. Servient fut très mortifié par cette décision. D'autre part, sa patience et sa rigueur s'accommodaient mal des demandes incessantes et pressantes du premier ministre et son audience auprès des financiers s'épuisa rapidement, alors qu'avec

1. Bibl. nat., V^{C} Colbert, 106 (origx) : fol. 558 (1653), fol. 574 (1654), fol. 600 (1657 ; le Sr Desmeurs).
2. *Ibid.*, fol. 558 (1653), fol. 600 (1657 ; le Sr Bernard).
3. *Ibid.*, N.a.f., 169, fol. 335 (orig. ; 1653 ; le Sr Allard) ; V^{C} Colbert, 106, fol. 600 (orig. ; 1657 ; le Sr Allard).
4. *Ibid.*, N.a.f., 169, fol. 335 (orig. ; 1653, le Sr de Rives) ; V^{C} Colbert, 106, fol. 600 (orig. ; 1657 ; le Sr de Rives).
5. *Ibid.*, V^{C} Colbert, 106 (orig^{x}), fol. 558v° (1653 ; le Sr Chahu), fol. 574 (1654), fol. 600 (1657).
6. *Ibid.*, fol. 558v° (1653 ; le Sr Cointereau), fol. 574 (1654 ; le Sr Rollot), fol. 600 (1657 ; le Sr Rollet).
7. *Ibid.*, fol. 558v° (1653), fol. 574 (1654 ; le Sr Dejean), fol. 600 (1657 ; le Sr Dejean).

son esprit inventif, son entregent, son caractère plus souple, ses relations avec le monde des affaires, Foucquet semblait se montrer plus apte à ses fonctions. En septembre 1654, les revenus de 1656 et 1657 étaient déjà consommés par anticipation. Servient n'avait plus de crédits ni d'expédients à proposer, alors que Foucquet nourrissait des projets audacieux. Le désaccord entre eux devint tel que Servient finit par proposer qu'on l'invitât à se retirer. Dans une longue et belle lettre qu'il adressa le 22 décembre à Mazarin, il fit le bilan de ses déceptions et de ses déboires :

> « Lorsque je suis entré dans l'administration des finances, je n'ay pas ignoré la pesanteur du fardeau après la durée d'une longue guerre, qui a consommé ou faict aliéner les principaux et plus clairs revenuz du royaume. J'avois espéré (et je croy que c'ettoit aussy la pensée de V.É.) qu'estant deux à le soustenir, il seroit plus facile à porter et que l'union dans laquelle M. le procureur général m'avoit promis de vivre, nous ayant rendu comme une mesme personne, remédieroit aux obstacles et aux longueurs qui arrivent ordinairement dans les employs de cette nature quand ilz sont partagez. Personne ne se fust peu alors imaginer que ce partage eust esté désagréable à M. le procureur général, ny qu'à trente-sept ans, ayant une autre charge très considérable, il eust eu peine à souffrir pour compagnon dans la surintendance un homme de mon aage et de mes longs services. Tous mes amis me vouloient dissuader d'accepter la charge à cette condition [...], ils firent tous le pronostic de ce qui arrive aujourd'huy [...], puisqu'il n'est plus content de sa fonction s'il ne m'oste la mienne et qu'il appelle ne rien faire d'agir en la seconde place. L'advantage de la primauté me couste si cher qu'il n'est pas digne d'envie [...]. Après cela, n'estant pas raisonnable que mon intérest particulier soit plus considéré que celuy de l'Estat, je me soubzmetz aveuglément à l'exécution de toutes les résolutions qu'il plaira à V.É. de prendre [...]. Je ne Luy demande qu'une grâce : qu'il Luy plaise de modérer par sa bonté la honte qu'il faudra que j'en reçoive dans le public[1] ».

Mazarin ne pouvait qu'estimer la personne et les services passés et actuels de Servient, il appréciait la compétence, l'inventivité et l'habileté de Foucquet et, comme il ne dédaignait pas de diviser pour régner, il déclina l'offre de démission de Servient et résolut de partager et délimiter les responsabilités respectives des deux compétiteurs[2]. Ce fut l'objet d'un règlement valable pour la durée de la guerre, signé le 24 décembre 1654 :

> Le Roi y statuait que dorénavant « ledit Sr de Servien prendra soin d'ordonner des fonds de toutes les despenses, tant de la guerre que des maisons royales et autres de quelque nature que ce soit, et à cette fin donnera les

1. Servient à Mazarin ; Paris, 22 décembre 1654 (Arch. Aff. étr., M.D. France, 893*bis*, fol. 383-386 ; orig.). Voir aussi la lettre du même au même du 25 décembre (*ibid.*, fol. 387-388 ; orig. autogr.).
2. Voir à ce sujet G. Depping, art. cité, p. 317-319 ; C. Badalo-Dulong, *Banquier du Roi...*, p. 110-117 ; D. Dessert, *Fouquet*, p. 101-103.

assignations en la manière accoustumée, sur les ordonnances de Sa Majesté qui en seront expédiées par les secrétaires d'Estat et de ses commandemens, chacun en son départment; et ledit Sr Foucquet signera sans difficulté les ordonnances de fondz et assignations, mesmes celles de comptant, après qu'elles seront signées dudit Servien. Et que ledit sieur Foucquet pourveoira au recouvrement des fonds et des sommes de deniers qui devront estre portées à l'Espargne pour estre employées suivant les ordres dudit Sr Servient, et, à cet effect, ledit Sr Foucquet fera compter les fermiers et traictans, leur allouant en despense tout ce qu'ils auront payé en vertu des quittances et billets de l'Espargne expédiez à leur descharge sur les ordres desdits surintendans; il arrestera aussi tous les traictez, prests et advances, examinera les propositions de toutes les affaires qui se présenteront, fera que les édicts, desclarations et arrestz nécessaires soient dressez, en fera poursuivre l'enregistrement partout où besoin sera; et ledit Servient signera sans difficulté les estatz, comptes, baux à ferme, arrestz et autres expéditions qui seront à faire en conséquence, après qu'elles seront signées dudit Foucquet[1] ».

En lui affectant la recette des fonds, responsabilité majeure dont dépendaient le sort de la guerre et celui du royaume, et en se fondant sur sa qualité de procureur général du parlement de Paris pour le charger de dresser et faire enregistrer les édits, déclarations et autres actes nécessaires, cette répartition des tâches impliquait la primauté de Foucquet.

La gestion de celui-ci allait bientôt être suivie en sous-main de très près par un personnage dont l'influence et l'autorité souterraines ne cessaient discrètement de s'imposer : Colbert. Pour la troisième fois depuis décembre 1648, il avait été confirmé le 16 juin 1654 en sa dignité de conseiller d'État. Le 25 janvier 1655, il fut revêtu de l'office de secrétaire des commandements de la Reine future. Surtout, dans les premiers jours du mois d'avril suivant, Mazarin jugea bon d'élever publiquement ce secrétaire si diligent à la qualité d'intendant de sa maison et reçut son serment pour cette fonction[2], peu après quoi l'intéressé acquit un office de secrétaire du Roi, dont il fut pourvu le 12 juin[3]. Dans ces mêmes mois de 1655, d'autres mesures affectèrent de très notables personnes et les tiraillements entre Servient et Foucquet paraissent minimes en regard des à-coups subis par le contrôle général des finances.

Fut-ce le premier geste d'un dessein de remise en ordre du contrôle général? Celui-ci- fut d'abord touché en la personne de ses quatre commis-gardes des registres. On se souvient qu'ils avaient été, par arrêt

1. Règlement daté de Paris le 24 décembre 1654 (Bibl. nat., Ms.fr. 4222, fol. 194-195; copie). Dans cette combinaison, Hervart n'avait plus la signature à lui seul, les surintendants pouvant, à leur convenance, écrire eux-mêmes les fonds ou les faire tracer sur les expéditions relevant de leurs compétences respectives.
2. Clément, t. I, p. 223, 227-228.
3. Sur cette période de la vie de Colbert, voir J. Villain, *La Fortune de Colbert* (Paris, 1994, in-8°), surtout le chapitre III.

du Conseil du 20 mai 1649, rétablis à leur grande satisfaction « en la fonction, exercice, possession et jouissance » de leurs offices[1]. Cette décision fut-elle d'une application délicate? Parut-elle manquer de majesté dans son expression? Toujours est-il qu'il sembla opportun de la mettre en forme par un acte revêtu du grand sceau de France. D'où l'expédition le 31 mars 1654 d'une déclaration qui ne fut enregistrée que le 12 mai 1655 par la chambre des comptes[2]. Quelques semaines plus tôt, cette compagnie avait dû solennellement insérer dans ses registres un édit d'une toute autre portée.

Le 20 mars 1655, « du très exprès commandement de Sa Majesté porté par M. le duc d'Anjou, son frère », la chambre avait enregistré, outre une jussion visant deux édits dont elle lanternait la vérification et cinq édits nouveaux de nature fiscale ou financière, un autre édit du mois portant suppression de l'office de contrôleur général des finances[3]. À trois reprises déjà depuis 1547 (compte non tenu de l'essai avorté de juin-octobre 1649), le poste de contrôleur général avait perdu le statut d'office formé[4], mais ce fut cette fois sans retour : il ne le recouvra jamais plus ensuite. On ne sait trop quelles intrigues, considérations ou nécessités suscitèrent cette résolution, qui dut sur le moment faire sensation et dont la mise en œuvre demanda quelque temps[5].

Le contrôle général allait être de nouveau tenu par commission, et une commission qui, comme la surintendance, serait bicéphale. Le Camus, en effet, était maintenu dans ses fonctions, mais devait les exercer conjointement avec Ménardeau de Champré, qui demeurait d'autre part directeur des finances. Le 13 mai 1655 furent dressées les deux lettres patentes qui les commettaient chacun « pour désormais tenir la charge de controlleur général des finances », assister « ordinairement, ensemblement et concurremment en nos Conseils d'Estat et de la Direction de nos finances, signer ensemble les expéditions concernant ceste charge, jouir ausssy de la moitié des droicts, pensions, estats, appointemens et récompenses dont ledit S^r Le Camus a paisiblement jouy[6] ». Le lende-

1. Voir *supra*, p. 236-237.

2. Déclaration datée de Paris le 31 mars 1654, enregistrée le 12 mai 1655 (Arch. nat., P 2374, p. 875-880). Une expédition de l'arrêt du Conseil du 20 mai 1649 étant attachée au contresceau de cette déclaration, cet arrêt fut enregistré en même temps qu'elle (*ibid.*, p. 867-875).

3. *Ibid.*, P 2687, fol. 33-35 (plumitif de la chambre). Le même jour, au même moment, Louis XIV tint un lit de justice au parlement pour faire enregistrer les mêmes édits fiscaux, mais non pas celui portant suppresion de l'office de contrôleur général. Voir à ce sujet, A.N. Hamscher, *The Parlement of Paris after the Fronde. 1653-1673* (University of Pittsburg Press, 1976, in-8°), p. 89-91.

4. Ces suppressions avaient été prononcées par édits d'août 1559, janvier 1573 (confirmé en septembre 1574) et février 1596.

5. Le 23 mars, la chambre des comptes fit défense à ses greffiers « de délivrer les eedits apportez samedy dernier par M. le duc d'Anjou jusqu'à ce qu'autrement il leur soit ordonné » (Arch. nat., P 2687, fol. 35).

6. Commissions datées de Paris le 13 mai 1655 (Bibl. Institut, Ms. 310, fol. 267-268 ; copie). Pour les gages de Ménardeau de Champré, il était précisé qu'il jouirait « par entier sans aucun retranchement » « des gages de conseiller ordinaire et commission du domaine du château du Louvre ».

main, un arrêt du Conseil, après avoir repris certaines de ces dispositions, attribua à Le Camus les gages échus depuis la suppression de l'office et, quant au remboursement du prix de cet office, statua que « la commission donnée audit S^{r} Le Camus luy tiendra lieu de la somme de III^{c}M livres et, pour les autres III^{c}M livres, que ledit S^{r} Le Camus en sera remboursé par ledit Sr Ménardeau » ; les brevets d'assurance de chacune de ces sommes devaient être expédiés en faveur de l'un et de l'autre et de leurs veuves ou héritiers et le furent effectivement le jour même[1]. Ménardeau disposait en espèces de ce qu'il devait verser à son compagnon, mais les créanciers de celui-ci (parmi lesquels le chancelier Séguier) les firent saisir et se portèrent opposants au sceau de la commission désignant les deux contrôleurs généraux. Les arrangements dont convinrent ces derniers permirent à Ménardeau de recevoir quittance de son payement de 300 000 livres, aux créanciers de les encaisser en extinction de partie des 443 942 livres que leur devait Le Camus et au secrétaire d'État de délivrer aux intéressés les lettres patentes de commission[2]. Cette accession au contrôle général constituait pour Ménardeau, en reconnaissance de son dévouement sans faille à Mazarin, comme la compensation du peu d'activité qu'on lui avait laissé déployer dans ses fonctions de directeur.

Le vent était aux réformes et remaniements en ce printemps de 1655. Le 1er avril, en effet, Louis XIV signa et le secrétaire d'État Henri de Guénégaud contresigna un règlement pour le Conseil élaboré par le chancelier Séguier. Il y était exposé dans le préambule que le Roi, « voyant combien la multitude de ceux qui ont esté admis en ses Conseils d'Estat, des Parties et de la Direction de ses finances, mesmes avec le tiltre d'ordinaire, est préjudiciable à son Estat et à son service et contraire à la dignité de la première compagnie du royaume, qui doibt estre honorée bien souvent de la présence de Sa Majesté » et que « plusieurs sont payez de leurs gages comme ordinaires sur le pied de six mil livres par an, ce qui cause une charge excessive à ses finances, de laquelle il est très important de s'exempter dans la nécessité présente de ses affaires causée par la longueur de la guerre », avait décidé d'apporter « un si bon ordre à ses Conseilz qu'ils puissent estre restablis en leur ancien lustre et splendeur, en commençant par la réduction de ceux qui y ont entrée présentement et par le choix d'aucuns d'entre eux qui y serviront à l'avenir ». En conséquence, au long de ses sept articles, le règlement réduisait à vingt-quatre le nombre des conseillers de robe (douze ordinaires et douze semestres) et celui des conseillers d'Église à trois, de même que ceux d'épée. Il réglait leurs gages à 2 000 livres par an et

1. Arrêt du Conseil daté de Paris le 14 mai 1655 (Arch. nat., O^{1} 10, fol. 95v°-96 ; copie) ; brevets d'assurance de même date (*ibid.*, fol. 95, ; copie). En vertu de lettres patentes datées de Paris le 18 mai 1655 (*ibid.*, fol. 97 ; copie), ils durent aussi se partager la pension de 6 000 livres accordée en 1650 à Le Camus.

2. Voir à ce sujet les offre, consignation et quittance faites devant notaire les 25 et 26 mai 1655 (Arch. nat., Min. centr., LXXXIII/85).

fixait les jours et conditions auxquels le trésorier de l'Épargne, celui des parties casuelles et les secrétaires des Conseils auraient accès aux séances. Y était joint, signé et contresigné de même, le « Rôle des conseillers d'Estat retenus en exécution du règlement de ce jour[1] ». Quelles objections, quelles coalitions d'intérêts ou de vanités, quelles résistances, quelles critiques firent-elles obstacle à la publication d'un règlement aussi sage et nécessaire ? La seule certitude c'est que, sans le désavouer au fond de lui-même, Séguier jugea préférable d'en ajourner la promulgation et, en attendant des jours meilleurs, le serra dans ses papiers, où il est toujours.

Messieurs des finances n'étaient pas mentionnés par ce règlement, puisqu'ils avaient ès qualité entrée et voix délibérative au Conseil. Eux aussi, du reste, étaient en surnombre, ce qui n'alla pas sans accrocs.

L'exercice par Ménardeau de Champré de son poste de contrôleur général lui suscita aussitôt déconvenue et désagréments, à la fois parce que – ce que tout le monde savait – son collègue Le Camus traitait ses fonctions en sinécure et parce qu'ils se chamaillaient pour des questions de rang et de préséance. Un mois après sa nomination, Ménardeau faisait à Mazarin ce tableau de la situation, tout en lui exposant sa conception de sa charge :

> « Pendant que Monsieur Le Camus a seul exercé la charge de controlleur général des finances de France, j'avois bien ouÿ dire qu'ayant donné prise sur luy, de peur d'être poussé, il laissoit entreprendre sur sa charge et sans s'en oser plaindre. Mais maintenant je puis vous asseurer que ce qui en reste n'est plus que l'ombre de ladicte charge, car elle est réduicte à faire enregistrer les quittances et mandemens de l'Espargne et raporter dans le Conseil les rolles des offices que faict le trésorier des parties casuelles. Suivant vostre ordre, je n'ay rien voulu innover et n'innoveray [...]. Et affin que Vostre Éminence soit persuadée de la justice de mes prétentions et des fonctions de ladicte charge, Elle se fera lire, s'il Luy plaist, l'eedict de création de ladicte charge de controlleur général des finances de 1554, ensemble le règlement que Vostre Éminence a Elle-mesme faict faire en 1645 pour les fonctions de ladicte charge [...], tous deux enregistrés à la chambre des comptes. Elle aura par là plaine cognoissance de l'employ honnorable de ladicte charge et nécessité d'icelle, le controlleur général estant le véritable procureur général du Roy en ses finances, sans lequel rien ne peut estre légitimement faict et par lequel toutes choses doibvent passer pour empescher les grandes et ordinaires surprises des traictans, des fermiers, des recepveurs généraux et des trésoriers de l'Espargne, parties casuelles, ordinaires et extraordinaires de la guerre, de la marine, de l'artillerye et autres, tous obligez de présenter leurs estatz audict controlleur général comme le légitime contradicteur. Sy le ser-

1. Règlement et rôle datés de Paris le 1er avril 1655 (Bibl. nat., Ms. fr. 17339, fol. 70-73 et 68-69 ; origx). En marge d'une copie de ce règlement, on peut lire cette remarque : « Ce règlement n'a esté publié, ny leu au Conseil » (*ibid.*, Ms. Clairambault, 651, fol. 351v°-353).

vice de Sa Majesté et le vostre et le debvoir que je doibz à ma charge ne requéroit que cela de moy, vous me verriez dans le silence[1] ».

Il relatait d'autre part que, en sa qualité de directeur des finances, il entendait avoir rang de premier contrôleur général, avec séance dans les Conseils à la même place que les deux autres directeurs, avec priorité pour certaines écritures, certains rapports et certaines vérifications, mais que Le Camus, comme conseiller d'État plus ancien que lui, affichait les mêmes prétentions. En vue d'obtenir un règlement mettant fin à leurs différends, les deux disputeurs remirent chacun à Séguier – et sans doute sur sa demande – un mémoire justificatif de leurs revendications[2]. Parmi les apostilles dont était émaillé celui de Ménardeau, l'une d'elles, reprenant ses propos à Mazarin, posait que « le controolleur général est dans les finances ce qu'est un procureur général dans un parlement ».

Cette querelle a contribué pour sa part aux remises en question dont le contrôle général et les intendances des finances furent l'objet à partir de 1656, année où la mort de Molé le 3 janvier valut à Séguier de recouvrer l'intégralité des attributions de la chancellerie. On se souvient qu'en 1652, par le contrat de mariage de sa fille avec le receveur général du clergé, Hanyvel de Mannevillette, Le Camus avait promis de céder six ans plus tard à ce gendre son office de contrôleur général[3]. Or ce poste, depuis mars 1655, n'était plus un office et ses fonctions étaient partagées entre Le Camus et Ménardeau de Champré, qui les exerçaient par commission et ne s'entendaient pas. D'autre part, les relations entre Le Camus et Mannevillette s'étaient détériorées. Celui-ci en vint ainsi à concevoir des doutes sur l'exécution de certaine clause de son contrat de mariage et, pour préserver ses droits, visa à se garantir les bonnes grâces de Mazarin et de Foucquet, ce à quoi sa qualité de receveur général du clergé lui ouvrait des possibilités. En juillet 1656, Mazarin fut averti par un des agents généraux du clergé, l'abbé de Roquespine, « de la part de Mannevillette, mais en grande confiance, que, si on avoit affaire d'argent, il advanceroit une bonne somme et en traiteroit en secret avec M. le procureur général, lequel pourra profiter de cette occasion comme il croira pour le mieux[4] ». Deux mois plus tard, le cardinal mandait

1. Ménardeau de Champré à Mazarin; Paris, 17 juin 1655 (Arch. Aff. étr., M.D. France, 894, fol. 146-147; orig.). Par un mémoire du 12 juin adressé au cardinal par Servient, celui-ci lui disait attendre « la volonté de S.É. touchant les gages de Mrs les directeurs, parce [...] qu'il me semble que S.É. désire les réduire à X^m chacun. M. Ménardeau dict que S.É. luy a promis qu'il en jouira avec ceux de contrôleur général » (*ibid.*, fol. 136-137; orig.).

2. « Mémoire pour Mr Le Camus, controolleur général des finances » (Bibl. nat., Ms. fr. 17342, fol. 421-422; orig.). Le mémoire de Ménardeau de Champré fut dressé en forme d'arrêt du Conseil en commandement portant « règlement pour les fonctions des charges de M. Ménardeau, directeur et premier controolleur général des finances, avec les apostilz à la marge des eedictz, règlemens, lettres patentes et brevetz sur lesquelz il est fondé » (*ibid.*, fol. 419-420).

3. Voir *supra*, p. 243.

4. Mazarin à l'abbé Foucquet; La Fère, 19 juillet 1656 (*Lettres de Mazarin*, t. VII, n° CLXXVII, p. 286).

confidentiellement à Colbert qu'il avait prié Mannevillette, « qui nous assista desjà dernièrement pour le payement des rentes et qui est tout plain de bonne volonté, de nous prester encore cent mil escuz pour nous ayder à pourveoir aux despenses dont nous sommes pressez », ce à quoi il s'était engagé à satisfaire dans les délais les plus brefs[1]. De si belles manières ne pouvaient rester sans récompense. Un secrétaire d'État eut aussitôt l'ordre d'expédier, conformément au contrat de mariage de ce généreux prêteur, « un brevet pour la seureté de la moityé de la charge de controlleur général des finances qu'exerce M. Le Camus, son beau-père »[2]. Ce brevet du 11 septembre ne fit que précéder les lettres patentes de commission, datées du 10 octobre suivant, par lesquelles Mannevillette était désigné pour « tenir et exercer, conjointement et esgallement avec le Sr Ménardeau Champré, [...] la charge de contrôleur général de nos finances qu'exerce actuellement ledit S^r^ Le Camus et qui sera vaccante le 15e novembre 1658 à cause de la susdite démission contenue audit contrat de mariage[3] ». L'octroi de cette commission semble être resté confidentiel et elle ne sera produite qu'un an plus tard, en un temps fertile en rebondissements.

Le 25 février 1657 mourut l'intendant des finances Pierre Gargam. L'homme était fort estimé par Mazarin, qui lui avait souvent fait confier d'importantes intendances d'armée et qui, en outre, était son créancier[4]. La question de son remplacement déclencha les multiples péripéties de ce qu'on appela alors « l'affaire des intendants ». Celle-ci, outre le décès de Gargam, eut deux autres raisons majeures. L'une, toujours la même, était les besoins financiers de l'État et l'autre la nécessité de remettre de l'ordre dans les Conseils, ce qui mettait en cause Messieurs des finances. Le nombre des conseillers d'État était beaucoup trop élevé et nuisait au prestige de leur fonction comme à l'expédition des affaires. D'autre part, avec trois directeurs, deux contrôleurs généraux et douze intendants, l'effectif des gens des finances était pléthorique, leurs fonctions et leurs attributions étaient entremêlées et confuses et, dans les Conseils où ils avaient accès, ils venaient encore grossir une assistance déjà trop fournie, ce à quoi le chancelier tenait à porter remède. Les questions ainsi posées furent agitées après la mort de Gargam, où l'on se demanda s'il convenait de supprimer ou de maintenir son intendance.

---

1. Mazarin à Colbert; Compiègne, 10 septembre 1656 (Bibl. nat., Mél. Colbert, 51, fol. 229v°-230; minute).
2. Mazarin à Guénégaud du Plessis; Compiègne, 11 septembre 1656 (*ibid.*, fol. 230; minute).
3. Brevet daté de Compiègne le 11 septembre 1656, visé par la commission datée (de Paris le 10 octobre 1656) (Bibl. nat., Ms. fr. 10252, fol. 63v°-64; copie). Cette commission avait été dressée peu après le brevet, car, le 23 septembre, Mazarin donnait à Séguier l'ordre de la sceller (*Lettres de Mazarin*, t. I, p. 685).
4. Dans une lettre à Colbert du 20 mai 1657, Mazarin traite de « ce qui m'est deub par les héritiers du feu Sr Gargam » (*Lettres de Mazarin*, t. VII, n° CCLXXII, p. 467-468).

Dans ces circonstances, jugeant peut-être la conjoncture plus favorable, Séguier revint au règlement du Conseil qu'il avait dressé, puis dû mettre en attente en 1655[1] et en tira une nouvelle version, où il reprit mot à mot la majeure partie du texte primitif et l'enrichit d'un article supplémentaire, relatif au Conseil de la Direction des finances, par lequel le Roi ordonnait qu'« à l'avenir il n'y aura que les directeurs et six intendans des finances qui ayent entrée et séance audit Conseil de Direction, ayant résolu de supprimer six des charges des douze intendans qui sont à présent en fonction, et se réservant à l'égard du controolle général des finances d'y pourvoir par un bon règlement. Et cependant, d'autant que les deux controolleurs généraux [...] ont financé aux coffres de Sa Majesté, Elle veut et entend qu'ilz continuent d'exercer leurs charges, d'entrer ausdicts Conseilz des Finances et de Direction et qu'ilz soyent payez de leurs gages [...] jusques à ce qu'ilz soyent actuellement remboursez ». Ce règlement ne resta pas confidentiel : dûment signé et contresigné le 3 mai 1657, il fut lu et enregistré le samedi 5, « le Conseil d'Estat et Finances tenant, Sa Majesté y estant[2] ».

Son application aboutit à des résultats contrastés. Ajustée par une mesure personnelle en faveur de Ménardeau de Champré[3], la réduction drastique du nombre des conseillers d'État fut aussitôt opérée par Séguier : ils étaient quelque cent vingt et il n'en subsista que trente-deux. Certain rôle de dépenses de juillet 1657 incite à lui imputer d'autres conséquences[4]. On y constate, en effet, que les personnages dont les « gages du Conseil » s'élevaient en 1653 à 4 500 livres par an[5] ne sont plus payés à ce titre que de 1 500 livres pour 1657. Surtout, les gages du Conseil et appointements des trois directeurs, qui étaient en 1653 les mêmes que ceux d'un surintendant (22 500 livres), ne sont plus en 1657 que de 7 000 livres, preuve que leurs pouvoirs et attributions avaient été restreints au bénéfice des surintendants.

Les décisions du règlement relatives aux gens des finances furent, en revanche, d'une mise en pratique longue, laborieuse et précaire, d'autant que, quelques jours après sa promulgation, Louis XIV, Mazarin et les secrétaires d'État quittèrent Paris comme d'habitude pour rejoindre les armées et que cet éloignement allait donner lieu, des mois durant, entre la capitale et les théâtres d'opérations, à de multiples échanges de correspondances où se bousculèrent projets et contre-projets, ordres et

---

1. Voir *supra*, p. 268.

2. Règlement daté de Paris le 3 mai 1657 (Arch. nat., K 118^{C}, n° 883 ; orig.). Y était joint, de même date, le rôle des vingt-six conseillers d'État de robe retenus par le Roi (*ibid.*, n° 884 ; orig.). L'importance de ce règlement est attestée par le fait qu'il en fut alors publié une version imprimée (Bibl. nat., F. 5054(4). – *Actes royaux*, t. II, n° 11641).

3. Son nom avait été « omis » sur le rôle des conseillers d'État retenus. Il en fut très froissé et obtint réparation dès le 16 mai (Le Roi au chancelier ; Compiègne, 16 mai 1657 ; Bibl. nat., Ms. fr. 17339, fol. 78-79 ; orig. – Règlement de même date (*ibid.*, fol. 76-77 ; orig.). Cette décision favorable à Ménardeau suscita des disputes de rang et de préséance dans les Conseils qui durèrent jusqu'à la fin de septembre.

4. Rôle arrêté à Paris le 3 juillet 1657 (Bibl. nat., N.a.f., 170, fol. 35v°-37 ; orig.).

5. Voir *supra*, p. 252.

contrordres, volte-face, coups de force ou dérobades[1]. Ce règlement du 3 mai 1657 mit en émoi Messieurs des finances puisque son article VII portait suppression de six des douze charges d'intendant et, en termes plus feutrés, prononçait l'éviction de Ménardeau de Champré et de Le Camus du contrôle général dont on annonçait une réforme. Les intendants rechignaient fort devant l'abolition de la moitié de leurs postes, en particulier ceux d'entre eux qui avaient financé trois ans plus tôt pour en être pourvus. En outre, comme le reconnaissait Foucquet, l'application de ces mesures allait poser de délicates questions de personnes : « Outre le désespoir que témoignent ceux qui seroient exclus et lesquels, après avoir eu des employs qui sont assez considérables, se trouveroyent sans fonction et notez de quelque tache si on les choisit hors le rang de leurs réceptions; et si on s'attache à le suivre, on esloignera ceux qu'il est plus advantageux de conserver[2] ». Le procureur général ne voyait que deux solutions possibles : l'une, agréée d'abord par les intendants, consistant à rembourser les héritiers de Gargam et ensuite ceux des intendants qui viendraient à mourir ou à se retirer, jusqu'à ce qu'il n'en restât que six; et l'autre, qui serait d'un grand secours pour le Trésor, comportant, contre le versement par chacun de 200 000 livres, le maintien des douze postes, auxquels on joindrait le contrôle général, que l'on érigerait en titre d'office.

Autour de cette alternative furent brodées bien des variations et aussi prononcés différents noms. Plusieurs intermédiaires étaient mêlés à la conception et au lancement de toutes ces combinaisons, en particulier l'abbé Foucquet et Le Tillier. À la fin de juillet, aucun des intendants en charge ne consentant à se retirer, on envisageait de les conserver en leur unissant le contrôle général et en leur demandant à chacun 200 000 livres, Mannevillette venant remplacer Gargam, mais, d'autre part, si le contrôle général n'était pas divisé, Le Tillier acceptait de le prendre seul en versant un million, voire 1 100 000 livres. C'est alors que Mazarin écrivit à Foucquet que l'intention du Roi était que Mannevillette « soit reçu préférablement à tous autres dans la charge d'intendant des finances qu'avoit feu M. Gargam[3] ». Mais ce n'était pas du goût de ces Messieurs, qui peinaient à « se résoudre à souffrir ledit Sr de Mannevillette parmy eux après la réputation en laquelle il a esté dans le clergé de quelques faulsetez commises en sa fonction de receveur. Ils ont encore d'autres raisons et [...], dans leurs conférences, ils ont proposé et résolu de s'opposer à sa réception [...]. Ils se sont réduits depuis

1. Il est impossible d'entrer ici dans le détail journalier de l'affaire, sur laquelle le registre 902 des M.D. France aux Archives des Affaires étrangères rassemble de nombreux documents : treize lettres de Foucquet à Mazarin entre le 31 mai et le 23 octobre, certaines apostillées des réponses du cardinal (fol. 99-104, 119-127, 132-137, 144-145, 158, 161-164, 186-189, 196-200, 213-216, 272-273, 287-290, 298-301, 326); quatre lettres d'Hervart à Mazarin (fol. 93, 201-202, 237-238, 274-275).

2. Foucquet à Mazarin; Paris, 31 mai 1657 (Arch. Aff. étr., M.D. France, 902, fol. 99-104; orig. autogr.).

3. Mazarin à Foucquet; Sedan, 19 août 1657 (Bibl. nat., Mél. Colbert, 51^A^, fol. 255; minute).

à supplier qu'on leur laissât la libre disposition de cette place pour le mesme prix des autres et [...] ils ont résolu entre eux de proposer le Sr de Lorme pour la remplir[1] ». Ce sieur de Lorme, Jacques Amproux, n'était autre que le commis de confiance de Foucquet. Les ministres semblant résignés – du moins pour le moment – à maintenir en poste douze intendants des finances, ces derniers (à une notable exception près[2]) annoncèrent à Mazarin qu'ils étaient prêts à fournir chacun 200 000 livres à condition que le contrôle général fût fusionné à leurs charges, que celles-ci fussent érigées en titre d'office « et que l'honneur qui les doibt soustenir ne soit pas blessé en y admettant des personnes notées dans le public, qui en aviliroient la considération et feroient breiche à la réputation du Conseil[3] ».

Ces propositions étaient inacceptables dans leur fond comme dans leur forme. Dans leur fond, parce qu'il était établi que les intendances des finances avaient statut de commission révocable, alors que, constituées en offices, elles eussent été inamovibles et héréditaires et, contre les règles, eussent conféré à des offices l'entrée dans le Conseil. Et dans leur forme, car elles avaient le ton d'une sommation. C'était la conséquence de l'imprudence ou imprévoyance du gouvernement qui, en gonflant jusqu'à douze les effectifs des intendants, les amenait à se comporter comme un groupe solidaire, presque comme un corps, se posant en partenaires et non en collaborateurs des surintendants dans des discussions, des négociations, des marchandages qui, à travers les ministres, finissaient par mettre en cause l'autorité même du Roi. Plus d'un dans le Conseil, à commencer par le chancelier Séguier, s'en indignaient et s'en inquiétaient. Hervart, qui en était profondément choqué, refusa de signer les lettres et mémoires dresssés par ses collègues et de s'associer à leurs démarches : « Je leur ai dit que je ne prétendois pas stipuler avec mon maître et que je fairay absolument ce que Vostre Éminence me comandera », déclara-t-il à Mazarin[4].

L'affaire semblant dans une impasse, Le Tillier en profita pour pousser son jeu personnel et rappeler si bien ses offres à l'abbé Foucquet que celui-ci les agréa et que, le 5 septembre, furent scellées les lettres patentes le commettant, et lui seul, « pour désormais tenir et exercer la charge de controlleur général de nos finances » au lieu de Ménardeau de Champré et de Le Camus et portant révocation du brevet et de la commission accordés les 11 septembre et 10 octobre 1656 à Mannevillette[5]. Le même jour, un arrêt du Conseil ordonna à Le Tillier de

1. Foucquet à Mazarin; Paris, 23 août 1657 (Arch. Aff. étr., M.D. France, 902, fol. 196-200; orig. autogr.).

2. Celle d'Hervart : voir *infra*, note 4.

3. Les intendants des finances à Mazarin; [Paris, août 1657] (Arch. Aff. étr., M.D. France, 899, fol. 225-226; orig.). Le ciseau du relieur a privé cette lettre de certaines signatures et de sa date. Bien qu'elle ait été insérée dans un registre rassemblant des documents de 1656, elle ne peut, d'après sa teneur, remonter qu'au mois d'août 1657, probablement entre le 19 et le 24.

4. Hervart à Mazarin; Paris, 1er septembre 1657 (*ibid.*, M.D. France, 902, fol. 274-275; orig. autogr.).

5. Commission datée de Péronne le 5 septembre 1657 (Arch. nat., E 1706, fol. 574-575; copie). Sur ces brevet et commission de Mannevillette, voir *supra*, p. 270.

payer 300 000 livres à Le Camus pour le remboursement de sa charge de contrôleur général[1]. Le Tillier se confondit en remerciements envers Mazarin[2]. La situation paraissant clarifiée, la veuve et les héritiers de Gargam, contre remboursement de 250 000 livres, cédèrent le 7 septembre sa charge d'intendant à Jacques Amproux, sieur de Lorme[3], et le lendemain Le Tellier annonça à Mazarin qu'il avait signé la commission d'intendant dudit sieur de Lorme[4].

La réussite apparente de la manœuvre de Le Tillier ne fut qu'un entr'acte. À Mazarin et aux ministres alors en déplacement en Lorraine parvenaient « des lettres furieuses de Paris contre le S. Le Tillier[5] », personnage peu prisé par Foucquet, cependant qu'Hervart était atterré par la nomination du sieur de Lorme[6]. Mannevillette, de son côté, présenta requête à la chambre des comptes aux fins d'enregistrement de l'expectative de la charge de son beau-père Le Camus qu'il avait obtenue l'année précédente, mais elle arrêta le 17 septembre qu'il serait « mis néant » sur sa demande[7]. Le bruit courait que, en définitive, on pourrait bien en revenir au partage du contrôle entre deux titulaires. Sentant que sa position risquait de vaciller, Le Tillier s'affaira à la consolider. Le 15 septembre, il prêta serment entre les mains de Séguier. Le 18, en remboursement de la charge de contrôleur général de Ménardeau de Champré, il bailla 300 000 livres à celui-ci, qui lui remit en échange sa démission de ce poste[8]. Et le 19, il « prit possession du controlle général au Conseil de Finance et s'est assis seul au bout de la table[9] ». Une possession précaire et éphémère.

Mazarin, en effet, fut exaspéré par l'expédition de la commission de contrôleur général en faveur de Le Tillier, car les intendants en avaient, semble-t-il, un peu rabattu de leur prétention sur l'érection en offices. Il s'en prit donc très vivement à l'abbé Foucquet, complice de ces manigances : « J'ay esté bien surpris de voir [...] que vous vous soyez si fort hasté de faire signer et sceller la commission du controolle pour M. Le Tillier, quoyque les intendans se fussent radvisez et eussent offert de le prendre et d'en donner douze cens mille livres ; car quand je vous ay dict

1. Arrêt du Conseil daté de Péronne le 5 septembre 1657 (*ibid.*, fol. 572-573).
2. Le Tillier à Mazarin ; Paris, 7 septembre 1657 (Arch. Aff. étr., M.D. France, 902, fol. 230-231 ; orig. autogr).
3. Reconnaissance et promesse passés devant notaires le 7 septembre 1657 (Arch. nat., Min. centr., XC/100).
4. Le Tellier à Mazarin ; Paris, 8 septembre 1657 (Arch. Aff. étr., M.D. France, 902, fol. 233-234 ; orig. autogr.).
5. Mazarin à l'abbé Foucquet ; Verdun, 14 septembre 1657 (Bibl. nat., Ms. fr. 23202, fol. 240 ; orig. autogr.).
6. Hervart à Mazarin ; Paris, 10 septembre 1657 (Arch. Aff. étr., M.D. France, 902, fol. 237-238 ; orig. autogr.).
7. Bibl. nat., N.a.f., 1589, fol. 16 et 68.
8. Quittance et démission reçues par notaires le 18 septembre 1657 (Arch. nat., Min. centr., LI/544).
9. Ménardeau de Champré à Mazarin ; Paris, 19 septembre 1657 (Arch. Aff. étr., M.D. France, 902, fol. 260-261 ; orig.).

que le Roy approuvoit que l'on conclust avec ledict S^r^ Le Tillier, ç'a esté parce qu'il n'y avoit personne qui voulust donner de cette charge le mesme prix que luy[1] [...]; mais puisqu'ils avoient changé de sentiment, que Sa Majesté y trouvoit cent mille francs de plus de proffit, [...] je serois fort embarrasé, et M. le procureur général aussy, s'ils se venoient plaindre qu'ayant voulu la prendre et en donner cent mille livres de plus que M. Le Tillier, on avoit néantmoins rejetté leurs offres. C'est pourquoy, en cas que l'on n'ayt pas encore délivré ladicte commission, l'intention du Roy est qu'on ne le fasse point et, si on l'a délivrée, qu'on la retire, de quelque manière que ce soit, et qu'on fasse l'affaire avec les intendans ». Le cardinal, qui voyait en Le Tillier « un homme qui n'a pas l'approbation générale », fut donc ravi et soulagé d'apprendre *in extremis* que la fameuse commission n'avait pas encore été remise à son bénéficiaire[2]. Il lui fut ainsi plus facile de lui signifier qu'elle était nulle et non avenue et que « la volonté que j'ay eue de vous obliger en cette occasion ne pouvoit avoir effect[3] ! »

La déconfiture de Le Tillier ne procura pas aux intendants des finances toutes les satisfactions que peut-être ils en attendaient. On crut alors pouvoir apporter enfin une conclusion à leur affaire grâce à un nouveau règlement mis au point autour du Roi et de Mazarin, sans aucune participation du chancelier, et adopté dans un Conseil tenu par Louis XIV à Metz, où il séjournait alors, le 29 septembre 1657. Sa Majesté y déclarait vouloir que, « nonobstant ledict règlement [du 3 mai précédent], auquel Elle a dérogé pour ce regard seulement, lesdits intendans de ses finances subsistent au nombre de douze, fassent leurs fonctions et ayent leurs rangs et scéances dans le Conseil et ailleurs ainsy qu'il s'ensuit ». Elle entrait ensuite en de grands détails sur leur place « au bout de la table du Conseil autour de la chaire du Roy », sur leur rang dans les commissions, sur les affaires qu'ils rapporteraient, sur les états, baux, arrêts, traités et autres écrits qu'ils dresseraient, sur leur envoi comme commissaires du Roi aux sessions des états provinciaux, sur leurs missions dans les généralités avec pouvoir de présider les bureaux des finances, les élections et les greniers à sel, sur la vérification par leurs soins des comptes présentés par les officiers comptables. Le tout couronné par un onzième et dernier article, où le Roi leur accordait « survivance de leursdites charges en payant par chacun d'eux la somme qui sera ordonnée par Sadicte Majesté en son Conseil, après laquelle survivance les pourveus desdictes charges n'en pourront estre

1. Le Tillier l'avait eue en versant 1 100 000 livres.
2. Mazarin à l'abbé Foucquet (et *post-scriptum*); Metz, 18 septembre 1657 (*Lettres de Mazarin*, t. VIII, n° XCII, p. 162-163). Voir aussi les lettre et *post scriptum* de même date du cardinal à Foucquet (Bibl. nat., Mél. Colbert, 44, fol. 444v°-450; minute). Mazarin adressa encore à l'abbé le 25 septembre une lettre véhémente de reproche (*ibid.*, Mél.Colbert, 51^A^, fol. 365v°-366; minute).
3. Mazarin à Le Tillier; Metz, 21 septembre 1657 (*ibid.*, fol. 328v°-329; minute).

dépossédez, ny personnes mis en leurs places qu'après l'actuel remboursement fait du prix contenu en leurs brevetz, qui auront leur effet tant pour eux que pour leurs veufves, héritiers ou ayans cause[1] ».

Il ressortait de cet article que, si les douze intendants des finances étaient maintenus dans leurs fonctions, le contrôle général leur échappait totalement et que la survivance qui leur était accordée était comme une fiche de consolation après le refus d'ériger leurs charges en titre d'offices. Leur déception put être adoucie par le fait que le Roi ne semble avoir exigé de chacun d'eux que 100 000 livres pour prix de leur maintien[2].

On ignore qui inspira ou suggéra ce règlement du 29 septembre 1657. En l'adressant le lendemain au chancelier, le Roi précisa qu'il l'avait arrêté « avec grande connoissance de cause » et lui enjoignit en termes impératifs de veiller à son enregistrement et à son exécution[3]. Sa lecture infligea à Séguier un choc tel qu'il décida d'en ajourner la publication (temporisation facilitée par les « vacations » alors accordées aux Conseils) et, sans le communiquer à qui que ce soit, de dresser ses observations à son sujet et de les faire connaître à Mazarin. Par une longue lettre qu'il écrivit le 9 octobre à Le Tellier, il le pria, sous le sceau du secret, « d'informer Son Éminence des difficultez qui se rencontrent en l'exécution du règlement que Sa Majesté a ordonné m'estre envoyé sur la function des charges d'intendants des finances[4] ». Il y remarquait combien il était « extraordinaire en ces dispositions de conséquence que je n'en aye aucun advis de sa part et que je n'en sois informé que lors de l'exécution ». Cela était dit « en passant » et son argumentation roulait sur plusieurs points.

C'était d'abord la séance accordée aux intendants des finances[5]. Il estimait que « si l'on avoit considéré l'ordre qui a esté tousiours observé dans le Conseil, peut-estre que l'on n'auroit pas pris la résolution de leur donner tant de droictz et de prérogatives qu'ilz n'ont iamais eues et qui rendent leurs commissions plus considérables au préjudice des charges de Mrs les conseillers d'Estat et des maistres des requestes ». La fonction qu'on leur confère implique « privation aux maistres des requestes de ce que leur charge leur attribue de tout temps, comme de rapporter seulz toutes les affaires de finances. En vérité, l'on peut dire que ce règlement despouille Mrs les maistres des requestes d'une function

1. Règlement daté de Metz le 29 septembre 1657 (Bibl. nat., Ms. fr., 17339, fol. 66-67; orig.).

2. Il subsiste en effet trois arrêts du Conseil par chacun desquels le Roi, devant « le besoin d'estre secouru de la somme de 100 000 livres », requérait et obtenait respectivement de Marin, de Housset et de Bordeaux un prêt de cette somme (arrêts datés des 4 et [pour Bordeaux] 23 octobre 1657 (Arch. nat., K 118^B, n° 90, 90^2 et 90^3; $orig^x$).

3. Le Roi au chancelier; Metz 30 septembre 1657 (Arch. Aff. étr., M.D. France, 904, fol. 151; orig.).

4. Séguier à Le Tellier; Paris, 9 octobre 1657 (Bibl. nat., Ms. fr., 6894, fol. 58-61; orig.).

5. Le terme de « séance » était employé par Séguier dans son sens étymologique précis : avoir séance dans le Conseil, c'était y avoir le droit d'y disposer d'un siège personnel, au lieu de se tenir debout ou de ne pouvoir s'assoir que sur un banc, en retrait d'une rangée de sièges.

qu'ilz ont eue iusques icy, qui n'a pas esté réduicte, ainsy qu'on le prétend, aux seulles affaires de la justice ». « Ilz ne peuvent pas dire avoir acquis iusques icy aucun rang de scéance dans les Conseilz et néantmoins on leur accorde scéance du jour de leurs brevetz, qui est une chose extraordinaire et qui n'a iamais esté observée que pour les évesques, la noblesse et Mrs les maistres des requestes [...]. Tellement que, par ce dernier règlement, vous donnez aux intendantz ce qu'ilz n'ont iamais eu par aucun règlement du Conseil de les faire asseoir dans tous les Conseils du jour de leurs brevetz [...]. Et s'il estoit ainsy qu'ilz eussent rang du jour de leurs brevetz, il se trouveroit qu'ilz feroient descendre les autres conseillers d'Estat du rang que leurs services et mérite leur ont acquis, ce qui seroit bien rude [...]. Si cela estoit, les évesques demanderoient une séance par brevet extraordinaire et non pas du jour de leur scéance, ce qui est de grande conséquence ».

Le chancelier désapprouvait, d'autre part, que le règlement attribuât aux intendants des finances le droit de présider les bureaux des finances et les élections, c'est-à-dire des compagnies d'officiers, alors qu'eux-mêmes n'étaient pas officiers. Il remarquait aussi que, « dans les assemblées des estatz des provinces, l'intendant du département sera commissaire conioinctement avec celluy qu'il plaira au Roy envoyer, mais on s'explique de bouche là-dessus qu'ilz précedderont les Srs maistres des requestes, ce qui est bien extraordinaire, estants officiers et peut-estre plus antien conseillers d'Estat qu'eux ». Quant au département des tailles, Sa Majesté peut l'ôter, si Elle veut, aux maîtres des requêtes, mais, assurait Séguier, « je crois qu'Elle ne sera pas mieux servie. C'est la récompense de ceux qui ont dignement servy et qui ne leur doibt pas estre enviée ». Le chancelier demandait réponse au plus tôt et en attendant, disait-il, « j'essayeray de rendre les intendantz capables de raison et de ne pas désirer ce qui leur causera beaucoup d'envye et de trouble en la function de leurs charges ».

Séguier n'entendait pas seulement sauvegarder les attributions et les prérogatives foncières des maîtres des requêtes et son argumentation, en montrant combien les règles protocolaires du Conseil n'étaient que le reflet des pouvoirs et des honneurs inhérents à telles ou telles charges, voire à un certain statut social, dévoilait chez l'auteur ou les auteurs du règlement une grande méconnaissance du droit public du royaume.

Le chancelier avait frappé juste : ses observations impressionnèrent si fort Mazarin, que celui-ci lui fit répondre par Le Tellier de « retenir » ce règlement « et de ne point souffrir qu'il soit exécuté en aucun de ses points[1] ». Et il demeura effectivement lettre morte.

Dans sa lettre à Séguier, Le Tellier lui indiquait aussi que « l'affaire du contrôle général » était en cours, mais qu'il n'en avait pas connaissance. Elle était conduite par Mazarin et par Foucquet et approchait

1. Le Tellier à Séguier; Metz, 15 octobre 1657 (Arch. Aff. étr., M.D. France, 904, fol. 165-166; orig.).

alors de son terme. Si l'on en croit Gourville, ce serait lui qui aurait été envoyé à Metz par Foucquet porter le dernier projet imaginé[1], qui consistait à partager le contrôle général entre Hervart et M. de Breteuil, maître des requêtes et, depuis 1653, intendant de la généralité de Paris. Mazarin agréa la combinaison, mais requit le secret avant de l'annoncer, car il voulait être sûr du consentement des intéressés[2]. Hervart posa pour accepter la condition de conserver la commission de l'Épargne, ce qui lui fut accordé à sa grande satisfaction[3]. Breteuil demanda de même à garder l'intendance de Paris, sur quoi Mazarin le renvoya à Foucquet[4].

Les commissions désignant Hervart et Breteuil pour exercer le contrôle général furent dressées sous la date du 20 octobre 1657[5] et le 24 un arrêt du Conseil régla les conditions financières de leur accès à cette fonction : ils étaient tenus de verser comptant 1 300 000 livres, soit 1 100 000 à Le Tillier, en remboursement de la même somme payée naguère par lui à Ménardeau de Champré et à Le Camus, et 200 000 entre les mains du trésorier de l'Épargne[6]. Ce même 24 octobre fut expédiée une déclaration qui se substituait au règlement avorté du 29 septembre en conservant deux de ses dispositions : celle qui laissait subsister douze charges d'intendants des finances et celle qui accordait survivance à ces dernières[7].

Pour couronner ces mouvements de personnes, Hervart passant au contrôle général céda son intendance des finances à Bernard de Fieubet de Caumont[8]. Messieurs des finances comprirent ainsi dès lors autour

---

1. *Mémoires de Gourville*, publ. pour la Société de l'Histoire de France par L. Lecestre, t. I (Paris, 1894, in-8°), p. 141.

2. Mazarin à Foucquet ; Metz, 20 octobre 1657 (Bibl. nat., Mél. Colbert, 51^{A}, fol. 387 ; minute).

3. Voir les lettres d'Hervart à Mazarin des 22 et 2 ? octobre 1657 (Arch. Aff. étr., M.D. France, 902, fol. 325-326 et 336-337 ; origx autogr.).

4. Breteuil à Mazarin ; Paris, 26 octobre 1657 (*ibid.*, fol. 334-335 ; orig. autogr.) : « Les gens d'affaires de la généralité, disait-il, me pressent de continuer ce que desià comencé pour l'imposition de l'année prochaine, les expéditions estans remplies à mon nom ». La réponse de Mazarin est du 30 octobre (Bibl. nat., Mél. Colbert, 51^{A}, fol.395 v° ; minute).

5. Le texte de ces lettres patentes n'a pu être retrouvé (G. Depping, art. cité, p. 321). À la même date, Breteuil fut nommé conseiller d'État.

6. Arrêt du Conseil daté de Metz le 24 octobre 1657 (Arch. nat., E 1706, fol. 629-630). Le 11 décembre suivant, Le Tillier signa les deux quittances reconnaissant que Breteuil et Hervart lui avaient versé chacun 450 000 livres comptant, sur quoi il leur avait fait démission de sa charge (Arch. nat., Min. centr., LI/544).

7. On ne connaît pas le texte de cette déclaration, mais son existence et sa teneur sont attestés et visés par la déclaration du 5 octobre 1658 (voir *infra*, p. 279-280). Dans l'inventaire après décès de Bordier, dressé à partir du 2 octobre 1660 (voir *infra*, p. 281, note 5), figure une liasse de dix pièces, dont « la première est ung brevet de Sa Majesté, signé Phélipeaux, du 24 octobre 1657, par lequel Sa Majesté accorde audit Sr Bordier la survivance de ladite charge d'intendant des finances. La seconde une copie au pied de laquelle sont escript ces mots : "L'original est en nos mains. Signé, Mauroy", d'une déclaration de Sa Majesté desdits jour et an, rendue sur ladite survivance ».

8. Écrivant de Sainte-Menehould à Foucquet le 31 octobre, « je ne croy pas, disait Mazarin, qu'il y ayt eu aucune difficulté à sceller la commission d'intendant du Sr de Caumont » (*Lettres de Mazarin*, t. VIII, n° CXI, p. 200-201). Ce fut le 10 novembre que Fieubet de Caumont prit séance au Conseil en qualité d'intendant des finances à la place d'Hervart (G. Depping, art. cité, p. 322) ; il fut nommé en décembre secrétaire des commandements de la Reine mère.

de Servient et de Foucquet : les trois directeurs, d'Aligre, Barrillon de Morangis et Ménardeau de Champré, les deux contrôleurs généraux, Hervart et Breteuil, et douze intendants, MM. Marin, Mauroy, Bordier, de Bordeaux, Le Tillier, Foullé, Housset, Paget, Brisacier, de Boylesve, Amproux de Lorme et de Fieubet de Caumont.

Après des mois et des mois de tractations laborieuses et d'intrigues tortueuses, « l'affaire des intendants » semblait enfin tranchée, au grand soulagement de Mazarin : « Je suis bien aise, déclarait-il alors à Foucquet, que l'affaire du Conseil se soit terminée en sorte qu'on ayt faict cognoistre aux intendans qu'on se pouvoit passer d'eux, et à ceux qui faisoient des cabales pour leur faire refuser qu'ils prenoient de fausses manœuvres[1] ». Il leur prouva même bientôt que l'on pouvait se passer de la plupart d'entre eux.

* *
*

Marquée par des troubles antifiscaux, l'année 1658 le fut aussi par une série de succès décisifs des armées du Roi, en sorte que put sourdre quelque espoir de paix et par conséquent d'allègement des dépenses de l'État. Cette expectative incita à reprendre l'application de la réforme des Conseils entamée en mai 1657 et qui n'avait pu être menée à bien que pour la réduction du nombre des conseillers d'État. Il importait à présent de parfaire cette remise en ordre en s'attaquant au Conseil de Direction des finances, objet de critiques diverses. L'effectif pléthorique des intendants y semait la confusion dans les affaires et en compromettait le secret. Les conditions dans lesquelles ceux-ci avaient été recrutés comme aux enchères pouvaient faire douter de leurs compétences. D'où un état de choses qui risquait de porter atteinte à l'autorité et au prestige de l'ensemble des Conseils du Roi, perspective qui alarmait le chancelier. Pour y parer furent adoptées à l'automne des mesures vigoureuses, auxquelles Séguier eut sans doute bonne part, promulguées par une déclaration royale du 5 octobre 1658, dont les termes avaient été mûrement pesés[2].

Le Roi commençait par y reconnaître que son règlement du 3 mai 1657 n'avait pas été exécuté dans son intégralité, qu'il avait été obligé de laisser subsister les douze charges d'intendants des finances et même de leur accorder ses « lettres de déclaration du vingt-quatre octobre audit

1. Lettre de Mazarin à Foucquet citée ci-dessus note précédente.

2. Il subsiste, en effet, deux versions originales de cette déclaration, datées de Paris le 5 octobre 1658. La première, déjà signée par le Roi et contresignée par Guénégaud du Plessis, fut écartée et Séguier l'enfouit dans ses dossiers (Bibl. nat., Ms. fr. 17288, fol. 518 ; orig.). On lui substitua une rédaction plus développée, plus solennelle et plus précise (datée et contresignée de même), qui fut « leue et publiée au Conseil d'Estat du Roy et direction de ses finances et enregistrée ez registres dudit Conseil, de l'ordonnance de Monseigneur Séguier, chevalier, chancelier de France », le 17 octobre 1758, et à laquelle, évidemment, nous nous référons (Arch. nat., K 118^{C}, n° 88^{10} ; orig.).

an, portant survivance et faculté de résigner à qui bon leur sembleroit avec la mesme faculté ». Puis il reconnaissait que « nos Conseils des Finances et direction se trouvent encore aujourd'huy si nombreux, que le secret ne s'y peut garder, ny les affaires promtement résoudre qu'avec beaucoup de difficulté, quoyque les matières importantes qui s'y traitent, regardant particulièrement nos intérests et la subsistance de nostre Estat, doivent estre dellibérées entre peu de personnes et exécutées avec diligence ». En conséquence, il réduisait « ledit nombre de douze intendants de nos finances au nombre ancien de quatre seulement, qui seront les sieurs de Mauroy, Le Tillier, Bordier et Bordeaux », et révoquait « les commissions des huict autres intendants de nos finances et survivance à eux accordée par nostredite déclaration, sans qu'à l'advenir elles puissent jamais estre restablies, ny ledit nombre de quatre augmenté, pour quelque cause et considération que ce soit ». Les huit intendants révoqués seraient remboursés chacun de 200 000 livres et, en attendant qu'aient été rassemblés les fonds correspondants, les quatre intendants conservés feraient chacun au Roi un prêt de 400 000 livres à 7,15 %.

Le Roi ordonnait aussi qu'« à l'advenir il n'y ayt que les deux plus anciens conseillers d'Estat seulement, les directeurs, les controlleurs généraux, lesdits quatre intendants des finances, le thrésorier de nostre Espargne en exercice et les secréttaires de nostre Conseil qui puissent avoir entrée et assister à nostre Conseil de la Direction des finances ». En outre, « d'aultant que le trop grand nombre de commissaires en la pluspart de nos commissions, et particulièrement pour la vente et revente de nostre domaine en nostre chasteau du Louvre, est à charge et retarde le cours de nos affaires », il entendait que dorénavant « quatre de nos conseillers d'Estat seulement et l'ancien directeur de nos finances soient employez en ladite commission, avec les deux controlleurs généraux, l'intendant des finances qui aura le département dudit domaine et un des intendants de nos chartres et qu'à l'advenir toutes les autres commissions soient restreintes au nombre qui sera jugé nécessaire ».

Cette énergique réorganisation fut déclenchée aussitôt qu'ordonnée. Les huit intendants dont elle prescrivait la mise à l'écart cessèrent d'exercer leurs fonctions. Les quatre rescapés, qui étaient aussi les plus anciens, restèrent seuls en charge[1], mais Mauroy, l'un d'eux, se déclara hors d'état de faire l'avance de 400 000 livres et préféra donner sa démission en faveur de Marin, ce qui fut agréé. En reconnaissance de ses dix-huit années de service comme intendant, il fut promu conseiller d'État semestre le 11 octobre[2] et Marin lui fut substitué le 16 dans son

1. Cette mesure fit surgir des difficultés de la part d'un des intendants supprimés, Jacques Foullé, dont le fils Michel, avocat du Roi aux requêtes de l'hôtel, avait été pourvu, en survivance de son père, de ses charges de maître des requêtes et d'intendant des finances. Voir à ce sujet les deux actes signifiés le 7 octobre 1658 à Fieubet de Caumont (Bibl. nat., Morel de Thoisy, 148, fol. 1 et 2; orig[x]).

2. Lettres de conseiller d'État semestre datées de Paris le 11 octobre 1658 (Arch. nat., KK 1454, fol. 47v°-48; formulaire). Mauroy étant ainsi en surnombre parmi les conseillers d'État, il était précisé que cette dignité lui était octroyée par dérogation au règlement du 3 mai 1657.

intendance[1]. Cette réduction des effectifs des gens des finances se poursuivit ensuite, mais en partie par le simple jeu des circonstances.

Le 17 février 1659, Servient mourut en son château de Meudon. On se demanda aussitôt s'il serait remplacé à la surintendance, ou bien si Foucquet demeurerait seul en fonction ou serait destitué[2]. Foucquet s'attendait à recueillir le poste de son collègue et laissait entendre qu'il en avait reçu l'assurance formelle et officieuse de Mazarin. Les intrigues se déchaînèrent, en particulier de la part de Colbert, qui aurait poussé le cardinal à prendre la coresponsabilité des finances pour les mener lui-même en coulisse et se préparer ainsi à en recevoir un jour la concession publique. Deux journées se passèrent dans l'incertitude et les potins, puis tout à coup, le 19, Mazarin signifia lui-même à Foucquet qu'il avait résolu d'exercer la surintendance conjointement avec lui et de signer les expéditions comme faisait le défunt. Après divers manèges de Colbert et d'Hervart, le cardinal finit par renoncer à la surintendance et, le 21 février, Foucquet fut « de nouveau, en tant que besoin seroit, constitué, ordonné et estably » pour en avoir seul la responsabilité[3].

Foucquet allait pratiquer l'exercice solitaire de ce poste dans des conditions favorables, car l'on s'acheminait avec certitude vers la fin de la guerre. La France et l'Espagne suspendirent les hostilités le 7 mai 1659. Des préliminaires s'ouvrirent un mois plus tard et Mazarin et don Luis de Haro inaugurèrent le 13 août les conférences de la paix. Le surintendant pouvait donc songer à tempérer les acrobaties financières et à restaurer un ordre stable et cohérent. Il répartit les tâches entre les quatre intendants conservés[4].

Mais plus que jamais toute son action fut alors épiée de si près par Colbert dans l'ombre de Mazarin, que, vu la suite des événements, il est probable que l'intendant de M. le Cardinal a déjà été, en ce temps, l'inspirateur de certaines décisions. En 1660, en effet, les caprices du hasard firent mourir deux des intendants des finances à quelques jours de distance : Bordeaux le 27 septembre et Bordier le 2 octobre[5]. Dès le 12 de ce mois, en édictant par arrêt du Conseil plusieurs mesures radicales, le Roi coupa court aux conjectures et aux démarches que ces disparitions ne pouvaient manquer de susciter.

1. Commission datée de Paris le 16 octobre 1658 (Arch. Montmarin; orig.). – Par quittance du 9 novembre 1658, Mauroy reconnut que, le 1er novembre, Marin lui avait versé comptant la somme de 200 000 livres « pour la rescompense dudit Sr de Mauroy de sadite charge d'intendant des finances » (Arch. nat., Min. centr., CX/136).

2. Sur le sort de la surintendance après le décès de Servient, voir C. Depping, art. cité, p. 323-326; C. Badalo-Dulong, *Banquier du Roi...*, p. 132-136; D. Dessert, *Fouquet*, p. 112-114.

3. Pouvoir daté de Paris le 21 février 1659 (Arch. nat., O1 10, fol. 153-155; copie).

4. « Département de Messieurs les intendans des finances des années 1659 et 1660 » (Bibl. nat., Ms. fr., 17288, fol. 35; copie).

5. Inventaire après le décès de Jacques Bordier, dressé à partir du 2 octobre 1660 (Arch. nat., Min. centr., LXXV/109). – Inventaire après le décès de Guillaume de Bordeaux, dressé à partir du 7 octobre 1660 (*ibid.*, XC/223).

Il y annonçait son intention de « pourvoir aux inconvéniens qui naissent de la multiplicité des officiers surnuméraires », expédient « auquel Sa Maiesté a esté obligée de donner les mains par diverses raisons pendant la guerre ». Il posait que « cette pluralité d'officiers n'est en aucune partie de son Estat plus dommageable que dans l'administration de ses finances, dont il est presque impossible d'empescher l'abus quand le maniement en est dispersé entre plusieurs, et principalement lorsqu'ilz y sont appellez en fournissant des sommes d'argent dans les coffres de Sa Maiesté, qui L'obligent de charger les estatz des finances de très grands appointemens comme une des conditions de leur traitté ». Il notait par ailleurs qu'« il importe au bien de son service pour le mesnage de ses finances que, non seulement l'administration en soit restrainte au moindre nombre qu'il se pourra, mais aussy que ceux ausquels elle sera confiée y soient admis par des commissions à temps et révocables toutes fois et quantes que Sa Maiesté les jugera moins propres à en continuer l'exercice, soit par l'aage, les maladies ou autres causes ».

Par conséquent, « en attendant la suppression et révocation des autres offices et commissions inutiles et onéreuses à ses finances ou la réduction à un moindre nombre », il prononçait l'extinction des deux commissions d'intendants des finances « possédées et exercées en dernier lieu par les Srs Bordier et de Bordeaux », dont les héritiers seraient remboursés de 600 000 livres pour chacune des deux charges[1]. Marin et Le Tillier seraient aussi remboursés dès que l'état des fonds le permettrait. Et à l'avenir, le nombre des intendants des finances demeurerait « réduit à deux pour exercer laditte fonction [...] par simple commission sans finance, tant et sy longuement qu'il plaira à Sa Majesté, aux appointemens qui seront réglez tant pour eux que pour leurs commis[2] ». Cet arrêt était d'une importance majeure, moins par les deux suppressions qu'il ordonnait que par l'annonce que le Roi y faisait des objectifs qu'il se proposait d'atteindre pour réorganiser l'administration de ses finances. Il entendait, en effet, réagir avec fermeté à tout ce qui s'était pratiqué à cet égard depuis plus de quinze ans : dorénavant les intendances des finances ne seraient plus que deux, elles retrouvaient leur statut originel et spécifique de commission révocable au gré du souverain, leur concession échapperait à la vénalité sous toutes ses formes et l'on ne verrait donc plus des membres du Conseil du Roi ligués pour marchander leurs services avec leur maître. C'était si bien le contrepied des usages que Marin et Le Tillier avaient connus que, malgré leur maintien en charge, ils crurent leur sort en danger. Dès le 21 octobre, vint les rassurer un arrêt du Conseil qui précisait qu'en attendant leur rembourse-

1. Pour les héritiers de Bordier, ce remboursement fut ordonné en vertu d'un état de payements du 22 novembre 1661 (Bibl. nat., V^{C} Colbert, 106, fol. 638; orig.), mais ne fut exécuté qu'en vertu d'un acquit patent du 28 février 1665 (*ibid.*, Mél. Colbert, 275, fol. 274); un autre acquit patent du 16 février 1665 liquida à 400 000 livres le remboursement à verser aux héritiers de Bordeaux (*ibid.*).

2. Arrêt du Conseil daté de Paris le 12 octobre 1660 (Arch. nat., E 1710, fol. 56-57).

ment ils jouiraient « de leursdites charges aux apointemens et cahiers de frais de leurs commis ordinaires et accoutumez », mais concluait qu'« après ledit remboursement fait, Sa Majesté fera exercer lesdites charges d'intendans des finances par simples commissions, ainsy qu'il est ordonné par ledit arrest du 12e du présent mois, par telles personnes qu'Elle jugera à propos pour le bien et utilité de son service [1] ». Par cette dernière annonce, il était signifié qu'un programme précis de remise en ordre était désormais en marche et qu'il n'était pas question de s'en écarter.

Sans nul doute, une telle ligne de conduite avait été tracée par Mazarin, bien endoctriné par Colbert, et peut-être aussi préconisée par un jeune souverain impatient de régner en maître. Comblé par la réforme du Conseil en 1657, Séguier ne semble guère y avoir impliqué la chancellerie, alors que Foucquet s'en fit le zélateur aux finances. Ces dernières, avec un surintendant, deux contrôleurs généraux et deux intendants, tendaient depuis octobre 1660 à en revenir aux effectifs et aux structures modestes du temps de Sully.

Le traité des Pyrénées signé le 7 novembre 1659 et son corollaire le mariage de Louis XIV en juin 1660 avaient mis un terme à vingt-cinq ans de guerre et les populations du royaume, épuisées par ce long conflit, aspiraient à la tranquillité et à l'ordre. Mais dans l'ombre de cette détente s'aiguisaient les ambitions suscitées par la perspective de la succession de Mazarin. La santé du cardinal était en effet très compromise. Autant il n'avait « rien perdu de son intelligence, de sa subtilité, de sa patience, de sa faculté à suivre dix intrigues en même temps, d'écrire ou dicter jusqu'à quarante lettres par jour » [2], autant la goutte, les ulcères, les coliques, les ennuis pulmonaires et les soins des médecins accablaient son corps de tous les maux et, bien qu'il n'approchât que de la soixantaine, lui donnaient peu à peu l'aspect d'un mourant. Après plusieurs alertes dans l'été de 1660, son état s'aggrava au début de l'hiver et on décida de le transporter à Vincennes, où l'air était réputé très salubre. Il s'y installa le 8 février 1661 et c'est là que, la vitalité de son esprit dominant toujours les misères du corps, il accomplit encore des actes de gouvernement et se prépara à la mort. Il fit son testament le 6 mars, instituant Colbert l'un de ses exécuteurs, et l'une de ses dernières volontés – inspirée, semble-t-il, par Le Tellier – fut de faire expédier, en dérogation à certain arrêt du 12 octobre précédent, une commission d'intendant des finances datée du 8 mars pour ce même Colbert [3]. Son Éminence s'éteignit le lendemain, tuée à la tâche comme Richelieu et au même âge.

1. Arrêt du Conseil daté de Paris le 21 octobre 1660 (*ibid.*, fol. 60).
2. P. Goubert, *Mazarin* (Paris, 1990, in-8°), p. 421.
3. L'inventaire des titres et papiers trouvés dans le cabinet de Colbert après sa mort mentionnait sa commission d'intendant des finances, aux appointements de 12 000 livres, datée du 8 mars 1661 (Clément, t. VII, p. 390-391).

* *
*

Lors de la mort de Mazarin, alors que la France était enfin assurée d'une paix extérieure glorieuse et profitable et se dégageait peu à peu des séquelles des troubles civils, l'administration centrale des finances apparaissait comme sortant de convalescence au terme de la période peut-être la plus déréglée de son histoire. Depuis l'avènement de Louis XIV, en effet, les événements ont si fortement rejailli sur elle que ses caractères originaux ont failli être altérés.

L'appartenance foncière de ses membres au Conseil du Roi n'a jamais été mise en cause dans son principe. Il est significatif que, dans un mémoire où il retraçait sa carrière, Hervart se soit référé à l'année 1650 comme étant celle où « le Roy lui fit l'honneur de le recevoir en ses Conseils en la charge d'intendant de ses finances, et depuis en la commission de l'Épargne à la fin de l'année 1653 et en suite en celle de controlleur général des finances[1] ». Mais ce même Hervart fut amené en 1657 à se désolidariser de manœuvres de ses collègues, incompatibles avec un fonctionnement normal du Conseil. Et si la haute administration des finances a conservé son caractère collégial, celui-ci a paru un moment menacé de dénaturation ou de déviation.

La charge de surintendant des finances, dont le rôle et le caractère s'étaient peu à peu précisés et affermis sous Louis XIII, perdit d'abord un peu de son lustre en étant confiée à des personnalités sans relief, qui, de gré ou de force, abandonnaient en fait la conduite des affaires au contrôleur général Particelli d'Émery. Celui-ci finit par être nommé surintendant, mais le resta à peine un an, remplacé par un homme si peu préparé à cette tâche qu'il fut flanqué de suppléants, deux directeurs des finances, charge nouvelle dont il y avait eu un bref précédent en 1628. Ensuite, la mort et la retraite écourtèrent trois fois de suite la carrière des surintendants, auxquels fut adjoint en 1652 un troisième directeur. En sorte que ce fut seulement à partir de l'accession de Servient et de Foucquet à la surintendance en février 1653 que ce poste put recouvrer son prestige et son autorité, concurrencés de 1643 à 1647 par celui de contrôleur général, puis par ceux de directeurs. Ces derniers virent leur rôle décliner sans bruit depuis 1653, alors que, pendant encore près de dix ans, le contrôleur général fut souvent au cœur des mouvements chaotiques qui secouèrent le petit monde de Messieurs des finances.

À la source de tous ces désordres, il y eut la nécessité de trouver de l'argent par toutes sortes de moyens, dont l'un fut le recours intensif à la vénalité des commissions d'intendants des finances. Si l'établissement de quatre nouvelles charges d'intendants en 1649 était en partie justifiable pour des raisons de service, celui de quatre autres en 1654 n'était

1. « Négociations de M^{r} d'Hervart », mémoire dressé par Hervart (Bibl. nat., Coll. Joly de Fleury, 2520, fol. 39-53; ce passage fol. 52v°).

qu'un expédient malencontreux à tous égards. Ainsi porté à douze, le nombre même de ces intendants ne pouvait qu'amoindrir le prestige de leurs fonctions, des fonctions dont l'intégrité des titulaires pouvait être suspectée, eu égard à la façon dont leur attribution avait été pour ainsi dire mise à l'encan. D'autre part, l'on vit en 1657 ces douze personnages former au sein de l'administration des finances comme un groupe séparé, qui en sapait les bases collégiales et qui, en marchandant avec les ministres les compétences, les gages et le statut même de leurs fonctions, finissait par humilier le pouvoir royal. Enfin, en plus de leur effectif pléthorique, leurs revendications risquaient de désorganiser et de déconsidérer le Conseil du Roi.

Ce fut donc une réaction très salutaire que celle à laquelle le chancelier Séguier donna le départ. Mazarin, poussé en coulisse par Colbert, en prit ensuite le relais et elle aboutit en 1657 et 1658 à un remaniement vigoureux du Conseil et de l'administration des finances. Cette dernière, avec un surintendant habile et compétent, deux contrôleurs généraux et trois intendants, était bien remise sur pied au début de mars 1661, prête, pouvait-on croire, à assumer ses missions avec ordre et efficacité.

Chapitre VII

1661-1689

De la disparition d'un premier ministre à la personnalité aussi forte que Mazarin on devait attendre de notables répercussions sur la conduite des affaires et le gouvernement de la monarchie. Mais on ne pouvait imaginer toute l'étendue qu'elles eurent dans les faits, cela en plusieurs étapes dont la première s'ouvrit dans les heures mêmes qui suivirent la mort du cardinal. Réorganisée depuis plusieurs mois déjà, l'administration des finances fut assez peu affectée par les premières résolutions de Louis XIV. Quelques mois plus tard, en revanche, elle fut frappée au cœur par une nouvelle série de décisions royales visant à la fois les institutions et les hommes. L'arrestation de Foucquet et l'extinction de la charge de surintendant mirent alors Colbert définitivement en vedette et lancèrent le processus par lequel il parvint, à la fin de 1665, à être installé dans le poste de contrôleur général avec des attributions qui faisaient de lui, sous la dépendance du Roi, une sorte de ministre des Finances, le tout parallèlement à la gestion d'un secrétariat d'État sur lequel il mit la main d'autre part. Dans chacun des services relevant de lui, il visa à appliquer « la maxime de l'ordre » et y tendit en renouant avec certain dessein de Sully, c'est-à-dire en excluant le chancelier de toute participation à la gestion des finances. Le temps avait manqué à Sully pour mener cette opération à son terme, alors que Colbert disposa de plus de vingt-deux années et de la pleine confiance du Roi pour la réussir. Cet effacement du chancelier eut de lourdes conséquences sur l'activité des Conseils et du gouvernement, car il aboutit à faire reposer sur le contrôle général la majeure partie de l'administration générale du royaume. Messieurs des finances furent peu nombreux pour faire face à de telles responsabilités, Colbert n'ayant été flanqué que de deux intendants. Sous leur conduite s'affairèrent des commis, dont il est assez malaisé de reconstituer la hiérarchie, car si les remaniements opérés à partir de 1661 ont, sans conteste, apporté plus de clarté dans l'organisation du travail, ils n'en ont banni ni toute obscurité ni toute confusion. C'était néanmoins un ministère en bon état de marche que Colbert laissait en mourant à son successeur et plusieurs années s'écoulèrent avant que celui-ci ne jugeât devoir opérer des retouches au dispositif qu'il avait recueilli à sa prise de fonctions.

* *
*

Pendant des semaines, le déclin de la santé de Mazarin avait attisé les ambitions de ceux qui rêvaient de lui succéder dans le poste de premier ministre et nourri les pronostics à la cour et dans les milieux du Conseil. Toutes visées et conjectures annihilées du fait du Roi dès la mort du cardinal. À peine celui-ci avait-il rendu le dernier soupir à l'aube du 9 mars 1661 que Louis XIV notifia ces consignes au jeune Brienne, le seul secrétaire d'État alors présent à Vincennes : « Avertissez M. le chancelier et MM. les secrétaires d'État de se trouver demain matin au Conseil extraordinaire que je veux tenir à sept heures du matin et allez dire à M. le surintendant, en vous en allant à Paris, que je l'attends et veux lui parler[1]. » Ayant rencontré Foucquet en chemin, Brienne put aussitôt s'acquitter de cette seconde commission avant d'arriver à Paris, où personne ne savait encore la mort de M. le Cardinal. Ce fut probablement dès ce premier entretien avec Foucquet que le Roi, comme il le rapporta plus tard, lui commanda qu'« il ne se fît rien aux finances sans être enregistré dans un livre qui me devait demeurer, avec un extrait fort abrégé, où je pusse voir, à tous moments et d'un coup d'œil, l'état des fonds et des dépenses faites ou à faire[2]. »

Le lendemain 10 mars au matin, les personnages ainsi convoqués étaient réunis à Vincennes dans l'appartement de Sa Majesté lorsque, à sept heures, Elle ordonna : « Faites entrer mon Conseil. » Une séance brève et dense, dont Brienne a laissé cette relation : « Nous étions huit en tout, savoir : M. le chancelier, M. le surintendant, mon père, M. de Lionne, M. de La Vrillière, M. du Plessis Guénégaud, M. Le Tellier et moi. Le Roi se découvrit, puis remit son chapeau et, se tenant debout devant sa chaise, adressa la parole à M. le chancelier : "Monsieur, je vous ai fait assembler avec mes ministres et secrétaires d'État pour vous dire que, jusqu'à présent, j'ai bien voulu laisser gouverner mes affaires par feu M. le Cardinal. Il est temps que je les gouverne moi-même. Vous m'aiderez de vos conseils quand je vous les demanderai. Hors le courant du sceau, auquel je ne prétends rien changer, je vous prie et vous ordonne, Monsieur le chancelier, de ne rien sceller en commandement que par mes ordres et sans m'en avoir parlé, à moins qu'un secrétaire d'État ne vous les porte de ma part [...]." Ensuite, le Roi se tourna vers nous et nous dit : "Et vous, mes secrétaires d'État, je vous défends de

1. *Mémoires inédits de Louis Henri de Loménie, comte de Brienne, dit le jeune,* publ. pour la Société de l'histoire de France par P. Bonnefon, t. III (Paris, 1919, in-8°), p. 32.

2. Louis XIV, *Mémoires pour l'instruction du Dauphin,* prés. P. Goubert (Paris, 1992, in-8°), p. 53.

rien signer, pas une sauvegarde ni passeport, sans mon ordre, de me rendre compte chaque jour à moi-même et de ne favoriser personne dans vos rôles du mois. Et vous, M. le surintendant, je vous ai expliqué mes volontés; je vous prie de vous servir de Colbert, que feu M. le Cardinal m'a recommandé. Pour Lionne, il est assuré de mon affection et je suis content de ses services. Je prétends, Brienne, me dit-il, que vous agissiez de concert avec lui dans les affaires étrangères et que vous envoyiez à mes ambassadeurs tout ce qu'il vous mandera ou dira de ma part, sans nouvel ordre de moi." Je ne répondis que de la tête et d'une petite inclination du corps. Puis le Roi ajouta : "La face du théâtre change; j'aurai d'autres principes dans le gouvernement de mon État, dans la régie de mes finances et dans les négociations au-dehors, que n'avoit feu M. le Cardinal. Vous savez mes volontés, c'est à vous maintenant, Messieurs, à les exécuter." Plus n'en dit et le Conseil se sépara[1]. »

Quelques heures plus tard, le Roi, continuant sur sa lancée, fit assembler « dans la chambre de la Reine mère, où les Conseils se tenoient ci-devant, tout celui dont il avoit accoutumé de se servir, composé des princes, des ducs et des ministres d'État seulement, pour leur faire entendre de sa propre bouche qu'il avoit pris la résolution de gouverner lui-même son État sans s'en reposer que sur ses propres soins (ce furent ses termes) et les congédia bien honnêtement en leur disant que, quand il auroit besoin de leurs bons avis, il les feroit appeler[2] ». Il prit à part Le Tellier, Lionne et Foucquet, ministres d'État depuis longtemps déjà, « pour leur donner à eux seuls la plus secrète part dans sa confiance[3] ».

Dans les mêmes heures, enfin, rapporte encore Brienne, Louis XIV « ordonna deux Conseils par semaine, le lundi et le jeudi, pour les affaires courantes du dedans de l'État, où MM. le chancelier, surintendant, secrétaires d'État et M. de Lionne se trouveroient seuls. Sa Majesté me donna ordre de ne parler point lors des affaires étrangères, mais seulement en présence d'Elle et de ces trois Messieurs[4] ».

Ces premières démarches firent sensation et le jeune Roi se chargea lui-même de dessiller les yeux de ceux qu'elles déroutaient. Rencontrant ce jour l'archevêque de Rouen, qui présidait l'assemblée du clergé alors réunie, « Votre Majesté m'avait ordonné, lui dit le prélat, de m'adresser à M. le Cardinal pour toutes les affaires. Le voilà mort : à qui Votre Majesté veut-Elle que je m'adresse? – À moi, Monsieur l'archevêque », eut-il pour toute réponse[5]. Une réponse qui condensait l'essentiel des résolutions royales.

1. Brienne, *Mémoires*, t. III, p. 36-38.
2. *Mémoriaux du Conseil de 1661*, publ. pour la Société de l'histoire de France par J. de Boislisle, t. I (Paris, 1905, in-8°), p. 18.
3. *Ibid.*, p. 1-2.
4. *Ibid.*, p. 1.
5. *Mémoires pour servir à l'histoire de Louis XIV par l'abbé de Choisy*, publ. par M. de Lescure, t. I (Paris, 1888, in-12), p. 100.

« La face du théâtre change », annonçait le Roi en ce matin du 10 mars 1661 et, en effet, un acteur avait déjà quitté la scène : Mazarin, certes, mais avec lui le rôle de premier ministre. « Quant aux personnes qui devaient seconder mon travail, écrira Louis XIV, je résolus sur toutes choses de ne point prendre de premier ministre, [...] rien n'étant plus indigne que de voir d'un côté toutes les fonctions, et de l'autre le Roi [1]. » En prenant ce parti, suggéré à son filleul par Mazarin lui-même, Louis mettait fin au régime du « ministériat », un régime que la France connaissait depuis une quarantaine d'années, donc assez longtemps pour avoir acquis un caractère coutumier, illustré avec Richelieu et Mazarin par des personnalités exceptionnelles, et qui était pratiqué dans les autres monarchies d'Europe. Le Roi entendait être lui-même son premier ministre et de cette détermination majeure découlèrent les autres décisions énoncées ce même jour et aussitôt mises en œuvre, qui touchaient les Conseils et le gouvernement.

De son Conseil des Affaires ou Conseil d'En-haut, où se traitaient les plus hauts intérêts de l'État, Louis XIV excluait donc toutes les personnes pouvant prétendre y entrer en raison de leur naissance, de leur titre, de leur dignité ou de leur fonction, ce qui en fermait l'entrée à la Reine sa mère, à son frère, aux princes du sang, aux ducs et pairs, au chancelier, aux maréchaux de France et aux personnages ayant précédemment reçu des lettres de ministre d'État. Il ne serait plus délivré de telles lettres et l'on deviendrait ministre d'État le jour où le Roi le notifierait verbalement. C'est ainsi que, parmi les ministres d'État en place avant la mort de Mazarin, ne furent maintenus que le secrétaire d'État Le Tellier, le surintendant Foucquet et Hugues de Lionne, qui formèrent ce qu'alors on appela souvent « le Conseil des Trois ».

En même temps qu'il remaniait de façon aussi radicale son Conseil d'En-haut, le Roi prescrivait deux Conseils par semaine « pour les affaires courantes du dedans de l'État », avec le chancelier, le surintendant, les secrétaires d'État et Lionne. Ce n'était pas une création, mais plutôt une promotion, car il s'agissait du Conseil des Dépêches, qui avait pris corps de manière stable après la Fronde. Jusqu'alors il avait été en règle générale présidé par le chancelier, mais il ne serait désormais tenu que par le souverain lui-même.

Le Roi n'introduisit aucun changement parmi les titulaires des premières charges de l'État : Séguier resta chancelier et Foucquet surintendant, Le Tellier, La Vrillière, les deux Brienne et Guénégaud du Plessis conservèrent leurs secrétariats d'État. Mais au rôle du chancelier fut alors infligé un amoindrissement de grande conséquence. Le Roi, on l'a vu, lui enjoignit de ne rien sceller en commandement que par ses ordres : il ne serait donc plus amené, comme il l'avait été par exemple en 1654, à apposer le sceau sur des lettres patentes de commission où le

1. *Mémoires pour l'instruction du Dauphin,* p. 53-54.

nom du titulaire serait en blanc. « Pour les affaires de la justice, expliqua Louis XIV, je les communiquai particulièrement au chancelier, fort ancien officier, reconnu généralement pour très habile en ces matières. Je l'appelais aussi à tous les Conseils publics que je tenais moi-même, et particulièrement deux jours la semaine, avec les quatre secrétaires d'État, pour les dépêches ordinaires du dedans du royaume et pour les réponses aux placets [... Il] était véritablement fort habile, mais plus dans les affaires de justice [...] que dans celles d'État. Je le connaissais fort affectionné à mon service, mais il était en réputation de n'avoir pas toute la fermeté nécessaire aux grandes choses ; son âge et les continuelles occupations d'une charge si laborieuse le pouvaient rendre moins assidu et moins propre à me suivre dans tous les lieux où les besoins du royaume et les guerres étrangères me pouvaient porter. Sa place était d'ailleurs si grande d'elle-même, par la qualité de premier officier du royaume et de chef de tous les Conseils, qu'étant jointe à la même participation étroite des affaires secrètes, elle semblait faire, du moins en ce temps-là, un de mes ministres trop grand et l'élever au-dessus des autres, ce que je ne voulais pas[1]. » C'est ainsi que Séguier cessa d'être ministre d'État, lui qui, depuis plus d'un quart de siècle, avait eu une très large part aux affaires d'État. Exclusion moins blessante peut-être pour sa personne que pour le grand office de la couronne dont il était revêtu.

À Louis XIV jetant en 1661 « les yeux sur toutes les diverses parties de l'État », il était apparu que « le désordre régnait partout » et qu'il n'y pourrait parer qu'en appliquant désormais « la maxime de l'ordre ». D'où ce souci de simplifier, clarifier et resserrer l'organisation du gouvernement manifesté par ses premières décisions. Mais ce dessein ne pouvait être exclusif et en même temps furent instaurés des dispositifs assez ambigus, appelés à subsister plusieurs années, dans lesquels le responsable d'un département ministériel ou de tel autre poste important était dépossédé de la conduite des matières relevant de lui pour n'être que l'exécutant de décisions au choix desquelles il n'avait eu aucune part. Un exemple typique d'une telle combinaison est fourni par le cas des Brienne, père et fils, titulaires du secrétariat d'État des Affaires étrangères, et auxquels fut enjoint de n'entretenir les correspondances diplomatiques qu'en fonction des directives que leur signifierait Lionne, ministre d'État.

Les gens des finances dans l'ensemble furent d'abord assez peu visés par les dispositions fracassantes qui suivirent la mort de Mazarin. Le surintendant avait simplement eu ordre de rendre compte de tout au Roi. Six mois allaient s'écouler avant que ne fondît sur eux le grand dérangement. Des mois pendant lesquels Louis XIV, après avoir remanié ses Conseils, repris en main le chancelier et les secrétaires d'État et ayant

1. *Ibid.*, p. 55 et 57.

résolu d'entrer « plus hardiment en matière », prit conscience qu'il lui « fallait par mille raisons, même pour se préparer à la réforme de la justice qui en avait tant de besoin, diminuer l'autorité des principales compagnies qui, sous prétexte que leurs jugements sont sans appel et, comme on parle, souverains et en dernier ressort, ayant pris peu à peu le nom de cours souveraines, se regardaient comme autant de souverainetés séparées et indépendantes. Je fis connaître que je ne souffrirais plus leurs entreprises. [...] Je leur fis encore mieux entendre mes intentions par un arrêt solennel de mon Conseil d'En-haut[1] ».

Daté du 8 juillet 1661, cet arrêt, dont le texte passe pour être l'œuvre du chancelier Séguier, débute par un long exposé, qui constitue un tableau de la situation et un rappel des principes. Le Roi y fait le constat du désordre qui, pendant sa minorité et jusqu'à la paix, s'est introduit « en l'administration de la justice » : « l'opiniâtreté des plaideurs » s'est « portée jusques à vouloir commettre à toutes rencontres l'authorité du Conseil d'Estat aveq toutes les compagnies souveraines ». Au reste, « l'audace de ces chicaneurs a trouvé en quelques-unes desdites cours plus de facilité et plus d'appuy qu'elles ne leur en auroient donné, si elles avoient bien considéré que la mesme puissance qui les a établies a mis des bornes à leurs jurisdictions, qu'elles ne peuvent passer sans attenter à la majesté du souverain ». En outre, « il a esté encore plus estrange que ceux qui portent particulièrement le nom de gens du Roy dans plusieurs desdites compagnies, establis principalement pour maintenir son authorité et qui doivent continuellement veiller à la conservation de ses intérestz, ayent esté les requérands de telles entreprises et qu'aucuns ayent abusé du nom et de la parole de Sa Majesté pour s'opposer à ses volontez ».

En conséquence, le Roi ordonnait « à toutes les compagnies souveraines dans l'estendue des païs de son obéissance, parlements, Grand Conseil, chambres des comptes, cours des aydes et autres [...] de defférer aux arrestz de son Conseil », avec « très expresses inhibitions et deffenses de prendre aucune cognoissance des affaires et procez dont Sa Majesté aura retenu et réservé le jugement à soy et à son Conseil, à peine de son indignation, sauf auxdites compagnies de s'addresser à Sa Majesté par voyes de supplications et remonstrances sur les inconvénientz qu'elles préjugeront pouvoir arriver de l'exécution desdits arrestz ». Il défendait à « ses advocats, procureurs généraux ou leurs substituts de prendre aucunes conclusions contraires aux arrestz de son Conseil pour en empescher ou sursoir l'exécution. Et dans les affaires de conséquence où Sa Majesté aura un intérest notable, sur lesquelles ils pourroient douter de ses intentions, enjoinct à sesdits advocats généraux de n'y former et prendre aucunes conclusions sans en avoir averti Monsieur le chancelier et receu par sa bouche les ordres de Sa Majesté, qu'ils seront tenus de suivre exactement[2] ».

1. *Ibid.*, p. 62-63.
2. Arrêt du Conseil daté de Fontainebleau le 8 juillet 1661 (Arch. nat., E 1713, fol. 141-143).

Cet arrêt exprimait des intentions très nettes : Louis XIV visait, d'une part, à reprendre fermement en main les officiers du ministère public, dont la fidélité avait chancelé pendant les troubles, et à leur rappeler qu'ils étaient les gens du Roi et non ceux des cours, et, d'autre part, à restaurer dans l'esprit de la magistrature la notion de cette supériorité que le Roi, en vertu de la plénitude de sa puissance, conservait toujours sur ceux auxquels il avait délégué, mais non abandonné, le pouvoir de juger en son nom. Les règles ainsi ravivées plutôt qu'instaurées intéressaient directement le surintendant et les intendants des finances, vu le grand nombre d'arrêts appelés à être rendus dans les Conseils sur leurs rapports ou leurs interventions.

Si les gens des finances n'avaient été qu'assez peu concernés par les changements déclenchés par le décès de Mazarin, c'est que le recours à « la maxime de l'ordre » leur avait été déjà appliqué du vivant du cardinal, quand la déclaration du 5 octobre 1658 et surtout l'arrêt du Conseil du 12 octobre 1660 avaient mis fin à la prolifération toute baroque des postes d'intendants[1]. L'arrêt du Conseil, en particulier, avait réduit ceux-ci à deux, exercés désormais « par simple commission sans finance ». Mesures radicales auxquelles l'expédition le 8 mars 1661 d'une troisième commission d'intendant des finances en faveur de Colbert semblait avoir contrevenu. On apprend, en effet, par l'abbé de Choisy, que, peu avant de mourir, Mazarin avait ordonné qu'« on chassât Le Tillier et qu'on donnât sa charge à Colbert pour deux cent mille francs, mais le surintendant ayant trouvé que, dans la justice, il falloit six cent mille francs pour rembourser Le Tillier et, l'argent étant rare, il proposa [...] de créer une troisième charge d'intendant pour Colbert[2] ». Celui-ci allait donc être le premier à bénéficier de la gratuité de cette commission, sans pour autant l'exercer en surnombre, car la condition de surnuméraire échut à Le Tillier, mal en cour et voué à s'effacer. D'où cette suggestion de Louis XIV à Foucquet au matin du 10 mars : « Je vous prie de vous servir de Colbert, que feu M. le Cardinal m'a recommandé. » Invite aussitôt observée.

Colbert, en effet, prit séance en qualité d'intendant le 16 mars 1661 au Conseil d'État et des finances[3] et, tout en poursuivant les manœuvres occultes par lesquelles, depuis longtemps déjà, il minait implacablement le terrain sous les pas de Foucquet, il se montra d'emblée fort actif dans ses nouvelles fonctions, qu'il allait remplir en parfaite union avec l'autre intendant, Denis Marin, son cousin[4]. Dès le Conseil du 24 mars 1661, il

1. Voir *supra*, p. 279 et 282.
2. *Mémoires...* de l'abbé de Choisy, p. 578.
3. J. Villain, *La Fortune de Colbert*, p. 76.
4. Marin avait épousé en secondes noces en 1657 Marguerite Colbert de Terron († 1658), cousine germaine de Jean-Baptiste.

rapporta au moins trois affaires[1] et neuf à celui du 31 mars[2], dont l'une terminée par un arrêt qui le commettait avec Marin pour faire compter devant eux les financiers ayant passé avant 1659 des traités avec le Roi[3]. La vérification ainsi ordonnée lui était utile aussi bien pour conduire ses machinations contre Foucquet, que pour être éclairé dans ses fonctions d'intendant.

Des fonctions qu'il entendait exercer avec des compétences à la fois variées et étendues. Le 10 avril 1661, par exemple, ce fut sur son rapport, où il présentait sous de sombres couleurs l'état du commerce et des manufactures, que le Conseil le désigna avec Marin, d'Aligre, directeur des finances, et Chanut, conseiller d'État et ami de Foucquet, « pour recevoir les mémoires et instructions qui leur seront mis entre les mains par les marchands négocians des principalles villes de ce royaume pour le bien et utilité du commerce, remédier aux abus et inconvéniens qui en ont causé la diminution et affoiblissement, maintenir les manufactures, en establir de nouvelles et convier les sujetz de Sa Maiesté à faire bastir des vaisseaux et s'adonner à la navigation [...], pour estre du tout fait rapport à Sa Maiesté et ensuite par Elle pourveu au restablissement entier du commerce, qu'Elle déclare vouloir tenir doresnavant en singulière protection[4] ». Cet arrêt révèle que Colbert entendait ne pas dissocier les finances du commerce et, par ce biais, s'occuper aussi de la marine.

À la suite des ajustements découlant de la suppression du poste de premier ministre, l'administration des finances fonctionna donc d'une manière assez peu différente de ce qui se passait lors de la mort de Mazarin, avec un surintendant, trois directeurs au rôle très diminué (d'Aligre, Barrillon de Morangis et Ménardeau de Champré), deux contrôleurs généraux (Breteuil et Hervart) et trois intendants, dont deux (Colbert et Marin) fort actifs et l'autre (Le Tillier) de moins en moins employé. Cette situation dura plusieurs mois durant lesquels Colbert combina avec minutie la disgrâce du surintendant, à laquelle Louis XIV se résolut au début de mai. Il n'entre pas dans le propos de ce livre de retracer la maturation de cet événement[5], mais on en retiendra que, si conscient qu'il fût par moments des intrigues tissées contre lui, Foucquet n'a pu renoncer à l'idée que l'ardeur gouvernementale du Roi se relâcherait, qu'il recruterait un premier ministre, ce pour quoi il ferait appel à lui. Cette chimère l'incita, malgré les mises en garde, à se

1. Arch. nat., E 343[B], fol. 129-130, 131-132, 203-204. En outre, sa signature figure sur trois autres arrêts de ce jour (fol. 151-152, 153-154, 161-162).

2. *Ibid.*, fol. 230-242, 243-244, 295-296, 297-298, 299-300, 301-302, 376-377, 378-379, 392-393. En outre, sa signature figure sur quatre arrêts de ce jour (fol. 245-246, 303-306, 327-328, 357-358).

3. Arrêt du Conseil daté de Paris le 31 mars 1661 (*ibid.*, fol. 376-377). Cet arrêt reprenait les dispositions d'un arrêt du 24 octobre 1658, dont l'exécution avait été en partie éludée.

4. Arrêt du Conseil daté de Paris le 10 avril 1661 (*ibid.*, E 1713, fol. 47-48).

5. On se référera à ce sujet à I. MURAT, *Colbert* (Paris, 1980, in-8°) ; J. MEYER, *Colbert* (Paris, 1981, in-8°) et D. DESSERT, *Fouquet* (Paris, 1987, in-8°).

défaire au mois d'août de son office de procureur général du parlement de Paris, décision qui lui fut très préjudiciable[1].

Plus s'écoulaient les semaines et plus étaient mis au point par Colbert, dans le plus grand secret et les moindres détails, les préparatifs de l'arrestation de Foucquet. Pour priver celui-ci des moyens de se défendre et, en particulier, l'éloigner de la capitale, il fut décidé que le Roi, sous prétexte d'ouvrir la session des états de Bretagne, se rendrait avec son Conseil à Nantes, où il ferait appréhender son ministre. Les choses s'y passèrent comme prévu : au matin du 5 septembre 1661, à la sortie du Conseil, M. d'Artagnan, capitaine des mousquetaires, arrêta le surintendant, qu'il conduisit au château d'Angers, première étape d'une longue captivité.

Cette disgrâce fit l'effet d'un coup de tonnerre et, comme le Roi et Colbert s'attendaient à ce qu'elle semât la panique parmi les gens d'affaires alors que le Trésor était vide, Louis XIV, en cette journée du 5 septembre, adressa à Hervart cette lettre, dont Colbert avait dressé le brouillon :

> « Feu M. le Cardinal m'ayant assuré les derniers jours de sa vie que je trouverois toujours dans vostre bourse une assistance de deux ou trois millions de livres toutes les fois que le bien de mon service m'obligeroit d'apporter quelque changement dans l'administration de mes finances, à présent que j'ay esté obligé par diverses raisons de faire arrester le surintendant, j'ay esté bien ayse de vous écrire ces lignes pour vous dire que vous me ferez plaisir de me préparer, soit par vostre moyen, soit par celuy de vos amis, la plus grande somme que vous pourrez, afin que je m'en puisse servir au cas que j'en aye besoin. Sur quoy, j'attendrai vostre response[2]. »

On se gardait bien de faire part à Hervart des projets relatifs à l'administration des finances, afin de le laisser dans l'espérance à ce sujet et cette astuce réussit : il fit porter deux millions à Vincennes[3] et Colbert n'envisagea pas pour autant de lui faire dans le remaniement imminent de la surintendance une part plus large que celle déjà ménagée. Autant les gens des finances avaient été assez épargnés par les décisions prises lors de la mort de Mazarin, autant furent-ils touchés par celles mises en train par la chute de Foucquet.

Le Roi et son Conseil ne s'attardèrent pas en Bretagne et se hâtèrent de regagner Fontainebleau, où Colbert mit la dernière main avec

1. Si Foucquet était resté procureur général, son procès aurait dû se tenir devant le parlement et non, comme il le fut, devant une juridiction extraordinaire.

2. Clément, t. II, p. CC-CCI et note.

3. Son remboursement fut échelonné : un million de livres fut ordonnancé pour lui le 31 août 1662 (Arch. nat., K 118^{D}, n° 115, fol. 8v°-9 ; orig.) et un autre le 19 avril 1666 (Bibl. nat., Mél. Colbert, 272, fol. 157), en même temps que la somme de 251 825 livres, correspondant à l'intérêt de 5,5 % (denier 18) auquel l'avance avait été faite (*ibid.*, fol. 159 v°).

Louis XIV au nouvel ordre que le Roi entendait instaurer dans la gestion de ses finances. Les dispositions en furent formulées au long des dix-sept articles d'un règlement signé par Louis XIV et rendu public le 15 septembre 1661 [1]. Il en subsiste deux brouillons préparatoires de la main de Colbert, où de multiples ratures et retouches attestent les peines et les corrections que son élaboration lui imposa pour y faire converger les vues du souverain et les siennes propres [2].

Par l'article qui ouvrait ce règlement, le Roi supprimait « pour tousiours la commission de surintendant des finances et toutes les fonctions qui y sont attachées ». Louis XIV faisait donc subir au poste de surintendant le sort qu'il avait infligé à celui de premier ministre et la suite du règlement fixait de quelle manière il allait exercer lui-même la surintendance, comme il tenait depuis le mois de mars le rôle de premier ministre. En conséquence, « Sa Majesté, connoissant bien qu'Elle ne peut donner des marques plus grandes de son amour pour ses peuples que de prendre Elle-mesme le soin de l'administration de ses finances », avait résolu (art. 2) d'« appeller près de soy un conseil composé de personnes de capacité et probité connues, par l'advis duquel Elle agira dans ladite administration pour toutes les affaires qui estoyent résolues et exécutées par le surintendant seul ». Ce conseil (art. 3) « sera appellé le Conseil royal des Finances et sera composé d'un chef, soubz l'auctorité et en la présence de Sa Maiesté, lorsque Monsieur le chancellier ne sera pas audit Conseil, et de trois conseillers, dont l'un sera intendant des finances, se réservant Sa Maiesté d'appeller en iceluy Monsieur le chancellier lorsqu'Elle le jugera à propos ».

Le Roi retenait pour lui seul (art. 4) « la signature de toutes les ordonnances concernans les despenses comptables et les comptans, tant pour les despenses secrettes que pour remises, intérestz et autres de toute nature ». L'article 5 précisait que « les estats de la distribution des finances, tant pour les receptes générailes que pour les fermes, bois, domaines et autres deniers de toute nature seront remis par l'intendant des finances qui en aura le département, avec ses advis et raisons sur le changement à faire, entre les mains de celuy dudit Conseil royal qui sera ordonné par Sa Maiesté, pour en estre faict rapport, recevoir les ordres de Sadite Maiesté et ensuitte estre lesdits estats expédiez et signez par ledit intendant, remis entre les mains de celuy qui en aura faict le rapport, pour estre signez par Sa Maiesté et par ceux dudit Conseil ».

Par l'article 6, il était décidé que « l'intendant des finances qui aura l'honneur d'estre dudit Conseil aura l'Espargne dans son département et, en conséquence, tiendra le registre de toute la recepte et despense qui sera faicte, dont il ne donnera communication à aucune personne sans ordre exprez de Sa Maiesté ». « Toutes les ordonnances [art. 7] seront

1. Règlement daté de Fontainebleau le 15 septembre 1661 (Arch. nat., E 1713, fol. 173-175; orig.), publié, d'après copie et sous la date erronée du 25 septembre, par Clément, t. II, p. 749-750).
2. I. Murat, ouvr. cité, p. 109-110.

remises entre ses mains pour estre raportées à Sa Maiesté, enregistrées et paraphées par luy, et ensuite expédiées par les trésoriers de l'Espargne. » Le même intendant (art. 8) « fera rendre tous les comptes des fermes, receptes générales, bois, domaines, affaires extraordinaires et autres receptes de toute nature, pour en estre par luy faict raport audit Conseil royal, et lesdits comptes arrestez et signez par Sa Maiesté et ensuitte par ceux dudit Conseil royal », Conseil où (art. 9) seraient rapportées et résolues « toutes les demandes d'employ de nouvelles charges dans les estats de Sa Maiesté ».

« Et pour toutes les affaires qui estoient traictées et résolues dans le Conseil des Finances ou qui estoient signées par M. le chancellier, Sadite Maiesté tiendra ledit Conseil tel jour qu'il Luy plaira ordonner, auquel M. le chancellier assistera », ce sur quoi étaient précisés maints points de détail (art. 10). Pour finir, quelques prescriptions fixaient les rangs de séance au Conseil royal et l'apposition des signatures sur les arrêts et autres expéditions, et par le dernier article le Roi se réservait « de changer, augmenter ou diminuer au présent règlement selon que la nécessité de son service le pourra requérir ».

Point n'est besoin d'insister sur l'importance de ce règlement, importance résultant non seulement de ses dispositions, mais aussi, et peut-être surtout, du fait qu'elles ont été sur-le-champ mises en œuvre et que certaines ont été suivies jusqu'à la fin de l'Ancien Régime. En particulier, la suppression de la surintendance et son corollaire, la prise en main par le Roi de la direction suprême de ses finances, n'a jamais été remise en question avant la Révolution.

Le jour même de la publication du règlement, 15 septembre 1661, Louis XIV procéda aux nominations permettant au Conseil royal de Finances qu'il créait de fonctionner aussitôt : le maréchal duc de Villeroy fut institué chef de ce Conseil[1], dont Étienne d'Aligre, conseiller d'État et directeur des finances, Alexandre de Sève, conseiller d'État, et Jean-Baptiste Colbert, intendant des finances, furent créés conseillers[2]. Leur mode d'investiture mérite grande attention, car ils furent recrutés par commission. Ce n'était pas une innovation, mais la poursuite d'un objectif, inspiré sans doute par Colbert, dont la réalisation avait été entamée dans les derniers temps de Mazarin avec les arrêts du Conseil des 12 et 21 octobre 1660[3] et visant à ne conférer que par commission les

1. Commission de chef du Conseil royal des Finances pour le maréchal duc de Villeroy datée de Fontainebleau le 15 septembre 1661 (Bibl. nat., Ms. fr. 17567, fol. 73-74; minute).

2. Commission de conseiller au Conseil royal des Finances pour Étienne d'Aligre, conseiller d'État et directeur des finances, datée de Fontainebleau le 15 septembre 1661 (*ibid.*, fol. 75-76; minute). À la suite du texte de cette commission, on lit : « Il en a esté faict deux semblables pour Mrs de Sève et Colbert, à l'exception des différences mises au préambule pour expliquer les services de l'un et de l'autre. »

3. Voir *supra*, p. 281 et 282.

plus hautes charges de finance, ainsi révocables d'un jour à l'autre et pleinement dépendantes de la volonté du Roi. Jusqu'à la Révolution, le chef et les conseillers du Conseil royal des finances continueront d'être désignés de cette manière. Dans les années suivantes, nous verrons, en application de la même règle, d'autres postes importants perdre le statut d'office pour recevoir celui de commission.

Colbert devenait ainsi ouvertement un personnage de premier plan, non seulement parce qu'il prit la place de Foucquet dans le Conseil des Trois, mais par les responsabilités qui lui incombèrent en vertu du règlement du 15 septembre et de sa commission de conseiller au Conseil royal des Finances. Le règlement, on l'a vu, attribuait à l'intendant des finances appelé à « l'honneur d'estre dudit Conseil » des compétences très étendues, qui l'amenaient à traiter beaucoup d'affaires personnellement avec le Roi. Et comme le règlement plaçait l'Épargne dans son département, Hervart se trouva ainsi dépouillé de cette commission de l'Épargne qu'il exerçait depuis 1653 et qui lui tenait tant à cœur.

Avec la création du Conseil royal des Finances, Louis XIV mettait la dernière main à la réorganisation de ses Conseils entamée dès la mort de Mazarin. Il avait ainsi instauré une nette distinction entre les Conseils qu'il présiderait toujours lui-même, que les historiens (mais jamais les contemporains) ont appelés « Conseils de gouvernement », et les Conseils qu'il ferait tenir par le chancelier. Les premiers étaient le Conseil d'En-haut, le Conseil des Dépêches et le Conseil royal des Finances (auxquels se joignit, à partir d'août 1664, un Conseil royal de Commerce, actif en 1665, 1666 et 1667 et ensuite entré en sommeil), les autres étant le Conseil d'État privé ou Conseil des Parties, le Conseil d'État et des finances, la grande et la petite Direction.

Qu'en était-il à l'automne de 1661 de l'équipe de Messieurs des finances ? Privée désormais et pour toujours de surintendant, elle comprenait trois directeurs, deux contrôleurs généraux et trois intendants des finances. Le titre et les gages de directeurs furent conservés à d'Aligre, à Barrillon de Morangis et à Ménardeau de Champré, par égard pour leurs personnes et leurs services passés, mais ils n'en exerçaient plus les fonctions depuis longtemps et durent se contenter de leur dignité et de leurs activités de conseillers d'État. Breteuil et Hervart continuaient, avec l'aide des commis-gardes des registres, à remplir par roulement les formalités du contrôle général, mais la position personnelle d'Hervart se trouvait diminuée par la perte de la commission de l'Épargne. La situation des trois intendants des finances était plus complexe.

L'un d'eux, Le Tillier, fut progressivement écarté des affaires avant d'être amené à se retirer en septembre 1662[1]. Les deux postes auxquels

1. Bibl. nat., Ms. fr. 7651, fol. 42v°. Il acquit alors l'office de receveur des consignations du Conseil du Roi, du parlement, des requêtes de l'hôtel, du Grand Conseil, de la cour des aides, du Châtelet, de la chambre du trésor et du bailliage du palais à Paris, office dans lequel il fit de mauvaises affaires, qui l'incitèrent à émigrer sur la fin de 1665 à Venise, où il mourut en 1680.

l'effectif des intendants des finances avait été réduit en octobre 1660 étaient remplis par Marin et par Colbert, mais pas sur un pied d'égalité. La commission de conseiller au Conseil royal destinée à un intendant ayant été octroyée à Colbert et le règlement du 15 septembre conférant à celle-ci des responsabilités et des prérogatives très importantes, il se trouva être ainsi comme le supérieur de son collègue Marin. En place depuis mai 1650, ce dernier en fut si chagriné qu'il présenta des « remontrances » sur certains points de ce règlement. Il considérait que, d'après son 5e article, il semblait qu'« un intendant des finances ne soit plus qu'un commis d'un conseiller au Conseil royal, parce qu'il n'auroit d'autre fonction que de luy donner ses mémoires pour les raporter à Sa Majesté et ensuitte rendus audit intendant pour dresser lesdits estatz et les remettre ez mains dudit conseiller, ce qu'asseurément le Roy n'a pas entendu ». À propos de l'article 8, il estimait qu'« il seroit de l'ordre que l'intendant qui fera l'estat du Roy examine et raporte l'estat au vray à la Direction, pour y estre signé par Mrs du Conseil royal, pour après estre par eux présenté à Sa Majesté pour le signer. Et s'il y a un débet, l'intendant qui a l'Espargne en peult prendre l'extraict pour donner ordre au recouvrement ». Touchant l'article 9, « sy l'on continue les prestz sur les receptes générales, il est important, jugeait-il, que la discussion en soit faicte par l'intendant qui faict les commissions et les estatz, afin que l'on trouve en une seulle main et en un instant tous les éclaircissemens que le Roy demandera d'une mesme nature de deniers. Néantmoins, comme l'intendant de l'Espargne a besoin de sçavoir tout ce qui revient au Roy, il pourra signer lesdits prestz et en prendre des copies pour les enregistrer ». Rappelant, au sujet de l'article 15, que, lorsque le nombre des intendants avait été porté à douze, ils avaient cessé d'assister aux rôles et comptants de l'Épargne et de les signer, il exposait qu'« à présent qu'il n'y a que deux intendans, outre celuy de l'Espargne, ils espèrent de la justice et de la bonté de Sa Majesté qu'ils seront restabliz dans l'honneur dont eux et leurs prédécesseurs ont eu dans l'assistance et la signature desdits rolles et comptans (*sic*), joint qu'il y a tant d'autres choses dont ils sont privez par ledit nouveau règlement, que ce qu'ils demandent à présent n'est pas considérable à l'esgard de ce qu'ils perdent. Et après tout, quant ce que dessus aura esté meurement considéré, ledit Sr Marin se soubmet à tout ce qu'il plaira à Sa Majesté de luy commender, estant tousjours prest de Luy obéir et sans aucun murmure [1] ».

Le ton de ces « remontrances » était assez modéré et déférent pour qu'elles ne pussent être prises en mauvaise part. Comme Marin n'a cessé jusqu'à sa mort en 1678 de servir fidèlement auprès de son cousin Colbert, il n'est pas impossible qu'un arrangement amiable soit intervenu entre eux, à la satisfaction au moins partielle du réclamant.

1. « Remontrances à faire sur le règlement faict pour le Conseil royal, de la part du Sr Marin, intendant des finances » ; s.d. [fin septembre ou octobre 1661] (Arch. nat., KK 597, p. 555-557).

La situation ainsi créée restait encore ambiguë. Elle subsista néanmoins jusque vers le milieu de 1665, où Louis XIV jugea le moment venu de donner à la primauté de fait exercée par Colbert sur les gens des finances sa consécration officielle, et cela en l'élargissant par la collation du contrôle général. Les choses se déroulèrent en deux étapes, car il fallait restituer à Breteuil et à Hervart les sommes qu'ils avaient payées pour en être pourvus et il n'y avait pas assez de fonds pour les satisfaire intégralement en une fois. Discrètement, dans un premier temps, par ordonnance du 15 juin 1665, 370 000 livres furent destinées à Breteuil et, par ordonnance du 20, 200 000 à Hervart[1]. Ainsi étaient-ils préparés au règlement du 12 décembre, par lequel le Roi fit l'annonce publique de sa résolution de « réunir toutes les fonctions du controlle général des finances en la personne du Sr Colbert, conseiller de Sa Majesté en tous ses Conseils et intendant de ses finances » et de faire rembourser à Breteuil et à Hervart la finance par eux versée en 1657. Il précisait les conditions dans lesquelles ceux-ci conserveraient leurs fonctions, séance, gages et appointements « jusques à leur entier et parfait remboursement » :

> « Ledit Sr Colbert signera en premier toutes les expéditions dudit controlle, aura la prescéance partout. Et lesdits Srs de Breteuil et Hervart signeront alternativement et par quartier, et à cet effet ledit Sr de Breteuil commencera au premier janvier de l'année 1666, et ledit Sr Hervart au premier avril et ainsy successivement. Ledit Sr Hervart servira le reste du présent quartier. Celuy des deux qui sera en quartier de service aura sa scéance dans les Conseils de Finances au bout de la table, à gauche dudit Sr Colbert, et l'autre la prendra entre la chaire du Roy et celle de Monsieur le chancelier, au lieu et place du plus ancien intendant des finances, lequel prendra sa scéance de l'autre costé de ladite chaire de Sa Majesté. Ledit Sr Colbert nommera tous les commis audit controlle[2]. »

Le même jour furent expédiées pour Colbert les lettres patentes par lesquelles Sa Majesté, considérant que, « dans la conduitte des plus grandes affaires de nostre Estat, dont nous vous avons donné part, nous avons receu en toutes occasions des preuves d'une extraordinaire capacité et intelligence pour l'ordre et direction de nos finances et singulière affection à nostre service », Elle le commettait pour, « au lieu desdicts Srs de Breteuil et Hervart, exercer seul la charge de controlleur général de nos finances et, à cet effect, avoir entrée et scéance en tous nosdicts Conseilz d'Estat et direction de nos finances [...] et voix délibérative en toutes les affaires qui s'y traicteront », remplir toutes les formalités du contrôle, « avec pouvoir de faire raport en nostredit Conseil de toutes les affaires qui concerneront nostre service et de toutes autres indifféremment, et faculté, en cas d'absence, maladie ou légitime empeschement,

1. Versements visés dans ceux mentionnés *infra*, p. 301, note 2.
2. Règlement daté de Paris le 12 décembre 1665 (Arch. nat., E 1726; orig.).

de commettre audict controlle telle personne que bon vous semblera, et le tenir conjointement avec l'office [*sic*] d'intendant des finances dont vous estes pourveu[1] ». Le jour même, Colbert prêta serment pour ces nouvelles fonctions entre les mains du chancelier Séguier.

Certaines dispositions de cette commission méritent une attention particulière. Non seulement elle investissait Colbert du contrôle général, non seulement elle lui attribuait pour cela entrée et séance dans les Conseils d'État et de direction des finances avec « voix délibérative en toutes les affaires qui s'y traicteront », mais, en lui donnant aussi « pouvoir de faire raport en nostredit Conseil de toutes les affaires qui concerneront nostre service et de toutes autres indifféremment », elle lui conférait sans fracas de très vastes compétences.

L'expédition de cette commission du 12 décembre 1665 est donc une étape capitale dans l'histoire de l'administration centrale des finances, celle à partir de laquelle le titre et les fonctions de contrôleur général caractérisèrent son principal responsable, substitué au surintendant sans en exercer tous les pouvoirs et tenant jusqu'à la fin de l'Ancien Régime, à part quelques brèves éclipses, le rôle d'un ministre des Finances.

Au reste, Colbert n'eut pas longtemps à partager avec ses deux prédécesseurs l'exercice du contrôle général : à la fin de 1666, les restes du Trésor de 1665 permirent de verser à Breteuil et à Hervart le solde de ce qui leur était dû[2]. Ils ne furent pas pour autant écartés des affaires. Breteuil était déjà conseiller d'État et Hervart reçut alors cette dignité et, jusqu'à sa mort en 1676, siégea avec Colbert en d'importantes commissions du Conseil, comme celles chargées de la recherche des usurpateurs de noblesse, de l'exécution des rôles de la chambre de justice, des affaires des domaines, des affaires des aides, rentes rachetées et francs-fiefs[3].

En cumulant les commissions de contrôleur général, de conseiller au Conseil royal et d'intendant des finances, Colbert put se sentir sans rival au sommet de son administration. Mais il éprouva en même temps que, flanqué d'un seul intendant, il n'y était pas assez secondé, quels que fussent le zèle et le labeur du fidèle Marin. Aussi ne tarda-t-il pas à se faire assister d'un autre intendant. Ce fut en allant travailler le 16 février 1666 chez d'Aligre qu'Olivier d'Ormesson apprit que Vincent Hotman

1. Commission datée de Paris le 12 décembre 1665 (Arch. dép. Côte-d'Or, 2 F 80, orig. ; publ. par Clément, t. VII, p. 402-403).

2. Au chapitre « Remboursements », un rôle des dépenses du Trésor royal de 1665, daté du 29 décembre 1666, prévoit le versement à Breteuil de la somme de 343 000 livres, « pour, avec celle de 307 000 livres, dont le Roi lui a faict fonds par son ordonnance du XVe iour de juin 1665, faire la somme de 650 000 livres, que Sa Maiesté luy a ordonnée pour le parfait paiement du remboursement de pareille somme qu'il a cy-devant payée à l'Espargne pour moitié de la finance de l'une des deux commissions de controlleurs généraux des finances dont il a esté pourveu » ; et le versement à Hervart de 444 000 livres, « pour, avec la somme de 200 000 livres, dont Sa Maiesté luy a cy-devant fait fonds par son ordonnance du 20e juin 1665, faire celle de 648 000 livres », qu'il a payée pour le même motif (Bibl. nat., Mél. Colbert, 272, fol. 135 v°; copie auth.).

3. *Ibid.*, Mél.Colbert, 282, fol. 357 ; 288, fol. 313 v°; 296, fol. 861.

de Fontenay était nommé intendant des finances « en la place de M. Colbert, qui se contentoit du contrôle général[1] » et ce fut au Conseil des finances du 18 mars qu'il le vit prendre « place comme intendant des finances, au lieu de M. Colbert. MM. de Breteuil et Hervart s'y trouvèrent aussy, parce que leur remboursement n'estoit pas achevé », tout cela ménagé par « M. Colbert, dont le crédit est plus grand qu'il n'a jamais esté et qui est le maistre[2] ».

Colbert savait pouvoir faire fond entièrement sur ce nouveau collègue, qui était depuis longtemps son protégé et, comme Marin, était son parent, marié depuis 1653 à une Colbert de la branche de Vandières. Sur l'intervention pressante de Colbert auprès de Mazarin, Hotman avait été nommé intendant de la généralité de Tours en 1656[3] et le même Colbert l'avait fait pourvoir en novembre 1663 d'une des deux charges de procureur général de la chambre de justice[4], poste de confiance d'où il pouvait tenir le ministre au courant de l'activité de cette juridiction. On notera qu'avec Hotman c'était un maître des requêtes qui accédait à l'une des deux charges d'intendant des finances.

En ce mois de mars 1666, au terme d'importants remaniements, les effectifs de l'administration des finances se trouvaient ramenés à un chiffre rappelant celui de ses débuts en 1552 ou de sa réorganisation dans les derniers temps de Sully. Aussi est-on comme ébahi devant l'ampleur et les résultats de la tâche accomplie par si peu d'hommes depuis la mort de Mazarin.

Une telle réussite eut plusieurs causes, les unes tenant au Roi, les autres à Colbert. Ce fut d'abord la persévérance inlassable avec laquelle Louis XIV soutint sa résolution d'exercer sans défaillance et sans partage « le métier de roi ». Lorsque Colbert avait conçu et préparé le règlement du 15 septembre 1661, un des documents qu'il soumit alors à Louis XIV portait cette suggestion : « Régler les jours du Roi » et celui-ci y avait écrit de sa main : « Mardi, jeudi et samedi[5]. » Ce furent en effet les jours auxquels il s'astreignit aussitôt à tenir avec une inlassable ponctualité le Conseil royal des Finances, que, dans le langage courant, l'on se contenta bientôt d'appeler simplement « le Conseil

1. Ormesson, t. II, p. 450.
2. *Ibid.*, p. 452.
3. Voir les lettres de Colbert à Mazarin des 28 juin et 15 septembre 1656 (Clément, t. I, n° 131, p. 248, et n° 139, p. 262-264).
4. Denis Talon, avocat général au parlement de Paris, avait été nommé en novembre 1661 procureur général de la chambre de justice, alors créée. Olivier d'Ormesson rapporte (t. II, p. 60-61) que Foucault, greffier de cette chambre, lui apprit que, le 26 novembre 1663, Colbert « avoit esté trouver M. Talon et luy avoit dit que, les affaires du parlement désirant sa présence, le Roy avoit résolu de le dispenser du service de la chambre de justice » et « que l'on faisoit deux procureurs généraux : M. Chamillart pour les affaires de l'Espargne et M. Hotman de Fontenay pour toutes les autres affaires ».
5. I. Murat, ouvr. cité, p. 109.

royal ». Louis XIV en ouvrit la première séance par cette allocution, dont Colbert avait dressé la minute :

« [...] J'ay résolu d'establir ce Conseil près de moy pour conduire mes finances par vos avis.

La première chose que je désire de vous est le secret ; et comme je l'estime important et nécessaire pour la bonne conduite de mes affaires, je suis bien ayse de vous dire que si j'apprends que l'on dise quelque chose de ce qui se sera passé icy, je suivray l'avis qui m'en sera donné jusqu'à son origine, pour oster de mon Conseil celuy qui aura esté capable de cette foiblesse.

Et la seconde est que je veux que chacun se charge du succès bon ou mauvais de quelque affaire que ce soit, quand une fois j'en auray pris la résolution et donné l'ordre, et que le tout s'exécute et soit soutenu avec fermeté, sincérité et secret.

Pour ce qui regarde la conduite de mes finances, je suis bien ayse de vous dire qu'en ayant pris une connoissance assez exacte depuis six mois, j'ay résolu de changer entièrement celle qui a esté tenue jusqu'à présent ; et au lieu qu'elles ont esté administrées avec désordre et confusion, je veux suivre un bon ordre [...][1]. »

Pour atteindre ce « bon ordre », le Roi ne crut pas pouvoir se contenter de réunir assidûment le Conseil royal et, comme il l'a lui-même expliqué, « je m'imposai pour loi de travailler régulièrement deux fois par jour, et deux ou trois heures chaque fois, avec diverses personnes, sans compter les heures que je passerais seul en particulier, ni le temps que je pourrais donner extraordinairement aux affaires extraordinaires s'il en survenait, n'y ayant pas un moment où il ne fût permis de m'en parler, pour peu qu'elles fussent pressées[2] ». Il accueillit notamment de la sorte le chancelier, les secrétaires d'État et le principal gestionnaire de ses finances (sans oublier les grands officiers de sa Maison) et il recourut à ces entretiens tête à tête avec une fréquence, une régularité et une constance inconnues à ses prédécesseurs. Ainsi s'instaura ce que les contemporains appelèrent « le Travail du Roi » et aussi « la Liasse », puisque ceux qui y étaient convoqués pénétraient dans le cabinet de Sa Majesté avec un portefeuille rempli de papiers et dossiers à Lui soumettre. Jusqu'à sa mort, Louis XIV observa cette pratique du Travail du Roi et ses successeurs s'y plièrent de même. Elle comportait pour certains Conseils un risque virtuel de concurrence, que l'on verra effectivement naître et se développer.

Quant à Colbert, il faut d'abord considérer qu'il sut d'emblée conquérir la confiance de Louis XIV et qu'ils purent longtemps, si l'on peut ainsi parler, marcher la main dans la main. La Fronde a inspiré au jeune souverain une méfiance universelle et Colbert fut l'un des rares hommes dont il se sentît absolument sûr. « Les recommandations de Mazarin ont,

1. CLÉMENT, t. II, p. CCII-CCIII.
2. *Mémoires pour l'instruction du Dauphin*, p. 51.

sans doute, influencé le Roi. Colbert est une figure familière [...]. Louis XIV est habitué à sa présence depuis son enfance. Dans la tourmente des trahisons, Colbert était le messager de la fidélité. Au début de son règne personnel, Louis XIV a vingt-trois ans et Colbert quarante-deux ans. Cette différence d'âge (dix-neuf ans) permet au ministre de conseiller le Roi avec une sorte de respectueuse autorité [...]. L'invraisemblable puissance de travail de Colbert plaît à un Roi qui, indéniablement, respecte le travail. Les méthodes de Colbert s'accordent assez bien au caractère de Louis XIV. Les deux hommes aiment le détail, contrairement à Mazarin. "Du détail en tout" demande le Roi à son ministre. Le goût de Colbert pour l'ordre et la présentation des dossiers séduit le monarque à la recherche d'une information claire et complète[1]. »

Si Colbert a pu mener des activités aussi variées qu'étendues, ce fut évidemment parce que ceux qui avaient mission d'exécuter ses directives et ses projets les savaient cautionnés par le Roi, mais aussi parce que le rôle qu'il avait longtemps tenu dans l'ombre de Mazarin l'avait initié à toutes les affaires de la monarchie, le prédisposant non seulement à gérer les finances, mais à élargir le champ d'action de celles-ci et à mettre en même temps sous sa coupe d'autres grands secteurs de l'État, le tout en bonne connaissance de cause. C'est pourquoi on ne peut traiter de l'administration des finances sous sa sujétion sans évoquer rapidement les autres responsabilités dont il s'empara avec un dessein qui, à beaucoup d'égards, n'était que la reprise des transformations des modes d'exercice du pouvoir mises en œuvre un demi-siècle plus tôt par Sully[2]. « Le parallèle entre Sully et Colbert s'impose [...]. Toutefois, il subsiste entre les deux expériences, l'une brève, l'autre plus longue, des différences importantes, sinon quant aux résultats, du moins quant à la vision qu'avaient les deux hommes de l'action politique. [... Colbert] a fait régner l'ordre, comme Sully lui-même l'avait fait avant lui. Mais c'est ici précisément que gît la différence : l'ordre de Colbert n'était pas de même essence que celui de Sully. [...] Tous deux ont voulu appliquer "la maxime de l'ordre". Mais ce n'était pas le même ordre : celui de Sully était un ordre militaire, celui de Colbert un ordre civil[3]. »

Colbert se montra d'abord plus avide de dossiers et d'attributions que de titres. Ce fut sur son rapport que, dès avril 1661, fut instituée une commission (dont il fit partie) chargée d'enquêter sur l'état du commerce et de proposer les moyens de le redresser[4] et aussitôt après la chute de Foucquet il mit la main sur la marine, à laquelle il portait intérêt pour des raisons commerciales autant que militaires. Rien ne ren-

1. I. Murat, ouvr. cité, p. 116.
2. Voir *supra*, p. 139.
3. B. Barbiche et S. de Dainville Barbiche, ouvr. cité, p. 210-212.
4. Voir *supra*, p. 294.

seigne sur les travaux des commissaires désignés en avril 1661, mais il est plausible de leur attribuer, au moins en partie, l'élaboration de l'édit de mai 1664 établissant la Compagnie des Indes occidentales, de la déclaration d'août 1664 établissant celle des Indes orientales et surtout de l'édit de septembre 1664 prononçant diminution du tarif des droits d'importation et d'exportation et portant règlement sur leur perception [1]. Dans le préambule de ce dernier, Louis XIV se référait à l'« ample rapport » qu'il avait demandé à ce sujet au « sieur Colbert, conseiller en notre Conseil royal et intendant de nos finances ayant le département de nos fermes et du commerce » et, d'autre part, il révélait qu'il venait d'« établir un Conseil de Commerce en notre présence, tous les quinze jours, et d'employer à cet effet le temps d'un des Conseils de nos Finances, que nous pouvons retrancher facilement, par le bon ordre que nous y avons établi, pour, en ce Conseil, examiner tous les moyens de pourvoir au rétablissement et augmentation du commerce, au-dedans et au-dehors de notre royaume, ensemble des manufactures ». Faisaient partie de ce nouveau Conseil de gouvernement le chancelier, les secrétaires d'État Lionne et Le Tellier, le chef et les trois conseillers du Conseil royal des Finances et aussi des délégués des principales villes commerçantes du royaume. Sa première séance venait de se tenir à Fontainebleau le 3 août 1664 et le fait qu'elle ait été ouverte par une longue allocution de Colbert [2] atteste que celui-ci y tenait un rôle prépondérant et que, probablement, il en avait suggéré l'établissement à Louis XIV.

Parmi les nombreuses matières qu'il embrassa, Colbert en traita d'abord certaines selon la procédure que Louis XIV avait imposée à Brienne, réduit à dresser, expédier et signer des actes et des correspondances dont la teneur lui était prescrite par Lionne [3]. Pour les Affaires étrangères, il n'en alla ainsi que pendant deux ans, Lionne ayant été revêtu du secrétariat d'État le 20 avril 1663, sur résignation de Brienne. La même combinaison régla beaucoup plus longtemps l'administration de la marine, pour laquelle Colbert prenait – ou suscitait – les ordres du Roi et faisait procéder par Brienne à leur mise en forme. Il en fut de même quand Lionne eut remplacé Brienne en avril 1663, mais, à la suite peut-être de quelques malentendus ou imbroglios et surtout après que Colbert eut pris en main le contrôle général, il parut opportun de préciser les tâches respectives de l'un et de l'autre. Ce fut l'objet, le 11 mai 1667, du « Règlement du Roi qui conserve à M. Colbert, contrôleur général des finances, le détail et le soin qu'il avoit déjà pour la marine, les galères, le commerce, etc., et laisse à M. de Lionne les expéditions à faire en conséquence », où il était statué que :

1. Édit daté de Vincennes en septembre 1664 (Arch. nat., AD+ 374, n° 2; impr. – *Actes royaux*, t. II, n°s 12519-12524).
2. Clément, t. II, p. ccLXIII-ccLXXII.
3. Sur ces questions on se reportera à J. Cras, *Hugues de Lionne (1611-1671)*, thèse de l'École des chartes, résumée dans *Positions des thèses... de 1995*, (Paris, 1995, in-8°), p. 51-58.

« Ledit sieur Colbert fera les mémoires des ordres à expédier, les lira en présence de Sa Majesté et, après les avoir lus, les remettra audit sieur de Lionne pour en dresser les expéditions ; qu'après que ledit sieur de Lionne les aura faites, il les enverra toutes à cachet volant audit sieur Colbert, y joignant des lettres de sa main pour ceux auxquels les ordres s'adresseront, afin que ledit sieur Colbert prenne soin de les leur faire tenir, et il les accompagnera d'une de ses lettres, par laquelle il marquera que l'on mette la réponse desdits ordres dans son paquet à cachet volant ; de laquelle réponse ledit sieur Colbert prendra lecture pour s'instruire de la suite des choses et, après l'avoir lue, il l'enverra audit sieur de Lionne pour en rendre compte à Sa Majesté[1]. »

Ces manèges subtils et tortueux cessèrent lorsque Colbert, tout en conservant les finances, fut revêtu le 16 février 1669 du secrétariat d'État dont Guénégaud du Plessis se défaisait en sa faveur et auquel la marine ressortit officiellement, ce qui impliqua des attributions fort étendues. Un règlement du 7 mars vint en effet spécifier que Colbert aurait « dans son département la Marine en toutes les provinces du royaume sans exception, mesme de la Bretagne, comme aussy les galères, les Compagnies des Indes orientales et occidentales et les pays de leurs concessions, le commerce tant dedans que dehors le royaume et tout ce qui en dépend, les consulats de la nation françoise dans les pays estrangers, les manufactures et les haras en quelque province du royaume qu'ils soient establis[2] ».

Outre la Marine et le commerce, ce secrétariat d'État engloba la Maison du Roi, le clergé et un lot de provinces comprenant en particulier Paris et l'Île-de-France, soit un département fort subtilement constitué. Être chargé de Paris, en effet, c'était assurer les relations avec le parlement, la chambre des comptes et le bureau de la Ville, tandis que le regard sur la Maison du Roi facilitait l'exercice des fonctions de surintendant et ordonnateur général des bâtiments du Roi, arts et manufactures de France, dont Colbert s'était fait revêtir le 1er janvier 1664[3]. Quant au clergé, ses assemblées périodiques accordaient au Roi le don gratuit, contribution importante de l'ordre au budget de la monarchie, à l'octroi de laquelle Messieurs des finances étaient particulièrement attentifs.

Le cumul de charges ainsi publiquement établi ne pouvait que renforcer la position de Colbert au sein des Conseils et du gouvernement, car, nonobstant les pouvoirs étendus qu'il détenait déjà, il ne pouvait, tant qu'il n'était pas secrétaire d'État, contresigner les lettres patentes, les

---

1. Règlement daté de Saint-Germain-en-Laye le 11 mai 1667 (Clément, t. III^{1}, p. 89-93).
2. « Règlement concernant les détails dont M. Colbert est chargé comme contrôleur et secrétaire d'Estat ayant le département de la Marine », daté de Paris le 7 mars 1669 (*ibid.*, p. 104-105). Voir à ce sujet É. Taillemite, *Colbert secrétaire d'État de la Marine et les réformes de 1669* (Paris, 1970, in-8°).
3. Provisions datées de Paris le 1er janvier 1664 (Arch. nat., O^{1} 10, fol. 298v°-302, copie ; publ. par Clément, t. V, p. 449-450). Sans oublier la charge très honorifique de grand trésorier des ordres du Roi, dont il fut pourvu le 26 août 1665.

brevets, les ordres du Roi et tous autres actes en commandement. L'obstacle était levé, ce qui allait lui faciliter l'exercice de son autorité en des domaines qui, en fait, relevaient de lui depuis huit ans, avantage qu'il rehaussa encore en se faisant revêtir le 28 août 1670 de l'office de grand maître, surintendant et général réformateur des mines et minières de France[1].

* *
*

Les diverses charges dont Colbert se rendit titulaire lui permirent d'assurer une emprise majeure sur le fonctionnement de l'État et ainsi de substituer en partie une gestion exécutive moderne à l'antique gestion judiciaire de la monarchie. Non sans témérité, on a recouru à l'expression de « révolution de 1661 » pour qualifier cette politique[2]. Un des traits majeurs de cette « révolution » fut d'atteindre un but visé par Sully, vers lequel la mort d'Henri IV avait arrêté sa marche, à savoir le retrait au chancelier de toute participation à l'administration des finances[3].

Les remaniements opérés après la mort de Mazarin avaient en vue plus l'office de chancelier que Séguier lui-même. Celui-ci était alors un vieillard de soixante-treize ans, déjà valétudinaire, dont les facultés déclinaient parfois[4] et qui mourra assez diminué en 1672. Mais son état facilita la tâche de ceux qui entendaient rogner ses prérogatives. Il n'avait plus la combativité qu'il avait encore manifestée de 1655 à 1658 pour la réforme des Conseils et, pourvu qu'on ne troublât point sa tranquillité et qu'on lui conservât les honneurs auxquels l'étiquette lui donnait droit, il laisserait s'accomplir bien des choses que jadis il n'eût pas supportées. On ne toucha point à l'apparat extérieur de la dignité de chancelier : il resta le premier officier de la couronne, ne cédant le pas qu'aux princes du sang, il continua à draper ses appartements de fleurs de lys, à se faire donner du « Monseigneur » par Colbert en personne. Mais l'autorité de ce personnage aux apparences toujours majestueuses subit une manière d'hémorragie[5].

Louis XIV lui-même entendait rabaisser une charge qui, disait-il, semblait faire « un de mes ministres trop grand et l'élever au-dessus des

---

1. Les provisions de cet office figuraient parmi les titres et papiers inventoriés dans le cabinet de Colbert après son décès (CLÉMENT, t. VII, p. 390-391).

2. M. ANTOINE, « Colbert et la révolution de 1661 », dans R. MOUSNIER (dir.), *Un nouveau Colbert.* Actes du colloque pour le tricentenaire de la mort de Colbert (Paris, 1985, in-8°), p. 99-109.

3. Voir *supra,* p. 146-152.

4. Une lettre adressée par Colbert à Mazarin le 24 septembre 1659 débutait ainsi : « Monsieur le chancelier n'a pas assez d'activité ; bien souvent, il n'est pas en estat qu'on luy puisse parler d'affaires » (CLÉMENT, t. I, n° 222, p. 377-378). Ce propos de Colbert s'appliquait à l'attitude de Séguier devant l'agitation nobiliaire dans certaines provinces.

5. Voir à ce sujet M. ANTOINE, *Le Conseil du roi sous le règne de Louis XV* (Genève 1970, in-8°. Mémoires et documents publiés par la Société de l'École des chartes (t. XIX), p. 43-53.

autres » et, en lui enjoignant, dès le 10 mars 1661, de ne rien signer en commandement que par ses ordres[1], il avait mis en branle le déclin des prérogatives de ce grand officier, qui, depuis des siècles, était un peu comme le secrétaire général de la monarchie. D'emblée fut atteinte sa prérogative de chef des Conseils : en écartant Séguier du Conseil d'En-haut, le Roi manifesta que désormais le chancelier ne serait plus de droit ministre d'État. La création du Conseil royal des Finances prêtait aussi à réfléchir, « se réservant Sa Majesté d'appeler en icelui M. le chancelier lorsqu'Elle le jugera à propos », mais, en pratique, il était difficile de l'en exclure et Séguier assista régulièrement à ses réunions, séance de fait qui devint par l'usage une séance de droit.

D'autre part, un mémoire datant du règne de Louis XVI expose qu'on a dû « établir que les secrétaires d'État signeroient les expéditions de finance dès qu'elles leur seroient présentées, sans examen et d'après la signature du contrôleur général sur la minute[2] ». À défaut de textes précis instaurant cette règle, les faits prouvent qu'elle était alors appliquée depuis longtemps et impliquent même qu'il fut enjoint à Séguier de sceller sans discussion les lettres patentes dressées dans les bureaux de Colbert et de signer de même les originaux-minutes d'arrêts du Conseil émanés aussi de là, ce qui était renouer avec certain procédé de Sully et même renchérir sur lui. Il semble que, très tôt, des arrêts rendus en apparence au Conseil royal ou au Conseil d'État et des finances aient en réalité énoncé des décisions prises par Louis XIV au cours de ses entretiens tête à tête avec Colbert. C'est ainsi que naquit, entre la pratique du « Travail du Roi » et les séances des Conseils relatives aux finances, une concurrence promise à un développement lourd de conséquences.

Une autre des activités essentielles du chancelier était la législation. Or c'est Colbert qui prit l'initiative des grandes opérations législatives du règne. Dès 1661, il avait en tête le projet d'une réformation des lois, mais ce fut seulement peu de temps avant sa nomination comme contrôleur général qu'il persuada Louis XIV de passer à l'action. Le Roi annonça le 30 mai 1665 qu'il entamait une telle réformation et, le 25 septembre suivant, se tint la première réunion de la commission, vite baptisée « Conseil de Justice », chargée de conduire le travail. Séguier la présidait et le Roi y vint parfois, mais le rôle majeur y revint aux commissaires du Conseil et aux magistrats du parlement de Paris qui en firent partie. Ainsi virent le jour l'ordonnance civile d'avril 1667 et l'ordonnance criminelle d'août 1670[3].

Au chancelier aussi appartenait depuis l'origine la désignation des intendants de justice, police et finance départis à travers les provinces et généralités du royaume. À partir de 1661, ils furent recrutés par Colbert,

1. Voir *supra*, p. 288 et 290-291.
2. Mémoire présenté à Louis XVI en vue de l'attribution au contrôleur général d'une charge de secrétaire d'État; s.d. [mai 1781] (Arch. nat., K 899, n° 41); voir à ce sujet *infra*, p. 525.
3. Voir M. BOULET-SAUTEL, « Colbert et la législation », dans *Un nouveau Colbert*, p. 119-132.

sauf pour les provinces frontières, où leur envoi incomba au secrétaire d'État de la Guerre. En bien d'autres circonstances, Colbert invita Séguier à instrumenter des nominations auxquelles celui-ci n'avait eu aucune part. En décembre 1665, par exemple, c'est lui qui écrit de sa main et envoie le « Mémoire des maistres des requestes ausquels il est nécessaire que Monseigneur le chancelier donne, s'il luy plaist, ses ordres pour aller dans les parlemens[1] ». Et même lorsqu'une mesure proposée par Séguier était adoptée, Colbert lui signifiait par quelles personnes elle serait mise en œuvre. Ce fut en 1667 le cas de la charge si importante de lieutenant général de police de Paris : l'idée de sa création était due à Séguier, mais en même temps qu'il l'avertit de son adoption, le contrôleur général lui indiqua à qui le Roi entendait confier ce poste[2].

Il y avait aussi des matières qui relevaient en majorité du chancelier et quelque peu des finances et sur lesquelles Colbert s'attribua pleine et entière compétence. Ce fut le cas des eaux et forêts. Elles étaient administrées par les officiers des maîtrises particulières, des grandes maîtrises et des tables de marbre, tous officiers de judicature, dépendant du chancelier. Mais les revenus des bois domaniaux, une des branches des finances ordinaires de la monarchie, étaient gérés par les receveurs généraux des domaines et bois, qui étaient des officiers comptables, dont l'activité était suivie par Messieurs des finances. C'est ainsi qu'en 1630 les trois intendants des finances avaient l'œil chacun sur les bois situés dans les provinces de leur département[3] et qu'en 1644 les bois dans leur ensemble faisaient partie des attributions d'un seul intendant, M. de Mauroy[4]. Il est possible que Colbert ait déjà inspiré l'arrêt du Conseil du 7 juillet 1661, par lequel, reprenant des dispositions portées par un arrêt de 1647 demeuré inexécuté, le Roi ordonnait que les ventes de bois dans les forêts privées sises à cinq lieues de la mer et des rivières ne pourraient se faire sans son autorisation[5]. Mais il est certain qu'après la chute de Foucquet il prit en main l'administration des eaux et forêts. Il fut le rapporteur de l'arrêt du Conseil du 15 octobre 1661 chargeant les grands maîtres de dresser et d'envoyer avant le 1er janvier 1662 procès-verbaux et mémoires sur la consistance, l'état et le produit des forêts

1. Mémoire de Colbert au chancelier; 8 décembre 1665 (Bibl. nat., Ms fr. 18469, fol. 54-65; orig. autogr.).

2. De Saint-Germain-en-Laye le 11 janvier 1667 Colbert écrivait en ces termes à Séguier : « J'envoye à Monseigneur le chancelier un mémoire escrit de la main du Roy de diverses affaires dont Sa Majesté debvoit luy parler la dernière fois qu'il tint son Conseil de justice icy, si Monditseigneur s'y fust trouvé, et dont Elle m'avoit ordonné de luy parler la dernière fois que j'ay esté à Paris [...] 3°, Sa Majesté ordonne, suivant l'advis de Monditseigneur, la séparation de la charge de lieutenant civil de Paris en deux, l'une pour la justice et l'autre pour la police, et Elle désire remplir ces deux places, sçavoir de M. Daubray pour la justice et de M. de La Reynie pour la police » (Bibl. nat., Ms. fr. 17349, fol. 35-36; orig. autogr.). Ce fut un édit de mars 1667 qui, par désunion d'avec la charge de lieutenant civil de la ville, prévôté et vicomté de Paris, porta création de celle de lieutenant de police; ces postes furent confiés aux deux personnes indiquées par Colbert.

3. Voir *supra*, p. 201.

4. Voir *supra*, p. 229.

5. Arrêt du Conseil daté de Fontainebleau le 7 juillet 1661 (Arch. nat., E 347^A^, fol. 177-178).

royales de leur ressort et ordonnant la clôture et la fermeture de celles-ci[1]. Se rendant bientôt compte que cette entreprise était mal conçue, il fit adopter un mois plus tard un autre arrêt par lequel les grands maîtres étaient déchargés de cette besogne, qui serait assumée par des commissaires choisis parmi les maîtres des requêtes et les intendants des provinces[2]. Ainsi furent mises en route les enquêtes, réformations et autres opérations couronnées par la grande ordonnance d'août 1669[3].

Voilà de longs propos sur les fonctions et les attributions échues à Colbert ou captées par lui, mais, pour examiner plus particulièrement le sort de l'administration centrale des finances sous sa gouverne, il faut toujours avoir présent à l'esprit le cumul de responsabilités qu'il a peu à peu assumé et la variété de la masse d'affaires qu'il a ainsi traitée.

Lors de sa mise en place par Henri II en 1552, l'équipe de Messieurs des finances avait été empreinte de caractères organiques d'une telle stabilité que, malgré diverses vicissitudes, ils s'étaient maintenus jusqu'en 1661. On sait que ces traits spécifiques étaient : la nature collégiale de cette administration, le statut de commissaire de ses membres et leur appartenance foncière au Conseil du Roi.

La collégialité des gens des finances se maintint lors des refontes opérées en 1661, mais elle n'embrassait plus que fort peu d'éléments. Après l'arrestation de Foucquet et la suppression du poste de surintendant, ne subsistaient que trois intendants des finances, bientôt réduits à deux, Marin et Colbert, celui-ci ayant en fait un rôle majeur. Quand il eut été nommé contrôleur général à la fin de 1665, il ne cumula pas longtemps cette charge avec celle d'intendant des finances, qu'il fit accorder en avril 1666 à Hotman de Fontenay. Et jusqu'à sa mort en 1683, il ne resta, en sa qualité de contrôleur général, assisté que de deux intendants. Après le décès de Marin en juin 1678, son intendance échut à Nicolas Desmaretz, maître des requêtes, ce neveu de Colbert formé depuis longtemps sous la férule de son oncle[4]. Sa nomination d'intendant fut pro-

1. Arrêt du Conseil daté de Fontainebleau le 15 octobre 1661 (Arch. nat., E 349^A, fol. 171-172).

2. Arrêt du Conseil daté de Fontainebleau le 17 novembre 1661 (*ibid.*, E 349^B, fol. 280-281). C'est ainsi que, par commission du 15 septembre 1662, Hotman de Fontenay, futur intendant des finances et alors commissaire départi dans la généralité de Tours, fut chargé de la réformation des eaux et forêts du pays Blésois (Bibl. nat., V^c Colbert, 245, fol. 6v°; mention).

3. On se reportera sur ce sujet à M. Devèze, *Une admirable réforme administrative. La grande réformation des forêts royales sous Colbert (1661-1680)* (Nancy, 1962, in-8°). Dans cet ouvrage si important une assertion de l'auteur n'est pas fondée. Il écrit (p. 75) que « dès octobre 1661 [...] les arrêts du Conseil rendus en matière forestière portent tous la mention "sur le rapport du sieur Colbert, conseiller au Conseil royal et intendant des finances ayant le département des bois" ». Or les références qu'il indique à ce sujet sont inexactes (p. 75, note 19) et, d'autre part, le recours aux registres d'originaux d'arrêts du Conseil du dernier trimestre de 1661 (Arch. nat., E 349^A, E 349^B, E 349^C, E 1712, 1713 et 1714) montre que Colbert n'y porte comme rapporteur que la qualité de « commissaire à ce député » ou de « conseiller au Conseil royal et intendant des finances », sans nulle mention du « département des bois ».

4. Voir *infra*, p. 329-330.

noncée en des termes qui méritent grande attention. Jusque-là, en effet, le Roi déclarait avoir « commis et ordonné » telle personne « en la charge d'intendant de nos finances ». Mais voici que Desmaretz fut « commis et ordonné [...] conseiller ordinaire en nos Conseils d'Estat et privé et direction de nos finances, pour nous servir doresnavant dans le département qui vous sera ordonné et partout ailleurs où besoin sera[1] ». Soit une formulation qui innovait, car, en qualifiant l'intéressé de « conseiller ordinaire en nos Conseils d'Estat et privé intendant de nos finances », le Roi lui attribuait le titre, mais non la dignité de conseiller d'État, qui était de nature viagère et ne pouvait être conférée que par des lettres patentes spéciales. Les expressions utilisées pour dresser cette commission ne purent avoir été employées au hasard ou par fantaisie, mais furent adoptées à dessein pour bien marquer que, selon la tradition, les intendants des finances appartenaient, de par leur charge, au Conseil du Roi. Faudrait-il y voir une initiative de Le Tellier, chancelier depuis peu de temps ? Ce libellé inaccoutumé constitua ensuite un précédent. Lorsque Colbert s'éteignit au début de septembre 1683 il n'avait plus à ses côtés que ce neveu, le poste d'Hotman restant vacant depuis sa mort le 13 mars précédent.

Faisaient toujours partie, à leur rang, des gens des finances les quatre secrétaires du Conseil d'État et des finances. On suggéra un jour de supprimer trois de leurs charges, d'affecter la survivante à la direction et de transmettre le reste de leurs fonctions aux secrétaires-greffiers du Conseil d'État privé[2], mais cette solution ne fut pas retenue, car depuis 1661 Colbert avait réussi à faire échoir à des fidèles ces charges, fort importantes pour les affaires d'argent[3].

D'autre part, le statut originel de commissaire de Messieurs des finances, après avoir été en danger dans les années de l'après-Fronde et fermement confirmé depuis octobre 1658, fut encore renforcé en 1661, d'autant qu'avec la suppression de la surintendance disparut une charge qui, après avoir été un moment traitée comme une commission, avait acquis sous Louis XIII une autre nature[4]. Les intendances de finances de Colbert, de Marin, de Hotman et de Desmaretz furent tenues par commission, de même que le contrôle général par Colbert. Celui-ci et Louis XIV semblent avoir eu à ce moment une prédilection pour ce mode d'investiture.

On remarque, en effet, que des postes de haute responsabilité perdirent alors la qualité d'office pour être convertis en commission. Ce fut d'abord le cas de deux des plus anciens et plus éminents offices de finance, ceux de trésorier de l'Épargne et de trésorier des parties

1. Commission datée de Saint-Germain-en-Laye le 25 juillet 1678 (Arch. nat., O^1 22, fol. 134 v°-135 ; copie). Denis Marin mourut le 28 juin 1678.
2. Cette proposition fait l'objet d'un mémoire anonyme et non daté adressé à Colbert vers les années 1665-1667 (Bibl. nat. Ms. Clairambault, 547).
3. Voir D. Dessert, *Argent, pouvoir et société...*, p. 329-330.
4. Voir *supra*, p. 189-195.

casuelles. Par édit d'avril 1664, Louis XIV, après s'être étendu sur les soins heureux avec lesquels il avait remis en ordre le gouvernement de ses finances, se fonda sur les preuves qu'il avait prises par lui-même d'« un si extraordinaire dérèglement » dans la gestion de l'Épargne, pour annoncer sa résolution d'« oster à l'avenir tous les moyens par lesquels on pouvoit retomber dans une pareille confusion. Et comme le titre des charges des principaux officiers comptables semble donner un moyen à ceux qui s'en trouvent pourveus de continuer les mêmes abus qu'ils ont pratiqué ou dont ils ont veu des exemples dans leurs familles ou leurs prédécesseurs dans les mêmes charges ; que le droit d'une succession dans les offices en rend les titulaires plus hardis et leur fait compter entre les droits légitimes et les prérogatives de leurs charges les malversations qu'ils y peuvent commettre ; que rien n'est tant capable de maintenir les officiers de finance dans le devoir que le choix ou la destitution que nous en pourrions faire ; qu'enfin la suppression de la surintendance emporte d'une suite nécessaire celle des charges des principaux comptables, aussi nous avons estimé que, pour ramener l'ordre de nos finances, il falloit supprimer toutes les marques des abus qui s'y sont commis et d'en abolir la mémoire par l'extinction générale des charges dont les fonctions ont servi à ces dérèglemens ». En conséquence, le Roi éteignait et supprimait « les trois charges de trésoriers de nostre Espargne, ancien, alternatif et triennal, ensemble celles de leurs premiers commis, sans que lesdites charges puissent être cy-après rétablies ou créées de nouveau, pour quelque cause et occasion que ce puisse être. Au lieu desquelles charges, dont le nom demeurera pareillement éteint et supprimé, il sera par nous annuellement et pour tel autre temps qu'il sera jugé plus à propos, commis des personnes d'expérience et de probité pour faire le maniement de nos finances en la forme et manière prescripte par nos ordonnances, lesquels commis seront nommez et appellez gardes du Trésor royal ». Étaient de même éteintes et supprimées « les trois charges de trésoriers de nos parties casuelles, ancien, alternatif et triennal, avec celles de leurs premiers commis, pour être à l'avenir exercées par personnes capables qui seront commis par nous en la même forme et manière que dessus ». Presque un siècle et demi après sa création, le plus considérable des officiers de finance, le trésorier de l'Épargne, perdait ainsi son existence et jusqu'à son nom pour se voir remplacé en ses fonctions par un commissaire. L'édit, enfin, portait règlement sur les appointements et droits afférents à ces nouvelles commissions[1]. On remarquera avec quelle lucidité les dangers nés de l'hérédité et de la vénalité des offices étaient dénoncés dans le préambule de cet édit, dangers bien souvent oubliés ou bravés ensuite !

1. Édit daté de Paris en avril 1664 (Arch. nat., AD+ 371, n° 25, impr. – *Actes royaux,* t. II, nos 12464-12466). Cet édit fut enregistré le 30 avril 1664 par la chambre des comptes, sur commandement du Roi porté par Monsieur, duc d'Orléans. L'édit prononçait aussi la suppression des trois charges de contrôleurs généraux des restes du Conseil, qui seraient à l'avenir exercées par commission.

Une dizaine d'années plus tard, d'autres charges moins prestigieuses, mais liées de fort près au contrôleur général, subirent le même sort. Le 27 avril 1675, par un arrêt du Conseil très bref, le Roi annonça soudain son dessein de rembourser les propriétaires des offices de commis-gardes des registres du contrôle général et leur ordonna, à cette fin, de présenter incessamment au Conseil tous leurs titres et actes justificatifs [1]. Cet apport put se faire dans les plus brefs délais, un même personnage ayant acquis tous ces offices par contrats successifs depuis 1662. Aussi, dès le 4 mai suivant, un autre arrêt du Conseil put-il liquider à 250 000 livres la finance de ces offices, qui serait remboursée à leur propriétaire, Pierre de Cestre [2]. Désormais les fonctions de commis-garde des registres furent attribuées par commission.

Une même mutation avait déjà frappé des offices qui étaient des offices de judicature, mais dont l'action relevait des finances depuis que Colbert avait mis la main sur ces matières : ceux de grands maîtres des eaux et forêts. Un édit d'avril 1667 avait, en effet, prononcé leur extinction [3] et les grandes maîtrises avaient été dès lors conférées par commission.

Il est manifeste que, pour être servis et obéis au doigt et à l'œil par des agents dont l'action relevait directement ou indirectement des finances, Louis XIV et Colbert ont choisi de substituer le commissaire révocable à l'officier inamovible, ce qui, pour une large part, était dans la ligne des décisions d'Henri II en 1552, mais constituait aussi un prélude à l'apparition du fonctionnaire moderne.

L'appartenance au Conseil du Roi était le troisième caractère constitutif de Messieurs des finances, caractère sans doute intangible, car il n'avait éprouvé aucune altération depuis le XVIe siècle. Il n'en subit pas davantage à partir de 1661, mais les modalités selon lesquelles il fut alors appelé à se déployer ont fait de ces années une des phases décisives de la longue histoire des Conseils du Roi [4].

On a déjà évoqué la refonte opérée par Louis XIV dans l'organisation de ses Conseils depuis la mort de Mazarin [5]. Désormais furent nettement distingués les uns des autres les Conseils de gouvernement, toujours tenus par le Roi en personne, et ceux où il ne venait que par exception et qu'il faisait tenir par le chancelier. Plusieurs innovations

1. Arrêt du Conseil daté de Saint-Germain-en-Laye le 27 avril 1675 (Arch. nat., E 484, fol. 575-576).

2. Arrêt du Conseil daté de Versailles le 4 mai 1675 (*ibid.*, E 485^A^, fol. 214-215).

3. Édit daté de Saint-Germain-en-Laye en avril 1667 (*ibid.*, AD^+^ 391, impr. – *Actes royaux*, t. III, n°s 12943-12947). Voir M. Devèze, ouvr. cité, p. 197-198.

4. Le livre d'Arthur de Boislisle, *Les Conseils du Roi sous Louis XIV* (Paris, 1884, in-8°), tirage à part des études par lui données en *Appendices* aux tomes IV, V, VI et VII de son édition des *Mémoires* de Saint-Simon, demeure, malgré son vieillissement et ses lacunes, un ouvrage de référence. Voir M. Antoine, *Le Conseil du Roi sous le règne de Louis XV*, p. 53-77.

5. Voir *supra*, p. 289-290.

marquantes avaient touché les Conseils de gouvernement. L'accès au plus important d'entre eux, le Conseil d'En-haut (couramment qualifié « Conseil d'État »), avait été réservé à trois ministres d'État seulement, recrutés sur simple appel verbal du souverain. Celui-ci avait décidé de tenir toujours lui-même le Conseil des Dépêches et il avait établi un nouveau Conseil : le Conseil royal des Finances[1]. Les événements s'étaient répercutés de façon inégale sur les Conseils présidés par le chancelier : le Conseil d'État privé ou Conseil des Parties et le Conseil d'État et des finances, composés l'un et l'autre des conseillers d'État et des maîtres des requêtes. Le Conseil des Parties, en effet, traversa cette période sans qu'on s'occupât beaucoup de lui, tandis que le Conseil d'État et des finances fut affecté par les remaniements alors opérés.

Le règlement du 15 septembre 1661 était riche d'innovations, non seulement parce qu'il instituait un Conseil qui n'existait pas auparavant, mais par sa composition. Autour du Roi, il ne groupait, avec le chancelier, que quatre membres investis par commission de titres inusités : l'un était nommé « chef » de ce Conseil royal des Finances et les trois autres « conseillers audit Conseil », l'un d'eux devant être intendant des finances et, en cette qualité, chargé de l'Épargne. Ce dernier, on le sait, fut Colbert et les deux autres furent choisis parmi les conseillers d'État. Mais ainsi un seul de Messieurs des finances faisait partie du Conseil suprême réglant celles-ci[2] et c'est cette qualité de « conseiller au Conseil royal des Finances » qui permit à Colbert de les prendre en main dès septembre 1661.

Le Conseil royal des Finances et le Conseil d'État et des finances furent donc appelés à coexister, le second tendant à être désigné, pour parer aux confusions, comme « Conseil ordinaire des Finances ». Alors que le règlement du 15 septembre 1661 entrait en de grands détails sur le rôle et les attributions du Conseil royal, il était fort discret sur le Conseil ordinaire, confiné dans le contentieux administratif. Un paragraphe de son article X précisait que « les affiches contenant les conditions des baux des fermes seront examinez et résolues dans ledit Conseil royal et ensuitte les fermes publiées, les enchères receues et les fermes adjugées dans le Conseil ordinaire des Finances ». Et, selon son article XIII, « les Conseils des Finances et grande Direction se tiendront ainsy qu'il est accoustumé, sans toutesfois que l'on y puisse traicter d'aucunes matières cy-dessus réservées au Conseil royal ». Concernant les Directions (art. XI), il décidait qu'une fois par semaine le chef du Conseil royal assemblerait « tous ceux qui auront l'honneur d'en estre, avec les autres directeurs, controolleurs généraux et intendans des finances, pour examiner toutes les affaires de finance, ainsy que l'on avoit acccoustumé de faire dans les petites Directions chez les surinten-

1. Sans parler de l'éphémère Conseil royal de Commerce créé en 1664 (*supra*, p. 298).
2. Il faut noter, toutefois, que l'un de ces conseillers d'État, Étienne d'Aligre, était un ancien directeur des finances.

dans, à l'exception toutesfois de celles cy-dessus réservées au Conseil royal, et particulièrement pour examiner les moyens d'augmenter les revenus ordinaires de S.M., diminuer et oster, s'il se peut, toutes les causes des diminutions des fermes et des non-valeurs des receptes générales ». Après quoi (art. XII), toutes les affaires examinées en petite Direction seraient « ensuitte rapportées dans les grandes Directions, pour y estre résolues en la forme accoustumée et qui a esté observée jusqu'à présent ».

On a vu que Louis XIV donna l'exemple d'une application rigoureuse du règlement du 15 septembre 1661, en particulier par une tenue ponctuelle de son Conseil royal des Finances les mardi, jeudi et samedi de chaque semaine. Les années passant et le nouvel ordre des finances imposant à ceux qui en étaient chargés une besogne de plus en plus lourde, le rythme tri-hebdomadaire de ces séances finit par leur causer tant de gêne qu'en avril 1665, Marin sollicita de Colbert ces arrangements :

> « S'il plaisoit au Roy de se contenter de tenir le Conseil royal les mardy et jeudy, Mrs d'Aligre, de Sève, de Breteuil et Marin pourroient revenir le jeudy au soir à Paris.
>
> Le vendredy après disner, on tiendroit l'assemblée pour les rentes racheptées[1], en cas qu'il n'y eust point de Conseil de Partie.
>
> S'il y en a, on pourroit le sabmedy matin travailler ausdites rentes rachep-tées et l'après-disner aux deniers revenans bons et autres affaires.
>
> Le lundy matin, on entendroit Mrs les maîtres des requêtes pour les affaires de finance. L'après-disner du mesme jour, on s'en retourneroit à St-Germain, pour tenir la petite Direction le matin du mardy, avant le Conseil royal.
>
> Cela estant ainsi réglé, les affaires ne recevroient aucun retardement [...][2]. »

Marin fut écouté et Colbert lui retourna son papier enrichi de cette apostille écrite de sa main : « Le Roy a ordonné l'exécution du contenu en ce mémoire. » Dès lors et jusqu'à la fin du règne, le Conseil royal ne siégea plus que le mardi et le jeudi. Quant à cette séance du lundi matin où, selon Marin, « on entendroit Mrs les maîtres des requêtes pour les affaires de finance », ce n'était autre chose que le Conseil d'État et des finances ou Conseil ordinaire. L'expression dont se sert Marin pour le désigner montre bien le rôle spécifique de rapporteurs qui y incombait aux maîtres des requêtes. Or nous avons relevé que, depuis au moins le temps d'Henri III, les maîtres des requêtes n'ont cessé de se plaindre amèrement d'être dépossédés en fait par les intendants des finances dans

1. C'est-à-dire la commission du Conseil créée pour procéder à l'exécution de la déclaration du 9 décembre 1664 portant suppression des rentes « appelées huit millions sur les tailles » et règlement pour leur remboursement. Colbert, Pussort, Marin, Hotman et Hervart composaient cette commission.

2. Bibl. nat., Mél. Colbert, 128*Bis*, fol. 732; orig.

les Conseils de finance de cet attribut de rapporteurs[1], qui ne leur était pas disputé au Conseil des Parties.

Que pouvait-il en être de cette concurrence en 1665, alors que les intendants des finances n'étaient que deux ? Le propos de Marin atteste qu'alors le Conseil d'État et des finances avait conservé ses activités, mais que celles-ci n'étaient plus aussi régulières que celles du Conseil d'État privé. Certes, Olivier d'Ormesson mentionne dans son *Journal* des Conseils ordinaires auxquels il assista et rapporta en 1665 et 1666[2], mais ce Conseil siégea de façon intermittente, ce qui aurait fait dériver certaines affaires vers le Conseil des Parties, où elles auraient été présentées par les maîtres des requêtes. Lorsque, vers ce temps, il fut suggéré de ne conserver qu'une seule charge de secrétaire du Conseil ordinaire des finances en l'affectant à la Direction, au bénéfice des quatre secrétaires-greffiers du Conseil des Parties, il fut représenté à cette fin que « pour les affaires contentieuses qui se jugent au Conseil qu'on appelle Conseil de Finance, composé des mêmes officiers que celuy des Parties, [...] il suffiroit des quatre greffiers du Conseil [...], la pluspart de ces natures d'affaires qui se rapportent par Mrs les maistres des requestes se jugeant au Conseil des Parties », ce qui permettrait de faire « cesser l'activité desdits greffiers, qui les faict attirer au Conseil des Parties plusieurs affaires de finances[3] ». On peut se demander si ces saisines du Conseil des Parties ne décèlent pas une tentative de Séguier et de son entourage pour regagner par ce biais un peu du terrain perdu ailleurs. Peu après la mort du chancelier, en effet, l'intendant de Bordeaux reçut cette lettre de Colbert :

> « Dans les Directions de finances, il a esté observé que, dans les derniers temps de la vie de feu Mgr le chancelier, il a esté donné divers arrests sur cette matière dans le Conseil des Parties, qui sont signez par les greffiers dudit Conseil ; et comme il est difficil que ces arrests ayent esté donnez avec toute la connoissance nécessaire sur cette matière, quand le rapport n'en a pas esté fait dans le Conseil de Finances, Sa Majesté veut qu'en cas qu'il vous en soit présenté de cette sorte, vous ayez à m'en donner advis et à m'en envoyer copie, avant que de procéder à leur exécution[4]. »

Le Conseil ordinaire des Finances glissait ainsi peu à peu vers sa mise en sommeil. « De Conseil des finances pour les maistres des requestes, il ne s'en donne plus », notait en janvier 1667 Olivier d'Ormesson[5], lequel, ayant résigné peu après son office de maître des requêtes, ne fut plus en mesure de suivre jour après jour le sort de ce Conseil ordinaire.

1. Voir *supra*, p. 111-115, 130, 164.
2. Ormesson, t. II, p. 336, 374-375, 408, 452, 473.
3. Voir *supra*, p. 311.
4. Colbert à M. d'Aguesseau, intendant de Bordeaux ; Paris, 20 mai 1672 (Arch. nat., H 1691, fol. 36 ; orig.). Il s'agit probablement d'une circulaire adressée à tous les intendants.
5. Ormesson, t. II, p. 498.

En réalité, celui-ci se réunit encore après 1667, mais l'historien est frappé par le fait que, malgré la raréfaction progressive de ses séances, la masse des arrêts émanés ou censés émaner de lui n'a nullement diminué pour autant. D'où la question de savoir comment étaient prises les nombreuses décisions ainsi instrumentées.

Ce qui est certain, c'est que la mort de Séguier le 28 janvier 1672 ne vint en rien arrêter ni même freiner le cours des choses. L'office de chancelier paraissait alors si vacillant, que d'aucuns se demandèrent si le Roi n'allait pas l'éteindre. Par règlement du 4 février, en effet, Louis XIV annonça qu'il avait résolu de garder lui-même les sceaux et d'en tenir l'audience[1]. Puis, « voulant que ses Conseils d'Estat, tant pour ses finances que pour les parties, continuent comme par le passé », il décida, le 9 février, qu'ils seraient tenus par le doyen du Conseil et conseiller au Conseil royal Étienne d'Aligre, qui en signerait les arrêts[2]. « L'on dit, conte Olivier d'Ormesson, que la raison de ce règlement [du 4 février] est pour avoir le temps de réformer tous les abus que l'on prétend estre dans la chancellerie, et diminuer l'autorité et la fonction de cette charge de chancelier. Car, comme on a pris pour maxime de supprimer les grandes charges, celle de connestable, d'amiral, l'on veut aussi, sinon supprimer, du moins anéantir celle de chancelier et donner toute l'autorité aux ministres; et, sur cela, l'on m'a dit que M. le Prince avoit observé que l'on n'avoit supprimé ces deux grandes charges que pour faire M. Colbert amiral et M. de Louvois connestable; et comme M. Colbert fait depuis dix ans la principale partie de la charge de chancelier, en distribuant tous les employs aux maistres des requestes, en proposant seul au Roy les personnes propres pour remplir les charges qui viennent à vaquer, [...] estant le maistre de l'agrément pour toutes les charges de la robe, dont on ne peut estre pourveu que par son ministère, à cause de la consignation du prix, M. Colbert, qui a usurpé tout cet employ par la foiblesse du défunt, ne veut pas le perdre par l'establissement d'un nouveau chancelier qui voudra faire sa charge[3]. »

Colbert se contenta de faire obstacle à la nomination de celui à qui sa longue expérience et son dévouement absolu à la monarchie semblaient destiner cette charge : Le Tellier. Peu avant d'aller envahir la Hollande, Louis XIV, le 23 avril 1672, confia la charge révocable de garde des sceaux à d'Aligre, dont la commission de conseiller au Conseil royal des Finances échut alors au fameux oncle de Colbert, le conseiller d'État Henri Pussort[4].

---

1. Règlement daté de Saint-Germain-en-Laye le 4 février 1672 (Arch. nat., O^1 16, fol. 35v°-37; copie. – Publ. par A. TESSEREAU, *Histoire chronologique de la grande chancellerie de France*, t. I [Paris, 1710, in-fol.], p. 683-684).

2. Règlement daté de Saint-Germain-en-Laye le 9 février 1672 (Arch. nat., O^1 16, fol. 51; copie).

3. ORMESSON, t. II, p. 626-627.

4. Commission pour M. Pussort datée de Saint-Germain-en-Laye le 25 avril 1672 (Arch. nat., O^1 16, fol. 295; copie). – Sur le personnage, voir R. PILLORGET, « Henri Pussort, oncle de Colbert (1615-1697) », dans R. MOUSNIER (et coll.), *Le Conseil du Roi de Louis XII à la Révolution* (Paris, 1970, in-8°), p. 255-274.

On s'en était donc tenu à la situation qui s'était révélée si commode depuis 1661 : disposer à la chancellerie d'un vieillard déclinant et peu entreprenant. L'octogénaire d'Aligre, outre qu'il était tout dévoué à Colbert, remplit si bien ces conditions qu'il finit par être créé chancelier de France en janvier 1674. À sa mort en octobre 1677, Michel Le Tellier lui succéda dans cet office tout en restant ministre d'État, ce qui lui conservait un poids important dans le Conseil et le gouvernement.

Sous d'Aligre, le Conseil ordinaire des Finances continua à s'assembler. Le grand règlement que le Roi signa le 3 janvier 1673 pour le Conseil d'État posa que celui-ci serait composé du chancelier ou du garde des sceaux, de trente-trois conseillers d'État, du contrôleur général et des deux intendants des finances [1], mais comme il semblait concerner surtout le Conseil des Parties, il fallut préciser, par arrêt du 14 mars suivant, que le Roi n'avait pas entendu ordonner qu'« aucunes affaires concernant les finances de Sa Majesté peussent estre raportées ny jugées ailleurs qu'audit Conseil d'Estat et direction de ses finances, suivans les anciens règlemens, qui seront gardés et observés [2] ». Et lorsque, l'année suivante, Louis XIV fixa les dispositions à suivre « pour la conduite et direction de ses finances » pendant qu'il serait aux armées, il posa : « Les Conseils de finances et de grande Direction au pallais des Tuilleries, aux jours et heures que Monsieur le chancellier donnera [3]. » Qu'en fut-il ensuite au fil des ans de la fréquence des réunions du Conseil ordinaire ? À partir de 1677 et dans les années suivantes, le chancelier Le Tellier, bien au fait des traditions et riche d'une longue expérience des affaires, a-t-il encore pu réunir ce Conseil ? Celui-ci, en tout cas, pencha comme sans rémission vers son déclin, mais le processus selon lequel se déploya cette mauvaise fortune reste à étudier de près.

Quoi qu'il en ait été, les gens des finances, sans mettre en cause leur appartenance innée au Conseil du Roi, l'ont vécue à partir de 1661 selon un mode à eux propre, révélateur de la manière dont fut conduite dans son ensemble leur administration. Comme, ainsi qu'on l'a déjà noté, le nombre des arrêts présumés rendus en Conseil ordinaire des finances n'a décru en rien, il est clair qu'un bon nombre de ceux-ci, couramment appelés « arrêts en finance », instrumentait en fait des décisions prises soit au cours du Travail du Roi, soit dans les bureaux du contrôleur général et des intendants des finances. D'où la nécessité d'aller, autant que faire se peut, à la découverte de ces bureaux.

---

1. Règlement daté de Versailles le 3 janvier 1673 (Arch. nat., E 1770, fol. 3-21 ; orig.).
2. Arrêt du Conseil daté de Versailles le 14 mars 1673 (*ibid.*, fol. 246).
3. Règlement daté de Versailles le 18 avril 1674, article II (*ibid.*, E 1775, fol. 359-360 ; orig.). L'article III indiquait : « Le Conseil royal des Finances se tiendra chez Monsieur le chancellier. » – Le règlement rendu aux mêmes fins à Saint-Germain-en-Laye le 22 mai 1672 avait ordonné que le Conseil royal serait tenu par la Reine en sa chambre (*ibid.*, E 1766, fol. 237 ; orig.) ; ces dispositions furent suivies par reconduction tacite en 1674, 1675 et 1676.

* *
*

En prononçant le 15 septembre 1661 la suppression de la surintendance des finances, Louis XIV annonça qu'il serait désormais son propre surintendant et précisa les tâches qu'il entendait assumer à cette fin[1]. Il ne pouvait, en effet, se charger dans son intégralité de la besogne incombant à Foucquet et à ses prédécesseurs : il lui eût fallu pour cela mettre en place une sorte de secrétariat particulier, avec des commis et autres auxiliaires, ce qui était impensable. Il retint seulement tout ce qui, dans les attributions du surintendant disparu, relevait de sa prérogative d'ordonnateur exclusif des deniers de l'État. Il n'éluda jamais les devoirs qu'il s'était ainsi fixés et il en découla pour lui une grosse charge matérielle et de lourdes obligations paperassières, dont il s'acquittait soit au Conseil royal, soit au cours de son travail particulier avec l'intendant des finances membre de ce Conseil auquel il confia l'Épargne, c'est-à-dire Colbert.

Les fonctions majeures de la charge supprimée semblaient ainsi revenir au Roi, qui, selon Saint-Simon, « crut les faire par les *bon* et les signatures dont Colbert, souple commis, l'accabla, tandis qu'il saisit toute l'économie et tout le pouvoir des finances et qu'il s'en rendit maître plus qu'aucun surintendant[2] ». Bien que Saint-Simon ne fût âgé que de sept ans lors de la mort de Colbert, il semble que ces propos, fondés sur ce qu'il vit pratiquer plus tard, rendent assez bien compte de ce qu'impliqua la mise en œuvre du règlement du 15 septembre 1661.

Instauré par ce règlement, le Conseil royal se réunit, on le sait, fort régulièrement trois fois par semaine jusqu'en avril 1665, deux fois ensuite. Être appelé à y siéger ne signifia nullement être incorporé par là-même à Messieurs des finances. Seul Colbert était l'un d'eux, mais déjà avant septembre 1661. La place apparemment flatteuse et fort lucrative de chef de ce Conseil fut purement décorative. En se rendant maître des affaires, dit encore Saint-Simon, Colbert « ne trouvant pas d'aloi à exercer cette autorité sans voile, en imagina un de gaze en persuadant au Roi de créer une charge toute nouvelle de chef du Conseil des finances, qui auroit l'entrée dans ceux que le Roi tiendroit, dans les grandes directions, qui présideroit chez lui aux petites, qui feroit des signatures d'arrêts en finances et qui, avec un nom et une représentation, ne feroit rien en effet dans les finances et lui laisseroit l'autorité entière d'y tout faire et d'y tout régler[3] ». Par reconnaissance envers le maréchal duc de Villeroy, qui avait été son gouverneur pendant sa minorité, Louis XIV lui confia cette commission. Il en prit au sérieux les fonctions, présidant la petite Direction, apposant sa signature sur les arrêts

1. Voir *supra*, p. 296-297.
2. Saint-Simon, t. XXV, p. 47.
3. *Ibid.*

du Conseil, sans avoir pour autant la moindre part aux affaires, mais il en coûtait au Roi d'appointer deux commis auprès de lui[1] et de défrayer ses valets de chambre « pour les papiers, ancres, plumes et autres menues fournitures qu'ils ont faictes pour la table de la Direction des finances[2] ».

Sans parler de Colbert, les conseillers au Conseil royal eurent un rôle beaucoup plus actif. Leurs compétences et leur expérience leur permettaient d'opiner à bon escient dans ses séances, bien que, d'après le chancelier d'Aguesseau, ils se fussent « accoutumés à regarder la volonté du contrôleur général comme une loi suprême à laquelle ils pouvoient conformer leurs suffrages sans blesser leur réputation ni même leur conscience[3] ». Ils firent partie des commissions qui gravitèrent autour du Conseil, où s'accomplit un travail considérable. Le fait qu'on les trouve parfois appelés « directeurs » atteste l'importance de leur rôle[4] et, rapporte encore d'Aguesseau, ces places de conseiller au Conseil royal « excitoient alors l'ambition de tous les conseillers d'État. Elles les tiroient de pair, pour ainsi dire, et les approchoient fort près du ministre[5] par l'honneur d'assister deux fois la semaine à un Conseil où le Roi étoit présent, avec le chancelier, le chef du Conseil et le contrôleur général. M. de Breteuil [...] disoit que ceux qui remplissoient ces deux places étoient comme de petits dieux placés entre le Conseil ordinaire, qu'il comparoit à la nature humaine, et les ministres, qu'il regardoit comme les dieux de la terre[6] ». On a vu que la place de d'Aligre passa en 1672 à Pussort; celle vacante par la mort de M. de Sève en février 1673 fut attribuée à M. Poncet de La Rivière[7], au décès duquel en 1681 elle échut à M. Boucherat, conseiller d'État[8]. Toutefois, si actifs et écoutés qu'aient pu être ces conseillers, ils ne furent jamais considérés comme incorporés à Messieurs des finances.

Comme on l'a déjà indiqué, ces Messieurs au sens strict furent peu nombreux à partir de septembre 1661. Après la chute de Foucquet, ils comprirent seulement deux contrôleurs généraux et deux intendants, Marin et Colbert, ce dernier étant par ailleurs ministre d'État et conseiller au Conseil royal des Finances. Et à partir du 12 décembre 1665 et

1. Les sieurs Barcos et Guiger, aux appointements annuels de 3 000 livres chacun (Bibl. nat., Mél. Colbert, 264, fol. 273; 267, fol. 187v°; 268, fol. 623; 271, fol. 315v°; 277, fol. 310; 280, fol. 211; etc.).

2. 1 200 livres par an (*ibid.*, 277, fol. 322; 293; etc.).

3. « Discours sur la vie et la mort de M. d'Aguesseau, conseiller d'État », dans *Œuvres complètes du chancelier d'Aguesseau*, éd. par M. Pardessus, t. XV (Paris, 1819, in-8°), p. 347.

4. Appellation due aussi probablement au fait que l'un d'eux, le futur garde des sceaux d'Aligre, avait été directeur des finances au temps de Mazarin.

5. C'est-à-dire du ministre d'État.

6. « Discours sur la vie et la mort de M. d'Aguesseau... », p. 345.

7. Sa commission est en deficit dans le registre des expéditions du secrétariat d'État de la Maison du Roi pour 1673, qui est très incomplet (Arch. nat., O[1] 17).

8. Commission datée de Versailles le 15 mai 1681 (Arch. nat., O[1] 25, fol. 143v°-144; copie).

d'avril 1666 il n'y eut qu'un contrôleur général coiffant deux intendants. On notera le cas assez singulier de l'un de ceux-ci, Hotman, qui, à deux reprises, cumula les fonctions et les rétributions de son intendance des finances avec celles d'autres commissions importantes. En le nommant à cette intendance en avril 1666, le Roi le maintint et continua à l'appointer dans la charge de procureur général de la chambre de justice, dont il avait été pourvu en novembre 1663 et qu'il exerça jusqu'à la dissolution de celle-ci en 1669[1]. Quelques années plus tard, par commission du 14 décembre 1675[2], il dut, pendant deux ans et demi, exercer, conjointement avec son intendance, celle de la généralité de Paris, dont le titulaire, le conseiller d'État Colbert de Croissy, frère du contrôleur général, était l'un des plénipotentiaires envoyés à Nimègue négocier la paix[3]. Avant d'examiner comment ces Messieurs se répartirent les tâches, il faut bien prendre conscience que, celles-ci étant fort vastes et fort lourdes alors qu'ils n'étaient que trois pour les assumer, ils furent amenés, par la force des choses, à concéder des responsabilités importantes à leurs bureaux, où certains commis eurent en fait un rôle d'intendant.

Peu après qu'Hotman eut remplacé dans son intendance Colbert prenant le contrôle général, furent arrêtés le 28 avril 1666 au Conseil royal les « Départemens des S^rs^ controlleur général et intendans des finances pour l'année 1666 seulement ». En fait, ce terme fut assez largement dépassé, de sorte qu'il semble opportun de connaître dans son intégralité la répartition des compétences ainsi ménagée :

« Le Sr Colbert, controlleur général des finances.

Commerce. Gabelles de France. Cinq grosses fermes. Convoy de Bourdeaux. Patente de Languedoc. Barrage et pavé de Paris. Bois. Bourgongne. Bretagne. Languedoc. Turcies et levées. Bastimens et maisons royalles. Extraordinaire de la guerre. Artillerie. Marine de Levant et du Ponant. Clergé. Monnoyes. Prévosté de Nantes. Ponts et chaussées. Domaine du Roy et de la Reyne.

---

1. Outre ses appointements d'intendant des finances, Hotman perçut ceux de procureur général de la chambre et aussi chaque année les sommes à partager entre les deux substituts (7 200 livres chacun) et les deux secrétaires (3 200 livres chacun) qui servaient près de lui en la chambre (Bibl. nat., Mél. Colbert, 270, fol. 188; 271, fol. 90v°; 272, fol. 70v°; 273, fol. 334v°-335; 274, fol. 470v°; 276, fol. 290; 277, fol. 306v°, 307v°; 278, fol. 134-135; 280, fol. 236; 281, fol., 316v°).

2. Commission datée de Saint-Germain-en-Laye le 14 décembre 1675 (Arch. nat., O^1^ 19, fol. 301v°-303; copie).

3. À ce titre, Hotman perçut 10 000 livres par an pour lui et 1 200 pour son greffier, son secrétaire étant gratifié de 2 000 ivres (Bibl. nat., Mél. Colbert, 292, fol. 493; 300, fol. 627; 301, fol. 392v°; 302, fol. 485v°; 304, fol. 102v°). – Deux trésoriers de France du bureau des finances de la généralité de Paris reçurent chacun 1 500 livres en 1678 « pour leurs appointemens et vaccations d'avoir travaillé conjoinctement avec le Sr Hottman, intendant des finances, à l'examen des comptes des estats des estapes fournies en laditte généralité pendant l'année 1677 » (*ibid.*, 301, fol. 398v°). Un payement révèle l'existence d'un « Sr Chenedé, subdélégué du Sr Hotman, commissaire departy pour l'exécution des ordres de Sa Maiesté en la généralité de Paris » (*ibid.*, 307, fol. 230v°).

Le Sr Marin, intendant des finances.

Les dix-huit généralitez des païs d'élections pour la taille et le taillon. Rente sur l'hostel de ville de Paris. Octroys des villes. Chambre des comptes de Paris. Cour des aydes.

Le Sr Hottman, intendant des finances.

Aydes. Entrées. Gabelles de Provence et Dauphiné et douanne de Valence. Gabelles de Languedoc. Surtaux et 40 d. de Lion. Gabelles de Metz, Toul et Verdun. Ferme de Brouage. Neuf livres dix-huit sols de Picardie. Ferme d'Ingrande. Poisson, papiers et bières. Cendres. Marque du fer. Provence. Navarre. Artois et païs conquis. Metz, Toul et Verdun. Parlement de Paris. Grand Conseil. Ligues suisses[1]. »

Si précise qu'on l'ait voulue, cette distribution officielle des compétences ne dit mot d'un des attributs majeurs de Colbert et ensuite de tous ses successeurs dans le poste de contrôleur général, à savoir son droit de regard exclusif sur le Trésor royal et, par suite, sur la besogne du garde de ce Trésor. Ce silence n'était en rien l'effet d'une omission fortuite ou délibérée. Il découlait du fait que le Trésor ne pouvait être inclus dans le département de l'un ou l'autre de Messieurs des finances, puisque, depuis que le Roi avait supprimé la charge de surintendant pour s'en réserver les prérogatives, le Trésor relevait de lui seul et en droiture. D'où il résultait pour Colbert que s'occuper du Trésor, c'était assister le souverain dans sa tâche d'ordonnateur suprême et, conformément à l'article VI du règlement du 15 septembre 1661, tenir « le registre de toute la recepte et despense qui sera faicte, dont il ne donnera communication à aucune personne sans ordre exprès de Sa Maiesté », et cela séparément de tout ce qu'il avait à expédier à titre d'abord d'intendant et ensuite de contrôleur général des finances.

On voudra bien noter qu'il ne sera traité ici que du dispositif auquel Colbert recourut pour gérer les finances, sans que l'on examine celui qu'il adopta pour son secrétariat d'État, car ils constituèrent deux ensembles distincts et séparés, quelque connexion qu'aient eue leurs activités.

L'organisation des bureaux de Messieurs des finances sous Colbert ayant répondu à la nécessité de mener sous une même conduite trois besognes parallèles, on est incité à l'assimiler à un triptyque, dont un volet serait constitué par ce qu'on appelait traditionnellement commission de l'Épargne ou du Trésor royal, le deuxième par l'accomplissement des formalités du contrôle général et le troisième par l'expédition quotidienne des affaires relevant de chaque département.

Par le règlement du 15 septembre 1661, Louis XIV avait spécifié que l'intendant « qui aura l'honneur d'estre dudit Conseil [royal des

1. Départements arrêtés au Conseil royal des Finances tenu à Saint-Germain-en-Laye le 28 avril 1666 (Arch. nat., K 118[B], n° 132; orig.).

Finances] » aurait l'Épargne dans ses attributions. Cet intendant, c'était Colbert, qui se fit ainsi conférer en propre une responsabilité qualifiée communément de « commission de l'Épargne », exercée par Hervart auprès des surintendants depuis 1653 [1], et qui constitue le premier volet du triptyque. Mission de haute confiance qui, outre l'honneur et l'obligation très prestigieuse de travailler tête à tête avec le Roi, procurait à Colbert une rémunération particulière s'ajoutant à ses autres gages, mais qui lui imposait d'être secondé dans cette tâche par quelqu'un dont il fût absolument sûr. Il se reposa pour cela sur un homme qui, comme intendant général des affaires de Mazarin, servait déjà de longue date à ses côtés : Antoine Hercule Picon. Selon l'usage, il fut affecté à cette tâche par délégation personnelle de Colbert et non par commission du Roi, mais avec l'acquiescement de Sa Majesté. Il assuma cette fonction tout au long du ministère de Colbert et même au-delà. Les ordres de payement de ses appointements lui donnent les dénominations significatives de « commis à la surintendance tenant les registres du Roy [2] » ou de « commis du Sr Colbert tenant les registres de la surintendance [3] ». Mais l'habitude s'imposa peu à peu de le désigner comme « le premier commis des finances », appellation portée ensuite par tous ses successeurs et par eux seuls.

Avec cette titulature sans éclat, « *le* premier commis des finances » – à ne jamais confondre avec les premiers commis du contrôleur général – occupait en réalité dans la hiérarchie des collaborateurs des gens des finances un poste unique et à part, l'un des plus importants et des plus considérés. Certes, il n'était pas fort connu du public et même de la cour, car il n'était pas, comme les intendants des finances, en correspondance directe avec les intendants des provinces, les bureaux des finances, les cours supérieures. Mais sa dépendance intime du ministre et donc du Roi, le fait d'avoir logement à Versailles, ses relations nécessaires avec le garde du Trésor royal, le receveur des revenus casuels et les grands financiers, sa connaisssance intime des recettes ou dépenses les plus secrètes, faisaient de lui, dans la discrétion de ses tâches, un personnage considérable. Il avait évidemment sous ses ordres quelques commis et clercs, sur lesquels les informations sont rares et dont les écritures étaient sans doute rétribuées grâce au cahier de frais remboursé chaque année à leur maître.

Cette besogne dans laquelle Colbert était assisté par Picon répondait à l'application des articles V, VII et IX du règlement du 15 septembre 1661 et aboutissait à l'établissement d'« états de distributions des finances », c'est-à-dire des documents prévoyant les recettes et les dépenses, assignant ces dernières sur les différentes parties des revenus

1. Sur la commission de l'Épargne, voir *supra*, p. 260-263.
2. Bibl. nat., Mél. Colbert, 271, fol. 324; 277, fol. 310; 288, fol. 541v°; 290, fol. 457; 292, fol. 365.
3. *Ibid.* 272, fol. 281v°; 275, fol. 267v°; 280, fol. 212; 281, fol. 295; 284, fol. 380; 288, fol. 245v°; 290, fol. 178v°; 292, fol. 160v°; 293, fol. 603; etc.

et prescrivant aux comptables l'emploi qu'ils devaient faire de leurs fonds. Arrêtés au Conseil royal des Finances et signés par le souverain, ces états étaient appelés « états du Roi ». Comme leur exécution entraînait le maniement de sommes considérables, l'article VIII du règlement ordonnait que l'intendant des finances chargé des états du Roi, en l'occurrence Colbert, ferait « rendre tous les comptes des fermes, receptes générales, bois, domaines, affaires extraordinaires et autres receptes de toute nature, pour en estre par lui fait raport audit Conseil royal, et estre lesdits comptes arrestez et signez par S.M. et ensuitte par ceux dudit Conseil royal ». Destinés à rendre compte de l'exécution des états du Roi, ces états furent appelés « états au vrai ». Ainsi étaient introduits deux degrés successifs dans la comptabilité publique, obligatoires l'un et l'autre, mais dont le second était subordonné à l'exécution du premier, comme dut le préciser l'édit d'août 1669 portant règlement pour les chambres des comptes. Par celui-ci, en effet, il fut fait « deffenses aux comptables de présenter leurs comptes, que les estats n'en ayent esté arrestez en notre Conseil ou au bureau des finances, pour les natures de deniers dont l'estat y doit estre vérifié, à peine de trois mille livres d'amende, et à nos chambres des comptes de les recevoir et juger à peine de nullité » (art. XV). « Aucunes parties, ordonnait-il aussi (art. XVI), ne seront employées dans les comptes que celles qui seront passées dans les estats, à peine de nullité de l'employ et du quadruple contre les comptables[1]. » Cette vérification des états au vrai au Conseil, obligatoirement préalable à celle effectuée par les chambres des comptes, aurait ainsi un caractère judiciaire. Mais comme, en fait, il était impossible au Conseil royal d'examiner lui-même la validité de toutes les pièces présentées par les comptables, Colbert fit établir auprès de lui un bureau spécial, chargé de vérifier les états au vrai. Appelé « bureau de la vérification des états au vrai » ou simplement « bureau des états au vrai », il a existé jusqu'à la Révolution, formant une entité propre auprès des contrôleurs généraux, qui n'y plaçaient que des gens dont ils fussent sûrs[2].

Le contrôle général, deuxième volet du triptyque, avait statut de commission depuis mars 1655. Il avait été confié le 20 octobre 1657 à Breteuil et à Hervart, qui l'exercèrent jusqu'à ce que Colbert seul leur y fut substitué en décembre 1665. Ils avaient alors chacun un « commis » à leur service : le sieur Peussot auprès de Breteuil et, auprès d'Hervart, le sieur Pouget, remplacé en 1664 par Guillaume de Bie. Breteuil, Hervart, puis Colbert dans un premier temps s'acquittèrent de leur fonction comme leurs prédécesseurs, c'est-à-dire que, sous leur responsabilité,

1. Édit daté de Saint-Germain-en-Laye en août 1669, enregistré le 13 août par la chambre des comptes de Paris (Arch. nat., P 2382, p. 299-313; AD^{+} 406, n° 20-22, impr. – *Actes royaux*, t. III, n°s 13268-13275).

2. Sur ce bureau voir dans les archives d'Ormesson, la *Notice sur l'origine du bureau de la vérification des états au vrai* (Arch. nat., 144 AP 131, doss. 2; impr.)

les écritures et les comptes correspondants furent tenus par les quatre commis-gardes des registres servant par quartier, dont, de 1662 à 1669, les offices furent acquis l'un après l'autre par un même titulaire, Pierre de Cestre, par ailleurs secrétaire du Roi contrôleur de l'audience à la chancellerie du palais à Paris. Il en alla ainsi jusqu'en mai 1675 où, on l'a vu [1], Colbert fit éteindre ces offices, dont les fonctions seraient désormais tenues par commission. Cestre les exerça ainsi peu de temps, avant que, le 23 mars 1677, elles soient confiées à Guillaume Akakia, auparavant commis en chef au Conseil d'État privé et reçu secrétaire du Roi en janvier 1676. À l'instar de celle de premier commis des finances, cette commission émanait du contrôleur général et non du Roi [2].

Les compétences octroyées respectivement à Colbert, à Marin et à Hotman par la décision du 28 avril 1666 forment le troisième volet du triptyque. Comme ils coiffaient chacun un département aux attributions variées, ils durent organiser leurs services en conséquence. Détenant l'autorité la plus élevée et dominant d'importants secteurs, Colbert eut les bureaux les plus développés, certains nettement spécialisés, dont les plus en vue étaient celui ayant « le soin des dépesches », auparavant rattaché aux surintendants [3], et celui des « Bois ». À la tête du premier Colbert plaça M. Renart de Fuchsamberg, puis, ayant fait commettre celui-ci en 1670 à la charge de grand maître des eaux et forêts de Champagne, il lui donna pour successeur M. de La Garde. Quant au bureau s'occupant spécifiquement des eaux et forêts, que se partageaient jadis les intendants des finances et qui avaient été concentrées en 1644 entre les mains de Mauroy et en 1658 dans celles de Bordier [4], il fut dirigé d'abord par M. Mascrany, remplacé en 1670 par M. Carcavy d'Ussy. En 1662, un bureau s'occupait particulièrement des ponts et chaussées auprès de Colbert [5], mais l'année suivante il céda cette attribution à Marin, qui la conserva ensuite, malgré les dispositions d'avril 1666. Après sa mort en 1678, elle passa à Desmaretz son successeur. Les états de payement livrent les noms de bien d'autres commis de Colbert, les sieurs Deschiens, Chertemps, Lépineau, Hosdier, Hocquart, etc., mais il est difficile de discerner leur rang et leur rôle dans les bureaux. Il est

1. Voir *supra*, p. 313.

2. Dans l'inventaire dressé à partir du 17 janvier 1696 après le décès d'Akakia, figurent parmi les titres et papiers du défunt : « Deux pièces attachées ensemble, qui sont, l'une comme l'autre, la commission accordée par feu Monsieur Colbert [...] audit feu Sr Guillaume Akakia pour controller toutes les quittances de finance pour Mr le garde du Trésor royal et faire toutte la recepte dudit controlle, l'une comme l'autre desdites commissions signées Colbert, en datte du 23 mars mil six cens soixante-dix-sept » (Arch. nat., Min. centr. XXX/138). Ce pouvoir de désigner les commis du contrôle général était, selon la tradition, spécifié par la commission de contrôleur général de Colbert (voir *supra*, p. 300-301).

3. Un état de payement de 1653 et un autre de 1657 attestent le versement de 3600 livres d'appointements annuels au « Sr de Rives, ayant la commission des despesches soubs Messieurs les surintenddans » (Bibl. nat., N.a.f. 169, fol. 335 ; N.a.f. 170, fol. 530).

4. Bibl. Mazarine, Ms. 2646, fol. 196v°-198 ; copie. – Bibl. nat., Ms. fr. 17288, fol. 35 ; copie.

5. En 1662, des appointements de 3600 livres furent versés au commis de Colbert « ayant le département des ponts et chaussées » (Bibl. nat., Mél. Colbert, 264, fol. 373).

probable que le contrôleur général, avant de les affecter à une besogne spécifique, leur faisait traiter des dossiers variés, à la fois pour jauger leurs capacités et pour leur faire prendre notion de la nature et de la diversité des affaires qu'il embrassait.

Les deux intendants des finances n'étaient pas assistés par des bureaux aussi développés. Ils étaient flanqués chacun d'un « premier commis ». Pour Marin, ce fut François Rozée, qui resta ensuite un temps auprès de Desmaretz; et pour Hotman, ce fut d'abord Pierre Jacques et, à partir de 1667, Ange Le Normant, sieur des Fourneaux. Dès que lui échurent les ponts et chaussées en 1663, Marin se fit aider en cela par un commis spécialisé, le sieur Hoguin, puis à partir de 1666 le sieur Heurdelay. Il eut encore un autre commis, Tartière, à son service déjà en 1651[1].

Les divers appointements, gages et autres profits encaissés chaque année par les membres des Conseils et de l'administration des finances reflètent avec netteté la hiérarchie qui les régissait. Ils percevaient d'abord les appointements ordinaires afférents à leur charge, accrus pour certains soit par des « appointements extraordinaires », soit par une « augmentation d'appointements », voire par les deux. S'y ajoutaient pour beaucoup ce qu'on appelait « gages du Conseil », distincts des gages de conseiller d'État et qui n'impliquaient nullement qu'ils eussent accès aux Conseils. Une partie d'entre eux bénéficiait d'un acquit patent[2]. L'activité dans une commission extraordinaire du Conseil procurait des revenus particuliers. Une pension récompensait les services de tel ou tel. Certains premiers commis étaient remboursés de leur cahier de frais. Et, enfin, la bienveillance ou la reconnaissance du Roi s'exprimaient à l'occasion par une fastueuse gratification.

Les gages du Conseil étaient uniformément de 2 000 livres. Y avaient droit : le chef et les conseillers du Conseil royal des Finances, le contrôleur général et les intendants des finances, le premier commis des finances, les secrétaires du Conseil d'État et des finances, le garde et le premier commis du Trésor royal. Les acquits patents s'élevaient uniformément à 3 000 livres (250 par mois), quels qu'en fussent les bénéficiaires; ils étaient accordés de façon très égalitaire, à un contrôleur général ou un intendant des finances aussi bien qu'à tel ou tel de leurs commis. Les appointements ordinaires, les gages du Conseil et les pensions faisaient en général l'objet de deux versements couvrant, l'un les

1. Bibl. nat., Mél. Colbert, 106, fol. 198.

2. On appelait « acquit patent » un mandement en forme de petite lettre patente, par lequel le Roi ordonnait au garde du Trésor royal de verser une certaine somme à celui qui était porteur de ce mandement (GUYOT, *Répertoire universel et raisonné de jurisprudence...*, t. I (Paris, 1784, in-4°), p. 137. Les acquits patents étant en nombre limité étaient donc fort recherchés; ils offraient l'avantage d'échapper à l'impôt.

trois quarts du montant, l'autre, vers la fin de l'année, « le quartier retranché »[1].

À titre de comparaison, signalons que le chancelier de France ou le garde des sceaux recevait chaque année 40 000 livres pour ses appointements et 30 000 « pour ses extraordinaires », indépendamment du revenu que lui procuraient les droits de chancellerie. 40 000 livres étaient aussi la somme annuelle reçue par le maréchal de Villeroy pour sa commission de chef du Conseil royal des Finances, complétée par 2 000 livres de gages du Conseil[2]. Les conseillers au Conseil royal des Finances percevaient en cette qualité 10 000 livres par an et 2 000 de gages du Conseil, qui s'ajoutaient à leurs gages de conseillers d'État. Les appointements ordinaires d'un intendant des finances s'élevèrent depuis 1660 à 12 000 livres et étaient renforcés par 7 600 livres d'« appointements extraordinaires », 2 000 de gages du Conseil et 3 000 d'acquit patent, soit un total de 24 600 livres , qui, grâce à l'apport d'une « augmentation d'appointement » de 6 000 livres , passa, à partir de 1669 à 30 600 livres , somme qui ne varia plus ensuite.

De 1662 à 1665, Breteuil et Hervart encaissèrent, à titre de contrôleurs généraux, un montant global de 50 000 livres par an, soit : 2 000 livres de gages du Conseil, 6 000 de pension, 7 600 pour leur extraordinaire et 34 400 pour leurs appointements ordinaires. Ces derniers étaient élevés, car chacun avait payé 650 000 livres pour être revêtu de la charge. Colbert n'ayant rien eu à verser pour cela, n'eut pour le contrôle général que 12 000 de gages, puis 14 000 à partir de 1672.

Quant aux quatre secrétaires du Conseil d'État et des finances, qui ne servaient qu'un trimestre par an, ils recevaient chacun 11 070 livres d'appointements et gages du Conseil et 3 000 livres d'acquit patent[3].

Tous chiffres illustrés par le cas de Colbert. De 1661 à 1665, alors qu'il était intendant des finances, le Roi lui versa chaque année :

10 000 livres comme conseiller au Conseil royal.
10 000 livres d'appointements ordinaires d'intendant.
10 000 livres pour la commission de l'Épargne.
7 600 livres d'appointements extraordinaires d'intendant.
2 000 livres de gages du Conseil.
3 000 livres par acquit patent.
3 000 livres de pension.

1. Le payement des trois premiers quartiers était le plus souvent ordonné par un rôle des dépenses de l'Épargne ou du Trésor royal, celui du quartier retranché par un « comptant par certification ».

2. Villeroy touchait d'autre part ses appointements de maréchal (10 000 £), de gouverneur de Lyonnais, Forez et Beaujolais (6 000 £) et une pension de 6 000 livres.

3. Bibl. nat. Mél. Colbert, 693, fol. 606v°-607 ; 304, fol. 88v° et 235v°.

Soit 45 600 livres, total qui représente uniquement les « pensions, gages, états et appointements » qu'il recevait du Roi au titre des finances, compte non tenu de tous ceux qu'il touchait en qualité de secrétaire d'État, de surintendant des bâtiments du Roi et autres fonctions[1].

Toutes rémunérations annuelles grossies, le cas échéant, par quelque surcroît de travail. En plus de ses gages d'intendant des finances, Hotman toucha ceux des commissions qu'il exerça conjointement comme procureur général de la chambre de justice et intendant par intérim de la généralité de Paris (12 000 £). De 1667 à 1671 au moins, Colbert et Hotman reçurent 2 000 livres par an pour leur activité en la commission veillant à l'exécution des rôles des taxes ordonnées par la chambre de justice.

Il y avait enfin, en certaines occasions, des gratifications exceptionnelles. Les unes modestes, comme celle de 3 850 livres accordée en 1665 à M. de Sève, conseiller au Conseil royal des Finances, « en considération de ses services »[2]; d'autres beaucoup plus élevées. En 1667, Louis XIV donna à Colbert 200 000 livres « en considération de ses services et pour luy donner moïen de dotter la demoiselle sa fille, de laquelle Sa Maiesté a conclud le mariage avec le S^r [duc] de Chevreuse[3] ». L'année suivante, simplement « en considération de ses services et pour lui donner moïen de les continuer à l'avenir », le Roi octroya de nouveau 200 000 livres à son contrôleur général[4], à qui les mêmes raisons valurent des générosités encore plus substantielles : 250 000 livres en 1670 et 400 000 en 1679[5], mais, à ces dates, ces munificences récompensaient en lui à la fois le contrôleur général et le secrétaire d'État. Les intendants des finances bénéficiaient parfois de largesses moins somptueuses, mais fort appréciables : 40 000 livres en 1677 pour Hotman[6] et 60 000 livres la même année pour Marin[7].

Les rémunérations des commis et secrétaires des gens du Conseil royal et de l'administration révèlent le rang éminent du premier commis des finances. Chaque année jusqu'en 1670, en effet, Picon encaissa, outre 2 000 livres de gages du Conseil et 3 000 livres d'acquit patent, 10 000 livres « tant pour ses appointemens que pour ceux de ses commis ». Mais, à partir de 1671, Colbert reçut 8 000 livres pour

1. Sur l'ensemble des émoluments, gages, profits et revenus professionnels de Colbert, voir J. Villain, *La Fortune de Colbert*, p. 101-111.

2. Bibl. nat., Mél. Colbert, 270, fol. 414.

3. *Ibid.*, 276, fol. 336v°.

4. *Ibid.*, 280, fol. 275.

5. *Ibid.*, 285, fol. 403; 304, fol. 148v°.

6. « Par gratification en considération de ses services et pour lui donner moyen de les continuer » (*ibid.*, 300, fol. 510).

7. Cette somme avait été destinée par Sa Majesté à Marin dès 1672, « en considération tant du secours qu'il Luy donna sans intérest à la fin de l'année 1648 et au commencement de 1649, que des services qu'il Luy a rendus pendant les guerres civiles et dans ses Conseils pendant vingt-deux années » (*ibid.*, 290, fol. 51). Mais le payement ainsi prévu n'ayant pas été exécuté, il fut de nouveau ordonné en 1676 (*ibid.*, 297, fol. 303v°) et en 1677, où il fut enfin opéré (*ibid.*, 300, fol. 509v°).

« le cahier de frais de son premier commis » et dès lors les appointements ordinaires de Picon atteignirent à eux seuls 10 000 livres[1], grossies à l'occasion par quelque gratification[2].

Auprès de Colbert, le commis des dépêches et celui des eaux et forêts avaient des appointements ordinaires de 3 600 livres, complétés par 3 000 livres d'acquit patent, mais les commis leurs subordonnés n'étaient payés que de 2 000 livres. Chez Marin, le premier commis Rozée était gratifié d'un acquit patent de 3 000 livres et de 8 000 livres incluant son cahier de frais, le commis responsable des ponts et chaussées avait 3 600 livres de gages et Tartière 3 000 livres d'acquit patent. Mêmes chiffres chez Hotman pour son premier commis Le Normant : 8 000 livres pour appointements et cahier de frais et 3 000 livres d'acquit patent. De 1657 à 1665, les commis des deux contrôleurs généraux furent l'un et l'autre appointés à 3 000 livres. Depuis au moins 1673, « les cahiers de frais des expéditions des trois départemens des finances » – ceux de Colbert, Marin et Hotman – furent fixés forfaitairement à 8 000 livres annuelles chacun. Tous les ans, enfin, une somme de 3 000 livres était versée par acquit patent au secrétaire de chaque conseiller au Conseil royal et, sous forme d'appointements, à chacun des deux commis assistant le maréchal de Villeroy en ses fonctions de chef de ce Conseil.

On ignore combien de clercs travaillaient aux écritures sous la conduite de ces différents secrétaires et commis et le monde de ces derniers, au rôle si important pour la marche des affaires, est lui-même très mal connu, offrant parfois des aspects insoupçonnés.

Si l'on tente de recenser les commis ayant, à des moments divers, œuvré sous l'autorité de Colbert, on note un fort contingent de sujets appartenant à des familles originaires de la Champagne ou de ses confins et tenant de près ou de loin à Colbert, à Pussort ou à leurs parents et alliés. C'est le cas de Chertemps, d'Y de Séraucourt, de Renart de Fuchsamberg, d'Hocquart, d'Hosdier. C'est là un mode de recrutement dont probablement d'autres ministres offriraient aussi l'exemple. Mais l'une des originalités des bureaux de Colbert est, si l'on ose dire, d'avoir servi d'école d'administration.

On y relève, en effet, plusieurs personnages qui y sont entrés dans leur jeunesse et s'y sont préparés à de hautes fonctions administratives, voire politiques, ce qui implique que certains n'y donnèrent pour commencer qu'une partie de leur temps, le reste étant consacré à la conquête en université des titres et grades requis pour accéder aux offices qu'ils acquirent ensuite. Ce fut le cas de deux neveux de Colbert, Nicolas et Jean-Baptiste Desmaretz[3]. En septembre 1663, Nicolas, l'aîné et le plus

1. *Ibid.*, 284, fol. 380; 288, fol. 245v°; 287, fol. 471v°.
2. 8 000 livres en 1675 (*ibid.*, 293, fol. 294).
3. Ils étaient fils de sa sœur Marie (1626-1703), mariée en 1646 à Jean Desmaretz, trésorier de France au bureau des finances de Soissons.

connu, entra âgé de seize ans dans les bureaux de son oncle[1], où il semble avoir été rétribué sous forme non pas d'appointements, mais d'un acquit patent annuel de 3 000 livres , versé sans interruption même lorsqu'il fut devenu intendant des finances en 1678, après avoir été reçu conseiller au parlement de Paris le 8 janvier 1672 et maître des requêtes le 26 février 1674. On connaît mal ses activités dans ces deux offices, mais il semble qu'il ait d'abord été affecté au bureau des états au vrai[2] et il est certain qu'il a longtemps travaillé sous la férule de Colbert, se mettant au courant de tout et acquérant ainsi la formation et l'expérience qui lui permirent d'être nommé intendant des finances à l'âge de trente ans, de devenir plus tard directeur des finances et enfin, successeur médiat de son oncle, le dernier contrôleur général de Louis XIV. Son frère cadet, Jean-Baptiste, qu'on appelait M. Desmaretz de Vaubourg, fit un apprentissage moins long dans les bureaux de Colbert : en 1675, il est remboursé des 8 000 livres ordonnancées pour le cahier de frais du département[3], ce qui pourrait indiquer qu'il y servait depuis quelque temps déjà. 3 000 livres d'acquit patent lui furent versées jusqu'en 1678, c'est-à-dire jusqu'à sa nomination de conseiller au parlement de Paris le 29 mars 1678, suivie le 7 mars 1681 de celle de maître des requêtes, prélude à une carrière d'intendant en diverses provinces et à l'octroi le 14 juin 1709 de la dignité de conseiller d'État.

En 1673 bénéficièrent de 3 000 livres d'acquit patent « cinq commis dudit sieur Colbert », dont l'un était « le sieur de Breteuil[4] ». Il s'agit de François de Breteuil, fils de l'ancien contrôleur général. À cette date, il était maître des requêtes depuis 1671, après avoir été conseiller au parlement de Paris dès 1661. Il était donc titulaire d'un office de robe quand, conjointement avec Nicolas Desmaretz, il occupa ce poste de commis, qu'il quitta en 1674 pour aller exercer l'intendance d'Amiens, prélude à son accession à une intendance des finances en 1684. Quant à Louis François d'Y de Séraucourt, d'origine rémoise, il fut, en qualité de « commis dudit Sr Colbert », rémunéré depuis au moins 1664 et pendant les années suivantes[5], peut-être jusqu'à sa réception le 17 juin 1673 comme conseiller en la cour des aides de Paris; nommé maître des requêtes le 21 mars 1681, il fut pourvu en décembre 1682 de l'intendance de la généralité de Bourges, qu'il dirigea pendant dix-sept ans. De 1663 à 1666, sur les états de dépenses par acquits patents, apparaît, en

1. Au titre de l'année 1663, il fut gratifié d'un acquit patent de 1 000 livres (Bibl. nat., Mél. Colbert, 269, fol. 265v°), ce qui implique une rémunération couvrant les quatre derniers mois de l'année, puisqu'un acquit patent de 3 000 livres correspondait à douze mensualités de 250 livres.

2. C'est ce qui est indiqué par la *Notice historique sur l'origine du bureau de la vérification des états au vrai* (Arch. nat., 144 AP 131, doss.2).

3. Bibl. nat., Mél. Colbert, 296, fol. 811.

4. *Ibid.*, 292, fol. 364v°. Il toucha le même acquit patent pour 1674 et 1675 (Arch. nat., O^{1} 21, fol. 269. – Bibl. nat., Mél. Colbert, 296, fol. 1023).

5. Bibl. nat., Mél. Colbert, 269, fol. 266; 272, fol. 282v°; 275, fol. 268; 277, fol. 310v°; 280, fol. 255. À partir de 1668, son nom n'apparaît plus dans les dépenses du Trésor royal, mais il est possible qu'il ait été l'un des commis dès lors employés anonymement dans les rôles et états.

même temps que le nom de M. Marin, intendant des finances, celui d'un second sieur Marin, « commis de M. Colbert », en lequel il convient sans doute de reconnaître un des fils du premier[1].

Colbert s'est employé à faire reposer sur le contrôle général des finances la majeure partie de l'administration générale du royaume, et cela en substituant une gestion exécutive à la gestion traditionnellement judiciaire de la monarchie. Il a eu l'intuition que cette manière de conduire l'État exigeait des serviteurs convaincus de sa nécessité et rompus à la pratiquer. Aussi s'est-il fait une règle d'appeler certaines personnes de sa famille et de ses relations à travailler très jeunes à ses côtés, faisant ainsi effectuer à des hommes dont il était sûr un stage de formation et de perfectionnement au traitement administratif des affaires, en vue de les destiner à exercer ensuite de hautes responsabilités auprès du Conseil et dans les provinces. C'est dire l'importance de ses bureaux et de ses commis, qui sont aux origines du fonctionnarisme moderne.

Quelle que fût l'organisation des services centraux des finances sous Colbert et quels que fussent les hommes qui y étaient employés, la besogne qui s'y est accomplie serait incompréhensible sans le travail acharné que le ministre s'est imposé sans relâche pour faire face à ses responsabilités, car on ne doit jamais oublier qu'il les cumula officiellement depuis février 1669 avec celles d'un secrétariat d'État, dont il assumait en fait la gestion depuis 1661. Mais pour ce département il fut secondé de manière très efficace par son fils aîné, le marquis de Seignelay, à qui il avait fait donner très tôt la survivance de cette charge et qui avait été admis depuis mars 1672 à suivre les affaires et à signer les dépêches. Aux finances, en revanche, Colbert n'eut d'autres auxiliaires que deux intendants.

Son labeur opiniâtre finit à la longue par altérer sa santé, surtout depuis 1680, mais il fit face à ses multiples activités jusqu'à l'extrême limite de ses forces. Une limite atteinte à la fin de l'été de 1683, où Seignelay dut régler seul les obsèques de la Reine et le deuil de la cour, avant que Colbert, usé par le travail, ne s'éteigne à Paris le 6 septembre 1683, âgé seulement de soixante-quatre ans. Louis XIV était à Fontainebleau lorsqu'il en fut averti et, comme il s'attendait depuis plusieurs

1. Bibl. nat., Nouv. acq. fr., 22040, fol. 91v° et 92. Mél. Colbert, 269, fol. 267r°-v°; 272, fol. 282; 275, fol. 268. – Deux des fils de Marin firent carrière dans la robe. L'aîné, Arnoul, sgr de La Châtaigneraye, d'abord conseiller au parlement de Metz (1652), nommé maître des requêtes en 1667, intendant d'Orléans en 1671, fut premier président du parlement d'Aix de 1673 à 1690. L'autre, Pierre Marin de La Trousserie, fut reçu successivement secrétaire du Roi le 27 août 1652 (office qu'il résigna en mars 1656 à Jacques Le Tillier, intendant des finances) et conseiller au parlement de Paris le 29 juillet 1667, puis fut nommé maître des requêtes le 31 août 1672 et maître des requêtes honoraire le 20 octobre 1676. En l'état actuel de la documentation, il n'est pas possible de discerner lequel des deux travailla dans les bureaux de Colbert.

jours à cette nouvelle, il mit aussitôt en œuvre les dispositions qu'il avait prévues pour régler le sort des postes et des attributions que ce décès rendait vacants.

* *
*

Le jour même de la mort de Colbert, le Roi confia le contrôle général des finances à un conseiller d'État de robe, M. Le Peletier, et le créa ministre d'État. Parmi les charges et dignités du défunt, ce furent les seules dont il hérita. Celle de secrétaire d'État échut de droit à Seignelay, qui en avait la survivance et l'exerçait déjà conjointement avec son père. Quant à l'office de surintendant des bâtiments, Louis XIV l'attribua à Louvois, secrétaire d'État de la Guerre, ministre d'État et surintendant des postes. En outre, alors que l'ensemble du commerce relevait de Colbert, le Roi le partagea entre Louvois, à qui furent affectés le commerce intérieur, les manufactures et les haras, et Seignelay, chargé du commerce extérieur[1]. Le nouveau contrôleur général eut donc à gérer exclusivement les finances, sans assumer parallèlement comme Colbert de multiples responsabilités.

Les modalités de sa prise de fonctions méritent la plus grande attention, car elles établissent que le poste de contrôleur général des finances est alors enfin parvenu à son statut définitif, révélateur de l'ascendant que l'activité de Colbert lui avait procuré. Un premier témoignage en est fourni par les termes mêmes des lettres patentes par lesquelles Le Peletier en fut investi. Le dispositif de cet acte, en effet, reprend mot pour mot celui expédié pour son prédécesseur, à l'exception de quelques termes, mais ce sont des termes majeurs. En 1665, Louis XIV avait « commis, ordonné et député » Colbert pour exercer le contrôle général, alors que, le 6 septembre 1683, Le Peletier fut « constitué, ordonné et estably » à même fin, aux gages de 36 000 livres par an[2]. Nuance sémantique riche de sens. Les fonctions de contrôleur général, constituées en commission quand Colbert en avait été revêtu, avaient donc acquis avec lui tant de relief que, dix-huit ans plus tard, le Roi et le chancelier leur reconnaissaient le statut de « charge », statut propre à certains hauts postes de la monarchie, qui n'étaient confiés ni par lettres de provision ni par lettres de commission, mais par lettres de pouvoir, et qui, si éminents qu'ils fussent, n'en étaient pas moins révocables à tout moment au gré du souverain. Évolution reproduisant celle dont avait

1. Voir à ce sujet un Projet de règlement de mai 1699 sur le partage des attributions du commerce et des manufactures (Bibl. nat., Joly de Fleury, 1721, fol. 181-184) et un Mémoire au Roi de M. de Pontchartrain, contrôleur général (*ibid.*, 1720, fol. 90-111), ces deux documents publiés par BOISLISLE, *Correspondance*, t. II, p. 463-464 et 465-469.

2. Pouvoir daté de Fontainebleau le 6 septembre 1683 (Arch. nat., 259 AP 260, doss.1, n° 5, orig.; O[1] 27, fol. 263v°-265; copie).

bénéficié sous Louis XIII la surintendance des finances, mais qui, cette fois, eut pour elle la durée puisque tous les successeurs de Le Peletier furent mis de cette façon en possession du contrôle général. Le lendemain même, Le Peletier fut créé conseiller au Conseil royal des Finances à la place de Colbert[1], ce qui n'avait d'autre signification que de consacrer la qualité de rapporteur attitré en ce Conseil, que la marche des affaires avait conférée au contrôleur général.

D'autre part, les conditions d'accès de Le Peletier à cette charge démontrent, elles aussi, le caractère spécifique qu'elle avait atteint désormais. Il n'eut, en effet, rien à payer pour y parvenir. Certes, beaucoup de hauts emplois de la cour, du gouvernement et de la justice échappaient au régime ordinaire de la vénalité relevant des parties casuelles et appliquée aux offices de judicature, de finance et de chancellerie. Mais certains offices distribués directement par le Roi n'en donnaient pas moins lieu – avec son accord ou sa connivence, voire sur son ordre – à un trafic entre particuliers. Cela grâce à l'octroi d'un brevet de retenue, par lequel Sa Majesté fixait le montant de la somme que le détenteur d'une charge non vénale et non transmissible devrait recevoir des mains de son successeur en celle-ci. L'usage s'appliquait aux postes de secrétaires d'État et c'est ainsi que Colbert, en accédant en février 1669 à celui de Guénégaud du Plessis, avait dû verser 600 000 livres à ce dernier[2]. Or Le Peletier n'eut pas à débourser un sol en faveur de son prédécesseur (ou de ses héritiers) et ensuite ce fut le cas de tous ses successeurs au contrôle général. Cette absence de toute forme de vénalité était depuis toujours une caractéristique de l'office de chancelier de France.

Âgé de cinquante deux ans en septembre 1683, Claude Le Peletzier avait suivi une carrière très classique dans la magistrature : conseiller au Châtelet (1653), puis au parlement de Paris (1654), il avait acquis en 1662 un office de président aux enquêtes de cette cour et c'est en cette qualité qu'il avait été élu en août 1668 prévôt des marchands de la capitale, fonction qu'il exerça jusqu'en 1676 et qui lui valut, selon la tradition, d'être promu conseiller d'État le 18 avril 1673. L'expérience administrative acquise comme prévôt des marchands ne pouvait constituer un titre suffisant pour le faire accéder au contrôle général, auquel il fut poussé par les Le Tellier. Il était, en effet, cousin issu de germain du chancelier auquel, outre le jeu naturel de la solidarité du sang, il était intimement lié par des sentiments réciproques d'estime, de confiance et d'affection. Ce fut Le Tellier qui, alors que Colbert se mourait, incita Louis XIV à faire appel à ce parent pour lui succéder[3].

---

1. Commission datée de Fontainebleau le 7 septembre 1683 (*ibid.*, 259 AP 259, doss. 1, n° 4, orig. ; O[1] 27, fol. 265v°-266 ; copie).
2. J. VILLAIN, *La Fortune de Colbert*, p. 91.
3. Sur le personnage, voir M. STOLL, *Claude Le Peletier (1631-1711) contrôleur général des finances de Louis XIV*, thèse de l'École des chartes, résumée dans *Positions des thèses... de 1999*, (Paris, 1999, in-8°), p. 349-357.

Le clan Le Tellier prenait ainsi dans le Conseil une influence prépondérante au détriment du clan Colbert. Celui-ci ne comptait plus qu'un ministre d'État, Colbert de Croissy, frère du défunt et secrétaire d'État des Affaires étrangères [1], alors que le clan Le Tellier en comptait maintenant trois : Le Tellier, Louvois et le nouveau contrôleur général. Celui-ci, qui n'avait ni la forte personnalité ni l'incroyable puissance de travail de son prédécesseur, était un homme d'une parfaite intégrité, auquel le Roi accorda beaucoup d'estime et qui prit sa tâche fort à cœur.

Pendant ses premières années, l'administration des finances par Le Peletier se situa dans la ligne de celle de Colbert, mis à part quelques changements de détail et quelques mouvements de personnes, et cela dans les trois domaines spécifiques de ses attributions : les départements des finances, le contrôle général *stricto sensu* et le Trésor royal.

En prenant en main les finances, Le Peletier ne s'y trouva assisté que d'un seul intendant des finances, Nicolas Desmaretz, car le poste d'Hotman était toujours vacant depuis le décès de celui-ci le 13 mars. Dans un premier temps, les deux hommes travaillèrent de concert, Desmaretz donnant à Le Peletier tous les éclaircissements dont il avait besoin pour se mettre au fait des affaires. Quand il eut quitté la scène et retraça ses activités, c'est donc avec beaucoup d'ingratitude et d'inélégance que Le Peletier assura avoir éprouvé en y accédant que « M. Colbert avoit renfermé en luy-même toute la direction des finances et qu'il n'y avoit personne qui fût dans la suite des affaires et en estat de m'en instruire [2] ». Mais les deux hommes s'étaient séparés dans de pénibles circonstances. Sous le prétexte qu'il était, à tort ou à raison, compromis dans l'affaire des pièces de quatre sols – une ténébreuse malversation survenue à Lyon en 1674 –, Desmaretz eut ordre du Roi le 23 décembre 1683 de se défaire de sa commission d'intendant des finances et de se retirer dans sa terre de Maillebois, où il resta confiné plus de deux ans, ce qui infligeait un nouvel amoindrissement au clan Colbert [3].

Les deux intendances étaient ainsi sans titulaires et le restèrent jusqu'au 7 janvier 1684, où furent scellées les commissions attribuant celle de Desmaretz à M. de Breteuil, fils de l'ancien contrôleur général et depuis deux mois intendant de Flandre, et celle d'Hotman à Michel Le Peletier de Souzy, conseiller d'État. Ce dernier, brillant administrateur, n'était autre qu'un frère cadet du contrôleur général et venait donc renforcer le clan Le Tellier. Plusieurs points sont à relever à propos de

1. Seignelay ne deviendra ministre d'État que le 4 novembre 1689.

2. « Juin 1691. Mémoire présenté au Roy par Mr Le Peletier après avoir quitté les finances, par lequel il rend compte de son administration » (Bibl. nat., Ms.fr. 7750, fol. 72-87 ; publ. par J. Félix, dans *Études et documents*, t. IX [1997], p. 598-605 [Comité pour l'histoire économique et financière de la France]).

3. Sur cet épisode, voir Boislisle, « Desmaretz et l'affaire des pièces de quatre sols », Appendice n° XI au tome VII de son édition des *Mémoires* de Saint-Simon (p. 521-591).

ces choix. En premier, que l'une de ces intendances était confiée à un maître des requêtes : Breteuil. D'autre part, que le Roi les commettait, constituait et établissait chacun « conseiller ordinaire en nos Conseils d'Estat et privé intendant de nos finances[1] », c'est-à-dire qu'il prononçait leur nomination en utilisant la formulation nouvelle à laquelle il avait tenu à recourir en 1678 pour nommer Desmaretz, laquelle constitua si bien un précédent qu'elle fut de règle désormais[2]. Elle impliquait que s'ils se démettaient de leur intendance des finances ou en étaient congédiés, ils cesseraient de pouvoir s'intituler conseiller d'État, à moins d'avoir été gratifiés entre temps de lettres patentes leur en octroyant la dignité. Cette éventualité ne pouvait tourmenter Le Peletier de Souzy, conseiller d'État depuis le 17 juin 1683, et ne tracassa pas longtemps Breteuil, à qui cette qualité fut accordée le 20 janvier 1685. Souzy entra aussitôt en activité aux côtés de son frère, alors que Breteuil semble avoir dû rester quelque temps en Flandre avant de rejoindre le Conseil.

Les changements opérés au sommet de l'administration des finances eurent leurs répercussions sur les bureaux. Dans son département, Le Peletier intronisa comme premier commis un jeune avocat, M. Fleuriau d'Armenonville, qui était son beau-frère et qui acquit en 1686 un office de conseiller au parlement de Metz[3]. À la tête du bureau des états au vrai, il plaça un autre beau-frère, M. de Paris des Coutes[4]. En accédant en 1678 à l'intendance vacante par le décès de Marin, Desmaretz recruta d'abord un seul commis, l'avocat François de Lelès, mais, à partir de 1682, en employa un second, Louis Blin[5]. Celui-ci, alors auditeur en la chambre des comptes de Paris, secrétaire du Roi depuis 1672, était lui aussi beau-frère de Fleuriau d'Armenonville[6] et était lié de près au « lobby Colbert »[7]. Au moment de la disgrâce de Desmaretz, Blin passa au service de Breteuil, mais n'y resta qu'un an ou deux et obliqua vers une carrière de traitant et de fermier général[8]. Le nom de son succes-

1. Commissions datées de Versailles le 7 janvier 1684 (Arch. nat., O[1] 28, fol. 1-2; copie et mention). François de Breteuil, auparavant intendant d'Amiens, avait été nommé le 12 novembre 1683 intendant de Flandre, en remplacement de Le Peletier de Souzy, promu conseiller d'État.

2. Voir *supra*, p. 311.

3. Joseph Jean-Baptiste Fleuriau d'Armenonville (1661-1728) était frère consanguin de Marguerite Fleuriau (1638-1671), mariée en 1656 à Claude Le Peletier.

4. *Notice historique sur l'origine du bureau de la vérification des états-au-vrai* (Arch. nat., 144 AP 131, doss. 2; impr). – François de Paris des Coutes (1616-1693), d'abord procureur en la chambre des comptes de Paris (1645), puis secrétaire du Roi (1676), avait participé à plusieurs fermes de 1658 à 1669. Marie Fleuriau, sa femme, était sœur de l'épouse de Claude Le Peletier (D. Dessert, *Argent, pouvoir et société*..., p. 65).

5. C'est à partir de 1679 qu'un acquit patent de 3 000 livres fut expédié chaque année « pour le Sr de Lelès, commis du Sr Desmarets, intendant des finances » (Arch. nat., O[1] 24, fol. 218; O[1] 26, fol. 30v° et 417v°-418; O[1] 27, fol. 394v°). Un même versement fut effectué depuis 1682 pour Louis Blin, « auditeur des comptes, premier commis du Sr Desmarets » (O[1] 28, fol. 261v° et 374).

6. Louis Blin (1641-1705) avait épousé en 1675 Marguerite Gilbert, sœur de Marie Jeanne Gilbert, mère de Fleuriau d'Armenonville.

7. Sur le personnage, voir D. Dessert, *Argent, pouvoir et société*..., p. 541-542.

8. Au titre de 1684 et en qualité de commis de Breteuil, il toucha 3 000 livres d'acquit patent (Arch. nat., O[1] 30, fol. 176v°).

seur, Gilbert Cocquebert d'Adon, n'est connu qu'à partir de 1688[1]. Quant à Lelès, ses fonctions de commis auprès de Le Peletier de Souzy eurent une longévité exceptionnelle. Depuis au moins 1686, Souzy fut assisté en permanence d'un deuxième commis : un sieur Le Normand d'abord[2], puis à partir de 1686 un sieur Ricard[3], remplacé en 1689 par Philippe Gendron[4]. Tous ces commis étaient des personnages aux compétences officielles et connues du public. Les ministres étaient aussi entourés de collaborateurs moins en vue, mais au rôle aussi important que discret. C'est ainsi que Claude Le Peletier eut un secrétaire, Pantaléon Godot, récompensé de ses longs services auprès de lui par l'octroi d'une pension en 1697[5].

L'expression « contrôle général » en était venue à désigner ce qui constituait en fait un ministère des Finances et de l'Économie, rejetant ainsi au second plan son acception originelle, qui ne s'appliquait qu'aux formalités imposées par Henri II pour surveiller et vérifier les opérations de recette et de dépense du Trésor. Ces formalités étaient toujours de règle et l'on sait que, depuis longtemps déjà, elles étaient, sous la responsabilité du contrôleur général, accomplies en pratique et en toute légitimité par le ou les commis-gardes des registres du contrôle général. En mars 1677, Colbert avait confié cette commission à Guillaume Akakia[6], que Le Peletier y maintint, en lui prescrivant des règles strictes pour la tenue de ses registres[7].

Le Trésor royal était de la compétence exclusive du contrôleur général, compétence majeure puisqu'elle l'appelait à travailler tête à tête

1. La première mention du versement pour lui d'un acquit patent se réfère à 1688 (*ibid.*, O[1] 33, fol. 74).

2. *Ibid.*, O[1] 32, fol. 54. S'agit-il du sieur Le Normand, naguère commis d'Hervart ?

3. *Ibid.*, O[1] 31, fol. 46v°; O[1] 32, fol. 54.

4. *Ibid.*, O[1] 34, fol. 180.

5. Brevet daté de Fontainebleau le 27 septembre 1697 accordant 1 500 livres de pension « pour le Sr Godot, en considération des services qu'il a rendus pendant plusieurs années en qualité de secrétaire près le S[r] Le Peletier, pendant que ledit S[r] Le Peletier a esté contrôleur général des finances et qu'il a esté employé aux Conseils de Sa Majesté » (*ibid.*, O[1] 41, fol. 143v°). Godot avait acquis en 1694 un office de secrétaire du Roi (Chr. Favre-Lejeune, *Les Secrétaires du Roi de la grande chancellerie de France. Dictionnaire biographique et généalogique (1672-1789)* [Paris, 1986, 2 vol. in-8°], t. I, p. 635).

6. Voir *supra*, p. 325.

7. Par arrêt du Conseil daté de Versailles le 19 septembre 1684, il fut ordonné que « les registres du controlle général des finances qui sont ez mains de la veuve, enfans et héritiers dudit deffunt de Cestre et de ceux qui ont exercé lesdits offices de commis au controlle général des finances auparavant luy et depuis son déceds seront incessamment remis au Sr Akakia, commis du controlle général sous les ordres dudit S[r] Le Peletier, controlleur général, et ledit Sr Akakia sera tenu de s'en charger au pied de l'inventaire qui sera fait en présence dudit S[r] Le Peletier » et que « tous les doubles desdits registres qui n'ont pas esté remis à la chambre des comptes de Paris par ceux qui ont exercé la charge de controlleur général des finances y seront incessamment fournis ». L'inventaire qui serait dressé de ces registres devait être « remis ez mains dudit S[r] Le Peletier et le double d'iceluy au secrétaire d'Estat ayant le département de la maison de Sa Majesté » et « il en sera pareillement fait un à l'advenir par chacun an des registres dudit controlle, qui sera remis six mois après chacune année expirée au S[r] controlleur général des finances et le double d'iceluy audit secrétaire d'Estat » (Arch. nat., E 551[B], fol. 393-394). La veuve de Pierre de Cestre fournit à Akakia l'inventaire exigé par cet arrêt (Arch. nat., 259 AP 76).

avec le Roi, seul ordonnateur des fonds à partir de mars 1661. On sait que pour cette mission le contrôleur général était assisté par un commis de rang très élevé, « le premier commis des finances ». Celui qui était en place lors de la mort de Colbert, Picon, le servait en cette qualité depuis septembre 1661, après lui avoir été associé de près dans la gestion des affaires de Mazarin. Ce fut donc lui qui présenta à Le Peletier les documents sur lesquels étaient consignés les différents mouvements de fonds et à partir desquels les écritures étaient soumises au Roi et définitivement arrêtées par lui : feuille mensuelle de la recette et de la dépense effectuées par le garde du Trésor royal, registre journal, registre des fonds, états au vrai, etc. Selon Le Peletier, « le S. Picon devoit sçavoir les fonds et l'estat des recettes et des dépenses. J'aperçus bientôt que je ne pouvois pas attendre de luy une entière exactitude. Je crus que les registres sur lesquels Vostre Majesté écrivoit m'aprendroient seurement et précisément l'estat du Trésor royal, mais je trouvay que le raport n'estoit pas exact entre les registres et la caisse du Trésor royal[1] ».

La cause de cette discordance fut discernée quand il apparut qu'au terme de chaque année, lorsque « M. Colbert faisoit fermer les registres et [que] le Roy arrestoit dans le Conseil, sur les registres des fonds, les chapitres des consommations et ceux des dépenses », « on ne comprenoit pas seulement [dans ces chapitres de consommation] les recettes faites comptant et en assignations, mais [qu'] on y ajoutoit aussy celles qu'on supposoit devoir estre faites par les gardes du Trésor royal[2] ». Ainsi ne pouvait-il y avoir de conformité entre les registres du Roi et les états au vrai des gardes du Trésor.

Le Peletier entendit parer à cet inconvénient en modifiant la tenue des registres. Ceux de 1684 furent encore dressés selon les usages de Colbert, mais un nouvel ordre fut instauré à partir de 1685, « en ce que, sur le registre journal, le Roy, à la fin du mois, n'a arresté que la recette actuelle faite par le garde du Trésor royal et le détail des ordonnances payées dans le courant du mois, et chaque article de recette a esté porté en son lieu, au chapitre des consommations du registre des fonds », ce qui établissait concordance entre les récapitulations arrêtées par Louis XIV et la recette et dépense des états au vrai des gardes du Trésor.

Réforme accompagnée d'un changement de personne. Le Peletier continua d'abord Picon dans son emploi, mais l'en écarta en novembre 1684 pour le confier à Guillaume de Bie, à qui il incomba de mettre en œuvre le nouveau mode de tenue des registres, ce à quoi il était préparé, ayant été commis d'Hervart quand celui-ci était contrôleur général[3] ; à sa mort, il lui avait succédé dans son office de secrétaire du

1. « Mémoire sur la différence de l'ordre que M. Colbert a fait garder jusques à sa mort par les commis qui tenoient les registres des finances et de celuy que M. Le Peletier a commencé à faire observer en l'année 1685 » (Arch. nat., KK 355, fol. 238-240 ; publ. par Boislisle, *Correspondance...*, t. II, p. 581-582.

2. *Ibid.*

3. En 1664 et 1665, il bénéficia d'un acquit patent de 3 000 livres en qualité de « commis du Sr Hervart, controlleur général des finances » (Bibl. nat., Mél. Colbert, 269, fol. 268v° ; 272, fol. 284v°).

Roi[1]. Il commença en 1685 à dresser « les registres à la place du S. Picon, avec un ordre qui forme un controlle si seur et si exact des recettes et des dépenses qu'il est impossible d'y estre trompé[2] ». Il remplit ces fonctions de premier commis des finances pendant près de douze ans, jusqu'à son décès en janvier 1696.

Les premières années de Le Peletier lui furent peu difficiles, la déclaration de guerre de l'Espagne en octobre 1683 ayant été suivie dès le 15 août 1684 de la signature de la trêve de Ratisbonne. En ce qui concerne l'administration des finances et le gouvernement, les circonstances des derniers mois de 1685 provoquèrent de notables changements de personnes. Le 28 octobre mourut le chancelier Le Tellier, quelques jours après avoir scellé l'édit portant révocation de celui de Nantes. L'exécution du nouvel édit incomba à son successeur, le conseiller d'État Louis Boucherat qui, depuis mai 1681, était conseiller au Conseil royal des Finances et fut créé chancelier de France le 1er novembre 1685. À soixante-neuf ans, Boucherat accédait au sommet de la carrière d'un homme de sa condition. Un sommet moins élevé, toutefois, que celui atteint par son prédécesseur, car en confiant la chancellerie à Le Tellier Louis XIV lui avait conservé sa dignité de ministre d'État, alors qu'il s'abstint d'ouvrir le Conseil d'En-haut à Boucherat. Celui-ci fut alors remplacé par M. d'Argouges, conseiller d'État, en sa commission de conseiller au Conseil royal des Finances[3].

Ce Conseil connut presque en même temps un changement plus important, son chef, le vieux maréchal de Villeroy, ayant trépassé le 28 novembre 1685. Différents courtisans se mirent aussitôt en campagne pour obtenir sa succession, que, grâce au crédit de Madame de Maintenon, Louis XIV octroya le 6 décembre au duc de Beauvillier, premier gentilhomme de la chambre[4]. Pour plusieurs raisons, ce n'était pas une nomination indifférente. En premier lieu, parce que Beauvillier était l'un des gendres de Colbert, dont le clan regagnait ainsi du terrain. Ce choix, d'autre part, semblait impliquer que ce poste de chef du Conseil royal était destiné par principe à un duc et pair et, de fait, il en fut ainsi tout au long des règnes de Louis XIV et de Louis XV. Pour Beauvillier, enfin, pour ce jeune seigneur de trente-sept ans, ce ne fut qu'un premier échelon : nommé en 1689 gouverneur du duc de Bourgogne[5] et ensuite de

1. Originaire de la région de Bois-le-Duc aux Provinces-Unies, Guillaume de Bie s'était installé en France en 1645. Après avoir été commis chez un financier de sa famille, il entra chez Hervart en qualité d'intendant de ses affaires, puis de commis. Il bénéficia en 1670 de lettres de naturalité. Reçu secrétaire du Roi le 18 février 1677 en l'office vacant par la mort d'Hervart, il le résigna en janvier 1688. Il mourut le 11 janvier 1696 (Bibl. nat., Doss. Bleus, 95, doss. 2267; Chr. Favre-Lejeune, ouvr. cité, t. I, p. 216).

2. « Mémoire présenté au Roy par Mr Le Peletier... » en 1691, p. 600.

3. Commission datée de Versailles le 16 novembre 1685 (Arch. nat., O[1] 29, fol. 613; copie).

4. Commission datée de Versailles le 6 décembre 1685 (*ibid.*, fol. 539-540; copie). – Sur le personnage, voir G. Lizerand, *Le Duc de Beauvillier (1648-1714)* (Paris, 1933, in-8°).

5. Il fut créé gouverneur du duc de Bourgogne par provisions datées de Versailles le 16 août 1689 (Arch. nat., O[1] 33, fol. 218-219; copie). Par provisions du même jour, Fénelon fut créé précepteur de ce prince (*ibid.*, fol. 219-220; copie).

ses frères, il était promis à une place éminente dans les Conseils du Roi et, de tous les ducs et pairs créés chefs du Conseil royal, il fut le seul à tenter d'y tenir un rôle qui ne fût pas purement passif.

Profitant de la paix, Le Peletier envoya en 1686 à travers le royaume des commissaires du Conseil choisis parmi les anciens intendants de province, avec mandat, expliqua-t-il au Roi, d'entrer « dans le détail de toutes les connoissances qui estoient nécessaires pour pouvoir ensuite proposer les plus proms expédiens et concilier l'intérest de vos fermes et du recouvrement de vos revenus avec le bien général de vostre Estat[1] ». L'expiration du bail des fermes, qui tombait en 1687, fut ainsi la principale affaire à laquelle Le Peletier donna ses soins dès 1686. « J'appliquay tout mon travail, rapporta-t-il, à tirer des connoissances par les visites que faisoient Mrs les commissaires du Conseil dans vos provinces et par les mémoires qu'ils m'envoyèrent pour disposer le renouvellement de vos fermes, en sorte que je pusse concilier deux choses : l'une de soustenir les baux et l'autre d'y establir une si bonne régie que les contribuables en pussent recevoir un nottable soulagement, que le commerce pust estre augmenté et favorizé et que vos fermiers trouvassent, dans leur aplication et une meilleure conduite, de quoy faire leur profit et l'avantage de Vostre Majesté en même tems [...]. Je considérois le renouvellement de vos fermes [...] comme l'affaire la plus importante et le service le plus capital que je pouvois rendre à V.M. Je m'y appliquay avec beaucoup de travail et de peine pour bien entendre le produit de chaque ferme. Il falut donner bien du tems à chacun des fermiers pour les pouvoir connoître et tirer d'eux les lumières nécessaires[2]. » En couronnement de toutes ces enquêtes, démarches et négociations, fut d'abord promulguée en février 1687 une longue ordonnance du Roi « portant règlement sur le fait des cinq grosses fermes »[3], suivie le 18 mars de la signature du bail des fermes et du bail général des aides et domaines de France, l'un et l'autre conclus pour six ans à partir du 1er octobre 1687[4]. Se sentant « sans secours de personne qui pust entrer comme il falloit dans le détail de ce que je connoissois absolument nécessaire pour bien faire vostre service », Le Peletier représenta à Louis XIV qu'il se sentait obligé « de demander à V.M. un troisième intendant des finances pour travailler particulièrement à la direction des fermes. Et entre ceux que vous m'ordonnâtes absolument de vous proposer, vous choisistes M. de Pontchartrain[5] ». Ce dernier était, en effet,

1. « Mémoire présenté au Roy par Mr Le Peletier... » en 1691, p. 601.
2. *Ibid.*, p. 602.
3. Ordonnance datée de Versailles en février 1687, enregistrée le 8 mars par la cour des aides de Paris (Arch. nat., AD+ 505, n° 7; impr. – *Actes royaux*, t. III, nos 16095-16104).
4. *Bail général des aydes et domaines de France fait par le Roy à Me Christofle Charrière* (Arch. nat., AD+ 506, n° 13; impr.) et Bail fait à Pierre Domergue des fermes générales des gabelles de France et des Trois-Évêchés, des cinq grosses fermes et autres fermes et droits y joints, gabelles de Lyonnais, Provence et Dauphiné, Languedoc et Roussillon et domaine d'Occident.
5. « Mémoire présenté au Roy par Mr Le Peletier... » en 1691, p. 602-603.

l'un des hommes que le contrôleur général avait dépeints au Roi comme aptes à remplir cette place. Ils étaient liés d'amitié et Le Peletier avait avec lui la certitude d'être secondé par un collaborateur digne de toute sa confiance.

Le nouvel intendant, Louis Phélypeaux, comte de Pontchartrain, était issu d'une famille de secrétaires d'État ; reçu conseiller au parlement de Paris le 11 février 1661, il était depuis le 27 août 1677 premier président du parlement de Rennes. Datée du 25 avril 1687, sa commission fut rédigée dans les mêmes termes que, trois ans plus tôt, celles de Le Peletier de Souzy et de Breteuil et, par conséquent, l'institua « conseiller ordinaire en nos Conseils d'Estat et privé et intendant de nos finances »[1]. Limités à deux depuis un quart de siècle, les effectifs des intendants des finances s'enrichissaient ainsi d'un élément supplémentaire. Loin de déroger aux règles fixées par Colbert, la création de ce troisième poste découlait plutôt de leur épanouissement, le rôle que ce ministre avait su faire incomber au contrôle général requérant l'appel à un intendant de renfort, chargé spécialement de veiller sur les fermes.

Grâce à de tels arrangements, Le Peletier put ainsi, pendant plusieurs années, suivre en beaucoup de points la routine du temps de Colbert. À cet égard, il semble s'être accommodé du lent mais sûr effacement du Conseil ordinaire des Finances, auquel le chancelier n'était probablement pas tenté de s'opposer ou de remédier. Boucherat, en effet, créé conseiller d'État en 1662 et conseiller au Conseil royal des Finances en 1681, était trop habitué aux pratiques instaurées sous Colbert pour songer à s'en écarter[2]. Une des dernières occasions où le Conseil ordinaire des Finances apparaît officiellement cité est l'article 1 du titre I du grand « Règlement concernant la procédure du Conseil » du 17 juin 1687, qui énonce les obligations auxquelles seront tenus « les demandeurs, appellans et anticipans » « en toutes affaires qui se traiteront aux Conseils du Roy, soit pour les finances ou pour les parties », mais il est remarquable que ce règlement ait été adopté au Conseil royal des Finances et que, semble-t-il, il n'ait été publié et enregistré qu'au Conseil d'État privé, mais en présence de Louis XIV[3]. En fait, le Conseil d'État et des Finances n'a jamais été supprimé : il est tombé peu à peu en léthargie, ses réunions s'espaçant si doucement que l'on ne s'avisa point que l'une

1. Commission datée de Versailles le 25 avril 1687 (Arch. nat., O^1 31, fol. 85v°-86 ; copie).

2. Sur le personnage, voir J.-P. Labatut, « Le chancelier Boucherat (1616-1699) », dans R. Mousnier (et coll.), *Le Conseil du Roi de Louis XII à la Révolution*, p. 87-101.

3. L'original sur papier de ce règlement ne porte que la signature du chancelier Boucherat et sa date y figure hors la teneur (Arch. nat., E 1840, fol. 201-229). Son expédition authentique sur parchemin se trouve dans les archives du Conseil privé. La teneur y incorpore la date : « Fait et arresté au Conseil royal des Finances, tenu, Sa Majesté y estant, à Versailles le dix-septième jour de juin mil six cens quatre-vingt-sept », suivie de la signature du Roi, du contreseing de Seignelay et de cette mention : « Leu, publié, le Conseil d'Estat tenant, de l'ordonnance de Monseigneur Boucherat, chevalier, chancelier de France, et registré ès registres dudit Conseil par moy, secrétaire du Roy, maison, couronne de France et de ses finances, greffier ordinaire dudit Conseil soussigné, au château de Versailles, Sa Majesté y estant, le [mercredi] neufvième jour de juillet mil six cens quatre-vingt-sept. Desvieux » (Arch. nat., V^6 701).

d'elles, entre 1685 et 1690, fut la dernière. Ainsi disparut la juridiction suprême en matière de contentieux administratif, alors que celui-ci tendait à enfler.

Mais, sous la pression des événements extérieurs, Le Peletier finit par être amené à prendre des initiatives allant à l'encontre des principes appliqués par Colbert. À l'automne de 1688 se déclencha le conflit européen connu sous l'appellation de guerre de la Ligue d'Augsbourg. Il allait requérir de la France un effort financier incompatible avec la sage gestion des deniers publics prônée par Le Peletier, bientôt contraint de recourir aux expédients traditionnels, au nombre desquels figuraient en bonne place les ventes d'offices. Dès février 1689 en fut lancé un premier train, avec huit nouveaux offices de maîtres des requêtes et surtout deux édits qui rétablissaient en titre d'offices formés des charges que Colbert avait eu soin de priver du statut d'office pour leur faire conférer celui de commission sans finance. L'un érigeait en titre d'offices les fonctions de deux gardes du Trésor royal, de deux receveurs des revenus casuels et de deux commis-gardes des registres du contrôle général des finances[1] et l'autre instituait en titre d'offices seize grands maîtres des eaux et forêts[2]. Ces derniers subsistèrent jusqu'à la Révolution[3], mais les autres furent éteints en 1787 et 1788[4]. Ces nouveaux offices trouvèrent bientôt des acquéreurs : ceux de garde du Trésor royal allèrent à un secrétaire du Conseil d'État et des finances et à un secrétaire-greffier du Conseil d'État privé[5], ceux de receveur des revenus casuels au trésorier général du marc d'or et au trésorier général du sceau[6] et ceux de commis-gardes des registres au trésorier de l'argenterie du Roi et à un secrétaire du Roi, ancien secrétaire du chancelier Le Tellier[7]. Ce retour

1. Édit daté de Versailles en février 1689, enregistré le 28 février par le parlement, le 2 mars par la chambre des comptes et le 5 mars par la cour des aides de Paris (Arch. nat., K 2391, n° 28; orig. – *Actes royaux,* t. III, n°s 16302-16305). Les offices de gardes du Trésor royal et de receveurs des revenus casuels avaient été éteints et remplacés par des commissions par édit d'avril 1664 (voir *supra,* p. 311-312); ceux de commis gardes des registres avaient subi le même sort en avril 1675 (voir *supra,* p. 313).

2. Édit daté de Versailles en février 1689, enregistré le 28 février par le parlement et le 2 mars par la chambre des comptes de Paris (Arch. nat., P 2390, fol. 37. – *Actes royaux,* t. III, n°s 16297-16301).

3. Voir J.-C. Waquet, *Les Grands Maîtres des eaux et forêts de France de 1689 à la Révolution* (Paris, 1978, in-8°. Mémoires et documents publiés par la Société de l'École des chartes, t. XXV).

4. Voir *infra,* p. 548.

5. Provisions de garde du Trésor royal pour Nicolas de Frémont, secrétaire du Conseil d'État et des finances, datées de Versailles le 26 avril 1689 (Arch. nat., P 2390, fol. 169-174). – Provisions identiques pout Jean-Baptiste Brunet, secrétaire-greffier du Conseil d'État privé, datées de Versailles le 12juillet 1689 (*ibid.,* fol. 423-428).

6. Provisions de receveur des revenus casuels et deniers extraordinaires pour Michel Darmond, trésorier général du marc d'or, datées de Versailles le 24 mars 1689 (*ibid.,* O^1 33, fol. 79v°-81; copie). – Provisions identiques pour Pierre Vincent Bertin, trésorier général du sceau, datées de Versailles le 17 décembre 1689 (*idid.,* fol. 364-365; copie).

7. Provisions de commis-garde des registres du contrôle général des finances pour Pierre Soubeyran, trésorier de l'argenterie, datées de Versailles le 18 mars 1689 (*ibid.,* V^{1}4). – Provisions identiques pour Philippe Joseph Perrotin de Barmond, secrétaire du Roi et ancien secrétaire du chancelier Le Tellier (*ibid.*).

à l'office était gros d'une conséquence que Colbert avait sans doute tenu à écarter et qui se déclencha aussitôt : la transmission héréditaire. L'office de receveur des revenus casuels s'est maintenu de père en fils dans la famille Bertin jusqu'à la Révolution, de même que l'office de commis garde des registres chez les Perrotin de Barmond, celui acquis par Soubeyran connaissant une succession à peine plus variée.

Comme Le Peletier le rappela à Louis XIV, « les recettes de l'année 1689 s'estoient soutenues nonobstant que la guerre s'allumast plus fortement. Le soin et l'aplication que je donnois à la régie de vos fermes en maintenoient le produit autant qu'il se pouvoit dans une cessation quasy entière du commerce. L'on empêchoit le crédit de tomber [...]. Dans un si grand et si continuel travail et parmy toutes les peines présentes et les prévoyances de l'avenir, ma santé commença à s'affoiblir. Une insomnie qui s'augmentoit tous les jours me rendoit le travail difficile [...], l'expérience de plusieurs mois et l'inutilité de quelques remèdes ordinaires [...] me firent prendre la résolution [...], Sire, de vous presser de pourvoir à vostre service par principe de conscience, d'honneur et de prudence, et avec une entière confiance en Dieu seul, qui a inspiré à Vostre Majesté les résolutions qu'Elle a exécutées et qui firent cesser toutes mes inquiétudes [1] ». Une fois assuré que, selon son vœu, il aurait Pontchartrain pour successeur, Claude Le Peletier présenta le 20 septembre 1689 sa démission de contrôleur général à Louis XIV, qui l'agréa, mais en lui conservant sa qualité de ministre d'État.

* *
*

En acceptant que Le Peletier quittât le contrôle général, Louis XIV fit tomber le rideau sur cette période de l'histoire gouvernementale qu'il avait ouverte en personne le 10 mars 1661 en annonçant : « La face du théâtre change ». Pour les finances, elle avait en effet beaucoup changé et ce quart de siècle constituait une phase décisive de leur évolution. C'était le fruit tant de la persévérance avec laquelle le Roi s'était astreint à assumer lui-même les responsabilités de l'ordonnancement des fonds incombant naguère au surintendant supprimé, que du zèle et de l'énergie déployés sous ses ordres par Colbert pour mettre en œuvre avec efficacité « la maxime de l'ordre ». L'originalité du ministre n'apparut guère dans les moyens auxquels il recourut pour alimenter le Trésor, car ce furent souvent de vieux moyens. Là où il fut vraiment novateur, ce fut en matière administrative, où il prit la relève des procédés mis en branle par Sully, à qui l'expérience des guerres de Religion avait révélé combien l'action traditionnelle des compagnies d'officiers de justice était devenue inadéquate et obsolète. Comme l'a bien vu Roland Mous-

1. « Mémoire présenté au Roy par Mr Le Peletier... » en 1691, p. 604.

nier, « Colbert est un administrateur. C'est une spécialité. Or, il est un spécialiste de cette spécialité, un administrateur de métier, formé sur le tas et qui a vécu l'administration. Il possède la technique administrative. Nous trouvons chez lui les soucis des administrateurs de profession. D'abord, il a la hantise de l'information, en particulier de l'utilisation des archives mieux tenues [...], mais aussi des enquêtes sur le terrain [...]. Il est un dévot de l'assiduité et de la ponctualité, ces vertus fondamentales de l'administration, qu'il s'impose rigoureusement à lui-même et qu'il cherche à imposer [...] à tous ceux qui travaillent pour lui et pour le Roi [1] ». Cette gestion exécutive des affaires publiques tranchait si bien avec leur vieille gestion judiciaire, qu'elle impliqua l'éviction du chancelier de toute participation effective à la manutention des finances.

Évolution que l'administration centrale des finances a vécue en conservant, non sans les harmoniser avec les circonstances, les trois caractéristiques qui étaient siennes depuis Henri II : la collégialité de ses membres, leur appartenance foncière au Conseil du Roi et leur qualité spécifique de rapporteurs en ce Conseil. Depuis 1661, le collège des gens des finances n'a englobé qu'un effectif modeste : deux contrôleurs généraux d'abord, puis un seul à partir de décembre 1665, et deux intendants des finances jusqu'à la fin d'avril 1687, et cela alors que croissait la masse des affaires à traiter. D'où l'étendue de la besogne qui retombait sur leurs bureaux, où certains commis en vinrent à exercer des responsabilités proches de celles d'un intendant. Il en découlait un risque d'excès de pouvoir de la part d'agents irresponsables, auquel Le Peletier entendit parer en faisant nommer un troisième intendant en 1687. Dans ce collège des gens des finances, la primauté du contrôleur général fut stabilisée à jamais depuis la fin de 1665. Quant à l'appartenance de ces Messieurs au Conseil du Roi, elle n'a jamais été déniée ou contestée. Elle a même été mise en vedette lors de la nomination comme intendants des finances de Desmaretz en 1678 et de Le Peletier de Souzy et de Breteuil en 1684 et, d'autre part, Colbert, Le Peletier et les intendants des finances se sont fondés sur elle pour instrumenter en forme d'arrêts du Conseil signés sans discussion par le chancelier des décisions prises, soit dans leurs bureaux, soit dans les commissions ordinaires du Conseil, soit lors du travail particulier du ministre avec le Roi. En revanche, le rôle spécifique de ces Messieurs en tant que rapporteurs dans les Conseils s'est rétréci, en raison de la réduction du nombre des Conseils où ils avaient à rapporter. Le Conseil royal des Finances, ce nouveau Conseil, n'eut, en effet, qu'un unique rapporteur attitré : d'abord l'intendant des finances expressément désigné pour cela, c'est-à-dire Colbert, puis, à partir de décembre 1665, le contrôleur général, quel qu'il fût. Quant au Conseil ordinaire des Finances, son déclin leur donna peu d'occasions d'y siéger avant sa disparition et ils ne gardèrent que leur séance aux

1. R. Mousnier, « Conclusion générale. Un nouveau Colbert », dans *Un nouveau Colbert. Actes du colloque pour le tricentenaire de la mort de Colbert* (Paris, 1985, in-8°), p. 330-332.

grandes et aux petites directions, dont les activités réelles sont mal connues.

Si depuis la mort de Mazarin les caractères originels de l'administration centrale des finances se sont maintenus sans subir d'altération sérieuse, les postes qui la composaient ont connu, soit dans leur nature, soit dans leur dénomination, quelques variations d'apparence mineure, mais fort significatives. Colbert fut investi du contrôle général par commission, alors que son successeur le fut par un pouvoir révocable comme une commission, mais de nature différente et plus prestigieuse. Quant aux intendants des finances, la commission les instituant les créa, à partir de 1678, « conseiller ordinaire en nos Conseils d'Estat et privé intendant de nos finances ». Si minces qu'ils semblent, ces détails de fond et de forme sont en réalité les premiers signes d'une démarche que nous verrons se poursuivre, non sans tâtonnements, jusqu'en 1789 et qui, face à la crise latente de l'office, visait à mettre sur pied un type propre de fonction pour les plus hautes charges de l'État.

CHAPITRE VIII

1689-1715

Le Peletier avait administré le contrôle général des finances en s'appuyant sans guère la modifier sur l'organisation léguée par Colbert. Mais celle-ci était grosse de développements virtuels, qui ne tardèrent pas à se faire jour dès les premiers mois d'activité du successeur de Le Peletier et se déployèrent ensuite jusqu'à la fin du règne. Plusieurs facteurs ont contribué à cette évolution. Et d'abord les événements. Les remaniements d'attributions consécutifs au décès de ministres aussi importants que Seignelay et Louvois, les créations d'impôts nouveaux suscitées par des guerres de plus en plus coûteuses et la logique même du système, en amplifiant et en alourdissant les missions du contrôle général, vont nécessiter un renforcement de ses structures. Entreront aussi en jeu les capacités et la personnalité des titulaires de ce poste. Pontchartrain était un homme d'une autre trempe que Le Peletier et il va élargir et consolider de manière durable et efficace l'administration centrale, tout en dirigeant conjointement, comme Colbert, le secrétariat d'État de la Marine. Chamillart qui, au bout de dix ans, le remplaça aux finances et dut bientôt en cumuler la gestion avec celle du secrétariat d'État de la Guerre, était un personnage de moindre envergure. Débordé par toutes ses responsabilités en des temps particulièrement durs, il sera acculé, en plusieurs étapes, à se faire seconder et presque doubler par divers auxiliaires, si bien qu'une impression de confusion en vint à se dégager du contrôle général. Un des premiers soins que devra se donner Desmaretz en accédant à ce ministère en 1708 sera d'y restaurer fermement ordre, clarté et hiérarchie dans les compétences et les départements, en sorte qu'à la mort de Louis XIV le contrôle général reposera sur de solides assises, sans perdre les traits caractérisant Messieurs des finances depuis 1552.

* *
*

Avec Pontchartrain, Louis XIV faisait entrer dans son gouvernement un homme dont l'individualité tranchait avec celle, assez terne, de Le

Peletier. Alors âgé de quarante-six ans, il était dans la force de l'âge et allait pouvoir déployer toutes les ressources de son intelligence et de son caractère. Le pouvoir l'établissant contrôleur général et la commission le constituant conseiller au Conseil royal des Finances furent expédiés le 20 septembre 1689 [1]. Deux semaines plus tard, le 4 octobre, le Roi créa Seignelay ministre d'État, sans doute en vue de rééquilibrer son Conseil d'En-haut, où il avait tenu à garder Claude Le Peletier, que, le 20 novembre, il prorogea dans sa qualité de conseiller au Conseil royal [2], nouvelle marque de l'estime qu'il lui conservait.

En prenant en main les finances, Pontchartrain n'y était plus assisté que de deux intendants, Le Peletier de Souzy et Breteuil, la troisième charge créée pour lui en 1687 étant vacante par sa promotion. Il ne pouvait se passer d'un tel auxiliaire et même se rendit compte qu'il lui en fallait davantage. Il résolut donc de tripler le nombre de ces intendants par la création de quatre nouveaux postes, mais ceux-ci seraient érigés en titre d'office, ce qui permettrait de renforcer les structures du contrôle général tout en procurant au Roi des ressources substantielles, de tels offices devant être d'un prix élevé. Cette solution, qui rompait avec les règles fixées en 1660, fut mise au point au long de tractations assez poussées, car lorsqu'elle perça dans le public on nomma déjà les quatre personnages passant pour destinés à ces charges et qui en furent effectivement acquéreurs [3].

La décision fut prononcée par un édit de février 1690, dont la teneur mérite grande attention. Le Roi y rappelait que, depuis 1660, il avait réduit les intendances des finances à deux charges seulement, exercées par commission. « Et quoyque, disait-il, le soin de nos finances en pust occuper un bien plus grand nombre, nous avions mieux aimé laisser à la disposition du controlleur général d'employer sous ses ordres telles autres personnes capables qu'il voudroit choisir qui, sans avoir la qualité d'intendants, ne laissoient pas de remplir une partie de leurs fonctions ; et nous leur donnions annuellement des appointements considérables, outre les gratifications extraordinaires que nous leur faisions [...]. Mais comme nous nous trouvons obligez dans la conjoncture présente de nous servir des fonds que nous avions ainsy réservez, plutost que de faire de nouvelles impositions sur nos peuples, nous avons cru que nous pourions tirer un secours considérable si nous rétablissions ces charges en titre d'offices. » En conséquence, il créait et érigeait « en titre d'office

1. Pouvoir et commission datés de Versailles le 20 septembre 1689 (Arch. nat., O^1 33, fol. 240-241 et 242 ; copies). Le dispositif du pouvoir de contrôleur général était le même que celui dressé en 1689 pour Claude Le Peletier.

2. Lettres patentes datées de Versailles le 20 novembre 1689 (*ibid.*, fol. 242v°-243 ; copie).

3. À la date du 16 février 1690, on lit dans le *Journal* de Dangeau (t. III, p. 67-68) : « Le Roi crée quatre charges d'intendants des finances [...]. On croit que les quatre hommes destinés à ces charges-là sont MM. du Buisson, Chamillart, intendant de Rouen, et de Caumartin, tous trois maîtres des requêtes, et M. d'Armenonville, beau-frère de M. Le Pelletier le ministre ; il avoit consigné pour être maître des requêtes, mais il ne l'étoit point encore. » Ces quatre personnages furent bien les acheteurs de ces nouveaux offices (voir *infra*, p. 348).

formé quatre nos conseillers en nos Conseils d'État et privé intendants de nos finances, ausquels il sera par nous pourveu de personnes capables, moyennant la finance qu'ils seront tenus de payer en nos revenus casuels [...], pour en jouir par eux et leurs successeurs aux mesmes fonctions dans les départemens qui leur seront par nous ordonnez [...]. Et parce que nous avons reçu une satisfaction toute particulière des services des sieurs Le Peletier de Souzy et Le Tonnelier de Breteuil [...], nous les avons conservez et conservons dans la commission d'intendant de nos finances, pour l'exercer conjoinctement avec les quatre titulaires créez par le présent édit ainsy qu'ils faisoient auparavant[1] ».

Cette création et ses modalités illustraient l'appartenance foncière des intendants des finances au Conseil du Roi et, par ailleurs, marquaient une étape capitale dans l'histoire de la haute administration des finances. Le Roi se fondait sur deux motifs. L'un était fort banal : la vente de ces quatre offices devait lui procurer des fonds, comme celle de multiples offices érigés en diverses juridictions par quatre autres édits du même mois. L'autre était plus original et plus significatif, car il visait à limiter le rôle de certains commis dans les bureaux, fussent-ils proches parents du contrôleur général, et à en répartir les tâches entre des départements coiffés officiellement par des membres du Conseil du Roi. Ces officiers, en effet, recevaient le titre de « conseiller en nos Conseils d'Estat et privé intendant de nos finances », qui avait été conféré à la commission de Desmaretz en 1678, à celles de Souzy et Breteuil en 1684 et à celle de Pontchartrain en 1687[2].

Le poste d'intendant des finances avait donc perdu le statut de commission qui, à part une brève exception de janvier 1594 à février 1596 et un projet avorté sous Mazarin, avait toujours été le sien depuis l'origine sous Henri II et qu'il ne recouvra plus avant longtemps. De grosses conséquences étaient en germe dans cette érection en titre d'office, combattue en 1657 par le chancelier Séguier au motif que, au mépris des principes et des traditions, elle eût procuré à certains offices l'entrée dans les Conseils du Roi[3]. Elle risquait de rendre plus difficile pour le contrôleur général le recrutement et la conduite de collaborateurs aussi proches et éminents que ces intendants. Constitués en offices, en effet, leurs postes devenaient inamovibles et héréditaires et ceux qui en seraient revêtus seraient donc en droit de les résigner ou d'en obtenir la survivance en faveur d'un fils ou de quelque autre personne de leur famille. Si cette résignation ou survivance paraissait indésirable au Roi ou au contrôleur général et si celui qui la projetait restait sourd aux pro-

1. Édit daté de Versailles en février 1690, enregistré le 27 février par la chambre des comptes de Paris (Arch. nat., K 2391, n°s 73*Bis* et 74 ; origx). Publ. par GUILLARD, ouvr. cité, p. 552-554 ; et par F. MOSSER, *Les Intendants des finances au XVIIIe siècle. Les Lefèvre d'Ormesson et le « département des impositions »* (Genève-Paris, 1978, in-8°. Mémoires et documents publiés par la Société de l'École des chartes, t. XXIII), p. 255-256. – *Actes royaux,* t. III, n°s 16632-16633.

2. Voir *supra*, p. 311, 335, 340.

3. Voir *supra*, p. 276-277.

pos tendant à l'en dissuader, il n'y aurait d'autre ressource que de prononcer par édit la suppression de l'office concerné, puis, par un autre édit, de créer un office identique, dont se ferait pourvoir un personnage mieux en cour. Il pourrait advenir aussi qu'en prenant ses fonctions un nouveau contrôleur général se trouvât assisté par une équipe d'intendants recrutés sous son prédécesseur et avec certains desquels il aurait peu d'affinités. D'autre part, comme, quels que fussent son rang dans l'État et sa suprématie, le contrôleur général était révocable à tout moment, donner aux intendances des finances un caractère inamovible rendait leurs titulaires plus indépendants et pouvait même amener tel ou tel d'entre eux à se poser vis-à-vis de lui en contradicteur, voire en compétiteur, d'où un risque de dissension ou de conflit au sein de la collégialité de Messieurs des finances. Autre conséquence de cette stabilité des intendants des finances : elle impliquait par enchaînement celle de leurs commis et de leurs bureaux et donc, au fil des changements de ministres, la formation et le développement de ce qui pourrait former à la longue un appareil bureaucratique.

Aucune de ces éventualités ne pouvait encore se faire jour à la suite de la promulgation de l'édit de février 1690 et son exécution fut aisée. Les quatre offices d'intendant, dont la finance avait été fixée à 400 000 livres l'un, furent acquis par les personnages annoncés à l'avance comme agréés par le Roi : MM. Heudebert du Buisson, Chamillart, intendant de Rouen, Lefèvre de Caumartin, tous trois maîtres des requêtes, et Fleuriau d'Armenonville ; ce dernier, premier commis et beau-frère de Claude Le Peletier, était sur le point d'accéder à un office de maître des requêtes. Les provisions en furent expédiées à chacun le 6 avril 1690 « pour nous servir doresnavant en ladite qualité et avoir rang et scéance en nos Conseils d'Estat et privé et direction des finances dans le département qui luy sera ordonné et partout ailleurs où besoin sera, rapporter en nostre Conseil les affaires qui en dépendent et faire toutes autres fonctions concernant ladite charge, comme font à présent ceux qui exercent lesdits mesmes offices par commission[1] ». Le Roi s'attendait à tirer 1 600 000 livres de ces quatre nominations, annonciatrices de la mainmise quasi totale dont les maîtres des requêtes bénéficieraient dorénavant sur les postes d'intendants des finances.

Sans peut-être y viser, ce parti de recrutement allait tarir les récriminations des maîtres des requêtes qui, depuis le règne d'Henri III, se plaignaient d'être évincés par les intendants des finances de leur rôle foncier de rapporteurs dans les Conseils. Si, en effet, ces intendants étaient choisis dans le corps des maîtres des requêtes, ces derniers ne pouvaient plus

1. Provisions de « conseiller en nos Conseils d'Estat et privé intendant de nos finances » pour Urbain Louis Lefèvre de Caumartin, maître des requêtes, datées de Versailles le 6 avril 1690 (Arch. nat., O^1 34, fol. 89v°-91 ; copie). Le registre du secrétariat d'État de la Maison du Roi ne contient que le texte de ces provisions, mais il semble que les trois autres furent expédiées le même jour.

se plaindre. Mais comme ces intendances étaient désormais érigées en offices conférant le titre de conseiller d'État et que, sauf certains cas exceptionnels, il était impossible d'exercer en même temps deux offices royaux différents, un maître des requêtes pourvu d'une intendance des finances devrait, pour y être reçu, se démettre de sa maîtrise des requêtes. De sorte que cette solution, en désarmant leurs griefs, fermait la bouche aux maîtres des requêtes, en même temps qu'elle rendait à peu près impraticable une résurgence du Conseil ordinaire des Finances.

En écho avec l'édit de création du mois de février, chaque intendant fut pourvu par le Roi de son office « pour nous servir en ladite qualité [...] dans le département qui luy sera ordonné ». Cette formulation, apparue dans la commission d'intendant des finances délivrée en 1678 à Desmaretz, reprise dans celles de Le Peletier de Souzy et Breteuil en 1684 et de Pontchartrain en 1687, était donc devenue de règle.

Cette fortune du mot « département » est riche de sens, car, d'une part, elle est révélatrice du développement pris par l'administration suprême des finances et, d'autre part, elle met bien en évidence la singularité de sa constitution par rapport à celle des autres organes du gouvernement. Quelles que fussent, en effet, les attributions de chaque secrétariat d'État, quelle qu'y fut la répartition des tâches entre les premiers commis, l'ensemble ne formait dans sa diversité qu'un unique département. En outre, ces premiers commis, si chargés de responsabilités qu'ils fussent, si essentiel que pût être leur rôle, si reconnus que fussent leur expérience et leur mérite, tenaient leur fonction non pas d'une commission ou d'une provision du Roi, mais d'un choix personnel de leur supérieur et n'appartenaient ni de loin ni de près au Conseil du Roi. Les finances, au contraire, en vertu leur collégialité innée et de l'appartenance foncière de leurs hauts responsables au Conseil, apparaissent à présent nettement structurées en plusieurs départements, gérés chacun par un membre du Conseil, départements dont le plus éminent, assurant une relation directe avec le souverain et une vue globale sur le tout, est coiffé par le contrôleur général et dont les autres relèvent chacun d'un intendant des finances.

On comptait désormais six de ces intendants : deux exerçant leur charge à titre de commissaires, les autres à titre d'officiers, différence de statut qui était sans conséquence sur l'accomplissement de leurs besognes communes. Par arrêt du Conseil du 18 avril 1690, en effet, le Roi tint à spécifier que « lesdits Srs du Buisson, Caumartin, Chamillart et d'Armenonville assisteront à tous les bureaux et assemblées qui se tiennent pour les affaires de finances, de mesme que lesdits S^rs^ Le Peletier [de Souzy] et de Breteuil[1] ».

Ainsi renforcée, l'équipe de Messieurs des finances fit face aux tâches impliquées par l'état de guerre, mais, avant la fin de cette année 1690,

1. Arrêt du Conseil daté de Versailles le 18 avril 1690 (Arch. nat., E 589^A^, fol. 281-282).

les circonstances rejaillirent sur ses activités. Le 3 novembre mourut prématurément Seignelay, ministre d'État et secrétaire d'État ayant le département de la Maison du Roi et de la Marine. Louis XIV décida de confier ce secrétariat d'État au contrôleur général, qui en fut revêtu le 6 novembre et fut créé en même temps ministre d'État. Pontchartrain se trouva ainsi dans la situation qui avait été celle de Colbert depuis février 1669, où il avait cumulé la conduite du contrôle général et celle de ce secrétariat d'État. Ce fut l'occasion d'accroître et de préciser les attributions du contrôle général. Lors du décès de Colbert, le Roi avait divisé l'administration du commerce, attribuant à Louvois le commerce intérieur, les haras et les manufactures et à Seignelay le commerce extérieur[1]. Il revint sur cette décision à l'occasion de la disparition de Seignelay et confia le commerce dans son ensemble à Pontchartrain, mais en spécifiant qu'il conférait cette compétence « au contrôleur général de ses finances et non à la charge de secrétaire d'État » ayant le département de la Marine[2].

Quelques mois plus tard, la disparition d'un autre personnage éminent donna lieu à de nouveaux transferts d'attributions, qui affectèrent quelque peu Messieurs des finances. Le 16 juillet 1691 mourut Louvois, qui était titulaire de plusieurs charges et dignités. Le duc de Beauvillier fut alors nommé ministre d'État tout en demeurant chef du Conseil royal des Finances. Le secrétariat d'État de la Guerre échut au fils du défunt, le marquis de Barbezieux, qui en avait la survivance et l'exerçait avec lui depuis 1685, mais Louis XIV confia aussitôt la surintendance des Bâtiments à Colbert de Villacerf[3] et, nouvelle preuve de son estime pour l'homme, finit par déférer la surintendance des postes à Claude Le Peletier[4], qui l'accepta en refusant d'en toucher les émoluments[5]. Mais surtout le Roi, qui portait l'intérêt le plus vif au devenir de ses places fortes, profita de la conjoncture pour détacher du secrétariat d'État de la Guerre l'ensemble des ingénieurs qui avaient été réunis sous l'autorité de Louvois sept mois plus tôt. Dès le 21 juillet 1691, il établit un « département des fortifications des places de terre et de mer » et en créa « directeur

---

1. Voir *supra*, p. 332.

2. Dans un mémoire présenté en 1699 à Louis XIV, Pontchartrain rappelait en ces termes ces décisions : « Après la mort de feu M. Colbert, Votre Majesté jugea à propos de séparer l'inspection générale du commerce. M. de Louvois eut celle du commerce intérieur, des haras et des manufactures du royaume, et l'inspection du commerce du dehors fut commise à M. de Seignelay. Votre Majesté m'ayant honoré du contrôle général de ses finances et, peu de temps après, de la charge de secrétaire d'État que possédoit M. de Seignelay, Elle a eu la bonté de réunir et de confier à moi seul l'inspection générale du commerce, de même qu'Elle avoit fait en faveur de M. Colbert, mais Votre Majesté m'expliqua en même temps qu'Elle joignoit cette inspection au contrôleur général de ses finances et non à la charge de secrétaire d'État » (BOISLISLE, *Correspondance*, t. II, p. 465).

3. Commission de surintendant et ordonnateur général des bâtiments du Roi datée de Versailles le 28 juillet 1691 (Arch. nat., O[1] 35, fol. 217v°-219; copie).

4. Commission de surintendant général des postes et relais de France datée de Versailles le 8 janvier 1692 (*ibid.*, O[1] 36, fol. 4v°-5; copie). La charge était auparavant érigée en office, lequel fut supprimé par édit de ce mois de janvier 1692.

5. E. VAILLÉ, *Histoire générale des postes françaises*, t. V (Paris, 1951, in-8°), p. 9-10.

général » Le Peletier de Souzy[1], qui conservait d'autre part son intendance des finances. Cette direction fut « un véritable petit ministère » ayant « désormais vocation de s'occuper de tout ce qui concerne la fortification, tant sur le plan technique que sur le plan matériel et humain[2] » et dont le titulaire eut tous les lundis travail particulier avec le Roi pour lui soumettre les dossiers. Mais les fortifications étaient par ailleurs sous la coupe d'un « commissaire général » : Vauban. Bien que l'un et l'autre se connussent, Vauban prit d'abord assez mal la nomination de Souzy, qui lui donnait l'impression d'être réduit à un rôle purement technique, et il fit la mauvaise tête. Ce jeu se calma très vite et, « durant plus d'une décennie, les deux hommes travaillèrent la main dans la main pour donner forme et vigueur au nouveau département[3] ». Tous ces transferts ou partages d'attributions de 1691 furent couronnés au début du mois d'août par une résolution de Pontchartrain approuvée par le Roi et chargeant M. d'Aguesseau, conseiller d'État et son parent, de travailler auprès de lui aux affaires du commerce et des manufactures[4].

Après avoir triplé le nombre des intendants des finances, Pontchartrain eut conscience que l'équipe qu'il formait avec eux devait concerter ses démarches pour éviter de travailler en ordre dispersé. Il institua ce que l'on appela « l'assemblée des intendants des finances », qui se tint régulièrement chaque semaine chez le chef du Conseil royal, duc de Beauvillier, et comprit le contrôleur général, l'ancien contrôleur général Claude Le Peletier et les intendants des finances, le rapporteur y étant toujours l'un de ces derniers. Cette pratique se perpétua ensuite. Réunissant des hommes qui étaient tous membres du Conseil du Roi et dont beaucoup avaient été maîtres des requêtes, cette assemblée pouvait en partie se substituer au Conseil d'État et des finances disparu quelque temps auparavant et il est probable que certaines de ses décisions furent instrumentées en forme d'arrêts du Conseil.

Même secondé pour les finances par six intendants, Pontchartrain ressentit que le cumul du contrôle général et d'un secrétariat d'État lui imposait des tâches si lourdes et si variées qu'il souhaita former un assistant dans celle de secrétaire d'État. Alors que son fils Jérôme, conseiller au parlement de Paris depuis 1692, n'avait encore que dix-neuf ans, il lui fit octroyer par Louis XIV le 27 décembre 1693 la survivance de sa charge de secrétaire d'État et l'envoya aussitôt en mission d'étude dans les ports et arsenaux pour s'y familiariser avec les rouages compliqués d'une grande administration. C'était ainsi que naguère Colbert avait appris son métier à Seignelay.

1. Commission datée de Versailles le 21 juillet 1691 (Arch. nat., O[1] 35, fol. 207-208; copie). – Voir : A. Blanchard, *Les Ingénieurs du « Roy » de Louis XIV à Louis XVI. Étude du corps des fortifications* (Montpellier, 1979, in-8°). – Id., *Vauban* (Paris, 1996, in-8°).

2. A. Blanchard, *Les Ingénieurs du « Roy »...*, p. 71.

3. A. Blanchard, *Vauban*, p. 303-306.

4. Dangeau, *Journal*, t. III, p. 378 – « Discours sur la vie et la mort de M. d'Aguesseau, conseiller d'État, par M. d'Aguesseau, chancelier de France », dans *Œuvres complètes du chancelier d'Aguesseau*, éd. Pardessus, t. XV (Paris, 1819, in-8°), p. 334-337.

Deux des commissions de conseiller au Conseil royal des finances changèrent de titulaires sous Pontchartrain : M. d'Aguesseau succéda le 20 août 1695 à M. d'Argouges, décédé[1], et M. de Pomereu le 25 février 1697 à feu M. Pussort[2]. Cette dernière nomination intervenait alors que battait son plein ce qu'on appela « l'affaire Caumartin ». Pour remplir une place vacante de conseiller d'État semestre, Louis XIV avait fait choix le 15 janvier 1697 de M. de Caumartin, un des intendants des finances recrutés en 1690[3]. Celui-ci entendit conserver le rang qu'il avait depuis lors au Conseil en cette qualité et, par conséquent, continuer à précéder les conseillers d'État nommés postérieurement à son admission au Conseil comme intendant des finances. Ces Messieurs s'insurgèrent contre cette prétention, disant que la séance accordée aux intendants des finances dans le Conseil privé, où ils n'entraient qu'en manteau court, n'était qu'une marque d'honneur pour leurs charges et que, lorsqu'ils étaient faits conseillers d'État et en portaient la robe, ils devaient prendre rang après ceux qui avaient été pourvus avant eux de cette dignité. Caumartin ne pouvait que récuser cette argumentation, puisqu'elle le condamnait à s'effacer derrière des gens qui jusque-là lui cédaient le pas. Roulant sur l'interprétation du grand règlement du Conseil du 3 janvier 1673, la contestation dut être tranchée par le Roi qui, au Conseil royal du 7 mai 1697, donna raison à M. de Caumartin et annonça un prochain règlement pour décider à l'avenir de tels cas[4]. Ce règlement fut prêt une semaine plus tard[5] et statua avec netteté :

« Art. Ier.

Les intendants des finances auront, en cette qualité, comme conseillers d'État ordinaires et conformément à l'article IX du règlement du troisième janvier 1673, rang et séance dans tous les Conseils d'Estat et privé et direction des finances, du jour et datte de leur réception et prestation de serment en ladite charge d'intendant des finances.

Art. 2.

Les intendants des finances dont Sa Majesté fera choix ensuite pour estre conseillers d'Estat semestres ou ordinaires conserveront tousjours leur premier et ancien rang d'intendant des finances en tous lesdits Conseils et direction des finances, soit qu'ils gardent leurs charges d'intendants des finances, soit qu'ils s'en défassent.

---

1. Commission datée de Versailles le 20 août 1695 (Arch. nat., O^1 39, fol. 164v°-165; copie).
2. Commission datée de Versailles le 25 février 1697 (*ibid.*, O^1 41, fol. 30; mention).
3. Lettres patentes datées de Versailles le 15 janvier 1697 (*ibid.*, fol. 18v°-19; copie).
4. Sur l'affaire Caumartin, voir : Bibl. nat., Coll. Moreau, 1282, fol. 176-225; DANGEAU, *Journal*, t. VI, p. 114; SAINT-SIMON, *Mémoires*, t. IV, p. 8-10. – On notera que M. de Caumartin était, par sa femme, cousin germain de celle du contrôleur général.
5. « Règlement que le Roy veut estre observé en son Conseil d'Estat, en conséquence de celui du 3e janvier 1673 », arrêté au Conseil royal des Finances tenu à Marly le 14 mai 1697 (Arch. nat., E 1899, fol. 252, orig.; publ. par F. MOSSER, ouvr. cité, p. 256-257).

Art. 3.

Si néantmoins il y avoit quelque interruption et quelque intervale entre les deux services, en sorte que l'intendant des finances que Sa Majesté auroit nommé conseiller d'Estat semestre ou ordinaire se fût défait de sa charge d'intendant des finances avant d'avoir esté fait conseiller d'Estat, il n'aura pour lors rang et séance èsdits Conseils que du jour de sa prestation de serment et réception en sa commission de conseiller d'Estat. »

Si contrariantes qu'elles fussent pour certains conseillers d'État, ces décisions de Louis XIV furent ensuite strictement appliquées jusqu'en 1777, car les intendants des finances tinrent en général à être créés conseillers d'État. Cet incident Caumartin ne serait en lui-même qu'un exemple banal des querelles protocolaires caractéristiques de l'Ancien Régime si, en même temps, il n'illustrait la position éminente occupée auprès du Roi par Messieurs des finances.

Quelque temps après, ceux-ci virent s'éloigner un homme encore associé en partie à leurs activités : Claude Le Peletier. Il savait depuis deux ans déjà que le Roi projetait de le faire chancelier à la mort de Boucherat, de plus en plus déclinant. Cette perspective le rebutait et il envisagea de se retirer avant qu'elle ne vînt à échéance. Les négociations en vue de la paix étant en bonne voie, il jugea pouvoir, dans ces conditions, abandonner les affaires publiques. Ayant obtenu de Louis XIV la permission de résigner tous ses emplois, il prit congé de lui le 17 septembre 1697 à la sortie d'un Conseil d'En-haut et monta aussitôt dans son carrosse pour gagner sa demeure de Villeneuve-Saint-Georges. Il y avait deux mois qu'il s'était ouvert de ce dessein au Roi et celui-ci, qui lui marquait toujours beaucoup de considération et même d'affection, avait consenti avec difficulté à se séparer de lui et tint à lui conserver ses appointements de ministre d'État. Sur quoi, les traités signés du 20 septembre au 30 octobre à Ryswick entre les différents belligérants mirent fin à la guerre de la Ligue d'Augsbourg.

La paix étant conclue, Dangeau relate qu'au Conseil royal des Finances du 28 octobre 1697 Louis XIV « arrêta les comptes de l'année et dit : "Il faut présentement chercher autant de moyens pour supprimer les édits que nous en cherchions pendant la guerre pour les établir." Sa Majesté a déjà cassé tous les régiments de milice et, pour soulager le peuple, a déclaré qu'il ôtoit l'ustensile, qui monte à environ douze millions[1] ». La liquidation des dépenses d'un après-guerre et l'allégement des charges fiscales allaient constituer quelques-uns des objectifs majeurs vers lesquels devraient tendre les gens des finances. Les circonstances empêchèrent Pontchartrain de s'en occuper longtemps.

Le chancelier Boucherat mourut enfin le 2 septembre 1699. On prononça pour son remplacement le nom de certains conseillers

1. Dangeau, *Journal*, t. VI, p. 200.

d'État, MM. d'Aguesseau, de Pomereu, Le Peletier de Souzy, de La Reynie, mais on parla aussi beaucoup du contrôleur général. Le 5 septembre à Fontainebleau, le Roi s'installa au retour de la chasse chez Madame de Maintenon et y fit mander Pontchartrain. « On ne douta point, quand on [l'y] vit entrer [...], qu'il n'en sortît chancelier, et effectivement deux heures après [...], un officier des gardes vint dire au maréchal de Villeroy que M. de Pontchartrain étoit nommé chancelier et que le Roi avoit envoyé prendre les sceaux qui étoient dans son cabinet et les lui avoit donnés [1]. » En même temps, Louis XIV chargeait un messager de porter à Chamillart, l'un des plus jeunes intendants des finances, une lettre de sa main l'avertissant qu'il lui confiait le contrôle général, dirigé par Pontchartrain depuis dix ans.

Des années pendant lesquelles il avait été d'abord assisté pour la commission du Trésor royal par celui qui en était responsable auprès de Claude Le Peletier, Guillaume de Bie, qui mourut en janvier 1696. Ses fonctions de premier commis des finances échurent alors à son commis Olivier Vallée, qui le suppléait, semble-t-il, depuis quelque temps déjà [2]. Quant au bureau des états au vrai, Pontchartrain finit par le confier à son jeune neveu, Charles Henry de Malon de Bercy, futur intendant des finances [3]. Pour le contrôle général proprement dit, Pontchartrain fut secondé par les deux commis-gardes des registres qui avaient acquis ces offices en 1689 : Pierre Soubeyran et Philippe Joseph Perrotin de Barmond.

Autant les changements affectant les postes ministériels à l'automne de 1699 firent grand bruit, autant un événement survenu au début de cette année était passé inaperçu. La mise en vente de la première édition de l'*Almanach royal* constituait pourtant bel et bien un événement, non pas, d'un point de vue rétrospectif, pour les informations que sa parution annuelle allait procurer aux historiens, mais par le fait même que Louis XIV et son chancelier aient jugé bon que les Français fussent renseignés sur l'organisation des pouvoirs publics. Par lettres patentes du 29 janvier 1699 fut octroyé pour six ans au libraire parisien Laurent d'Houry le privilège d'imprimer et de vendre « *l'Almanach royal calculé sur le méridien de Paris* ». Ce ne fut d'abord qu'un livret d'un peu plus de cent pages, où le calendrier, le comput, les saisons, les lunaisons, les principales foires du royaume, les courriers, les messageries, les postes et les coches tenaient beaucoup de place, mais où figuraient aussi les tribunaux et juridictions siégeant à Paris et surtout la chancellerie de France, les conseillers d'État et les maîtres des requêtes, les secrétaires d'État, le contrôleur général et les intendants des finances avec le détail

1. *Ibid.*, t. VII, p. 143 ; SAINT-SIMON, *Mémoires*, t. VI, p. 248, 255-283.

2. Olivier Vallée († 1704), procureur en la chambre des comptes (1670), premier commis du Trésor royal (1687), secrétaire du Roi (1691), perçut, au titre de 1692, 3 000 livres d'acquit patent (Arch. nat., O[1] 37, fol. 114).

3. *Notice historique sur l'origine du bureau de la vérification des états au vrai* (Arch. nat., 144 AP 131, doss. 2 ; impr.).

de leurs départements respectifs. Concernant ces derniers, l'*Almanach royal* révèle dès le début un détail important : comme lieu de travail du contrôleur général et des intendants des finances, en effet, il n'indique que leur adresse personnelle à Paris, ce qui prouve que leurs bureaux n'étaient pas groupés en un seul et même bâtiment, mais étaient répartis dans la capitale entre les hôtels de chacun de ces Messieurs [1]. Ces détails sur les institutions et les hommes s'amplifièrent dans les éditions ultérieures : après la prorogation de son privilège, l'*Almanach royal* comprit dès 1703 plus de deux cents pages et en compta presque sept cents dans les dernières années du règne de Louis XVI. Quelles que soient les lacunes ou les erreurs que la critique y peut déceler [2], le lancement et le succès de cet ancêtre de notre *Bottin administratif* atteste, du côté du Roi comme de celui de ses sujets, l'essor et l'épanouissement de la notion de service public.

* *
*

Le dispositif du pouvoir de contrôleur général de Chamillart fut rédigé dans les mêmes termes que ceux de Le Peletier et de Pontchartrain et daté du 5 septembre 1699 [3]. Mais, au contraire de ce qui avait été fait pour ces deux prédécesseurs, il ne fut pas expédié conjointement pour lui de commission le créant conseiller au Conseil royal des Finances. Cette qualité de conseiller au Conseil royal semblait maintenant liée de façon si intrinsèque à la charge de contrôleur général qu'il était superflu d'en faire séparément l'octroi, d'autant que le personnage était en ce Conseil l'unique rapporteur. Désormais les arrêts du Conseil rendus en finance se fonderont toujours « ouï le rapport du Sieur [...], conseiller au Conseil royal, contrôleur général des finances ».

Âgé de quarante-six ans en 1699, Chamillart, reçu maître des requêtes en 1686, était intendant de Rouen depuis à peine une année quand il avait acquis en 1690 l'une des intendances des finances alors créées. Appliqué, peu éclairé, d'une honnêteté scrupuleuse, il devait ce poste de contrôleur général à la faveur de Mme de Maintenon et à la bienveillance insistante de Louis XIV, qui se flattait de former à sa tâche cet homme dont la personnalité tranchait avec celle de Pontchartrain, beaucoup plus accusée [4]. Il prit séance au Conseil royal des Finances le

1. À Versailles, le contrôleur général avait un appartement au château et une partie de ses bureaux étaient installés dans une des ailes des ministres.

2. Voir E. Esmonin, « Note sur la valeur documentaire de l'*État de la France* et de l'*Almanach royal* », dans *Études sur la France des XVIIe et XVIIIe siècles* (Paris, 1964, in-8°), p. 233-237.

3. Pouvoir daté de Fontainebleau le 5 septembre 1699 (Arch. nat., O^1 43, fol. 274-276 ; copie).

4. Michel Chamillart bénéficia de la réputation de son père Guy Chamillart (1624-1675), avocat général au Grand Conseil, maître des requêtes (1662), qui travailla avec Colbert, fut procureur général de la chambre de justice (où il requit contre Foucquet la peine de mort), puis membre de la commission de réformation de la justice et enfin intendant de Caen (1666). Une autre preuve de l'estime dont Chamillart jouissait auprès de Louis XIV et de Mme de Maintenon est fournie par le fait que, le lendemain de sa nomination comme contrôleur général, fut expédié un brevet le

12 septembre 1699 et le lendemain eut pour la première fois travail particulier avec le Roi ; ce fut alors que celui-ci choisit M. Bignon de Blanzy, maître des requêtes et neveu du chancelier, pour remplir le poste d'intendant des finances qu'occupait Chamillart. Les provisions en furent expédiées le 21 septembre[1]. M. d'Aguesseau, conseiller d'État et au Conseil royal, que Pontchartrain avait chargé en 1691 de suivre auprès de lui les affaires du commerce et des manufactures[2], exprima alors le souhait de ne plus s'en mêler. La question de savoir s'il importait de conserver au contrôleur général sa compétence exclusive sur le commerce ou de la transférer au secrétaire d'État de la Marine avait été agitée au cours des mois précédents. C'était un vieux débat, qui faisait résurgence de temps à autre et qui venait, cette fois, d'être clos par un partage d'attributions favorable au contrôle général[3]. M. d'Aguesseau, qui penchait en faveur de la Marine, fut fort aise de céder cette responsabilité à son neveu le conseiller d'État Amelot de Gournay, désigné par Chamillart pour le remplacer[4].

Chamillart se mit donc au travail avec l'assistance de six intendants pour les finances et d'Amelot de Gournay pour le commerce. En matière financière, il fut décidé, au printemps de 1700, de mettre à profit le retour de la paix pour amener les traitants, sous l'apparence d'un accord mutuel, à restituer au Roi une partie des gains par eux réalisés dans les affaires extraordinaires pendant la guerre de la Ligue d'Augsbourg. Chamillart en avertit les gens d'affaires dès le début d'avril, certains lui remirent des mémoires et des comptes, tous projets et calculs qui aboutirent au mois de juin à un édit portant que les intéressés aux traités faits depuis le 1er janvier 1689 jusqu'au 1er septembre 1699 payeraient au Trésor royal les sommes pour lesquelles ils seraient compris dans les rôles qui seraient arrêtés au Conseil[5]. En elle-même cette opération de taxation ne concernerait guère notre sujet, si Dangeau ne nous dévoilait un de ses acteurs. Il révèle, en effet, que « M. Desmarets, qui étoit intendant des finances du temps de M. Colbert et qu'on a toujours cru qui les entendoit à merveille, a travaillé sous M. Chamillart à l'arrêt pour la

---

commettant pour avoir, en remplacement de Pontchartrain, la direction générale du temporel de la Maison de Saint-Cyr (Arch. nat., O[1] 43, fol. 291 ; copie).

1. Dangeau, *Journal*, t. VII, p. 149 et 150. – Provisions datées de Fontainebleau le 21 septembre 1699 (Arch. nat., O[1] 43, fol. 341-342 ; copie).

2. Voir *supra*, p. 351.

3. Règlement fixant les attributions respectives du contrôle général des finances et du secrétariat d'État de la Marine en matière de commerce, daté de Fontainebleau le 13 septembre 1699 (publ. par D. Neuville, *État sommaire des archives de la Marine antérieures à la Révolution* [Paris, 1898, in-8°], p. 246-249).

4. Dangeau, *Journal*, t. VII, p. 155-156. – Sur cette querelle d'attributions, latente depuis au moins mai 1699, voir les documents publiés par Boislisle, *Correspondance*, t. II, Appendice I, p. 463-470.

5. Édit daté de Versailles en juin 1701 (Arch. nat., AD+ 599, n° 36, impr. ; *Actes royaux*, t. IV, n°s 19842-19844). Les rôles annoncés furent établis les 6, 11, 20, 27 juillet et 3 août 1700. Voir à ce sujet Dangeau, *Journal*, t. VII, p. 288, 289, 291, 298, 312, 316, 321-322, 329 ; et D. Dessert, *Argent, pouvoir et société...*, p. 229-230 et 489-500.

recherche des gens d'affaires[1] ». Après sa disgrâce de décembre 1683, l'homme était resté relégué dans sa terre de Maillebois un peu plus de deux ans, puis avait pu se rapprocher de Paris, protégé par son oncle Colbert de Croissy, entretenant des relations d'amitié et d'affaires avec ses cousins les ducs de Beauvillier et de Chevreuse, aidant même Claude Le Peletier de ses conseils et de ses mémoires. Devenu contrôleur général, Pontchartrain le consulta très régulièrement, mais c'était une collaboration occulte, sans aveu ni permission[2]. Et voici qu'avec Chamillart c'était une rentrée en scène avérée, car pour qu'un témoin aussi proche du Roi que Dangeau fasse état de ce rôle de Desmaretz auprès de Chamillart, il fallait que que Louis XIV en fût informé et y consentît. Cette reprise publique d'activité préludait à l'accès aux plus hautes responsabilités.

Pour le commerce fut mis sur pied dans le même temps un organisme dont la création avait été suggérée lors des récentes discussions sur le sort de cette matière. Par arrêt du Conseil du 29 juin 1700, en effet, Louis XIV annonça sa résolution de « former un Conseil de Commerce uniquement attentif à connoître et à procurer tout ce qui pourroit être de plus avantageux au commerce et aux manufactures du royaume ». Ce Conseil se réunirait au moins une fois par semaine et serait composé du contrôleur général, du secrétaire d'État de la Marine, de MM. d'Aguesseau et Amelot de Gournay, conseillers d'État, d'Ernothon et Baüyn d'Angervilliers, maîtres des requêtes, et de douze marchands et négociants des principales villes du royaume[3] ; en outre, le contrôleur général désignerait « deux intéressés aux fermes de Sa Majesté pour être appelés audit Conseil lorsque la nature des affaires le demandera ». Y seraient « discutés et examinés toutes les propositions et mémoires qui y seront envoyés, ensemble les affaires et difficultés qui surviendront concernant le commerce tant de terre que de mer, au-dedans et au-dehors du royaume, et concernant les fabriques et manufactures, pour, sur le rapport qui sera fait à Sa Majesté des délibérations qui auront été prises dans ledit Conseil de Commerce, y être par Elle pourvu ainsi qu'il appartiendra[4] ».

Ce nouveau Conseil était d'une nature assez particulière, car, en dépit de son appellation, ses liens avec les Conseils du Roi étaient assez lâches. Il n'était pas prévu que le souverain ou le chancelier viennent le tenir, car il se réunirait chez son président. Y siégeraient des députés des

1. Dangeau, *Journal*, t. VII, p. 392.
2. Voir Boislisle, *Desmaretz et l'affaire des pièces de quatre sols*, p. 562-588.
3. Deux pour Paris et un pour chacune des villes de Rouen, Bordeaux, Lyon, Marseille, La Rochelle, Nantes, Saint-Malo, Lille, Bayonne et Dunkerque. Un arrêt du Conseil du 7 septembre 1700 ajouta un député pour le Languedoc (Arch. nat., E 702[A], fol. 108-110), auquel, par arrêt du Conseil du 7 août 1703, fut substitué l'un des syndics généraux de cette province (*ibid.*, E 1924, fol. 97-98).
4. Arrêt du Conseil daté de Versailles le 29 juin 1700 (Arch. nat., E 1911 ; publ., d'après exemplaire imprimé, par Boislisle, *Correspondance*, t. II, Appendice IV, p. 476-477). L'arrêt fixait le mode d'élection des députés des villes à ce Conseil.

villes, qui n'appartenaient nullement aux Conseils; son secrétaire ne serait pas choisi parmi les secrétaires du Conseil d'État et des finances ou les secrétaires-greffiers du Conseil privé. Il ne recevait pas de pouvoirs propres : sans être habilité à prendre aucune décision exécutoire par elle-même, il devait se borner à éclairer de ses avis le contrôleur général et le secrétaire d'État de la Marine, qui en référeraient au Roi dans son Conseil ou lors de leur travail avec lui. On était loin du Conseil royal de Commerce dont Pontchartrain, revenant à la tentative de Colbert en 1664, avait proposé en mai 1699 le rétablissement à Louis XIV[1]. Cette suggestion avait rencontré une sourde opposition de Chamillart et la solution intervenue était peut-être un compromis. Il est significatif que les contemporains aient parfois appelé ce Conseil « Chambre pour le commerce »[2]. Amelot de Gournay fut son président, remplacé pendant son ambassade en Espagne par d'Aguesseau[3]. Sa séance d'ouverture se tint le 24 novembre 1700, mais dans des circonstances telles qu'elle dut passer inaperçue.

Le 1er novembre 1700, en effet, était mort le roi d'Espagne Charles II et le mardi 9 était arrivé à Fontainebleau le courrier chargé de présenter à Louis XIV le testament par lequel le défunt instituait pour héritier de sa couronne le duc d'Anjou, deuxième fils du Grand Dauphin. Le Roi était alors au Conseil royal des Finances. Il contremanda la chasse, dîna au petit couvert sans rien montrer sur son visage et convoqua pour trois heures son Conseil d'En-haut, qui ne se termina qu'à sept heures, après quoi il conféra longuement avec Torcy et Barbezieux. Le lendemain, il tint encore longuement deux fois son Conseil. Tout bien pesé et la cour étant revenue à Versailles, Louis XIV, devant un public haletant et ému, annonça le 16 qu'il acceptait la couronne d'Espagne pour son petit-fils, qui devenait ainsi Philippe V, Roi Catholique.

Cette décision suscita aussitôt en Europe une tension très vive et la crainte d'une guerre générale. Dans des conjonctures aussi menaçantes, Chamillart fut créé ministre d'État le 23 novembre, cependant qu'étaient prises certaines dispositions visant à permettre à Le Peletier de Souzy de se donner plus entièrement à ses fonctions de directeur général des fortifications. Un édit de décembre 1700 érigea en titre d'office sa charge d'intendant des finances, exercée par commission depuis 1684[4], et les provisions lui en furent expédiées le 20 décembre[5]. Mais une semaine plus tard, le 27, étaient scellées des provisions par lesquelles son fils Michel Robert Le Peletier des Forts, maître des requêtes depuis février 1698, était investi en survivance de l'office conféré le 20 à son père[6].

1. Voir son Mémoire au Roi, publ. par BOISLISLE, *ibid.*, p. 467-468.
2. DANGEAU, *Journal*, t. VII, p. 341-342.
3. Sur ce Conseil, voir : Th.J. SCHAEPER, *The French Council of Commerce 1700-1715 : a Study in Mercantilism after Colbert* (Columbus, 1983, in-8°).
4. Édit daté de Versailles en décembre 1700, enregistré le 15 décembre par la chambre des comptes (Arch. nat., K 2398, n° 40, orig.; O¹ 44, fol. 468-470, copie).
5. Provisions datées de Versailles le 20 décembre 1700 (*ibid.*, O¹ 44, fol. 623v°-624; copie).
6. Provisions datées de Versailles le 27 décembre 1700 (*ibid.*, fol. 634v°-636; copie). Michel Robert Le Peletier des Forts était alors âgé de vingt-cinq ans.

Presque en même temps, un coup du sort déclencha des changements de plus vaste ampleur.

Le 5 janvier 1701, le secrétariat d'État de la Guerre devint vacant par la mort inopinée du marquis de Barbezieux et, le 8, Louis XIV le confia à Chamillart. Celui-ci aurait bien voulu, en contrepartie, abandonner le contrôle général, mais le Roi entendit qu'il le conservât et il se trouva ainsi chargé à la fois de la Guerre et des Finances, ce qui ne s'était encore jamais vu[1]. C'était cumuler de très lourdes responsabilités alors que la conjoncture internationale imposait des préparatifs militaires et par conséquent un surcroît de dépenses. Dès le 12 mars 1701 une déclaration rétablit la capitation générale, cet impôt à vocation égalitaire institué par Pontchartrain en janvier 1695 et supprimé en 1698 après la paix.

Chamillart se sentit si vite accablé par la gestion de deux ministères assumant des missions essentielles, que, dès le mois de juin 1701, Louis XIV se détermina à « luy procurer le soulagement dont il peut avoir besoin pour soutenir le poids de ces deux importans emplois ». « Et comme l'administration de nos finances et le détail infiny d'affaires qui en dépendent demande un travail presque continuel, dont il se trouveroit surchargé, qui le mettroit souvent hors d'état de satisfaire aussy promptement que nostre service le requiert à l'exécution de nos ordres sur le fait de la guerre et de la conduite et discipline de nos troupes, nous avons cru nécesssaire, annonçait le Roi, de le soulager d'une grande partie de ce travail en luy laissant l'inspection supérieure de nos finances et luy réservant à luy seul le controlle général des quittances et la distribution de nos fonds, dont il nous rendra compte à l'avenir en la manière accoutumée, et de charger de tout le détail de nos finances deux de nos sujets que nous estimerons les plus capables de nous servir utilement dans ces emplois ». À ces fins il créait et érigeait « en titre d'office formé deux nos conseillers ordinaires en nos Conseils d'Estat et privé directeurs de nos finances, pour avoir, sous le controlleur général de nos finances, la direction de toutes les affaires qui les concernent et nous en faire le raport en notre Conseil royal, chacun dans le département qui leur sera par nous ordonné. Voulons qu'ils ayent rang, scéance et voix délibérative dans nos Conseils, mesme en notre Conseil de Commerce ». Ils jouiraient « des mesmes honneurs, privilèges et prérogatives que nos autres conseillers d'Estat » et de 80 000 livres par an « pour leurs appointemens, gages du Conseil, acquits patens, gratiffications et cayer de frais ». L'édit statuait par ailleurs que « le nombre des offices d'intendans des finances demeure fixé à quatre pour l'avenir et que, dès à présent, l'un des cinq par nous créez par les édits des mois de février MVI^{c} quatre-vingt-dix et décembre dernier demeure esteint et suprimé

1. DANGEAU, *Journal*, t. VIII, p. 7-8 ; SAINT-SIMON, *Mémoires*, t. VIII, p. 16-19. Voir E. PÉNICAUT, *Michel Chamillart, ministre et secrétaire d'État de la Guerre de Louis XIV (1654-1721)*, thèse de l'École des chartes, résumée dans *Positions des thèses... de 2002* (Paris, 2002, in-8°), p. 000-000.

et que les autres soient exercez par ceux que nous choisirons entre ceux qui les exercent actuellement pour servir comme ils ont fait jusques à présent[1] ».

Ces décisions firent grand bruit à Versailles et à Paris, où l'on prononça aussitôt les noms de ceux qu'elles allaient affecter. L'édit fut enregistré le 30 juin par la chambre des comptes, puis le 2 juillet furent expédiées les provisions des deux offices de directeurs des finances, dont étaient investis Fleuriau d'Armenonville, l'un des intendants des finances alors en place, et Hilaire Rouillé du Coudray, procureur général de la chambre des comptes[2]. Le prix de chacune de ces charges était de 800 000 livres, mais d'Armenonville n'aurait à en verser que 400 000, car son office d'intendant était éteint et lui avait coûté cette somme[3]. Par arrêt du Conseil du 5 juillet, le Roi spécifia que les quatre offices d'intendant conservés par l'édit de juin seraient exercés par Heudebert du Buisson, Lefèvre de Caumartin, Bignon de Blanzy et Le Peletier des Forts[4]. L'intendance de Breteuil était donc supprimée, mais il ne la tenait que par commission et, par égard pour sa personne et ses services, Louis XIV le dédommagea par une gratification de 150 000 livres[5]. Tout en cessant d'être intendant des finances, Le Peletier de Souzy gardait la direction générale des fortifications et le travail particulier avec Sa Majesté qu'elle comportait chaque semaine, et il reçut alors une pension de 10 000 livres[6]. Au reste, il n'était pas écarté des Conseils, non plus que Breteuil, car ils étaient l'un et l'autre conseillers d'État : un arrêt du Conseil du 9 juillet précisa qu'ils continueraient d'« entrer dans les grandes directions et qu'ils feroient les fonctions de commissaires dans les bureaux des fermes et affaires extraordinaires comme par le passé[7] ». Et Souzy sera nommé le 8 octobre 1702 conseiller au Conseil royal des Finances en remplacement de feu M. de Pomereu[8].

Le dimanche 3 juillet 1701 au matin, Chamillart présenta au Roi dans son cabinet les deux directeurs[9], qui prirent place le 5 au Conseil royal des Finances[10]. L'édit de juin leur attribuait en effet entrée et séance en ce Conseil puisqu'il les en créait rapporteurs au même titre que le contrôleur général. Cette appartenance à un Conseil toujours tenu par le

1. Édit daté de Versailles en juin 1701, enregistré le 30 juin par la chambre des comptes de Paris (Arch. nat., K 2399, n° 16, orig.; O[1] 45, fol. 228-230, copie publ. par BOISLISLE, *Correspondance*, t. II, Appendice VI, p. 508. – *Actes royaux*, t. IV, n° 20033).

2. La date de ces provisions est certaine, mais leur texte n'a pu être retrouvé; il devait être analogue à celui des provisions signalées *infra* p. 362, note 4.

3. DANGEAU, *Journal*, t. VIII, p. 135-136, 137-138; SOURCHES, *Mémoires*, t. VII, p. 83-84; SAINT-SIMON, *Mémoires*, t. IX, p. 17-25.

4. Arrêt du Conseil daté de Versailles le 5 juillet 1701 (Arch. nat., E 1917).

5. Mêmes références que ci-dessus, note 3.

6. DANGEAU, *Journal*, t. VIII, p. 138. – Brevet de pension daté de Versailles le 15 juillet 1701 (Arch. nat., O[1] 45, fol. 121v°-122; copie).

7. Arrêt du Conseil daté de Versailles le 9 juillet 1701 (Arch. nat., E 710, fol. 145-146).

8. Commission datée de Fontainebleau le 8 octobre 1702 (*ibid.*, O[1] 46, fol. 159-160; copie).

9. SOURCHES, *Mémoires*, t. VII, p. 86.

10. DANGEAU, *Journal*, t. VIII, p. 143.

Roi attestait l'importance de leurs fonctions. Le contrôleur général ne conservait en exclusivité que le Trésor royal et le contrôle général *stricto sensu* et abandonnait aux directeurs une notable part de ses compétences et des hommes qui en avaient soin, ce dont certains furent si froissés qu'ils préférèrent s'en aller. D'Héricourt, qui était à la tête d'un des principaux bureaux, celui des dépêches, et qui « [l'] avoit toujours eu [...] sous les contrôleurs généraux Colbert, Le Pelletier, de Pontchartrain et Chamillart, n'ayant pu se résoudre à travailler sous ces directeurs après avoir travaillé sous des ministres, le Roi consentit qu'il se retirât et lui donna trois mille livres de pension[1] ». Les fonctions d'un autre premier commis, M. de Bragelongne, prirent fin en même temps et sans doute pour le même motif[2]. C'est que l'un était maître des comptes et l'autre maître des requêtes[3] ! Les directeurs venaient ainsi comme s'intercaler entre le contrôleur général et les intendants des finances, auxquels incombait de gérer « le détail » des affaires dont le ministre et les directeurs avaient la responsabilité suprême.

En se fondant sur ces nouvelles structures, l'administration centrale des finances accomplit paisiblement ses tâches jusqu'à la fin de 1701 et tout au long de 1702. Mais cette année 1702 fut marquée au mois de mai par le déclenchement de la guerre de Succession d'Espagne, un conflit qui allait entraîner pour Louis XIV un effort financier sans précédent. Cette perspective a peut-être été à l'origine des notables changements de personnes survenus l'année suivante. Ce fut d'abord, le 5 février 1703, l'annonce que le poste de premier commis des finances, à la fois si discret et si important, changeait de titulaire. Chamillart le retira à Olivier Vallée, consolé par une pension de 4 000 livres, pour le confier à M. Le Rebours, dont le principal mérite était d'être proche parent du contrôleur général et en qui Dangeau soupçonnait avec raison un homme « qui sembloit devoir prétendre à quelque emploi plus considérable »[4]. À la mi-septembre, la cour entra en émoi avec l'aveu public du rôle que

1. Sourches, *Mémoires*, t. VII, p. 84. – Brevet de pension daté de Versailles le 6 septembre 1701 (Arch. nat., O[1] 45, fol. 170v°-171 ; copie).

2. Ils ne touchèrent chacun pour 1701 qu'un acquit patent de 2 000 livres, correspondant aux huit premiers mois de l'année (Arch. nat., O[1] 46, fol. 49v° et 67).

3. Bénigne du Trousset d'Héricourt (1657-1733), d'abord trésorier de France au bureau des finances de Metz (1686), puis maître ordinaire en la chambre des comptes de Paris (1691). – Geoffroy Dominique de Bragelongne (1654-1717), conseiller au parlement de Metz (1679), puis à la cour des aides de Paris (1687), était maître des requêtes depuis 1696.

4. Sur ce changement, voir Dangeau, *Journal*, t. IX, p. 115 ; Sourches, *Mémoires*, t. VIII, p. 21. Sourches notait que « Vallée fut regretté de tout le monde à cause de son honnêteté ». – L'importance des responsabilités incombant discrètement au premier commis des finances est attestée par certaines mesures prises après la mort de Vallée, survenue le 7 février 1704. Les scellés furent aussitôt apposés chez lui et, après l'inventaire de ses biens et effets, Chamillart écrivit le 26 février cette lettre à M. Le Camus, lieutenant civil au Châtelet : « Monsieur, Le Roy ayant esté informé qu'il s'est trouvé après le déceds du Sr Vallée plusieurs papiers de conséquence, entr'autres des doubles des estats des dépenses secrettes, l'intention de Sa Majesté est que vous remettiez tous lesdits papiers à M[r] Le Rebours, qui en doit estre chargé par la fonction qu'il a, les registres du Roy et toutes les dépenses estant entre ses mains. Vous donnerez aux héritiers du Sr Vallée la décharge dont vous croirez qu'ils peuvent avoir besoin » (Arch. nat., Y 14272).

Desmaretz tenait jusque-là dans les coulisses auprès de Chamillart, surchargé par ses deux ministères. Fort de l'appui de ses cousins les ducs de Chevreuse et de Beauvillier et le secrétaire d'État Torcy, Desmaretz avait fini par gagner la bienveillance de Mme de Maintenon et la condescendance de Louis XIV. Le 17 septembre à Versailles, Chamillart le mena dans le cabinet du Roi, qu'il n'avait pas vu depuis plus de vingt ans. On se répandit aussitôt en conjectures, en disant qu'il n'aurait pas de charge, mais que Chamillart lui renverrait beaucoup d'affaires sans passer par les directeurs ni les intendants, qu'il n'entrerait pas au Conseil royal, mais qu'il aurait toute la confiance du contrôleur général[1]. Il fut encore reçu le 19 septembre par Louis XIV, qui partit aussitôt après pour Fontainebleau. Les supputations reprirent de plus belle jusqu'au 10 octobre, où l'on vit Desmaretz arriver à Fontainebleau, où il n'avait pu se rendre sans y être convoqué[2]. Son sort fut bientôt éclairci : on sut le 12 qu'il était nommé directeur des finances en remplacement de Rouillé du Coudray, réconforté par la promesse de la première place vacante de conseiller d'État de robe, qui lui échut effectivement peu après[3]. Les provisions de directeur des finances de Desmaretz furent expédiées le 22 octobre[4] et il prit séance le lendemain au Conseil royal des Finances[5].

Assisté désormais d'un premier commis des finances à sa dévotion et de deux directeurs dont le dernier nommé avait toute sa confiance, Chamillart se sentit néanmoins si absorbé par la double gestion du contrôle général et du secrétariat d'État de la Guerre, qu'il obtint, une fois encore, une aide supplémentaire. Bien qu'il éprouvât une « singulière satisfaction » des services de Chamillart à la tête du département de la Guerre, Louis XIV décida de « luy procurer le soulagement des détails dans lesquels il est obligé d'entrer ». En conséquence, par édit de novembre 1703, il créa et érigea en « titre d'office formé deux nos conseillers en nos Conseils directeurs généraux des vivres, estapes et fourages, lits des hospitaux de nos armées et garnisons, pour avoir, sous le controlleur général de nos finances et le secrétaire d'Estat ayant le département de la Guerre, la direction de toutes les affaires qui les concernent ». Cet édit entrait en tant de détails sur la mission des charges qu'il établissait, que ses dispositions font figure d'instruction pour leurs futurs titulaires. Il en ressort que ceux-ci étaient appelés à suppléer en Chamillart à la fois le contrôleur général et le secrétaire d'État. Ils auraient « rang, scéance et voix délibérative en nos Conseils

1. Dangeau, *Journal*, t. IX, p. 292, 296; Sourches, *Mémoires*, t. VIII, p. 179.
2. Sourches, *Mémoires*, t. VIII, p. 181 et 194.
3. Dangeau, *Journal*, t. IX, p. 319; Sourches, *Mémoires*, t. VIII, p. 195. – Lettres d'expectative datées de Fontainebleau le 15 octobre 1703 (Arch. nat., O^1 47, fol. 188v° -190; copie). Lettres de conseiller d'État datées de Versailles le 28 décembre 1703 (*ibid.*, fol. 242-243; copie).
4. Provisions datées de Fontainebleau le 22 octobre 1703 (*ibid.*, fol. 197v° -199, copie; publ. en partie par Boislisle, *Correspondance*, t. II, Appendice VIII, p. 510).
5. Dangeau, *Journal*, t. IX, p. 328; Sourches, *Mémoires*, t. VIII, p. 201.

d'Estat, grande et petite direction de nos finances, mesme en nostre Conseil de Commerce » (mais non au Conseil royal), jouiraient « des mesmes privilèges, honneurs et rang dont jouissent les maistres des requestes ordinaires de nostre hostel » et percevraient chacun 33 333 livres, 6 sols et 8 deniers par an « pour appointements, gages du Conseil et cahier de frais [1] ». Ces offices furent acquis l'un et l'autre par un seul et même personnage, le trésorier des parties casuelles Philippe Milieu, qui en fut pourvu assez tardivement[2]. C'est que l'édit, signé et scellé en novembre 1703, ne fut transmis que presque neuf mois plus tard pour enregistrement aux cours compétentes : la lettre de cachet adressée à cette fin au parlement de Paris était datée du 19 août 1704. Quelles qu'en aient été les causes, cette temporisation a probablement poussé Chamillart, submergé en permanence par ses diverses responsabilités, à se faire octroyer encore un surcroît d'assistance, tout en avantageant sa famille.

Au milieu d'août 1704, en effet, le Roi créa deux nouveaux offices d'intendant des finances[3], destinés l'un à M. Guyet, maître des requêtes et intendant de Lyon, et l'autre au premier commis des finances Le Rebours; les provisions leur en furent expédiées le 31 août[4]. Diversement commentés[5], ces choix témoignaient d'abord de la parenté des élus avec le contrôleur général : Le Rebours était son cousin germain et la fille unique de Guyet avait épousé un frère du ministre. Le cas de Le Rebours présentait en outre deux singularités. Contrairement à l'usage observé depuis 1666 pour le recrutement des intendants des finances, il n'était pas maître des requêtes, ni actif, ni honoraire; il avait jusqu'alors fait carrière dans la robe, d'abord substitut du procureur général du parlement de Paris, puis conseiller au Grand Conseil et grand rapporteur en chancellerie en 1687, d'où Chamillart l'avait tiré pour le créer premier commis des finances. Son autre particularité fut qu'en devenant intendant il conserva la première commission des finances[6].

1. Édit daté de Versailles en novembre 1703 (Arch. nat., K 2701, n° 74; orig.). Il fut enregistré le 29 août 1704 par le parlement (*ibid.*, X^{1A} 8420, fol. 373), le 18 septembre par la chambre des comptes et le 20 novembre par la cour des aides de Paris.

2. Titulaire depuis 1692 d'un office biennal de trésorier des revenus casuels, Milieu jouissait avec son collègue Pierre Vincent Bertin de la moitié de l'office triennal créé par édit de décembre 1695 (Arch. nat., O^1 40, fol. 413). D'une requête présentée le 30 décembre 1704 à la chambre des comptes il ressort que Milieu, en accédant à ces offices de directeurs généraux des vivres, céda sa moitié de celui de trésorier triennal des parties casuelles à son collègue Bertin (*ibid.*, P 2702, fol. 128). – Sur Milieu, voir D. DESSERT, *Argent, pouvoir et société...*, p. 649.

3. Édit daté de Versailles en août 1704 (Arch. nat., O^1 48, fol. 213v°; mention). – DANGEAU, *Journal*, t. X, p. 97; SOURCHES, *Mémoires*, t. IX, p. 47.

4. Provisions datées de Versailles le 31 août 1704 (Arch. nat., O^1 48, fol. 243; mention). – Provisions de Le Rebours (*ibid.*, V^1 164).

5. Voici la réaction de Saint-Simon : « Rien de si ignorant, ni en récompense de si présomptueux et de si glorieux que ces deux nouveaux animaux. Le premier, [Le Rebours], s'estoit sûrement moulé sur le marquis de Mascarille; il l'outroit encore, tout estoit en lui parfaitement ridicule. L'autre, grave et collet monté, faisoit grâce de prester l'oreille, à condition pourtant qu'il ne comprenoit rien de ce qu'on lui disoit. Jamais un si sot homme que celui-ci, jamais rien un si impertinent que l'autre, jamais rien de plus indécrottable que tous les deux » (*Mémoires*, t. XII, p. 160-161).

6. Cumul de fonctions et aussi cumul de certaines rémunérations : il encaissa chaque année

Flanqué dès lors de deux directeurs, six intendants et un directeur des vivres, fourrages, étapes et hôpitaux des armées, Chamillart était censé en mesure de faire face à ses tâches. Mais celles-ci s'alourdissant encore avec la durée de la guerre et certaines victoires des ennemis, il obtint de se faire seconder dans son secrétariat d'État par son fils Michel, marquis de Cany, qui en reçut la survivance le 3 janvier 1707. Malgré le zèle de celui-ci, Chamillart fut de plus en plus dépassé par les événements, d'autant que sa santé le trahissait : il lui arrivait d'être trop épuisé pour pouvoir assister aux Conseils. À la fin de 1707, il se sentit incapable de mettre sur pied le budget de la campagne de l'année suivante et l'on eut vent, en janvier 1708, qu'il entendait se reposer sur Desmaretz « de beaucoup de petits détails de finances, surtout pour ce qui regarde l'extraordinaire des guerres [1] ». Un mois plus tard, relatait Dangeau, « ce ministre est toujours fort incommodé et supplie instamment le Roi de lui ôter une partie de ses emplois, étant accablé de travail, [... il] presse fort Sa Majesté de mettre un contrôleur général en sa place [2] ». Il eut bientôt satisfaction. Le 21 février on eut la surprise au lever du Roi à Marly d'y voir Desmaretz et, comme il n'y était encore jamais venu, on ne douta plus que les bruits qui faisaient de lui le successeur de Chamillart aux finances ne fussent avérés. Louis XIV, en effet, l'ayant fait entrer dans son cabinet, lui déclara qu'il le faisait contrôleur général à la place de Chamillart, qui restait ministre d'État et secrétaire d'État [3].

Depuis septembre 1689, ce dernier avait d'abord eu comme premier commis des finances Olivier Vallée, intronisé par Pontchartrain au début de 1696, auquel il avait substitué Le Rebours en février 1703. Le bureau des états au vrai avait été confié en 1699 par Chamillart à son cousin germain Henri Clément Chamillart de Villatte [4]. Pour le contrôle général, les deux commis-gardes des registres en poste depuis mars 1689, Perrotin de Barmond et Soubeyran, avaient continué à y vaquer alternativement.

* *
*

La désignation du successeur de Chamillart aux finances fut l'aboutissement de propositions, d'interventions et de démarches au long des-

deux acquits patents, l'un « comme tenant les registres des finances sous les ordres de M. Chamillart » et l'autre, depuis le 31 août 1704, en qualité d'intendant des finances (Arch. nat. O^1 49, fol. 162; O^1 50, fol. 44; O^1 51, fol. 72; O^1 52, fol. 16v°; O^1 53, fol. 39; O^1 54, fol. 27v°; etc.). – Ce cumul d'une intendance avec la première commission des finances avait des précédents : tel avait été le cas de Tubeuf sous Bailleul, d'Avaux et Particelli d'Émery; de Bordeaux sous La Vieuville et un moment sous Servient; et d'Hervart depuis le début de 1653 jusqu'en septembre 1661.

1. Dangeau, *Journal*, t. XII, p. 64.
2. *Ibid.*, p. 79-80.
3. *Ibid.*, p. 81; Sourches, *Mémoires*, t. XI, p. 26-27.
4. *Notice historique sur l'origine du bureau de la vérification des états au vrai* (Arch. nat., 144 AP 131, doss. 2; impr.).

quelles, depuis le début de janvier 1708, furent débattus non seulement le choix d'une personne, mais aussi la réorganisation des services qu'elle allait diriger, les conséquences qui en découleraient pour les titulaires de certains emplois et aussi les moyens de faire face aux dépenses entraînées par un tel remaniement. Louis XIV semblait désormais convaincu que, Chamillart se trouvant « surchargé du travail immense de cette administration et de la charge du secrétariat d'État dont il est pourvu [...], il convenoit mieux au bien de notre service que le soin des finances fût commis à une seule personne qui pût y vaquer avec l'assiduité requise ». Quant à Desmaretz, il est probable qu'il répugnait à gérer l'administration des finances telle qu'elle était réglée depuis 1701 et qu'il n'accepta de la prendre en main qu'avec certaines assurances.

Au matin du lundi 20 février 1708, Louis XIV eut travail avec Chamillart et c'est alors qu'il agréa sa démission de contrôleur général et lui révéla à qui il en donnait la succession. Certains étaient déjà au fait de cette décision, car Saint-Simon étant allé ce même jour à midi voir à Paris le chancelier, celui-ci lui en fit part[1]. Bientôt la grande nouvelle se répandit à la cour, avec tout le détail des dispositions qui en dérivaient : suppression des deux offices de directeurs dont étaient revêtus Desmaretz et d'Armenonville, octroi d'une pension de 12 000 livres à ce dernier, écarté de l'administration des finances, maintien des six intendants alors en poste et création d'un septième office. Toutes mesures assorties de clauses pécuniaires, car il fallait rembourser les directeurs supprimés des 800 000 livres qu'ils avaient tous deux versées pour ces offices. En conséquence, les six intendants conservés verseraient chacun un supplément de finance de 200 000 livres et le septième office serait vendu 600 000 livres à Jacques Poulletier, garde du Trésor royal, en sus desquelles il en payerait encore 200 000, comme devant être chargé particulièrement des affaires ayant rapport aux armées, cela en conséquence de l'extinction, prévue elle aussi, des offices de directeurs généraux des vivres et étapes[2]. Soit un remaniement diversement apprécié. D'Armenonville en fut très déconfit, car, après avoir été depuis quelque vingt-cinq ans mêlé de près au maniement des finances, il se retrouvait simple conseiller d'État, alors que son collègue en la direction devenait contrôleur général : il n'eut plus qu'à congédier ses bureaux[3]. Le choix du septième intendant suscita de vifs remous au Conseil. Jacques Poulletier, en effet, garde du Trésor royal depuis 1704, n'avait fait carrière jusque-là que dans le monde des affaires[4], mais, tempête Saint-Simon, « Chamillart, à qui il étoit fort attaché, lui voulut faire cette fortune inouïe

1. Saint-Simon, *Mémoires*, t. XV, p. 375.
2. Dangeau, *Journal*, t. XII, p. 80-81 ; Sourches, *Mémoires*, t. XI, p. 26-28.
3. Saint-Simon, *Mémoires*, t. XV, p. 382-385.
4. Jacques Poulletier (v.1644-1711), d'abord commissaire des guerres, puis receveur général des finances de la généralité de Rouen (1685-1704), garde du Trésor royal (1704), était associé à de nombreux partis ou traités; anobli en 1690 par achat d'un office de secrétaire du Roi. – Voir D. Dessert, *Argent, pouvoir et société...*, p. 673-674.

pour un financier qu'aucune magistrature n'avoit encore décrassé. Ce fut ce que le chancelier appela le testament de Chamillart, la honte de ces charges, la flétrissure du Conseil, où ces intendants s'asseoient, jugent, ont rang de conseillers d'État, et, quand ils le deviennent, en fixent l'ancienneté à leur rang d'intendant des finances. Cela fit grand bruit. Le chancelier cria bien haut, le Conseil députa pour faire des oppositions, puis de très humbles remontrances. Ce n'étoit plus le temps : rien ne fut écouté. Desmaretz se tint neutre pour plus d'une raison; Chamillart tint ferme, et le Roi maintint le changement d'un financier en juge de la finance et des autres procès[1] ». Cette contestation explique sans doute pourquoi les provisions d'intendant des finances de Poulletier ne furent expédiées que le 31 mars[2], alors qu'avaient déjà été promulguées les autres décisions touchant la réorganisation de l'administration.

Dès le 20 février avaient été instrumentés le pouvoir de contrôleur général de Desmaretz[3] et le brevet de pension de d'Armenonville[4]. Le 16 mars avait été enregistré par la chambre des comptes un édit du mois portant suppression des deux offices de directeurs des finances et des deux offices de directeurs généraux des vivres et étapes et création d'un office de « conseiller en nos Conseils d'État privé intendant de nos finances, pareil et de même nature que les six offices d'intendans créez par nos édits des mois de février 1690 et aoust 1704 », aux appointements annuels de 72 000 livres[5]. Avait suivi un autre édit qui fixait les modalités de l'augmentation d'appointements infligée aux six intendants érigés en 1690 et 1704 : ils verseraient chacun 200 000 livres, portant ainsi à 600 000 la finance de leur office et, « pour leur donner de nouvelles marques de la satisfaction que nous avons de leurs services [... et] les aprocher plus près de notre personne », le Roi leur accordait « l'entrée en notre Conseil royal des Finances, pour en jouir par celui d'entr'eux qui sera choisy par le controlleur général pour, en son absence ou légitime empêchement, raporter en notredit Conseil les affaires dont il l'aura chargé[6] ». On ne peut que s'interroger sur la fréquence avec laquelle les intendants eurent occasion de bénéficier de cette coûteuse admission.

Telle était la tournure des événements que Desmaretz dut continuer à faire contribuer les hauts officiers de judicature au financement de la guerre, tout en cherchant à stimuler l'activité économique par un ren-

1. SAINT-SIMON, *Mémoires*, t. XV, p. 386-387.
2. Provisions datées de Versailles le 31 mars 1708 (Arch. nat., O^1 52, fol. 46-47; copie). Claude Le Bas de Montargis succéda dès le 10 mars à Poulletier dans son office de garde du Trésor royal.
3. Pouvoir daté de Marly le 20 février 1708 (*ibid.*, fol. 22v°-24, copie; publ. par BOISLISLE, *Correspondance*, t. III, Appendice I, p. 601-602).
4. Brevet de pension de 12 000 livres, daté de Marly le 20 février 1708 (*ibid.*, fol. 22).
5. Édit daté de Versailles en mars 1708, enregistré le 16 mars par la chambre des comptes de Paris (Arch. nat., K 2410, n° 21; orig.).
6. Édit daté de Versailles en mars 1708, enregistré le 18 avril par le parlement et le 19 par la chambre des comptes de Paris (*ibid.*, n° 30, orig.; AD+ 673, n° 2, impr.; publ. par GUILLARD, ouvr. cité, p. 752-755; et par F. MOSSER, ouvr. cité, p. 257-258).

forcement du Conseil de Commerce. Au début de mai, on eut connaissance d'un projet tendant à ériger quatre charges de maîtres des requêtes intendants du commerce et l'on murmurait déjà le nom de ceux qui passaient pour y être destinés[1]. Mais cette création aurait fait passer de quatre-vingt-huit à quatre-vingt-douze le nombre des maîtres des requêtes et ceux-ci se rebiffèrent avec énergie contre cette crue, qui menaçait d'effondrement la valeur de leurs offices. Ils saisirent de leurs griefs le chancelier, qui s'entremit pour rechercher une solution propre à les apaiser, tout en donnant satisfaction au contrôleur général. Objectif atteint assez vite, car Pontchartrain put, dès le 15 mai, faire part en ces termes à Desmaretz du dénouement de sa médiation :

> « Messieurs les maîtres des requêtes députés de leur compagnie m'ont aporté cet après-midi leur mémoire et le résultat de leurs différentes assemblées. Je les ai discuté longuement avec eux et je leur y ai fait changer beaucoup de choses dans la substance et dans la diction. C'est ce qui fait que je ne puis encore vous les envoïer si tost, mais je ne vous rendrai pas moins compte de tout ce que j'ai fait avec eux. [...] Je suis presque assuré de faire porter le produit de votre édit à quatorze cens mil livres. C'est plus que vous n'en demandés. Au lieu de quatre charges de maîtres des requêtes que vous ne crerés point, on vous prie de créer six commissions en titre d'intendants du commerce attachées à des charges de maîtres des requêtes, comme étoient les commissions de présidents au Grand Conseil[2]. Ces six commissions à cent cinquante mil livres chacune font neuf cent mil livres. Vous leur donnerés leur apointement et gages sur le même pied que vous l'auriés donné aux maîtres des requêtes intendants à proportion de leur finance. Et pour les cinq cens mil livres restantes pour faire les quatorze, la compagnie en corps se charge de les prendre en augmentations de gages au même denier que les apointemens et gages des commissions d'intendants. Voilà, Monsieur, en gros et en substance quel sera, s'il vous plaît, le fond de l'affaire et le capital de l'édit. Il y a plusieurs autres petites choses qui sont trop longues à vous détailler peut-être icy. [...] Une seule seulement, et qui mérite de vous être proposée dès à présent [...], c'est que cette pauvre compagnie, au moïen de cette somme si considérable à des augmentations de gages qu'elle prend, sera déchargée de l'exécution de l'édit qui les obligeoit d'en prendre[3], édit qui est demeuré sans exécution et que j'ose dire ne pouvoir être jamais exécuté[4]. »

Les offres ainsi transmises par le chancelier furent agréées dans leurs grandes lignes par Desmaretz et les « petites choses » qui restaient à régler devaient être assez minces, car la solution ainsi suggérée ne tarda

---

1. DANGEAU, *Journal,* t. XII, p.129.
2. Par édit de février 1690, Louis XIV avait créé un office de premier président du Grand Conseil et dispensé les huit présidents d'appartenir au corps des maîtres des requêtes.
3. Un édit de février 1708 avait porté création et augmentation de gages aux officiers des cours et compagnies supérieures (Arch. nat., AD+ 672, n° 12, impr.; *Actes royaux,* t. IV, nos 23165-23166).
4. Le chancelier de Pontchartrain à Desmaretz; Versailles, 15 mai 1708 (Bibl. nat., Ms. fr. 21127, fol. 419v°-421; copie).

pas à transpirer dans le public : Dangeau la releva dès le 20 mai [1]. Ces mesures furent promulguées par un édit du mois de mai créant six commissions d'intendants du commerce unies à autant d'offices de maîtres des requêtes [2], et par une déclaration du 5 juin réglant à 500 000 livres la part que les maîtres des requêtes devaient lever dans les augmentations de gages créées par l'édit de février, et fixant en conséquence à 200 000 livres le prix des offices de maîtres des requêtes [3], deux actes enregistrés le 15 juin par le parlement de Paris. Les maîtres des requêtes qui acquirent les intendances du commerce ainsi créées furent MM. Amelot de Chaillou, Boucher d'Orsay, de Machault, Lescalopier, Lefèvre de Caumartin de Boissy et Rouillé de Fontaine. L'expédition de leurs provisions s'échelonna à partir du 15 juillet 1708 [4]. Dès le 5 juin, par arrêt de son Conseil, le Roi avait réglé en conséquence la nouvelle composition du Conseil de Commerce, qui comprendrait désormais : trois conseillers d'État, le secrétaire d'État de la Marine, le contrôleur général des finances, le lieutenant général de police de Paris, les intendants du commerce, un des syndics généraux de la province de Languedoc et les députés des principales villes marchandes du royaume, auxquels, si besoin était, se joindraient, sur convocation du contrôleur général, deux délégués des fermes générales [5].

Par bien des traits, cette création des intendants du commerce suggère d'importantes remarques [6]. Et d'abord que c'était un dénouement onéreux pour la compagnie des maîtres des requêtes, car elle dut recourir à un emprunt par rentes constituées pour s'acquitter de l'augmentation de gages [7] et certains de ses membres en furent lourdement endettés [8]. Il convient, d'autre part, de bien saisir le fait que, malgré leur intitulé d'« intendances », celles du commerce ne furent pas homologues de celles des finances. Ces dernières étaient constituées en titre d'office formé de « conseiller en nos Conseils d'Estat et privé intendant de nos finances », elles donnaient séance à leurs titulaires parmi les conseillers d'État et même une récente décision leur procurait, sous certaines conditions, accès au Conseil royal des Finances. Pour leur part, les

1. DANGEAU, *Journal*, t. XII, p. 141-142.
2. Édit daté de Versailles en mai 1708, enregistré le 15 juin par le parlement de Paris (Arch. nat., K 2410, n° 69 ; orig.).
3. Déclaration datée de Versailles le 5 juin 1708, enregistrée le 15 juin par le parlement de Paris (*ibid.*, AD+ 676, n° 23, impr. ; *Actes royaux*, t. IV, n° 23385).
4. Les provisions de MM. Amelot de Chaillou et Boucher d'Orsay furent expédiées le 15 juillet 1708 (Arch. nat., V^1 186) et probablement aussi celles de M. de Machault, car ils prirent tous les trois leur première séance au Conseil de Commerce le 20 juillet. Les provisions de M. Lescalopier datèrent du 21 octobre (*ibid.*). La première séance de M. de Caumartin de Boissy au Conseil de Commerce eut lieu le 17 août et celle de M. Rouillé de Fontaine le 7 septembre.
5. Arrêt du Conseil daté de Versailles le 5 juin 1708 (*ibid.*, E 1943, fol. 295-296).
6. Voir Fr. GARRIGUES, « Les intendants du commerce au XVIIIe siècle », dans *Revue d'histoire moderne et contemporaine*, t. 45 (1998), p. 626-661.
7. Arch. nat., V^4 1496.
8. Voir la lettre de M. Lescalopier, intendant du commerce, à Desmaretz, du 17 janvier 1711 (BOISLISLE, *Correspondance*, t. III, n° 1212, p. 423).

intendances du commerce n'étaient qu'une commission greffée sur un office de maître des requêtes et, par conséquent, celui qui en était pourvu se maintenait dans cet office, à l'inverse d'un intendant des finances, tenu de résigner son office de maître des requêtes en devenant intendant[1], poste qui comportait plus d'honneurs, de prérogatives et de gages qu'une intendance du commerce[2]. En revêtant une intendance des finances, on devenait l'un de Messieurs des finances, ce qui n'était pas le cas des intendants du commerce. D'autre part, si un intendant des finances ou un intendant du commerce pouvait être tiré d'une intendance de province, il était impensable qu'un intendant des finances fût nommé intendant d'une généralité[3], tandis qu'un intendant du commerce pouvait l'être sans être pour cela rétrogradé. L'édit de mai 1708, en effet, érigeait « en titre six commissions d'intendans du commerce, pour demeurer unies à six offices de maîtres des requestes, à l'instar et de la mesme manière que l'estoient cy-devant les huit commissions de présidens en nostre Grand Conseil » et leurs titulaires porteraient le titre de « nos conseillers en nos Conseils maîtres des requestes ordinaires de nostre hostel intendants du commerce ». Outre leurs gages de maîtres des requêtes, ils toucheraient, comme intendants, 12 500 livres par an « pour apointemens, frais de bureau, de commis et autres dépenses ». Ceux qui auraient exercé la charge de maître des requêtes pendant vingt ans et celle d'intendant du commerce pendant dix ans pourraient les désunir et garder la seule commission. Celle-ci était donc comme une annexe ou une extension d'une maîtrise des requêtes et, en dehors de l'appartenance au Conseil de Commerce, ne conférait d'autre accès aux Conseils que celui découlant de la qualité de maître des requêtes.

D'autre part, le Roi spécifiait par l'édit que ces six intendants auraient « entrée et scéance dans le Conseil de Commerce [...] pour y faire le rapport des mémoires, demandes, propositions et affaires qui leur seront renvoyées, chacun dans le département qui leur sera distribué, rendre compte des délibérations qui y auront esté prises au controlleur général de nos finances ou au secrétaire d'Estat ayant le département de la Marine, suivant la nature desdites affaires, lorsque leurs employs ne leur auront pas permis d'y assister, pour y estre par nous pourvu ainsi qu'il appartiendra ». Ces intendants étaient donc appelés à seconder à la fois le contrôleur général des finances et le secrétaire d'État de la Marine et c'est aussi pourquoi ils ne pouvaient pas faire partie de Messieurs des finances. Leur rôle de rapporteur était intrinsèque à leurs charges de maîtres des requêtes et le rapport au Conseil de Commerce, tout en devenant leur prérogative exclusive, ne leur donnait pas pour autant des pouvoirs étendus. Limite que Desmaretz eut bientôt occasion de mettre

1. Voir *supra*, p. 349.
2. Le plus souvent, des lettres de maître des requêtes honoraire étaient accordées aux intendants des finances après leur démission de l'office de maître des requêtes.
3. De cette réserve était exceptée l'intendance de Paris, très prestigieuse et convoitée.

au point : « Il m'est revenu, manda-t-il le 16 juillet 1708 au président de ce Conseil, qu'après la dernière assemblée du Conseil de Commerce, un des nouveaux intendants, qui y avoit été présent et qui avoit entendu l'avis des députés contre la sortie des grains, se chargea de donner l'ordre [...] de ne plus expédier de passeports. Il y a deux choses à dire sur cela : la première, c'est que les fonctions des intendans du commerce ne s'étendent point à donner aucuns ordres sur les délibérations du Conseil et qu'elles se renferment à rendre compte au contrôleur général du résultat des délibérations, qui en fait ensuite son rapport au Roi, pour prendre les ordres de Sa Majesté et faire savoir ses intentions à ceux qui doivent les exécuter. D'ailleurs, cette manière de traiter en plein Conseil la question qui regarde la sortie des grains ne convient point au secret qui paroît nécessaire sur cette matière[1]. » Ce fut probablement pour parer à de tels empiétements que, le 9 octobre suivant, le Roi tint à réglementer de façon très minutieuse le travail du Conseil de Commerce[2]. Tout en étant, comme les intendants des finances, des auxiliaires du contrôleur général, les intendants du commerce étaient associés à un moindre degré qu'eux à la conduite des affaires. Le règlement du 9 octobre 1708 prévoyait (art. 3) que, les jours de séance, ils se réuniraient une heure avant chez le président, ce qui était créer comme un pendant à l'assemblée hebdomadaire des intendants des finances, mais (art. 4) il leur refusait la correspondance directe avec les intendants des provinces, alors que les intendants des finances en avaient toute faculté. Les intendants du commerce se rattachaient surtout au Conseil de Commerce et celui-ci, on l'a déjà noté, n'avait que des liens assez lâches avec les Conseils et était plutôt une dépendance du contrôle général.

D'un point de vue plus général, enfin, ces commissions d'intendants du commerce présentaient de remarquables singularités. Elles étaient érigées par édit, alors que la création par édit était la caractéristique des offices et que, à de rarissimes exceptions près[3], les commissaires n'exerçaient pas des fonctions instituées par édit. Mais ces « commissions » d'intendants du commerce furent conférées par des lettres patentes où le Roi s'adressait « à tous présents et à venir » pour annoncer qu'il avait « donné et octroyé [... à Tel] l'une des six commissions d'intendans du commerce[4] » : il s'agissait donc de lettres de provision, car des lettres de commission eussent été adressées à la personne du destinataire, à qui le Roi aurait dit « par les présentes vous avons commis, constitué, ordonné et établi ». Par conséquent, ces intendants du commerce n'étaient pas commissaires au sens strict, alors que les intendants des provinces

1. Desmaretz à M. d'Aguesseau, conseiller au Conseil royal des Finances et président du Conseil de Commerce; 16 juillet 1708 (Boislisle, *Correspondance*, t. III, n° 34, p. 13).

2. « Règlement que le Roy veut estre observé dans l'ordre, la distribution et raport qui sera fait par les sieurs intendans du commerce des affaires qui auront esté renvoyées au Conseil de Commerce », daté de Marly le 9 octobre 1708 (Arch. nat., F^{12} 55; copie).

3. C'était le cas des commissaires des guerres et des commissaires au Châtelet de Paris.

4. Arch. nat., V^1 186.

l'étaient tous. En règle générale, les offices étaient créés et érigés par édit et ne pouvaient être éteints et supprimés que par la même voie, alors que les provisions des intendants du commerce n'étaient valables que « tant qu'il nous plaira ». Ces charges du commerce n'étaient pas soumises à la paulette et n'étaient donc pas héréditaires.

Voilà bien des subtilités à propos de ces postes d'intendants du commerce. C'est que, dans ces années difficiles de la guerre de Succession d'Espagne, en même temps que les besoins du Trésor impliquaient, une fois de plus, un recours massif au vieil expédient de la mise en vente de charges publiques, se faisait aussi sentir pour l'administration royale la nécessité d'insérer entre l'office, la commission et le pouvoir, fondements traditionnels de maintes fonctions, un type d'emplois dont les compétences et le mode de collation, sans rupture radicale avec les usages, tinssent de l'innovation.

Au long des six mois consécutifs à son accession au contrôle général, Desmaretz a donc réorganisé les services dont il prenait la tête de manière à les bien tenir en main. En particulier, la suppression des offices de directeurs des finances et de directeurs généraux des vivres et étapes des armées montrait bien qu'il entendait être seul maître à bord, assisté avec efficacité par sept intendants des finances et, à un moindre degré de prestige et de compétence, par les six intendants du commerce. La différence hiérarchique entre ces deux équipes d'intendants est bien mise en lumière par la composition de leurs départements respectifs : ceux des intendants des finances comprenaient « le détail » des nombreuses et vastes matières dont le contrôleur général avait l'inspection supérieure, alors que ceux des intendants du commerce étaient fondés sur une répartition géographique par provinces et pays du « commerce intérieur du royaume et extérieur par terre ».

La réorganisation opérée par Desmaretz dans ses services impressionna si favorablement Louis XIV que, à l'issue du Conseil royal des Finances tenu le 20 novembre 1708, il lui annonça qu'il le créait ministre d'État. « Ainsi, constata Dangeau, nous en avons cinq présentement, qui sont M. le chancelier, M. de Beauvillier, M. de Torcy, M. Chamillart et M. Desmaretz[1]. » Si ce nombre ne varia guère jusqu'à la mort du Roi, les hommes, eux, changèrent. Le 9 juin 1709, Louis XIV fit demander à Chamillart et à son fils et survivancier leur démission de la charge de secrétaire d'État de la Guerre, dont il revêtit le lendemain le conseiller d'État Daniel François Voysin, qu'il créa ministre d'État dès le 12 à la place de Chamillart[2]. Voysin devint chancelier de France le 2 juillet 1714, lors du retrait de Pontchartrain, tout en demeurant secrétaire d'État, ce qui ne s'était encore jamais vu. Peu après, le duc de Beauvillier, qui était ministre d'État et chef du Conseil royal des

1. Dangeau, *Journal,* t. XII, p. 268 ; Sourches, *Mémoires,* t. XI, p. 226.
2. Dangeau, *Journal,* t. XII, p. 435, 440-441.

Finances, étant décédé le 31 août 1714, le Roi donna ces deux places au maréchal duc de Villeroy : le 2 septembre celle du Conseil royal[1] et le 19 celle du Conseil d'En-haut; le personnage était fils du premier maréchal duc de Villeroy, nommé chef du Conseil royal lors de l'établissement de celui-ci en septembre 1661.

Pour le Trésor, Desmaretz confirma dans la première commission des finances celui que Chamillart y avait installé en 1703, Alexandre Le Rebours, qui l'exerça jusqu'à la fin du règne, en la cumulant avec son intendance des finances. Pour l'accomplissement du contrôle général *stricto sensu*, Desmaretz se reposa sur les mêmes gardes des registres que Le Peletier, Pontchartrain et Chamillart : MM. Soubeyran et Perrotin de Barmond.

Il y eut quelques changements de personnes parmi les sept intendants des finances. M. Malon de Bercy, maître des requêtes et gendre de Desmaretz, remplaça dans son intendance des finances M. Bignon de Blanzy, nommé intendant de la généralité de Paris le 17 août 1709 avec l'expectative et bientôt l'octroi d'une place de conseiller d'État[2]. La mort de Jacques Poulletier fit échoir le 2 avril 1711 son intendance à son fils Pierre, maître des requêtes[3]. Dans l'été de 1714, M. Heudebert du Buisson fut prié de se défaire de son intendance des finances, dont les faiblesses de l'âge lui rendaient l'exercice de plus en plus difficile; il souhaita, mais en vain, être promu conseiller d'État[4] et résigna en faveur de Louis Fagon, qui fut pourvu le 23 juillet 1714[5].

Les postes d'intendants du commerce connurent quelques mouvements de même nature. M. Boucher d'Orsay ayant été chargé le 21 décembre 1710 de l'intendance de la généralité de Limoges[6], M. Danycan de Landivisiau lui succéda le 18 janvier 1711 dans celle du commerce[7]. Le 17 mars suivant, M. Lescalopier fut nommé intendant de Champagne[8], mais son intendance du commerce resta vacante, en

1. Commission datée de Fontainebleau le 2 septembre 1714 (Arch. nat., O[1] 58, fol. 201-202, copie; publ. par Boislisle, *Correspondance*, t. III, Appendice VII, p. 672-673).

2. Commission d'intendant de la généralité de Paris datée de Versailles le 17 août 1709 (Arch. nat., O[1] 53, fol. 120v°-121). – Lettres d'expectative, datées de Versailles le 18 août et lettres de conseiller d'État semestre datées de Versailles le 12 octobre 1709 (*ibid.*, fol. 121-122 et 150-151). – Dangeau, *Journal*, t. XIII, p. 14; Sourches, *Mémoires*, t. XII, p. 32.

3. Provisions datées de Meudon le 2 avril 1711 (Arch. nat., O[1] 55, fol. 208v°-209, mention. – Dangeau, *Journal*, t. XIII, p. 374; Sourches, *Mémoires*, t. XIII, p.79). Pierre Poulletier était maître des requêtes depuis la fin de 1707.

4. Voir sa lettre à Desmaretz du 15 juillet 1714 (*ibid.*, G[7] 1841, n° 199; orig. signé). Seule la signature de cette lettre est de lui, tracée d'une main tremblante. Heudebert du Buisson fut interdit par sentence du Châtelet du 20 décembre 1714 (*ibid.*, Y 4256) et mourut le 11 octobre 1715.

5. Provisions datées de Versailles le 23 juillet 1714 (*ibid.*, V[1] 218). Maître des requêtes depuis janvier 1709, Louis Fagon était fils du premier médecin du Roi. – Dangeau, *Journal*, t. XV, p. 193.

6. Commission datée de Versailles le 21 décembre 1710 (Arch. Aff. étr., M.D. France, 1172, fol. 327-331; minute).

7. Provisions datées de Versailles le 18 janvier 1711 (Arch. nat., V[1] 201). – Sourches, *Mémoires*, t. XII, p. 411-412, 413.

8. Commission datée de Versailles le 17 mars 1711 (Arch. Aff. étr., M.D. France, 1177, fol. 314-317; minute).

raison de ses difficultés personnelles de fortune[1], et le département en fut géré d'abord par Samuel Bernard[2], puis en 1714 par l'un des autres intendants du commerce, Caumartin de Boissy.

* *
*

De septembre 1689 à septembre 1715, l'action des contrôleurs généraux, directeurs et intendants des finances reposa sur le travail de leurs bureaux. Autant le rôle de ceux-ci se révèle essentiel, autant il est malaisé de reconstituer leur organisation et leur composition, et cela pour deux raisons. La première tient au caractère lacunaire et laconique de la documentation sur cette période : il subsiste peu de comptes ou de projets détaillés de gages et d'appointements et cette rareté n'est que partiellement compensée par la rencontre, assez fréquente, du versement d'acquits patents. Le nombre de ceux-ci, en effet, était limité, il n'en pouvait être accordé en même temps à tous les agents d'un même service, leur octroi dépendait des retraites ou des décès, voire de la faveur, en sorte que la date à laquelle telle personne commence à en bénéficier peut être bien postérieure à son entrée en fonction. L'autre difficulté résulte du mode de recrutement des commis et clercs œuvrant dans ces bureaux. Leur choix, en effet, relevait de la seule initiative du maître de chaque département, le Roi ne s'en mêlait pas et, par suite, il n'en était expédié aucun brevet ou titre officiel : c'était une désignation purement privée. D'où les voies différentes dans lesquelles se déroulait la carrière de ces employés : d'aucuns, pour lesquels cette nomination n'était que la promotion ou la consécration d'une activité domestique, restaient liés à tel personnage, quels que fussent les postes auxquels il accédait successivement, alors que d'autres demeuraient affectés à un même bureau à travers les changements de supérieur.

Les contrôleurs généraux conservèrent pour leur département l'organisation fixée par Colbert vers 1670, avec cinq premiers commis dirigeant des bureaux dont, traditionnellement, l'un était celui des dépêches, un autre celui des « Bois » et un troisième celui des ponts et chaussées[3]. Flanquant jadis le surintendant, le bureau des dépêches était le plus en vue, car il centralisait la réception, la répartition et l'envoi du courrier. M. d'Héricourt, qui se retira en 1701[4], en était premier commis depuis les dernières années de Colbert. Autre premier commis démissionnaire en 1701, M. de Bragelongne était en poste depuis au moins 1676. Un compte des acquits patents accordés en 1692 révèle que Pontchartrain

1. Voir sa lettre à Desmaretz citée *supra*, p. 368, note 8.
2. Le célèbre financier était l'un des deux députés de Paris au Conseil de Commerce.
3. Voir, aux p. 664-667, les dépenses du Trésor royal pour 1708 publ. par BOISLISLE, *Correspondance*, t. III, Appendice VI, p. 662-670.
4. Voir *supra*, p. 361.

disposait alors, outre MM. d'Héricourt et de Bragelongne, de quatre autres commis : MM. Villault, Gaultier, de Villeneuve et François Félix [1]. Les mêmes se retrouvent en 1696 [2], mais sans Vaillault ni Félix, tandis qu'apparaissent alors les sieurs de Beaurepaire, de La Coudraye et Quenet [3]. Passant à la chancellerie en septembre 1699, Pontchartrain y fut suivi par La Coudraye et Gaultier, celui-ci en qualité de premier secrétaire.

En prenant le contrôle général, Chamillart conserva Quenet et, jusqu'à leur démission, d'Héricourt et Bragelongne, mais remplaça Gaultier, Villeneuve et Beaurepaire par Barthélemy Gestard (déjà premier commis dans son intendance des finances), par M. de Chavigné et par François Rabouine, lequel, gendre du notaire du ministre, était aussi intendant de ses affaires personnelles [4].

Devenant contrôleur général en 1708, Desmaretz garda seulement Quenet et fit entrer Gilbert Clautrier et Louis Le Cousturier, qui étaient déjà auprès de lui dans sa direction des finances, et leur joignit MM. de La Garde et de Bessat, rejoints par M. de Mortain en 1710 (sans doute à la place de Quenet) et M. Cuyret en 1714 [5].

Entre 1701 et 1708, les directeurs des finances eurent chacun au moins un premier commis. Fleuriau d'Armenonville eut alors celui qu'il avait déjà dans son intendance, M. de Lorne [6]. Louis Le Cousturier, premier commis de Rouillé du Coudray, fut retenu par le successeur de ce dernier, Desmaretz, qui appela alors aussi auprès de lui Gilbert Clautrier, dont il fit son secrétaire et, plus tard, un de ses premiers commis au contrôle général, où il allait servir presque un demi-siècle [7].

Chaque intendant des finances était flanqué au moins d'un premier commis. À cet égard, il faut considérer séparement le cas de Le Peletier de Souzy. Tant qu'il ne fut qu'intendant des finances, il eut plusieurs « commis », les sieurs Le Normand, Ricard et de Lelès, entre lesquels il est difficile de discerner si l'un d'eux eut le rang de « premier », atteint depuis au moins 1689 par Philippe Gendron [8]. Quant à François de Lelès, d'abord « commis » auprès de Colbert et de Desmaretz, ensuite auprès de Souzy, il bénéficiait en 1695, et peut-être avant déjà, d'un acquit patent en qualité de « premier commis », titre porté en même

1. Arch. nat., KK 204[1].
2. Arch. nat., P 3437, fol. 28.
3. *Ibid.*, fol. 24v°-25, 27.
4. C. Favre-Lejeune, ouvr. cité, t. 2, p. 1123.
5. Arch. nat., P 3437, fol. 106r°-v°, 119, 122v°, 123, 146v°, 156r°-v°.
6. Arch. nat., KK 204[1]; P 3437, fol. 33, 44v°, 59v°, 74v°, 87.
7. Gilbert Clautrier (1674-1750) était fils d'André Clautrier, receveur général des finances de la généralité de Lyon, qui avait été attaqué en même temps que Desmaretz en 1683 dans l'affaire des quatre sols pour livre. D'abord commis de Renouard de La Touanne, trésorier général de l'extraordinaire des guerres, Gilbert Clautrier était trésorier général des troupes en Artois lorsque Desmaretz, nommé directeur des finances en juillet 1703, l'appela aussitôt auprès de lui pour être son secrétaire, puis l'un de ses commis. Sur le personnage, voir Boislisle, *Correspondance*, t. I, p. xviii-xix; id., *Desmaretz et l'affaire des pièces de quatre sols.*
8. Arch. nat., O[1] 34, fol. 150; KK 204[1].

temps par Gendron[1]. Mais, après sa nomination de directeur général des fortifications en 1691, il fallut à Le Peletier de Souzy disposer de deux bureaux distincts : l'un traitant exclusivement les matières relevant de son intendance des finances et le second ne s'occupant que des fortifications, lequel fut coiffé comme premier commis par un ancien ingénieur qui avait déjà ce rôle auprès de Seignelay et de Louvois, Pierre de Girval, lui-même assisté de deux « commis », Michel Marchant et Gabriel Hardouin de Saint-Jacques[2]. Souzy resta jusqu'à la fin du règne directeur général des fortifications, un poste dont le poids s'alourdit après la mort de Vauban le 30 mars 1707, car le maréchal n'eut pas de successeur dans la charge de commissaire général et les responsabilités en retombèrent en partie sur le directeur général. Plus que jamais, celui-ci s'appuya sur le zèle de Girval, dont le décès, le 22 avril 1713, fut pour lui « une grande perte »[3]. Marchant le remplaça comme premier commis. À la fin de 1700, Souzy céda en survivance son office d'intendant des finances à son fils Le Peletier des Forts et ils l'exercèrent ensemble jusqu'à ce que Souzy fût nommé conseiller au Conseil royal des Finances le 8 octobre 1702. Des Forts fut dès lors seul à diriger cette intendance et les premiers commis de son père, Lelès et Gendron, passèrent sous son autorité, mais Gendron cumula cet emploi avec celui de secrétaire de Souzy en sa commission de conseiller au Conseil royal[4], deux tâches dans lesquelles Foacier lui succéda au cours de 1706[5].

Le cas des autres intendants des finances est plus simple, du moins en apparence. On ne relève, en effet, qu'un acquit patent unique attribué à leur personnel, ce qui ne prouve pas nécessairement qu'ils n'avaient qu'un seul premier commis. Jusqu'à son retrait, Breteuil conserva celui qu'il avait à son service depuis au moins 1688, Hubert Cocquebert d'Adon[6]. Auprès de Caumartin, on relève un certain Couture, remplacé en 1696 par le sieur Descouvres et en 1700 par le sieur Martin[7]. Le premier commis de M. Heudebert du Buisson fut d'abord le sieur Baco, puis, à partir de 1695, le sieur Oudinot[8]. Comme premier commis, Bignon de Blanzy recruta Pierre Orry[9], au décès duquel en 1705 il fit

1. Arch. nat., O^1 40, fol. 217v°. Acquit-patent octroyé « en considération du travail qu'il fait au projet du taillon et autres affaires extraordinaires » sous les ordres de Souzy (*ibid.*, P 3437, fol. 24v°, 40v°, 60v°, 75v°, 87v°).

2. A. Blanchard, *Les Ingénieurs du « Roy »*..., p. 78, 116; Arch. nat., KK 204^1.

3. *Ibid.*, p. 78, note 2.

4. Cumul de fonctions et aussi d'acquits-patents, car il en encaissa deux : l'un en qualité de premier commis de des Forts et l'autre en qualité de secrétaire de Souzy (Arch. nat., P 3437, fol. 75v° et 87v°).

5. Arch. nat., P 3437, fol. 107v°, 127v°-128, 147v°, 157v°-158.

6. Arch. nat., KK 2041 ; O^1 33, fol. 74; O^1 35, fol.152; O^1 38, fol. 39v°; O^1 39, fol. 183; O^1 41, fol. 143v°; O^1 42, fol. 119; O^1 43, fol. 58v°-59, 303v°; O^1 45, fol. 122.

7. Arch. nat., KK 204^1; O^1 40, fol. 260v°; O^1 41, fol. 132v°; P 3437, fol. 33, 45, 63, 76, 90, 105v°, 126, 148v°, 157v°.

8. Arch. nat., KK 204^1; O^1 37, fol. 128; O^1 38, fol. 244v°; O^1 40, fol. 288v°; O^1 41, fol. 137; O^1 42, fol. 119; P 3437, fol. 33v°, 46, 61, 75, 90, 109v°, 129v°, 135v°, 154.

9. Pierre Orry, secrétaire du Roi en mai 1691, était cousin germain de Jean Orry, envoyé par Louis XIV en Espagne gérer les finances de Philippe V.

appel à Charles Ycard, que retint Malon de Bercy succédant à Blanzy[1]. Pour son intendance des finances, Le Rebours eut deux premiers commis : son cousin Jean Roland Malet et un nommé Le Jeune[2]. Auprès de Guyet servit M. de Vandenesse[3].

Il était impossible au premier commis des finances et aux gardes des registres du contrôle général de remplir leurs fonctions sans être assistés, eux aussi, de commis et de clercs. Le garde des registres, par exemple, qui était tenu d'adresser à la chambre des comptes un double des registres qu'il élaborait, se déchargeait sans doute de cette copie sur un collaborateur de confiance. Mais ces auxiliaires sont plus mal connus encore que ceux des intendants des finances. On sait qu'au bureau des fortifications Le Peletier de Souzy avait « un secrétariat modeste, de l'ordre de quatre à six personnes tout au plus[4] » et il est probable que les bureaux de son intendance des finances et de celles de ses collègues avaient des effectifs du même ordre.

La présence d'officiers de haute judicature parmi les premiers commis du contrôleur général, constatée sous Colbert, se perpétua jusqu'en 1701 avec MM. d'Héricourt et de Bragelongne, mais prit fin ensuite. Bien souvent, un maître des requêtes devenant intendant des finances conservait son secrétaire et en faisait son premier commis. C'est pourquoi ceux-ci étaient presque toujours avocats et avaient avec leur supérieur des relations qui n'étaient pas seulement des relations de travail, mais les associaient à sa vie privée. Pour n'en citer qu'un exemple, voici celui de Foacier. Il était à Sens maître des eaux et forêts et lieutenant criminel de l'élection lorsqu'il quitta cette ville « en 1701 pour estre secrétaire de Mr Le Peletier des Forts [...]. Il avoit chez M^r^ Le Peletier 3 000 livres et la table jusqu'en 1706 [...]. En 1706, il fut premier commis de M^r^ des Forts pour les estats de Flandres, Alsace, Metz, Bretagne, Franche-Comté et Artois. Il fut en mesme temps secrétaire de Mr Le Peletier [de Souzy], conseiller au Conseil royal, et chargé des affaires de leur maison. Il a, depuis et compris ceste année jusqu'en 1717, esté employé pour deux acquits patents de 3 000 £ chacun dans les estats du Roy [...]. Il fait depuis 1702 les affaires de M. Le Blanc pendant ses intendances[5] [...]. Il a esté noury et logé chez M^rs^ Le Peletier depuis 1702[6] ». Tous détails que recoupent les indications de l'*Alma-*

1. Arch. nat., P 3437, fol. 46v°, 62, 75v°, 89v°, 105, 117, 149, 158v°.

2. M. & R. Bonney, *Jean-Roland Malet, premier historien des finances de la monarchie française* (Paris, 1993, in-8°; Comité pour l'histoire économique et financière de la France), p. 9-14. – Arch. nat., P 3437, fol. 78, 84, 100v°, 118v°, 149, 153. Il est malaisé de discerner si ces deux personnages assistaient Le Rebours dans tous ses emplois ou si l'un était affecté à son intendance et l'autre à sa commission de premier commis des finances.

3. Arch. nat., P 3437, fol. 73v°, 90, 108v°, 121, 146, 155v°.

4. A. Blanchard, *Vauban*, p. 305.

5. Claude Le Blanc (1669-1728), conseiller au parlement de Metz (1694), maître des requêtes (1697), intendant d'Auvergne (1704), intendant de Flandre maritime (1708), conseiller au Conseil de la Guerre (1716), secrétaire d'État de la Guerre (1718-1723 et 1726-1728).

6. Ce *curriculum vitae* figure dans une demande présentée en avril 1722 par Foacier aux commissaires chargés de la vérification et du visa des effets de la Compagnie des Indes et de la Banque royale (Bibl. nat., Pièces orig., 1170, doss. 26667, fol. 12-13; orig. signé). Pour ses acquits patents : Arch. nat., P 3437, fol. 107v°, 127v°-128, 147v°, 157v°-158.

nach royal situant en leur hôtel particulier les bureaux de Messieurs des finances.

* *
*

L'activité des différents départements dirigés par Messieurs des finances engendrait au fil des jours une masse importante d'écrits variés : correspondances, comptes, mémoires, rapports, notes de service, etc. Une bonne organisation du travail exigeait que les registres et dossiers rassemblant ces documents fussent conservés systématiquement, tant pour soutenir la besogne quotidienne que pour engranger les précédents et les décisions permettant de régler ensuite telle ou telle question. Alors qu'une gestion judiciaire des affaires reposait sur des actes enfouis dans des greffes sous la garde d'un greffier, une gestion administrative requérait la constitution d'archives accessibles tout de suite à ceux qui, d'une part, avaient besoin de s'y référer et qui, d'autre part, les accroissaient par leur propre labeur.

Colbert était bien conscient qu'une administration ne pouvait fonctionner sans de telles archives, mais il faisait encore assez mal la distinction entre archives d'État et archives personnelles : la plupart des riches ensembles de documents qu'il avait amassés au contrôle général devinrent à sa mort propriété de ses héritiers et certains n'entrèrent que plus tard dans les collections publiques [1]. Conséquence peut-être du procès Foucquet, c'était là une vue des choses selon laquelle les archives d'un ministère, tout en ayant incontestablement un intérêt public, pouvaient aussi servir, le cas échéant, à la justification du ministre sous lequel elles s'étaient accumulées et devaient donc rester à sa disposition. Cette conception fut encore celle de Claude Le Peletier, car ses descendants entrèrent en possession des registres authentiques des opérations du Trésor royal afférant à sa présence au contrôle général et aussi à quelques années de Colbert [2]. Desmaretz eut une notion beaucoup plus stricte du sort des titres et dossiers administratifs. Mais s'il fut le créateur des archives du contrôleur général, son premier commis Clautrier, conservateur jusqu'à la minutie, doit en être considéré comme le véritable organisateur [3] : ce qui subsiste aujourd'hui de ces fonds est dû à ses soins et à ceux de ses successeurs [4]. Les intendants des finances constituèrent

1. Ce n'est qu'en 1732 qu'une partie importante des archives constituées par Colbert entra à la Bibliothèque du Roi : ce sont aujourd'hui les fonds « Mélanges Colbert » et « Cinq-cents Colbert » au Cabinet des Manuscrits de la Bibliothèque nationale de France. – Sur les archives du contrôle général de Colbert à Desmarestz, voir Boislisle, *Correspondance,* t. I, p. III-XVII.

2. Déposés en microfilm aux Archives nationales : 259 AP 38 à 76.

3. Sur les archives du contrôle général sous Desmarestz, voir Boislisle, *Correspondance,* t. I, p. XVII-XX. Une partie des archives constituées par Clautrier sont conservées dans la sous-série G^7 des Archives nationales.

4. Aux Archives nationales, la majeure partie de la sous-série G^7 ; et dans la sous-série H^1, les dossiers provenant du bureau du contrôleur général chargé des pays d'états.

pareillement les archives de leurs départements respectifs. Quant aux commis-gardes des registres du contrôle général, le propre titre de leur office leur faisait obligation de veiller à la sauvegarde desdits registres.

Maintes affaires traitées par le contrôleur général et les intendants des finances étaient ponctuées et réglées par des arrêts du Conseil, mais la conservation des originaux de ceux-ci et la délivrance de leurs expéditions authentiques ne leur incombaient pas : c'était, selon les cas, un attribut spécifique et exclusif des secrétaires d'État, des secrétaires du Conseil d'État et des finances ou des secrétaires-greffiers du Conseil d'État privé. Une bonne intelligence du rôle de ces derniers officiers requiert un examen de l'état des Conseils du Roi à la fin du règne de Louis XIV.

On se souvient qu'en 1661 Louis XIV avait hiérarchisé ses Conseils avec netteté, distinguant, d'une part, ceux qu'il tiendrait toujours lui-même (les Conseils de gouvernement) et, d'autre part, ceux auxquels il n'assisterait qu'à l'occasion et que présiderait d'ordinaire le chancelier.

Les Conseils de gouvernement spécifiés en 1661 étaient appelés à assister le Roi dans les tâches de premier ministre et de surintendant des finances qu'il avait décidé d'assumer après la mort de Mazarin et la disgrâce de Foucquet. Aussi actifs en 1715 qu'en 1661, ils comprenaient le Conseil d'En-haut (que les contemporains appelaient « Conseil d'État »), le Conseil des Dépêches et le Conseil royal des Finances. Composé en 1715 de quatre ministres d'État[1], le Conseil d'En-haut se réunissait le mercredi, le jeudi et le dimanche; il traitait non seulement de la diplomatie, mais aussi des affaires intérieures les plus importantes; M. de Torcy en était le seul rapporteur. Dans les premières années, le Conseil des Dépêches eut lieu deux fois par semaine, mais ce rythme se ralentit et, depuis environ 1700, il ne siégeait que le lundi de quinze en quinze jours, groupant le chancelier, le chef du Conseil royal des Finances, les secrétaires d'État et le contrôleur général; il délibérait sur les affaires courantes des provinces et les secrétaires d'État en étaient rapporteurs, suivant leurs départements. Quant au Conseil royal des Finances, que le Roi assemblait ponctuellement tous les mardis et tous les samedis, il réunissait le chancelier, le chef de ce Conseil, les deux conseillers d'État ayant commission d'y siéger et le contrôleur général, qui en était le rapporteur attitré. Mis à part un relatif étiolement du Conseil des Dépêches, les Conseils de gouvernement ont donc conservé jusqu'à la fin du règne toute leur vitalité et toute leur régularité. On notera que c'était de ces Conseils, et d'eux seuls, qu'émanaient les arrêts en commandement[2]. Le sort des autres Conseils fut moins harmonieux.

1. Le duc de Villeroy, chef du Conseil royal des Finances, Torcy, secrétaire d'État des Affaires étrangères, Voysin, chancelier de France et secrétaire d'État de la Guerre, et Desmaretz, contrôleur général des finances.

2. Ils étaient appelés « en commandement » parce que leurs minutes originales étaient conser-

Ceux qui étaient tenus d'habitude par le chancelier et exceptionnellement par le Roi étaient deux en 1661 : le Conseil d'État et des finances ou Conseil ordinaire des Finances et le Conseil d'État privé ou Conseil des Parties. Ils avaient la même composition, à savoir : les conseillers d'État, les maîtres des requêtes et les intendants des finances, ces derniers n'étant guère assidus au Conseil des Parties. Ils accueillaient en outre, l'un les secrétaires du Conseil d'État et des finances, et l'autre les secrétaires-greffiers du Conseil d'État privé, officiers qui servaient par quartier, assistaient aux séances sans prendre part aux délibérations, en tenaient le plumitif et ensuite avaient charge de conserver les originaux-minutes des arrêts, d'en transcrire, signer et, contre le versement de droits, délivrer les expéditions authentiques. De ces deux Conseils n'émanaient que des arrêts simples, mais le Conseil royal des Finances se singularisait en donnant à la fois des arrêts en commandement et des arrêts simples[1].

Le Conseil des Parties mena ses activités sagement et sans contretemps sous les chanceliers successifs et même sa jurisprudence offrait plus de mérites à la fin du règne qu'en 1661. En contraste, le Conseil d'État et des finances eut, on le sait[2], un destin moins heureux, puisqu'il finit par s'effacer discrètement entre 1685 et 1690. C'était le résultat du parti adopté en 1661 d'écarter le chancelier de toute participation à l'administration des finances et de l'astreindre à viser, signer et sceller sans discussion les actes et arrêts qui lui seraient adressés par Colbert[3]. On pouvait s'attendre à ce que la disparition de ce Conseil ordinaire des Finances impliquât une baisse importante du nombre des arrêts simples transmis chaque quartier pour conservation à ses secrétaires. Or il n'en a rien été, et cela pour plusieurs raisons.

La ponctualité avec laquelle Louis XIV réunit jusqu'à sa mort le Conseil royal des Finances permit d'y régler maintes affaires instruites par Messieurs des finances, mais ce Conseil était concurrencé par le travail tête à tête du Roi avec le contrôleur général, dont résultaient à l'occasion des décisions exprimées par arrêt. D'autre part, certaines formations qui étaient des dépendances du Conseil d'État et des finances lui survécurent : les directions et les bureaux ordinaires. Tenue en principe le mardi par le chancelier dans la salle du Conseil des Parties, la grande Direction traitait des affaires particulières où l'État avait intérêt; on y faisait aussi la publication des fermes, des marchés de vivres et étapes des armées et des travaux des bâtiments du Roi et on y proclamait les réponses aux cahiers présentés par les états provinciaux. Les conseillers d'État en étaient membres, des maîtres des requêtes y étaient rap-

vées et leurs expéditions authentiques dressées, signées et délivrées par les officiers ayant la signature en commandement : les quatre secrétaires d'État.

1. Il semble même qu'il rendait plus d'arrêts simples que d'arrêts en commandement.
2. Voir *supra,* p. 340-341.
3. Voir *supra,* p. 307-310.

porteurs et les secrétaires des finances y assistaient. La petite Direction, qui s'assemblait chez le chef du Conseil royal, liquidait les affaires trop minces pour être portées devant la grande. Les bureaux ordinaires étaient deux : le bureau des Gabelles, Cinq grosses fermes et autres affaires des finances et le bureau des Domaines. Ils comprenaient le contrôleur général, les intendants des finances, certains conseillers d'État (dont ceux qui étaient conseillers au Conseil royal) et quatre maîtres des requêtes; les contrôleurs généraux des domaines siégeaient au second de ces bureaux. Quant au Conseil de Commerce établi en 1700, ses liens avec les Conseils étaient fort lâches et il était plutôt un appendice du contrôle général; il n'était pas habilité à prendre des décisions exécutoires par elles-mêmes et il devait seulement présenter avis ou suggestions au contrôleur général ou au secrétaire d'État de la Marine, qui en référaient au Roi dans son Conseil ou lors de leur travail avec lui [1]. Enfin, on se souviendra qu'en triplant en 1690 le nombre des intendants des finances, Pontchartrain avait décidé que, chaque quinzaine, le contrôleur général et les intendants se réuniraient chez le chef du Conseil royal avec les conseillers d'État membres de celui-ci et, selon un mémoire sur les bureaux du Conseil rédigé en 1697, cette assemblée « avance la décision des affaires principales entre le Roi et les gens de finance [2] ».

La grande et la petite Direction rendaient très légitimement des arrêts, et aussi le bureau des Gabelles et celui des Domaines. Une fois adoptées par le contrôleur général, les solutions préconisées par le Conseil de Commerce étaient instrumentées fréquemment par arrêts du Conseil, ce qui advenait aussi aux résolutions adoptées dans l'assemblée des intendants des finances, quoiqu'elle n'eût qu'un caractère officieux. Bien des arrêts simples ont donc résulté des séances de ces différentes formations, qui groupaient toutes des membres du Conseil du Roi. Mais leur nombre ne peut représenter à lui seul la totalité de celui des arrêts simples transmis aux secrétaires des finances, qui fut en moyenne de 2900 par an entre 1700 et 1715 [3]. Il ne correspond qu'à une partie d'entre eux; les autres, qui étaient sans doute la majorité, formulaient des décisions prises soit lors du travail particulier du contrôleur général avec chaque intendant, soit dans les bureaux de ce ministre et des différents intendants des finances. L'arrêt en finance était ainsi devenu, en de nombreux cas, le moyen d'expression habituel de cette administration collégiale que constituait le contrôle général.

À certains égards, ce destin était l'aboutissement du courant qui, dans les Conseils traitant de finance, avait entraîné très tôt les intendants à entrer en concurrence avec les maîtres des requêtes. Henri II avait spécifié qu'ils rapporteraient au Conseil les affaires dont ils auraient le soin [4],

1. Voir *supra*, p. 369-370.
2. Arch. nat., U 945ᴮ.
3. M. Antoine, *Le Conseil du Roi sous le règne de Louis XV*, p. 373.
4. Voir *supra*, p. 28-29.

et ils eurent aussitôt tant d'occasions de le faire que, dès le règne d'Henri III, les maîtres des requêtes, ayant le sentiment que ces personnages tendaient à empiéter sur leur prérogative de rapporteurs nés, avaient élevé contre cette menace de vives protestations, que leur compagnie avait dû renouveler sous Henri IV et Louis XIII et encore sous la minorité de Louis XIV[1], ce risque d'éviction s'étant perpétué. Il s'aggrava sans remède quand le chancelier cessa, à partir de 1661, d'être associé à la manutention des finances. Il eut dès lors de moins en moins l'occasion de confier à des maîtres des requêtes des affaires à rapporter au Conseil d'État et des finances et les séances de celui-ci s'espacèrent au point qu'enfin il ne s'en tint plus.

Ce serait une erreur d'en déduire que la règle suivie depuis 1666 presque sans exception[2] et tendant à n'admettre aux charges d'intendant des finances que des maîtres des requêtes ait été adoptée pour dédommager ceux-ci de la perte de ce rôle de rapporteurs en finance, car cette préférence visait moins la compagnie de ces officiers, que les personnes de tel et tel d'entre eux. En outre, quand les intendances des finances eurent été érigées en titre d'office en 1690, les maîtres des requêtes qui les acquéraient ne pouvaient y être reçus qu'en se défaisant de leur office de maître des requêtes. Ils recevaient alors souvent des lettres patentes d'honoraire et avaient la quasi-certitude d'être tôt ou tard promus conseillers d'État. En 1715, les maîtres des requêtes ne pouvaient donc se considérer comme défavorisés, car leur corps constituait comme la pépinière de l'État : outre la jouissance d'un accès presque exclusif aux intendances des finances, ils bénéficiaient pour les commissions d'intendant de justice, police et finances dans les provinces d'un monopole de fait, qui ne subit que de très rares dérogations et qui faisait d'eux les principaux correspondants du contrôleur général et des intendants des finances.

L'on comprend ainsi que, malgré la disparition du Conseil ordinaire des finances, l'ensemble collégial de Messieurs des finances ait été induit naturellement, de par son appartenance foncière au Conseil du Roi, à instrumenter bon nombre de ses décisions en forme d'arrêts. Il leur était difficile de procéder autrement. Dans la constitution de la monarchie, en effet, ni les secrétaires d'État ni le contrôleur général, quels que fussent l'étendue de leurs attributions et leur ascendant personnel, n'avaient le pouvoir de statuer par arrêté ou par décret : toute décision émanait du Roi et de lui seul, ses ministres n'en étaient que les exécutants. Le Conseil du Roi n'avait pas par lui-même d'autorité propre : comme l'exprima un des plus savants légistes du XVIIIe siècle, « le Conseil du Roi [...], c'est le Roi accompagné de ceux qui l'assistent

1. Voir *supra*, p. 111-114, 130, 164 et 227.
2. Exceptions pour Le Peletier de Souzy en 1684, pour Le Rebours en 1704 et pour Poulletier en 1708. Lorsque Fleuriau d'Armenonville devint intendant des finances en 1690, il était sur le point d'acheter un office de maître des requêtes.

dans l'administration qui lui est propre, dont le caractère vraiment roïal exige l'esprit de délibération et de conseil[1] ». L'expression « arrêt du Conseil », consacrée par l'habitude, est vicieuse et, en droit strict, on devrait parler d'« arrêt du Roi en son Conseil[2] ». Mais, comme disait le même juriste, « tout se fait au Conseil [du Roi] sous son aveu, comme émané de sa personne[3] ». Ainsi les gens des finances, se sachant membres nés des Conseils, en sont-ils venus à se considérer comme formant ensemble un élément de ceux-ci et à couronner leurs activités par des arrêts.

Cette évolution des Conseils depuis 1661 eut ses répercussions sur d'autres membres du collège de Messieurs des finances : les quatre secrétaires du Conseil d'État et des finances, que, vers la fin du règne, l'on se contentait d'appeler couramment « secrétaires des finances ». Au XVIe siècle et pendant une partie du XVIIe, ils avaient joué un rôle de premier plan, en vertu moins de leurs fonctions de secrétaires que de leurs relations avec les milieux d'affaires, voire de leur appartenance à ceux-ci. C'est que, organiquement, la possession et la pratique d'un de ces postes de secrétaires du Conseil nécessitait celles d'un office de secrétaire du Roi, et ce cumul n'était à la portée que de gens très fortunés. L'importance de leur participation en ces temps à la manutention des deniers royaux est attestée par le fait que certains aient alors fini par accéder au poste d'intendant des finances[4]. Mais une telle promotion n'était plus envisageable depuis au moins le dernier tiers du siècle. Les liens de ces secrétaires avec les autres Messieurs des finances s'étaient, en effet, beaucoup relâchés, et cela pour deux raisons.

En premier lieu, parce que la disparition du Conseil ordinaire limitait leur présence aux séances de la grande Direction et confinait leur activité à la conservation des originaux-minutes des arrêts simples et à l'établissement, la signature et la délivrance des expéditions authentiques, besogne dont ils se déchargeaient sur des auxiliaires recrutés sous leur responsabilité, car ils avaient fait réunir à leurs propres offices ceux de commis en chef, de clerc-commis et de gardes-sacs. D'autre part, on l'a dit, s'instaura en 1666 la règle exceptionnellement transgressée de ne recruter les intendants des finances que parmi les maîtres des requêtes.

En 1715, les quatre offices de secrétaires des finances étaient tenus par Jean Goujon, Paul Dujardin de Beaussart, Jean Antoine Ranchin et Joseph Simon de Laistre. Ces deux derniers y succédaient à leurs pères, qui avaient été de gros traitants. Goujon et Dujardin de Beaussart participaient activement aux « affaires extraordinaires » sous Pontchartrain et Desmaretz. En outre, Dujardin cumula depuis 1702 l'exercice de sa

1. M. ANTOINE, « Le mémoire de Gilbert de Voisins sur les cassations... », dans *Le Dur Métier de roi* (Paris, 1986, in-8°), p. 197-238 ; ce passage p. 226.
2. Voir à ce sujet, M. ANTOINE, *Le Conseil du Roi sous le règne de Louis XV*, p. 342-346.
3. Même référence que ci-dessus note 1 (p. 227 du texte cité).
4. Guibert de Bussy en 1592, Baudouyn de Soupir en 1617, Malier du Houssay en 1621, Particelli d'Émery en 1631, Cornuel en 1634, Bordeaux et Bordier en 1649.

charge de secrétaire avec celle de payeur des rentes[1]. Ces offices de secrétaires ne constituaient plus guère que l'ornement d'une carrière de manieur d'argent, un ornement qui, joint à la noblesse procurée par l'office de secrétaire du Roi, hissait une lignée à un rang flatteur dans l'État et la société : Goujon et Dujardin eurent chacun un fils maître des requêtes[2].

* *
*

Au lendemain des traités d'Utrecht et de Rastatt, le Trésor était aux abois, incapable de couvrir les dépenses courantes et croulant sous les dettes. Pour restaurer les finances publiques et le crédit de l'État, Desmaretz, toujours investi de la confiance de Louis XIV, devait à présent déployer au moins autant d'intelligence et d'ingéniosité qu'il en avait montré pendant les hostilités pour donner aux armées les moyens de durer et de vaincre. Cette mission n'incombait pas à lui seul, mais avec lui à l'équipe de Messieurs des finances, où sa primauté personnelle découlait des trois tâches constitutives de ses fonctions propres : le Trésor royal, le contrôle général et les départements. Pour sa participation aux côtés du Roi à la gestion du Trésor, il était aidé par le premier commis des finances, lequel, depuis 1704, se trouvait être en même temps l'un des intendants des finances. Les deux commis-gardes des registres accomplissaient, sous sa responsabilité, les formalités d'écriture et de comptabilité du contrôle général et ces officiers étaient les mêmes depuis 1689. Et enfin il coiffait les départements traitant toutes les matières relevant des finances, dont « le détail » retombait sur les sept intendants, dans le département propre de chacun d'eux. Ainsi entouré, Desmaretz paraissait en mesure d'affronter les difficultés d'un après-guerre assez désastreux. Mais depuis la mort du dauphin Bourgogne en février 1712, les calculs d'avenir étaient quelque peu hasardeux, car il était clair, vu l'âge du Roi, qu'il fallait s'attendre bientôt à une régence. D'où, pour l'historien, le réflexe d'examiner la situation de l'administration centrale des finances au terme de son fonctionnement sous Louis XIV.

Lors de sa mise en place par Henri II en 1552, cette administration, alors modeste, avait été empreinte de trois caractéristiques, qui avaient commandé ensuite sa croissance et son développement. La première était la collégialité de ses membres, quelle que fût la prééminence revenant à leur chef. Un deuxième attribut était leur appartenance foncière

1. Sur ces personnages, voir D. Dessert, *Argent, pouvoir et société...*, p. 594, n° 214; p. 579, n° 170.

2. Jean Prosper Goujon de Gasville (1684-1755), avocat général aux requêtes de l'hôtel (1706), maître des requêtes (1708-1722), intendant de Rouen (1715-1732). – Bénigne Dujardin (1689-17??), conseiller au parlement de Paris (1712), maître des requêtes (1722-1726), homme de lettres.

au Conseil du Roi, indépendamment de tout brevet ou lettre y donnant entrée, Conseil où ils intervenaient souvent comme rapporteurs. Leur statut de commissaires constitua longtemps leur troisième caractéristique, mais elle n'était plus de mise en 1715 : Le Peletier et les contrôleurs généraux ses successeurs exercèrent leurs fonctions en vertu non plus d'une commission, ce qui avait encore été le cas de Colbert, mais d'un pouvoir. Quant aux charges d'intendants des finances, elles furent toutes érigées en titre d'office à partir de 1690.

En revanche, les autres spécificités étaient bien vivaces à la fin du règne de Louis XIV. Le contrôleur général et les sept intendants composaient toujours le collège de Messieurs des finances, collège, toutefois, dans lequel la place des secrétaires était désormais bien mineure, et auquel n'appartenaient pas les intendants du commerce, puisque leurs activités relevaient à la fois du contrôleur général des finances et du secrétaire d'État de la Marine. Et le seul fait d'être ou de devenir l'un de ces Messieurs continuait à impliquer, par là même, que l'on fît partie des Conseils du Roi. La preuve en est fournie par ce titre de « conseiller ordinaire en nos Conseils d'État et privé intendant de nos finances » conféré depuis 1678 aux titulaires des postes d'intendants même s'ils n'étaient pas pour autant revêtus de la dignité de conseiller d'État. Cet attribut fut lourd de conséquences puisque, lorsque le Conseil ordinaire des Finances eut cessé de se tenir, la conviction d'appartenir aux Conseils du Roi a conduit naturellement Messieurs des finances à se considérer comme formant ensemble un des Conseils du Roi et, par suite, à donner à une partie de leurs décisions la forme d'arrêts, que le chancelier était tenu de signer.

Après Colbert, d'autre part, la structure du contrôle général s'est amplifiée et hiérarchisée. Il avait dirigé ce ministère avec l'assistance seulement de deux intendants et Le Peletier avait dû en recruter un troisième. Cette équipe restreinte animait des bureaux où l'ampleur de la besogne procurait à leurs premiers commis d'autant plus d'importance que certains étaient officiers de cour supérieure, ce qui finit par sembler mal approprié, d'autant que, dans la collégialité de l'ensemble, la notion de « département » se précisait et s'affermissait. Depuis au moins la nomination de Desmaretz en 1678, le Roi choisit les intendants des finances « pour nous servir dans le département qui vous sera ordonné ».

Pontchartrain tira les conséquences de cette lente évolution. Il fit tripler le nombre des intendants et ériger leurs charges en titre d'office, afin qu'attributions et responsabilités fussent réparties aussi clairement que possible entre des départements coiffés non par un premier commis, fût-il magistrat de haut rang, mais par des membres du Conseil formant avec le contrôleur général une équipe collégiale, où celui-ci conservait d'autant la préséance que, de façon presque inévitable, le Roi le créait ministre d'État. En balayant le système assez confus échafaudé entre 1701 et 1708 par Chamillart, les initiatives de Desmaretz s'insérèrent dans la ligne de celles de Pontchartrain qui, par bien des traits, ne furent souvent qu'un prolongement de celles de Colbert.

Ce long effort de perfectionnement de l'administration des finances ne visait, dans bien des cas, qu'à amender, clarifier, rationaliser et rendre plus efficaces des pratiques anciennes. Mais, d'autre part, les auteurs et acteurs de ces réformes et de ces arrangements y étaient poussés par une situation dont ils n'avaient peut-être qu'une conscience encore confuse, à moins qu'ils n'osassent en faire état : la crise latente de l'office, consécutive à la lente substitution d'une gestion administrative des affaires publiques à leur vieille gestion judiciaire, et cela alors que, pendant les dernières guerres, l'érection et la vente d'offices avaient encore abondamment servi à alimenter le Trésor. La conjonction de ces éléments incompatibles créait une situation complexe, déjà embarrassante, on l'a vu, au temps de Le Peletier. Les circonstances et les modalités de la création des intendants du commerce en 1708 sont révélatrices des efforts de Desmaretz et du chancelier de Pontchartrain pour faire face, à leur tour, à cette difficulté. Ce fut une étape des tâtonnements qui se poursuivront au long du siècle en vue de mettre sur pied un statut convenant parfaitement aux agents de ce que l'on finira par appeler la fonction publique.

Chapitre IX

1715-1726

Au lendemain de la mort de Louis XIV, les ministères vont essuyer l'offensive des hommes et des cercles qui, dans les derniers temps du règne, avaient rêvé d'en remodeler à leur goût et à leur avantage l'organisation et les compétences. Plus que les secrétariats d'État, l'administration centrale des finances était en mesure d'y faire face, en sorte que, atteinte de façon assez spectaculaire par les changements frappant ses principaux membres, elle pourra, sous le couvert de l'innovation, perpétuer la plupart de ses usages. Sa besogne, cependant, ne tardera pas à être concurrencée par les initiatives de Law. Ce sera d'abord une compétition assez discrète, mais, au fur et à mesure que l'Écossais amplifiera et diversifiera ses entreprises, les répercussions de celles-ci sur les ressources de l'État et sur l'ensemble de l'économie du royaume deviendront telles que les finances sembleront soumises à une dualité de responsables, avec, d'une part, Law menant le jeu, et, d'autre part, l'administration ordinaire, au rôle de plus en plus effacé. Ce déséquilibre prendra fin lorsque Law sera nommé contrôleur général. Il occupera le poste cinq mois à peine, mais l'effondrement et la liquidation de son Système permettront de poursuivre cette réunification de l'administration centrale des finances et d'accélérer sa remise sur son ancien pied. Celle-ci, cependant, exigera encore quelque temps et ne sera menée à son terme que dans les premières années de la majorité du Roi, où, à certains égards, la régence semblera se survivre à elle-même.

* *
*

Lors de la séance solennelle tenue au parlement de Paris le 2 septembre 1715 pour ouvrir le testament de Louis XIV et déclarer la régence du duc d'Orléans, celui-ci obtint une interprétation favorable des dernières volontés de Louis XIV, en ce que, notamment, lui fut alors reconnue la faculté de composer à son gré « le Conseil de Régence, même tels Conseils inférieurs qu'il jugera à propos, et y admettre les personnes qu'il en estime les plus dignes », ce qui revenait à le libérer du risque d'être contrecarré dans le Conseil de Régence. La mention de « Conseils inférieurs » se référait à la promesse faite en séance par le prince d'établir plusieurs Conseils chargés de soumettre, après discussion, les matières au Conseil de Régence, selon un projet conçu naguère par le dauphin Bourgogne et caressé par des cercles de gentilshommes qui, sous le Grand Roi, avaient souffert de voir la noblesse titrée écartée des affaires publiques et confinée dans la vie de cour, alors que les premières responsabilités de l'État incombaient à des hommes tirés de la « vile bourgeoisie ».

Déjà valable en soi, l'arrêt ainsi adopté n'était pas encore exécutoire : il lui fallait pour cela être prononcé « de l'avis du duc d'Orléans et des autres princes du sang, pairs de France et officiers de la couronne » par le Roi séant en son lit de justice, et cette auguste cérémonie eut lieu seulement le 12 septembre [1]. Aussi la déclaration « portant établissement de plusieurs Conseils pour la direction des affaires du royaume » ne fut-elle promulguée que le 15 [2].

Elle ne disait mot du Conseil de Régence, car, ainsi que le soulignait Saint-Simon, elle n'avait pas à en traiter, « comme étant le Conseil du Roi et le gouvernement même [3] ». Philippe d'Orléans tint d'abord Conseil à Versailles avec les ministres du feu Roi et la première séance du Conseil de Régence n'eut lieu que le 28 septembre à Vincennes. Il fut alors décidé que le Régent l'assemblerait quatre fois la semaine : le dimanche et le mercredi matin pour les affaires étrangères (et il serait alors Conseil d'En-haut sans le nom), le samedi après-midi pour les finances (autrement dit, comme Conseil royal des Finances) et le mardi après-midi « pour les affaires de la guerre, de la marine et des provinces » (c'est-à-dire en Conseil des Dépêches).

La déclaration du 15 septembre instaura le système passé à la postérité sous l'appellation de « Polysynodie » [4], car, comme on s'y attendait [5], elle créait un Conseil de Conscience pour les affaires ecclésiastiques, un Conseil des Affaires étrangères, un Conseil du Dedans, un Conseil de Guerre, un Conseil de Marine et un Conseil de Finances, le commerce ressortissant conjointement à ces deux derniers. Ils seraient composés d'un président « et d'un nombre convenable de conseillers et de secrétaires ». Les matières réglées dans chacun d'eux seraient portées

1. Arrêt du Roi séant en son lit de justice le 12 septembre 1715 (Arch. nat., X^{1A} 8431, fol. 442-443 ; U 1134, impr.).

2. Déclaration datée de Vincennes le 15 septembre 1715, enregistrée le 16 septembre au parlement de Paris (*ibid.*, K 136, n°s 6^1 et 6^3, orig^x ; U 1134, impr. – *Actes royaux,* t. V, n°s 26087-26091).

3. Saint-Simon, *Mémoires,* t. XXIX, p. 192.

4. Voir M. Benoît, *La Polysynodie* (Paris, 1928, in-8°) et comte de Luçay, ouvr. cité, p. 165-229.

5. Dès le 5 septembre, Dangeau notait : « Les six nouveaux Conseils que veut établir M. le duc d'Orléans sont : un Conseil de Conscience, qu'on appellera Conseil des Affaires ecclésiastiques, un Conseil des Affaires étrangères, un Conseil de Guerre, un Conseil de Marine, un Conseil de Finances et un Conseil pour les affaires du dedans du royaume ; mais cela ne sera déclaré que quand le Roi aura été au parlement » (*Journal,* t. XVI, p. 167).

par son président soit au Régent dans son travail particulier avec lui, soit au Conseil de Régence, où ce président aurait, mais seulement à cette occasion, entrée et voix délibérative. De hauts et puissants seigneurs se partagèrent ces postes de présidents[1], qui leur procuraient à chacun 20 000 livres d'appointements.

En dépit de leur titre, ces assemblées ne firent nullement partie du Conseil du Roi. Après la mort de Louis XIV, en effet, les Conseils de gouvernement ont fusionné tous au sein du Conseil de Régence, et les réformes ne touchèrent et même n'effleurèrent en rien le Conseil d'État privé, les directions, les bureaux et les commissions[2]. Les Conseils polysynodiques siégèrent sans la participation du chancelier, chef né des Conseils du Roi; il n'en émana directement ni arrêts ni jugements; ils se réunissaient non pas dans le cabinet du Conseil du grand appartement de Sa Majesté, mais en quelque salle d'un château royal ou en l'hôtel de leur président; leurs secrétaires ne furent ni ceux du Conseil d'État et des finances ni ceux du Conseil des Parties; enfin, si le Conseil de Régence devait s'assembler autour d'une table dominée par le fauteuil vide du Roi, il n'en fut pas de même dans les Conseils de la Polysynodie.

Si les changements opérés en septembre 1715 n'ont concerné ni le Conseil du Roi (parce qu'ils ne le pouvaient pas) ni la chancellerie et le chancelier, leur objectif était, en revanche, de substituer aux postes ministériels individuels des ministères collégiaux, appelés à préparer le travail du Conseil de Régence comme auparavant les secrétaires d'État et le contrôleur général préparaient celui des Conseils de gouvernement. L'administration suprême des finances ne pouvait être affectée par cette mutation dans tous ses effets, puisqu'elle avait déjà, et par nature, une structure collégiale. Pour elle, les changements frappèrent surtout les personnes. Les secrétaires d'État furent beaucoup plus atteints : la majeure partie de leurs départements fut absorbée par les nouveaux organes et ils ne conservèrent que la prérogative et le pouvoir de signer en commandement les actes royaux. Ainsi dépouillé des Affaires étrangères, Torcy démissionna le 21 septembre de son secrétariat d'État, dans lequel il ne fut remplacé que le 3 février 1716 par Fleuriau d'Armenonville[3], qui prenait ainsi la revanche de sa mise à l'écart de février 1708. Quant au chancelier Voysin, qui était aussi secrétaire d'État de la Guerre, il dut, dès le 14 septembre, se défaire de cette dernière charge, qui fut supprimée par un édit de janvier 1716 réduisant à trois le nombre des secrétaires d'État[4]. Et de ceux-ci, un seul fut admis au Conseil de Régence, pour en tenir le procès-verbal.

1. Le cardinal de Noailles (Conseil de Conscience), le maréchal d'Huxelles (Conseil des Affaires étrangères), le maréchal duc de Villars (Conseil de Guerre), le comte de Toulouse (Conseil de Marine), le duc d'Antin (Conseil du Dedans), le duc de Noailles (Conseil de Finances).

2. La déclaration du 15 septembre établissait les six Conseils « le tout sans rien innover à l'égard du Conseil privé, même des directions ».

3. Provisions datées de Paris le 3 février 1716 (Arch. nat., O[1] 60, fol. 22-23; copie). Fleuriau d'Armenonville prêta serment le 5 février.

4. Édit daté de Paris en janvier 1716, enregistré le 8 février par la chambre des comptes et le 17 par le parlement de Paris (Arch. nat., K 2417, n° 32[Bis], orig. – *Actes royaux*, t. V, n°s 26236-2 6237).

La mise en œuvre de ce grand dérangement demanda du temps, d'autant que la cour se transporta le 9 septembre à Vincennes et ne s'installa à Paris, aux Tuileries, que le 30 décembre. D'autre part, sa mécanique tourna au ralenti en raison de la minorité du Roi : les rites du lever, du coucher et des repas publics de Sa Majesté entrèrent en sommeil et n'avaient plus à rythmer strictement les séances du Conseil et les activités du Régent. Ce dernier assuma aussitôt ses responsabilités avec une ardeur et un sérieux répondant à la fois à son sens de la continuité de l'État et aux nécessités de l'afflux quotidien des affaires. « Je meurs de peur que mon fils, à force de travail, ne se rende bien malade, écrivait Madame le 4 octobre 1715. Hier il n'en pouvait plus et s'est couché à neuf heures ; il a recommencé à travailler depuis cinq heures du matin et travaille encore à l'heure qu'il est qu'onze heures vienne de sonner. Je ne l'ai pas encore vu d'aujourd'hui [1]. » Bien souvent, Dangeau a noté dans son *Journal* la constance et la diligence avec lesquelles Philippe d'Orléans a régi les affaires publiques, auxquelles, en définitive et avec le style qui était le sien, il donna autant de soin que le feu Roi. La marche de l'administration des finances fut une des questions qu'il dut régler en priorité.

À peine eut été prononcé l'établissement des Conseils particuliers que l'on sut que celui qui s'occuperait des finances serait présidé par le duc de Noailles, que le marquis d'Effiat, un ami du duc d'Orléans, en serait vice-président, que le maréchal duc de Villeroy y entrerait en sa qualité de chef du Conseil royal des Finances et bientôt se propagèrent les noms des autres personnes destinées à y siéger [2]. Le Conseil de Finances se réunit pour la première fois dès le 20 septembre au Louvre, dans l'appartement dit de la Reine mère, et le Régent eut à cœur de tenir lui-même cette séance inaugurale. Sans y retourner après de façon régulière, il ne manqua pas d'y venir chaque fois qu'il y jugea sa présence nécessaire. Ce Conseil s'assembla alors plusieurs jours de suite pour mettre au point la nouvelle organisation, de laquelle Desmaretz fut exclu : le contrôle général lui fut retiré et, bien qu'il fût ministre d'État depuis 1708, il ne fut pas appelé au Conseil de Régence. Sa mise à l'écart facilita la répartition des trois responsabilités relevant jusqu'alors du contrôleur général : le Trésor royal, le contrôle général *stricto sensu* et les départements. Les actes publics instrumentant les décisions alors arrêtées ne tardèrent pas à être promulgués.

S'il était un point sur lequel le Régent n'entendait pas innover, c'était sur le Trésor. Par déclaration du 23 septembre, en effet, après avoir rap-

1. Madame à son gendre, le duc de Lorraine Léopold Ier ; Paris, 4 décembre 1715 (*Madame Palatine. Lettres françaises,* éd. par D. VAN DER CRUYSSE [Paris, 1989, in-8°], n° 620, p. 502-503).
2. DANGEAU, *Journal,* t. XVI, p. 194-195, aux dates des 18 et 19 septembre.

pelé qu'« ayant jugé à propos de supprimer l'office de surintendant de ses finances », son bisaïeul « voulut bien se charger luy-même d'ordonner des fonds principaux de ses finances et d'arrester tous les états et les ordonnances », Louis XV statuait qu'en attendant sa majorité « tous les états et ordonnances de fonds et dépenses que le feu Roy [...] avoit coutume de signer et arrester luy-même [...] soient signez et arrestez par nostre très cher oncle le duc d'Orléans Régent [...] ; que toutes les recettes et dépenses qui seront employées dans les états et comptes de nos officiers comptables [...] soient admises et passées dans lesdits états et comptes en vertu desdits états et ordonnances signez et arrestez par nostre très cher oncle le duc d'Orléans sans aucune difficulté [...], en rapportant néanmoins sur chacune partie les pièces nécessaires, sans que, pour raison de ce, nostre très cher oncle soit tenu de prester aucun serment en nostre chambre des comptes ny ailleurs[1] ». Le Régent s'occupa donc du Trésor comme le faisait Louis XIV, mais dans des conditions un peu différentes, car, nous apprend Dangeau dès le 27 septembre, « M. le duc d'Orléans travaille presque tous les jours avec les gardes du Trésor royal, chez qui à l'avenir tout l'argent sera porté, ou avec Bertin, trésorier des parties casuelles, et Couturier est toujours présent à ces audiences-là[2] ». Ce « Couturier » n'est autre que Louis Le Cousturier, un des premiers commis de Desmaretz[3], qui se trouvait ainsi revêtu de la fonction de premier commis des finances, en remplacement de Le Rebours, disgracié. Une fonction qu'il allait exercer dans de flatteuses conditions, puisqu'il était appelé à travailler directement avec le Régent, alors que Louis XIV n'accueillait pas en tête-à-tête ce premier commis. Le Cousturier exerça cette mission de confiance pendant toute la Régence et au-delà. La gestion du Trésor se poursuivit donc comme sous le règne précédent, à quelques détails près, imposés par les circonstances.

Avant que de prononcer d'autres mesures, il fut nécessaire de régler officiellement la composition de la nouvelle institution et les compétences de ses membres. Dès le lendemain de la déclaration relative à la gestion du Trésor royal, un des conseillers du Conseil de Finances, M. Rouillé du Coudray, conseiller d'État et ancien directeur des finances, fut chargé par commission d'y remplir la place de « directeur desdites finances et du controlle général, avec inspection sur ledit controlle général[4] », ce qui signifiait que le président de ce Conseil

1. Déclaration datée de Vincennes le 23 septembre 1715, enregistrée le 25 à la chambre des comptes de Paris (Arch. nat., K 136, n° 8[3], orig. – *Actes royaux,* t. V, n°s 26106-26107^{Bis}).

2. Dangeau, *Journal,* t. XVI, p. 198. Dangeau ajoute : « Ce prince veut travailler tous les jours jusqu'à quatre heures après midi ; il ne dînera qu'à cette heure-là et veut avoir le reste de la journée libre. »

3. Voir *supra,* p. 374.

4. Commission datée de Vincennes le 24 septembre 1715. Le texte de cette commission n'est pas connu, mais elle est visée par un arrêt du Conseil de Régence du 1er mai 1717 fixant à 6 000 livres par an les appointements de Rouillé du Coudray « pour l'inspection dudit controlle général » (Arch. nat., E 1990, fol. 16-17). Dès le 8 septembre, rapporte Dangeau, « on sait que M. Rouillé du Coudray sera de ce Conseil, ce qui fait trembler les gens d'affaires, parce qu'il est informé de tous les traités » (*Journal,* t. XVI, p. 169).

n'aurait pas à s'en mêler. Le même jour fut légalisée la présence de certains de ses membres, qui n'y siégeaient jusque-là que sur convocation verbale : MM. Le Peletier des Forts, conseiller d'État, Fagon, de Gaumont, Taschereau de Baudry, d'Ormesson, Gilbert de Voisins, maîtres des requêtes, et Dodun, président au parlement de Paris, furent commis chacun par arrêts du Conseil de Régence « pour servir en qualité de l'un des conseillers audit Conseil [de Finances], examiner les affaires qui seront de son département ou qui luy seront distribuées et en faire le rapport, [...] ainsi qu'il sera prescrit par le règlement qui doit estre arresté en conséquence[1] ». En même temps et de la même manière, M. Lefebvre de La Planche, avocat du Roi au bureau du domaine de Paris, et M. Pouyvet de La Blinière, avocat au parlement et ci-devant attaché aux plénipotentiaires de Gertruydenberg, furent nommés secrétaires de ce Conseil[2].

La charge de contrôleur général vacante par l'éviction de Desmaretz, le contrôle lui-même n'était pas aboli pour autant : il fallait donc pourvoir à son accomplissement. Rouillé du Coudray, en effet, avait à en assumer « l'inspection » mais non l'exercice. C'est pourquoi, la veille du jour où il en reçut la commission, le Conseil de Finances décida « que l'on expédiera des lettres patentes d'ampliation de pouvoir aux deux commis au controlle général et que, pour fixer les droits, il sera fait un règlement[3] ». Ce dernier, fort détaillé, ne vit le jour que le 6 mars 1716[4], alors que, dès le 25 septembre 1715, furent promulguées les lettres patentes portant amplification du pouvoir attribué aux deux commis-gardes des registres du contrôle général par l'édit de février 1689 érigeant leurs fonctions en titre d'offices[5]. Chacun devrait, dans l'année de son exercice, tenir « le registre et controlle de toutes les quittances, tant des gardes de notre Trésor royal, que des trésoriers de nos revenus casuels, des commissions des tailles et du sel, arrests portant imposition, commissions pour la tenue des états de nos provinces et lettres en dépendantes, pensions et acquipattens et autres expéditions généralement quelconques qui ont accoutumé de passer au controlle général de nos finances [...] ; cottera [...] de sa main sur les registres les sommes mentionnées dans les quittances, lettres et actes qu'il controllera; il signera au dos des originaux le certifficat d'enregistrement et continuera de recevoir les droits de contrôle en la manière ordinaire ».

1. Arrêts du Conseil datés de Vincennes le 24 septembre 1715 (Arch. nat., E 1980, fol. 244, 245, 246, 247, 248, 249 et 250). Ces conseillers recevaient 10 000 livres d'appointements.

2. Arrêts du Conseil datés de Vincennes le 24 septembre 1715 (*ibid.*, fol. 242 et 243).

3. Délibérations du Conseil de finances du 23 septembre 1715 (Arch. nat., G^7 1849, vol. 1, fol. 5v°).

4. Déclaration servant de règlement pour le contrôle général des finances, datée de Paris le 6 mars 1716 (Arch. nat., K 2417, n° 41, orig. ; U 1135, impr. – *Actes royaux,* t. V, n°s 26346-26347). Le texte de cette déclaration avait été présenté le 29 février par le duc de Noailles au Conseil de Régence, où il avait été approuvé (Bibl. nat., Ms. fr. 23672, fol. 35v°). Le règlement porté par cette déclaration fut observé jusqu'à la fin de l'Ancien Régime.

5. Sur cet édit, voir *supra*, p. 341.

« Des registres qui seront ainsi tenus [... il donnera] tous les huit jours au sieur Rouillé [du Coudray], conseiller d'État, directeur de nos finances et du controlle général, un estat des expéditions qu'il aura contrôlées et des droits qui auront esté payés, pour, sur le comptereau qui en sera fait à la fin de chacune année, remis audit sieur Rouillé et arresté en nostre Conseil des Finances, estre par nous disposé du produit desdits droits [1]. »

Les deux commis-gardes des registres étaient toujours les mêmes hommes qui avaient été revêtus de ces offices en 1689 [2] et les avaient depuis lors exercés sous Le Peletier, Pontchartrain, Chamillart et Desmaretz : Pierre Joseph Perrotin de Barmond et Pierre Soubeyran, ce dernier en charge les années paires et l'autre les impaires. Ils continuèrent à en remplir les fonctions durant toute la Régence, où l'amplification de leur pouvoir et donc l'alourdissement de leur besogne leur procurèrent une gratification extraordinaire de 5 000 livres par an [3]. Voilà donc comment, en l'absence d'un contrôleur général, furent remplies les formalités plumitives et comptables constituant le contrôle général au sens strict et originel, tous arrangements qui revenaient à conférer un caractère encore plus légal au rôle que, depuis longtemps déjà, les commis-gardes des registres tenaient auprès du contrôleur général, mais sous la responsabilité de celui-ci.

Il fut donc facile à Philippe d'Orléans d'adapter aux circonstances la gestion suprême du Trésor royal et la validation des écritures du contrôle général, mais la substitution des Conseils particuliers aux départements ministériels fut plus laborieuse.

La déclaration du 15 septembre portant établissement de ces Conseils n'était pas encore promulguée que déjà transpirait dans le public la résolution de supprimer les intendances des finances [4]. Dès la première réunion du Conseil de Finances le 20 septembre, il fut décidé que le Régent « prendroit la peine d'écrire à Messieurs les intendans des finances, pour qu'ils eussent à remettre tous leurs papiers et registres à chacun de Messieurs les membres du Conseil, suivant leurs différens départemens [5] », ce qui fut exécuté le lendemain même [6]. Cette injonc-

1. Lettres patentes datées de Vincennes le 25 septembre 1715, enregistrées le 26 par la chambre des comptes de Paris (Arch. nat., P 2417, p. 741-747).

2. Voir *supra*, p. 341, note 7.

3. Gratification accordée par arrêt du Conseil daté de Paris le 1er mai 1717 (Arch. nat., E 1990, fol. 18-19).

4. Dangeau en fait état le 14 septembre (*Journal*, t. XVI, p. 174).

5. Procès-verbal du Conseil de Finances (Arch. nat., G^7 1849).

6. Le 21 septembre, le Régent écrivait en ces termes à Guyet, l'un des intendants des finances : « Monsieur Guyet, J'ay jugé à propos, dans l'arrangement du Conseil des Finances, de charger M. de Gaumont, maître des requêtes, du soin du détail des aydes et papier timbré, des octrois des villes et dettes de communauté. Il est nécessaire que vous lui remettiés incessament tous les papiers, comptes et registres qui y ont raport. Je suis, Monsieur Guyet, vostre affectionné amy. Signé, Philippe d'Orléans » (Arch. nat., G^7 1904 ; copie suivie de cette mention : « Les autres lettres écrites à Mrs les intendans des finances sont conformes à celle cy-dessus »).

tion impliquait en fait l'extinction de leurs offices et, comme ceux-ci leur avaient coûté fort cher, cela exigeait certaines combinaisons. Celles-ci furent proposées au Conseil de Régence le 5 octobre par le duc de Noailles, qui y présenta et fit adopter deux projets d'édits. L'un « pour la supression des intendans des finances et de ceux du commerce qui, jusques à leur entier remboursement, recevront l'intérest de leur finance au denier vingt-cinq[1] ». Et le second « portant réduction des rentes sur les tailles du denier douze au denier vingt-cinq, pour que le revenant-bon, qui ira à huit cents quatre-vingts six mille trente-deux livres, seize sols, huit deniers, serve au remboursement des charges d'intendants des finances » et du commerce[2]. Sur les sept intendants des finances en place lors de la mort de Louis XIV, deux seulement – Le Peletier des Forts et Fagon – figuraient parmi les sept conseillers du Conseil de Finances nouvellement établi. À l'exception de Caumartin et de Poulletier[3], les autres eurent une fin de carrière fort terne, et même comme Malon de Bercy, gendre de Desmaretz, ne put « se tenir de voir des gens d'affaires et donna par là de l'inquiétude au duc de Noailles, [... celui-ci], pour s'en délivrer soi et ôter ce conseil à Desmaretz », obtint du Régent au début de novembre 1715 que Bercy eût ordre « de s'en aller pour quelque temps à ses terres en Normandie[4] ».

En même temps que les intendances des finances étaient en cours de suppression, il fallait régler le sort des compétences correspondantes. Lors de la première séance du Conseil de Régence le 28 septembre, « chacun des présidens y a leu un projet pour leurs Conseils particuliers, avec la distribution des départements de chaque conseiller. Les projets discutez et quelques changements faits, il a esté ordonné qu'ils seroient raportez au net au prochain Conseil de Régence pour estre entièrement arrestez et expédiez en forme d'ordonnance et estre ensuite imprimez[5] ». Les choses n'allèrent pas aussi vite, en particulier pour le Conseil de Finances. Dans certains cas, la cession des attributions des intendances des finances s'opéra sans difficulté : Le Peletier des Forts et Fagon conservèrent chacun les leurs, à quelques détails près. D'autres

1. Procès-verbaux du Conseil de Régence (Bibl. nat., Ms. fr. 23663, fol. 12). Édit daté de Vincennes en octobre 1715, enregistré le 17 au parlement et le 26 à la chambre des comptes de Paris (Arch. nat., K 2417, n° 7, orig. ; U 1134, impr. – *Actes royaux*, t. V, n°s 26108-26111). Publ. par F. Mosser, ouvr. cité, p. 259.

2. Procès-verbaux du Conseil de Régence (Bibl. nat., Ms. fr. 23663, fol. 11v°-12). – Édit daté de Vincennes en octobre 1715, enregistré le 17 au parlement et le 26 à la chambre des comptes de Paris (Arch. nat., U 1134 ; impr. – *Actes royaux*, t. V, n°s 26112-26116). Dangeau put relater dès le 20 avril 1717 « que tous les intendants des finances [...] sont remboursés présentement de ce que [leurs charges] leur avoient coûté et qu'ils sont contents des effets qu'on leur a donnés pour ce remboursement » (*Journal*, t. XVII, p. 69-70).

3. Urbain Louis Lefèvre de Caumartin, conseiller d'État ordinaire depuis 1702, siégea dans les bureaux et commissions jusqu'à sa mort en décembre 1720, étant alors sous-doyen du Conseil. – Pierre Poulletier fut nommé le 20 septembre 1717 intendant de Lyon, poste qu'il occupa jusqu'à sa nomination de conseiller d'État en 1738.

4. Dangeau, *Journal*, t. XVI, p. 231-232 (avec addition de Saint-Simon).

5. Procès-verbal du Conseil de Régence (Bibl. nat., Ms. fr. 26663, fol. 2).

donnèrent lieu à des remaniements plus poussés, car certains Conseils s'accommodaient mal de voir celui de Finances absorber à lui seul l'ensemble des matières relevant auparavant de Messieurs des finances. « Il n'y a presque rien, déclarait le duc d'Antin, président du Conseil du Dedans, où l'argent n'entre et qui, par conséquent, n'ait rapport au Conseil des Finances. Cependant, il succombera sous le poids s'il est chargé de tout[1] ». Aussi réclama-t-il pour le Conseil du Dedans non seulement un droit de regard sur les eaux et forêts et le commerce[2], mais l'administration même des ponts et chaussées. Si les eaux et forêts et le commerce lui échappèrent[3], les ponts et chaussées donnèrent lieu à des revendications contraires. Le Conseil de Finances refusa catégoriquement de s'en dessaisir : « Messieurs du Conseil de l'Intérieur du royaume, proclama-t-il, commencent par vouloir changer le propre titre de leur établissement. La déclaration du 15 septembre dernier porte expressément que ce Conseil est establi pour connoître des matières qui estoient cy-devant portées au Conseil de Dépêches ; cependant, ils entreprennent d'estendre leurs fonctions et leur juridiction sur une autre nature d'affaires, qui appartient et ne peut jamais appartenir qu'au Conseil de Finance[4] ». La discussion fut si serrée[5] qu'elle dut être portée au Conseil de Régence, où Philippe d'Orléans, considérant « que le Conseil de Dépesches, à la place duquel a esté étably celuy des Provinces [...], n'avoit jamais connu des ponts et chaussées, et voulant néantmoins que ledit Conseil des Provinces puisse faire usage des avis qui luy viendront et des propositions qui pourront estre faites sur l'ouverture, rétablissement et réparations des chemins et routes », fit statuer « que les avis, propositions et mémoires qui pourront estre portés et présentés au Conseil des Provinces sur les ponts et chaussées seront référées au Conseil supérieur, qui en renvoyera l'entière exécution au Conseil de Finance[6] ». Décision exprimée par le règlement du Conseil du Dedans du 1er octobre, chargeant celui-ci « des ponts et chaussées, turcies et levées et pavé de Paris, suivant les fonds qui en seront faits par le Conseil des Finances[7] ». L'application de ce compromis ayant encore nécessité quelques échanges de vues, ce fut seulement le

1. Le duc d'Antin à l'abbé de Thésut, secrétaire des commandements du Régent ; 26 septembre 1715 (Arch. Aff. étr., M.D. France, 1208, fol. 219-220 ; orig.).
2. Le duc d'Antin au Régent ; 23 septembre 1715 (*ibid.*, fol. 209-211 ; orig.).
3. Les eaux et forêts demeurèrent dans le département de Fagon.
4. Représentations du Conseil de Finances ; s.d. [1715] (Arch. nat., H 1009, n° 121).
5. Dans la séance du Conseil de Finances du 29 septembre 1715 furent lues « les réponses faites par Mrs d'Effiat, Rouillé [du Coudray] et d'Ormesson au mémoire du Conseil de l'Intérieur touchant les demandes qu'il fait pour augmenter sa juridiction au dépens du Conseil de Finances : lesdites réponses ont été approuvées » (Procès-verbaux du Conseil de Finances ; Arch. nat., G^7 1849). Ces réponses ont été conservées, avec une partie des autres pièces du dossier (*ibid.*, H 1009, n° 115-121).
6. Arch. nat., H 1009, n° 117.
7. « Ordonnance du Roy servant de règlement pour le Conseil du Dedans du royaume », datée de Vincennes le 1er octobre 1715 (Arch. nat., U 1134, impr. – *Actes royaux*, t. V, nos 26117-26118).

9 novembre que le duc de Noailles put lire « un règlement nouveau pour ledit Conseil [de Finances] » au Conseil de Régence, où, « après quelques changements, il a esté dit qu'il seroit mis en forme [1] ». Chose bientôt faite : il put être enfin promulgué le 14 novembre, plaçant les ponts et chaussées dans le département de Taschereau de Baudry [2]. Ce fut le marquis de Beringhen qui s'en occupa au Conseil du Dedans [3]. Ce règlement révélait en outre que le Conseil de Finances comptait un conseiller de renfort, M. Le Pelletier de La Houssaye, conseiller d'État, qui héritait le département de l'intendant Poulletier et qui semble avoir aussi reçu alors la responsabilité du bureau des états au vrai [4].

Le commerce et les manufactures donnèrent lieu de même à quelques discussions. La déclaration du 15 septembre 1715 les affecta ensemble aux Conseils de Marine et de Finances, lesquels eurent tant de peine à harmoniser leurs compétences respectives que, dès le 5 novembre, fut résolu au Conseil de Régence l'établissement d'un Conseil de Commerce [5], prononcé par une déclaration du 14 décembre [6] et dont une ordonnance du 4 janvier 1716 fixa le règlement [7]. Le maréchal duc de Villeroy en était président, le duc de Noailles et le maréchal d'Estrées, président du Conseil de Marine, en faisaient partie, flanqués de quatre conseillers d'État et de quatre maîtres des requêtes, dont un seul, M. de Machault, était auparavant intendant du commerce. Ce Conseil se substitua si aisément au Conseil de Commerce créé par Louis XIV en juin 1700 [8], que l'on ne voit guère entre eux de solution de continuité.

Eux aussi les Conseils de Marine et de Guerre venaient, le 3 novembre, de recevoir chacun leur règlement. Dans le Conseil de Guerre entra alors le marquis d'Asfeld, lieutenant général des armées du Roi, qui y fut chargé des fortifications. Cette attribution mit fin aux fonctions de directeur général des fortifications que Le Peletier de Souzy exerçait depuis juillet 1691 et que d'Asfeld allait assumer jusqu'à sa mort en 1743 [9].

Par-delà les rivalités de coteries, par-delà les intrigues et les décisions affectant les personnes et le statut de leurs fonctions, le trait le plus frappant des changements subis par l'administration suprême des finances dans les premiers mois de la Régence était qu'elle demeurait constituée

---

1. Procès-verbaux du Conseil de Régence (Bibl. nat., Ms. fr. 26663, fol. 87v°).
2. « Ordonnance du Roy servant de règlement pour le Conseil de Finances » datée de Vincennes le 14 novembre 1715 (Arch. nat., U 1134, impr. – *Actes royaux,* t. V, n°s 27441-27743).
3. Sur la question, voir : J. Petot, *Histoire de l'administration des ponts et chaussées. 1599-1815* (Paris, 1958, in-8°), p. 121-123.
4. *Notice historique sur l'origine du bureau de la vérification des états au vrai* (Arch. nat., 144 AP 131, doss. 2; impr.).
5. Dangeau, *Journal,* t. XVI, p. 228
6. Déclaration datée de Vincennes le 14 décembre 1715 (Arch. nat. AD^{xi} 9, impr. – *Actes royaux,* t. V, n°s 26218-26220).
7. « Ordonnance du Roy servant de règlement pour le Conseil de Commerce » datée de Paris le 4 janvier 1716 (Arch. nat., *ibid.* – *Actes royaux,* t. V, n°s 26264-26265.)
8. Voir *supra,* p. 357-358.
9. A. Blanchard, *Les Ingénieurs du « Roy »...,* p. 154.

en départements, fort proches de ceux coiffés auparavant par le contrôleur général et les intendants des finances, et conservait ainsi sa collégialité foncière.

* *
*

Le Conseil de Finances se montra actif et efficace sous la présidence du duc de Noailles, qui depuis deux ans déjà s'initiait à la gestion des finances publiques auprès de Desmaretz, duquel il conserva certains premiers commis, notamment Clautrier[1]. D'autre part, Rouillé du Coudray, avec sa commission de directeur des finances, fut souvent son bras droit. Animé d'un vif souci d'ordre et de rigueur budgétaires, le duc était fort capable de concevoir et préparer des réformes et des mesures importantes. Après leur élaboration et leur discussion en Conseil de Finances, il en référait en dernier ressort au Conseil de Régence. Les procès-verbaux de celui-ci montrent que, pour les finances, il siégea quarante fois entre le 1er octobre 1715 et le 30 septembre 1716, quarante-neuf fois entre le 2 octobre 1716 et le 30 septembre 1717 et trente-huit fois entre le 1er octobre 1717 et le 30 septembre 1718[2] et que les dispositions arrêtées pour restaurer les finances publiques et le crédit de l'État y furent, sur son rapport, sérieusement débattues[3]. C'est de la sorte que, par exemple, furent adoptés le visa des effets royaux tendant à diminuer la dette flottante, l'extinction de nombreux offices créés depuis 1689, la création d'une chambre de justice pour poursuivre les financiers, la suppression de l'impôt du dixième, toutes décisions que les cours supérieures enregistrèrent sans regimber. Il est vrai qu'à cet égard Noailles bénéficia depuis 1717 de l'appui du nouveau chancelier. Le 2 février 1717, en effet, Voysin mourut subitement et le duc réussit à faire aussitôt confier la chancellerie à un magistrat avec lequel il était fort lié : Henri François d'Aguesseau, alors procureur général du parlement de Paris et conseiller au Conseil de Conscience.

Le chancelier, certes, n'entrait pas dans les assemblées de la Polysynodie, mais il avait écho des affaires de finance au Conseil de Régence, où il siégeait de droit, à la grande Direction, qu'il présidait, et aussi parce qu'il suivait de près le travail des commissions ordinaires du Conseil : le bureau pour les gabelles, cinq grosses fermes, tailles et autres affaires de finance et le bureau pour les affaires du domaine. Aussi est-ce peut-être à lui qu'il convient d'attribuer une initiative alors prise en matière domaniale. À la suite du décès du titulaire de l'un des

1. Dangeau signale (*Journal*, t. XVI, p. 237) que Jean Roland Malet, un des premiers commis de Desmaretz, fut alors attaché au marquis d'Effiat, vice-président du Conseil de Finances. Sur Malet, voir *supra*, p. 376.
2. Bibl. nat., Ms. fr. 23663, 23672, 23673.
3. Voir Marcel MARION, *Histoire financière de la France*, t. I (Paris, 1914, in-8°), p. 63-89.

deux offices de contrôleurs généraux des domaines dans la généralité de Paris créés en décembre 1689, il fut décidé, par édit de mai 1717, que son office serait éteint et que l'autre titulaire en ferait seul les fonctions, elles-mêmes réduites au contrôle des quittances et autres actes sujets à celui-ci, la défense des droits du domaine devant incomber désormais à d'autres agents[1]. En conséquence, par arrêts des 1er et 8 mai 1717, Mes Magneux et de Poilly, avocats en parlement, reçurent chacun commission « pour poursuivre et deffendre toutes les affaires qui concernent le domaine de la couronne et qui sont portées aux différents Conseils de Sa Majesté, et ce sous le titre d'inspecteur général du domaine. [... Chacun aurait] entrée et séance au bureau des commissaires de son Conseil pour les affaires de son domaine, [... serait] entendu audit bureau lorsqu'il le requerra et [...] aura l'entrée libre dans les archives de Sa Majesté pour y prendre communication des titres, même en pourra lever des extraits quand il sera besoin, lesquels luy seront délivrés sans frais[2] ». Cette création se révéla fort utile et ces commissions d'inspecteurs généraux subsistèrent jusqu'à la Révolution. Dans les affaires domaniales portées au Conseil, ils tenaient le rôle d'avocats généraux du Roi, donnant leurs conclusions sur tous les objets qui leur étaient renvoyés et demandant à être entendus ou reçus parties intervenantes dans toutes les affaires où le domaine leur semblait intéressé. Leur ministère s'exerça auprès de la grande Direction, du Conseil de Régence puis du Conseil royal des Finances et du bureau du domaine, et les amena à accomplir dans l'intérêt de la couronne des recherches parfois immenses, le tout en liaison étroite avec Messieurs des finances. L'utilité et l'ampleur de leur besogne conduira même par moments à augmenter leur nombre[3].

Un conseiller supplémentaire, le procureur général de la chambre des comptes de Paris, M. Bouvard de Fourqueux, entra en juillet 1717 au Conseil de Finances[4], que certains remous agitèrent à la fin de l'année. Le Régent avait fait accéder en octobre 1716 au Conseil de Régence le marquis d'Effiat, qui cessa dès lors d'appartenir au Conseil de Finances, dont il était le vice-président[5], poste que se fit conférer le duc de La Force. Celui-ci dut patienter des mois avant qu'un département lui soit constitué par un règlement presque aussitôt abrogé que promulgué[6]. C'est que La Force avait été nommé à ce Conseil à l'insu du duc de

1. Édit daté de Paris en mai 1717 (Arch. nat., AD+ 742, n° 7; impr. – *Actes royaux,* t. V, nos 26923-26924).

2. Arrêts du Conseil datés de Paris le 1er (Magneux) et le 8 mai 1717 (Poilly) (Arch. nat., E 1990, fol. 1-2 et 60-61).

3. M. Antoine, *Le Conseil du Roi sous le règne de Louis XV,* p. 238-239.

4. Arrêt du Conseil daté de Paris le 10 juillet 1717 (Arch. nat., E 1991, fol. 101-102).

5. Dangeau, *Journal,* t. XVI, p. 462. – Procès-verbaux du Conseil de Régence (Bibl. nat., Ms. fr. 23672, fol. 99v°).

6. « Ordonnance portant nouveau règlement au sujet des départemens du Conseil de Finances » datée de Paris le 24 novembre 1717 (Arch. nat., AD+ 745; impr. – *Actes royaux,* t. V, nos 27170-27171).

Noailles et que celui-ci, d'après Saint-Simon, « étoit fort peiné d'y voir un seigneur pareil à lui, quoiqu'en place inférieure à la sienne, et qui, par ce qu'il étoit de soi, se parangonnoit à lui et, s'appuyant sur Law, lui pouvoit faire de la peine[1] ». Un nouveau règlement vint, le 10 décembre 1717, rasséréner Noailles, réduire et spécifier les attributions de M. de La Force[2].

Entre autres choses, ce règlement rappelait que le Régent était seul ordonnateur et que le Trésor royal ne relevait que de lui; il précisait que ce prince avait « commis le S^r^ Le Cousturier pour tenir seul sous ses ordres les registres du Roy, luy rendre compte directement des placets qui seront présentez pour demander des payemens, ensemble pour expédier les estats de distribution et ordres nécessaires ». Cette notification officielle des fonctions de Le Cousturier en qualité de premier commis des finances mettait fin au bruit qui venait de courir, selon lequel ses ennuis de santé l'incitaient à se retirer[3]. D'après Dangeau, on lui avait même déjà pronostiqué des successeurs : « On parle de M. des Forts et de M. d'Ormesson, beau-frère de M. le chancelier, pour l'emploi dont on avoit chargé M. Le Couturier, mais il y a d'autres gens qui croient que cet emploi-là ne sera point donné à des gens si considérables[4] ». Cette dernière objection est très révélatrice de la position singulière du premier commis des finances. D'un côté, en effet, il exerçait une charge d'une importance exceptionnelle, qui l'appelait à traiter les affaires tête à tête avec le Régent, alors que, d'autre part, ces fonctions découlaient non d'une commission émanée du Roi, mais d'un choix personnel de l'ordonnateur suprême des finances, c'est-à-dire qu'elles ne bénéficiaient pas des honneurs et prérogatives inhérents à un office royal ou à un pouvoir conféré par le souverain. C'est pourquoi il semblait impossible qu'un conseiller d'État, comme Le Peletier des Forts, ou un maître des requêtes, comme M. d'Ormesson, titulaires l'un d'une dignité éminente et l'autre d'un office de rang élevé, pussent accepter cette commission privée sans déroger à leur caractère[5].

Les mesquineries suscitées par l'accès de M. de La Force au Conseil de Finances tenaient, entre autres choses, à ce que ce duc était lié avec Law. Fixé en France vers la fin de 1713, celui-ci y était entré en relations avec des personnalités importantes, qu'il s'efforçait d'intéresser à ses plans financiers et commerciaux. Il avait notamment fréquenté Des-

1. Addition de Saint-Simon au *Journal* de Dangeau (t. XVII, p. 203).

2. « Ordonnance du Roy portant règlement au sujet des départemens du Conseil de Finances », datée de Paris le 10 décembre 1717 (Arch. nat., U 1138; impr. – *Actes royaux,* t. V, n°s 27204-27206). DANGEAU, *Journal,* t. XVII, p. 202, 203, 205, 211, 212).

3. DANGEAU, *Journal,* t. XVII, p. 187-188, avec longue et flatteuse addition de Saint-Simon sur la personne de Le Cousturier.

4. *Ibid.*, p. 194. Dangeau ajoute que certains « disent déjà qu'on songe à La Blinière », un des deux secrétaires du Conseil de Finances.

5. Le Cousturier était noble, mais de noblesse récente, fils de secrétaire du Roi. Il acquit en 1718 un office de maître ordinaire en la chambre des comptes de Paris, dont il fut pourvu le 23 mai (Arch. nat., V^1 232) et dans lequel il fut reçu par la chambre le 30 mai (*ibid.*, P 2707, fol. 76v°).

maretz et avait eu des contacts soit avec des gens de l'entourage du duc d'Orléans, soit avec ce prince lui-même. Selon Saint-Simon, ce serait celui-ci qui l'aurait recommandé à Desmaretz, auquel il présenta en mai 1715 un mémoire relatif à l'amortissement de la dette. Puis il dressa un projet de banque dont l'élaboration était si avancée que Louis XIV put en prendre connaissance en juillet ou en août, ce qui explique que l'Écossais ait, dès le début de la Régence, continué sans désemparer les démarches menées du temps du feu Roi. Ce fut, en effet, dès le 24 octobre 1715 que le Conseil de Finances examina le projet de banque par lui proposé, mais la majorité des opinants (notamment Rouillé du Coudray) se prononça pour son ajournement « et M. le duc d'Orléans, qui y avoit fait travailler M. Law depuis quelques mois, s'est rendu à l'avis le plus fort[1] ». Partie remise : Law remodela son projet, celui-ci fut approuvé au Conseil de Finances le 1er mai 1716 en présence du Régent, qui le fit adopter le lendemain au Conseil de Régence[2]. Des lettres patentes du 2 mai accordèrent à Law et à sa compagnie le privilège d'établir une Banque générale et d'autres lettres du 20 mai portèrent règlement pour elle. Son directeur général était Law, auquel, pour parer à d'éventuelles difficultés, Philippe d'Orléans accorda le 26 mai des lettres de naturalité. La Banque connut un tel succès que, par arrêt du Conseil du 10 avril 1717, il fut ordonné que tous receveurs, fermiers, comptables et autres ayant le maniement des deniers royaux recevraient ses billets comme argent comptant[3]. Law jugea alors pouvoir étendre ses activités par la fondation d'une compagnie de commerce pour l'exploitation de la Louisiane. Ce fut la Compagnie d'Occident, instituée par édit d'août 1717 et dont un édit du mois de décembre fixa le capital à 100 millions de livres[4].

L'élaboration, l'adoption et la mise en œuvre des entreprises de Law suscitèrent de multiples démarches, entrevues et discussions, qui se déroulèrent souvent en marge du Conseil de Finances, même si son président et certains de ses conseillers y étaient mêlés ou associés. Le Régent, en effet, aimait consulter hors de toute séance réglée ceux dont l'opinion ou l'expérience lui semblaient de poids. Il recourut aussi à une autre pratique, consistant à confier l'examen d'une question à certains membres du Conseil de Régence qui, après s'être assemblés, lui présentaient leurs conclusions. La fréquence des réunions de ce genre s'accrut à partir de 1717 et on les appela d'un mot nouveau destiné à une grande fortune : « comité ». Le cabinet du Régent devint ainsi assez vite, beaucoup plus que celui du Conseil, le centre d'où partaient les grandes décisions.

1. Dangeau, *Journal*, t. XVI, p. 220.
2. *Ibid.*, p. 372 et 373.
3. Arrêt du Conseil daté de Paris le 10 avril 1717 (Arch. nat., E 1989, fol. 293-301).
4. Lettres patentes en forme d'édit datées de Paris en août 1717; édit daté de Paris en décembre 1717 (Arch. nat., U 1138; impr. – *Actes royaux*, t. V, nos 27082-27089 et 27190-27194).

Comparée à l'activité des Conseils de gouvernement sous Louis XIV, celle du Conseil de Régence est décevante. « Dans les commencements, dit le maréchal de Villars, ces Conseils étoient réellement des Conseils. Quelque temps après, ils n'en eurent plus que les apparences, et enfin il n'y fut plus question que d'entendre lire la Gazette, à la réserve de quelques procès rapportés par des maîtres des requêtes[1]. » D'où une réduction progressive du nombre de ses séances, qui, fixé à quatre par semaine en septembre 1715, fut réduit à trois par le Régent à partir d'octobre 1716[2]. Elles s'espacèrent ensuite peu à peu au point de diminuer presque de moitié en trois ans : ses procès-verbaux en indiquent 165 entre le 1er octobre 1715 et le 30 septembre 1716, 135 entre le 2 octobre 1716 et le 30 septembre 1717 et 98 entre le 1er octobre 1717 et le 30 septembre 1718[3] : ces simples chiffres suffisent à illustrer son effacement.

Ce rôle déclinant du Conseil de Régence, où auraient du aboutir en principe les affaires traitées par les assemblées de la Polysynodie, reflète l'échec de celles-ci, le Conseil de Finances étant celle qui fonctionna le moins mal, car il put reprendre maintes habitudes de travail du contrôle général au temps du feu Roi. Mais cette situation était liée à la personne du duc de Noailles, qui voyait progressivement son autorité minée par l'emprise croissante que Law et ses partisans exerçaient sur Philippe d'Orléans.

Noailles et son ami d'Aguesseau n'avaient fait nul obstacle à la création de la Compagnie d'Occident et le parlement de Paris avait fini par enregistrer les édits la concernant. Mais le duc et le chancelier manifestèrent de grandes réserves face aux efforts de Law, qui poussait le Régent à conférer un caractère officiel à sa Banque générale en la transformant en Banque royale, c'est-à-dire en banque d'État. Noailles craignait que cette mesure ne fût pas du goût du parlement de Paris, que d'Aguesseau et lui tenaient à ménager. Le duc d'Orléans tenta, au début de janvier 1718, de rapprocher les points de vue. Mais comme le parlement prenait prétexte de deux édits assez banals pour soulever des difficultés et préparait des remontrances mettant en cause les entreprises de Law et la politique financière, le Régent décida de frapper un grand coup : le 28 janvier 1718 au matin, il reprit les sceaux au chancelier, invité à se retirer en Brie dans son château de Fresnes, et les confia à M. d'Argenson, conseiller d'État et lieutenant général de police de Paris. Ce qu'apprenant, le duc de Noailles démissionna aussitôt de la présidence du Conseil de Finances, un geste qui, au fond, était le résultat attendu par le prince de l'éviction de d'Aguesseau. En consolation, Noailles eut l'entrée au Conseil de Régence.

1. Villars, *Mémoires,* t. IV, p. 76-77.
2. Dangeau, *Journal,* t. XVI, p. 462.
3. Bibl. nat., Ms. fr. 23663-23673.

En même temps qu'il créait d'Argenson garde des sceaux [1], le Régent, par une décision purement verbale que n'instrumenta aucun acte souverain, l'investit de « la direction et de l'administration principale des finances », une charge dont il faut bien discerner les responsabilités. D'Argenson, en effet, n'était pas nommé contrôleur général, d'où il découlait que l'exercice du contrôle général *stricto sensu* continuerait à être assumé par les commis-gardes des registres de celui-ci en vertu de l'amplification de pouvoir qui leur avait été décernée le 25 septembre 1715 [2]. D'autre part, la fonction conférée à d'Argenson mettait fin à celle de « directeur des finances et du contrôle général avec inspection dudit contrôle » que Rouillé du Coudray remplissait auprès du duc de Noailles, dont il était le conseiller très écouté. Il fut généreusement récompensé du rôle qu'il avait ainsi tenu [3] et continua à se montrer fort actif à la grande Direction comme dans les commissions ordinaires et extraordinaires des finances. Mais qu'allait-il advenir du Conseil de Finances privé de président ? D'Argenson allait en faire nécessairement partie et, en sa qualité de garde des sceaux, y aurait de droit la préséance sur tous autres. On sut, dès le 1er février, que le duc de La Force, qui était vice-président de ce Conseil, serait gratifié de sa présidence à la place de Noailles [4], mais ce fut un remplacement purement numérique, car il n'y reçut aucun département. En sorte que de ce Conseil, où le nouveau président et un autre personnage, Villeroy, qui en était « le chef », n'étaient chargés de rien, d'Argenson fut en réalité le seul maître.

Les premiers commis et commis qui assistaient le duc de Noailles, et dont beaucoup étaient déjà en place sous le feu Roi, passant sous l'autorité de d'Argenson, il fallut instruire celui-ci des bureaux et du personnel dont il prenait la direction. Des listes et états qui lui furent présentés à cette fin ne subsistent que ceux concernant « le premier bureau de Monseigneur pour les finances » [5]. Le chef en était toujours Gilbert Clautrier, installé par Desmaretz lorsqu'il avait été nommé directeur des finances en octobre 1703. Sept commis au moins lui étaient subordonnés. C'était d'abord le Sr Rasmus, auquel d'Argenson adjoignit le Sr Deschamps, et qui était chargé de « l'expédition des édits, déclarations et arrêts concernant les finances ». Du Sr du Closneuf, « bon sujet », « qui travaille depuis dix ans à la suite du controlle général »,

1. Lettres patentes datées de Paris le 28 février 1718, enregistrées le 26 août, en lit de justice, au parlement de Paris (Arch. nat., X1A 8720, fol. 293-294).

2. Voir *supra*, p. 392-393.

3. Par deux arrêts du Conseil du 4 février 1718, il fut ordonné que Rouillé du Coudray continuerait à jouir sa vie durant de la somme de 6 000 livres, « qui luy étoit accordée sur les fermes générales et qui étoit employée sous son nom dans l'état des gratiffications de ladite ferme générale en qualité de directeur des finances et du controlle général » ; et d'une autre somme de 6 000 livres, « qui luy étoit accordée comme chargé de l'inspection dudit controlle général » (Arch. nat., E 1996, fol. 330-331 et 332-333).

4. Dangeau, *Journal*, t. XVII, p. 241-242.

5. Arch. nat., G7 1903.

relevaient « les enregistremens du Conseil de Finances et les décisions du Conseil de Régence pour les finances ». « Bon sujet » lui aussi, attaché « depuis plusieurs années à la suite du bureau », le Sr Catel s'occupait de « l'expédition et enregistrement des lettres », besogne qu'il partageait avec le Sr de Courcelles, « bon sujet parent de M. Le Cousturier ». « Les états, mémoires et autres expéditions de calcul » incombaient au Sr Salva, personnage « sage et assidu ». Le Sr Sauvage vaquait depuis peu à « diverses expéditions ». On rencontrait enfin un S^r Le Blond, arrivé avec d'Argenson. En plus du bureau dont il était chef, Clautrier était à la tête du « dépôt » rassemblant « divers papiers et mémoires de l'ancien controlle général des finances », responsabilité d'archiviste pour laquelle il était assisté par le Sr Taffereau.

Avec les noms et compétences de ces personnes furent alors indiqués à d'Argenson leurs émoluments annuels, dont le montant reflète l'ancienneté de chacune et son rang dans la hiérarchie. Clautrier touchait 3 600 livres sur le Trésor royal, 3 000 livres par acquit patent, 1 800 livres sur les fermes, 1 350 livres pour « le dépôt » du contrôle général et 450 livres versées par les états de Bretagne, soit un total de 10 200 livres. Les appointements de ses commis étaient beaucoup plus modestes : 1 500 livres pour le Sr Rasmus et 600 pour « le commis sous lui [...] payé par extraordinaire », 1 200 livres pour du Closneuf et autant pour Catel, 900 pour Courcelles, 800 pour Salva, 720 pour Sauvage et 1 350 pour Taffereau, l'ensemble s'élevant à 8 270 livres. Enfin, les frais de « bois, chandelles, ancres, papiers, cire d'Espagne, plumes, etc. de tous ces bureaux et de celuy de Monseigneur » montaient à 2 000 livres, « sauf à faire fonds des extraordinaires s'il y en avoit ». Même si elles ne visent qu'un seul des bureaux assistant d'Argenson, ces indications, en portant sur le principal d'entre eux, donnent quelque idée sur l'organisation du travail en général et prouvent aussi que le changement s'opérait dans la continuité.

Puisque d'Argenson était investi de « la direction et de l'administration principale des finances », le déclin déjà amorcé du Conseil de Finances ne pouvait que s'accentuer, et cela alors que la besogne des autres assemblées de la Polysynodie engendrait assez de désordre, de confusion et de mécontentement pour que, le 7 février, le parlement de Paris fît au Régent des représentations au sujet de ces Conseils particuliers : « Maintenant ils paroissent beaucoup moins utiles aux sujets du Roi qu'on ne l'avoit espéré, et très onéreux à ses finances. Le nombre des conseillers fait que l'on est souvent incertain auquel on doit s'adresser [...], entre eux ils ne sont pas toujours d'accord sur leur juridiction. Enfin, Monsieur, la poursuite des affaires est plus difficile et la décision plus lente, le public n'y a point de confiance [1]. » Le prince était sans illusions : « Il y avoit longtemps, relate le duc d'Antin, que les Conseils

1. Représentations du parlement de Paris du 7 février 1718 (FLAMMERMONT, *Remontrances*, t. I, p. 66-67.)

importunoient M. le duc d'Orléans » et, dès 1717, « il avoit été plus de quatre mois sur le point d'en supprimer plusieurs[1] ». Il préféra les laisser se désagréger presque d'eux-mêmes.

D'Argenson entendit agir sans beaucoup se soucier du Conseil de Finances et le bruit courut au mois de mars qu'on allait rétablir quatre charges d'intendants des finances[2]. Il n'en fut rien sur le moment, mais c'était une anticipation. D'Argenson traita beaucoup d'affaires directement avec le Régent. Toutefois, sa liberté d'action était limitée par les retombées qu'avaient sur les finances et l'économie les entreprises conduites par Law, car ce dernier en référait lui aussi personnellement au prince. Les décisions importantes étant prises en majorité lors de ces entrevues, il fut décidé au début d'avril 1718 que les affaires de finances ne seraient plus portées au Conseil de Régence du samedi[3]. L'orientation de la politique financière allait ainsi relever en grande partie du secret. Ce fut, par exemple, au cours de nombreuses séances de travail de d'Argenson avec le Régent et « de grandes conférences [de ce dernier] avec M. Law[4] », que fut élaborée la refonte des monnaies ordonnée par l'édit du mois de mai, qui accordait la faculté de porter à la Monnaie deux cinquièmes en sus de billets de l'État[5].

Après avoir conclu le bail des fermes générales avec les frères Paris, sous le nom d'Aymard Lambert, d'Argenson fit commettre le 3 septembre quatre conseillers du Conseil de Finances, MM. Fagon, d'Ormesson, de Gaumont et Dodun, pour avoir l'inspection de ces fermes et se faire représenter leurs comptes, registres et papiers[6]. Décision très significative, que Dangeau relia à des rumeurs qui se répandaient alors : « On parle toujours releva-t-il, de grands changements dans les Conseils et on croit que cela s'exécutera pendant l'absence de plusieurs des présidents et conseillers de ces Conseils-là, qui sont à la campagne et qui ne doivent revenir qu'au commencement d'octobre[7] ». Effectivement, quelques jours plus tard, le 7, rapporte le duc d'Antin, « le Régent congédia le Conseil de Régence et tous les autres Conseils jusques au 15 d'octobre. Ainsi il y aura quelque relâche au théâtre, car tout le monde s'en va ordinairement à la campagne[8] ». Le prince avait les mains libres et ne tarda pas à en profiter.

* *
*

1. Bibl. nat., N.a.f. 23933, fol. 126 et 128v°.
2. Dangeau, *Journal*, t. XVII, p. 269.
3. *Ibid.*, p. 282.
4. *Ibid.*, p. 314.
5. Édit daté de Paris en mai 1718, enregistré le 31 mai par la cour des monnaies de Paris (Arch. nat., U 1139 ; impr. – *Actes royaux*, t. V, n°s 27322-27328).
6. Arrêt du Conseil daté de Paris le 3 septembre 1718 (Arch. nat., E 2000, fol. 3-4).
7. Dangeau, *Journal*, t. XVII, p. 381.
8. Bibl. nat., N.a.f. 23933, fol. 107.

Le 24 septembre 1718, Philippe d'Orléans prononça la suppression des Conseils de Conscience, des Affaires étrangères, du Dedans et de la Guerre. Le même jour, M. Le Blanc, conseiller au Conseil de la Guerre, reçut une commission de secrétaire d'État pour administrer ce département et l'abbé Dubois une autre pour diriger les Affaires étrangères[1]. Réduit à trois en février 1716, le nombre des secrétaires d'État était porté à cinq, mais ces deux nouveaux postes étaient conférés par commission et non par office. Les provinces et attributions furent réparties entre tous les secrétaires d'État[2], à l'exception de deux matières qui restaient sous la conduite de ceux qui s'en occupaient au Conseil du Dedans : le marquis de Brancas pour les haras et le marquis de Beringhen pour les ponts et chaussées. Il fut proposé au Régent de rétablir le Conseil des Dépêches en le réunissant chez lui, mais il préféra s'en tenir au Conseil de Régence[3]. On lui suggéra alors et il adopta l'arrangement suivant : « S.A.R. appellera près d'Elle pour l'examen et la discussion des affaires qui concernent chacun de ces différens départemens telles personnes qu'Elle jugera à propos. Les cinq secrétaires d'État s'assembleront en sa présence une fois le mois avec Monsieur le garde des sceaux, et plus souvent s'il est nécessaire, pour les affaires des différens départemens dont ils sont chargez[4] ». Cette réunion des secrétaires d'État et du garde des sceaux chez le Régent semble vite avoir dépassé le rythme mensuel. C'était le Conseil des Dépêches sans le titre et les contemporains la désignèrent volontiers ainsi. Inspirées en grande partie, semble-t-il, par l'abbé Dubois, toutes ces mesures faisaient la part belle au travail personnel du Régent avec les titulaires des différents ministères. L'essentiel des réformes instaurées à la mort de Louis XIV se trouvait ainsi abandonné trois ans après, puisque ne subsistaient que le Conseil de Marine, présidé par le comte de Toulouse, le Conseil de Commerce et le Conseil de Finances.

Pour ce dernier, Philippe d'Orléans tint à en remanier et préciser l'organisation. Ce fut l'objet de deux ordonnances des 13 et 25 octobre 1718, dont la seconde ne fit que retoucher la première sur un point de détail[5]. Les pouvoirs du prince y étaient fermement rappelés : « Le Régent en qualité d'ordonnateur aura seul la signature de toutes les

1. Commissions datées de Paris le 24 septembre 1718 (Arch. nat., O[1] 62, fol. 209v°-210 et 239v°-240; copies).

2. Voir le projet de répartition des provinces et des attributions entre les secrétaires d'État, portant, de la main du Régent : « Approuvé ce 29 septembre 1718. Philippe d'Orléans » (Arch. nat., G[7] 1903; orig).

3. « Notes touchant la suppression des Conseils » portant en marge, de la main du Régent : « Au Conseil de Régence » (*ibid.;* orig.).

4. Note portant le « Bon » approbatif du Régent (*ibid.;* orig.).

5. « Ordonnance[s] du Roy portant règlement au sujet des départemens du Conseil de Finances », datées de Paris les 13 et 25 octobre 1718 (Arch. nat., U 1140; impr. – *Actes royaux,* t. V, n°s 27441-27443 et 27446-27447). – M. Le Peletier des Forts, trouvant que l'ordonnance du 13 diminuait ses attributions, décida de se retirer du Conseil de Finances (Dangeau, *Journal,* t. XVII, p. 405-406). Pour l'y retenir, la seconde ordonnance précisa qu'il rapporterait au Conseil de Régence « les affaires de son département et celles dont il sera chargé ».

ordonnances concernant les dépenses comptables et les comptans, tant pour dépenses secrettes, remises, intérests, qu'autres de toute nature, ainsi et de la même manière que faisoit le feu Roy, conformément à la déclaration du 23 septembre 1715 [1]. Le Régent aura pareillement le Trésor royal et les parties casuelles, suivant qu'il est porté par l'ordonnance servant de règlement pour le Conseil de Finances du 14 novembre 1715. Et il a commis le sieur Le Cousturier pour tenir seul sous ses ordres les registres du Roy, lui rendre compte directement des placets qui seront présentez pour demander des payemens, ensemble pour expédier les estats de distribution et ordres nécessaires. » Par ce rappel des dispositions antérieures, Philippe d'Orléans marquait bien qu'il continuait à suivre dans le droit-fil les pratiques de son oncle.

Puis, enchaînait l'ordonnance, « le garde des sceaux aura la direction et principale administration des finances et pourra distribuer aux membres dudit Conseil, ainsi qu'il le jugera à propos, les affaires qui ne sont pas comprises dans les départemens cy-après spécifiez ». Ceux-ci étaient au nombre de dix et leur composition n'avait guère varié depuis 1715, où elle avait repris en grande partie celle des intendances des finances alors supprimées. En outre, la plupart de leurs titulaires les dirigeaient depuis le début de la Régence. Mais ces ordonnances d'octobre 1718 dessinaient entre eux comme une hiérarchie. Quatre membres de ce Conseil, par ailleurs conseillers d'État (MM. Amelot de Gournay, Le Peletier des Forts, Le Pelletier de La Houssaye et Fagon), étaient, en effet, à la tête de départements si importants que ceux-ci étaient qualifiés « bureau établi » à telles et telles fins, ce qui conférait à chacun entrée au Conseil de Régence pour y rapporter « les affaires de son département et celles dont il sera chargé ». De plus, M. Amelot de Gournay aurait « entrée, séance et voix délibérative audit Conseil [de Finances], tant par rapport aux affaires du commerce, qu'aux différens bureaux des finances dont il est chargé ». C'est que, d'autre part, il siégeait au Conseil de Commerce et en dirigeait un département. Par son intermédiaire s'établirait la liaison entre les deux Conseils. Le rôle plus éminent de ces quatre conseillers leur valut aussitôt d'être appelés dans le public « commissaires généraux » [2]. À leurs côtés, quatre maîtres des requêtes (MM. d'Ormesson, Gilbert de Voisins [3], de Gaumont et Taschereau de Baudry), le président Dodun et le procureur général de la chambre des comptes de Paris, M. Bouvard de Fourqueux, coiffaient les autres départements.

En même temps furent réglés les quatre départements du conseil de commerce [4]. Le premier était confié à M. Amelot de Gournay, conseil-

1. Sur cette déclaration, voir *supra*, p. 390-391.

2. Dangeau, *Journal*, t. XVII, p. 404, 405, 406, 407.

3. M. Gilbert de Voisins quitta le Conseil de Finances peu après : il se défit de son office de maître des requêtes pour acquérir celui d'avocat général au parlement de Paris, dont il fut revêtu le 22 novembre 1718.

4. « Ordonnance du Roy portant règlement au sujet des départemens du Conseil de Commerce », datée de Paris le 24 octobre 1718« (Arch. nat., U 1140; impr. – *Actes royaux*, t. V, n°s 27444-27445).

ler d'État et au Conseil de Finances et, en cette dernière qualité, rapporteur au Conseil de Régence, et les trois autres à MM. Béchameil de Nointel, conseiller d'État, Roujault, maître des requêtes, et de Machault, maître des requêtes et successeur de d'Argenson à la lieutenance générale de police de Paris. M. de Nointel étant décédé là-dessus, M. Le Peletier des Forts fut commis pour le remplacer au Conseil de Commerce[1].

Visant à clarifier le fonctionnement de l'administration centrale des finances sous la gouverne de d'Argenson, ces règlements sont inséparables de la tension politique entre les Bourbons, qui allait aboutir le 9 janvier 1719 à la déclaration de guerre de la France à l'Espagne. Depuis quelque temps, en effet, le Régent s'inquiétait de la manière dont il pourrait faire face aux charges de cette crise diplomatique, voire d'un conflit armé, et c'est ainsi que l'objectif depuis longtemps caressé par Law fut atteint : une déclaration du 4 décembre convertit sa Banque générale en Banque royale[2]. Décision confirmée par un arrêt du Conseil du 27 décembre, qui porta règlement sur son fonctionnement[3]. Comme l'a relevé E. Faure, il importe de « noter que la vraie grande banque dont l'Écossais avait rêvé, la banque d'émission d'État, la Banque royale, est née en même temps que la guerre et pour la guerre[4] ». Une guerre dont les hostilités furent heureusement de courte durée et d'une ardeur retenue, et qui ne pesa guère sur le budget de l'État. Trois arrêts statuèrent le 5 janvier 1719 sur cet établissement : l'un nommant Law directeur de la Banque, assisté d'un inspecteur, d'un caissier et d'un contrôleur de celle-ci ; un autre désignant M. Fagon, conseiller d'État et au Conseil de Finances, pour suivre, en qualité de commissaire du Conseil, l'exécution de la déclaration du 4 décembre 1718, et un troisième portant règlement pour la confection des billets de la Banque[5].

Ces mesures d'ordre financier et l'entrée en guerre contre l'Espagne témoignaient de la part que prenait désormais l'abbé Dubois dans la politique générale. Il n'était encore qu'un simple clerc tonsuré, mais il entrait fort avant dans la confiance du Régent, et cela depuis qu'il en avait été le précepteur dans sa jeunesse. Le prince l'avait ensuite retenu comme secrétaire de ses commandements et de son cabinet (1701), puis l'avait fait nommer conseiller d'État d'Église (1716), secrétaire de la chambre et du cabinet du Roi (1716), l'avait fait entrer en avril 1717 au Conseil des Affaires étrangères et venait de le nommer secrétaire d'État de ce département, ce qui lui avait procuré, le 16 octobre 1718, l'accès au Conseil de Régence. Longtemps occulte et discrète, son influence

1. Arrêt du Conseil daté de Paris le 2 janvier 1719 (Arch. nat., E 2004, fol. 5-6).
2. Déclaration datée de Paris le 4 décembre 1718 (*ibid.*, U 1140; impr. – *Actes royaux*, t. V, n°s 27519-27525).
3. Arrêt du Conseil daté de Paris le 27 décembre 1718 (Arch. nat., E 2001, fol. 494-497).
4. E. FAURE, *La Banqueroute de Law. 17 juillet 1720* (Paris, 1977, in-8°), p. 169.
5. Arrêts du Conseil datés de Paris le 5 janvier 1719 (Arch. nat., E 2004, fol. 21-22, 23-24 et 29-30).

devenait patente et allait compter de plus en plus dans la conduite de l'État, d'autant qu'il n'était pas mal disposé pour Law.

Celui-ci allait lancer des entreprises et cumuler des responsabilités concurrençant toujours davantage celles de d'Argenson, souvent amené, en tant que garde des sceaux, à devoir signer des arrêts ou sceller des actes dont la teneur ne répondait guère à ses vues de directeur suprême des finances. Il y eut, dès janvier 1719, l'absorption de la Compagnie du Sénégal par la Compagnie d'Occident[1], prélude à l'édit du mois de mai suivant, qui prononça la réunion de la Compagnie des Indes orientales et de la Compagnie de la Chine à la Compagnie d'Occident, nommée désormais Compagnie des Indes[2], et dont un arrêt du 16 juillet réglementa l'installation à la Louisiane[3]. Sur quoi, le 25 juillet, Law obtint pour elle le privilège de la fabrication des monnaies[4] et, le 27, un arrêt portant règlement sur l'émission par elle de 25 millions d'actions nouvelles[5]. Le tout couronné par l'arrêt du Conseil du 27 août cassant le bail des fermes générales fait un an plus tôt sous le nom d'Aymard Lambert, lui subrogeant la Compagnie des Indes pour un nouveau bail et portant règlement à ce sujet[6]. Décision explicitée et complétée quelques jours après par quatre arrêts, l'un nommant les dix-sept directeurs de la Compagnie des Indes[7], le deuxième portant règlement pour le remboursement par celle-ci des rentes et charges de l'État[8], le troisième commettant MM. Le Pelletier de La Houssaye, d'Ormesson, de Gaumont et Dodun, conseillers au Conseil de Finances, et les directeurs de la Compagnie pour procéder à l'adjudication des sous-fermes des fermes générales[9] et le dernier portant règlement pour la signature et le visa à la Banque royale des billets de 1 000 livres[10].

Ainsi fut mis en place ce qu'on a appelé le Système de Law, célèbre par les vagues de spéculation qu'il déchaîna et surexcita. À la tête de la Banque royale et de la Compagnie des Indes et des responsabilités capitales qu'elles assumaient, Law faisait figure, aux yeux du public, de ministre des Finances. Lui-même se mit à songer à la consécration de ce rôle, « qui pouvait lui apporter à la fois la sécurité, une satisfaction de

1. Arrêt du Conseil daté de Paris le 10 janvier 1719 (*ibid.*, E 2010, fol. 19-24).
2. Édit daté de Paris en mai 1719 (Arch. nat., U 1141, impr. joint à un arrêt du Conseil du 17 juin. – *Actes royaux*, t. V, n°s 27623-27626).
3. Arrêt du Conseil daté de Paris le 16 juillet 1719 (Arch. nat., E 2011, fol. 51-53).
4. Concession prononcée par trois arrêts du Conseil datés de Paris le 25 juillet 1719 (*ibid.*, E 2007) : l'un portant règlement sur la soumission faite par la Compagnie de se charger de la fabrication des nouvelles espèces d'or et d'argent (fol. 211-214); un autre fixant à 34 livres la pièce la valeur des louis d'or fabriqués en exécution de l'édit de mai 1718 (fol. 219-220); et un autre portant règlement pour l'établissement de bureaux de la Banque royale dans les villes du royaume possédant hôtel des monnaies (à l'exception de Lyon) et pour une nouvelle émission de billets de la Banque (fol. 207-210).
5. Arrêt du Conseil daté de Paris le 27 juillet 1719 (*ibid.*, fol. 235-238).
6. Arrêt du Conseil daté de Paris le 27 août 1719 (*ibid.*, fol. 478-487).
7. Arrêt du Conseil daté de Paris le 31 août 1719 (*ibid.*, fol. 524-525).
8. *Ibid.*, fol. 514-519.
9. *Ibid.*, fol. 522-523.
10. *Ibid.*, fol. 520-521.

prestige et un supplément de pouvoir[1] ». Mais il lui fallait pour cela être français et catholique. Français, il l'était depuis les lettres de naturalité dont il avait bénéficié en mai 1716, et catholique il le devint en abjurant le protestantisme à la mi-septembre 1719. Le Système courut alors vers son apogée, les foules s'écrasant rue Vivienne à la Banque et rue Quincampoix, pour s'arracher actions et billets. Le 4 janvier 1720, Law, devenu en fait maître de la richesse nationale, fut créé par le Régent contrôleur général des finances, tout en restant directeur de la Banque royale et de la Compagnie des Indes.

Le dispositif du pouvoir par lequel Law fut « constitué, ordonné et établi » contrôleur général des finances fut rédigé exactement dans les mêmes termes que celui dressé en 1683 pour Claude Le Peletier[2] et tous ses successeurs[3]. S'y ajoutait toutefois la révocation de l'amplification de pouvoir décernée le 25 septembre 1715 aux deux commis-gardes des registres du contrôle général[4]. Ces deux officiers étaient toujours Pierre Soubeyran et Philippe Joseph Perrotin de Barmond, ce dernier venant de faire octroyer à son frère cadet Jacques la survivance de sa charge[5]. Le 6 janvier, le nouveau contrôleur général fut présenté au Roi et le lendemain prêta serment entre les mains du garde des sceaux d'Argenson, qui voyait ainsi « la direction et l'administration principale des finances » lui échapper. Le duc de La Force perdait aussi la présidence du Conseil de Finances. Celui-ci était remanié : il ne se tiendrait plus au Louvre, mais le vendredi au Palais-Royal, chez le Régent. Le Pelletier de La Houssaye, Le Peletier des Forts et Fagon y feraient fonction de directeurs, d'Ormesson, Gaumont, Taschereau de Baudry et Dodun celle de rapporteurs[6]. Les affaires de finance seraient traitées au Conseil de Régence le dimanche, un Conseil qui allait désormais se tenir en présence de Louis XV.

Par son testament, Louis XIV avait prévu que, lorsqu'il atteindrait l'âge de dix ans, le jeune Roi assisterait à ce Conseil quand il voudrait, « non pour ordonner et décider, mais pour entendre et pour prendre les premières connoissances des affaires ». Conformément à cette disposition, le Régent y fit entrer Louis XV le dimanche 18 février 1720. Comme il y fut surtout question de ce qui serait débattu le jeudi suivant à l'assemblée générale de la Banque royale, le duc d'Orléans, craignant

1. E. Faure, ouvr. cité, p. 310.
2. Voir *supra*, p. 332-333.
3. Pouvoir daté de Paris le 4 janvier 1720 (Arch. nat., G^7 1903; copie).
4. Voir *supra*, p. 392-393.
5. Provisions de commis-garde des registres du contrôle général des finances pour Jacques Perrotin de Barmond (contrôleur général de la marine, des galères et des fortifications et places maritimes), en survivance de son frère Philippe Joseph, avec pouvoir de signer conjointement et de faire les fonctions, datées de Paris le 10 novembre 1719 (Arch. nat., P 2420, p. 745-748; enregistrement le 16 novembre par la chambre des comptes de Paris).
6. Dangeau, *Journal*, t. XVIII, p. 201-202, 204, 205, 210, 219.

qu'une telle matière ne l'assommât, lui proposa au bout d'un moment de se retirer et d'aller jouer. Mais, relate le duc d'Antin, « quoique l'occupation soit peu amusante, il ne parut pas s'y ennuyer[1] » et il y retourna désormais ponctuellement, toujours sans opiner ni décider. L'assemblée de la Banque dont il avait été question devant le Roi se tint le 22 février et ses débats aboutirent à charger la Compagnie des Indes de « la régie et administration » de la Banque royale[2], Law étant nommé « inspecteur général de la part du Roi » pour ces deux établissements et cumulant donc cette charge avec le contrôle général. En complément de ces mesures furent décrétées une augmentation de la valeur des monnaies[3], puis la proscription des espèces, chaque particulier n'en pouvant détenir pour plus de 500 livres[4], l'unification des actions, soumissions et primes de la Compagnie des Indes[5] et enfin la démonétisation de l'or et de l'argent prononcée par déclaration du 11 mars[6]. Toujours livré à la fièvre de la spéculation, le public fut désappointé par ces mesures, révélatrices de quelque dérèglement dans le Système et commença à se repaître des bruits les plus étranges et des rumeurs les plus fausses et fantaisistes.

En témoignent les racontars d'un chroniqueur de ce temps, Jean Buvat, et l'on se demande comment et par qui ce simple copiste de la Bibliothèque du Roi a pu être ainsi mystifié. Le 15 avril 1720, à l'en croire, « après quelques difficultés, le parlement [de Paris] ne laissa pas d'enregistrer les lettres patentes du Roi pour la nouvelle érection de la charge de surintendant des finances en faveur du sieur Jean Law, qui avait été supprimée depuis la disgrâce de M. Fouquet. Il enregistra en même temps celles de contrôleur général en faveur de M. d'Armenonville[7] ». Tout cela n'était que pure fiction, mais certains historiens se sont laissé abuser par Buvat[8], bien qu'il fût seul à colporter une chose à laquelle les autres mémorialistes n'auraient pas manqué de faire écho. Le registre du conseil secret du parlement, où l'envoi de telles lettres patentes et leur examen auraient été consignés, ne contient rien de tel[9] et le registre où elles auraient été enregistrées est tout aussi muet[10], de

1. Bibl. nat., Ms. fr. 23935, fol. 35.
2. Arrêt du Conseil daté de Paris le 24 février 1720 (Arch. nat., E 2016, fol. 404-416).
3. Arrêt du Conseil daté de Paris le 25 février 1720 (*ibid.*, fol. 421-424).
4. Arrêt du Conseil daté de Paris le 27 février 1720 (*ibid.*, fol. 433-436).
5. Arrêt du Conseil daté de Paris le 5 mars 1720 (*ibid.*, E 2017, fol. 83-88).
6. Déclaration datée de Paris le 11 mars 1720 (*ibid.*, U 1143 ; impr. – *Actes royaux*, t. V, n°s 27892-27896).
7. *Journal de la Régence (1715-1723) par Jean Buvat*, publ. par É. Campardon, t. II (Paris, 1865, in-8°), p. 73-74.
8. E. Faure, ouvr. cité, p. 316. – R. Bonney, *The King's Debts*, p. 286-287. Dès 1865 l'éditeur du *Journal* de Buvat avait pourtant relevé cette fiction (t. II, p. 73, note 3) et, en 1881, le comte de Luçay (ouvr. cité, p. 239, note 1) en avait fait justice après avoir consulté les registres du parlement.
9. Arch. nat., X^{1A} 8437. Figurent dans ce registre les délibérations de la cour du 15 juillet 1719 au 14 mai 1720.
10. *Ibid.*, X^{1A} 8723. Aucun enregistrement n'eut lieu le 15 avril 1720, mais il y en eut le 13 et le 16.

même que celui du secrétaire d'État qui les aurait expédiées [1]. Fleuriau d'Armenonville n'a donc jamais été contrôleur général et si Law a peut-être rêvé d'être surintendant des finances, il ne fut que contrôleur général et même ne l'est pas resté longtemps.

Devant les soubresauts du Système, la fièvre de la spéculation s'inversa et, pour se délester de son papier, le public se rua aux guichets avec autant d'ardeur que naguère pour en acquérir. Le Régent jugea la situation si tendue que, le 28 mai au soir, il exclut Law du contrôle général. L'homme n'était pas mis à l'écart pour autant, car il restait à la tête de la Banque royale et de la Compagnie des Indes, « et par là, notait le duc d'Antin, chargé de toutes les fermes et recettes générales, ce qui compose la principale partie des finances [2] ». Aussi reparut-il dès le 2 juin au Conseil de Régence. En outre, il se fit recevoir le 12 juin dans un office de secrétaire du Roi [3], probablement pour donner plus de poids à certaines de ses signatures. Philippe d'Orléans établit alors un nouvel « ordre de régie pour les finances » et en fit envoyer aux intendants des provinces une copie paraphée par lui [4].

Ses dispositions paraissaient restituer la responsabilité des finances au garde des sceaux d'Argenson. [5] En fait, conservant la direction de la Banque royale et de la Compagnie des Indes, Law détenait toujours la réalité du pouvoir, d'autant que, le 7 juin, le Régent reprit les sceaux à d'Argenson pour les rendre au chancelier d'Aguesseau, rappelé d'exil.

Le poste de contrôleur général demeura vacant, mais, comme le releva d'Antin, « il falloit nommer une personne pour estre à la teste, pour signer et raporter. Le Régent jetta les yeux sur Mr des Forts, qui [...] s'excusa et marqua à S.A.R. que ce titre étoit trop dangereux, qu'il attiroit trop d'ennemis [...]. Mr Law, qui désiroit qu'il eût cette place, proposa de faire, comme en Angleterre, quatre commissaires quand la charge de grand trésorier n'est pas remplie, et le plus ancien le représente. Mr des Forts accepta, pourvu qu'il n'eût point de titre, et Mr le Régent nomma sous luy Mr de Gaumont et Mr d'Ormesson, maistres des requestes [6] ».

Si Le Peletier des Forts fut créé « premier et principal commissaire des finances » par désignation simplement verbale du Régent, M. de Gaumont et M. d'Ormesson (beau-frère du chancelier d'Aguesseau)

1. *Ibid.*, O^1 64.
2. Bibl. nat., Ms. fr. 23935, fol. 85.
3. Chr. Favre-Lejeune, ouvr. cité, t. II, p. 799-800.
4. « Ordre de régie pour les finances », daté du 30 mai 1720 (Arch. nat., G^7 128; orig. portant l'apostille autographe du Régent : « Approuvé. Ph. »; Bibl. nat., Ms. fr. 8915, fol. 763-766 : exemplaire adressé à M. Le Bret, intendant de Provence, et lettre d'envoi du 31 mai). – Cet « ordre de régie » a été publié en partie par M. Antoine, *Le Conseil du Roi sous le règne de Louis XV*, p. 105.
5. L'*Almanach royal* pour 1720, qui sortit des presses à ce moment, le qualifie (p. 56) de « garde des sceaux, ayant la direction des finances ».
6. Bibl. nat., N.a.f. 23935, fol. 85v°-86. D'Antin ajoute : « On avoit nommé pour quatrième Mr de Courson, qui venoit de quitter l'intendance de Bordeaux, mais quelques réflexions l'en empeschèrent. Ainsy, il n'y eut qu'eux trois de nommés ». Conseiller d'État depuis 1716, Urbain Guillaume de Lamoignon de Courson était beau-frère de Le Peletier des Forts.

furent investis de leurs fonctions par des lettres patentes dont la teneur mérite grande attention. Chacun en effet, fut « constitué, ordonné et établi [...] pour l'un des deux commissaires de nos finances pour, en laditte qualité, avoir entrée, séance, voix et opinion délibérative en notre Conseil des Finances, travailler conjointement avec le S. Le Peletier des Forts, premier et principal commissaire de nos finances, aux affaires qui concerneront lesdittes finances, suivant le département qui vous sera par luy réglé, et faire en notre Conseil des Finances le raport de celles qui mériteront d'y estre examinées, jouir et user par vous, sous ledit titre et en laditte qualité de commissaires de nos finances, des mesmes pouvoirs, fonctions, honneurs, autorités, prérogatives et prééminences dont jouissoient les intendans de nos finances, et des gages et appointemens qui seront par nous réglez[1] ».

Sous l'appellation de « commissaires », c'était la résurgence des intendants des finances supprimés en 1715 et, dès sa livraison de ce mois, le *Mercure* put diffuser les « Départemens de Messieurs les commissaires des finances », où « l'inspection du controlle des quittances du Trésor royal, des parties casuelles et autres dépendances du controlle général des finances exercées par les commis préposez », relevait de Le Peletier des Forts, premier commissaire[2]. Ces commissaires et le Conseil de Finances durent faire face à l'effondrement du Système, malgré les efforts de Law pour le renflouer, cependant que les pressions du public pour changer son papier en espèces tournaient à l'émeute permanente. Le Régent ayant fini par lui retirer sa confiance, Law lui présenta le 9 décembre la démission de ses fonctions à la tête de la Banque et de la Compagnie des Indes et, quelques jours plus tard, se retira à la campagne. Il y attendit ses passeports, avec lesquels il se mit en route le 17 ou le 18, pour s'installer à Bruxelles le 22 décembre.

Le déroulement de la fulgurante expérience de Law ne doit pas éclipser d'autres aspects de la vie gouvernementale. L'abbé Dubois y prenait une part de plus en plus décisive, non seulement à la tête du secrétariat d'État des Affaires étrangères, mais en d'autres secteurs, où sa condition de simple clerc répondait de moins en moins à ses ambitions personnelles comme au rôle qu'il tenait en fait auprès du Régent. Aussi se fit-il conférer tous les ordres sacrés au début de mai 1720 et fut nommé deux mois plus tard archevêque duc de Cambrai. Ce fut lui l'inspirateur de la déclaration qui ordonna que la constitution *Unigenitus* serait observée dans tout le royaume et défendait d'en appeler au futur concile[3].

1. Pouvoirs datés de Paris le 14 juin 1720 (Arch. nat., O[1] 64, fol. 164-165 ; copie et mention). Celui de M. d'Ormesson publié par F. MOSSER, ouvr. cité, p. 267-268.
2. *Le Nouveau Mercure*, juin 1720, p. 117-119.
3. Déclaration datée de Paris le 4 août 1720 (Arch. nat., U 1144 ; impr. – *Actes royaux*, t. V, n°s 28065-28084).

Philippe d'Orléans la présenta et la fit lire au Conseil de Régence le 4 août 1720 et, sans prendre l'avis des membres présents, la considéra comme adoptée et la fit promulguer. Le succès de la politique ainsi mise en train exigeait que le gouvernement tînt bien en main l'épiscopat et Dubois fit sentir au prince la nécessité, pour atteindre ce but, de recourir aux lumières et à l'expérience de quelques prélats. Le Régent décida de réunir chaque semaine en sa présence deux cardinaux, Dubois, M. de Fleury, précepteur du Roi, et deux ou trois évêques. On baptisa cette assemblée « Conseil de Conscience »[1] et surtout « Conseil des Affaires ecclésiastiques » ou tout simplement « Conseil ecclésiastique ». Son originalité vient de ce qu'il ne comprit guère que des prélats, à l'exclusion de presque tout membre laïc des Conseils du Roi : seul le secrétaire d'État La Vrillière semble avoir parfois participé aux séances.

Le Conseil des Affaires ecclésiastiques commença à se réunir dans la seconde quinzaine d'octobre 1720 et se tint le mercredi au Palais-Royal devant le Régent. En fait, il allait déposséder de la conduite des affaires religieuses le Conseil de Régence, auquel on ne recourrait plus qu'en de rares occasions, pour donner plus de solennité ou d'éclat extérieur à certaines décisions[2]. Après la chute de Law, le Régent allait appliquer en d'autres domaines cette manière de procéder.

* *
*

Le 12 décembre 1720, Le Pelletier de La Houssaye fut nommé contrôleur général dans les mêmes termes que Law, c'est-à-dire avec révocation de l'amplification de pouvoir des commis-gardes des registres[3]. D'après le maréchal de Villars, le duc de Bourbon, « en consentant à l'éloignement de Law, avoit exigé que l'on ôteroit à M. des Forts les fonctions de contrôleur général qu'il exerçoit [...] sous le nom de premier commissaire des finances. M. de La Houssaye en avoit déjà refusé l'emploi, parce qu'on le vouloit en quelque manière dépendant de Law, mais cette place lui fut donnée pour lors avec une autorité entière[4] ». Il y resta assisté des deux commissaires institués au mois de juin précédent et leur rôle se révéla si utile que deux autres les rejoignirent à la fin de mai 1721, MM. Dodun et Le Pelletier de Signy, ce dernier fils du contrôleur général[5]. C'est à eux qu'il incomba de rétablir

1. À ne jamais confondre avec le Conseil de Conscience de la Polysynodie, supprimé en septembre 1718, et dont celui-ci ne fut en rien la résurgence.

2. Sur le Conseil des Affaires ecclésiastiques, voir M. ANTOINE, *Le Conseil du Roi sous le règne de Louis XV*, p. 109-113.

3. Pouvoir daté de Paris le 12 décembre 1720 (Arch. nat., O¹ 64, fol. 315-316; copie, publiée en partie par le comte de LUÇAY, ouvr. cité, p. 241, note 4). Depuis mars 1719, Le Pelletier de La Houssaye était chancelier, garde des sceaux, chef du conseil, surintendant des maison, domaines et finances du duc d'Orléans.

4. VILLARS, *Mémoires*, t. IV, p. 152.

5. Pouvoirs datés de Paris le 28 mai 1721 (Arch. nat., O¹ 65, fol. 114v°-115 et 115v°-116; copies). Dodun se fit pourvoir le 13 juin suivant d'un office de maître des requêtes (*ibid.*, V¹ 245).

quelque ordre dans les revenus du Roi, tout en surveillant la liquidation du Système de Law, une mission pour laquelle le Régent alla chercher des financiers de la vieille école, les frères Paris, qui, par l'opération du *Visa*, ramenèrent la dette publique à son montant de 1718, banqueroute partielle, à laquelle la Compagnie des Indes joignit celle de la moitié de ses actions restantes.

Régénéré par la réapparition du contrôleur général et, sous le titre de commissaires, des intendants des finances, le Conseil de Finances devint un vrai Conseil royal des Finances sans le nom, ne laissant au Conseil de Régence que l'ombre de ce rôle. Cette réorganisation n'était pas un fait isolé et d'autres initiatives furent prises alors, qui attestent une volonté délibérée d'ordre et d'efficacité. La création du Conseil des Affaires ecclésiastiques était déjà révélatrice de ce dessein, dont témoignent les réactions devant l'un des événements les plus tragiques de ce temps, la peste de Marseille. Apparu dans la ville en juin 1720, le fléau s'étendit bientôt à toute la Provence, déborda sur les contrées voisines, menaçant la France et l'Europe. La lutte contre le mal était devenue une affaire d'État. Après quelques lenteurs, le Régent fit face avec énergie. Un arrêt du Conseil du 14 septembre 1720 édicta des mesures sévères pour isoler et faire vivre les régions contaminées et mettre le royaume en défense[1]. Son application laissant à désirer, le contrôleur général, à la fin de janvier 1721, avertit M. Amelot de Gournay, conseiller d'État, que « S.A.R. ayant jugé que la maladie contagieuse et toutes les affaires qui peuvent y avoir raport dans les autres provinces du royaume, non seulement demandoient une attention principale, mais devoient être suivies dans un même esprit, avec beaucoup d'ordre et d'uniformité, Elle a résolu d'établir un bureau chez vous, qui sera composé de vous, de M. des Forts, de M. Ferrand et de M. de Machault, conseillers d'État, de M. Roujault et de M. de Baudry, maîtres des requêtes, pour examiner toutes les lettres et mémoires concernant cette matière qui vous seront renvoyez et proposer les ordres qu'il y aura à donner ou les réponses qu'il y aura à faire » ; ce bureau devait siéger deux fois par semaine, les secrétaires d'État et le contrôleur général pouvant y venir quand ils le jugeraient bon[2]. Amelot de Gournay et les autres commissaires se mirent aussitôt au travail, mais celui-ci fut encore trop lent en une matière qui requérait la promptitude. Il parut donc plus expédient de faire rapporter directement les affaires par ceux qui en étaient informés et, au mois de juin, il fut décidé que le bureau pour les questions relatives à la peste se tiendrait tous les lundis chez le chancelier, autour duquel se retrouveraient les secrétaires d'État, le contrôleur général, M. Amelot de Gournay et un autre conseiller d'État, et M. Dodart, premier médecin du Roi[3]. On appela cette réunion

1. Arrêt du Conseil daté de Paris le 14 septembre 1720 (*ibid.*, E 2020, fol. 155-171).
2. Le contrôleur général à M. Amelot de Gournay ; Paris, 22 janvier 1721 (Arch. nat., G^7 25 ; minute).
3. BUVAT, *Journal*, t. II, p. 254. – MARAIS, *Journal*, t. II, p. 156.

le Conseil de Santé. Les délibérations de ce Bureau, puis Conseil de Santé étaient présentées au Régent qui, avant de les approuver, les soumettait à un nouvel examen devant lui. Elles furent à l'origine des mesures de tout genre et de toute portée édictées à l'occasion de la peste et grâce auxquelles l'épidémie fut combattue et enrayée[1].

L'énergie avec laquelle, grâce au Conseil ecclésiastique, fut adoptée et appliquée la déclaration du 4 août 1720, la détermination avec laquelle, par le moyen du Conseil de Santé, fut menée la lutte contre la peste de Provence, les soins pris par le Conseil de Finances pour restaurer les ressources et le crédit de l'État, la réorganisation qui soutint ces efforts : tout cela ne pouvait résulter de combinaisons fortuites du hasard, mais révèle une action d'ensemble découlant d'un dessein bien arrêté, et servie par une volonté inflexible. Cette volonté, c'était celle de Dubois. Certes, Philippe d'Orléans avait assez le sens de ses devoirs et assez d'intelligence politique pour concevoir un tel plan, mais il l'aurait malaisément appliqué s'il n'avait été secondé avec efficacité. Tous les revirements, toutes les volte-face lui ont été été plus faciles qu'ils ne l'eussent été à Louis XIV, mais ces manèges et ces menées eussent échoué sans les services d'abord occultes, puis de plus en plus patents de Dubois, qui se révélait un homme de gouvernement lucide, méthodique, énergique, comme un vrai serviteur de l'État.

Si, dès septembre 1720, le duc d'Antin estimait avec raison que « l'autorité du Régent étoit plus despotique qu'elle n'avoit jamais été du vivant du feu Roy[2] », le prince en était redevable à son ancien précepteur. Aussi bien celui-ci exerçait-il dans le gouvernement une influence qui dépassait celle qui découlait de sa qualité de secrétaire d'État des Affaires étrangères et qui tournait à la prépondérance. Celle-ci devint manifeste quand, le 16 juillet 1721, le Pape le créa cardinal, ce qui lui conférait une préséance et des honneurs le plaçant au-dessus des autres ministres. Il s'occupait aussi des finances et Villars notait en janvier 1722 que « l'on tenoit des conseils de finances chez l'archevêque de Cambray, composés seulement du contrôleur général, de Fagon et d'un des Paris [...] et ces conseils se tenoient quelquefois chez le Régent. Alors M. le Duc y assistoit, le Régent et l'archevêque de Cambray le ménageant beaucoup. On donna à Fagon une commission de conseiller au Conseil royal des Finances[3] », en dépit ou à cause de la défiance que lui marquait Le Pelletier de La Houssaye[4].

---

1. Sur le Bureau, puis Conseil de Santé, voir M. Antoine, *Le Conseil du Roi sous le règne de Louis XV*, p. 107-109.
2. Bibl. nat., N.a.f. 23935, fol. 160
3. Commission datée de Paris le 22 janvier 1722 (Arch. nat., O¹ 66, p. 23-25 ; copie). La commission à laquelle accédait Fagon semble avoir été vacante depuis la mort d'Henry d'Aguesseau en novembre 1716.
4. Villars, *Mémoires*, t. IV, p. 211.

Le cardinal était comme associé au « règne » de Philippe d'Orléans et les deux hommes, indispensables l'un à l'autre, prirent leurs dispositions pour n'être point désemparés par la majorité du Roi, dont l'échéance se rapprochait. Une petite tempête qui secoua le Conseil de Régence au seuil de 1722 vint servir leurs desseins. Les cardinaux Dubois et de Rohan y ayant obtenu séance au-dessus du chancelier et des pairs, ces derniers préférèrent n'y plus venir plutôt que d'y céder le rang[1]. Le Régent fit mine de se fâcher et en profita pour se débarrasser une nouvelle fois de d'Aguesseau en créant garde des sceaux d'Armenonville[2], tout en le maintenant dans sa charge de secrétaire d'État, dont, quelques mois plus tôt, la survivance avait été accordée à son fils Fleuriau de Morville[3]. Ces départs allégèrent fort heureusement le Conseil de Régence, faisant passer, d'après l'*Almanach royal*, le nombre de ses membres de trente-cinq en 1722 à seize en 1723, mais, comme le dépeignait Saint-Simon, ce n'était plus qu'« un vieux sérail et un pur rendez-vous de nouvellistes, où il ne se lisoit plus que les nouvelles des gazettes, où il ne se délibéroit rien que des matières contentieuses entre des particuliers, en finance ou en dépêche[4] ».

Après cet épisode, on s'appliqua à remettre graduellement toutes choses sur le pied où elles étaient du temps du feu Roi, notamment pour l'administration suprême des finances. Avec les « commissaires » créés en juin 1720 et mai 1721, les intendances des finances avaient été rétablies en fait, mais avec un statut assez incertain. Celui-ci fut précisé par un édit de mars 1722, qui créa et érigea « en titre d'office formé cinq offices de nos conseillers en nos Conseils d'Estat et privé intendans de nos finances », exactement semblables à ceux qui existaient lors de la mort de Louis XIV et, par conséquent, accordant à leurs titulaires « l'entrée et séance en notre Conseil royal des Finances lorsque le controlleur général de nos finances nous proposera de les y appeller pour les affaires de leurs départemens[5] ». Les « commissaires » alors en place, MM. d'Ormesson, de Gaumont, Dodun et Le Pelletier de Signy furent pourvus le 27 mars de quatre de ces offices, le cinquième étant conféré à Fagon, conseiller au Conseil royal des Finances[6]. À l'exception de Le Pelletier de Signy, ces Messieurs ne firent que continuer comme officiers la besogne qu'ils accomplissaient en pratique depuis la

1. Sur cet incident, voir VILLARS, *Mémoires*, t. IV, p. 213-214; et les *Mémoires* du duc d'Antin (Bibl. nat., N.a.f. 23937, fol. 5v°-18).
2. Provisions de garde des sceaux datées de Paris le 28 février 1722 (Arch. nat., O^1 66, p. 73-74; copie).
3. Lettres patentes de survivance datées de Paris le 25 août 1721 (*ibid.*, O^1 65, fol. 188-189; copie).
4. Addition de Saint-Simon au *Journal* de Dangeau (t. XVI, p. 54).
5. Édit daté de Paris en mars 1722, enregistré le 27 mars par la chambre des comptes de Paris (Arch. nat., U 1147; impr. – *Actes royaux*, t. V, n°s 28498-28499). Publ. par F. MOSSER, ouvr. cité, p. 260.
6. Les provisions de l'office conféré à M. d'Ormesson furent datées du 27 mars 1722 (Arch. nat., 144 AP 86, doss. 2, *f* 1, n° 13; orig.; publ. par F. MOSSER, ouvr. cité, p. 268-269). Les provisions de ses collègues semblent avoir reçu la même date.

Régence au sein du Conseil de Finances[1]. L'un d'eux n'allait plus y vaquer que quelques jours.

Depuis longtemps, rapporte Villars, « M. de La Houssaye, contrôleur général des finances, étoit attaqué dans ses fonctions. Le Couturier, commis du Régent, faisoit la plus importante, qui étoit la distribution générale de tous les fonds [...]. Les Paris, par le *Visa* et par l'examen de la recette de tous les revenus du Roi, décidoient de plusieurs questions; Fagon, homme d'esprit, avoit grande part aux résolutions. La Houssaye s'étoit contenté, depuis plusieurs mois, de toucher trente mille écus par an des appointements de son emploi, sans se mêler beaucoup de sa charge, et ne l'avoit pas soutenue avec la même dignité que dans les premières semaines. Enfin quelques indispositions, plusieurs dégoûts et une espèce d'apoplexie le déterminèrent à demander la permission de se retirer. Fagon, auquel son emploi fut offert, le refusa et il fut donné à Dodun[2] ». Celui-ci en fut revêtu le 21 avril 1722[3] et l'office d'intendant des finances dans lequel il venait d'entrer fut cédé à Taschereau de Baudry, alors lieutenant général de police de Paris et ancien conseiller au Conseil de Finances.

Le retour à l'organisation léguée par Louis XIV fut à la fois symbolisé et facilité par la réinstallation du Roi et de la cour à Versailles, où Louis XV vint s'établir le 15 juin 1722. Les Conseils furent alors réorganisés de manière que le Conseil de Régence pût disparaître presque sans que l'on s'en aperçût. Il fut décidé que le Conseil des Parties se réunirait le lundi matin, le Conseil de Santé le lundi après-midi chez le garde des sceaux, le Conseil royal des Finances le mardi matin, « après lequel on rendra compte à S.A.R. du résultat du Conseil de Santé de la veille », le Conseil des Affaires ecclésiastiques le mercredi, le Conseil des Dépêches le samedi après-midi et le Conseil de Régence le dimanche[4]. Créé et organisé dans la Polysynodie par une déclaration du 14 décembre 1715 et une ordonnance du 4 janvier 1716, le Conseil de Commerce n'avait fait qu'absorber celui établi en 1700 par Louis XIV[5]. Un arrêt du Conseil du 22 juin 1722 lui substitua un bureau du commerce, « composé de huit personnes seulement, du nombre desquelles seront toujours le sieur controlleur général des finances, un des sieurs conseillers du Conseil de Marine et le Sieur lieutenant général de police de la ville de Paris, et les cinq autres seront choisis par Sa Majesté entre ceux de son Conseil qui auront le plus d'expérience au commerce »; les députés des principales villes de commerce et ceux des fermes générales

1. D'Ormesson, Gaumont, Dodun et Fagon avaient été nommés le 24 septembre 1715 conseillers au Conseil de Finances (voir *supra*, p. 392). On se souvient que Fagon avait déjà été intendant des finances entre juillet 1714 et septembre 1715.
2. Villars, *Mémoires*, t. IV, p. 224-225.
3. Pouvoir daté de Paris le 21 avril 1722 (Arch. nat., O[1] 66, p. 125-127; copie).
4. Arch. Aff. étr., M. D. France, 1251, fol. 249.
5. Voir *supra*, p. 396.

y conservaient leur entrée. Y seraient « discutez et examinez toutes les propositions et mémoires qui y seront envoyez, ensemble les affaires et difficultez qui surviendront concernant le commerce tant de terre que de mer, au-dedans et au-dehors du royaume, et concernant les fabriques et manufactures, pour, sur le raport qui sera fait à Sa Majesté des avis par écrit qui seront donnez par ledit bureau, y estre pourvu ainsy qu'il appartiendra[1] ». Il ne restait plus qu'un seul survivant de la Polysynodie, le Conseil de Marine, et ses jours étaient comptés.

La minorité du Roi approchait peu à peu de son terme et il était évident que Louis XV devenu majeur en droit serait encore en fait un adolescent inexpérimenté, hors d'état, quelles que fussent ses capacités, d'assurer pleinement toutes les responsabilités du pouvoir suprême. Cette situation avait des prédécents, qui fondèrent les conjectures du public et les projets du Régent et de Dubois. On chuchotait qu'à la majorité de Sa Majesté le cardinal serait nommé premier ministre et Philippe d'Orléans lieutenant général du royaume. La perspective de cette promotion de Dubois hérissait beaucoup de gens à la cour, et d'abord le représentant le plus en vue de la vieille cour, le maréchal de Villeroy, gouverneur du Roi. Il importunait depuis longtemps le Régent en s'opposant à ce que ce prince vît Louis XV tête à tête, et cela alors qu'Orléans jugeait de son devoir d'avoir de telles entrevues avec son neveu pour l'initier à la politique. Plus les mois passaient, plus le prince considérait comme indispensables ces entretiens particuliers et moins il supportait que Villeroy s'interposât continuellement entre eux, tout en recherchant l'appui du parlement de Paris. À peine revenu à Versailles, Villeroy le prit de plus haut encore avec le Régent et le cardinal, en sorte que son élimination ne fut plus qu'une question de jours. Le lundi 10 août 1722, il fut jeté dans un carrosse et conduit à son château de Villeroy, d'où il fut exilé à Lyon. Ainsi disparaissait le dernier obstacle à l'élévation définitive de Dubois.

Le 21 août, le cardinal fut « choisi, nommé et establi [...] pour remplir l'emploi de conseiller en tous nos Conseils et principal ministre de notre État sous l'autorité du duc d'Orléans notre oncle, pour, en cette qualité, assister à tous nosdits Conseils et jouir de tous les honneurs, rang, prééminence, gages et appointemens, droits et revenus y attachez, tels et semblables qu'en ont joui ou dû jouir les précédens principaux ministres de notre État[2] ». Dubois conservait, d'autre part, le poste de secrétaire d'État des Affaires étrangères, qu'il exerçait par commission depuis bientôt quatre ans. Ce département fut de nouveau érigé en titre d'office en sa faveur au mois de janvier 1723, avec brevet de retenue de 500 000 livres[3], mais le cardinal en remit le détail à Fleuriau de Morville.

1. Arrêt du Conseil daté de Versailles le 22 juin 1722 (Arch. nat., E 2038, fol. 385-388).
2. Pouvoir daté de Versailles le 21 août 1722 (Arch. nat., O[1] 66, p. 274-277 ; copie).
3. Lettres patentes en forme d'édit datées de Versailles en janvier 1723 (*ibid.*, O[1] 67, p. 51-54 ; copie). Brevet de retenue daté de Versailles le 1er février 1723 (*ibid.*, p. 65-66, copie ; publ., d'après une autre source, par le comte de Luçay, ouvr. cité, p. 247-248, note 1).

Sa qualité de premier ministre créait Dubois membre de droit du Conseil royal des Finances, ce Conseil de gouvernement rétabli depuis le retour de la cour à Versailles. Le Régent conservait le rôle spécifique de seul ordonnateur suprême, mais l'ordre général des finances relevait non seulement de la connaissance mais aussi de l'autorité du principal ministre, et celui-ci était déterminé à y veiller de fort près, avec la collaboration intelligente de Dodun, le nouveau contrôleur général. En particulier, le cardinal entendit filtrer les affaires destinées au Conseil royal par les différents départements des finances, afin de décider si elles devaient ou non y être portées. Pour lui permettre d'exercer cette inspection, Dodun prit plusieurs dispositions.

Il était, en effet, l'unique rapporteur en ce Conseil et tous les dossiers mis au point par ses premiers commis et par les intendants des finances et prêts à y être soumis lui étaient nécessairement transmis. Aussi fit-il de la préparation des séances de ce Conseil une attribution officielle du premier commis Clautrier, qui eut mission de centraliser les dossiers destinés au Conseil royal et de mettre le contrôleur général à même d'annoncer au premier ministre quelles affaires se trouvaient en état d'y être présentées.

Dubois fut nommé premier ministre le 21 août 1722 et, dès le 7 septembre suivant, Dodun lui envoyait « le mémoire des affaires » à rapporter le lendemain au Conseil royal[1] : c'était une liste de vingt-quatre titres[2]. La quasi-totalité des mémoires ainsi adressés ensuite à Dubois existe encore[3]. Les exposés lus au Conseil par le contrôleur général, que nous appelons aujourd'hui « rapports », étaient communément désignés au XVIIIe siècle sous le vocable d'« extraits ». Comme l'extrait lu au Conseil, en marge duquel le contrôleur général écrivait la résolution intervenue, était joint à chaque dossier et que celui-ci était retourné après le Conseil au service dont il émanait, Dodun ressentit inconvénient à se séparer, sans en garder trace, des extraits qu'il avait fait entendre et des décisions consécutives. Il ordonna donc à Clautrier, déjà responsable, entre autres choses, des archives du contrôle général, de faire exécuter la copie intégrale de ces textes, d'en dresser, si l'on peut dire, des sortes de cartulaires, qui constitueraient de précieux recueils de précédents et de jurisprudence. Il ne pouvait confier ce soin à de meilleures mains et Clautrier, son fils, qui lui fut alors adjoint, et leurs commis s'en acquittèrent avec une exactitude rigoureuse : les copies des extraits présentés au Conseil royal de 1722 à 1758 remplissaient quarante-trois gros registres de plus de mille pages chacun[4] ! Il n'est pas indifférent que la

---

1. Le contrôleur général au cardinal Dubois ; 7 septembre 1722 (Arch. nat., G^7 29, n° 130 ; minute) ; on trouve sous la même cote des lettres d'envoi identiques, datées des 14, 21 et 28 septembre, 5 et 12 octobre, 16 et 23 novembre, 14, 21 et 28 décembre 1722 (*ibid.*, n° 153, 175, 193, 215, 240, 324, 330, 367, 381 et 398).

2. « Affaires qui seront rapportées au Conseil royal des Finances le mardi 8 septembre [1722] par M. le controlleur général » (*ibid.*, G^7 787 ; minute).

3. *Ibid.*, minutes. Les lettres d'envoi en G^7 31.

4. Sur ces différents arrangements, voir notre livre *Le Conseil royal des Finances au XVIIIe siècle et le registre E 3659 des Archives nationales* (Paris, 1973, in-8°. Mémoires et documents publiés par la Société de l'École des chartes, t. XXI), p. XVII-XVIII, XXIII-XXV.

suite des extraits transcrits dans le premier d'entre eux ait débuté par ceux que Dodun porta au Conseil royal du 8 septembre 1722, puisque le premier « mémoire des affaires » à rapporter adressé par lui à Dubois concernait précisément le Conseil de ce jour. En organisant ainsi son travail, le cardinal révélait qu'il entendait s'y livrer après comme pendant la régence.

Né le 15 février 1710, Louis XV – qui fut sacré à Reims le 25 octobre 1722 – entra le 16 février 1723 dans sa quatorzième année, celle où les rois de France devenaient majeurs. Il n'y avait plus ni régence ni Régent : Philippe d'Orléans n'était plus que le premier prince du sang, mais auréolé du prestige d'avoir dirigé le royaume durant presque huit ans. Parfaite dès le premier jour, la majorité du Roi devait néanmoins, selon la tradition, être proclamée en lit de justice au parlement de Paris. La cérémonie se déroula le 22 février. Sa Majesté y sembla quelque peu intimidée. « Messieurs, déclara-t-Elle, je suis venu en mon parlement pour vous dire que, suivant la loi de mon État, je veux en prendre le gouvernement ». Philippe d'Orléans prononça ensuite une harangue touchante, à laquelle Louis XV répondit en ces termes : « Mon oncle, je ne me proposerai jamais d'autre gloire que le bonheur de mes sujets, qui a été le seul objet de votre régence. C'est pour y travailler avec succès que je désire que vous présidiez après moi à tous mes Conseils et que je confirme le choix que j'ai déjà fait, par votre avis, de M. le cardinal Dubois pour premier ministre de mon État [1] ». Les lettres patentes continuant Dubois dans « l'emploi » de principal ministre furent expédiées aussitôt [2].

Les dispositions ainsi annoncées visaient à permettre à Philippe d'Orléans de continuer à initier Louis XV au métier de roi, tout en conservant l'assistance de Dubois. Par cette combinaison, qui n'avait guère de précédents dans les annales de la monarchie, s'ouvrait une nouvelle période du règne, qui, à certains égards, allait constituer comme une prolongation de la régence.

Les actes royaux et les arrêts du Conseil allaient désormais être promulgués et rendus directement par le Roi, sans l'être « de l'avis » du duc d'Orléans, mais, en statuant que celui-ci présiderait après lui à tous ses Conseils, Louis XV l'associait presque à son pouvoir et le plaçait audessus du premier ministre. Beaucoup se demandaient comment Dubois, si avide d'autorité, vivrait cette sujétion et aussi comment il supporterait l'influence exercée sur le Roi par son ancien précepteur, créé alors ministre d'État, M. de Fleury, communément appelé M. de Fréjus.

1. Procès-verbal du lit de justice du 22 février 1723 (Flammermont, *Remontrances*, t. I, p. 163).
2. Lettres patentes datées de Versailles le 22 février 1723 (Arch. nat., O^1 67, p. 142-143; copie).

Une circulaire fut bientôt adressée aux intendants des provinces pour leur « donner avis du nouvel ordre que Sa Majesté a estably pour le gouvernement du royaume, des différens Conseils qu'Elle a formés et des jours auxquels ils sont tenus », lettre accompagnée d'un « Mémoire exact » de cette organisation[1]. Il y était expliqué comment le Roi avait réglé ses Conseils de gouvernement, dans chacun desquels entraient le duc d'Orléans et le premier ministre. Le Conseil d'État (c'était devenu, on le sait, le titre du Conseil d'En-haut) se tient le dimanche et le mercredi ; on y délibère « de toutes les affaires étrangères et des grandes résolutions sur les principales matières de gouvernement, de quelque espèce qu'elles soient : guerre, finances, marine, commerce, justice et police générale du royaume », le cardinal Dubois y étant l'unique rapporteur. Le lundi, le Roi réunit le Conseil royal des Finances, où seul fait rapport le contrôleur général. Le Conseil des Affaires ecclésiastiques a lieu le jeudi. Le samedi est jour du Conseil des Dépêches. Il n'était plus fait mention du Conseil de Santé, la fin de l'épidémie de peste dans le Midi lui ôtant sa raison d'être. Dernière épave de la Polysynodie, le Conseil de Marine était balayé par la majorité du Roi et la marine redevenait l'attribution spécifique d'un secrétaire d'État, qui fut alors M. de Morville.

Tous ces Conseils se tiennent de dix heures du matin à une heure de l'après-midi, et le soir le duc d'Orléans et le premier ministre « règlent avec le Roy toutes les autres affaires, tant étrangères que de l'intérieur du royaume de toutes les espèces, qui n'ont pas esté renvoyées aux Conseils [...]. De sorte que, par cet ordre, toutes les affaires de l'État ou sont renvoyées par le premier ministre aux Conseils que le Roy tient en personne, ou sont décidées chaque jour avec Sa Majesté par S.A.R. [Mgr le duc d'Orléans] et le premier ministre, sans qu'aucune soit remise au lendemain ». Cette dernière assurance péchait quelque peu par optimisme, mais elle atteste le ferme dessein du cardinal Dubois d'avoir l'œil à tout.

Peut-on conclure, comme le faisait alors Saint-Simon, qu'ainsi l'extérieur de l'État « reprit tout celui du temps du feu Roi[2] » ? Comme souvent, les propos du petit duc sont outrés et ne tiennent compte ni de toutes les circonstances, ni des aménagements encore nécessaires pour remettre les choses sur leur ancien pied. En ce mois de février 1723, en effet, avaient fait résurgence certaines particularités que Louis XIV avait rigoureusement bannies depuis 1661, en l'occurrence l'accès des princes du sang[3] et de prélats[4] dans les Conseils de gouvernement, celui des

1. Détails réglés par un document du mois de février 1723 (Arch. Aff. étr., M. D. France, 1255, fol. 87-88 et 89-90). Les intendants du département de M. de Maurepas, secrétaire d'État, en eurent communication par circulaire du 21 mars 1723 (Arch. nat., O[1] 370, fol. 41v°).

2. SAINT-SIMON, *Mémoires*, t. XLI, p. 134.

3. Le duc de Chartres au Conseil d'État, au Conseil des Dépêches, au Conseil des Affaires ecclésiastiques et au Conseil royal des Finances ; le duc de Bourbon au Conseil d'État, au Conseil des Dépêches, au Conseil des Affaires ecclésiastiques et au Conseil royal des Finances ; le prince de Conty au Conseil des Dépêches et au Conseil royal des Finances.

4. Le cardinal premier ministre et M. de Fleury, ministre d'État.

Affaires ecclésiastiques constituant un cas à part. Si Philippe d'Orléans siégeait dans ces Conseils parce que le Roi entendait continuer à bénéficier de son assistance et de son expérience, la présence des autres princes était une séquelle de la minorité : comment les exclure, alors qu'ils avaient fait partie du Conseil de Régence ? D'autre part, les secrétaires d'État étaient alors au nombre de cinq et l'un d'eux était en même temps ecclésiastique et premier ministre, ce qui ne s'était jamais vu. L'administration du commerce, enfin, restait dans un état quelque peu incertain.

Il entrait dans le rôle d'un premier ministre de veiller à l'activité gouvernementale dans son ensemble et donc des Finances, et Dubois entendait les suivre de près. Le « Mémoire exact » de l'organisation des Conseils et du gouvernement envoyé aux intendants précisait, d'une part, que « le mardy, le premier ministre donne audience à tous les ministres étrangers, et il assiste avec S.A.R. à la signature que le Roy fait de toutes les ordonnances de fonds pour toutes les dépenses du royaume. Cette mesme signature se fait aussy les vendredys » ; et, d'autre part, qu'au Conseil royal des Finances le contrôleur général fait le rapport « aprez estre convenu avec le premier ministre des matières qu'il doit rapporter[1] ». On reconnaît là les règles que Dubois avait instaurées l'année précédente, dès son accession au poste de premier ministre[2].

Lors de l'établissement du Conseil du Dedans en 1715, les ponts et chaussées lui avaient été attribués en partie et l'un de ses membres, le marquis de Beringhen, en avait reçu la charge. Il en partagea la responsabilité avec Taschereau de Baudry, qui s'en occupait au Conseil de Finances[3]. M. de Beringhen prit sa tâche tant à cœur qu'à partir au moins de janvier 1720, il fut qualifié « directeur général des ponts et chaussées, turcies et levées, barrage et pavé de Paris » et n'avait pas cessé de l'être depuis. Quand d'Ormesson fut nommé commissaire des finances en juin 1720, les ponts et chaussées passèrent dans son département et y restèrent quand il devint intendant des finances, la conduite effective du service lui revenant en fait[4]. M. de Beringhen mourut le 1er mai 1723 et bientôt fut désigné un « directeur général des ponts et chaussées de France », qui n'était autre que Joseph Dubois, frère du cardinal, et fort honnête homme au demeurant[5].

1. Arch. Aff. étr., M. D. France, 1255, fol. 87-88. Le même mémoire indique qu'étaient examinées au Conseil des Dépêches « les contestations particulières qui sont arrivées dans les provinces et dont les plaintes ont esté envoyées au secrétaire d'État de leurs départemens, et dont chacun envoye un mémoire au premier ministre, qui décide de celles qui doivent estre discutées dans ce Conseil ».

2. Voir *supra*, p. 421.

3. Voir *supra*, p. 395-396.

4. Voir à ce sujet F. Mosser, ouvr. cité, p. 173-174. — J. Petot, ouvr. cité, p. 121-124.

5. Commission datée de Versailles le 21 mai 1723 (Arch. nat., O[1] 67, p. 329-330, copie ; publ. par E. Vignon, *Études historiques sur l'administration des voies publiques en France aux XVIIe et XVIIIe siècles*, t. II (Paris, 1862, in-8°), 2e partie, p. 80-81, n° 157. Le cardinal avait cédé en juin 1721 à son frère sa charge de secrétaire de la chambre et du cabinet du Roi. Un arrêt du Conseil daté de Marly le 29 février 1726 régla à 16 000 livres par an les appointements de J. Dubois comme directeur général (Arch. nat., E 1004[B], fol. 370-371 ; publ. *ibid.*, p. 80-81, n° 157).

Alors que le premier ministre travaillait en confiance avec le contrôleur général, il en vint, sous l'influence des Paris, à se défier du secrétaire d'État de la Guerre, M. Le Blanc, au point d'exiger de lui sa démission le 1er juillet 1723. Il le fit aussitôt remplacer par M. de Breteuil, maître des requêtes, alors intendant de Limoges [1], qui n'eut pas longtemps à agir sous la férule du cardinal. Celui-ci n'était plus qu'un vieillard malade et usé. Usé par une ambition dévorante, usé aussi par le travail, car le personnage était un grand homme de gouvernement, un animateur infatigable et implacable, dont le détail des activités laisse une impression harassante. Sur les instances de ses médecins, il finit par consentir à se faire opérer, mais l'intervention des chirurgiens précipita sa fin et il mourut le 10 août 1723 à Versailles en fin d'après-midi.

Louis XV et la cour séjournaient alors à Meudon. Averti de ce décès par un exprès, l'ancien Régent se rendit sur-le-champ dans le cabinet du Roi pour lui en faire part et conclut : « Sire, je ne vois personne qui soit plus en état que moi pour rendre service à Votre Majesté en qualité de premier ministre et, sans faire attention à mon rang et à ma dignité de premier prince de votre sang, je prêterai demain le serment de fidélité à Votre Majesté ». Louis XV répondit *Oui* sans un mot de plus et reçut le lendemain le serment du nouveau premier ministre, dont le pouvoir fut expédié aussitôt [2]. Ce dénouement fit sensation, car il était sans exemple dans la monarchie qu'un petit-fils de France assumât cette fonction. C'était assurément la solution la meilleure pour le royaume comme pour le Roi, qui se sentait soulagé par la mort du cardinal, pour lequel il n'éprouvait guère d'attirance. Philippe d'Orléans, lui aussi, eut l'impression d'être libéré, car l'arrogance et l'attitude impérieuse de Dubois lui devenaient de plus en plus pesantes. Il se plongea dans les dossiers laissés par le défunt et, malgré une santé altérée, se donna aux affaires avec une ardeur renouvelée.

Il veilla notamment à rendre aux secrétariats d'État leur dispositif traditionnel. Les Affaires étrangères, qui relevaient du secrétariat d'État rétabli pour Dubois en titre d'office, furent confiées à Fleuriau de Morville et celui-ci abandonna la Marine, attribuée au comte de Maurepas, qui allait donc, comme jadis Seignelay, la cumuler avec la Maison du Roi. L'office occupé par Dubois se trouvant ainsi sans titulaire, il fut conféré à M. de Breteuil, qui conserva le département de la Guerre, qu'il dirigeait par commission depuis le mois de juillet précédent [3], et cette commission fut éteinte. Les offices de secrétaires d'État revinrent de cette façon à leur nombre normal de quatre et leurs départements se retrouvaient tels qu'ils existaient sous Louis XIV.

1. Commission datée de Meudon le 1er juillet 1723 (Arch. nat., O[1] 67, p. 397-399; copie). M. de Breteuil, intendant des finances de 1684 à 1701, était père du nouveau secrétaire d'État.

2. Pouvoir daté de Meudon le 11 août 1723 (Arch. nat. O[1] 67, fol. 466-467; copie) et présenté au parlement de Paris le 14 août (*ibid.*, X[1A] 8442, fol. 361-362).

3. Provisions datées de Versailles le 4 octobre 1723 (*ibid.*, O[1] 67, fol. 570-572; copie).

Que ce fût au Conseil ou bien dans son travail avec les autres ministres, ou encore dans ses entretiens particuliers avec son oncle, Louis XV eut chaque jour l'occasion d'apprécier ses talents supérieurs d'homme d'État, son expérience des affaires, son dévouement au bien du royaume et de prendre conscience du mérite exceptionnel de l'éducation politique dont il bénéficiait ainsi. Le 2 décembre 1723, à la tombée du jour, alors qu'il prenait un moment de détente avant de monter travailler avec le Roi, Philippe d'Orléans fut emporté par une crise d'apoplexie.

Averti l'un des premiers, le duc de Bourbon se présenta immédiatement chez Louis XV, qui était alors enfermé avec M. de Fréjus. À l'annonce de la mort de son oncle, le jeune Roi fondit en larmes. En bredouillant, le prince lui demanda la succession du défunt. Louis XV acquiesça, après avoir consulté du regard M. de Fréjus, qui consentit d'un signe de tête. M. le Duc – ainsi était-il appelé à la cour – prêta serment sur-le-champ et sa nomination fut instrumentée sans tarder[1]. Il allait exercer ses fonctions dans des conditions assez singulières.

Pour la seconde fois en cinq mois, un prince du sang devenait premier ministre. Laid, borgne, incapable de grandes pensées politiques, de caractère inconsistant et parfois brutal, Louis Henry de Bourbon-Condé, duc de Bourbon, passait, suivant une expression du temps, pour « peu esprité », mais il avait été assez avisé pour s'enrichir considérablement à la belle époque du Système de Law. Veuf depuis 1720, il avait une maîtresse, la marquise de Prie, fille d'un riche munitionnaire aux armées, fort liée avec les frères Paris, dont l'un, Paris-Duverney, allait avoir en finance un rôle aussi occulte qu'important. Si Louis XV avait accédé à la demande de M. le Duc réclamant la succession de Philippe d'Orléans, cet agrément n'avait été donné qu'avec l'assentiment de M. de Fréjus, et celui-ci engagea le Roi à ne jamais travailler avec le premier ministre sans que lui-même y fût présent. Officiellement majeur, Louis XV n'allait pouvoir vraiment diriger l'État sans l'assistance de M. le Duc, lui-même flanqué dans la coulisse par M. de Fleury.

Le changement de premier ministre n'affecta point l'administration suprême des finances. Le Conseil royal des Finances, dont la séance fut alors fixée au mardi, comprit le duc de Bourbon, le garde des sceaux, le duc d'Orléans[2], le prince de Conty, Dodun et MM. Fagon et Le Peletier des Forts, conseillers d'État et au Conseil royal[3]. Dodun conservait le

1. Pouvoir daté de Versailles le 2 décembre 1723 (*ibid.*, O^1 67, fol. 696-697 ; copie) et présenté au parlement de Paris le 4 décembre (*ibid.*, X^{1A} 8443, fol. 7-9).

2. Louis, duc de Chartres, puis d'Orléans à la mort de son père, l'ancien Régent.

3. Par commission datée de Versailles le 28 février 1723, Le Peletier des Forts avait été nommé conseiller au Conseil royal des Finances en remplacement de son père, Le Peletier de Souzy, démissionnaire en sa faveur (Arch. nat., O^1 67, p. 145-148 ; copie). Fagon était par ailleurs intendant des finances.

poste de contrôleur général, dans lequel il fut amené à se faire assister par un nouveau premier commis des finances. À la fin de novembre 1724, en effet, Le Cousturier obtint, pour raison de santé, de quitter cette charge qu'il remplissait depuis septembre 1715, après avoir servi Rouillé du Coudray et Desmaretz depuis 1701. Il lui fut attribué une pension de 4 000 livres[1], qu'il cumulerait avec un acquit patent de 3 000, perçu dès 1715, et avec une gratification viagère de 6 200 livres par an employée dans l'état des fermes, dont il bénéficia à partir de 1722[2]. En même temps, 10 000 livres de don furent octroyées à deux de ses commis, Bonnemain et Tannevot, le premier à son service depuis vingt-quatre ans et le second depuis quinze ans[3]. Pour succéder à Le Cousturier, le duc de Bourbon agréa le sujet recommandé par ce dernier : son collaborateur Jean de Boullongne, « chargé depuis longtemps de la direction de tout son bureau[4] ». Titulaire depuis 1711, d'un office de payeur des rentes de l'Hôtel de ville, le nouveau premier commis des finances fut pourvu en 1725 d'un office de conseiller au parlement de Metz; il était fils de Louis de Boullongne, anobli en 1724 et créé premier peintre du Roi en 1725.

Dodun continua à poursuivre la reconstitution de son ministère, à laquelle il tendait depuis qu'il occupait le contrôle général. D'où les décisions qu'il proposa au Roi et à M. le Duc dans son travail avec eux le mercredi 31 mai 1724. Dans le mémoire qu'il leur fit entendre, il évoqua d'abord l'instauration et l'abandon de la Polysynodie et le rétablissement en 1722 du Conseil royal des Finances et des charges d'intendants des finances. Un rappel qui lui permettait d'aborder de front le sort de l'administration du commerce :

> « On suprima aussy peu de temps après le Conseil de Commerce et l'on rétablit le bureau de commerce, à peu près sur le même pied qu'il étoit du tems du feu Roy, à l'exception des intendans du commerce, auxquels on ne porta pas pour lors son attention. Cette supression ayant mis les affaires du commerce en partie dans la forme où elles devoient être par raport à la finance, a fait cesser une partie des inconvéniens qui subsistoient auparavant entre la finance et le commerce. Mais comme il n'y a point d'officiers en titre chargez des départemens du commerce pour les discuter au bureau et en faire le raport au controlleur général, ces affaires ne sont pas suivies avec toute la diligence et l'exactitude qu'elles devroient l'estre. Il n'y a point de travail réglé entre Messieurs du bureau de commerce et le controlleur général des finances, qui par là n'est point au fait de toute la suite de cette partie si importante au royaume et aux finances du Roy en particulier; il n'a tout au plus connoissance que des arrests et règlemens généraux où sa signature est

1. Brevet de pension daté de Fontainebleau le 27 novembre 1724 (*ibid.*, O[1] 68, p. 614; copie).
2. Gratification accordée par arrêt du Conseil daté de Paris le 3 mars 1722 (*ibid.*, E 2037, fol. 1-2).
3. *Le Nouveau Mercure*, décembre 1724, vol. I, p. 2674-2675.
4. *Ibid.* – Depuis au moins 1716, Boullongne bénéficiait en cette qualité d'un acquit patent de 3 000 livres (Arch. nat., P 2447, fol. 165v°).

nécessaire, qui luy sont quelques fois portez par quelques-uns de Messieurs du bureau ou envoyez dans une lettre, ce qui fait que, le plus souvent, il n'est pas instruit des motifs et du détail de l'affaire, et s'il juge nécessaire d'en prendre les éclaircissemens, cela cause un retardement dans l'expédition, et souvent même il n'est pas à portée de se les procurer, faute d'avoir des personnes chargées de départemens pour les suivre et luy en faire le raport; souvent, par la même raison, il est obligé de décider des affaires qui ont raport au commerce sans en avoir l'avis du bureau pour en éviter les longueurs, ce qui n'arriveroit pas si des officiers qui travailleroient avec luy toutes les semaines étoient par luy chargez de ces affaires pour luy en rapporter l'avis du bureau à la huitaine.

On estime que, pour faire cesser tous ces inconvéniens et pour remettre la finance et le commerce sur le pied qu'ils étoient du tems du feu Roy, il seroit nécessaire de créer quatre intendans du commerce (ce nombre paroît suffisant au lieu de celuy de six qui étoit cy-devant étably), qui feroient toutes les mêmes fonctions et en la même forme et manière qu'ils le faisoient avant leur supression. Le bureau de commerce tel qu'il est à présent étably subsisteroit ainsy que du tems du feu Roy et auroit les mêmes fonctions qu'il avoit et qu'il a encore aujourd'huy. Toute la différence ne consisteroit qu'en ce que les quatre intendans du commerce, s'adonnant particulièrement à la suite des affaires de leur département, elles en seroient bien plus exactement suivies et plus promptement expédiées; le controlleur général seroit instruit de toute la suite des affaires et sçauroit marier ensemble les intérêts du commerce et de la finance qui, dans le fonds, sont les mêmes et qui ne sont pas à présent aussy parfaitement unis qu'ils devroient estre [...].

On a fait voir cy-dessus que les mêmes motifs qui ont déterminé à faire des charges d'intendans des finances doivent également déterminer à faire des intendans du commerce, pour avoir des gens qui s'y adonnent entièrement ».

Cette argumentation emporta l'adhésion de M. le Duc : il mit son *« Bon »* en marge du mémoire présenté par Dodun, qui se terminait par la liste des quatre personnes proposées pour remplir les places dont l'établissement était suggéré[1]. Sans tarder, le Roi, par édit de juin 1724, créa et érigea « quatre offices de conseillers en nos Conseils intendans du commerce, [...] pour les pourvus desdits offices les exercer aux mêmes fonctions qui étoient attribuées aux intendans du commerce créez par l'édit du mois de may 1708 [...]. Voulons que lesdits quatre offices créez par notre présent édit soient du corps de notre Conseil et qu'ils jouissent des mêmes rangs, honneurs, prérogatives, privilèges, exemptions, droits de committimus au grand sceau et franc-salé, dont jouissent les maistres des requestes de nostre hostel[2] ».

Ces résolutions imposent diverses remarques. La première, que les offices érigés en 1708 avaient été unis à autant d'offices de maîtres des

1. Arch. nat., E 3656, fol. 606-615; orig.

2. Édit daté de Versailles en juin 1724, enregistré le 16 juin par le parlement, le 14 juillet par la chambre des comptes et le 17 août par la cour des aides de Paris (Arch. nat., K 2418, n° 88, orig.; U 1151, impr. – *Actes royaux,* t. V, n°s 29143-29146).

requêtes, ce qui n'était plus le cas cette fois. D'autre part, lors du rétablissement du bureau du commerce en 1722, celui-ci avait été composé de six départements, dont l'un confié à un membre du Conseil de Marine. Or ce Conseil n'existait plus. C'est pourquoi, par arrêt du Conseil du 19 juin, M. de Maurepas, secrétaire d'État de la Marine, fut nommé commissaire au bureau du commerce, retrouvant ainsi la place attribuée en 1700 au secrétaire d'État de ce département[1]. Le lieutenant général de police de Paris, de son côté, remplissait dans ce bureau le rôle d'un cinquième intendant. Il faut, enfin, ne pas perdre de vue que ces intendances du commerce, même incorporées au Conseil, n'étaient pas homologues de celles des finances et n'avaient ni la même autorité, ni le même prestige que celles-ci.

La finance de ces nouveaux offices fut fixée à 200 000 livres, aux gages annuels de 10 000. Les personnes retenues pour les exercer étaient : un maître des requêtes, M. Angran, deux conseillers au parlement de Paris, MM. Anisson de Hauteroche et Berthelot de Montchesne, et le receveur général des finances de la généralité de Soissons, M. Gayardon de Levignen. Leurs provisions furent toutes expédiées le 18 juin 1724[2].

Dodun envoya aux intendants des provinces des exemplaires imprimés de l'édit créant ces offices, en les priant de « le faire publier dans les villes » de leur ressort et d'« observer que cet édit remettant les choses sur le même pied qu'elles étoient à l'égard du commerce avant la suppression des intendans du commerce en 1715, c'est avec moy que vous serez en relation sur toutes les affaires qui se présenteront dans votre département concernant le commerce intérieur du royaume et les manufactures et le commerce extérieur par terre et que c'est à moy qu'il sera nécessaire que vous preniez la peine à l'avenir d'en écrire directement[3] ». Tout en respectant la compétence du secrétaire d'État de la Marine sur le commerce extérieur par mer, Dodun entendait donc restaurer pleinement l'autorité et la juridiction du contrôle général sur l'économie.

Dans leur ensemble, ces résolutions font ressortir la singularité du bureau du commerce dans l'organisation du Conseil du Roi. L'*Almanach royal*, en effet, le place en tête des commissions extraordinaires, mais il y occupe une place à part, car, parmi elles, il est la seule à disposer d'un secrétaire, les autres n'étant assistées que de greffiers. C'est qu'elles rendaient des jugements appelables au Conseil, alors que du bureau n'émanaient que des avis. Le plus souvent, ceux-ci avaient la forme d'un projet d'arrêt du Conseil, de lettres patentes ou de règlement, que le contrôleur général n'avait plus qu'à entériner ou rapporter au Conseil.

1. Arrêt du Conseil daté de Versailles le 19 juin 1724 (Arch. nat., E 2057, fol. 552-553).
2. *Ibid.*, V^1 260.
3. Circulaire du contrôleur général aux intendants ; Versailles, 21 juin 1724 (Arch. nat., G^7 31, n° 354 ; minute).

On voit ainsi que Dodun, bien que, avant d'être appelé en 1715 au Conseil de Finances, sa carrière se fut déroulée au parlement de Paris[1], se glissait aisément dans le rôle d'un Colbert ou d'un Desmaretz. Il y était porté par ce mouvement qui, surtout depuis le passage de Louis de Pontchartrain aux finances, poussait à la constitution de départements aux compétences nettes et stables. Souci d'ordre et de clarté, appelé, à l'occasion à composer avec le crédit des personnes, puisque Berthelot de Montchesne, l'un des nouveaux intendants du commerce, était frère de la marquise de Prie ! Surgit bientôt un autre cas de cette rencontre d'un dessein d'organisation rationnelle avec le favoritisme.

Le 18 juillet 1724 fut promulguée une déclaration concernant les mendiants et vagabonds[2]. Sa promulgation, à laquelle avait préludé le 12 mars une ordonnance sur le même sujet[3], était suscitée par la croissance des signes de mécontentement et d'effervescence provoqués par les dispositions fiscales inspirées par Paris-Duverney. Comme elle entraînait « des mesures pour trouver des fonds extraordinaires », elle avait été présentée et adoptée au Conseil royal des Finances[4] et, par conséquent, préparée au contrôle général. Dodun chargea donc quelqu'un d'en suivre auprès de lui l'application dans tous ses développements, mais cette solution le déçut et, au début de 1725, il prépara un remaniement et une extension des départements et des postes d'intendants des finances, le tout inséparable du sort des personnes. Le vendredi 12 janvier 1725, il en soumit en ces termes le projet au Roi et à M. le Duc lors de son travail avec eux :

> « L'attention particulière que demande le détail de l'exécution de la déclaration concernant les mendians, qui embrasse en même tems tout le détail de l'administration des hôpitaux du royaume, a exigé que Sa Majesté nommât un commissaire du Conseil qui fût chargé en particulier de la suite de ce détail pour en faire le raport au contrôleur général des finances[5] ; il a à cet égard les mêmes fonctions que les intendans des finances ont dans toutes les autres parties, mais comme il n'en a pas le titre, il se trouve souvent de l'embarras pour différentes choses qui sont de sa fonction et qui ne doivent être faites dans la règle que par un intendant des finances.
>
> Il est d'ailleurs chargé, par une suite de la même affaire, du détail de la moitié des nouveaux octroys accordez aux villes, dont le produit est destiné à

1. Charles Gaspard Dodun (1679-1736) avait été nommé le 11 novembre 1701 conseiller et le 29 décembre 1709 président de chambre au parlement de Paris ; il était fils d'un conseiller en cette cour.

2. Déclaration datée de Chantilly le 18 juillet 1724, enregistrée le 26 par le parlement de Paris (Arch. nat., U 1152 ; impr. – *Actes royaux*, t. V, n°s 29197-29205).

3. Ordonnance du Roi datée de Versailles le 12 mars 1724 (Arch. nat., U 1151 ; impr. – *Actes royaux*, t. V, n°s 29091-29092). – À rapprocher de la déclaration sur la répression et le châtiment du vol, datée de Versailles le 4 mars 1724 et enregistrée le 13 par le parlement de Paris (*ibid.*, U 1151 ; impr. – *Actes royaux*, t. V, n° 29339).

4. Villars, *Mémoires*, t. IV, p. 295-296.

5. Il n'y a trace de cette commission ni parmi les arrêts du Conseil ni dans les actes expédiés par le secrétaire d'État de la Maison du Roi.

la dépense de l'affaire des mendians et aux secours que l'on fournit aux hôpitaux ; ce détail est extrêmement meslé avec le département des octroys des villes, qui est un ancien département d'intendant des finances, et il est bien difficile que le service soit exactement suivy et qu'il n'y ait rien qui se croise, tant que ces deux départemens ne seront pas réunis dans la même personne.

Il est certain, d'ailleurs, que le travail pour l'administration des finances étant considérablement augmenté parce que tous les revenus du Roy sont en régie et par les arrangements qui ont été faits depuis une année, le nombre de cinq intendans des finances n'est pas suffisant et il paroistroit nécessaire, pour les soulager d'une partie du détail, d'en créer un sixième qui partageroit le travail avec eux.

On estime par ces raisons qu'il seroit du bien du service de Sa Majesté de créer un sixième intendant des finances, sur le même pied que les cinq qui le sont actuellement : il seroit chargé de l'exécution de tout ce qui concerne la déclaration contre les mendians et on y joindroit la totalité du département des octroys, qui étoit dans le département de M. de La Houssaye, à qui on donneroit le détail des droits de controlle des actes, controlle des exploîts, insinuations et centième denier, qui étoient dans le département de M. de Gaumont, qui demande depuis longtemps d'être soulagé de ce détail, parce que le travail immense que demandent les autres parties de finance dont il est chargé ne luy permet pas de pouvoir s'acquiter du total ».

À la suite de ce mémoire, M. le Duc ajouta de sa main : « On propose à S.M. de nommer pour sixième intendant des finances Mr de Monchesne et de donner sa place d'intendant du commerce à M. Rouillier, maître des requettes », le tout sanctionné par son « *Bon* » [1].

Décisions aussitôt exécutées : un édit du mois porta création d'un sixième office d'intendant des finances, analogue à ceux qui avaient été érigés en 1722 [2], les provisions d'intendant du commerce pour M. Rouillé furent expédiées le 1er février et celles d'intendant des finances pour M. de Montchesne le 9 [3]. La promotion que ce dernier devait à la faveur de sa sœur auprès de M. le Duc ne doit pas éclipser l'intérêt des résolutions dans lesquelles elle s'insérait.

Avec six intendants des finances, on revenait à l'effectif le plus courant dans le dernier quart du règne de Louis XIV [4] et ce chiffre allait rester stable pendant une quarantaine d'années. D'autre part, l'application d'une décision législative et réglementaire et les matières connexes fournissaient l'occasion d'accroître et de préciser les compétences attitrées d'une intendance des finances : les octrois des villes, les hôpitaux figurèrent jusqu'à la fin de l'Ancien Régime dans les attributions propres de tel ou tel de Messieurs des finances. Ces résolutions, enfin, témoignaient d'un dessein bien arrêté de constituer des départements cohérents

1. Arch. nat., E 3657, fol. 329-330; orig.
2. Édit daté de Versailles en janvier 1725, enregistré le 1er février par la chambre des comptes de Paris (*ibid.*, U 1153; impr. – *Actes royaux*, t. V, n° 20339).
3. Arch. nat., V^1 263.
4. Six intendants de 1690 à 1701, quatre de 1701 à 1704 (mais avec deux directeurs), six de 1704 à 1708 et sept de 1708 à 1715.

et équilibrés et l'on peut penser que, même s'il y était personnellement attaché, Dodun fut poussé à sa réalisation par les cinq intendants des finances en place depuis mars et avril 1722.

Ce fut donc seulement en février 1725 que l'administration suprême des finances a pu se retrouver à peu près telle qu'elle était au moment de la mort de Louis XIV. Mais le concours d'un premier ministre dans l'exercice du pouvoir royal créait alors une situation qui ne s'était plus présentée depuis mars 1661.

* *
*

L'histoire gouvernementale des dix premières années du règne de Louis XV a d'abord été marquée par beaucoup de confusion, mais c'est dans l'administration des finances que celle-ci s'est fait le moins sentir, malgré l'épisode aventureux du Système de Law. Le Régent n'a cessé de gérer les deniers de l'État de la même manière que son oncle et le Roi devenu majeur n'eut en cela qu'à renouer avec les pratiques de son prédécesseur. Les formalités du contrôle général *stricto sensu* ont été accomplies selon les règles, avec les adaptations exigées par la vacance du poste de contrôleur général pendant plusieurs années. D'autre part, comme cette administration avait par nature un caractère collégial, les transformations liées à l'instauration de la Polysynodie n'ont pu l'affecter en profondeur. Les offices d'intendants des finances ont été supprimés, mais leurs départements ont survécu, pour échoir en majeure partie aux gens de robe appelés au Conseil de Finances, lesquels ont été portés à traiter les affaires comme le faisaient ces intendants, après quoi ceux-ci furent rétablis en fait, puis en titre.

Si ce recours à l'organisation et aux usages des dernières décennies du règne de Louis XIV a été plus aisé pour les finances que pour les autres ministères, il a dû cependant être étalé dans le temps et ne s'est pleinement achevé qu'en 1725, où le contrôleur général s'est trouvé à la tête d'une administration fort proche de celle que Desmaretz dirigeait en 1715. Mais la jeunesse de Louis XV, en entraînant le recours à un premier ministre, fit des premières années de sa majorité comme une prolongation de la régence. Or, durant celle-ci, la manière de gouverner avait quelque peu changé de tournure. Dans bien des domaines, en effet, le Régent était parvenu à ses fins par des voies détournées, parallèlement aux circuits officiels. Conduite attestée par son recours à la pratique des comités et autres débats ou rencontres menés en marge du Conseil de Régence, aboutissant à dépouiller peu à peu celui-ci de son rôle. Ce fut en partie grâce au caractère confidentiel de ses démarches auprès de ce prince que Law put assurer le lancement et l'établissement de son Système. Comme l'a bien vu Jean Meyer, « sous les dehors d'un libéralisme très aristocratique et d'une souplesse infinie, Philippe d'Orléans était un homme on ne peut plus secret, finalement plus autoritaire que son oncle[1] ». Bien servie par l'abbé puis cardinal Dubois, cette politique du secret a atteint son paroxysme sous la Régence et le jeune Louis XV en fut alors le spectateur muet. Mais elle n'a jamais reflué complètement ensuite et la conduite des affaires n'aura pas toujours la même clarté que sous Louis XIV.

1. J. MEYER, « ORLÉANS (Philippe II, petit-fils de France, duc d') », dans F. BLUCHE (dir.), *Dictionnaire du Grand Siècle* (Paris, 1990, in-4°), p. 1133.

CHAPITRE X

1726-1776

Au long du demi-siècle écoulé entre les premiers temps de la majorité de Louis XV et la disgrâce de Turgot, l'administration centrale des finances a vécu l'une des périodes les plus contrastées de son histoire. Marquée d'abord par beaucoup de solidité et de régulation, elle se perfectionne et mais va commencer aussi à se dérégler, à être éprouvée par l'instabilité et touchée par la contestation générale de la monarchie administrative. Pour suivre cette évolution, seront d'abord examinés les postes du contrôleur général des finances et de ses collaborateurs directs, puis ceux des intendants des finances et du commerce. L'attention se portera ensuite sur les différents départements constituant cette administration. Après quoi on tentera de discerner l'organisation des bureaux au sein de ces départements et, pour finir, seront examinés le rôle du Conseil du Roi dans les affaires relevant du contrôle général des finances et les conséquences qui en découlèrent. Tous points de vue décelant depuis les années 60 du règne de Louis XV une remise en cause de l'office pour le statut de certains agents des pouvoirs publics.

* *
*

Au début de 1725, le contrôleur général Dodun se sentait enfin à la tête d'une administration fort proche de celle que Desmaretz coiffait en 1715. Mais il n'allait plus la piloter longtemps. Depuis trois ans, M. le Duc avait mécontenté tout le monde et, au fil des mois, ce mécontentement tendait de plus en plus à l'effervescence. Renseigné chaque jour par M. de Fréjus, Louis XV restait encore sur sa réserve quand, par une ultime maladresse, le duc de Bourbon provoqua sa propre chute. Le mardi 11 juin 1726, le Roi l'exila en son domaine de Chantilly. On se demanda aussitôt qui allait succéder au premier ministre renvoyé, mais Louis XV prit la détermination de gouverner désormais par lui-même à l'exemple de Louis XIV et en fit ainsi l'annonce au Conseil d'État du dimanche 16 juin 1726 :

« Quelque sensible que je sois au zèle qu'a montré mon cousin le duc de Bourbon dans les affaires dont je luy avois confié l'administration et quelque affection que je conserve toujours pour luy, j'ay jugé nécessaire de suprimer et d'éteindre le titre et les fonctions de principal ministre. [...]

Mon intention est que tout ce qui regarde les fonctions des charges auprès de ma personne soit sur le même pied qu'elles étoient sous le feu Roy mon bisayeul. J'ay choisi, à la place du Sr Dodun, qui m'a demandé la permission de se retirer, le S[r] Le Peletier des Forts pour remplir la place de contrôleur général [...].

Les Conseils se tiendront exactement dans les jours qui y sont destinez et toutes les affaires s'y traitteront à l'ordinaire. [...]

À l'égard des grâces que j'auray à faire, ce sera à moy que l'on en parlera et j'en feray remettre les mémoires à mon garde des sceaux, à mes secrétaires d'État et au contrôleur général de mes finances, chacun suivant leur département.

Je leur fixeray des heures pour un travail particulier, auquel l'ancien évesque de Fréjus assistera toujours, aussy bien qu'aux autres détails dont différentes personnes ont soin en vertu des charges qu'ils remplissent[1]. »

Démentant le reste du discours, ces dernières dispositions étaient déconcertantes non par leurs fins, mais par leurs moyens. Louis XV n'était encore en ce mois de juin 1726 qu'un jeune marié de seize ans, apte déjà à saisir et décider bien des choses, mais d'expérience et de maturité encore courtes. Rien de plus naturel que son désir de retrouver dans l'exercice personnel du métier de roi cette assistance que Philippe d'Orléans lui avait si bien prodiguée et que M. le Duc n'avait guère su perpétuer. En revanche, la combinaison imaginée dans ce but était singulière, qui faisait de l'ancien précepteur du Roi un véritable premier ministre.

Investi de la confiance absolue de Louis XV, siégeant dans tous les Conseils de gouvernement, présent au travail du souverain avec les ministres et les grands responsables, le guidant dans toutes ses démarches et décisions, Fleury, en effet, allait être, avec le seul titre de ministre d'État, un premier ministre plus assuré et plus écouté que certains de ceux qui venaient de le précéder dans ce poste. Pourquoi entendit-il le remplir sans en être investi en forme, comme Dubois, Philippe d'Orléans et M. le Duc ? Pour une raison fort simple. Un premier ministre officiellement institué était par là même tenu de signer après le Roi une multitude de papiers et notamment de documents financiers, astreinte grande consommatrice de peines et de temps. Or, si robuste de santé et de tempérament qu'il fût, Fleury avait conscience en cet été 1726 d'être un vieillard de soixante-treize ans et entendait consacrer toutes ses ressources intellectuelles et physiques à ses tâches politiques, sans les surmener ou les gaspiller dans des activités accessoires. Com-

1. « Exposition de ce que le Roy a déclaré de ses intentions dans le Conseil d'État tenu le 16 juin 1726 » (Arch. Aff. étr., M.D. France, 1259, fol. 109-110).

ment y parvenir, sinon en se faisant octroyer de fait l'autorité d'un premier ministre sans essuyer toutes les fatigues consécutives à une investiture officielle ? Position renforcée par le cardinalat que, à la demande de Louis XV, le Pape lui conféra en septembre 1726.

En complément de la mission universelle et supérieure d'inspiration, d'animation et de coordination du gouvernement incombant à un premier ministre, celui que bientôt l'on n'appela plus que *Monsieur le Cardinal* tint à être, d'une part, « ministre de la feuille », c'est-à-dire chargé de proposer au Roi les sujets à nommer aux archevêchés, évêchés et autres bénéfices, et, d'autre part, surintendant des postes, charge fort utile pour la conduite des affaires extérieures [1]. Malgré tant de responsabilités, nulle bureaucratie auprès de lui. Il écrivait beaucoup de sa main et n'eut jamais besoin que d'un petit nombre d'auxiliaires. En 1726, il disposait de cinq secrétaires ou premiers commis : Millain, François Claude Lavechef du Parc, Joseph Anfossy, Jean Monglas et l'abbé Jean Simon Brissart, qui était son aumônier et l'intendant de sa maison, les deux premiers au moins étant assistés d'un commis [2]. Millain, chargé de la feuille des bénéfices auprès du duc de Bourbon, continua à s'en occuper auprès de Fleury ; à sa mort en janvier 1728, cette attribution passa à Anfossy et on ne trouve plus en 1735 que les quatre autres [3]. À ces six ou huit personnes, se joignaient quelques confidents : l'abbé Couturier, supérieur de la compagnie de Saint-Sulpice, qui éclairait M. le Cardinal dans le choix des évêques, et Barjac, son premier valet de chambre. Ce dernier et l'abbé Brissart appartenaient à des familles de fermiers généraux, avaient grand crédit auprès de leur maître et furent les intermédiaires de multiples démarches [4]. Un cercle aussi limité de collaborateurs dériva en partie de ce souci de ménager les deniers publics qui anima toujours Fleury et le retint d'adopter un train de vie fastueux et de pratiquer le mécénat d'un Richelieu ou d'un Mazarin. Son onction ecclésiastique dissimulait une ténacité et un acharnement inébranlables, soutenus par une patience infinie et une grande faculté de secret. Comme les décisions brutales et les rejets bruyants et catégoriques lui répugnaient, il prit soin de s'entourer d'hommes qui étaient ses contraires, vers lesquels il pouvait renvoyer quand il se sentait serré de trop près.

Un an après la chute de M. le Duc, Fleuriau d'Armenonville fut prié le 17 août 1727 d'abandonner les sceaux, qui ne furent pas rendus au chancelier d'Aguesseau, alors rappelé d'exil, mais confiés à un président

1. Un édit d'août 1726 porta suppression de l'office de grand maître et surintendant général des postes et relais de France (Arch. nat., U 1156, impr. *Actes royaux*, t. V, n°s 29696-29698). Par lettres patentes datées de Fontainebleau le 30 août, Fleury fut chargé d'en exercer les fonctions par commission (Arch. nat., O^{1} 70, p. 315-316 ; copie).

2. « Ordinaire du Trésor royal » pour 1726 (Arch. nat., KK 218^{15}).

3. Rôle du Trésor royal pour 1731 (*ibid.*, KK 218^{19bis}). D'après un état de gratifications versées en septembre 1735 à différents commis, Anfossy était alors remplacé par un sieur Gérard (Bibl. nat., Ms. fr. 6798, fol. 158-159).

4. Y. DURAND, *Les Fermiers généraux au XVIIIe siècle* (2e éd., Paris, 1996, in-8°), p. 96-97.

à mortier du parlement de Paris, M. Chauvelin, lequel, deux jours plus tard, fut créé ministre d'État et secrétaire d'État des Affaires étrangères à la place de Fleuriau de Morville congédié[1]. Très cultivé, travailleur acharné, brillant et cassant, Chauvelin intimidait les ambassadeurs et maîtrisait si bien les affaires qu'à la fin de mars 1732 il fut déclaré associé et suppléant éventuel de Fleury[2], auquel il semblait ainsi appelé à succéder. Mais ses ambitions, son ardeur belliqueuse et austrophobe finirent par le rendre suspect et il fut disgracié le 20 août 1737. Le chancelier d'Aguesseau récupéra alors les sceaux, qu'il allait conserver jusqu'à sa retraite. Chauvelin n'eut pas de remplaçant auprès de Fleury, et après la mort de M. le Cardinal, survenue le 29 janvier 1743, Louis XV n'eut plus de premier ministre, sous quelque forme que ce fût.

Parmi les tâches incombant à un premier ministre, l'une des principales était de veiller à la coordination de l'action gouvernementale, ce qui visait notamment celle du contrôleur général des finances.

De 1661 à 1715, Louis XIV n'avait été servi que par cinq contrôleurs généraux. Dans cet autre demi-siècle écoulé entre 1726 et 1776, la fonction a été beaucoup moins stable. Quatorze personnages, en effet, s'y sont succédé : onze sous Louis XV et trois sous Louis XVI. Dans certains cas, cette brièveté des carrières a été l'effet d'un coup du sort, mais elle a résulté surtout de crises politiques.

À la chute du duc de Bourbon, Dodun se retira et Fleury fit confier le contrôle général à Le Peletier des Forts[3]. Alors âgé de cinquante et un ans, neveu du contrôleur général Claude Le Peletier, fils d'intendant des finances, intendant des finances lui-même de 1700 à 1715, conseiller d'État en 1714, ensuite conseiller au Conseil de Finances et au Conseil de Régence, conseiller au Conseil royal des Finances depuis février 1723, des Forts était bien préparé à prendre la tête du contrôle général. Dès le lendemain de sa nomination, il eut la sagesse et l'élégance de faire promulguer l'arrêt du Conseil préparé par son prédécesseur et portant pour six mois la valeur du louis d'or à 24 livres et celle de l'écu d'argent à 6[4]; en décembre, un deuxième arrêt prorogea le premier pour un nouveau semestre et de semblables prorogations se succédèrent jusqu'en novembre 1738, où la dernière fut reconduite une fois pour toutes et le prix des espèces fixé pour toujours. Sauf une correction infime en 1785, il ne devait plus varier jusqu'à la Révolution et retrouva ensuite sa valeur en 1803 avec le franc « Germinal ». La France allait ainsi disposer d'un véritable instrument d'échanges, ce qui explique,

1. Édit de création d'une charge de garde des sceaux daté de Versailles en août 1727 et provisions de secrétaire d'État datées du 23 (Arch. nat., O[1] 71, p. 265-267 et 271-273; copies).

2. Décision annoncée aux ambassadeurs et ministres du Roi dans les cours étrangères par circulaire du cardinal de Fleury du 1er avril 1732 (Arch. Aff. étr., M.D. France, 1275; minute).

3. Pouvoir daté de Versailles le 14 juin 1726 (Arch. nat., O[1] 70, fol. 182v°-184; copie).

4. Arrêt du Conseil daté de Versailles le 15 juin 1726 (*ibid.*, E 2072, fol. 281-285).

pour une part, le grand mouvement de prospérité qui va emporter le royaume. Cette décision capitale fut bientôt suivie d'une autre : l'organisation définitive d'une institution devenue fameuse, la ferme générale. La débâcle du Système de Law, auquel les fermes avaient été adjugées en 1719, ramena en 1721 à la formule de la régie sous l'égide des frères Paris, qui étaient les premiers à en reconnaître les défauts. Au début de juillet 1726, des Forts y renonça et le 19 août fut signé le bail qui abandonnait à quarante fermiers généraux la perception pendant six ans des gabelles, aides, traites et domaines.

Promu ministre d'État le 1er janvier 1730, le contrôleur général aurait probablement poursuivi une carrière paisible, sans la fâcheuse anicroche qui vint l'interrompre peu après. Il n'avait pas craint de reprendre certaines idées de Law, en particulier celle de rétablir l'équilibre des finances par la relance économique et de provoquer celle-ci en utilisant la Bourse et en y suscitant une hausse des actions de la Compagnie des Indes. Pour exécuter cette manœuvre, il recourut à deux banquiers qui évoluaient dans le sillage de son beau-frère le conseiller d'État Lamoignon de Courson. Sur ordre secret du ministre, ils disposèrent frauduleusement depuis 1727 d'actions déposées par leurs propriétaires à la caisse de la Compagnie et les vendaient au comptant pour financer des achats à terme répétés. La découverte fortuite du manège au début de mars 1730 causa un grand scandale : les actions de la Compagnie chutèrent, anéantissant les résultats acquis, et le public se persuada sans peine que le contrôleur général avait monté la combinaison pour son propre compte. En réalité, il ne tirait aucun enrichissement personnel de ces détournements opérés au nom de la raison d'État, mais les calomnies se déchaînaient et des Forts n'eut plus qu'à démissionner le 19 mars 1730[1].

Son successeur fut désigné dès le lendemain[2]. C'était Philibert Orry, un ancien maître des requêtes, âgé de quarante et un ans, nommé quelques semaines plus tôt à l'intendance de Flandre après avoir dirigé celles de Soissons puis de Roussillon; il était fils de Jean Orry, le financier envoyé par Louis XIV auprès de Philippe V pour rétablir les finances de la monarchie espagnole. Personnage lourd, brutal, massif, mais gestionnaire habile et vigilant des deniers publics, Orry écrasait d'un regard les solliciteurs et remplissait les vues économes de M. le Cardinal. Une de ses premières décisions fut de résilier le bail des fermes générales conclu par des Forts en 1726 et, à la fin de 1730, d'un passer un nouveau, plus élevé. En 1733, il rétablit pour la guerre de Succession de Pologne l'impôt du dixième, perçu jusqu'en 1737, et le réimposa en 1741 pour la guerre de Succession d'Autriche. Il réussit en 1738 à

1. Sur cette mésaventure, voir G. Antonetti, « Les manœuvres boursières du contrôleur général Le Peletier des Forts et la réglementation du marché des valeurs mobilières (1730) », dans *Revue historique de droit français et étranger*, 1984, p. 577-597.

2. Pouvoir daté de Versailles le 20 mars 1730 (Arch. nat., O1 74, p. 130-131 ; copie).

mettre le budget en équilibre. Ministre d'État depuis le 11 novembre 1736, il fut créé le 20 mars 1737 directeur général des Bâtiments du Roi[1] et la mort de Fleury n'ébranla pas sa position jusqu'après la victoire de Fontenoy. Rendus alors tout-puissants par les circonstances, les fournisseurs aux armées se plaignirent de la rigueur d'Orry. Or ces fournisseurs étaient les frères Paris, protecteurs attitrés de la nouvelle maîtresse du Roi, la marquise de Pompadour. Sentant le terrain se dérober sous ses pas, Orry demanda à quitter le gouvernement. Louis XV ne voulut pas le laisser partir avant d'être certain de le bien remplacer. Mme de Pompadour n'ayant eu aucune part à ce choix, celui-ci fut excellent.

Pendant ses récentes campagnes, le Roi avait apprécié la personne et la besogne de l'intendant de Hainaut, M. de Machault d'Arnouville, dont sans doute il connaissait aussi les mérites qu'il avait déployés en collaborant aux travaux de législation du chancelier d'Aguesseau. Il lui fit savoir en secret qu'il lui destinait le contrôle général, mais Machault se récusa, se déclarant inférieur à cette place. Le Roi insista de telle manière que Machault n'eut plus qu'à accourir de Valenciennes pour faire « sa révérence » au Roi le 11 décembre 1745 et ils travaillèrent ensemble dès le lendemain[2]. Par certains traits, le nouveau contrôleur général, âgé de quarante-quatre ans, rappelait son prédécesseur. Il était lui aussi insensible aux plaintes des intérêts particuliers, d'une humeur taciturne et d'un abord propre à décourager les quémandeurs malgré son extrême politesse. La décision et l'énergie étaient les traits dominants de son caractère, la netteté et la précision ceux de son esprit, avec une conscience admirable des nécessités pratiques et un respect des traditions qui n'empêcha point ses réformes d'emporter de telles répercussions qu'elles engageaient une refonte de l'État et de la société. De tous ses ministres, Machault a été celui que Louis XV a le plus aimé et estimé[3].

Le Roi entendit profiter de la paix (1748) pour assainir les finances de l'État et moderniser la fiscalité directe. La guerre avait coûté cher, mais Orry et Machault en avaient couvert les dépenses avec tant d'adresse et de rigueur que la situation budgétaire pouvait être redressée sans trop d'efforts. La rénovation du système fiscal, en revanche, promettait d'être beaucoup plus laborieuse. La difficulté n'était pas de trouver de l'argent : il abondait. Elle était d'obtenir que tous ceux qui détenaient cet argent, de quelque état et condition qu'ils fussent, contribuassent aux impositions. Il fallait établir l'égalité de tous les sujets devant l'impôt, en dépit des conséquences sociales qui en découleraient. Mûrement et

1. Commission datée de Versailles le 20 mars 1737 (*ibid.*, O[1] 81, p. 126-130; copie).
2. Son pouvoir de contrôleur général fut daté de Versailles le 6 décembre 1745 (Arch. nat., O[1] 89, p. 356-358; copie).
3. Sur l'homme et l'œuvre, voir l'ouvrage classique de M. Marion, *Machault d'Arnouville. Étude sur l'histoire du contrôle général des finances de 1745 à 1754* (Paris, 1891, in-8°).

longuement réfléchie, cette politique fut mise en œuvre par deux édits de mai 1749. L'un, visant à l'extinction des dettes contractées pendant la guerre, portait émission de 1 800 000 livres de rentes à 5 %. Et l'autre prononçait la suppression du dixième établi en 1741 et créait à sa place un nouvel impôt : le vingtième de *tous* les revenus nets, taxe générale établie par des contrôleurs royaux d'après les déclarations de *tous* les contribuables, même dans les pays d'états. Les privilégiés, naturellement, se cabrèrent. Le parlement de Paris fit mine de résister, mais dut se soumettre ; sur ordre exprès du Roi, il enregistra les édits le 19 juillet et Machault fut nommé ministre d'État le 24. Les autres cours supérieures s'inclinèrent de même, ainsi que les états provinciaux. Beaucoup plus épineuse allait être la résistance du clergé, qui s'étala sur plusieurs années.

C'est dans ces circonstances que, sa santé devenue trop déficiente, le chancelier d'Aguesseau présenta sa démission au Roi le 27 novembre 1750. Pour lui succéder, Louis XV finit par choisir M. de Lamoignon de Blancmesnil, premier président de la cour des aides de Paris, mais sans lui donner les sceaux, qu'il confia le 10 décembre à Machault[1], marquant ainsi la confiance qu'il conservait à son contrôleur général en ces temps fort troublés par la querelle des refus de sacrements. Finalement, ayant perdu tout espoir de faire plier le clergé et voyant ainsi le vingtième atrophié, Machault profita d'un remaniement ministériel pour abandonner le contrôle général le 28 juillet 1754 et être nommé le 30 secrétaire d'État de la Marine, tout en restant garde des sceaux et ministre d'État.

Après une durée de quinze ans pour l'un et de presque neuf ans pour l'autre, la présence d'Orry et de Machault à la tête du contrôle général se situait dans la tradition du règne de Louis XIV. Leurs successeurs y firent une carrière beaucoup plus brève et même parfois fort courte.

Machault d'Arnouville fut remplacé aux finances par M. Moreau de Séchelles[2], conseiller d'État et intendant de Flandre, qui s'était acquis une réputation flatteuse comme intendant d'armée pendant la dernière guerre. Les deux hommes se connaissaient et Machault estimait son successeur qui, en effet, ne manquait pas d'étoffe. Il plaisait à Louis XV, qui le fit ministre d'État dès le 12 janvier 1755, et il aurait pu se révéler un bon gestionnaire si, à la fin de février 1756, il n'avait donné des signes inquiétants de fatigue cérébrale. On lui donna alors un adjoint en la personne de son gendre, l'intendant des finances Peyrenc de Moras[3], lequel fut amené quelques semaines plus tard à le remplacer complètement[4], Séchelles, de plus en plus diminué, ayant dû se retirer. Après la

1. Provisions datées de Versailles le 10 décembre 1750 (Arch. nat., O[1] 94, p. 309-312 ; copie).
2. Pouvoir daté de Compiègne le 30 juillet 1754 (*ibid.*, O[1] 98, p. 221-226 ; copie).
3. Pouvoir daté de Versailles le 17 mars 1756, par lequel Peyrenc de Moras était « constitué, ordonné et établi [...] controlleur général de nos finances pour, conjointement et avec le S. de Séchelles ou séparément en présence comme en l'absence de l'autre, exercer ladite place » (*ibid.*, O[1] 100, p. 88-91 ; copie). Peyrenc de Moras était alors âgé de trente-huit ans.
4. Pouvoir daté de Versailles le 24 avril 1756 (*ibid.*, p. 96-97 ; copie).

disgrâce de Machault, survenue le 1er février 1757, Peyrenc de Moras lui succéda à la fois comme ministre d'État le 6 février et le 8 comme secrétaire d'État de la Marine, mais n'eut point les sceaux, car Louis XV les retint pour lui-même et allait être son propre garde des sceaux jusqu'au 13 octobre 1761. Dans l'été de 1756 avait débuté le conflit qui devait être la guerre de Sept Ans. Ne se sentant pas la force de gérer dans ces circonstances deux ministères importants, Peyrenc de Moras se démit de celui des finances le 25 août 1757.

Aussitôt désigné, son successeur fut un sexagénaire, ce Jean de Boullongne[1] qui avait remplacé en novembre 1724 Le Cousturier comme premier commis des finances, responsabilité qu'il cumulait depuis mai 1744 avec une intendance des finances. Boullongne ne se maintint au contrôle général que jusqu'en mars 1759. Le poste fut alors confié à M. de Silhouette, maître des requêtes et l'un des commissaires du Roi auprès de la Compagnie des Indes[2]. Après des débuts prometteurs, sa situation se retourna; il n'eut plus qu'à se retirer au bout de huit mois et son nom est devenu commun pour désigner une ombre fugitive! Son successeur serait donc le cinquième depuis que Machault avait abandonné les finances en 1754.

Nommé le 23 novembre 1759[3], ce fut M. Bertin qui, bien que protégé par Mme de Pompadour, était un homme de valeur, bientôt quadragénaire. Après avoir été intendant de Roussillon, puis de Lyon, il était depuis 1757 lieutenant général de police de Paris. Il n'accepta le contrôle général que sur les instances personnelles de Louis XV et en spécifiant qu'il se retirerait à la paix. Il reprit peu à peu les plans de son prédécesseur, déchaînant ainsi une virulente opposition des cours supérieures, qui eut ses répercussions sur la chancellerie.

Le 13 octobre 1761, Louis XV, qui retenait les sceaux depuis la disgrâce de Machault, les confia à Berryer, ministre d'État et secrétaire d'État de la Marine. Celui-ci mourut dix mois plus tard et, le 27 septembre 1762, M. Feydeau de Brou, conseiller d'État doyen du Conseil, fut créé garde des sceaux à sa place, une place qu'il n'occupa que peu de temps. Le 30 octobre 1763, en effet, le Roi exila le chancelier de Lamoignon dans sa terre de Malesherbes, reprit les sceaux à Feydeau de Brou et les donna au premier président du parlement de Paris, M. de Maupeou, pour lequel – par une innovation sans nul précédent – fut alors créée une charge de vice-chancelier, dont il fut revêtu le 4 octobre.

Bertin réussit à financer la guerre, mais lorsqu'il voulut ensuite entreprendre des réformes d'envergure, notamment par l'établissement du cadastre, la rébellion de la magistrature prit de telles proportions que,

1. Pouvoir daté de Versailles le 25 août 1757 (*ibid.*, O[1] 101, p. 316-317; copie). Boullongne était alors âgé de soixante-six ans et huit mois.

2. Pouvoir daté de Versailles le 4 mars 1759 (Arch. nat., O[1] 103, p. 147-151; copie). Silhouette était alors âgé de quarante-neuf ans et cinq mois.

3. Pouvoir daté de Versailles le 23 novembre 1759 (*ibid.*, p. 592-593; copie). Bertin avait alors l'âge de trente-neuf ans et huit mois.

comme il n'avait accepté le contrôle général que pour la durée des hostilités, il préféra démissionner le 12 décembre 1763. Quoi faisant, il ne quittait ni le Conseil ni le gouvernement : Louis XV, dont il était devenu l'ami et qui l'avait fait ministre d'État en novembre 1762, tint à le garder auprès de lui et l'investit le 14 décembre d'une cinquième charge de secrétaire d'État, créée spécialement pour lui et pourvue d'attributions ôtées en majeure partie au contrôle général[1].

Sa relève aux finances s'opéra dans des conditions qui firent sensation, car le poste échut à un conseiller du parlement de Paris, ce qui était sans précédent depuis plus d'un siècle[2] et se faisait donc, comme le nota Barbier, « au préjudice des gens du Conseil comme intendants des finances et maîtres des requêtes, qui sont dans les intendances de province et qui sont présumés plus versés dans les matières de finances[3] ». Alors âgé de trente-neuf ans, M. de L'Averdy, le nouveau contrôleur général, avait pris part au parlement à l'élaboration de remontrances concernant les finances et surtout s'y était mis en vedette comme rapporteur dans le procès inique mené contre l'ordre des jésuites en 1761 et 1762[4]. Craignit-on, tout en le recrutant, qu'il ne visât à jouer un trop grand rôle ? Toujours est-il qu'une clause qui figurait depuis 1665 dans toutes les lettres patentes instituant ses prédécesseurs[5] disparut dans celles qui furent expédiées pour lui : la clause leur conférant « pouvoir de faire rapport de toutes les affaires qui concerneront notre service et toutes autres indifféremment[6] »; elle ne fut jamais rétablie ensuite. Inféodé au clan du duc de Choiseul, le ministre alors prépondérant, L'Averdy, comme déjà Bertin, fut bien souvent contraint de reprendre en les accommodant ou les déguisant maints projets de ses prédécesseurs. Il fut créé ministre d'État le 27 octobre 1765, mais, sa politique tournant à l'échec, ses relations avec Choiseul finirent par se détériorer au point qu'en 1768 il se croyait appelé à quitter les finances pour devenir garde des sceaux. Mais le vice-chancelier de Maupeou fut nommé chancelier le 15 septembre 1768, occupa cet office vingt-quatre heures pour en conserver le titre et les honneurs et le céda à son fils, alors premier président du parlement de Paris, qui en fut investi le 18. L'Averdy perdit ainsi ses illusions et même son poste, car, le 21 septembre, le Roi envoya M. de Saint-Florentin, secrétaire d'État de sa Maison, lui signifier sa disgrâce.

---

1. Édit créant une cinquième charge de secrétaire d'État daté de Versailles en décembre 1763 (Arch. nat., O[1] 107, p. 339-340; copie) et provisions datées du 14 décembre (*ibid.*, p. 318-319; copie).
2. Claude Le Peletier avait fait carrière exclusivement au parlement au parlement de Paris, mais avait dû le quitter en étant nommé conseiller d'État le 18 avril 1673, dix ans avant de succéder à Colbert au contrôle général.
3. Barbier, *Journal*, t. VIII, p. 120-121.
4. Sur l'homme et l'œuvre, voir J. Félix, *Finances et politique au siècle des Lumières. Le ministère L'Averdy. 1763-1768* (Paris, 1999, in-8°. Comité pour l'histoire économique et financière de la France. Études générales).
5. Voir *supra*, p. 300.
6. Pouvoir daté de Versailles le 13 décembre 1763 (Arch. nat., O[1] 107, p. 316-317; copie).

L'Averdy avait dirigé le contrôle général pendant presque cinq ans. Son successeur ne fit qu'y passer. Avec Maynon d'Invault, nommé le 27 septembre 1768[1], on revenait au recrutement traditionnel. L'homme, que l'on disait ami d'enfance de Choiseul, avait été maître des requêtes et venait de diriger pendant treize ans l'intendance d'Amiens, mission vers la fin de laquelle il était devenu conseiller d'État. Il dut aussitôt s'atteler à la confection du projet des recettes et dépenses du budget de l'exercice 1769, qui fit apparaître une menace d'anticipation sur les revenus de 1770. Devant la gravité de ce risque, il lui fallut, annonça-t-il le 15 décembre 1769 à M. d'Ormesson, conseiller au Conseil royal des Finances, obtenir du Roi que ce Conseil « et celui de Dépêches fussent réunis pour examiner en sa présence les opérations que je crois devoir proposer à Sa Majesté dans la situation où se trouvent les finances. M. le chancelier [...] vous invitera en conséquence à un comité qui se tiendra chés lui à Versailles lundi 18 de ce mois à quatre heures précises, et le Roy donnera le lendemain mardi le Conseil que j'ai eu l'honneur de lui demander[2] ». Le 18 décembre 1769, il y eut en effet « comité à Versailles chez M. le chancelier des deux Conseils de Finance et de Dépêches réunis » : les projets du contrôleur général y suscitèrent de vifs débats, le chancelier les repoussant, Choiseul les défendant et Maynon d'Invault refusant d'en changer. « M. le chancelier ayant été rendre compte au Roy sur-le-champ du résultat du comité, S.M. a dit qu'Elle ne donneroit point le Conseil » prévu pour le 19[3]. Sur cet échec, Maynon d'Invault donna sa démission et, comme après celle de Bertin, on alla tirer un sauveur du parlement de Paris.

L'abbé Joseph Marie Terray, simple tonsuré âgé de cinquante-quatre ans, était conseiller clerc en cette cour depuis 1736 lorsqu'il fut appelé à succéder à d'Invault[4]. Il passait pour l'une des meilleures têtes du parlement, où il tenait le rôle de « rapporteur de la cour » : ainsi appelait-on le magistrat habituellement chargé de présenter en vue de leur enregistrement les édits et autres actes royaux concernant les finances. Promu ministre d'État dès le 18 février 1770, nommé le 27 juillet 1773 directeur général des Bâtiments du Roi[5], Terray, qui était doué d'une grande puissance de travail, fut, avec le chancelier de Maupeou et le duc d'Aiguillon, l'un des éléments du « Triumvirat » qui, après la chute de Choiseul en décembre 1770, domina le gouvernement et auquel la mort

---

1. Pouvoir daté de Versailles le 27 septembre 1768 (Arch. nat., P 2496, p. 231-233; enregistrement le 11 octobre par la chambre des comptes de Paris). Maynon d'Invault était alors âgé de quarante-sept ans et demi.

2. Maynon d'Invault à M. d'Ormesson, intendant des finances, conseiller au Conseil royal des Finances; Paris, 15 décembre 1768 (Arch. nat., 144 AP 100, dos. 2, n° 20; orig.). Il semble que la même lettre fut adressée aux autres membres de ces Conseils.

3. Rapport sur le comité du 18 décembre 1769 (*ibid.*, n° 21).

4. Pouvoir daté de Versailles le 22 décembre 1769 (Arch. nat., P 2498, fol. 961v°; enregistrement le 29 décembre par la chambre des comptes de Paris).

5. Commission datée de Compiègne le 27 juillet 1773 (*ibid.*, O[1] 120, p. 187; copie); et brevet de retenue de 200 000 livres daté de Fontainebleau le 16 octobre 1773 (*ibid.*, p. 254; copie).

de Louis XV le 10 mai 1774 porta un coup d'autant plus fatal que ce prince avait comme répugné à initier son petit-fils et successeur présomptif au métier de roi.

Se sentant désemparé par son avènement, Louis XVI prit l'initiative étrange, dès le 20 mai 1774, de rappeler d'exil Maurepas et, en sa seule qualité de ministre d'État, ce septuagénaire allait être de fait, jusqu'à sa mort en 1781, un succédané de premier ministre. La plupart des ministres du feu Roi furent peu à peu éliminés : l'abbé Terray dut démissionner le 24 août pour être aussitôt remplacé par Turgot[1], cependant que le chancelier de Maupeou était prié de se retirer sur ses terres en Normandie, M. de Miromesnil, naguère premier président du parlement de Rouen, étant créé garde des sceaux[2]. Après avoir été accueilli comme un nouveau Sully, Turgot, jalousé par Maurepas, perdit assez vite la confiance du Roi et du public et fut brutalement congédié le 12 mai 1776[3].

Le contrôle général fut confié le jour même à M. de Clugny[4], qui prêta serment le 21. Entre-temps, Maurepas s'était fait octroyer le poste de chef du Conseil royal des Finances[5], vacant depuis la disgrâce du duc de Praslin en décembre 1770, ce qui marquait qu'il entendait tenir en lisière le nouveau contrôleur général, que sa carrière n'avait guère préparé à de si hautes responsabilités. Tiré du parlement de Dijon pour diriger l'intendance des Iles-sous-le-Vent, Clugny était passé de là à l'intendance de la marine à Brest; devenu maître des requêtes en 1764, il avait été quelques mois intendant général de la marine et des colonies (1770-1771), puis intendant de Roussillon (1774) et enfin de Bordeaux (1775). Il n'eut guère le temps de faire preuve de ses capacités ou de son impéritie à la tête des finances : il mourut le 18 octobre 1776.

Le choix de son remplaçant déchaîna brigues et prétentions rivales. Une coterie puissante, en effet, militait en faveur de Necker, mais sa double qualité d'étranger et de protestant semblait s'opposer à l'accession de ce banquier genevois à une charge d'État. L'homme vint à bout de cet obstacle, parvint à se glisser dans l'administration suprême des finances et ainsi s'ouvrit une nouvelle page dans l'histoire de celle-ci.

1. Pouvoir daté de Compiègne le 24 août 1774 (Arch. nat., P 2508, fol. 141v°-143; enregistrement le 31 août par la chambre des comptes de Paris).

2. Provisions datées de Compiègne le 24 août 1774 (*ibid.*, X^{1A} 8809, fol. 9-11; enregistrement le 12 novembre par le parlement de Paris). – Séjournant en novembre 1776 auprès de la cour, le premier président du parlement de Nancy, M. de Cœurderoy, passant par Pontchartrain, nota alors : « On voit au bout du jardin de Pontchartrain, le bourg de Neauphle [-le-Château], lieu où a été exilé M. de Miroménil étant premier président [du parlement] de Normandie, ce qui a donné lieu à sa connoissance avec M. de Maurepas et, par conséquent, à son élévation à la place de garde des sceaux » (M.-T. ALLEMAND-GAY et J. COUDERT, *Un magistrat lorrain au XVIIIe siècle. Le premier président de Cœurderoy (1738-1800) et son diaire* (Paris-Montréal, 1997, in-8°), p. 239 (cité *infra* : CŒURDEROY, *Diaire*). Exilé par Louis XV à Bourges en 1749, Maurepas avait été autorisé, à la fin de 1756, à s'établir dans son château de Pontchartrain.

3. Le livre d'E. FAURE, *La Disgrâce de Turgot* (Paris, 1961, in-8°) est plus brillant que solide.

4. Pouvoir daté de Versailles le 12 mai 1776 (Arch. nat., P 2511, fol. 312v°-314; enregistrement le 24 mai par la chambre des comptes de Paris).

5. Commission datée de Versailles le 14 mai 1776 (*ibid.*, O^1 123, p. 80-81; copie).

Au sommet, le contrôleur général en partageait la conduite avec les intendants des finances. Mais avant que de traiter de ceux-ci, il convient de prêter attention à certains auxiliaires du ministre, subordonnés directement à lui à titre personnel, sans faire partie, à strictement parler, du collège de Messieurs des finances. Ces personnages étaient le premier commis des finances, les commis gardes des registres du contrôle général, un nouveau venu apparu en 1759, l'avocat des finances, et le chef du bureau des affaires de Lorraine.

Leurs fonctions différaient par leurs fins comme par leur statut. On a déjà souligné l'importance de la mission du premier commis des finances, qui secondait le contrôle général dans le rôle tenu par lui pour assister le Roi dans l'exercice de la surintendance des finances et la gestion du Trésor. Ce poste mettait son titulaire très en vue, car il était en relations constantes avec les gardes du Trésor royal, le receveur général des revenus casuels, les grands officiers comptables, la ferme générale et le monde des financiers. Prononcée parfois avec l'assentiment du souverain, sa nomination émanait non pas de lui, mais du contrôleur général. Elle était donc révocable au gré de celui-ci, ce qui plaçait le personnage sous la subordination directe et exclusive du ministre.

À la fin de novembre 1724, Jean de Boullongne avait remplacé Le Cousturier dans cette fonction[1], qu'il allait occuper longtemps. Revêtu depuis 1711 d'un office de payeur des rentes de l'Hôtel de Ville, il s'était fait recevoir en 1725 dans un office de conseiller au parlement de Metz, qu'il quitta en mai 1744 pour acheter l'intendance des finances vacante par le décès de Fagon[2]. Il continua en cette nouvelle qualité à exercer la première commission des finances. En 1753, il fit accorder la survivance de son intendance à son fils Jean Nicolas[3], à qui il en céda le plein exercice en 1757, peu avant de parvenir lui-même au contrôle général[4]. Il lui abandonna en même temps la première commission, dont le père et le fils restèrent ainsi investis pendant plus de quarante ans. Le cumul de celle-ci avec une intendance des finances avait des précédents sous Louis XIII et Louis XIV[5], mais finit à la longue par présenter des inconvénients, surtout lorsque Jean Nicolas reçut en 1767 l'expectative d'un siège de conseiller au Conseil royal des Finances[6]. Il réunissait ainsi sur sa tête des compétences et des honneurs dont un contrôleur

---

1. Voir *supra*, p. 425.
2. Provisions datées de Paris le 21 mai 1744 (Arch. nat., V[1] 340).
3. Provisions d'intendant des finances « à la condition de survivance et de retenue de service » datées de Versailles le 16 avril 1753 (Arch. nat., V[1] 375).
4. Lettres patentes datées de Versailles le 6 mars 1757 autorisant le Sr de Boullongne, fils, intendant des finances, à prendre séance dans les Conseils du Roi, son père ayant souhaité lui remettre le plein exercice de son intendance des finances (*ibid.*, O[1] 101, p. 58-60; copie).
5. Tubeuf de 1639 à 1647; Bordeaux en 1651 et 1652; Hervart de 1653 à 1661; Le Rebours de 1704 à 1715.
6. Commission datée de Versailles le 7 novembre 1767, « pour servir après le décès de son père » (Arch. nat., O[1] 111, p. 404-405; copie). L'ancien contrôleur général étant mort le 21 février 1769, son fils fut nommé pleinement le 4 mars 1769 (*ibid.*, O[1] 114, p. 172-174; copie).

général pouvait craindre qu'ils n'altèrent la subordination du personnage envers lui.

Et de fait, après la chute de L'Averdy en septembre 1768, Boullongne, tout en demeurant intendant des finances, dut céder la première commission à Armand Le Clerc, qui était alors premier commis du garde du Trésor royal et que ses antécédents prédisposaient à remplir le nouveau poste auquel l'appelait Terray. Le personnage était bien en cour, car, dès le mois d'août 1770, le Roi l'anoblit « en considération des services qu'[il] nous a rendus et continue de nous rendre depuis plus de vingt-huit ans [...], d'abord en qualité de premier commis de notre Trésor royal, dont il a toujours occupé les premières places avec la plus grande distinction pendant plus de vingt-cinq ans et nous y a donné les preuves les plus suivies de zèle et d'attachement dans les différentes opérations de finances dont il a été chargé, et notamment pendant la dernière guerre où, par l'étendue de ses connoissances, il a contribué à procurer à l'État les secours nécessaires, ce qui luy a mérité notre confiance et nous a déterminé à le nommer en 1768 à la place importante de premier commis de nos finances[1] ». À partir de 1771, il s'y fit adjoindre l'un de ses fils, Nicolas Armand Le Clerc, secrétaire des commandements de la Dauphine[2]. Mais ni l'un ni l'autre n'y firent la longue carrière des Boullongne.

Le Clerc, en effet, dut s'effacer au bénéfice de Jean de Vaines dès l'arrivée de Turgot aux finances. Quand celui-ci s'était installé comme intendant à Limoges en 1761, il n'avait pas tardé à remarquer ce personnage, alors directeur des domaines de la généralité, et il en avait fait son premier secrétaire. Il s'établit entre les deux hommes tant de confiance et d'entente, qu'en accédant au contrôle général Turgot tint à l'appeler auprès de lui en le créant premier commis des finances[3], et Clugny le conserva. Bien que les fonctions de premier commis résultassent d'une délégation personnelle du contrôleur général, on a vu que, pendant le règne de Louis XIV et encore longtemps après, la retraite de celui-ci n'impliquait pas nécessairement celle du premier commis. Mais, à partir de 1768, à l'instabilité du contrôleur général a fait pendant celle du premier commis, preuve que le rôle de cet agent avait acquis tant d'importance depuis 1724, qu'il était presque devenu un personnage politique[4].

1. Lettres d'anoblissement datées de Compiègne en août 1770 (*ibid.*, P 2598; enregistrement le 24 janvier 1771 par la chambre des comptes de Paris). – Par retenue datée de Versailles le 23 janvier 1771, Le Clerc fut nommé secrétaire de la chambre et du cabinet du Roi, avec brevet de retenue de même date de 100 000 livres (*ibid.*, O[1] 117, p. 184 et 185). Il en fit attribuer le 24 décembre suivant la survivance à son fils Nicolas Marie Le Clerc de Sept-Chênes (*ibid.*, p. 1073-1075).

2. Tout en restant secrétaire des commandements de la Dauphine (puis Reine), Nicolas Armand Le Clerc se fit recevoir le 16 décembre 1773 dans un office de maître ordinaire en la chambre des comptes de Paris (Arch. nat., P 2506, fol. 353-358). Le 22 février 1786, contre une finance de 730 000 livres, il fut pourvu de l'office de receveur général des finances de la généralité d'Orléans (*ibid.*, V[1] 528).

3. Par brevet du 18 septembre 1775, Vaines fut nommé lecteur de la chambre et du cabinet du Roi (*ibid.*, O[1] 122, p. 235-236). J. de Vaines (1733-1808) mourut conseiller d'État et membre de l'Institut.

4. Voir à ce sujet J.F. Bosher, « The *Premier commis des finances* in the reign of Louis XVI », dans *French historical Studies*, vol. III, n° 4 (1964), p. 475-494.

Les carrières des deux commis-gardes des registres du contrôle général furent marquées, au contraire, par une grande stabilité, due à la fois au statut et aux fonctions de leurs charges. Elles étaient plus stables par nature, puisqu'elles étaient, on s'en souvient, érigées en titre d'offices royaux depuis 1689 et que, par suite, il était malaisé au contrôleur général d'en changer les titulaires à sa guise. Mais il y avait peu de chances qu'il fût porté à se débarrasser de l'un ou de l'autre, car ils présidaient à des formalités d'écriture constituant la mission originelle du contrôle général *stricto sensu* et ne faisaient ainsi que conférer régularité à des recettes et des dépenses au choix et à l'ordonnancement desquelles ils n'avaient aucune part. Leur rôle était donc beaucoup plus effacé que celui du premier commis des finances, ce qu'atteste la place qui leur était faite alors dans l'*Almanach royal*. Ils y sont présentés, en effet, non en tête de l'ouvrage, concurremment avec les Conseils et avec les départements ministériels et leurs commis, mais beaucoup plus loin, dans le chapitre « Trésoriers des deniers royaux », en tête duquel figurent les gardes du Trésor royal, auxquels ils font suite aussitôt. Et comme le public n'aurait eu peut-être qu'une notion assez vague de leur besogne, leurs noms et qualités y furent longtemps accompagnés de ce *Nota* :

> « Ces officiers continuent de contrôler ce qu'ils ont commencé dans leur année d'exercice, quoiqu'elle soit finie, et de décharger du contrôle, tant en exercice que hors d'exercice, suivant la nature des affaires et des registres dont ils sont dépositaires. C'est chez eux qu'on porte les quittances, tant des gardes du Trésor royal que du trésorier des revenus casuels ; ensemble toutes les lettres de dons faits par le Roy, de toute nature, lettres de privilèges, baux des fermes du Roy, arrests portant impositions, commissions pour faire la recette des deniers du Roy et autres expéditions contenues dans la déclaration du 6 mars 1716 pour estre enregistrez au contrôle[1]. »

Ces gardes des registres vaquaient à leurs charges l'un pour les années paires et l'autre pour les impaires. Puisqu'elles constituaient des offices, elles étaient transmissibles par hérédité et c'est ce qui fut leur sort, à une seule exception près, destinée expliquant et illustrant à la fois leur stabilité. Pierre Soubeyran, qui possédait l'une d'elles depuis mars 1689[2], mourut en janvier 1729. Son office fut acheté par Gilbert Clautrier, ce premier commis si actif et si important des contrôleurs généraux, anobli l'année précédente[3], qui en fut revêtu le 11 mars 1729[4]. L'office demeura ensuite dans son lignage. Sur ses vieux jours, il en obtint la survivance en juillet 1749 pour son fils Gilbert Jérôme[5] qui, en

1. *Almanach royal*, 1736, p. 326; 1763, p. 400.
2. Voir *supra*, p. 341.
3. Lettres d'anoblissement datées de Versailles en août 1728 (Arch. nat., O[1] 72, p. 332-333; copie).
4. Provisions datées de Versailles le 11 mars 1729.
5. Survivance datée du 4 juillet 1749 (mentionnée dans l'inventaire après décès de Gilbert Jérôme le 20 décembre 1775 : Arch. nat., Min. centr., XLVI/459). Gilbert Clautrier mourut le 11 juillet 1750.

même temps, lui succéda dans ses fonctions de premier commis, auxquelles il était associé depuis 1721. À son tour, en 1771, Gilbert Jérôme céda l'office en survivance à un neveu, Jean François Fougeray de Launay, avocat en parlement, qui était depuis 1764 contrôleur clerc d'office de la Maison du Roi[1]. L'autre charge de commis garde des registres est restée sans solution de continuité dans la famille Perrotin de Barmond. Philippe Joseph, qui en avait été revêtu en 1689, en avait fait attribuer en 1719 la survivance à un frère plus jeune, Jacques[2]. Mais l'aîné survécut au cadet, mort en 1743, et la survivance échut alors à un fils du défunt, Ange François. Et ce dernier pourvut de sa survivance son fils Ange Guillaume en 1773[3]. Celui-ci, comme son collègue Fougeray de Launay, fut en place jusqu'à la fin de l'Ancien Régime.

En 1759, le contrôleur général des finances fut doté d'un auxiliaire d'un genre nouveau, dont l'apparition découla de la situation politique de ce temps. La création à la suite du Roi et de son Conseil d'un organe de documentation législative et réglementaire avait été suggérée dès le règne de Louis XIV, mais sa mise en train ne débuta que dans le dernier tiers de celui de Louis XV, par réaction contre les entreprises des cours supérieures. Celles-ci justifiaient leur rébellion contre le pouvoir royal et les institutions en se fondant sur des arguments juridiques, historiques ou prétendus tels, puisés dans leurs registres, ce « dépôt des lois » auquel seuls leurs officiers avaient accès et dont ils ne tiraient que ce qui convenait à leurs thèses en celant avec soin ce qui leur était contraire. Certains ministres finirent par en conclure que le Roi devait se défendre et contre-attaquer avec les armes dont on usait contre lui : celles de l'histoire. Reprenant une idée du contrôleur général Jean de Boullongne, son successeur Silhouette conçut le projet d'établir un dépôt de documents législatifs, où le gouvernement trouverait matière pour appuyer ses décisions et désarçonner les frondeurs. Il en entama la réalisation dès qu'il eut trouvé l'homme pouvant l'aider à atteindre cet objectif. Cet homme, ce fut Jacob Nicolas Moreau, alors connu comme avocat, journaliste et homme de lettres[4].

Lorsque, à la demande de Choiseul, Moreau avait rédigé en 1755 des écrits politiques contre l'Angleterre, il avait souffert des difficultés rencontrées pour recueillir sa documentation. Il entra donc facilement dans les vues de Silhouette et c'est sur un mémoire dû à sa plume que ce ministre, au mois de mai 1759, fit donner par Louis XV son approbation

1. Survivance datée de Paris le 26 mars 1771 (Arch. nat., V^1 454). Gilbert Jérôme Clautrier mourut à Paris le 14 décembre 1775.

2. Voir *supra*, p. 409.

3. Survivance datée de Paris le 30 septembre 1773 (Arch. nat., V^1 463). Ange François, qui était maître des comptes depuis 1738, mourut en 1782. Ange Guillaume fut nommé maître ordinaire en la chambre des comptes de Paris le 20 août 1777 (*ibid.*, P 2514, fol. 283v°-285).

4. Sur cette création et ses développements, voir, outre le tome premier de l'ouvrage de Moreau, *Mes souvenirs* (Paris, 1898, in-8°), D. Gembicki, *Histoire et politique à la fin de l'Ancien Régime. Jacob Nicolas Moreau (1717-1803)* (Paris, 1979, in-8°); B. Barret-Kriegel, *Les Historiens et la monarchie*, t. IV, *La République incertaine* (Paris, 1988, in-8°).

à la formation d'une bibliothèque qui mettrait à la disposition du contrôle général tous les textes législatifs et réglementaires dont il pourrait avoir besoin. Cette décision fut instrumentée par un arrêt du Conseil du 31 octobre, par lequel, statuait le Roi, « laditte bibliothèque, dont le fonds appartient à Sa Majesté, sera et demeurera attachée au controlleur général de ses finances, [voulant et entendant] Sa Majesté que la direction de laditte bibliothèque soit confiée à un avocat auquel Sa Majesté accorde le titre d'avocat de ses finances. Et sur le bon et louable rapport qui Lui a été fait des talens, mœurs et capacitez du sieur Jacob Nicolas Moreau, [...], Sa Majesté l'a nommé et nomme à laditte place d'avocat de ses finances[1] ». On remarquera que Moreau n'était investi de cette « place » ni par provision ni par commission, mais qu'il y était « nommé ».

Trois semaines plus tard, Silhouette était remplacé par Bertin, et ce changement, loin de compromettre l'avenir de l'entreprise, en favorisa l'essor. Bertin et Moreau, qui ne se connaissaient pas auparavant, furent bientôt liés par une étroite amitié. Moreau réunit avec ardeur recueils d'édits, d'arrêts et de règlements, copies de registres du parlement de Paris, traités de jurisconsultes, tant et si bien que la bibliothèque administrative ainsi constituée, appelée Bibliothèque des Finances, fut transférée en 1760 de Versailles à Paris, en l'hôtel du contrôle général.

Au début de 1762, Moreau suggéra à Bertin de créer, parallèlement à elle, un centre où se réuniraient des savants et où, grâce aux documents par eux colligés, s'accumuleraient les matériaux d'une vaste histoire du droit public du royaume, fondée sur des sources authentiques, où le gouvernement pourrait aussi trouver tous les renseignements utiles à l'administration. Bertin non seulement souscrivit d'emblée à ce projet, mais lui donna plus de rigueur et Louis XV s'y intéressa beaucoup. Ainsi naquit ce que l'on appela le Dépôt, puis le Cabinet des Chartes. Ces activités de Moreau indisposèrent à tel point le parlement de Paris, que l'homme se sentit menacé d'être rayé par cette cour de l'ordre des avocats. Aussi acquit-il en 1763 un office de conseiller en la cour des comptes aides et finances de Provence[2] et, comme cette compagnie fit de lui son « député perpétuel » à la suite du Roi et de son Conseil, il fut dispensé de résider à Aix et put continuer à s'occuper de la Bibliothèque des Finances.

Le sort de celle-ci et de Moreau préoccupait Bertin, dont les jours au contrôle général étaient de plus en plus comptés. Par arrêt du Conseil du 8 décembre 1763, entendant que l'office dont Moreau venait d'être pourvu ne puisse constituer un obstacle à ses fonctions à la tête de la

1. Arrêt du Conseil daté de Versailles le 31 octobre 1759 (Arch. nat., E 2377, n° 167; publ., d'après une autre source, par X. Charmes, *Le Comité des travaux historiques et scientifiques. Histoire et documents*, t. I [Paris, 1886, in-8°], n° 2, p. 6-7).

2. Provisions datées de Paris le 30 novembre 1763 (Arch. dép. Bouches-du-Rhône, 2 B 130, fol. 78).

bibliothèque, le Roi décida « que la garde de laditte bibliothèque et les travaux qui y sont attachés pourront indifféremment dans tous les tems être confiés à un conseiller de ses cours supérieures et à un avocat dans lesdittes cours », et que désormais Moreau prendrait le titre de « garde des archives et bibliothèque des finances » et « en laditte qualité continue[roit] les travaux et fonctions qui lui ont été prescrites par ledit arrêt du 31 octobre 1759[1] ». Trois jours plus tard, Bertin abandonnait le contrôle général, mais « les dépôts et collections de chartes, tant manuscrites qu'imprimées et les travaux ordonnés en différens tems par le Roy à son sujet » figurèrent parmi les attributions du secrétariat d'État alors créé pour lui, ce qui provoqua incontinent une nouvelle répartition des tâches et des titres.

Au motif que, par suite de la nomination de Moreau comme « garde des archives et de la bibliothèque des finances », le titre d'avocat des finances se trouvait vacant, il fut décidé par arrêt du Conseil du 18 janvier 1764 qu'« indépendamment dudit garde des archives et bibliothèque des finances, il y aura à l'avenir deux avocats ou officiers de judicature qui, sous le titre d'avocats des finances, seront chargés de donner leur avis sur toutes les matières de finances sur lesquelles ils seront consultés par le contrôleur général des finances relativement aux rapports qu'elles peuvent avoir avec les loix et les formes de l'ordre public ». Par le même arrêt, François Lorry, avocat du Roi en la chambre du domaine, était « nommé » premier avocat des finances et Antoine Langlet, avocat en parlement, second avocat. Était ordonné, enfin, le transfert de la Bibliothèque des Finances « dans un dépôt particulier qui lui sera assigné à la Bibliothèque royale de Sa Majesté » à Paris[2].

La Bibliothèque des Finances et le Cabinet des Chartes avaient, au départ, une finalité à la fois politique et scientifique. Politique, en ce sens qu'ils étaient appelés à fournir au gouvernement et à l'administration des titres fondant, justifiant et éclairant leur action. Et scientifique, parce qu'ils devaient rassembler et mettre à la disposition des historiens des sources difficilement accessibles. L'action politique fut principalement, auprès du contrôleur général, l'affaire de la Bibliothèque des Finances et il est assez malaisé d'en mesurer les efforts et les effets. En revanche, il est certain que le Cabinet des Chartes s'est dépensé avec beaucoup de zèle en faveur des sciences historiques et qu'il a été, sous l'impulsion de Bertin et de Moreau, un organisme très efficace de recherche et d'étude des sources[3]. Mais il releva du secrétariat d'État de Bertin, qui fut ainsi une sorte de ministère de l'érudition.

1. Arrêt du Conseil daté de Versailles le 8 décembre 1763 (Arch. nat., E 2408, n° 183; publ., d'après une autre source, par X. Charmes, ouvr. cité, n° 5, p. 16-17).

2. Arrêt du Conseil daté de Versailles le 18 janvier 1764 (*ibid.*, E 2414, n° 32; publ., d'après une autre source, par X. Charmes, ouvr. cité, n° 6, p. 17-19). – Lorry fut nommé inspecteur général des domaines le 18 août 1764 par expectative, puis en titre le 9 septembre 1771 et exerça cette commission jusqu'en 1791.

3. Par brevet daté de Versailles le 1er avril 1770, Moreau fut créé bibliothécaire de la Dauphine (puis Reine) (*ibid.*, O¹ 116, p. 320-321) et, par brevet daté de Compiègne le 21 août 1774, historiographe de France (*ibid.*, O¹ 121, p. 110-111).

Le bureau des affaires de Lorraine subsista seulement quelques années. Quand Stanislas Leszczynski fut appelé à régner sur ce pays, il n'y exerça que les apparences de la souveraineté. À Versailles, les secrétariats d'État des Affaires étrangères et de la Guerre en revendiquèrent chacun la tutelle. Louis XV et le cardinal de Fleury réglèrent cette compétition au bénéfice du contrôle général. M. de La Galaizière, intendant de Soissons et beau-frère du contrôleur général, fut nommé chancelier de Stanislas et, relate Trudaine, « M. Orry fut chargé seul de la correspondance avec lui. Il établit un bureau particulier pour les affaires de Lorraine, à la teste duquel estoit le S. Masson, qui en avoit une cognoissance particulière, come ayant été au service des Ducs [1] ». Masson mourut en 1741 et fut remplacé par un commis du nom de Quinquet. Mais Machault, en accédant en 1745 au contrôle général, supprima ce bureau et en répartit les détails entre les intendants des finances.

Dans la diversité de leurs fonctions, le premier commis des finances, les gardes des registres, l'avocat des finances, le chef du bureau des affaires de Lorraine étaient subordonnés au contrôleur général et à lui seul, et leurs tâches étaient circonscrites à son département. Celui-ci était le principal de ceux qui composaient son ministère, où les autres étaient dirigés par les intendants, lesquels, dans cet ensemble collégial, étaient les associés plutôt que les subordonnés du contrôleur général, quels que fussent les égards que la civilité et les bienséances leur commandassent de lui marquer. Sans appartenir à ce collège, les intendants du commerce en étaient proches.

* *
*

L'histoire des intendants des finances au XVIIIe siècle a pour point de départ l'année 1690, où le contrôleur général Louis de Pontchartrain prit l'initiative d'en accroître le nombre et d'ériger leurs charges en titre d'offices vénaux [2], pour lesquels la Polynysodie ne constitua qu'un intermède. Ces offices, en effet, furent supprimés en octobre 1715, mais cinq furent rétablis en mars 1722 et un sixième en janvier 1725, après que les fonctions correspondantes eussent déjà été conférées par commission dès juin 1720 et mai 1721 [3]. Depuis lors et pendant plusieurs décennies, leur effectif ne varia point et c'est au long de cette période que la

1. Mémoire de Trudaine; s.d. [1746] (Arch. nat., K 1190, n° 5ter; orig. autogr.). D'origine huguenote et genevoise, Jacques Masson (1693-1741) était un homme d'affaires dont le duc de Lorraine Léopold Ier fit en 1727 le directeur de ses finances; il perdit ce poste après la mort de ce prince en 1729. Voir à son sujet : H. LÜTHY, *La Banque protestante en France de la révocation de l'édit de Nantes à la Révolution*, t. II, *De la banque aux finances (1730-1794)* (Paris, 1961, in-8°), p. 412-413.

2. Voir *supra*, p. 346-347.

3. Voir *supra*, p. 411-412 et 416.

décision de Pontchartrain, perpétuée ensuite par Desmaretz, put déployer toutes ses conséquences, notamment la stabilité.

Un officier ne quittant son office que par mort, démission (ou résignation), suppression de l'office ou forfaiture, une intendance des finances pouvait rester longtemps entre les mains d'une même personne, et c'est ainsi que quatre d'entre elles n'eurent que trois titulaires successifs entre 1725 et 1777. Stabilité reposant souvent sur l'hérédité : deux de ces intendances restèrent dans une même famille, l'une exercée de père en fils par MM. d'Ormesson pendant trois générations [1], et l'autre, acquise en 1722 par M. de Gaumont, fut résignée par lui en 1734 en faveur de son neveu Trudaine, qui la céda à son fils, lequel finit par y associer son beau-père. Un autre de ces offices, celui de Fagon, fut acquis en 1744 à sa mort par Jean de Boullongne, auquel succéda son fils. Jouait aussi la longévité des hommes : mort en 1755 à quatre-vingt-deux ans, Taschereau de Baudry était intendant des finances depuis trente-trois ans ! Son office fut acheté par Peyrenc de Moras, qui ne l'occupa que quelques mois et le revendit en 1756 à Moreau de Baumont, qui s'y maintint jusqu'en 1777. Cette rareté des postes vacants explique leur lent renouvellement : Orry dut patienter plusieurs années avant que son frère Orry de Fulvy pût acquérir un office d'intendant des finances [2].

De cette situation il résultait qu'un contrôleur général, dont les fonctions étaient révocables à tout moment, était amené à partager ses responsabilités avec des collaborateurs qu'il n'avait pas choisis et dont il ne pouvait se séparer que par des procédures exceptionnelles. Il y avait là un risque de mésentente entre personnes, atténué par le fait que celles-ci avaient le plus souvent un même parcours professionnel et qu'elles s'étaient déjà connues en d'autres charges. C'est ainsi que, sur les vingt-cinq intendants des finances recrutés de 1722 à 1776, cinq seulement n'avaient pas été auparavant maîtres des requêtes [3], ce qui ne fut le cas que de trois contrôleurs généraux [4]. Une amitié et une entente exceptionnelles pouvaient même marquer les relations d'un contrôleur général avec tel ou tel intendant des finances, comme celles de Machault d'Arnouville avec Barberie de Courteilles et de Bertin avec Trudaine.

En outre, par le jeu des survivances, l'hérédité permettait au titulaire d'un office de continuer à l'exercer tout en y préparant son héritier et successeur. Les survivances d'intendance des finances, en effet, furent accordées « avec retenue de service », c'est-à-dire que le résignataire continuait à en remplir les fonctions avec son survivancier, mais que

1. Voir J.-F. Solnon, *Les Ormesson au plaisir de l'État* (Paris, 1992, in-8°), p. 173-364.

2. Dès la disgrâce du duc de Bourbon, Berthelot de Montchesne dut quitter son intendance des finances, qui échut le 11 juillet 1726 à Jean Jacques Amelot de Chaillou. Quand celui-ci devint secrétaire d'État, Orry de Fulvy lui succéda le 1er mars 1737 dans son intendance qui, à sa mort, passa le 9 juin 1751 à Chauvelin de Beauséjour, lequel la céda à son gendre Boutin, qui en fut investi le 15 octobre 1766.

3. Berthelot de Montchesne, Jean de Boullongne, Bouvard de Fourqueux, Cochin et Langlois.

4. Jean de Boullongne, L'Averdy et Terray.

celui-ci n'en avait la pleine responsabilité et n'avait accès aux Conseils en sa qualité d'intendant que du jour où son prédécesseur mourait ou se retirait en le laissant exercer sa charge dans son intégralité. Ainsi Henri François d'Ormessson, intendant des finances depuis 1722[1], résigna-t-il en 1740 avec retenue de service son office d'intendant en faveur de son fils Marie François[2], qui n'en jouit pleinement qu'à la mort de son père en 1756. Un accident de santé l'obligea en octobre 1774 à assurer sa survivance à son fils Henri François[3], qui ne put y faire qu'un bref apprentissage puisque Marie François mourut le 7 novembre 1775[4]. De même, on le sait, Jean de Boullongne obtint en 1753 la survivance avec retenue de service de son intendance pour son fils Jean Nicolas, à qui il n'en abandonna le plein exercice qu'en 1757[5], et l'on pourrait citer d'autres cas analogues.

Sous l'effet de la longue durée des fonctions et des successions par survivance, un contrôleur général avait l'assurance en accédant au ministère d'être entouré par des intendants compétents et expérimentés, bien au courant des affaires et des règles. Toutefois, ces hautes capacités pouvaient indisposer ou déranger un nouveau contrôleur général, soit qu'il craignît d'être manœuvré par des collaborateurs plus experts que lui, soit que sa carrière ne l'eût guère prédisposé à prendre la tête d'une telle administration. Des réactions de ce genre étaient en germe depuis que le contrôle général passait rapidement de main en main et que le choix de certains de ses titulaires risquait de déroger au recrutement traditionnel. L'accès de L'Averdy à cette charge les fit éclore et, alors que les intendances des finances avaient sans doute atteint leur apogée, ouvrit pour elles une ère de turbulences funestes.

En passant du parlement de Paris au contrôle général, L'Averdy faisait irruption dans une institution dont le mode de fonctionnement ne lui était pas habituel. Il allait, en effet, devoir la diriger en collaboration avec les intendants des finances et pouvait d'autant moins songer à se passer de ceux qui étaient en place, qu'ils étaient officiers inamovibles et étaient plus versés et plus expérimentés que lui en matière de finances. Mais il voulut en même temps être assisté de quelques hommes qui fussent ses fidèles. Il fut nommé contrôleur général le 13 décembre 1763 et, dès le mois de mai suivant, un édit porta création d'un septième office d'intendant des finances[6], destiné à un cousin du ministre, M. Langlois, conseiller au parlement de Paris, qui en fut aussi-

---

1. Et auparavant maître des requêtes (1707), conseiller au Conseil de Finance (1715) et commissaire des finances (1720).
2. Provisions avec survivance et retenue de service datées de Versailles le 29 avril 1740 (Arch. nat., 144 AP 94, doss. 3, n° 40; orig. publié par F. Mosser, ouvr. cité, p. 271-272).
3. Provisions avec survivance et retenue de service datées de Fontainebleau le 26 octobre 1774 (Arch. nat., V[1] 471). Henri François n'avait alors que vingt-trois ans.
4. Sur ces survivances des d'Ormesson, voir F. Mosser, ouvr. cité, p. 14, 19, 99-100.
5. Voir *supra*, p. 444.
6. Édit daté de Versailles en mai 1764 (Arch. nat., P 2487, fol. 496-497, enregistrement le 2 juin par la chambre des comptes de Paris; U 1231, impr. – *Actes royaux*, t. VI, n° 35712).

tôt pourvu[1]. Il eut notamment pour tâche de veiller à l'exécution de l'édit d'août 1764 par lequel L'Averdy entama sa réforme municipale et des édits et déclarations rendus ensuite en la matière[2]. Cette nomination fit-elle scandale ? Toujours est-il qu'il fut précisé aussitôt que ce renfort ne devait être que provisoire. Par édit du mois suivant, annonça en effet le Roi, « voulons et nous plaît qu'à l'avenir le nombre desdits offices d'intendans de nos finances soit et demeure réduit à celui de six, sans qu'il puisse être augmenté dans la suite, sous quelque prétexte que ce puisse être. En conséquence, voulons qu'à la première vaccance d'aucuns desdits offices par décès, démission ou autrement, ledit office demeure éteint et suprimé[3] ». Belle résolution difficile à tenir ! M. de Courteilles, intendant des finances, étant décédé le 3 novembre 1767, un édit de ce mois annonça que les motifs qui avaient déterminé Sa Majesté « à créer au mois de may 1764 une septième charge d'intendant de [ses] finances subsistans encore et étant même augmentés par la multiplicité des affaires qu'entraîne l'ordre qu'[Elle] veut mettre dans ses finances », Elle jugeait « convenable au bien de [son] service dans le moment actuel de créer un nouvel office d'intendant de [ses] finances, outre les six qui sont actuellement remplis » ; et cela avec engagement réitéré d'éteindre un des sept offices à la première vacance[4]. Et cette fois encore, l'office échut à un personnage qui était à la fois conseiller au parlement de Paris et cousin de L'Averdy : M. Cochin[5].

Les conditions dans lesquelles L'Averdy recruta Langlois et Cochin créèrent un précédent dont ses successeurs allaient s'autoriser. Maynon d'Invault n'ayant pas eu le temps d'opérer des changements, l'abbé Terray se trouva entouré de sept intendants quand il prit le contrôle général en décembre 1769[6]. Ce nombre lui parut-il pléthorique ? Se défiait-il de certains de ces Messieurs ? En tout cas, au motif « que, la plupart des départemens qui sont partagés entr'eux ayant des rapports immédiats et étant liés les uns avec les autres, le travail qu'ils exigent n'en deviendroit que plus facile et mieux suivi s'il étoit moins divisé », il fit promulguer en janvier 1771 un édit prononçant la suppression des sept offices existants et la création de quatre offices nouveaux, dont la finance était portée à 350 000 livres, avec 17 500 livres de gages, et qui seraient remplis, « en vertu de leurs anciennes provisions et réception »,

1. Provisions datées de Versailles le 3 juin 1764 (*ibid.*, V[1] 423). Conseiller au parlement de Paris depuis mai 1748, Langlois avait d'abord été conseiller à la cour des monnaies depuis novembre 1736.

2. Voir M. Bordes, *La Réforme municipale du contrôleur général Laverdy et son application (1764-1771)* (Toulouse, 1968, in-8°. Publications de la Faculté des lettres et sciences humaines de l'université de Toulouse, Série A, tome 5).

3. Édit daté de Versailles en juin 1764 (Arch. nat., P 2487, fol. 592-593 ; enregistrement le 30 juin par la chambre des comptes de Paris).

4. Édit daté de Versailles en novembre 1767 (*ibid.*, P 2494, fol. 436-437 ; enregistrement le 12 novembre par la chambre des comptes de Paris).

5. Provisions datées de Versailles le 13 novembre 1767 (*ibid.*, Z[1F] 630, fol. 40v°-41).

6. Sur la période qui s'ouvrit alors, voir J.F. Bosher, *French Finances. 1770-1795. From Business to Bureaucracy* (Cambridge, 1970, in-8°).

par quatre des officiers touchés par la suppression, MM. d'Ormesson, Moreau de Beaumont, Trudaine de Montigny et de Boullongne [1]. Le prix élevé des nouveaux offices fournirait les fonds permettant le remboursement de ceux qui étaient éteints.

Six mois plus tard, soit que Terray ait constaté que les grandes réformes lancées par le chancelier de Maupeou surchargeaient de travail les quatre intendants conservés, soit qu'il ait tenu à faire appel à quelqu'un dont personnellement il fût sûr, voici qu'un édit créa, aux mêmes conditions qu'en janvier, un cinquième office d'intendant des finances [2], destiné, avec l'agrément du Roi, à un maître des requêtes qui avait surtout l'expérience de l'administration des armées, M. Foullon, dont les provisions furent aussitôt expédiées [3]. En outre, il y eut parmi les intendants révoqués en janvier 1771 une sorte de survivant : Cochin. Le Roi avait alors accepté que le personnage « continuât à être chargé [...] d'une partie du travail du département des finances » et il avait « continué à s'en acquitter avec le même zèle dont il avoit précédemment donné des preuves », mais sans avoir de titre, ce qui était gênant. En conséquence, par arrêt du Conseil du 29 novembre 1772, Cochin fut commis pour « être chargé, sous le Sieur contrôleur général des finances, du travail de telle partie du département des finances que ledit Sieur contrôleur général jugera convenable », à quelle fin le Roi lui accordait « entrée et séance dans les bureaux de domaine, commerce et finances et en la Direction de ses finances, même en son Conseil royal lorsque le Sieur contrôleur général proposera à Sa Majesté de l'y appeller [4] ».

Le contrôle général resta ainsi organisé jusqu'à sa prise en main par Turgot au mois d'août 1774, bientôt marquée par des mesures touchant les personnes et les charges. Cochin fut congédié et, dès septembre, parut un édit prononçant, d'une part, l'extinction de l'office d'intendant des finances créé en juin 1771 pour Foullon et, d'autre part, le rétablissement d'un des offices supprimés en janvier 1771, celui de M. Boutin, lequel en jouirait en vertu des provisions qu'il en avait reçu en 1766 et sans être tenu « à aucune nouvelle réception ny prestation de serment [5] ». Cet édit fut suivi en décembre d'un autre fixant à six le nombre des offices d'intendant des finances et nommant au sixième ainsi créé M. Amelot de Chaillou, maître des requêtes alors intendant de Bourgogne [6]. Ce dernier ayant été nommé secrétaire d'État de la Maison

---

1. Édit daté de Versailles en janvier 1771 (Arch. nat., P 2501, fol. 15-17, enregistrement le 22 janvier par la chambre des comptes de Paris; U 1245; impr. – *Actes royaux*, t. VI, n°s 37237-37238).

2. Édit daté de Marly en juin 1771, enregistré le 15 juin par la chambre des comptes de Paris (Arch. nat., K 2422, n° 115; orig.).

3. Provisions datées de Paris le 17 juin 1771 (*ibid.*, V^1 455).

4. Arrêt du Conseil daté de Versailles le 29 novembre 1772 (*ibid.*, E 2485, n° 84).

5. Édit daté de Versailles en septembre 1774 (Arch. nat., P 2508, fol. 220v°-223, enregistrement le 14 octobre par la chambre des comptes de Paris; U 1252, impr. – *Actes royaux*, t. VI, n° 38557). La finance de l'office de Boutin fut alors portée à 350 000 livres.

6. Édit daté de Versailles en décembre 1774 (*ibid.*, fol. 280v°-283; enregistrement le 29 décembre par la chambre des comptes de Paris. –*Actes royaux*, t. VI, n°s 38602-38603). –

du Roi le jour même de la disgrâce de Turgot, son intendance des finances passa à Fargès, intendant du commerce [1]. Clugny n'eut pas le temps d'apporter des modifications à cet état des choses, dont hérita son successeur.

Entre l'édit changeant le titulaire d'un office d'intendant des finances et celui qui en créait un sixième, Turgot en avait fait promulguer un autre par lequel il était prévu que les offices d'intendants du commerce seraient peu à peu supprimés à chaque vacance advenant de l'un d'eux.

Créés en 1708 au nombre de six, les offices d'intendants du commerce avaient été supprimés en octobre 1715, en même temps que ceux des finances [2]. Ils furent rétablis en juin 1724, mais selon des modalités un peu différentes, car ces offices n'étaient plus que quatre et ils n'étaient plus unis, comme en 1708, à autant d'offices de maîtres des requêtes. Bien qu'il leur eût été fixé un prix élevé, 200 000 livres, soit autant que ceux d'intendants des finances, ils ne purent acquérir une position aussi éminente [3].

Les intendants des finances, en effet, avaient le titre de « conseiller en nos Conseils d'État et privé intendant de nos finances », qui leur donnait accès, le cas échéant, au Conseil royal des Finances, alors que les intendants du commerce étaient seulement « conseiller en nos Conseils intendant du commerce », ce qui faisait d'eux les rapporteurs du bureau du Commerce. Ils s'y montrèrent fort actifs, mais ce bureau n'était qu'une commission extraordinaire du Conseil, la principale il est vrai. Elle était présidée par un conseiller d'État, en faisaient partie le contrôleur général des finances et le secrétaire d'État de la Marine (qui y venaient rarement), plusieurs conseillers d'État, les intendants du commerce, le lieutenant général de police de Paris, mais aussi des membres qui n'étaient point magistrats (les députés des principales villes commerçantes et ceux des fermes générales), ce pourquoi cette assemblée était appelée « bureau » et non « conseil ».

C'est à cause de leur rôle essentiel dans ce bureau que les intendants du commerce ne furent pas intégrés à Messieurs des finances, aux activités desquels ils n'étaient pas associés exclusivement. Les affaires et les dossiers, en effet, leur étaient transmis non seulement par le contrôleur général, mais aussi – pour ce qui concernait le commerce maritime – par le secrétaire d'État de la Marine, auxquels ils soumettaient ensuite les décisions, propositions ou suggestions du bureau. Fixé à quatre en 1724, le nombre de ces officiers n'a pas varié ensuite, mais Louis XV décida

Provisions datées de Versailles le 31 décembre 1774 (Arch. nat., V^1 471 ; la finance de cet office était de 350 000 livres).

1. Provisions datées de Paris le 5 juin 1776 (*ibid.*, V^1 480).

2. Voir *supra*, p. 394.

3. Sur ces officiers, voir F. GARRIGUES, « Les intendants du commerce au XVIIIe siècle », dans *Revue d'histoire moderne et contemporaine*, t. 45 (1998), p. 626-661.

en novembre 1767 qu'un maître des requêtes serait spécialement chargé, en qualité d'intendant du commerce, de rapporter au bureau les affaires relatives au commerce extérieur et maritime et « que cette place ser[oit] à la nomination du secrétaire d'État de la Marine[1] ». Elle fut aussitôt confiée par commission à M. de Vilevault, maître des requêtes[2]. Tout en accomplissant les mêmes tâches que les quatre autres, ce cinquième intendant du commerce allait donc se différencier d'eux par sa qualité de commissaire et parce que, tout en collaborant avec le contrôleur général, il était rattaché à un secrétaire d'État.

Sur les vingt-trois personnages qui se succédèrent de 1724 à 1777 dans les quatre offices d'intendants du commerce, quatorze furent issus du corps des maîtres des requêtes, cinq du parlement de Paris, deux du Grand Conseil, un de la cour des aides de Paris et un seul n'était point magistrat (ancien receveur général des finance). Les maîtres des requêtes y furent donc dominants[3]. Comparées à celles des intendants des finances, leurs carrières eurent un parcours plus modeste. Alors que presque tous les intendants des finances ont été nommés conseillers d'État, cette promotion n'a bénéficié qu'une fois à un intendant du commerce, qui démissionna aussitôt après[4], deux sont passés dans des intendances de province[5] et les autres sont morts en charge ou ont démissionné. Un seul de ces offices a fini, après deux titulaires différents, par connaître une transmission héréditaire : Michau de Montaran l'a cédé en survivance à son fils en 1757. Ces offices ne procurant en somme qu'un prestige et un avenir de second plan, ils finirent par sembler d'un prix trop élevé et par ne plus attirer d'acquéreurs. Après la mort de M. Pottier en décembre 1763, son intendance du commerce demeura vacante faute d'amateurs et, à trois reprises, l'exercice en dut être confié par commissions[6]. La dernière de celles-ci fut révoquée en

1. Bon du Roi du 15 novembre 1767 (Arch. nat., Marine, C^7 350, doss. Vilevault; ampliation). Le duc de Praslin était alors secrétaire d'État de la Marine.

2. Arrêt du Conseil daté de Versailles le 16 novembre 1767 (Arch. nat., Colonies, A 11, fol. 408). Commissaire du Roi auprès de la Compagnie des Indes depuis le 30 septembre 1760, Vilevault avait été envoyé à Londres en 1765 avec M. de Fontanieu, conseiller d'État, pour régler la liquidation des effets du Canada en possession des Anglais. Cette négociation explique sa nomination à cette intendance.

3. Il est remarquable que MM. Michau de Montaran, le père venant du parlement et le fils du Grand Conseil, aient tenu à se faire recevoir maîtres des requêtes après avoir accédé à leur intendance du commerce.

4. Nommé conseiller d'État semestre le 20 novembre 1744, Antoine Louis Rouillé résigna alors son intendance du commerce à Alexandre Boula de Quincy, fut nommé commissaire du Roi auprès de la Compagnie des Indes le 19 novembre 1745, puis secrétaire d'État de la Marine le 30 avril 1749, ministre d'État le 15 août 1751, secrétaire d'État des Affaires étrangères le 28 juillet 1754, démissionnaire le 24 juin 1757.

5. Mégret de Sérilly intendant de Navarre et Béarn et de la généralité d'Auch (1740), puis de Franche-Comté (1744) et enfin d'Alsace (1750). Caze de La Bôve intendant de Navarre et Béarn et de la généralité d'Auch (1744), puis de la généralité de Châlons en Champagne (1749).

6. À M. Tavernier de Boulogne, maître des requêtes († 1767), par arrêt du Conseil daté de Compiègne le 1er août 1764 (Arch. nat., E 2415, n° 42); à M. de Bacalan, maître des requêtes († 1769), par arrêt du Conseil daté de Marly le 27 mai 1767 (*ibid.*, E 2437); à M. Albert, conseiller au parlement de Paris, par arrêt du Conseil daté de Versailles le 9 juillet 1769 (*ibid.*, E 2451, n° 14). Voir à ce sujet, M. ANTOINE, *Le Conseil du Roi sous le règne de Louis XV*, p. 221-222.

1771[1], quand l'office eut enfin trouvé un acheteur en la personne de M. Brochet de Saint-Prest, maître des requêtes[2].

Celui-ci fut contraint de démissionner dès que les finances échurent à Turgot, lequel rétablit Albert dans cette intendance en lui en confiant l'exercice par commission[3], et cette solution annonçait les dispositions par lesquelles le ministre entendait faire légiférer sur les intendances du commerce. Par un édit de novembre 1774, Louis XVI, tout en reconnaissant « que ceux qui sont actuellement revêtus de ces offices en avoient toujours dignement rempli les fonctions », se déclara « informé que, lors de la vacance desdits offices, il s'étoit présenté plusieurs sujets qui, par leurs connoissances et leurs talens, auroient été très utiles pour l'administration du commerce de notre royaume, et qu'ils avoient été détournés d'en solliciter l'agrément, parce que leur fortune ne leur avoit pas permis de faire le sacrifice de la somme à laquelle la finance desdits offices a été fixée par ledit édit du mois de juin 1724; et qu'en conséquence un de ces offices étoit demeuré vacant par la mort du Sr Potier, titulaire, pendant plusieurs années, ce qui avoit obligé le [feu] Roy [...] de faire commettre par arrêts de son Conseil plusieurs magistrats successivement aux fonctions dudit office. Désirant procurer à ceux dont les services pourroient nous être utiles la facilité d'exercer lesdittes fonctions sans être tenus de payer la finance de ces offices », le Roi avait « résolu d'y pourvoir en supprimant à l'avenir les titres desdits offices », en se « réservant d'en faire exercer les fonctions par ceux des officiers de notre Conseil ou de nos cours souveraines à qui nous jugerons à propos de les confier ». En conséquence, tout en conservant personnellement leur vie durant dans leur office les intendants du commerce actuellement titulaires, il statuait « que les titres des offices d'intendans du commerce seront supprimés, vacation arrivant d'aucuns d'eux et aussitôt après ladite vacation, en vertu du présent édit, sans qu'il en soit besoin d'autre » et, ce faisant, prononçait l'extinction de celui dont Brochet de Saint-Prest venait de se démettre[4]. À l'avenir, les intendances du commerce seraient donc constituées en commissions attribuées par arrêt du Conseil. Et de fait, la nomination de M. Fargès, maître des requêtes honoraire et ancien intendant de Bordeaux, comme intendant du commerce fut prononcée en 1775 par arrêt du Conseil[5] et, comme il fallut bientôt le remplacer dans ce poste – car il accéda à une intendance des finances – son successeur, M. Blondel, maître des requêtes, fut désigné de la même manière[6], qui fut aussi celle par laquelle, six mois plus tard,

1. Par arrêt du Conseil daté de Versailles le 21 mai 1771 (*ibid.*, E 2468, n° 225).

2. Provisions datées de Paris le 13 mars 1771 (*ibid.*, V[1] 455).

3. Arrêt du Conseil daté de Versailles le 11 septembre 1774 (*ibid.*, E 2506, n° 114).

4. Édit daté de Versailles en novembre 1774, enregistré le 7 mars 1776 par la chambre des comptes de Paris (Arch. nat., K 2425, n° 27, orig.; U 1252, impr. – *Actes royaux*, t. VI, n°s 38590-38591). Ces mesures ne concernaient en rien l'intendance du commerce extérieur et maritime exercée par Vilevault, puisqu'elle résultait déjà d'une commission et que celle-ci était dispensée par le secrétaire d'État de la Marine.

5. Arrêt du Conseil daté de Versailles le 16 mars 1775 (Arch. nat., E 2515, fol. 335).

6. Arrêt du Conseil daté de Marly le 14 juin 1776 (*ibid.*, E 2524, fol. 476). Fargès avait été nommé intendant des finances le 5 juin (voir *supra*, p. 455).

M. Tolozan, maître des requêtes, fut appelé à remplacer M. Boula de Quincy, décédé[1].

La fin de la guerre de Sept Ans a donc ouvert un temps de vicissitudes affectant les intendances des finances comme celles du commerce. Pour les premières, c'est leur effectif qui a subi des variations successives, contrecoups des fréquents changements dans le poste de contrôleur général, où chacun accéda avec ses idées sur l'avenir de la fiscalité, l'orientation de l'économie ou la gestion de son ministère, et ses préjugés en faveur ou à l'encontre des personnes. Quant aux intendances du commerce, ce n'est pas leur nombre qui a été mis en question, mais leur statut, où l'office fut appelé à s'effacer progressivement au bénéfice de la commission.

On ne saurait traiter de Messieurs des finances en passant sous silence les quatre secrétaires du Conseil d'État direction et finances, bien que ceux-ci fussent devenus des personnages de second plan. À la fin du règne de Louis XIV, on l'a vu, ces « secrétaires des finances », comme on les appelait couramment, n'avaient plus qu'un rôle amoindri[2], qui n'était pas susceptible de recroître. Comme leurs offices étaient d'un prix élevé et qu'ils ne pouvaient y accéder sans être conjointement revêtus d'un office de secrétaire du Roi, ils étaient issus du milieu des gens d'affaires : Bergeret de Frouville, par exemple, était neveu des frères Paris. Vu qu'ils n'étaient de service auprès du Conseil qu'un trimestre par an, qu'ils n'avaient occasion d'y remplir leurs fonctions qu'à la grande Direction et se déchargeaient sur leurs clercs et commis de la conservation des originaux minutes des arrêts simples en finance et de la préparation des expéditions authentiques, ils disposaient de beaucoup de temps libre. Aussi certains obtinrent-ils des lettres de compatibilité leur permettant de posséder et d'exercer parallèlement des charges importantes et plus actives : Eynard de Ravannes fut grand maître des eaux et forêts de Touraine, Anjou et Maine, MM. Goujon, de Vougny père et Guyot de Chenizot furent receveurs généraux des finances. Mais ces offices de secrétaires des finances ayant perdu de leur lustre tout en restant chers, il advint que certains demeurèrent vacants quelque temps avant de trouver acquéreur. C'est ainsi qu'il fallut charger par commission M. de Vougny, secrétaire du quartier d'avril, d'assurer en 1731 le quartier de juillet après le décès de M. Guyot de Chenizot et en 1758 celui d'octobre à la place de feu M. Eynard de Ravannes, en attendant que les défunts aient un successeur[3].

* *
*

1. Arrêt du Conseil daté de Versailles le 28 décembre 1776 (*ibid.*, E 2525, fol. 422).
2. Voir *supra*, p. 382-383.
3. Commissions conférées par arrêt du Conseil daté de Fontainebleau le 19 juin 1731 (Arch. nat., E 2112, fol. 231) et par arrêt daté de Versailles le 30 mai 1758 (*ibid.*, E 2368, n° 230).

Les activités du contrôleur général et des intendants des finances et du commerce se déployaient à la tête de départements qui leur étaient propres, ceux des intendants du commerce étant de loin plus modestes que les autres.

Le contrôleur général avait évidemment le plus important et le plus vaste, puisque, depuis Colbert, ce ministre non seulement gérait les finances de l'État, mais faisait mouvoir presque tous les rouages de l'administration du royaume, grâce aux intendants des provinces, dont la plupart étaient à sa nomination. Depuis 1726, ce département n'a varié que pour s'enrichir de certaines précisions ou de quelques adjonctions dues à l'apparition d'institutions ou de contributions nouvelles. En 1728, Le Peletier des Forts étant alors dans ce poste, voici comment l'*Almanach royal* détaillait sa composition :

> « Le Trésor royal. Les parties casuelles. La direction générale de toutes les fermes du Roy. Le Clergé. Le commerce de l'intérieur du royaume et extérieur par terre. L'extraordinaire des guerres. Pain de munition et vivres. L'artillerie. Les bâtimens et maisons royales. Toutes les rentes. Les pays d'états. Les monnoyes. Les parlemens du royaume et cours supérieures. Ponts et chaussées. Turcies et levées. Barrage et pavé de Paris. Les manufactures. Les octrois des villes. Les dettes des communautez. Les Ligues Suisses[1]. »

Si l'on se reporte à 1771, au temps de l'abbé Terray, on trouve la même énumération, amputée des « bâtimens et maisons royales », mais enrichie de quelques suppléments : pour les dépenses militaires sont ajoutés « le génie » et « les étapes » et, d'autre part, apparaissent « la Compagnie des Indes et les différens commerces dont elle a le privilège », « les vingtièmes, les deux sols pour livre du dixième, la Caisse générale des amortissements »[2]. On remarquera que, dans ce détail, il n'était fait nulle mention du contrôle général dans sa stricte acception originelle, preuve qu'il n'était plus alors qu'une simple formalité sans nulle incidence politique.

Dans son département, le contrôleur général embrassait l'ensemble des finances et de l'économie, d'autant plus que, comme il siégeait de droit au Conseil des Dépêches et que, à trois exceptions près[3], il fut toujours créé tôt ou tard ministre d'État, cette présence dans tous les Conseils de gouvernement faisait de lui un des inspirateurs de la politique générale. Dans son département presque démesuré, certaines compétences relevaient de lui en propre et sans délégation à quiconque :

1. *Almanach royal*, 1728, p. 89.
2. *Almanach royal*, 1771, p. 154.
3. Boullongne, Clugny et Taboureau des Réaux.

le Trésor royal et les parties casuelles, pour lesquels il était assisté par le premier commis des finances. Le reste, sur lequel il conservait une sorte d'inspection et direction générale, était réparti entre les départements attribués aux intendants des finances.

Confuse au XVIe siècle et encore pendant une partie du XVIIe, cette notion de « département » n'a commencé à se préciser que dans les dernières années de Colbert et n'a acquis tout son sens que sous Pontchartrain, lorsque ces postes furent multipliés et érigés en offices en 1690. Une intendance des finances comprit dès lors comme deux éléments : l'office et le département attribué à l'officier, ce département comprenant tout ce dont le contrôleur général se déchargeait sur l'intendant aux fins d'être secondé et conseillé par lui, mais avec droit de regard sur ses activités et en se réservant, s'il le jugeait nécessaire, de régler lui-même telle ou telle affaire.

Les attributions de ces départements se précisèrent lentement et n'eurent jamais un caractère rigide et intangible. Certaines matières, comme les eaux et forêts, les domaines, les ponts et chaussées, étaient traditionnellement au cœur de l'un d'eux, mais y figuraient à côté d'autres avec lesquelles elles n'avaient apparemment guère de rapports. D'où une répartition souvent arbitraire, des enchevêtrements et des transferts d'attributions liés à la création d'un nouvel intendant ou au changement de titulaire d'une même intendance, et aussi à un parti du ministre. Lorsque Machault d'Arnouville créa en 1749 l'impôt du vingtième, il se reposa pour son établissement et sa levée non pas sur M. d'Ormesson, intendant des finances auquel ressortissaient les impositions directes (taille et capitation), mais sur M. de Courteilles, à la mort de qui en 1767 les vingtièmes échurent enfin à M. d'Ormesson, dont le département put alors être appelé couramment « département des impositions »[1].

Ces remaniements d'attributions résultaient soit d'une décision du contrôleur général, soit d'arrangements entre collègues, qui pouvaient être, dans les cas importants, validés par le Roi. C'est ainsi que, lorsque Joseph Dubois démissionna en 1736 de son poste de directeur général des ponts et chaussées, un arrêt du Conseil en prononça la suppression et décida que « la pleine et entière administration des ponts et chaussées, pavé de Paris, turcies et levées, balisage de la rivière de Loire et rivières y affluentes, ensemble l'administration des fonds destinés auxdits ouvrages, demeure réunie à l'administration générale des finances sous la direction immédiate du sieur contrôleur général des finances, et que les détails qui en dépendent fassent partie du département des recettes

1. Pour l'étude détaillée de ce département, on se reportera à F. MOSSER, ouvr. cité, p. 125-185.

générales, comme auparavant la déclaration du 15 septembre 1715[1] ». Or les recettes générales étaient dans le département de M. d'Ormesson, à qui échurent ainsi les ponts et chausssées, d'autant qu'il veillait déjà auparavant à leurs dépenses. En posant la pleine compétence du contrôleur général sur une matière et en en renvoyant « les détails » à un intendant des finances, cet arrêt démontre bien la hiérarchie et le partage des responsabilités. Mais M. d'Ormesson avait déjà un département si lourd et si étendu qu'il aspira à être déchargé des ponts et chaussées quand l'instauration de la corvée vint en compliquer la gestion. « Le détail des ponts et chaussées » lui fut retiré et, par arrêt du Conseil du 1er avril 1743, fut attribué au département de Trudaine[2], qui s'y illustra, tout en étant ensuite chargé d'autres « détails » fort importants[3].

Les intendances des finances finirent par constituer des postes quasi ministériels, dont relevèrent un personnel et des matières considérables et dont les titulaires correspondaient directement avec le chancelier, les secrétaires d'État, les intendants des provinces et, selon leurs attributions, avec les receveurs généraux des finances, les receveurs généraux des domaines et bois, les grands maîtres des eaux et forêts, les bureaux des finances, et certains virent leurs compétences s'enfler au long du siècle. Bien remaniée sous la Régence, l'administration des ponts et chaussées se développa beaucoup ensuite, de sorte que l'École des ponts et chaussées, créée en 1747, et le corps des ingénieurs, ingénieurs en chef et inspecteurs généraux relevèrent de l'intendance des Trudaine, qui devint une sorte de ministère s'occupant des travaux publics sur le plan technique comme sur le plan matériel et humain. La conduite de leurs départements imposait aux intendants des finances un labeur considérable, dont un cas fortuit donne parfois une idée. Lorsque, à la suite d'un accident de santé, Marie François d'Ormesson dut aller, en compagnie d'au moins un secrétaire, prendre les eaux de Bourbonne en 1774, il était toujours « en retenue de service », ce pourquoi un courrier lui apportait là-bas, plusieurs fois par semaine, des liasses de documents à signer, ce qui, chaque fois, représentait plus de cent et même de deux cents signatures[4] ! Ces intendants devinrent ainsi sous Louis XV des personnages de tout premier plan, d'aucuns, par leur habileté et leur longue expérience, acquérant sur certains groupes de financiers une autorité administrative et morale supérieure à celle du contrôleur général, qui était bien aise d'y recourir à l'occasion du renouvellement des baux des fermes ou même, tout simplement, pour obtenir une avance de trésorerie dans les moments difficiles : « Vous êtes, Monsieur, un très bon enjôleur, mandait un jour l'abbé Terray à M. d'Ormesson, et si les

1. Arrêt du Conseil daté de Fontainebleau le 23 octobre 1736 (Arch. nat., E 2151, fol. 267-269 ; publ. par F. Mosser, ouvr. cité, n° 12, p. 265-271).
2. Arrêt du Conseil daté du 1er avril 1743, mentionné par E. Vignon, ouvr. cité, t. II, p. 99.
3. Peu à peu, le département de Trudaine, débarrassé du domaine, fut grossi d'une bonne part des impositions indirectes (gabelles, une partie des fermes) et par les mines.
4. F. Mosser, ouvr. cité, p. 223.

jours suivants ressemblent à celuy d'hyer, la somme que je désire sera bientost complette. Je vous en dois les premiers remerciements et je feray les seconds à Messieurs les receveurs généraux à mon retour à Paris. Je compte mettre ce soir sous les yeux du Roy vos lettres et la petite liste de ceux qui se sont empressez à le servir[1] ».

Par de telles communications, Louis XV pouvait être bien au courant de toute l'activité des intendants des finances, quoiqu'ils ne fussent pas appelés à lui en rendre compte directement, et se convaincre de leurs hautes compétences comme de leur dévouement à son service. Il concevait pour leurs personnes et leurs capacités tant d'estime et de confiance que, par exemple, Fagon et Trudaine furent pressentis pour la place de contrôleur général, qu'ils déclinèrent, préférant la stabilité d'un pouvoir et d'une considération fermement assis au prestige fragile d'un poste ministériel. Des circonstances particulières purent même leur procurer des relations personnelles avec le souverain. La maison royale de Saint-Cyr, fondée par Louis XIV en 1686, s'étant développée, il la dota en mars 1694 d'un conseil pour l'administration de son temporel, dont le chef fut l'un de ses ministres : Louis de Pontchartrain d'abord, puis Chamillart et ensuite Voysin, à la mort duquel en 1717 la charge échut au duc de Noailles. Celui-ci en remit le détail à Henri d'Ormesson, alors maître des requêtes et conseiller au Conseil de Finances, qui continua à remplir ce rôle jusqu'en 1736, où il fut officiellement investi de cette direction, qui passa en 1752 à son fils et en 1775 à son petit-fils. Or elle amenait celui qui l'assumait à travailler deux fois par mois tête à tête avec le Roi. C'est dire que, de père en fils, MM. d'Ormesson ont été fort bien connus de Louis XV, qui conçut pour eux tant d'estime, de confiance et d'amitié, que lorsque, d'Aguesseau abandonnant ses fonctions, le Roi dut chercher un successeur au chancelier démissionnaire, il se tourna d'abord vers le beau-frère de celui-ci, vers Henri d'Ormesson, conseiller d'État et intendant des finances, qui se récusa en arguant de son âge et de sa santé[2].

On comprend que MM. d'Ormesson aient été très fiers de leur département et très soucieux d'en sauvegarder les attributions. Quand Turgot remania les intendances des finances en septembre 1774, Marie d'Ormesson, alors loin de Paris, mandait à son fils : « Voilà bien du mouvement dans les charges et les départemens d'intendans des finances. Je crois qu'il faut laisser aller les choses suivant ce que M. le contrôleur général, qui en a le droit, juge à propos d'y faire, et tâcher de maintenir notre département intact. Il est beau, bien complet, nous ne devons point désirer qu'il soit augmenté, mais seulement de conserver la confiance et la considération qu'il nous doit mériter[3]. »

1. L'abbé Terray à M. d'Ormesson; Versailles, 15 janvier 1770 (Arch. nat., 144 AP 102; orig. autogr.).
2. Sur cet épisode, voir F. Mosser, ouvr. cité, p. 8-9.
3. Marie d'Ormesson à son fils et survivancier; Bourbonne-les-Bains, 12 septembre 1774 (Arch. nat., 144 AP 129, doss. 1; orig.).

Avec tous ses départements et toutes les matières qu'il embrassait, le contrôle général accaparait des compétences dont les chefs d'autres ministères purent estimer que certaines leur revenaient, au moins en partie, ce qui suscita des projets et des tentatives de partage d'attributions.

Dès qu'il fut nommé garde des sceaux et secrétaire d'État des Affaires étrangères en 1727, Chauvelin, dont les ambitions étaient grandes, porta son attention sur le commerce et élabora bientôt divers projets le concernant[1]. Il entendait faire créer un cinquième secrétariat d'État, auquel on eût attribué les ponts et chaussées, les haras, les fortifications et les pays d'états et que l'on eût confié à Fagon, conseiller au Conseil royal des Finances, intendant des finances et président du bureau du Commerce. En même temps serait institué un Conseil royal de Commerce, tenu le mardi en alternance avec le Conseil royal des Finances, ayant la même composition que celui-ci, enrichie de la présence des secrétaires d'État de la Marine et des Affaires étrangères. On établirait en-dessous un Conseil de Commerce tenu une fois par semaine chez le cardinal de Fleury et comprenant les secrétaires d'État de la Marine et des Affaires étrangères et les deux conseillers d'État membres du Conseil royal des Finances, qui seraient chargés par ailleurs de tenir le bureau du Commerce, qui subsisterait, mais moins nombreux, et l'on réduirait à deux les charges d'intendants du commerce. Chauvelin convoitait alors la place de chef du Conseil royal des Finances, demandait aux diplomates français à l'étranger de le renseigner sur le commerce et les manufactures des pays où ils résidaient et entendait, en s'appuyant sur son prestige de garde des sceaux, sur son influence de secrétaire d'État des Affaires étrangères et sur son crédit auprès de Fleury, se ménager un rôle étendu dans les questions de commerce et, par ce biais, attirer assez d'affaires pour contrebalancer l'autorité immense du contrôle général et entamer son omnipotence sur la vie économique. Il se mesurait ainsi à forte partie, surtout quand Orry fut nommé contrôleur général le 20 mars 1730 à la place de Le Peletier des Forts. Il reprit, en effet, le projet de Conseil royal de Commerce. Celui-ci fut créé le 29 mai 1730, mais par un règlement dont la teneur écartait tout ce qui pouvait atténuer ou mettre en question les compétences du contrôle général et laissait subsister sans changement le bureau et les intendants du commerce[2].

Avec Chauvelin, c'était tout un pan des attributions du contrôle général qui s'était trouvé mis en cause. Une quarantaine d'années plus tard, ce furent surtout celles d'un intendant des finances. Lorsque Bertin quitta les finances en décembre 1763 et que fut alors créé pour lui un

1. Sur sa tentative, voir M. Antoine, *Le Conseil du Roi sous le règne de Louis XV*, p. 135-139.

2. Règlement daté de Fontainebleau le 29 mai 1730 (Arch. nat., O^1 74, p. 233-235, copie; U 1164, impr. – *Actes royaux*, t. V, n°s 30430-30431). Sur ce règlement, voir *infra*, p. 483.

secrétariat d'État, il reçut des attributions assez disparates, soustraites en majeure partie au contrôle général, notamment « l'agriculture et les sociétés d'agriculture ». C'est que, sans être pour autant physiocrate, il s'était, comme contrôleur général, beaucoup intéressé aux questions agricoles. Dès 1760, il avait lancé la création des sociétés d'agriculture et d'un comité d'agriculture. Ce dernier était appelé à jouer auprès du contrôle général un rôle analogue à celui du bureau du Commerce, tandis que les sociétés auraient été à travers les provinces les homologues des chambres de commerce. Le comité, dont Trudaine fut l'âme, a préparé les dispositions prises en 1761 et 1762 pour exempter d'impôts les terres nouvellement défrichées et aussi la déclaration du 25 mai 1763, qui permit de faire circuler les grains et farines dans toute l'étendue du royaume en exemption de tous droits.

Bertin entendait donc continuer comme secrétaire d'État à s'occuper de la politique agricole. Il en eut l'impression ou plutôt l'illusion, jusqu'à ce jour de mars 1769, où il reçut pour la contresigner une lettre de cachet prescrivant au procureur général du parlement de Paris de faire procéder par cette cour à l'enregistrement d'un édit abolissant le droit de parcours et autorisant les clôtures en Champagne, province relevant de son secrétariat d'État[1]. C'est que, par le biais des dégrèvements d'impôts accordés à l'occasion des défrichements, dessèchements et autres initiatives agronomiques, « le département des impositions », dirigé par M. d'Ormesson, intendant des finances, avait conservé, à l'insu de Bertin, la haute main sur ces opérations essentielles. Après diverses démarches, Bertin demanda en 1771 que ces affaires lui fussent cédées dans leur intégralité. L'abbé Terray y consentit et avertit en conséquence Marie d'Ormesson, qui s'y opposa avec la dernière véhémence par un long mémoire, qu'il concluait en ces termes : « ce ministère [des finances] ne doit jamais perdre de vue la source des richesses nationales. C'est elle qui doit le diriger dans toutes ses opérations [...]. Ainsi, M. Bertin peut compter sur le plus grand désir de seconder ses vues, mais il ne doit pas désirer d'intervertir l'ordre de l'administration[2] ».

Bertin eut l'élégance de ne pas relever l'insolence de ces propos, il se contenta d'y dénombrer plusieurs graves erreurs de fait et d'en réfuter l'argumentation. « On a pensé jusqu'à présent, posait-il, que chaque objet d'administration devroit avoir ses limites et que l'universalité ne pouvoit qu'entraîner beaucoup de dérangement. On ne poussera pas plus loin des observations dont le but est de faire sentir la nécessité de

1. Cette compétition d'attributions a été révélée et étudiée par Marc BLOCH dans son article « La lutte pour l'individualisme agraire dans la France du XVIIIe siècle », dans *Annales d'histoire économique et sociale*, t. 2 (1930), p. 329-384 et 511-556.

2. « Mémoire » de M. d'Ormesson, intendant des finances; s.d. (octobre 1771) (Arch. nat., H 1495, n° 58, minute; publ. en partie par M. ANTOINE, *Le Conseil du Roi sous le règne de Louis XV*, p. 406-407). Ce mémoire était l'œuvre de Marie François d'Ailly, premier commis de M. d'Ormesson.

remettre chaque chose à sa place[1]. » Sur quoi Terray se rallia au refus intransigeant de M. d'Ormesson.

Ce conflit d'attributions est hautement révélateur du poids que pouvait atteindre l'autorité d'un intendant des finances. Voilà, en effet, l'un d'eux qui rallie à ses vues le contrôleur général dans une compétition où il tient tête à un homme qui, après avoir été pendant quatre ans son supérieur, est pour lors ministre d'État, secrétaire d'État et, en outre, l'ami personnel du Roi. Il est possible que Louis XV, qui connaissait fort bien et estimait M. d'Ormesson – avec lequel il réglait tête à tête deux fois par mois les affaires de la maison de Saint-Cyr – ait alors renoncé à trancher le différend. Il ne s'y résolut qu'à la fin de 1773, où ce fut sur son ordre que, non sans beaucoup de mauvaise grâce et de lenteurs, M. d'Ormesson céda enfin ces détails à Bertin, qui, en échange, restitua au contrôle général « la navigation dans l'intérieur du royaume, les canaux faits et à faire ».

Certains intendants purent être portés plus que d'autres à enfler les compétences de leur département, au risque d'indisposer leurs collègues, cependant que les conseillers d'État les trouvaient trop envahissants.

On a vu qu'en 1774 M. d'Ormesson jugeait son département « beau, bien complet »[2], cela alors qu'un élargissement dont il avait fait l'objet quelques années plus tôt ait dû être annulé. L'Averdy, en effet, préoccupé par l'énorme arriéré des dépenses acquittées sur les revenus des impositions directes et indirectes, se rendit compte que, pour 178 millions de fonds ordonnés, il n'existait pas moins de cent quarante-quatre états du Roi, fortement suspectés d'inexactitude, et voulut y remédier[3]. Un arrêt du Conseil fut rendu le 30 octobre 1767 en vue de mettre fin à ce chaos. Le Roi y reconnaissait que, « d'un côté, l'on s'est entièrement écarté de l'esprit et des dispositions du règlement du Conseil roïal des Finances du 15 septembre 1661 concernant cette partie et que l'usage qui s'est introduit de former un trop grand nombre de ces états, ainsi que l'habitude où l'on est de les copier chaque année sur ceux de l'année précédente ne pouvoit que donner lieu à des erreurs et des abus, qui devoient nécessairement entraîner le désordre et la confusion dans cette branche importante de ses finances ; et, d'un autre côté, ces états étant divisés et répartis en différentes mains, cela est également contraire à la disposition précise du même règlement de 1661 ». En conséquence, « voulant rétablir dans cette partie le bon ordre, la justice et l'équité, sans cependant rien changer dans la forme actuelle de la comptabilité », il avait résolu « de n'en charger qu'une seule et même personne et d'éta-

1. « Réponse [de M. Bertin] au mémoire. Défrichements et dessèchements » ; s.d. [1771] (Arch. nat., H 1674, n° 31).
2. Voir *supra*, p. 462.
3. Voir J. Félix, ouvr. cité, p. 408.

blir des règles certaines dont on ne pourra s'écarter à l'avenir ». Ces règles étaient longuement détaillées par l'arrêt. Il était prévu notamment (art. 2) qu'il ne serait plus expédié chaque année que huit états de distribution des finances [1]. « Choisi et nommé pour être chargé desdits états », M. d'Ormesson, intendant des finances, aurait en conséquence entrée au Conseil royal des Finances et devrait former « un résultat des recettes et dépenses de tous lesdits états, qui sera remis sous les yeux de Sa Majesté et par Elle approuvé en son Conseil royal des Finances [2] ». Par un autre arrêt du même jour était ordonnée la représentation de tous les titres des parties prenantes employées dans les états du Roi devant M. d'Ormesson et MM. Lambert et de Caze de La Bôve, maîtres des requêtes, et un receveur général des finances, M. Harvouin, secrétaire du Roi, était désigné pour tenir, sous la direction de M. d'Ormesson, le bureau chargé de ces états [3].

Ces mesures, qui tendaient à créer comme un embryon de service du budget, ne reçurent qu'une application éphémère. La vérification des parties prenantes eut lieu effectivement et procura des résultats très positifs, mais la formation des états du Roi dans un service unique, en gratifiant d'un surcroît d'importance le département de M. d'Ormesson et en conférant à son chef l'accès à un des Conseils de gouvernement, portait atteinte à l'équilibre des responsabilités au sein d'une organisation collégiale. Elle indisposa à tel point ses collègues, en particulier Boullongne et Boutin, qu'en 1771 l'abbé Terray y renonça et répartit entre les intendants la confection de ces états [4].

Si la sauvegarde de l'harmonie entre leurs départements a pu être à l'origine de quelque dissentiment entre les intendants des finances, ces derniers finirent, d'autre part, par être accusés de perturber le fonctionnement du Conseil. Par le règlement du 3 janvier 1673, Louis XIV avait fixé à vingt-quatre le nombre des conseillers d'État de robe et ce nombre fut ensuite considéré comme presque sacré. Il ne connut que quelques dépassements rares et temporaires et, après la majorité de Louis XV, ne varia pas pendant une quarantaine d'années. Mais en 1765 surgirent à ce sujet des difficultés liées aux intendances des finances. Les conseillers d'État s'en émurent et résolurent de se tourner vers le Roi [5]. Comme le lui fit observer l'un d'eux, « les places d'intendants des finances étant presque toujours accordées, à titre de survivance ou autrement, plus de dix ans et souvent plus de vingt ans avant l'âge où l'on devient conseiller d'État », ces officiers menaçaient de monopoliser le

1. Un pour les rentes sur l'Hôtel de Ville, un pour les recettes générales des finances, un pour les gages des maîtres de poste, un pour les domaines et bois, un pour les ponts et chaussées, turcies et levées, un pour les fermes générales, un pour les monnaies et un dernier pour les autres revenus.

2. Arrêt du Conseil daté de Versailles le 30 octobre 1767 (Arch. nat., E 2440, fol. 647-651).

3. *Ibid.,* fol. 652-654.

4. Sur cette réforme, voir F. Mosser, ouvr. cité, p. 157-162; M. Antoine, *Le Conseil du Roi sous le règne de Louis XV*, p. 452-454.

5. Sur ce débat, voir M. Antoine, *ibid.,* p. 183-187, 219-220.

décanat du Conseil[1]. Les griefs mis en avant par M. Gilbert de Voisins, l'un des plus savants conseillers d'État, étaient plus graves. Il représenta à Louis XV que si, en se renfermant exactement dans les termes du règlement de 1673, il avait évité « les inconvénients trop sensibles de l'augmentation du nombre des places, le cours du temps a amené un autre inconvénient non moins sensible, qui naist de l'accumulation de plusieurs places sur une mesme teste, équivalente à la diminution réelle de ce nombre. Lorsque le règlement fut fait en 1673, il n'y avoit que deux intendans des finances et leurs charges y furent comprises au mesme rang que les autres places de conseillers d'État indépendantes de tout titre d'office. Quelques-uns crurent pouvoir réunir en leur personne une place de ce genre avec celle que leur attribuait le titre de leur charge. Cela ne fut point contredit et on n'y fit que peu d'attention parce qu'ils n'étoient que deux. Mais le nombre des charges d'intendans des finances s'étant augmenté depuis successivement, à mesure que chacun de ceux qui en étoient revêtus a occupé en mesme temps une autre place de conseiller d'État, la diminution du nombre de ces places, déterminé par le règlement pour un service indépendant de tout autre titre au Conseil d'État, est devenue plus grande et plus sensible dans ses conséquences, et elle est telle aujourd'hui que, de sept intendans des finances qui existent en titre de charges, six possèdent en mesme temps une de ces places de conseiller d'État. De là, pour le service du Conseil, un vide inévitable, Messieurs les intendans des finances, occupez plus que jamais à une multitude d'autres fonctions dans le détail de leurs divers départemens, ne pouvant s'assujetir à l'assiduité de la séance au Conseil ; et pour l'ordre et la dignité du Conseil mesme, une diminution réelle du nombre des vingt-quatre conseillers uniquement appliquez au service[2] ». Ces propos concernaient le Conseil d'État privé, où, en ces temps, se tinrent des séances auxquelles n'assistaient que cinq conseillers d'État !

Bien que ce comportement eût quelques autres causes, il y eut unanimité tant pour considérer les intendants des finances comme responsables du malaise, que pour rejeter la solution facile consistant à décréter une augmentation du nombre des conseillers d'État. Certains proposèrent de déclarer ces places incompatibles avec toute autre place donnant accès au Conseil, ou que les intendants des finances eussent qualité de conseillers d'État surnuméraires. Finalement, Louis XV décida de créer six places de conseillers de robe surnuméraires, mais, « voulant procurer l'extinction de ces places », il décida que, si elles venaient à vaquer, il n'y nommerait « un conseiller d'État surnuméraire, s'il y échet, que lorsqu'il y aura deux places vacantes, et ainsy successive-

1. Mémoire de M. Joly de Fleury, conseiller d'État ; juin 1766 (Bibl. nat., coll. Joly de Fleury, 1053, fol. 34-43 ; minute autogr.).
2. Rapport au Roi sur les conseillers d'État par M. Gilbert de Voisins, conseiller d'État et au Conseil des Dépêches ; s.d. [1766] (Arch. nat., U 870 ; minute autogr.).

ment, de manière que la vacance des six places présentement créées ne produira que trois conseillers d'État surnuméraires, lesquels ne pourront estre remplacés que dans la même progression, sans qu'après la mort, promotion ou démission des deux derniers qui se trouveront rester, il puisse en estre nommé aucun autre à leur place[1] ».

L'augmentation ainsi provoquée ne fut en effet que temporaire, car on veilla à ce que fût scrupuleusement appliqué le subtil expédient qui l'organisa. Celui-ci, on l'aura remarqué, ne spécifiait rien au sujet des intendants des finances, qui sortaient donc indemnes de cette crise. Mais, comme cet arrangement n'atteignait pas à la source les torts qu'on leur imputait, ceux-ci allaient continuer à nourrir contre eux une sourde animosité, dirigée sans doute moins contre leurs personnes que contre le statut et le poids de charges aussi élevées que les leurs.

Les quatre intendants du commerce et leurs départements ne suscitèrent aucun débat de ce genre. En premier lieu, parce que leurs offices n'avaient ni la même importance, ni le même prestige que ceux des intendants des finances et ne pouvaient guère leur servir de marchepied pour accéder à une place de conseiller d'État[2]. Et aussi parce qu'ils étaient beaucoup moins chargés d'affaires. À partir de leur rétablissement en 1724, chacun se vit confier un département comprenant, pour le commerce intérieur, un lot de provinces et généralités du royaume et, pour le commerce extérieur par terre, certains pays étrangers, le tout en liaison avec le contrôleur général. Le commerce extérieur par mer, notamment le commerce avec les colonies, relevait du secrétaire d'État de la Marine, qui faisait rapporter par eux au bureau du Commerce les affaires qu'il jugeait devoir leur transmettre. Mais lorsque Choiseul prit la Marine en octobre 1761 et la céda en 1766 à son cousin le duc de Praslin en échange des Affaires étrangères, le commerce extérieur par terre comme par mer tendit à n'être traité que par ces deux secrétariats d'État. C'est pourquoi, peu de temps après l'accession de Praslin à la Marine, il fut flanqué spécialement d'un intendant du commerce extérieur et maritime désigné par commission, M. de Vilevault[3].

* *
*

Pour le contrôleur général comme pour le premier commis et les intendants des finances, la gestion de leurs départements reposait sur le travail de leurs bureaux, dont bien des indices révèlent le rôle majeur. Mais la documentation à ce sujet est aussi indigente que pour le règne de Louis XIV, dépourvue d'informations suivies et ne livrant que des renseignements espacés, tardifs et partiels. Par exemple, ce fut seulement à

1. Arrêt du Conseil daté de Versailles le 5 octobre 1766 (*ibid.*, E 2431, n° 133).
2. Voir *supra*, p. 456.
3. Voir *supra*, p. 456.

partir de 1761 que l'*Almanach royal* détailla chaque année les noms et attributions des premiers commis des secrétariats d'État, du contrôle général et des intendances des finances, sans jamais indiquer leurs subalternes. La difficulté de recenser tout ce personnel tient aussi au fait que son recrutement continuait à ne relever que des ministres : « Je ne connois ny ne veux connoître que mon secrétaire d'État, disait Louis XV en 1759 ; ainsy je les laisse entièrement le maître de leurs commis [1]. » En l'occurrence, ces propos concernaient le secrétariat d'État des Affaires étrangères, mais n'eussent pas été différents s'il s'était agi du contrôle général des finances. De même, les ministres laissaient d'habitude à leurs premiers commis la liberté de choisir leurs commis comme ils l'entendaient [2]. Par suite, l'accession à ces différents emplois n'était ni prononcée ni instrumentée par une décision émanée du Roi, sous quelque forme que ce fût : c'était un engagement d'ordre privé, qui ne pouvait guère laisser de traces dans les archives publiques.

Le contrôleur général était le plus souvent flanqué d'au moins un secrétaire, son homme de confiance, préfiguration de nos directeurs de cabinet, et qui apparaît tantôt comme chargé seulement de ce poste, tantôt comme le cumulant avec celui de premier commis. C'est ainsi que Le Seurre, secrétaire de Bertin au contrôle général, était par ailleurs adjoint au premier commis Cromot [3] et que Beaurain, secrétaire de L'Averdy, était aussi l'un de ses premiers commis [4]. L'abbé Terray eut deux secrétaires, Chesnot et Dupuy, ce dernier en même temps premier commis [5].

Le nombre de ces premiers commis paraît avoir varié entre cinq et sept, car l'installation d'un nouveau contrôleur général impliquait toujours quelques changements affectant les personnes et les compétences. Pourvu de ce poste le 21 avril 1722, Dodun avait aussitôt nommé premiers commis François de Saintville et Jean-Baptiste Gayardon de Lévignen, mais lorsque Le Peletier des Forts lui succéda le 14 juin 1726, ces deux personnages furent évincés dès le lendemain au bénéfice de Marc de Villiers et d'un sieur Desfourneaux [6], cependant que des Forts conservait les autres premiers commis, dont certains étaient en place

1. Louis XV au comte de Broglie ; 3 mars 1759 (*Correspondance secrète inédite de Louis XV sur la politique étrangère avec le comte de Broglie, Tercier, etc....* publ. par E. Boutaric, t. II [Paris, 1866, in-8°], n° LXX, p. 239).

2. Le 10 février 1764, Bertin, alors secrétaire d'État, écrivait en ces termes à M. Bourgelat, inspecteur général des haras : « Je suis bien fâché, Monsieur, de n'avoir aucune occasion de placer le sieur Duplaquet, mais il s'en faut que mes bureaux m'en aient fourni les moyens, puisqu'ils n'ont pas eu besoin de nouveaux sujets et que, d'ailleurs, j'en laisse entièrement le choix aux chefs » (*Correspondance de Claude Bourgelat*, publ. par L. Moulé, t. II [Paris, 1919, in-8°], p. 122-123). Voir à ce sujet J.-P. Samoyault, *Les Bureaux du secrétariat d'État des Affaires étrangères sous Louis XV* (Paris, 1971, in-8°), p. 157-165.

3. *Almanach royal*, 1761, p. 162.

4. J. Félix, ouvr. cité, p. 122.

5. *Almanach royal*, 1771, p. 185.

6. Mutations attestées par les versements d'appointements figurant dans l' « Ordinaire du Trésor royal » de 1726 (Arch. nat., KK 218[15]).

depuis longtemps comme Clautrier, auquel son fils était adjoint, comme Jean-Baptiste Robin, Nicolas Lépineau, Nicolas Rasmus et René Liber du Closneuf. D'après les comptes d'appointements, Le Peletier des Forts était assisté en 1726 par sept premiers commis et Orry par huit en 1731, l'ensemble servi en outre par Gabriel Foulon et Michel Glomy, « facteurs des bureaux, porteurs de lettres et paquets »[1]. D'après l'*Almanach royal,* Bertin disposait en 1761 de cinq premiers commis, l'un d'eux flanqué d'un adjoint[2], et l'abbé Terray était en 1771 à la tête de six[3].

Il est impossible de suivre ici dans toutes leurs particularités et modifications l'histoire des attributions de ces premiers commis. On se contentera de les saisir telles nous sont connues pour 1763, quelques mois avant que Bertin ne quitte le contrôle général[4]. De son premier commis Parent dépendaient « la Compagnie des Indes, l'examen des projets d'agriculture, de commerce, de finance, et le dépôt du contrôle général ». À Mesnard de Conichard étaient attribués « les pays d'états ci-après : la Bretagne, le Languedoc, la Bourgogne, la Provence, l'Artois et la Flandre [...]. Les dépenses extraordinaires de la ville de Marseille. L'enregistrement des affaires rapportées au Conseil royal des Finances, ainsi que des décisions. La subrogation des places vacantes dans les commissions extraordinaires du Conseil concernant les finances ». Cromot du Bourg était à la tête d'un service très important, qui regroupait deux bureaux en place depuis Colbert : le bureau des Dépêches et le bureau des Rentes. La besogne du bureau des Dépêches, où Cromot avait pour adjoint Le Seurre, premier secrétaire de Bertin, consistait « dans l'ouverture et le rapport au ministre de toutes les lettres, requêtes, placets et mémoires, dans le renvoi qui en est fait, soit aux intendans des finances, soit aux autres départemens, dans l'expédition des affaires instantes et du cabinet. Les passeports donnés par le contrôleur général, le visa des passeports donnés par les autres ministres ; les mémoires pour le travail du Roi et décisions de Sa Majesté pour la nomination aux intendances et autres grâces qu'Elle accorde en finance. L'expédition de toutes les affaires qui n'ont point de département fixe ou que le ministre traite directement ». Au bureau des Rentes incombaient « la confection de l'état de toutes les rentes sur l'Hôtel de Ville et le détail de tout ce qui a trait aux payeurs desdites rentes, leurs contrôleurs et les syndics des tontines. La rédaction de tous les arrêts en réformation d'erreurs de noms pour rentes perpétuelles ou viagères et autres ayant rapport à cette partie ». Et avec cela les états des gages des cours supérieures de Paris,

1. *Ibid.* et KK 218[19*bis*].
2. Ces personnages étaient : Melchior François Parent, François Mesnard de Conichard (remplaçant Gilbert Jérôme Clautrier à partir du 1er janvier 1761), Jules David Cromot du Bourg, Jacques Étienne de Villiers et Jean François Barbey ; Edme David Le Seurre, secrétaire personnel de Bertin, était aussi adjoint à Cromot du Bourg.
3. MM. Mesnard de Conichard, Cromot du Bourg et, à partir du 1er février, son remplaçant M. de Broé, MM. Beaurain, de Villiers père et fils et Barbey (*Almanach royal*, 1771, p. 183-185).
4. *Almanach royal*, 1763, p. 171-172.

Dijon et Bordeaux, de la grande chancellerie et « les charges assignées sur les cinq grosses fermes, celles sur les gabelles de France et de Lyonnois et celles assignées sur les traites ».

De M. de Villiers relevaient « les affaires contentieuses du Conseil royal, la vérification des états au vrai des fermes générales et des petites gabelles, celle des comptes des passeports, des dépenses pour le Roy par l'adjudicataire des fermes et des immeubles des fermes qui passent d'un bail à un autre; le cahier du temporel du Clergé; les mémoires de l'Imprimerie royale; le dépôt des papiers de la Compagnie des Indes jusqu'en 1759 et de différents projets de finance ». M. Barbey, enfin, avait « la signature des arrêts, édits et déclarations du Roy, l'expédition des arrêts en commandement, les monnoies, lettres patentes et le dépôt de toutes les minutes, la rédaction des arrêts portant subrogation de MM. les maîtres des requêtes et des fermiers généraux; la signature de tous les états au vrai et rôles passant au Conseil royal des Finances; les ordonnances pour la capitation de la cour et de Paris ».

À elle seule, cette énumération est révélatrice des personnes, des institutions et des milieux avec lesquels les premiers commis du contrôleur général étaient en relations et, par suite, de l'influence qu'ils pouvaient exercer dans la conduite des affaires. De même, leur rôle dans la rédaction et l'expédition de documents législatifs, administratifs ou financiers ne pouvait que leur conférer en fait des responsabilités très étendues.

Le premier commis des finances, lui aussi, avait ses propres premiers commis, sur le nombre desquels les renseignements sont rares. Nommé premier commis des finances à la fin de 1724, Jean de Boullongne semble avoir dès lors installé comme premier commis Gaspard Pierre Louis de Boisfranc[1], mort dans cet emploi en 1746, et qui paraît avoir alors été remplacé par Bonnemain[2]. Il est possible que l'un et l'autre aient eu au moins un collègue, mais les informations à ce sujet n'émergent que tardivement. L'*Almanach royal* révèle qu'en 1771 Le Clerc, auquel son fils était adjoint, était assisté d'un secrétaire et de cinq premiers commis[3], mais ces derniers n'étaient que quatre en 1776 auprès de Jean de Vaines[4]. Quant aux gardes des registres du contrôle général, on ne sait comment était organisé leur service.

De même que le contrôleur général, les intendants des finances commandaient à des premiers commis, dont le nombre variait d'une intendance à l'autre. Entre 1761 et 1775, par exemple, l'effectif a pu atteindre chez certaines jusqu'à sept, voire huit personnes, l'une étant parfois qualifiée « principal premier commis », et les intendants des finances disposaient aussi d'un secrétaire[5].

---

1. Il bénéficia depuis au moins 1726 d'un acquit patent de 3 000 livres (Arch. nat., P. 3437, fol. 210).
2. L'acquit patent de Boisfranc lui échut alors (*ibid.*, fol. 297).
3. MM. de Bard (secrétaire), Mélin, Bourboulon, Vannesson, Doré et Duclaud (*Almanach royal*, 1771, p. 183 et 185).
4. MM. Mélin, Drouet de Santerre, Vannesson et Duclaud (*Almanach royal*, 1776, p. 223-224).
5. Voir M. Antoine, *Le Conseil du Roi sous le règne de Louis XV*, p. 313-315.

Si le changement de contrôleur général entraînait toujours quelques mouvements parmi les premiers commis, il ne déclenchait jamais un renouvellement intégral de l'équipe, dont tels et tels membres étaient des personnages considérables, si difficiles à remplacer en raison de leur expérience, de leurs capacités et de leurs mérites que certains y firent de très longues carrières. En 1731, Nicolas Rasmus recevait, outre ses appointements ordinaires de premier commis, « la somme de 2 000 livres, que le Roi lui accorde annuellement en considération des services qu'il rend depuis plus de cinquante années dans les bureaux des contrôleurs généraux[1] ». Nicolas Lépineau, bénéficiaire depuis 1716 d'un acquit patent en qualité de « premier commis chargé du détail des rentes et de l'arresté des états des gages et augmentations de gages des cours supérieures et autres », en fut gratifié jusqu'à sa mort en 1745[2]. Jean François Boudrey, premier commis au service d'Orry en 1731, est resté en place jusqu'en 1758 ou 1759. Ces longs services firent surgir des dynasties de premiers commis. Souvent déjà, on a évoqué ici les Clautrier : le père en poste de 1708 à 1749 et son fils de 1721 à 1761. Marc de Villiers, recruté en 1726 par Le Peletier des Forts, s'adjoignit en 1752 son fils Jacques Étienne, qui lui succéda en 1762 et fit aussitôt travailler sous lui son fils Marc Étienne, promu son adjoint dès 1767[3].

La plupart des intendants des finances étant longtemps restés en fonctions, leurs premiers commis eurent souvent une carrière plus stable que ceux du contrôleur général. Sous plusieurs maîtres successifs, un même premier commis, Louis Guillaume de Motte de Montgaillard, dirigea de 1727 à 1743 le bureau des ponts et chaussées, à la tête duquel les Trudaine n'en eurent ensuite que deux : Delaroche de 1743 à 1768, puis Cadet de Chambine, qui ne se retira qu'en 1792[4]. Si M. de La Peyre, premier commis de MM. d'Ormesson, fut gratifié d'un acquit patent à partir au moins de 1724[5], c'est qu'il travaillait depuis quelque temps déjà dans leur département, qu'il ne quitta qu'en 1767, étant alors principal premier commis[6]. D'aussi longues fonctions à travers les changements de postes reposaient sur des liens personnels de confiance et d'amitié : lorsque la mort de M. Chauvelin de Beauséjour en 1767 laissa « sans place » son secrétaire M. Durieux, celui-ci exposa qu'il avait été « pendant dix-huit ans secrétaire de M. Chauvelin, lors intendant de Picardie; [et que] lorsque M. Chauvelin fut nommé intendant des finances, il le chargea du détail des monnoyes, qu'il a suivi pendant douze ans. Le département des monnoyes ayant passé à M. Langlois, le Sr Durieux resta attaché à M. Chauvelin », le tout représentant trente années de service[7]. En 1756, le sieur Deschamps, « qui tient les

1. Rôle du Trésor royal. 1731 (Arch. nat., KK 218[19bis]).
2. Arch. nat. P 3437, fol. 167v° et 238v°
3. M. Antoine, *Le Conseil royal des Finances...*, p. xxxvi, note 48.
4. J. Petot, ouvr. cité, p. 161-162.
5. Arch. nat. P 3437, fol. 202, 211v°, 222v°, 232, 242v°, 250v°, etc.
6. F. Mosser, ouvr. cité, p. 150 (note 116), 158, 217-218.
7. Bon du Roi du 3 octobre 1767 accordant à Durieux le maintien de ses appointements (Bibl. nat., Ms. fr. 6798, fol. 422; orig.).

registres des finances sous les ordres de M. de Boullongne », premier commis des finances, représentait « qu'il travaille depuis 1717 » et qu'il « succéda à son père, qui y avoit été employé dans les mêmes détails pendant très longtemps[1] ».

Si le recrutement et les compétences des premiers commis du contrôleur général et de ceux des intendants et du premier commis des finances sont souvent malaisés à déterminer, l'organisation et les effectifs de leurs bureaux sont encore plus difficiles à préciser[2]. Une certitude cependant : la dispersion de ces bureaux entre Paris et Versailles et, dans Paris, entre divers quartiers de la ville, sur quoi l'*Almanach royal* a donné très tôt des indications précises.

Le contrôle général avait ses bureaux à Versailles et surtout à Paris. Dans la capitale, il fallut attendre janvier 1756 pour qu'il cessât d'être astreint périodiquement à déménager de la résidence d'un partant vers celle de son successeur : on lui affecta alors une demeure officielle, l'hôtel des ambassadeurs, rue Neuve-des-Petits-Champs[3], qui accueillit le contrôleur général, son secrétaire et quelques-uns de ses premiers commis, les autres étant installés soit à Versailles, soit à leur domicile parisien. Une partie de l'hôtel de la rue Neuve-des-Petits-Champs fut réservée au premier commis des finances; il n'avait à Versailles qu'un seul de ses premiers commis et tous les autres travaillaient auprès de lui à Paris.

Les bureaux des intendants des finances étaient tous uniquement dans la capitale, mais, au sein de chaque département, le travail était, là aussi, distribué entre l'hôtel de l'intendant, où il hébergait au moins son secrétaire et un de ses premiers commis, et les résidences des autres, situées en général dans le voisinage. En 1765, par exemple, les Trudaine demeuraient dans un hôtel de la rue des Vieilles-Haudriettes, où ils n'accueillaient que leur premier commis Naudet, chargé du « renvoi des placets et mémoires », les autres étant installés rue Neuve-Saint-François, rue Sainte-Croix-de-La-Bretonnerie et (c'était Delaroche et les ponts et chaussées) rue des Enfants-Rouges. MM. d'Ormesson résidèrent place Royale avant d'acquérir en 1759 l'ancien hôtel de Mayenne rue Saint-Antoine, où l'intendant se transporta avec son secrétaire et installa dans les communs son premier commis Barbier, dont dépendait « tout le contentieux du département », cependant qu'à proximité La Peyre rue du Parc-Royal, Boissy rue Saint-Antoine près la rue de Fourcy, d'Ailly rue Saint-Antoine vis-à-vis la rue des Ballets, Gaudet

1. Bon du Roi du mois d'avril 1756 accordant à Deschamps une gratification de 3 000 livres (*ibid.*, fol. 202; orig.).

2. Il n'y a sur ce sujet qu'une étude fondamentale, l'ouvrage souvent cité déjà ici, de F. Mosser, *Les Intendants des finances au XVIIIe siècle. Les Lefèvre d'Ormesson et le « département des impositions » (1715-1777)*. L'article de J. Félix, « Les commis du contrôle général des finances au XVIIIe siècle », dans *L'Administration des finances sous l'Ancien Régime*, colloque tenu à Bercy les 22 et 23 février 1996 (Paris, 1997, in-8°; Comité pour l'histoire économique et financière de la France), p. 81-102, est moins fouillé.

3. Luynes, *Mémoires*, t. XXIV, p. 400.

quai des Miramionnes et les frères Roettiers rue des Blancs-Manteaux vaquaient à l'expédition des affaires qui leur étaient dévolues. La situation était la même dans les autres intendances des finances.

Dans tous ces locaux parisiens et versaillais, les premiers commis commandaient à des commis, des expéditionnaires, des courriers et autres employés dont dépendait la bonne marche du service. La rareté des documents nous prive de vues d'ensemble sur les effectifs de tout ce personnel, sur lequel on ne dispose que de quelques données incidentes et partielles.

Chaque année sous Louis XV, le Roi et la cour faisaient à Compiègne au début de l'été, et surtout à Fontainebleau à l'automne, des séjours de plusieurs semaines, durant lesquels une partie des bureaux ministériels se transportait dans ces résidences. Les commis qui participaient à ces déplacements avaient droit à une indemnité particulière pour les dépenses qu'ils leur causaient. Pour les finances, la répartition de cette indemnité est connue pour 1771 et est assez révélatrice pour qu'on s'y attarde. Concernant les premiers commis du contrôleur général, elle livre les détails suivants[1] :

Mesnard de Conichard : présent à Compiègne avec 7 commis et 1 facteur, et de même à Fontainebleau.
Broé : présent à Compiègne avec 6 commis et 1 facteur, et de même à Fontainebleau.
Barbey : présent à Compiègne avec 5 commis et 1 facteur, et de même à Fontainebleau.
Beaurain : présent à Compiègne avec 5 commis et 1 facteur, et de même à Fontainebleau.
Villiers : présent à Compiègne avec 2 commis et 4 à Fontainebleau.
Moreau, chargé du dépôt des papiers du contrôle général : 2 commis à Compiègne et 2 à Fontainebleau.

Fut en outre présent dans les deux voyages « le commis chargé des traductions pour le service des finances des papiers écrits en langues étrangères »[2].

Quant à Le Clerc, premier commis des finances, il envoya dans ces résidences deux de ses premiers commis :

Melin, avec 9 commis et 1 facteur à Compiègne, et 8 commis et 1 facteur à Fontainebleau.
Bourboulon, avec 6 commis à Compiègne et 8 à Fontainebleau.

Ces chiffres sont éloquents, même s'ils ne livrent qu'une partie de la réalité. Il en ressort que, pour les séjours de la cour à Compiègne et à

1. « Dépenses. 1771 » (Arch. nat., O^1 735, fol. 296v°-298v°).
2. Ce commis dépendait d'Edme Jacques Genet, chef du bureau des interprètes au secrétariat d'État des Affaires étrangères, qui était aussi chargé de traductions pour les autres ministères.

Fontainebleau en 1771, cinq premiers commis de Terray furent accompagnés d'au moins vingt-sept commis et quatre facteurs, et que deux premiers commis de Le Clerc furent à la tête de seize commis et un facteur. Il est certain que ne sont ainsi recensés qu'une fraction des effectifs complets des bureaux, dont la majeure partie ne quittait ni Versailles ni Paris lors de ces déplacements. Il est clair aussi que le nombre des subordonnés variait d'un premier commis à un autre, chez le contrôleur général comme chez les intendants des finances, et que ce nombre pouvait être élevé. On a la preuve, par exemple, que, parmi les premiers commis de M. d'Ormesson en 1726, Delpech dirigeait 38 personnes, Laurès 24 et du Meynier 16, soit un total de 78 personnes, qui ne recouvrait pas les bureaux des autres premiers commis [1].

À défaut d'un recensement intégral du personnel, on connaît pour 1771 le coût du fonctionnement des bureaux, où certains articles de dépense ont été modifiés à la suite de l'édit de janvier 1771 relatif aux offices d'intendants des finances, qui a entraîné des transferts et des échanges de compétences. Pour les premiers commis de l'abbé Terray, les chiffres globaux des appointements ordinaires, de leurs suppléments et des frais de bureaux sont les suivants [2] :

Mesnard de Conichard :	26 000 livres
de Broé :	26 300 livres
Marc de Villiers :	10 800 livres
Jacques Étienne de Villiers :	2 400 livres
Barbey :	27 400 livres
Beaurain :	20 000 livres
Dupuy :	19 000 livres [3]
Destouches :	15 000 livres

S'y ajoutaient 15 000 livres pour Moreau, « chargé du dépôt des papiers du contrôle général », 2 000 versées « au chevalier de Borda pour son travail des calculs » et 800 pour les facteurs. Soit un total de 163 958 livres.

Sans en énumérer toutes les parties prenantes, les crédits alloués la même année « aux intendants des finances pour les appointemens de leurs commis et frais extraordinaires de leurs bureaux » s'élevaient à 324 355 livres [4]. C'est dire que les dépenses des bureaux des intendants des finances atteignaient pratiquement le double de celles des bureaux

1. F. Mosser, ouvr. cité, p. 213-214.

2. Arch. nat., O[1] 735, fol. 91r°.

3. Dont 6 000 « comme secrétaire du Sr controleur général des finances ».

4. Le détail en a été compliqué par l'application des édits de janvier et juin 1771 relatifs aux offices d'intendants des finances. Pour les quatre intendants conservés en janvier, les chiffres étaient : 27 000 livres pour Trudaine, 98 000 pour d'Ormesson, 56 700 pour Moreau de Beaumont et 90 000 pour Boullongne. Quand Foullon fut pourvu en juin du cinquième office, il fut prévu pour son département une dépense annuelle de 72 000 livres, dont il ne toucherait que 38 800 pour la période s'écoulant de juin à décembre (Arch. nat., O[1] 735, fol. 95r°).

du contrôleur général. Est-il démonstration plus convaincante que celle-là de l'importance du rôle tenu par ces intendants, surtout quand on constate que, la même année, les intendants du commerce ne touchaient chacun que 10 000 livres « pour appointements et frais de bureaux »[1] ?

En 1771, les bureaux du contrôleur général, du premier commis et des intendants des finances bénéficièrent donc ensemble de crédits s'élevant à plus d'un demi-million de livres. Dépense à comparer avec celles des secrétariats d'État. Les bureaux de celui de la Maison du Roi bénéficiaient alors de 85 150 livres[2] ; ceux de la Guerre de 149 060 livres[3] ; ceux de la Marine de 75 600 livres[4] ; ceux des Affaires étrangères de 208 900 livres[5] et ceux de Bertin de 52 000 livres[6] soit, pour ces cinq ministères, un total de 570 740 livres. Messieurs des finances employaient donc à eux seuls dans leurs divers bureaux autant de personnel que les secrétaires d'État dans les leurs. Mieux que tout, ces décomptes mettent en évidence le poids du contrôle général dans le gouvernement et l'administration de l'État.

Qu'il s'agisse du contrôleur général ou des intendants des finances, les crédits affectés à leurs services en réglaient les frais de fonctionnement, qui ne couvraient qu'en partie les émoluments individuels.

Le contrôleur général et les intendants des finances étaient rémunérés, d'un côté, par des gages[7] fixes affectés à leurs charges et, d'un autre côté, par des pensions, gratifications et autres versements. Depuis Claude Le Peletier en 1683, tous les contrôleurs généraux ont touché des gages annuels de 36 000 livres, assignés sur les revenus casuels[8]. Mais, à des titres divers, ils percevaient non d'autres gages mais des appointements variés, dont le montant était assigné sur le Trésor royal et dont l'ensemble était fort supérieur à 36 000 livres. Le détail en est connu en 1771 pour Terray, qui toucha ainsi[9] :

18 000 £ : « pour appointemens et gages du Conseil »
10 000 £ : « pour le département du Trésor royal »
8 000 £ : « pour cahier de frais »
6 000 £ : « pour augmentation de cahier de frais »
1 000 £ : « pour ses domestiques »
12 000 £ : « pour appointemens extraordinaires »

1. Arch. nat., O[1] 735, fol. 91v°.
2. *Ibid.*, fol. 90v°.
3. *Ibid.*, fol. 92r°.
4. *Ibid.*, fol. 92v°.
5. *Ibid.*, fol. 93r°.
6. *Ibid.*, fol. 93v°.
7. « Gages » était le mot propre caractérisant pour les intendants des finances ce type de rémunération : il désignait l'intérêt de la finance qu'ils avaient payée pour acquérir leur office.
8. Voir *supra*, p. 332.
9. Arch. nat., O[1] 735, fol. 90v°, 95r°, 99r°, 100r°, 109v°.

26 000 £ : pour « gratification extraordinaire »
20 000 £ : pour « autre gratification »
20 000 £ : pour sa gratification de ministre d'État
2 000 £ : comme membre du bureau des Domaines
3 000 £ : comme membre du bureau des Fermes
4 000 £ : comme membre du bureau du Commerce
3 000 £ : par acquit patent

soit au total : 130 000 livres.

Mais le contrôleur général jouisssait en outre de divers dons et profits lors du renouvellement tous les six ans des baux des fermes et sous-fermes et chaque année de 12 000 livres versées par la Compagnie des Indes[1]. Ce poste avait indéniablement un très gros revenu, mais il était dispendieux à proportion, car il impliquait une représentation et un train de vie très coûteux.

À moindre échelle, le cas des intendants des finances était assez semblable. Étant érigées en titre d'offices, leurs fonctions leur procuraient des gages annuels invariables, fixés à 34 000 livres pour les offices créés en 1722, mais réduits à 17 500 pour ceux qui furent établis en janvier et juin 1771. À quoi s'ajoutaient aussi pour eux chaque année d'autres ressources, dont l'abondance progressait avec la durée des services. C'est ainsi qu'en 1771 M. d'Ormesson, doyen des intendants des finances, encaissait 34 100 livres[2], soit :

5 100 £ comme conseiller d'État ordinaire
10 000 £ comme conseiller au Conseil royal des Finances
8 000 £ comme conseiller au Conseil royal de Commerce
2 000 £ comme membre du bureau des Domaines
3 000 £ comme membre du bureau des Fermes
4 000 £ comme membre du bureau du Commerce
2 000 £ comme membre du bureau des Vivres.

Moins ancien dans son intendance des finances, Trudaine de Montigny ne toucha la même année que 17 300 livres[3] :

3 300 £ comme conseiller d'État semestre
2 000 £ comme membre du bureau des Domaines
3 000 £ comme membre du bureau des Fermes
4 000 £ comme membre du bureau du Commerce
2 000 £ comme membre du bureau de la Cie des Indes
3 000 £ par acquit patent.

1. « Devoirs et fonctions des principaux officiers des finances du royaume de France. Année 1755 » (Bibl. du Sénat, Ms. 328, p. 649-650).
2. Arch. nat., O[1] 735, fol. 90v°, 97v°, 99v°, 100r°, 100v°.
3. *Ibid.*, fol. 97v°, 99r°, 99v°, 100r°, 100v°, 109v°.

Des versements identiques valurent alors 22 300 livres à Moreau de Beaumont[1] et 27 300 livres à Boullongne[2]. Il était inévitable que le produit de ces charges d'intendants des finances suscitât des jalousies et des rancœurs et même des imputations calomnieuses.

En cette même année 1771, le premier commis des finances Le Clerc, dont les fonctions n'étaient fondées que sur un choix personnel du contrôleur général, émargeait au Trésor royal pour la somme de 97 500 livres, comprenant[3] :

10 000 £ pour la distribution des fonds
30 000 £ « pour appointemens »
47 300 £ « pour appointemens de commis et frais de bureaux »
10 200 £ « pour augmentation d'appointemens et frais de bureaux ».

S'y ajoutèrent 12 000 livres d'appointements pour son fils et adjoint. Il ressort donc que l'ensemble des appointements personnels de Le Clerc s'éleva en 1771 à 40 000 livres, qui s'accrurent en 1772 des 3000 livres d'un acquit patent[4]. Ces chiffres illustrent l'importance du rôle qu'il tenait dans la gestion des finances. Les appointements de ses commis et ses frais de bureaux atteignaient aussi une somme élevée et, bien qu'on ne puisse connaître le détail des dépenses qu'elle recouvrait, elle implique qu'il disposait d'un bon nombre de commis.

Qu'il s'agisse du contrôleur général, des intendants ou du premier commis des finances, il est difficile de déterminer les émoluments ordinaires de leurs premiers commis, qui variaient avec l'ancienneté des services et le poids des responsabilités assumées. L'octroi de diverses grâces donne parfois des indications. Lorsque Bulat, un des premiers commis de Boullongne, se retira en 1764, il obtint de « conserver 2 000 livres d'apointemens et de les rendre réversibles après luy à sa femme »[5], ce qui représentait au moins ses appointements habituels. En 1771, la veuve de Boudrey, « cy-devant premier commis du contrôle général des finances », décédé en 1760, touchait, comme chaque année, 6 000 livres « pour la portion à elle conservée des appointemens dont jouissoit ledit feu S. Boudrey[6] ». Le cas de Cromot du Bourg, « premier commis du bureau des dépêches au contrôle général des finances et de celuy des rentes », est troublant : ses fonctions prirent fin le 31 janvier 1771 et il fut en cette année gratifié et de 10 000 livres « pour partie

1. *Ibid.*, fol. 90v°, 97v°, 99r°, 99v°, 100r°, 101v°.
2. *Ibid.*, fol. 90v°, 97v°, 99r°, 99v°, 100r°, 101v°, 109v°.
3. *Ibid.*, fol. 92v°.
4. Arch. nat., P 3437, fol. 402v°.
5. Bon du Roi du 9 janvier 1764 (Bibl. nat., Ms. fr. 6798, fol. 323; orig.). Il jouissait aussi depuis 1756 d'un acquit patent de 3000 £, qu'il conserva jusqu'à sa mort le 24 octobre 1766 (Arch. nat., P 3437, fol. 334v° et 376).
6. Arch. nat., O^1 735, fol. 96v°. Boudrey bénéficiait depuis 1739 d'un acquit patent de 3000 £ (*Ibid.* F^4 1949).

conservée de ses appointemens 1771 », et encore de 6 000 livres pour « appointemens conservés 1771 [1] ». Outre leurs émolumens ordinaires, certains jouissaient de récompenses durables : on voit en 1771 Barbey et Beaurain, l'un et l'autre premiers commis du contrôleur général, percevoir chacun une gratification annuelle de 6 000 livres [2]. D'aucuns finissaient par recevoir un acquit patent de 3 000 livres, faveur fort recherchée non seulement pour le profit qu'on en tirait, mais aussi parce que, ce subside n'étant accordé qu'après un certain temps de service, il constituait un témoignage de satisfaction. Mais le nombre des acquits patents était limité et, comme ils avaient en général un caractère viager, leur obtention dépendait des décès ou des démissions. D'où parfois le parti d'aider les impétrants à prendre patience : en 1771, MM. de Broé et Beaurain, premiers commis du contrôleur général, et de La Pierre, premier commis de Moreau de Beaumont, ce dernier « en considération de son travail au département des eaux et forêts », recevaient chacun 3 000 livres « pour tenir lieu d'acquit patent » [3].

Il est encore plus malaisé de connaître les rémunérations perçues par le personnel employé par les premiers commis. Le montant en était versé aux bénéficiaires non par ordonnances sur le Trésor royal, mais par le premier commis dont ils dépendaient, qui en prélevait le montant sur le chapitre « appointements de commis et frais de bureaux » des crédits alloués au service qu'il dirigeait. Là encore, des dépenses exceptionnelles projettent quelques faibles lumières. Le 1er janvier 1765, L'Averdy, après avoir rappelé à Louis XV qu'il avait eu « la bonté d'accorder depuis quelques années une gratification de 1 500 livres à quelques commis et surnuméraires attachés au bureau des dépesches, qui n'ont que de très foibles apointemens et qui travaillent avec zèle et assiduité », lui proposa « de porter cette année cette gratiffication à 2 400 livres », assurant Sa Majesté « qu'elle a été bien méritée et que jamais le bureau n'a été aussi occupé » ; et le Roi d'agréer cette suggestion [4]. Quelques années plus tard, M. de Broé, alors premier commis du même bureau, reçut un crédit de 6 600 livres, « pour être par luy distribué aux commis et surnuméraires de son bureau qui ont le plus mérité par leur assiduité et leur travail pendant 1771 [5] ». Il semble que, par l'indemnité de 400 livres qu'ils procuraient chacun aux commis qui y prenaient part, les voyages de la cour à Compiègne et à Fontainebleau constituaient pour eux une aubaine fort appréciée : voici par exemple, en 1767, les frères Caffin, « commis des bureaux de M. le controlleur général », qui demandent et obtiennent « une gratification extraordinaire de

1. *Ibid.*, O[1] 735, fol. 96v°.
2. *Ibid.*, fol. 174r° et 175v°.
3. *Ibid.*, fol. 110v° et 161v°.
4. Bon du Roi du 1er janvier 1765 (Bibl. nat., Ms. fr. 6798, fol. 254 ; orig.). En conséquence, une ordonnance datée du 18 janvier ordonna le payement de 2400 livres entre les mains de Cromot du Bourg, premier commis dudit bureau (*ibid.*, fol. 253 ; minute).
5. Arch. nat., O[1] 735, fol. 162r°.

666 livres, à cause de leur travail aux comptes des passeports et pour les indemniser de ce qu'ils auroient ménagé sur la gratification du voyage de Fontainebleau, s'il avoit eu lieu l'année dernière[1] ».

S'ils étaient connus en détail et couvraient quelque durée, les appointements ordinaires des premiers commis et de leurs commis révéleraient probablement des situations variées, les premiers commis pouvant assez souvent accéder à des traitements confortables. Le sort de leurs subalternes serait probablement plus contrasté, certains gagnant largement leur vie et d'autres étant assez chichement payés. Quoi qu'il en ait été, il n'est pas douteux que, dans l'ensemble, l'effectif des bureaux de Messieurs des finances s'est gonflé entre 1726 et 1777.

* *
*

Lorsqu'en 1726 Louis XV fit de Fleury un premier ministre de fait, le Conseil du Roi redevint à peu près tel qu'il était dans les dernières années de Louis XIV, avec, d'une part, les Conseils de gouvernement, toujours tenus par le Roi en personne, et, d'autre part, les Conseils présidés par le chancelier et les bureaux et commissions qui s'y rattachaient[2]. En 1726, les Conseils de gouvernement étaient trois : le Conseil d'En-haut (appelé couramment Conseil d'État), le Conseil des Dépêches et le Conseil royal des Finances. Cet ensemble s'accrut en mai 1730 du Conseil royal de Commerce.

Le Conseil d'En-haut avait pour jours de réunion le dimanche et le mercredi et, sans parler des séances extraordinaires nécessitées par les événements, observa rigoureusement ce rythme. En 1723, il avait été décidé qu'il devait délibérer, comme sous Louis XIV, « de toutes les affaires étrangères et des grandes résolutions sur les principales matières du gouvernement, de quelque espèce qu'elles soient »[3], et ce fut en effet son rôle pendant quelques années, mais, dès 1730, il fut concurrencé pour la politique intérieure par le Conseil des Dépêches. Celui-ci se tenait le samedi, réunion parfois avancée au vendredi, mais, en plus de cette session hebdomadaire, il y en eut une multiplicité d'extraordinaires et ce Conseil devint l'homologue du Conseil d'En-haut, étant aux affaires du dedans ce que l'autre était aux affaires du dehors. Lors de la majorité du Roi, il avait été prévu que le Conseil royal des Finances s'assemblerait le lundi, mais cette séance fut reportée en 1724 au mardi et ce jour lui resta ensuite rituellement affecté. Quant au Conseil royal de Commerce apparu en 1730, il devait, lui aussi, avoir lieu le mardi,

1. Bon du Roi du 14 juin 1767 (Bibl. nat., Ms. fr. 6798, fol. 365; orig.).
2. Pour le détail de l'histoire et de l'organisation des Conseils, on se reportera à nos ouvrages *Le Conseil du Roi sous le règne de Louis XV* et *Le Conseil royal des Finances au XVIIIe siècle et le registre E 3659 des Archives nationales.*
3. Voir *supra*, p. 421.

mais seulement tous les quinze jours. Dans quelle mesure Messieurs des finances participaient-ils à l'activité de ces Conseils de gouvernement ?

Au Conseil d'En-haut n'entraient que les ministres d'État, qui étaient en nombre restreint : Louis XIV n'en avait jamais eu plus de cinq à la fois et Louis XV, fidèle à cet usage, fit osciller leur nombre entre quatre et sept. Cette dignité était conférée aussi bien à des hommes investis par ailleurs d'une charge ou fonction gouvernementale, qu'à d'autres dont tout le rôle n'était que d'entrer en ce Conseil pour y faire bénéficier le Roi de leurs lumières et de leur expérience. Le secrétaire d'État des Affaires étrangères était par nécessité ministre d'État et le contrôleur général le fut presque toujours. Le chancelier (ou le garde des sceaux), les secrétaires d'État, le contrôleur général des finances et, depuis octobre 1757, deux conseillers d'État qualifiés « conseiller au Conseil des Dépêches » composaient celui-ci, dont les secrétaires d'État étaient les rapporteurs attitrés. La présence du contrôleur général s'imposait dans ces deux Conseils, où il était difficile de débattre sans lui de la politique générale. Il était plus spécifiquement en vedette dans les deux autres Conseils de gouvernement.

Après le décès ou la mise à l'écart des princes du sang, le Conseil royal des Finances comprenait le chancelier, le chef du Conseil royal des Finances, le contrôleur général et deux conseillers d'État ayant reçu qualité de conseillers en ce Conseil. Quant au Conseil royal de Commerce, il accueillit le chancelier, les secrétaires d'État de la Marine, des Affaires étrangères et de la Guerre, le contrôleur général, le conseiller d'État président du bureau du Commerce ; le nombre des conseillers d'État appelés à y siéger finit par atteindre quatre en 1774, ce qui permettait de gratifier de cette admission les intendants des finances.

La commission de chef du Conseil royal des Finances avait été attribuée en septembre 1714 au maréchal duc de Villeroy[1], que le Régent avait exilé de la cour au mois d'août 1722 et qui obtint d'y revenir en juin 1725. À son décès en juillet 1730, il fut remplacé dans ce poste par le duc de Charost[2], qui, en mars 1745, le résigna en faveur de son fils le duc de Béthune[3]. Celui-ci mourut le 12 février 1759 et la place resta vacante jusqu'en avril 1766, où elle échut au duc de Praslin[4]. C'était la première fois qu'un secrétaire d'État et ministre d'État en était gratifié : elle n'avait été occupée depuis 1661 que par des ducs et pairs n'exerçant par ailleurs aucune fonction gouvernementale, car elle avait été conçue pour être et demeurer dénuée de toute immixtion dans la finance et l'on avait eu soin, pour qu'elle ne s'y glissât point, d'en écarter les gens de robe. Ses gages annuels de 40 000 livres permettaient de procurer une sinécure à quelque seigneur bien en cour. Le duc de Praslin en fut privé

1. Voir *supra*, p. 372.
2. Commission datée de Compiègne le 23 juillet 1730 (Arch. nat., O[1] 74, p. 307-309 ; copie).
3. Commission datée de Versailles le 19 mars 1745 (*ibid.*, O[1] 89, p. 112-115 ; copie).
4. Commission datée de Versailles le 7 avril 1766 (*ibid.*, O[1] 110, p. 166-168 ; copie).

quand il fut chassé des Conseils par la disgrâce le 24 décembre 1770 et elle resta inoccupée jusqu'en mai 1776 pour être alors octroyée à Maurepas [1].

Les deux postes de conseillers au Conseil royal des Finances étaient, on l'a vu, fort recherchés, puisqu'ils permettaient aux conseillers d'État leurs titulaires d'approcher personnellement le Roi et de toucher 10 000 livres d'appointements annuels. En 1726, l'un était occupé par Fagon et l'autre par Le Peletier des Forts. Celui de Fagon fut ensuite dévolu au marquis d'Argenson [2], puis à Feydeau de Brou [3], à Barberie de Courteilles [4] et à Feydeau de Marville [5]. Celui de des Forts passa successivement à Lamoignon de Courson [6], à Henri François d'Ormesson [7], à Daniel Trudaine [8] et à Jean Nicolas de Boullongne [9]. Le prestige de ces deux postes fut à la fois éclipsé par ceux de conseillers au Conseil des Dépêches, érigés en 1757 avec des appointements de 12 000 livres, et diminué par leur propre multiplication. En juin 1758, en effet, une place de conseiller surnuméraire au Conseil royal fut accordée à Berryer [10], qui ne put longtemps s'en prévaloir puisqu'il devint secrétaire d'État le 1er novembre suivant. Il n'y eut pas de successeur avant 1766, où ces surnumérariats devinrent comme des expectatives, qui donnaient à leurs bénéficiaires l'accès au Conseil royal sans les appointements, qu'ils ne toucheraient qu'après le décès ou le retrait d'un des titulaires, et ce fut le cas de Feydeau de Marville [11] et de Jean Nicolas de Boullongne [12]. Mais, en prélude à l'arrêt du Conseil du 30 octobre 1767 relatif à la confection et à la présentation des états du Roi [13], Marie François d'Ormesson fut créé à la fois surnuméraire et titulaire le 29 septembre [14] et le même sort échut d'entrée de jeu en 1769 à Moreau de Beaumont et Trudaine de Montigny [15]. C'est ainsi qu'à l'avènement de Louis XVI cinq conseillers d'État (dont un seul, Feydeau de Marville, n'était pas intendant des finances) étaient pleinement revêtus de la dignité de conseillers au Conseil royal des Finances, où bientôt La Galaizière vint remplacer

1. Voir *supra*, p. 443.
2. Commission datée de Lille le 23 mai 1744 (Arch. nat., O1 88, p. 181).
3. Commission datée de Versailles le 20 novembre 1744 (*ibid.*, p. 273-275; copie).
4. Commission datée de Fontainebleau le 1er novembre 1762 (*ibid.*, O1 106, p. 325-326; copie).
5. Commission datée de Versailles le 7 novembre 1767 (*ibid.*, O1 111, p. 406-407; copie).
6. Commission datée de Versailles le 8 janvier 1730 (*ibid.*, O1 74, p. 5-6; copie).
7. Commission datée de Versailles le 16 mars 1742 (*ibid.*, O1 86, p. 132-134; copie).
8. Commission datée de Versailles le 20 mars 1756 (*ibid.*, O1 100, p. 92-93; copie).
9. Commission datée de Versailles le 4 mars 1767 (*ibid.*, O1 111, p. 172-174; copie).
10. Commission datée de Versailles le 1er juin 1758 (*ibid.*, O1 102, p. 302-305 : copie).
11. Commission datée de Versailles le 9 janvier 1766 (*ibid.*, O1 110, p. 8-9; copie). Feydeau de Marville devint titulaire à la mort de Barberie de Courteilles.
12. Commission datée de Versailles le 7 novembre 1767 (*ibid.*, O1 111, p. 404-405; copie). Boullongne devint titulaire à la mort de Trudaine.
13. Voir *supra*, p. 465-466.
14. Commission datée de Versailles le 29 septembre 1767 (Arch. nat., O1 111, p. 318-319; copie).
15. Commissions datées de Versailles le 4 mars 1769 (*ibid.*, O1 114, p. 174-175 et 175; copies).

d'Ormesson décédé[1]. L'accès facile des intendants des finances à ces places si enviées a dû pour une part alimenter les ressentiments des conseillers d'État à leur endroit. Paradoxalement, ce renfort de conseillers correspondait non à quelque surcharge de travail du Conseil royal des Finances, mais au contraire à sa régression. Ces nominations ne servaient qu'à témoigner de la satisfaction du Roi envers ceux qui en bénéficiaient.

Depuis 1724, le Conseil royal siégeait en principe tous les mardis et il en fut ainsi pendant quelques années, mais ses réunions perdirent assez vite leur régularité. Le règlement du 29 mai 1730 instituant le Conseil royal de Commerce prescrivit que celui-ci se réunirait aussi le mardi, « tous les quinze jours ou plus souvent si Sa Majesté le juge à propos »[2], ce qui, sans le spécifier ouvertement, impliquait alternance avec le Conseil royal des Finances. Durant les premiers mois de son existence, ce nouveau Conseil fonctionna assez régulièrement, mais ses séances se raréfièrent bientôt. Aucune, semble-t-il, n'eut lieu en 1736 et, relatant celle du 13 janvier 1739, « il y avoit trois ans, remarquait Luynes, qu'on n'en avoit tenu[3] ». Un règlement du 7 mai 1747 tenta de le ranimer[4] : il siégea ce même jour et « il y avoit quatre ou cinq ans que le Roi [ne l'] avoit tenu[5] ». Peut-être reprit-il un bref semblant d'activité au temps des physiocrates et des économistes, mais, à la fin du règne de Louis XV, il ne se réunissait plus et « ne servoit qu'à donner un titre et des appointemens aux membres dont il étoit composé[6] ». Sa besogne était accomplie en fait par le bureau du Commerce.

Mais si, dans ses premiers mois, ce Conseil eut lieu, selon les dispositions de son règlement, un mardi sur deux, cette expérience a dû révéler au cardinal de Fleury et au contrôleur général Orry que le Conseil royal des Finances s'accommodait fort bien de cette alternance et qu'une session hebdomadaire ne lui était pas indispensable. Le rythme de ses réunions alla donc aussi en se relâchant, même lorsque le Conseil royal de Commerce entra en sommeil. On a la preuve qu'au cours de 1736[7] le Conseil royal des Finances tint non pas une cinquantaine de séances, mais seulement un peu plus de trente, soit à peine la moitié de ce qu'il aurait dû. Cette année n'a, à cet égard, aucun caractère exceptionnel : les réunions de ce Conseil allèrent peu à peu en s'espaçant au long du règne de Louis XV et, après la guerre de Sept Ans, on en relevait à peine une

1. Commission datée de Versailles le 31 décembre 1775 (*ibid.*, O^1 122, p. 280-281 ; copie).
2. « Règlement pour l'établissement d'un Conseil royal de Commerce » daté de Fontainebleau le 29 mai 1730 (*ibid.*, 74, p. 233-235, copie ; U 1164, impr. – *Actes royaux,* t. V, n°s 30430-30431).
3. Luynes, *Mémoires*, t. II, p. 322.
4. « Règlement pour le Conseil royal de Commerce » daté de Versailles le 7 mai 1747 (Arch. nat., O^1 91, p. 214-215 ; copie).
5. Luynes, *Mémoires*, t. VIII, p. 213-214.
6. Mémoire sur les « Avantages d'un Comité d'Agriculture » par M. Parent, premier commis du contrôleur général (1760) [Arch. nat., F^{10} 258]. Les appointements étaient de 8 000 livres.
7. Cette référence à l'année 1736 et celle qui suivront dans ce chapitre sont toutes tirées de notre livre *Le Conseil royal des Finances au* XVIII*e siècle...*

par mois. Cet effacement contraste avec l'intense activité que n'ont cessé de mener dans le même temps le Conseil d'En-haut et le Conseil des Dépêches. Le Conseil royal avait été créé par Louis XIV en 1661 pour y régler, sur l'avis des personnes qu'il y appellerait, « toutes les affaires qui étoient résolues et exécutées par le surintendant seul »[1]. Mais on constatait à la fin de 1768 qu'« aujourd'hui [ces affaires] se traitent et se règlent presque toutes entre Sa Majesté et le contrôleur général de ses finances quand ils travaillent ensemble[2] ». Ce dépérissement du Conseil découlait en grande partie du fait que le contrôleur général en était l'unique rapporteur. Il y donnait à ce qu'il présentait la tournure forgée dans son cabinet ou dans celui d'un intendant des finances, et comme c'était le résultat d'une masse de détails que les autres membres du Conseil ne connaissaient pas comme lui, la décision était comme inévitablement conforme à son avis. Puisque le rapporteur décidait presque tout, à quoi bon réunir le Conseil ? D'autre part, comme maintes questions étaient tranchées par le Roi lors de son travail avec ce ministre, le Conseil royal eut surtout à régler des affaires administratives et judiciaires dont la solution était destinée à faire jurisprudence et fut ainsi encombré par un contentieux sans portée majeure, sur lequel il était inutile de solliciter l'attention et la décision du souverain, et il y eut là une autre cause du déclin de son activité. D'une certaine façon, en effet, c'était lasser le Roi de réunir ce Conseil que de lui y soumettre des rapports qui ne pouvaient que lui paraître insipides et banals. On en eut la preuve au début du règne de Louis XVI, où « M. de Maurepas avait tenu ferme pour assembler souvent des Conseils de finance, afin d'y faire porter les règlements généraux et certaines affaires vis-à-vis des particuliers, dont le contrôleur général était le seul juge dans son cabinet. L'expérience a fait voir que les affaires contentieuses entre particuliers ne pouvaient pas être portées au Conseil [royal] des Finances, parce qu'un contrôleur général n'a pas le temps physique de se livrer à ce travail pour en être le rapporteur. M. Turgot a pris le parti, sur les contestations de ce genre, de les renvoyer à l'assemblée des six intendants de finance[3] ».

Une fâcheuse prédestination semble donc avoir frappé les Conseils appelés à traiter les matières relevant du contrôle général. Le sort du Conseil royal des Finances sous Louis XV apparaît, en effet, comme une réplique atténuée de celui du Conseil d'État et des finances ou Conseil ordinaire, disparu entre 1685 et 1690 au terme d'un déclin sensible déjà vers 1667[4]. De ces deux Conseils émanaient les arrêts, simples ou en

---

1. Voir *supra*, p. 296.
2. « Règlement du 15 septembre 1661 [...] conféré avec le règlement du Conseil du 30 octobre 1767 et avec quelques observations historiques » (Arch. nat., F^{30} 110^{1} ; publié en pièce justificative à notre article « Les Conseils des Finances sous le règne de Louis XV », dans *Revue d'histoire moderne et contemporaine*, t. V (1958), p. 188-197.
3. VÉRI, *Journal*, t. I, p. 227.
4. Voir *supra*, p. 316-318.

commandement, appelés « arrêts en finance », caractérisés par leur préambule où il était toujours précisé qu'ils étaient rendus « ouï le rapport du sieur [...], conseiller ordinaire au Conseil royal et contrôleur général des finances ». Or, de 1667 à 1715, le nombre des arrêts en finance était resté aussi stable que si le Conseil ordinaire était toujours en pleine activité, et de même ce nombre n'a nullement fléchi entre 1715 et 1775, malgré la baisse de fréquence du Conseil royal. C'est ainsi que 129 d'entre eux résultèrent de vingt-huit séances tenues par lui en 1736, alors que furent rédigés cette année-là 2 638 arrêts en finance (545 arrêts en commandement et 2093 arrêts simples). La finance se singularisait en cela par rapport au Conseil des Parties, dont tous les arrêts étaient parfaitement délibérés lors de sa séance hebdomadaire, comme par rapport au Conseil des Dépêches avec ses sessions régulières et de nombreuses extraordinaires. Dans les arrêts en finance, le Conseil était donc souvent une fiction, ce qui mérite une enquête très poussée.

Bien que le Conseil ordinaire n'existât plus et que le Conseil royal des Finances espaçât de plus en plus ses réunions, certaines résolutions étaient de façon très légitime instrumentées par arrêts en finance, car elles exprimaient des décisions adoptées soit personnellement par le Roi, soit au sein d'assemblées qui étaient comme des satellites gravitant autour du Conseil.

Une première source d'arrêts en finance non délibérés en Conseil était le travail du Roi avec le contrôleur général, car un bon nombre des décisions qui y étaient prises recevaient la forme d'arrêts en finance. C'est attesté, en particulier, par cinq portefeuilles des Archives nationales qui conservent les originaux des rapports de finance soumis à Louis XV pendant que le duc de Bourbon fut premier ministre[1]. Dresser ainsi en arrêts en finance des résolutions royales non débattues dans des Conseils réglés relevait d'un usage immémorial, souvent attesté sous Henri IV et sous Louis XIII. Étant maître de la composition de ses Conseils, le Roi était libre, sans réunir l'un d'eux, de consulter tête à tête tel de ses conseillers, de considérer qu'il agissait alors selon l'esprit de conseil, âme de son gouvernement, et d'appeler « arrêt » les décisions ainsi adoptées. Il y a donc lieu de s'interroger non pas sur le recours à cet usage, mais sur son extension. Or s'il est certain que, tout au long du règne de Louis XV, des arrêts du Conseil – dont certains étaient en finance – ont résulté de son travail particulier avec ses ministres, le nombre de ces arrêts n'a jamais représenté qu'une faible proportion des quelque deux mille cinq cents arrêts qui étaient dressés en moyenne chaque année. Le travail du Roi n'était donc pas la seule source normale d'arrêts en finance.

1. Arch. nat., E 3654-3658.

Si le Conseil ordinaire des Finances était à peine un souvenir et si le Conseil royal échelonna de plus en plus ses séances, certaines de leurs dépendances survécurent sous Louis XV. C'étaient les « commissions ordinaires des finances », appelées aussi les directions puisqu'elles englobaient la grande et la petite Direction des finances et les bureaux qui les flanquaient. Grande et petite direction étaient comme des vestiges du Conseil de Direction établi en 1615. La grande Direction était tenue par le chancelier ou le garde des sceaux dans la salle du Conseil des Parties et se composait du chef du Conseil royal, du contrôleur général, des conseillers au Conseil royal, des intendants des finances et des conseillers d'État membres des bureaux en dépendant. Les maîtres des requêtes y rapportaient et y opinaient. Elle jugeait des procès renvoyés devant elle, procédait à l'adjudication de fournitures aux armées et à la marine et à la vente d'offices nouvellement créés, et c'était là qu'étaient communiquées aux députés des états provinciaux les réponses à leurs cahiers. Elle se réunissait en principe tous les quinze jours, en général à l'issue du Conseil des Parties, mais remplissait difficilement ce programme et tenait en fait de six à douze réunions par an : sept, par exemple, en 1736, dont deux pour des adjudications. En l'alimentant d'un grand courant d'affaires, le contrôleur général eût mêlé le chancelier à bien des détails de l'administration financière, ce que, depuis Colbert, on tenait à éviter. La petite Direction siégeait dans l'appartement du chef du Conseil royal et sous sa présidence, groupant autour de lui le contrôleur général, les conseillers au Conseil royal, les intendants des finances et le garde du Trésor royal ; les maîtres des requêtes avaient faculté d'y entrer, mais sans opiner, à l'exception du rapporteur. Elle s'était assemblée à diverses reprises sous la Régence, mais le maréchal de Villeroy, chef du Conseil royal, ayant été éloigné de la cour en 1722[1], elle fut condamnée à l'inactivité. Orry la rétablit en 1730, quand le duc de Charost remplaça Villeroy, mais elle n'eut aucune périodicité et ne paraît pas avoir été convoquée plus d'une ou deux fois par semestre et ne le fut qu'une fois en 1736. Lorsque le duc de Béthune, chef du Conseil royal depuis 1745, mourut en 1759, Louis XV ne désigna personne pour lui succéder dans ce poste, qui resta vacant jusqu'en 1766, où le Roi le confia au duc de Praslin. De février 1759 à avril 1766, la petite direction fut donc dans l'impossibilité de se tenir. Ensuite, « M. le duc de Praslin en a tenu deux ou trois et depuis il n'en a été tenu aucune », reconnaissait l'un de ses membres en 1777[2]. Très légitimement, les décisions de ces Directions étaient exprimées par arrêts en finance, mais, vu le rythme de leurs sessions, ces arrêts ne pouvaient foi-

1. Voir *supra*, p. 418.

2. *Mémoire sur la petite direction des finances par M. Joly de Fleury, conseiller d'État* (Bibl. nat., Coll. Joly de Fleury, ms. 1053, fol. 77-81), publié en pièce justificative à notre article « Les Conseils des Finances sous le règne de Louis XV », dans *Revue d'histoire moderne et contemporaine*, t. V (1958), p. 198-200.

sonner : un calcul portant sur 1736 révèle que dix-huit arrêts émanèrent d'elles cette année-là, dont treize de la grande et cinq de la petite [1].

Curieusement, les dépendances des directions furent plus actives qu'elles. De même que différents bureaux flanquaient le Conseil d'État privé [2], de même deux autres étaient-ils établis auprès des directions : l'un pour « les affaires des domaines et aides », et l'autre pour « les affaires des gabelles, cinq grosses fermes, tailles et autres affaires de finance ». À l'exception du chef du Conseil royal et d'un ou deux conseillers d'État, ils avaient chacun la même composition que les directions, enrichie de la présence de trois maîtres des requêtes spécialement choisis, et, au bureau des domaines, des inspecteurs généraux. Ils étaient présidés par le conseiller d'État doyen du Conseil, chez qui ils se tenaient, le mardi après-midi pour le bureau des domaines et le vendredi matin pour l'autre. Mais, alors que les bureaux du Conseil privé ne servaient qu'à préparer ses débats, ne rendaient point d'arrêts et que leurs membres ne bénéficiaient d'aucun avantage pécuniaire, ceux des directions prononçaient des arrêts et procuraient des appointements spécifiques : 3 000 livres aux membres du bureau des gabelles et cinq grosses fermes et 2 000 à ceux du bureau des domaines, ce qui était la récompense d'un labeur soutenu, car ces deux bureaux siégeaient fréquemment et examinaient beaucoup d'affaires.

L'ampleur de leur besogne est attestée notamment par le développement du rôle des inspecteurs généraux du domaine créés en 1717 « pour poursuivre et défendre toutes les affaires qui concernent le domaine de la couronne et qui sont portées aux différents Conseils de Sa Majesté [3] », ce qui leur ouvrit le bureau des domaines, où ils faisaient les fonctions d'avocats généraux du Roi. Les deux hommes pourvus initialement de cette commission, MM. Magneux et de Poilly, eurent à mener des enquêtes et des recherches si poussées que, par le jeu des expectatives avec retenue de service, ils furent rejoints depuis 1730 par un collègue de renfort. Ce fut d'abord M. Fréteau, qui eut pleine commission en 1734 [4] et fut remplacé à sa mort en 1771 par M. Lorry, survivancier depuis 1764 et actif jusqu'en 1791 [5]. À Magneux, disparu en 1740 succéda M. Lorenchet [6], dont le poste échut en 1757 à son sur-

1. Chiffre établi grâce au plumitif et aux répertoires dressés par les secrétaires du Conseil d'État et des finances (Arch. nat., E 1683^{8}, 1683^{266}-1683^{269}).

2. Bureaux des cassations, des parties, des affaires ecclésiastiques, etc.

3. Voir *supra*, p. 397-398.

4. Arrêt du Conseil daté de Versailles le 19 septembre 1730 accordant à Michel Louis Fréteau la survivance de la première des deux places qui viendrait à vaquer (Arch. nat., E 1061^{B}, n° 22). Par autre arrêt daté de Versailles le 23 mars 1734, il fut commis à la place de feu M. de Poilly (*ibid.*, E 1102^{B}, fol. 1-4).

5. François Lorry, avocat du Roi en la chambre du domaine, fut commis par expectative par arrêt du Conseil daté de Versailles le 18 août 1764 (*ibid.*, E 2415, n° 4) et à la succession de Fréteau par autre arrêt daté de Versailles le 9 septembre 1771 (*ibid.*, E 2469, n° 118). Depuis janvier 1764, il était aussi premier avocat des finances (voir *supra*, p. 000).

6. Philibert Lorenchet fut commis par arrêt du Conseil daté de Compiègne le 14 août 1740 (*ibid.*, E 2186, n° 297).

vivancier M. Gibert[1], pour passer après sa mort à la fin de 1771 à M. Lebrun, alors premier secrétaire du chancelier de Maupeou[2], à qui fut substitué M. Racine peu après l'avènement de Louis XVI[3]. Fréteau et Gibert étaient en fonctions en 1759 quand, « pour accélérer l'expédition des affaires », leur fut associé M. Comarieu, d'abord en expectative, puis comme titulaire d'une troisième et définitive commission[4], dans laquelle lui incombèrent des compétences particulières : de 1771 à 1776, il fut chargé, en liaison avec la Marine, de traiter les affaires concernant le domaine aux colonies et, depuis 1773, de s'occuper, en liaison avec les Affaires étrangères, des limites et frontières du royaume.

Il n'est pas douteux que les décisions adoptées au terme des débats du bureau des domaines et du bureau des gabelles et cinq grosses fermes, dont la composition était en fait identique à celle des directions, furent exprimées par des arrêts en finance, beaucoup plus nombreux que ceux qui émanèrent de ces dernières.

Une autre source de tels arrêts fut l'assemblée des intendants des finances, instaurée en 1690 par Pontchartrain après avoir triplé le nombre de ces Messieurs [5]. Elle se tint alors tous les quinze jours, en alternance avec la grande direction, chez le chef du Conseil royal, groupant les deux conseillers à ce Conseil, le contrôleur général et les intendants, qui y étaient rapporteurs. La suppression de ces derniers en 1715 éteignit cette pratique, qui ne fut remise en vigueur qu'en 1730 par Orry, sans renouer exactement avec les usages observés sous Louis XIV. Dès lors, en effet, cette assemblée ne comprit plus le chef du Conseil royal, ni les conseillers à ce Conseil, ni le contrôleur général, et fut réduite aux seuls intendants, parfois assistés par des maîtres des requêtes dans le rôle de rapporteurs. Elle se réunissait une fois par semaine, chez le plus ancien des intendants. Elle s'interrompit par moments, notamment sous le ministère de L'Averdy, et fut rétablie en janvier 1769 par Maynon d'Invault. Elle retomba en léthargie sous Terray. Turgot la ranima en 1774.

---

1. Joseph Balthazar Gibert reçut la survivance par arrêt du Conseil daté de Fontainebleau le 28 octobre 1754 (*ibid.*, E 2336, n° 137) et la succession par autre arrêt daté de Versailles le 18 janvier 1757 (*ibid.*, E 2359, n° 2). Il était depuis 1746 membre de l'Académie des inscriptions et belles lettres.

2. Au terme d'une très brève expectative décernée par arrêt du Conseil daté de Versailles le 10 septembre 1771 (*ibid.*, E 2469, n° 123), Charles François Lebrun fut commis en remplacement de feu M. Gibert par autre arrêt daté de Versailles le 21 décembre suivant (*ibid.*, E 2470, n° 504). Le même personnage fut plus tard troisième consul de la République (1799), architrésorier de l'Empire (1804), duc de Plaisance.

3. Arrêt du Conseil daté de Versailles le 2 janvier 1775 (*ibid.*, E 2515, fol. 1). Lebrun avait été écarté lors de l'exil du chancelier.

4. Pierre Comarieu fut commis en survivance par arrêt du Conseil daté de Versailles le 8 décembre 1759 (Arch. nat., E 2377, n° 213) et avec plein exercice par autre arrêt daté de Versailles le 29 janvier 1761 (*ibid.*, E 2391, n° 37).

5. Voir *supra*, p. 351.

Sans constituer une formation du Conseil, elle en réunissait quelques membres en un groupe de travail à l'intérieur du contrôle général, pratique officieuse dont on usa selon des modalités variées. Dans certains cas, elle n'intervenait que pour éclairer, par la collaboration de tous les départements, une question délicate ou embrouillée, tranchée ensuite selon son avis par le Conseil royal. En d'autres occurrences, elle était érigée en commission extraordinaire pour juger une affaire précise et sa décision revêtait alors la forme diplomatique d'un jugement, attaquable en appel ou en cassation devant le Conseil. Enfin, elle pouvait se substituer purement et simplement à celui-ci. Les intendants des finances, relate Joly de Fleury en 1777, reconnaissant qu'« il y avoit des affaires trop importantes pour les juger seuls [...], avoient établi entr'eux des assemblées où ils les discutoient, au raport d'un maître des requêtes, et ils portoient ensuite au contrôleur général un veu contenu dans un projet d'arrêt qu'ils lui présentoient à signer[1] ». Ses débats pouvaient donc aboutir à des arrêts en finance, mais leur nombre est difficile à évaluer. Elle fut en fait un organisme souple et efficace, mais souffrit de son caractère officieux, car elle n'était pas investie ouvertement d'une mission définie et n'était pas officiellement connue du public. Les directions, le bureau des domaines et celui des gabelles, des fermes et des tailles, l'assemblée des intendants des finances étaient donc source d'arrêts en finance – la plupart étant des arrêts simples[2] – et c'était la conclusion naturelle et légitime de leurs discussions. On peut leur rattacher ceux qui émanèrent de certaines commissions extraordinaires.

Les commissions extraordinaires étaient des attributions particulières que l'importance de certaines affaires ou des circonstances singulières déterminaient le Roi à confier soit à l'examen de certaines personnes de son Conseil, pour qu'elles lui en rendent ensuite un compte détaillé ; soit à des juges qui puissent les terminer avec plus de célérité et moins de frais qu'elles ne le seraient s'il fallait suivre l'ordre des juridictions et la forme d'y procéder[3]. On distinguait, d'une part, les commissions extérieures, qui siégeaient en un point quelconque du royaume, et, d'autre part, celles qui étaient établies à la suite du Conseil.

Parmi ces dernières, un certain nombre – de douze à quinze suivant les temps –, composées de conseillers d'État et de maîtres des requêtes, reçurent des compétences relevant des affaires publiques et notamment des finances. La plus éminente était le bureau du Commerce, où les intendants du commerce étaient les rapporteurs et dont les membres étaient les mieux rémunérés[4]. Il se comporta en fait comme un véritable

1. *Mémoire* de Joly de Fleury cité *supra* p. 486, note 2.

2. Les directions ne rendaient que des arrêts simples.

3. On reprend ici en l'accommodant la définition des commissions extraordinaires donnée par le *Règlement du Conseil, précédé de l'explication des différens articles compris dans chacun des chapitres...*, rédigé peu après 1738 par deux des fils du chancelier d'Aguesseau sous la direction de leur père et publié (Paris, 1786, in-4°) par M. Tolozan, maître des requêtes et intendant du commerce.

4. Ils avaient des appointements de 4000 livres par an, alors que dans les autres commissions extraordinaires les conseillers d'État touchaient 2000 livres et les maîtres des requêtes 1000.

Conseil, bien qu'en droit il n'en fût pas un, et ses résolutions, débattues avec grand sérieux entre membres du Conseil, aboutissaient à des projets d'arrêts ou d'actes que le contrôleur général n'avait plus qu'à agréer et à signer. Comme ce bureau s'est réuni fort régulièrement au long du siècle (en moyenne une quarantaine de fois par an [1]), il s'est substitué au Conseil royal de Commerce et a été à l'origine de nombreux arrêts en finance : cinquante-sept, par exemple, en 1736, dont trente-deux en commandement et vingt-cinq simples.

Parmi ces commissions à la suite du Conseil on comptait celle dite « des Péages ». Elle avait été érigée par arrêt du Conseil du 29 août 1724 [2] pour se faire présenter les titres en vertu desquels étaient perçus sur les routes, chemins et voies navigables du royaume les droits de péage, passage, pontonnage, travers et autres levés sur la circulation des personnes et des biens. Sa mission consistait uniquement à vérifier sur pièces la légitimité de ces droits et à conclure en conséquence à leur maintien, leur réduction ou leur suppression, décision qu'elle ne prononçait pas en son nom propre : celle-ci était dotée, sous la surveillance de son président, de la forme d'un arrêt du Conseil. Elle a toujours été très active. En la seule année 1736, cent-soixante neuf arrêts en finance (119 en commandement et 50 simples) résultèrent ainsi de ses travaux et, comme elle a fonctionné jusqu'en 1790, elle a été à l'origine de l'extinction de quantité de droits qui entravaient le commerce et les transports [3]. Il est difficile de déceler si les autres commissions extraordinaires à la suite du Conseil furent, dans une aussi forte proportion, source d'arrêts en finance [4]. Il était donc naturel et légitime que des arrêts en finance émanassent des directions et de leurs bureaux et de certaines commissions extraordinaires à la suite du Conseil. Au reste, les contrôleurs généraux, en liaison avec le chancelier, veillaient de près au choix des maîtres des requêtes appelés à siéger dans ces commissions ordinaires et extraordinaires. Un de leurs premiers commis avait dans ses attributions « la subrogation des places vacantes dans les commissions extraordinaires du Conseil concernant les finances » et un autre était chargé de « la rédaction des arrêts portant subrogation à MM. les maîtres des requêtes [5] ». Néanmoins, les arrêts bien et duement délibérés ne représentaient qu'un modeste pourcentage de tous les autres rédigés en une

1. Voir P. Bonnassieux et E. Lelong, *Inventaire analytique des procès-verbaux du Conseil de Commerce et du Bureau du Commerce (1700-1791)* (Paris, 1900, in-4°).

2. Arrêt du Conseil daté de Fontainebleau le 29 août 1724 (Arch. nat., E 2053, fol. 614-616).

3. Elle reçut aussi peu à peu à juger des affaires particulières et alors les réglait par jugements. Voir A. Conchon, « La commission des Péages au xviiie siècle », dans *Études et documents* (Comité pour l'histoire économique et financière de la France), t. XI (1997), p. 175-194; id., *Le Péage en France au xviiie siècle. Les privilèges à l'épreuve de la réforme* (Paris, 2002, in-8°. Comité pour l'histoire économique et financière de la France. Études générales).

4. Les résolutions de la commission chargée des économats et de la régie des biens des religionnaires fugitifs étaient prononcées en forme d'arrêts du Conseil, mais d'arrêts du Conseil des Dépêches et non d'arrêts en finance.

5. Voir *supra*, p. 471. Pour les maîtres des requêtes, l'activité dans ces commissions a souvent été une préparation à la nomination d'intendant de province.

même année et on peut estimer en moyenne que, sur huit à dix arrêts en finance, un seul résulta sous Louis XV d'un examen en Conseil selon des formes réglées. Si le Conseil était ainsi une fiction, quelles réalités recouvrait-elle ?

De même que le Roi avait travail particulier avec le contrôleur général à jours et heures fixes, de même le contrôleur général avait-il chaque semaine travail particulier avec chaque intendant des finances, avec certains de ses premiers commis et avec le premier commis des finances. À leur tour, les intendants des finances avaient des entrevues régulières avec leurs premiers commis. Beaucoup des résolutions adoptées dans ces diverses rencontres étaient dressées en forme d'arrêts en finance, en sorte que le Conseil n'était qu'une façade et que de tels arrêts étaient en réalité des décisions ministérielles et bureaucratiques. Certaines dispositions s'étaient imposées pour s'adapter à cet état de fait.

Il était de règle depuis Colbert que les secrétaires d'État signent les expéditions de finance dès qu'elles leur seraient présentées, sans examen et d'après la signature du contrôleur général sur l'original. Même obligation avait été imposée au chancelier pour la signature des arrêts et le scellement des autres actes [1]. Son seing, celui des secrétaires d'État et le contrôle exercé à l'audience du sceau étaient devenus passifs. Ces pratiques touchaient la marche des affaires au sein de l'administration : elles étaient à usage interne. D'autres visaient le public.

La première concernait la datation des arrêts en finance. Ceux qui étaient rendus en commandement recevaient indifféremment la date de leur adoption en Conseil, au travail du Roi ou autrement. Le Conseil royal des Finances se tenant en principe tous les mardis et cette réunion étant rituellement annoncée chaque année par l'*Almanach royal*, on datait invariablement d'un mardi tous les arrêts simples en finance, qu'ils aient été ou non délibérés en Conseil. Mais comme le contrôleur général ignorait souvent combien d'arrêts avaient été dressés par les intendants des finances, et réciproquement, il advenait que fussent datés d'un même mardi des arrêts trop nombreux pour avoir tous pu passer en une même séance du Conseil : plus de cent parfois !

Entraient d'autre part dans ce jeu les avocats aux Conseils, qui exerçaient impertubablement leur ministère pour toutes les affaires traitées en finance, bien qu'ils sussent qu'en la matière beaucoup de décisions n'étaient prises ni au Conseil royal ni aux directions ou en leurs bureaux et commissions, mais dans le cabinet du contrôleur général ou des intendants des finances, voire de leurs premiers commis. Les parties leur confiaient leurs requêtes et pièces comme pour les affaires portées au Conseil privé ou aux directions, ils remettaient les dossiers aux premiers commis du contrôle général ou des intendances des finances, et certains

1. Voir *supra*, p. 307-310.

aboutissaient effectivement au Conseil, alors que la majeure partie était examinée par voie bureaucratique. Rien ne distinguait entre eux les arrêts obtenus par l'une et l'autre filière. Que le Conseil ait réellement débattu l'affaire ou non, les formalités étaient les mêmes pour le public et pour les avocats, lesquels touchaient dans tous les cas les mêmes honoraires.

Une portion du public était en quelque sorte complice de cette situation. Non les particuliers amenés à saisir le Roi en son Conseil royal des Finances, mais les représentants que de riches et puissants corps entretenaient à la suite de la cour et du gouvernement, comme les agents généraux du clergé et ceux des états provinciaux. Ils étaient en relations constantes avec les premiers commis du contrôleur général et des intendants des finances et négociaient avec eux au mieux des intérêts de leurs mandants, tout en recourant aux avocats aux Conseils. Parmi les nombreuses affaires qu'ils suivaient, ils savaient bien lesquelles passaient par le Conseil royal, par les directions, par telle commission extraordinaire ou par le contrôleur général et ses collaborateurs. Le système fonctionnait avec leur assentiment. Mais l'entremise des avocats aux Conseils avait ainsi un caractère si parodique, que des plaideurs influents ou avertis pouvaient être tentés de ne pas y recourir et de traiter directement avec les services de la finance. C'est ce qui, à la fin du règne de Louis XV, advint parfois à la ferme générale, qui avait sans doute des bureaux de contentieux bien organisés.

Les effets de la disparition du Conseil ordinaire et du déclin du Conseil royal échappèrent longtemps au grand public, où beaucoup de gens connaissaient mal le détail des rouages du gouvernement, ne parlaient ou n'entendaient parler que du Conseil en général, sans en distinguer les séances, d'autant que la tradition exigeait qu'un certain mystère et le secret auréolassent l'autorité du Roi en son Conseil. Au surplus, si modeste que fût la proportion des arrêts en finance réellement délibérés par rapport aux autres, on finissait toujours par savoir que telle ou telle affaire avait bel et bien été tranchée tel jour devant Sa Majesté et ces informations suffisaient à entretenir la foi dans le Conseil. Mais il n'y a pas au monde de situation, et surtout de situation fausse, qui n'en vienne tôt ou tard à se dégrader.

Le caractère fictif du Conseil dans un grand nombre d'arrêts en finance finit par déployer de fâcheuses conséquences, mais, avant de les évoquer, il importe de discerner comment et pourquoi l'on y a recouru si largement et si longtemps. Sa mise en œuvre tint à des raisons, dont l'une relève de la nature même du statut de Messieurs des finances, et l'autre de la diplomatique.

Depuis Henri II, on le sait, deux caractères fonciers ont marqué les fonctions des gens des finances et n'ont cessé de présider à leur évolution : l'appartenance au Conseil du Roi et la collégialité. Claude Le

Peletier en 1683 et ensuite tous ses successeurs furent constitués, ordonnés et établis « en la charge de contrôleur général de nos finances pour, en ladite qualité, avoir entrée, séance, voix et opinion délibérative en tous nos Conseils d'État privé et direction de nos finances, contrôler toutes les quittances [etc.] », sans que cette nomination leur assignât un département précisément désigné et circonscrit[1]. Depuis 1678, d'autre part, alors revêtus de leurs fonctions par commission, les intendants des finances furent commis et ordonnés « conseiller ordinaire en nos Conseils d'Estat et privé intendant de nos finances, [...] pour nous servir doresnavant en ladite qualité en nosdits Conseils d'Estat privé et direction des finances dans le département qui vous sera ordonné[2] ». Formulation reprise par l'édit de février 1690, par lequel furent créés et érigés « en titre d'office formé quatre nos conseillers en nos Conseils d'Estat et privé intendants de nos finances, [...] pour en jouir par eux et leurs successeurs [...] dans les départemens qui leur seront par nous ordonnez[3] », et par celui de mars 1722 portant rétablissement de ces offices supprimés en octobre 1715[4]. Reprise aussi dans le libellé des provisions par lesquelles les acquéreurs de ces offices en furent pourvus, depuis 1690[5] comme à partir de 1722[6].

Tous ces actes n'ont pu être rédigés au courant de la plume de quelque scribe et leur teneur a été très élaborée. Il est donc frappant qu'ils mettent sur un même pied Conseil et finance, sans entrer en détail sur la spécificité de l'un et de l'autre. En sorte que le contrôleur général et les intendants des finances avaient, de par leur appartenance foncière au Conseil, le sentiment d'agir dans une nébuleuse au sein de laquelle scintillaient à la fois leurs départements respectifs, leur assemblée et aussi les Conseils, les directions et les commissions ordinaires et extraordinaires. D'où le réflexe de considérer que, dans leur collégialité, ils tenaient naturellement le rôle de tel Conseil disparu ou de tel autre rarement convoqué, et que l'arrêt du Conseil était le mode d'expression approprié à la conduite et à la conclusion des affaires dont ils avaient la responsabilité. C'est ainsi que la fiction du Conseil a marqué tant d'arrêts en finance.

1. Voir *supra*, p. 332. En 1665, Colbert avait déjà été investi du contrôle général à peu près dans les mêmes termes (voir *supra*, p. 300-301).
2. Voir *supra*, p. 311.
3. Voir *supra*, p. 347.
4. Voir *supra*, p. 416.
5. Provisions datées de Versailles le 6 avril 1690 donnant et octroyant à M. de Caumartin « l'un des quatre offices de nostre conseiller en nos Conseils d'Estat et privé intendant de nos finances, [...] pour nous servir doresnavant en ladite qualité et avoir rang et scéance en nos Conseils d'Estat privé et direction des finances dans le département qui luy sera ordonné » (Arch. nat., O[1] 38, fol. 89v°-91 ; copie).
6. Provisions datées de Paris le 27 mars 1722 donnant et accordant à M. d'Ormesson « un des cinq offices de conseiller en nos Conseils d'État et privé intendant de nos finances créé par ledit édit [du présent mois], pour en jouir par ledit Sr Lefebvre d'Ormesson à titre de survivance aux fonctions dans les départements qui luy seront par nous ordonnez » (Arch. nat., 144 AP 86, doss. 2, n° 13 ; orig.).

Mais ce recours à la fiction a eu d'autres motifs : il a découlé, d'une part, de la nature même des fonctions ministérielles et, d'autre part, d'un manque d'inventivité en diplomatique. Le contrôleur général exerçait en fait les fonctions d'un ministre des Finances et de l'économie et les intendants des finances en avaient de quasi-ministérielles. Or le statut de leurs charges ne leur permettait pas de promulguer sous leur nom et leur autorité propre des actes de portée législative ou réglementaire tels que décrets ou arrêtés. Tout devait prendre la forme d'un acte émané du Roi, principe et centre de toute puissance publique. C'était une vieille règle, antérieure au développement du pouvoir ministériel depuis le XVIe siècle, et que l'on n'avait pas songé à adapter à ce phénomène de civilisation qu'était l'essor de la signature aux dépens du sceau comme mode de validation des actes officiels et privés. Messieurs des finances ont donc été contraints de recourir au biais de l'arrêt du Roi en son Conseil, couramment appelé « arrêt du Conseil », pour habiller leurs décisions, et cela parce qu'on ne savait quelle autre forme leur donner. Ce fut ainsi, par exemple, que fut prononcée sous Louis XV et Louis XVI la nomination du premier ingénieur, des inspecteurs généraux, des ingénieurs en chef des ponts et chaussées, des ingénieurs des turcies et levées. L'arrêt en finance servait à instrumenter bien d'autres décisions de toute nature, des plus importantes aux plus minces.

Une vingtaine d'années environ avant la mort de Louis XV, le contrôle général groupait plus de la moitié des effectifs des bureaux des différents ministres et animait ainsi en majeure partie l'administration générale du royaume. Depuis 1661 et surtout depuis 1715, celle-ci glissait peu à peu aux mains de ce que l'on appellerait aujourd'hui une bureaucratie, voire une technocratie. Cette évolution impliquait par elle-même des conséquences de plus en plus dérangeantes.

* *
*

Les pratiques du contrôle général pouvaient être source d'abus et, d'autre part, susciter des remarques et des griefs mettant en cause dans son ensemble ce que, faute d'une expression plus heureuse, les historiens dénomment monarchie administrative.

Les abus qui se firent jour épargnèrent, semble-t-il, les personnages ministériels ou quasi ministériels. Aucun des contrôleurs généraux ne donna lieu à des soupçons fondés : le cas de Foucquet ne se renouvela point. La réputation personnelle des intendants des finances et des intendants du commerce fut généralement excellente; si certains paraissaient plus doués ou compétents que d'autres, presque tous passaient pour des hommes de la plus grande honnêteté : la probité des d'Ormesson était proverbiale, celle de MM. Fagon, de Gaumont, Trudaine, Le Pelletier de La Houssaye, Chauvelin, Moreau de Beaumont et autres n'était pas moins reconnue et vantée. Le marquis d'Argenson a souvent parlé avec indignation des « friponneries » de M. Orry de Fulvy, intendant des finances[1] ; l'abbé de Véri fut sévère pour Cochin, auquel il reprochait un excès de génie fiscal plutôt que des malversations personnelles, et pour Brochet de Saint-Prest, intendant du commerce[2] ; et si, parlant de Foullon, le garde des sceaux disait : « Je l'ai vu honneste et reconnoissant », c'est peut-être que ce n'avait pas toujours été le cas[3]. Ces potins étaient-ils fondés ? Seules des recherches très poussées permettraient de répondre à cette question. Au surplus, l'émergence de quelques sujets douteux ne ternirait pas la réputation d'ensemble de ces grands serviteurs de l'État[4].

Les risques de prévarication croissaient aux échelons inférieurs, où les premiers secrétaires, premiers commis, commis, étaient exposés aux tentations de l'abus de pouvoir, de la malhonnêteté, de la connivence avec les gens d'affaires. Trois des premiers commis du secrétariat d'État de Bertin, à son service auparavant au contrôle général, étaient des fripons ou des escrocs que le ministre dut congédier. On compta sans doute des prévaricateurs, des concussionnaires ou des incapables parmi les commis de toute espèce qui peuplaient les bureaux de Messieurs des finances. La montée des effectifs de ces bureaux à partir de la guerre de Sept Ans accrut en proportion les risques d'impéritie ou de friponnerie et, corrélativement, les occasions d'alerter ou d'ameuter l'opinion. L'histoire de cette bureaucratie reste à écrire, tâche difficile en raison de l'insuffisance des sources. Il est probable qu'elle serait à l'honneur de l'ancienne administration royale, qui compta beaucoup de serviteurs probes et désintéressés ; les mauvais sujets y furent sans doute en minorité, mais il suffit d'un exemple fâcheux ou d'un scandale pour altérer la réputation de tout un corps, pour attirer sur lui les soupçons et la méfiance et c'est ce qui finit par advenir.

Les pratiques de la finance donnèrent prise à divers griefs, qui se peuvent ramener à deux chefs : d'une part, l'absence de garantie juridictionnelle dans l'instruction et le jugement des affaires contentieuses relevant du contrôle général et, d'autre part, le manque d'inspection sur les agissements du personnel administratif de ce ministère. Trop d'arrêts

1. D'ARGENSON, *Journal*, t. II, p. 32, 41-42, 84-85, 89, 106-107, 121-122, 131, 152, 159 ; t. III, p. 51, 98, 227 ; t. IV, p. 408.

2. VÉRI, *Journal*, t. I, p. 135-138, 156.

3. M. Hue de Miromesnil, garde des sceaux, à Louis XVI ; Paris, 27 mai 1785 (Arch. nat., K 161, n° 28*bis* 1, 2 et 3, orig. autogr. ; publ. par M. ANTOINE, *Le Gouvernement et l'administration sous Louis XV*... [Paris, 1978, in-8°], p. 257)

4. On est amené à s'interroger sur le cas de Taschereau de Baudry, intendant des finances de 1722 à 1755, au département duquel ressortissaient les eaux et forêts. Il laissa, en effet, à sa mort des actifs se montant à 2 533 493 livres, comprenant notamment la somme surprenante de 773 820 livres en espèces sonnantes et trébuchantes ! (S. PILLORGET, « Gabriel Taschereau de Baudry, notable tourangeau et lieutenant général de police de Paris », dans *Actes du 95e Congrès national des sociétés savantes, Reims, 1970, Section d'histoire moderne et contemporaine*, t. II [Paris, 1974, in -8°]), p. 351.

en finance n'étaient que l'œuvre du contrôleur général, des intendants des finances, voire de leurs premiers commis, et, même si beaucoup étaient conformes à la justice et à l'équité et donc irréprochables quant au fond, les conditions dans lesquelles ils étaient adoptés étaient dénuées, aux yeux du public, de garanties de forme.

L'opinion fut lente à s'émouvoir à ce sujet, parce qu'elle resta longtemps ignorante, non de l'existence mais de l'étendue de ces pratiques, dont, par la force des choses, la progression amena le public à prendre conscience et à s'émouvoir. Il y eut corrélation entre l'accélération du déclin du Conseil royal des Finances et le déchaînement des critiques.

La première – fort nette – fut formulée par Montesquieu en 1748 dans *L'Esprit des lois* : « C'est encore un grand inconvénient dans la monarchie, écrivit-il, que les ministres du prince jugent eux-mêmes des affaires contentieuses. Nous voyons encore aujourd'hui des états où il y a des juges sans nombre pour décider les affaires fiscales, et où les ministres, qui le croiroit ! veulent encore les juger[1]. » Les cours supérieures allaient reprendre et orchestrer ce thème. Quelques années s'écoulèrent encore avant qu'elles n'y fissent bruyamment écho, mais l'ouverture des hostilités à l'extérieur du royaume les fit entrer en lice à l'intérieur.

Les parlements, dont les remontrances ne cessèrent de vitupérer de plus en plus furieusement le Conseil du Roi, demeurèrent assez vagues sur le point précis de la fiction que le Conseil représentait en finance. Ils se contentaient d'insinuer ou de déplorer que tel ou tel arrêt eût été « surpris à la religion » de Sa Majesté, surpris du « Conseil établi en 1661 pour la police et la direction des finances ». Ces allusions demeuraient floues, car les parlements manquaient d'informations précises à ce sujet. Mieux placée qu'eux de par ses compétences, la cour des aides de Paris se mit soudain à agiter la question avec véhémence. Deux motifs au moins allumèrent ce zèle. Le premier, que des arrêts en finance cassaient des arrêts des cours des aides ou évoquaient des causes pendantes devant elles, ce qui leur inspirait un vif dépit. Le second, que Malesherbes, premier président de la cour des aides de Paris depuis 1750, gendre de fermier général et beau-frère de trois conseillers d'État, dont l'intendant des finances Moreau de Beaumont, se lança dans cette campagne avec la violence des faibles, car il y trouvait un excellent moyen d'échapper à l'ennui que lui infligeaient ses fonctions de magistrat et d'acquérir une renommée de bel esprit et de réformateur[2]. Il fut l'instigateur et souvent le rédacteur des nombreuses remontrances que la cour des aides parisienne adressa à Louis XV à partir de 1756[3].

1. *L'Esprit des lois*, Livre VI, chapitre VI, t. I, p. 127-128 (éd. orig.).

2. Voir P. Grosclaude, *Malesherbes, témoin et interprète de son temps* (Paris, 1961, in-8°) ; et surtout J. Egret, « Malesherbes, premier président de la cour des aides (1750-1775) », dans *Revue d'histoire moderne et contemporaine*, t. III (1956), p. 97-119.

3. Sous le titre de *Mémoires pour servir à l'histoire du droit public de la France en matière d'impôts ou Recueil de ce qui s'est passé de plus intéressant à la cour des aides de Paris depuis 1756 jusqu'au mois de juin 1775*, un conseiller de cette compagnie, M. Dionis du Séjour, a publié anonymement en 1779 un gros volume in-4°, où il a édité, entre autres documents, les remontrances arrêtées par elle (dans nos références : Dionis du Séjour, ouvr. cité).

Ce fut encore avec quelque modération qu'elle ouvrit le feu en 1756, se contentant de reprendre l'idée de Montesquieu en soulignant « les inconvénients qui se trouvent à dépouiller les tribunaux pour leur substituer un seul magistrat, qui ne peut même porter sur les objets qu'on lui présente qu'une attention momentanée, et qui est distrait sans cesse par des occupations d'un autre genre[1] ». Une phrase de ses remontrances du 17 novembre 1759 synthétise la teneur de toutes ses critiques et insinuations présentes et à venir : « On a voulu faire taire toutes les loix pour y substituer les principes variables de ce qu'on a voulu appeler *l'administration*[2]. » Un siècle après la chute de Foucquet, ses attaques devinrent venimeuses[3] et l'offensive fut menée sur tous les fronts, visant les intendants des provinces et leurs subdélégués, dénonçant la collusion de l'administration et des financiers, et ce dernier trait était habile et perfide, car il faisait rejaillir sur Messieurs des finances l'impopularité et les soupçons qui s'attachaient traditionnellement aux « traitants » et à tous leurs agents ou suppôts. Elle s'appliqua à vilipender « le mystère de ces opérations », « cette usurpation d'autorité », « quelques mystères de l'administration secrète ». Les intendants des finances eux-mêmes finirent par être mis en cause en 1770, où la cour dénonça le « projet réalisé dans les dernières années de concentrer dans les bureaux des intendants de vos finances toute autorité en matière d'impôts et de ne laisser à votre cour des aydes que l'ombre vaine et trompeuse de celle que les loix ont placée en ses mains » ; lorsque nos arrêts sont cassés, assurait-elle, « le jugement de cassation n'est point délibéré au Conseil ; il est rendu par le ministre des finances seul, sur le rapport de l'intendant des finances seul [...]. Il est notoire, et nous avons la ferme confiance qu'on ne le niera pas à Votre Majesté, que c'est au tribunal du ministre de vos finances seul que nos arrêts sont cassés et que c'est par lui seul que les évocations sont faites et jugées[4] ». En dénonçant la fiction qui recouvrait souvent en finance le nom du Conseil, Malesherbes et la cour des aides de Paris[5] s'en prenaient, à travers elle, à tout l'appareil étatique mis en place depuis 1661. Très répandues et commentées, ces remontrances dressèrent une part importante de l'opinion contre ce que l'on se mit à appeler « le despotisme ministériel ».

À peine installé à la chancellerie, M. de Maupeou, qui était très au fait de cette tendance de l'esprit public, prit conscience de l'ampleur des

1. Remontrances de la cour des aides de Paris du 14 septembre 1756 (Dionis du Séjour, ouvr. cité, p. 12).

2. Remontrances de la cour des aides de Paris du 17 novembre 1759 (*ibid.*, p. 59).

3. Remontrances de la cour des aides de Paris du 23 juin 1761 (*ibid.*, p. 148 et 156-157). Et remontrances des 23 juillet 1763, 9 juillet et 2 septembre 1768, 14 et 17 août 1770.

4. Remontrances de la cour des aides de Paris du 17 août 1770 (*ibid.*, p. 525-527).

5. Ils étaient suivis en cela par la cour des aides de Montauban, soucieuse de masquer sa décrépitude, et dont le premier président, l'académicien Lefranc de Pompignan, jalousait la renommée de Malesherbes. Voir M. Cuilleron, *Contribution à l'étude de la rébellion des cours supérieures sous le règne de Louis XV. Le cas de la cour des aides et finances de Montauban* (Paris, 1983, in-8°) ; C. Mengès, *La Cour des aides et finances de Montauban (1642-1790)* (Toulouse, 1991, in-8°).

décisions exprimées par arrêts en finance non délibérés en Conseil, puisqu'il était tenu de les signer sans discussion. « La dignité de chancelier, constata-t-il, n'est plus qu'un vain titre depuis que la politique d'un côté, la finance de l'autre, sont devenues les deux pivots sur lesquels roulent toutes les affaires et toute l'administration. L'État est emporté par ce double mouvement[1]. » Il mesurait, d'autre part, toute la différence entre les arrêts rendus en finance et ceux du Conseil privé, ce Conseil qu'il présidait en personne et qui travaillait avec une régularité et une conscience exemplaires. Peut-être aussi les conseillers d'État lui firent-ils part de leurs griefs contre les intendants des finances. Toujours est-il que, dès 1769, exposa-t-il plus tard à Louis XVI, « j'osai penser que mon ministère avoit d'autres devoirs et une autre sphère d'action que celle où l'avoit renfermé la routine des derniers temps[2] ». Il conçut qu'à côté du Conseil privé « un autre Conseil pourroit être réservé pour les matières propres de l'administration. À sa tête seroient placés ceux qui auroient parcouru la carrière de l'intendance; sous eux, ceux qui seroient destinés à y entrer. À ce tribunal seroit porté tout le contentieux de l'administration. Là seroient discutées toutes les lois d'administration pure, celles qui règlent la perception de l'impôt, celles qui intéressent le commerce intérieur et le commerce étranger. À cette école se formeroient ceux que le souverain appelleroit un jour aux emplois les plus importans. De là ils passeroient auprès des intendans pour y faire l'apprentissage de leurs fonctions, étudier sur les lieux mêmes les besoins et les ressources des différentes provinces. Ainsi s'établiroit la chaîne des principes et la tradition des véritables maximes du gouvernement; les hommes changeroient, mais l'esprit se perpétueroit d'âge en âge et l'administration acquéreroit cette sorte d'immutabilité qui la consacre[3] ».

Sans peut-être le savoir, Maupeou préconisait ainsi, avec les accommodements dictés par le temps écoulé, le rétablissement du Conseil ordinaire des Finances disparu un siècle plus tôt. L'exécution d'un tel projet eût assuré une vraie garantie juridictionnelle aux sujets du Roi dans leurs démêlés avec l'État. Mais en faisant passer sous les yeux du chancelier tout le contentieux administratif et en lui restituant une plus grande influence sur les intendants des provinces, elle lui aurait rendu une partie de la surveillance générale qu'il exerçait avant 1661 dans la monarchie et, par là, aurait sensiblement rogné les ailes de la

1. « Extraits d'un mémoire fait en 1769 pour le chancelier de Maupeou », publ. dans *Opinions, rapports et choix d'écrits politiques de Charles François Lebrun, duc de Plaisance, recueillis et mis en ordre par son fils aîné...* (Paris, 1829, in-8°), p. 171. On sait que Lebrun était le secrétaire de confiance du chancelier. Dans son *Compte rendu au Roi* présenté à Louis XVI en 1789, Maupeou reprit textuellement ces passages du mémoire de 1769 (Bibl. nat., Ms. fr. 6570, publ. par J. Flammermont, *Le Chancelier Maupeou et les parlements* [Paris, 1886, in-8°], p. 599-646).

2. *Compte rendu au Roi* présenté à Louis XVI en 1789 (Flammermont, ouvr. cité, p. 602).

3. Mémoire de 1769 (*Opinions, rapports et choix d'écrits politiques de Charles François Lebrun...*, p. 178-179).

finance. De tels plans risquaient fort d'être mal accueillis par le contrôleur général et les intendants des finances. En fait, Maupeou fut trop absorbé par sa refonte des cours supérieures pour pouvoir entamer celle du Conseil.

Ses réformes tarirent la source des déclamations tapageuses de la cour des aides de Paris, puisque, par édit d'avril 1771, elle fut supprimée et sa compétence transférée au nouveau parlement. Mais Louis XVI ayant cru bon d'exiler le chancelier, d'anéantir son œuvre et de remettre les choses sur leur ancien pied, la cour des aides fut rétablie en novembre 1774.

Elle repartit aussitôt en campagne, avec une ardeur décuplée par ce rappel triomphal et avec le dessein bien arrêté d'en imposer à un jeune souverain fort novice en son métier de roi. « Il faut que Votre Majesté sçache, lui déclarait-elle dès le mois d'avril 1775, que depuis plus de cent ans ce qu'on appelle son Conseil en matière de finance consiste dans le contrôleur général et un seul rapporteur. C'est depuis longtemps un intendant des finances. C'est dans ce tribunal de deux hommes que se prononcent toutes les cassations d'arrêts des cours des aydes [...]. Et s'il n'étoit pas vrai que par ce mot de *Conseil*, on entend en matière de finance [...] le seul contrôleur général, il faudroit faire le procès pour crime de faux à tous les contrôleurs généraux qui, pendant leur administration, ont continuellement signé de ces arrêts non délibérés au Conseil[1]. »

La cour revint à la charge un mois plus tard, avec encore plus de virulence :

> « Les cours des aides et les tribunaux qui y ressortissent sont, par leur institution, juges de tous les impôts, mais la plus grande partie de ces affaires ont été évoquées et sont renvoyées devant un seul commissaire du Conseil, qui est l'intendant de chaque province, et par appel au Conseil de Finance, c'est-à-dire à un Conseil qui réellement ne se tient ni en présence de Votre Majesté, ni sous les yeux du chef de la justice, auquel n'assistent ni les conseillers d'État, ni les maîtres des requêtes, et qui n'est composé que d'un contrôleur général et d'un seul intendant des finances, où, par conséquent, l'intendant des finances est presque toujours le seul juge, car il est rare qu'un contrôleur général ait le temps de s'occuper des affaires contentieuses. Nous rendons justice, Sire, avec tout le public, aux magistrats qui occupent à présent ces places, mais les vertus d'un homme mortel ne doivent point nous rassurer sur les effets d'une administration permanente. Ce que nous déférons à V.M. est un système de justice arbitraire sous lequel le peuple gémit depuis un siècle [...].
>
> On a introduit en France un gouvernement bien plus funeste que le despotisme et digne de la barbarie orientale : c'est l'administration clandestine par laquelle, sous les yeux d'un souverain juste et au milieu d'une nation éclai-

1. Remontrances de la cour des aides de Paris du 10 avril 1775 (Dionis du Séjour, ouvr. cité, p. 625).

rée, l'injustice peut se montrer ; disons plus, elle se commet notoirement. [...] C'est ce despotisme des administrateurs et surtout ce système de clandestinité que nous devons dénoncer à V.M. [...]

L'administration de votre royaume se fait, Sire, auprès de la personne de V.M. par ses ministres aidés de leurs commis et, dans certaines parties, par les intendants des finances, aidés pareillement de leurs commis ; dans les provinces, elle se fait par les intendants et leurs subdélégués [...].

Le subdélégué d'un intendant est un homme sans qualité, sans pouvoir, qui n'a le droit de signer aucune ordonnance : aussi toutes celles qu'il fait rendre sont signées par l'intendant [...]. Ce qui se passe à cet égard du subdélégué à l'intendant est aussi ce qui se passe de l'intendant au ministre, et du ministre à V.M. Elle-même[1]. »

Ces remontrances soumettaient à une attaque sans merci le système instauré par Colbert et consolidé par Pontchartrain et Desmaretz et n'en auraient rien laissé subsister : il y avait en Malesherbes un anarchiste qui s'ignorait. Il y avait aussi en lui, comme en beaucoup de magistrats de son temps, un médiocre juriste, incapable d'accéder aux notions de droit administratif et de justice administrative. Il y avait encore chez lui un polémiste ne reculant ni devant le dénigrement, ni même devant la mauvaise foi, car, en faisant silence de la réalité et du sérieux des délibérations des commissions ordinaires et extraordinaires du Conseil et même de l'assemblée des intendants des finances, il exagérait la part de la fiction dans les arrêts en finance, et cela alors que, dans ses fonctions de directeur de la librairie, il ne s'était pas embarrassé de scrupules pour obtenir du chancelier son père des arrêts qui ne passaient pas au Conseil.

Cette offensive de la cour des aides de Paris eut au moins deux résultats. À long terme, elle grossit ce courant d'opinion de plus en plus fort contre « le despotisme ministériel », qui alimenta quelques-unes des revendications essentielles de la nation au moment de la réunion des états généraux en 1789. Et à court terme, elle pesa très lourdement sur les réformes brutales qui allaient frapper l'administration centrale des finances peu après que Necker s'y fut glissé.

* *
*

Au moment de la disgrâce de Turgot, l'administration centrale des finances restait toujours marquée en profondeur par les traits qui, depuis sa mise sur pied par Henri II, la singularisaient parmi les autres ministères. Deux de ces caractéristiques – l'appartenance foncière de ses membres au Conseil du Roi et la collégialité de leur action – s'étaient adaptées aux hommes et aux circonstances. La troisième, qui impliquait que les charges de contrôleur général et d'intendant des finances ne

1. Remontrances de la cour des aides de Paris du 6 mai 1775 (*ibid.* ; p. 633, 634, 653, 657-658).

fussent conférées que par commission et pussent ainsi être aisément dévolues ou ôtées, était mal en point. En 1665, le poste de contrôleur général avait encore été affecté de cette manière à Colbert, mais après sa mort tous ses successeurs en furent investis non plus par commission, mais par un pouvoir propre, facile néanmoins à révoquer. Le statut des intendants des finances fut modifié plus radicalement et de façon durable en 1690.

Pontchartrain avait alors triplé le nombre de ces intendants en le faisant passer à six, renfort justifié par l'extension prise depuis Colbert par les attributions de ce ministère, qui obligeait à en répartir les détails entre davantage de départements et à doter chacun d'eux d'un responsable. La hardiesse de Pontchartrain consista à faire ériger en titre d'offices vénaux les nouvelles charges alors créées. Dans l'immédiat, ce parti allait procurer au Trésor d'appréciables recettes, car ces offices étaient d'un prix élevé, mais, à plus longue échéance, il était lourd de conséquences, d'autant que Desmaretz le fit sien et que la Polysynodie n'en fit qu'un bref rejet. Ces offices, en effet, allaient être d'une parfaite stabilité, alors que le poste de contrôleur général était en permanence exposé au changement. Cette discordance des statuts fit sentir ses répercussions à partir du moment où les titulaires du contrôle général se succédèrent rapidement et où certains, soit parce qu'ils n'étaient pas issus du monde du Conseil, soit parce qu'ils professaient telle ou telle doctrine en matière d'économie, entendirent s'entourer de collaborateurs qui fussent leurs créatures. D'où l'instabilité qui, par le jeu des suppressions, rétablissements ou créations d'offices, frappa depuis L'Averdy les intendances des finances.

Les intendances du commerce subirent aussi des atteintes, quelque peu différentes de celles affectant les intendances des finances, mais plus révélatrices à certains égards. Érigées en offices par Desmaretz en 1708, supprimées en 1715 et rétablies en 1724, ces charges n'avaient ni le même rang ni des compétences aussi vastes que les intendances des finances. Leur cherté étant disproportionnée par rapport à leur prestige et à leur autorité, elles finirent, à partir de 1763, par ne plus trouver d'acquéreurs et il fallut les faire exercer par commission. Situation que, peu après son accession au contrôle général, Turgot clarifia en faisant statuer par Louis XVI que les offices d'intendants du commerce seraient supprimés au fur et à mesure que l'un d'eux viendrait à vaquer et que les fonctions en seraient alors attribuées par commission. Si ce ministre dotait ces places d'un tel statut, c'est que leurs titulaires n'étaient pas en mesure de regimber, mais surtout parce qu'ainsi il apportait discrètement une solution à un problème bien plus vaste, à savoir que, pour les hautes charges, le recours à la vénalité des offices était un mode de recrutement de moins en moins approprié à un État moderne et que, sans que l'on osât l'avouer, il fallait s'engager sur la voie qui aboutirait à ce que l'on appellera le « fonctionnaire ». Le sort des intendants des finances et du commerce depuis les années 60 du XVIIIe siècle est révélateur d'une crise générale de l'office, que les compagnies d'officiers de judicature s'acharnaient passionnément à dissimuler, mais que Louis XV et le chancelier de Maupeou avaient bien discernée et à laquelle ils avaient commencé à parer.

Une autre caractéristique foncière de Messieurs des finances était leur appartenance foncière au Conseil du Roi. Elle ne leur a jamais été déniée, mais certains de ses effets ont été contestés. De par le statut de leur office, les intendants des finances avaient, en y accédant, le titre et non la qualité de conseiller d'État, qualité qu'ils pouvaient ensuite obtenir, tout en conservant leur office d'intendant, ce qui finit par indisposer les autres conseillers d'État de robe. Ceux-ci, en effet, étant vingt-quatre, les six intendants des finances en arrivaient à occuper le quart de ces sièges, au grand dépit d'autres hommes qui en étaient tout aussi dignes. En outre, cumuler la dignité de conseiller d'État et l'exercice d'un office était contraire à une très vieille règle, et cela aussi choquait les autres conseillers. Enfin, l'appartenance de Messieurs des finances au Conseil du Roi avait une signification très imprécise, puisque les séances de Conseil consacrées aux finances se raréfièrent de plus en plus. Mais ils se fondèrent sur elle pour se considérer comme formant entre eux un Conseil et pour donner la forme d'arrêts du Conseil à des décisions prises ou bien par le contrôleur général tête à tête avec les intendants des finances ou bien par ceux-ci en travaillant avec leurs premiers commis, voire par ces derniers. Or il en ainsi était dressé quelque 2 500 par an. D'où les critiques qui finirent par fuser, et de plus en plus vigoureusement, contre ce que certains qualifièrent d'« administration clandestine ». Ces attaques, assoupies à la suite des réformes de Maupeou, reprirent de plus belle après l'avènement de Louis XVI.

En octobre 1776, l'administration suprême des finances, qui employait à elle seule autant de personnel que tous les secrétariats d'État et faisait mouvoir en majeure partie l'administration générale du royaume, était donc mise en question, à la fois au sein même du Conseil par les conseillers d'État de robe et, ce qui était plus grave, par un puissant courant de l'opinion publique. Que Necker y ait été incorporé dans une telle conjoncture explique la manière dont il entreprit de la réorganiser.

CHAPITRE XI

1776-1791

L'intrusion de Necker dans l'administration suprême des finances inaugura une nouvelle période de son histoire, qui fut aussi la dernière, et au long de laquelle elle fut presque sans cesse un chantier. Necker ne tarda pas à en conquérir toute la gestion en 1777 et à en bouleverser alors les structures de manière à la conduire seul et sans partage, notamment en faisant supprimer les intendances des finances. Il était allé si loin dans cette concentration d'autorité, qu'après sa disgrâce en 1781 ses successeurs à la tête des finances furent amenés à prendre, chacun à sa manière, le contre-pied de beaucoup de ses décisions, sans cependant qu'aucun projetât de restaurer les services en leur état antérieur. Guidée par un double souci d'innovation et de respect des traditions, cette reconstruction fut d'abord opérée par tâtonnements, puis poursuivie à pas comptés et aboutit à un résultat dont Necker parut s'accommoder lors de son retour dans le gouvernement en 1788. Les événements ne permirent pas à ces réformes de déployer tous leurs effets, mais, passée la grande tourmente, elles ont pu inspirer certains points de la remise en ordre de l'État.

* *
*

Après la mort de Clugny, une solution bâtarde fut mise sur pied pour confier des responsabilités à Necker. Louis XVI, conseillé par Maurepas, attribua le contrôle général à M. Taboureau des Réaux, conseiller d'État depuis un an ; il avait longtemps servi au parlement de Paris avant de devenir maître des requêtes en 1764 et intendant de Hainaut de 1764 à 1775. Sa nomination fut expédiée le 21 octobre 1776[1], mais, par brevet du lendemain, le Roi, « ayant jugé convenable au bien de son service, en nommant le sieur Taboureau des Réaux [...] pour remplir la charge de contrôleur général des finances [...], de se réserver la direction

1. Pouvoir daté de Fontainebleau le 21 octobre 1776 (Arch. nat., O^1 123, p. 158 ; copie).

du Trésor royal, Sa Majesté a cru en même temps ne pouvoir confier un détail aussi important à personne qui en fût plus digne que le sieur Necker. Les preuves multipliées qu'il a données de son zèle pour le service de Sa Majesté et les connaissances profondes qu'il a acquises dans l'administration des finances Lui persuadent qu'il répondra dignement à la confiance dont Sa Majesté veut bien l'honorer. À cet effet, Sa Majesté l'a nommé et nomme pour exercer sous ses ordres la direction de son Trésor royal, avec le titre de conseiller des finances et de directeur du Trésor royal[1] ». Ce titre lui était conféré par un simple brevet, c'est-à-dire par un acte révocable à tout moment sans formalité.

Avant même que le public connût le détail de cet arrangement, l'irruption de Necker fit sensation. Condorcet, l'un des premiers à en avoir eu vent, s'empressa d'en faire part à Turgot sur un ton railleur et faussement désinvolte : « Nous apprenons dans l'instant la nomination de MM. Taboureau et Necker. Cela est plus qu'incroyable. M. de Maurepas exerce notre foi et le gouvernement sera aussi mystérieux que la théologie. Ce ministère-ci est une véritable Trinité. La finance sera gouvernée comme le monde. Le chef du Conseil a tout à fait l'air du Père éternel [...]. M. Taboureau représentera l'Enfant Jésus ou l'Agneau, dont il aura la mansuétude. Pour M. Necker, c'est assurément le Saint-Esprit et il faut lire les Actes des Apôtres pour avoir idée du fracas qui accompagnera sa venue[2]. »

La conduite des finances se trouvait effectivement partagée entre Maurepas, chef du Conseil royal des Finances, le contrôleur général Taboureau des Réaux et Necker. C'était un emploi tout nouveau et très singulier que celui de « conseiller des finances et directeur du Trésor royal » conféré à ce dernier, un emploi qui ne lui donnait accès ni aux Conseils du Roi ni aux comités de ministres, et ne le faisait dépendre en droiture que du souverain lui-même, avec lequel il travaillerait personnellement, mais en présence de Maurepas. La répartition des tâches entre Taboureau des Réaux et Necker ne fut révélée au public que par la *Gazette de France* du 27 octobre et on se demanda aussitôt comment cet attelage allait se comporter. Ami de Taboureau des Réaux, le duc de Croÿ jugea que celui-ci, « bien bon et honnête homme, [...] avait un poste bien embarrassant. On le lui avait fait prendre, chose sans exemple, pour le nom seul, et pour ne faire que le contentieux, tandis qu'on avait mis M. Necker pour les vraies affaires de grande finance et les projets, division qui pouvait être bonne si leurs limites pouvaient s'arranger[3] ».

1. Brevet daté de Fontainebleau le 22 octobre 1776 (publ. d'après l'original par le comte d'HAUSSONVILLE, *Le Salon de Madame Necker*, t. II [Paris, 1882, in-18], p. 107 ; et Arch. nat., O[1] 123, p. 158-159, copie).

2. Condorcet à Turgot ; La Roche-Guyon, 22 octobre 1776 (publ. par Ch. HENRY, *Correspondance inédite de Condorcet et de Turgot (1770-1779)* [Paris, 1882, in-8°], n° CCXL, p. 291).

3. CROŸ, *Journal*, t. III, p. 293-294.

Cet arrangement s'annonçait laborieux pour au moins deux raisons. La première, que Necker n'avait que des notions sommaires sur les institutions de la monarchie et pénétrait dans une administration qu'il ne jugeait que de l'extérieur : il en ignorait l'histoire et en méconnaissait les caractères propres, notamment la collégialité. Et la seconde, connexe à la première, qu'il était à la fois convaincu en général de la justesse de ses vues et doué d'un tempérament très autoritaire, qui ne le prédisposait ni à travailler de front avec un autre ni à combiner son action avec les intendants des finances. Or il entendait se faire le champion d'une politique nouvelle et hardie, d'autant que, une guerre contre l'Angleterre paraissant de plus en plus inévitable, ses talents seraient indispensables pour ranimer et soutenir le crédit public. Aux côtés d'un contrôleur général modéré, effacé et circonspect, il serait l'homme compétent et efficace[1].

Tabourcau prit vite conscience que Necker tendait à occuper le devant du théâtre et que lui-même risquait d'en être réduit à jouer les utilités, peut-être même à contre-cœur. On ne tarda pas à déceler des craquements dans le système. Dès les premiers jours de 1777, notait le président de Cœurderoy, l'édit lançant un emprunt sous forme de loterie en rentes viagères et perpétuelles imaginée par Necker « a été enregistré le 7 janvier, tout d'une voix, quoiqu'on prétende que M. Taboureau se soit déclaré contre. Il paroît que ce ministre a le dessous avec M. Necker et on parle déjà de sa retraite[2] ». Même écho un peu plus tard, lorsque Necker fit prononcer, par arrêt du Conseil du 3 avril 1777, la réunion de six régies des aides en une seule régie générale[3]. « L'affaire de la suppression des régies est consommée, consigna alors Moreau ; l'arrêt est du 3. C'est M. Necker qui, seul, a fait cette opération [...]. Le contrôleur général n'en vouloit point ; il se dégoûte de sa place. J'ai dîné chez lui et j'ai beaucoup exhorté sa femme à l'encourager à la persévérance[4]. » À propos du même arrêt, relevait de son côté le duc de Croÿ, « on doutait que M. de Taboureau et M. Necker pussent s'accommoder ; cependant, cela allait encore[5] ».

Cela n'alla plus très longtemps, surtout lorsque Necker, non content d'imposer ses décisions en matière budgétaire, fiscale ou économique, s'en prit aux hommes et aux institutions.

Que Necker fût créé directeur du Trésor royal impliquait que le premier commis des finances passât sous son autorité. Clugny avait main-

1. La meilleure étude d'ensemble sur Necker est celle de J. Egret, *Necker, ministre de Louis XVI. 1776-1790* (Paris, 1975, in-8°).

2. Cœurderoy, *Diaire*, p. 244.

3. Arrêt du Conseil daté de Versailles le 3 avril 1777 prononçant la fusion en une régie générale unique de celles des droits réunis, des greffes, des hypothèques, des droits réservés, des droits sur les papiers et cartons et des droits sur les quatre membres de Flandre (Arch. nat., E 2533, fol. 386-389).

4. Moreau, *Mes souvenirs*, t. II, p. 329, note 1.

5. Croÿ, *Journal*, t. III, p. 314-315.

tenu dans cette place Jean de Vaines, qui s'écarta ou fut écarté dès la prise de fonctions de Necker et fut alors anobli en fiche de consolation[1]. Le poste étant fondé sur une commission personnelle du responsable du Trésor, celui-ci était parfaitement en droit d'en changer le titulaire à son gré et Necker en pourvut un fidèle, Bertrand Dufresne, qui lui resta toujours attaché par la suite. Cette décision ne touchait que le fonctionnement de la direction du Trésor. Mais, depuis celle-ci, Necker entendait diriger seul les finances dans leur ensemble et l'accomplissement de ce dessein se heurtait à la fois aux institutions et aux hommes, plus précisément à cette conduite collégiale des affaires que le contrôleur général assumait avec les intendants des finances.

Depuis 1690, ceux-ci étaient devenus, plus que jamais, des personnages de première considération, dirigeant des départements qui, tout en restant par quelques côtés encore un peu hétéroclites, tendaient à devenir des organismes bien spécialisés et d'une efficacité reconnue et appréciée. La renommée de certains dépassait même les frontières du royaume : il est significatif que, lors du séjour qu'il fit « incognito » à la cour et à Paris au printemps de 1777, l'empereur Joseph II ait tenu à aller « s'instruire à fond chez M. de Trudaine, sur le bel établissement de notre bureau des ponts et chaussées[2] ». Or Necker se refusait à partager la gestion des finances avec de tels hommes, qui, par leur statut d'officiers, étaient difficiles à congédier et à remplacer, qui avaient le titre et bien souvent la dignité de conseiller d'État, alors que lui-même n'était que « conseiller des finances », mais, comme tel, directement sous les ordres du Roi et donc à la source des décisions. Au fond de lui-même, Necker rejetait l'organisation de l'administration des finances telle qu'elle avait été conçue sous Henri II en 1552 et s'était développée en conséquence.

À l'annonce de la combinaison associant Taboureau des Réaux et Necker, « les intendants des finances paroissent bien mécontents », notait le président de Cœurderoy[3]. Ils avaient grande raison de l'être, car la situation ainsi créée était pour eux pleine d'ambiguïtés menaçantes. Necker, en effet, voulant « avoir l'influence du contrôleur général sans en avoir le titre, a craint que ces anciens magistrats ne voulussent pas le seconder et travailler sous ses ordres »[4], cependant que ceux-ci, considérant qu'ils ne dépendaient pas de lui, prétendirent « ne devoir travailler qu'avec le contrôleur général[5] ». Cette tension interne était aggravée par le courant d'opinion qui dressait le public contre l'administration des finances, en particulier depuis les remontrances de la cour des aides

1. Lettres d'anoblissement datées de Versailles en novembre 1776 (Arch. nat., P 2600; enregistrement le 31 janvier 1777 par la chambre des comptes de Paris).
2. Croÿ, *Journal*, t. IV, p. 24.
3. Cœurderoy, *Diaire*, p. 233-234.
4. Véri, *Journal*, t. II, p. 55
5. *Correspondance secrète inédite sur Louis XVI...*, publ. par A.-M. de Lescure (Paris, 1866, 2 vol. in-8°), t. II, p. 73.

de Paris d'avril et mai 1775. Tout en affectant de rendre justice, « avec tout le public, aux magistrats qui occupent ces places », elles avaient proclamé que « les vertus personnelles d'un homme mortel ne doivent point nous rassurer sur les effets d'une administration permanente » et elles avaient lancé contre eux une charge furieuse[1]. Ces diatribes furent alors sans effet sur Turgot, mais elles ont dû frapper Maurepas, voire Louis XVI lui-même. Or on intriguait beaucoup autour du vieux ministre et du jeune Roi. Si l'accession de Necker à la direction du Trésor fut l'aboutissement de ces manœuvres, elle ne les fit point cesser et elles visèrent désormais les intendants des finances.

De tous les manèges alors mis en œuvre, subsiste comme une relique une longue « Note » destinée à un certain « M. le comte », qui ne peut être que Maurepas, et rédigée au printemps de 1777[2]. Par sa description et sa critique de l'état des choses, par les remèdes qu'il préconise, l'auteur inconnu de cette « Note »[3] donne une idée très éclairante des armes dont usèrent Necker et les tenants de sa cause :

« On a dit et répété plusieurs fois qu'il étoit impossible que l'ordre se rétablît dans les finances de Sa Majesté tant que les intendants des finances et leurs fonctions existeroient à titre d'offices. Le peu d'espoir de voir apporter à cet inconvénient, tel grand qu'il pût être, le seul remède dont il est susceptible, n'a presque jamais permis que de généraliser cette proposition.

On croit que le moment est venu d'entrer avec M. le comte dans tous les détails propres à démontrer jusqu'à l'évidence à quel point cette proposition est vraie.

Les intendants des finances, tant par les émoluments de leurs places que par leurs frais de bureaux, coûtent annuellement au Roy d'un million à onze cent mille livres[4]. La même besogne peut se faire, et beaucoup mieux, avec une économie de six à sept cent mille francs

Cette économie seroit en elle-même un motif presque suffisant pour authoriser la subversion dont il s'agit, mais cette économie n'est rien encore en comparaison de tous les abus masqués par le régime actuel et réprimés nécessairement par le changement qu'on propose.

Le Roy fait des avances énormes à ses intendants des finances pour leurs fraix de bureau, c'est-à-dire sous le prétexte de l'acquittement des gages de leurs commis. Mais il arrive que ces intendants des finances, disposant des-

1. Voir *supra*, p. 499-500.

2. Arch. nat., F^{30} 110[1]. Cette « Note » a été publiée dans son intégralité par J.F. Bosher, dans son article « Le Comité contentieux des finances près le Conseil du roi (1777-1791). A Review and a Document », dans *Annali della Fondazione italiana per la Storia amministrativa*, t. 4 (1967), p. 598-607. En tête de ce document, figure une date : « Du 22 juin 1777 », qui est peut-être celle de son archivage, mais non celle de sa rédaction, car, à cette date, les mesures qu'elle préconisait avaient été promulguées et étaient en cours d'accomplissement. Que cette « Note » soit la survivante d'une série est attestée par le fait que son auteur s'y réfère à ses « notes précédentes » et termine son propos par ces mots : « Le reste à demain ou après demain ».

3. Je suis porté à en attribuer la paternité à Alexandre Frédéric Jacques Masson, dit le marquis de Pezay (1741-1777), qui s'était fortement insinué auprès de Louis XVI, de Maurepas et de Necker. Il était fils de ce Jacques Masson qui, sous Orry, avait dirigé au contrôle général le bureau des affaires de Lorraine (voir *supra*, p. 450).

4. Chiffre démenti par les « Dépenses » officielles de 1771, citées *supra*, p. 476.

potiquement ou à peu près de toutes les entreprises de finance du royaume, accordent à leurs commis des intérests (sous nom supposé) dans ces entreprises, pour leur tenir lieu de leurs gages, et que ces gages des commis demeurent en nature dans la poche des intendants des finances peu délicats. Telle dure que paroisse cette assertion, les preuves et les exemples personnels ne manqueroient pas à l'appui.

Parmi les intendants des finances, M. de Fourqueux ne peut être soupçonné de condescendre à de pareilles manœuvres, mais M. de Fourqueux n'est qu'adjoint[1] et certainement (à son insçu sans doute) la partie de son département à laquelle il ne veille pas personnellement n'est pas exempte de ce reproche.

M. de Beaumont n'est pas non plus soupçonné de partager le fruit de ces abus, mais la lenteur de sa conception, le peu de perspicacité et d'activité de la part du chef autorisent autant les sous-ordres à la fraude qu'une connivence positive.

Quant à ceux des intendants des finances que l'on peut soupçonner de donner les mains à ces déprédations presque légitimes par le long usage, on sent, d'une part, que pour intéresser le subalterne au secret utile à l'impunité du chef, il faut que ce chef accorde à ce subalterne le double des gages légitimes que celui-cy pouvoit attendre.

Il est également facile de sentir que ces salaires indirects et doublés sont autant de pris sur le produit que le Roy avoit à attendre de la régie, de la ferme ou de l'entreprise quelconque sur lesquelles sont assis les intérests illicites et cachés des commis des intendants des finances.

Ces lézions pour le Roy, quoique fortes en elles-mêmes par leur multiplicité, ne sont cependant rien encore quand on les compare à leurs pernicieuses influences. Ces influences sont désastreuses et sensibles.

En effet, qui ne conçoit que, du moment où le commis d'un intendant des finances devient régisseur ou fermier d'une régie ou d'une ferme ressortante à son bureau, tout est perdu ? Qui ne conçoit que, de ce moment, les clauses de cette régie ou de cette ferme (toujours rédigées par ce commis intéressé) seront nécessairement stipulées par luy au plus grand préjudice de S.M. ? De plus, ce commis, pour faire sa cause personnelle bonne, sera toujours obligé de faire également bonne celle de quinze ou vingt part-prenants comme luy, c'est-à-dire ses associés régisseurs ou fermiers dans la même entreprise [...]

Si ce régime est tel [...], on découvre combien tous les intérests des agens se trouvent alors réunis pour embrouiller la matière et pour éteindre tous les flambeaux, parce que c'est toujours la nuit que les fripons ont le plus beau jeu.

De là sont nés cette multitude effrayante de formes arbitraires, et en général ce contentieux dont on parle depuis si longtemps, véritable hidre de la finance, à laquelle on pourroit dire qu'on a voulu attacher des têtes au lieu d'en abattre. [...]

Enfin, est-il inexcusable d'ériger en titre d'offices presque héréditaires des places où l'intelligence la plus rare et l'expérience la plus consommée peuvent seules, par leur concours le plus intime, mettre l'homme au niveau des fonctions de la place qu'il occuppe ? »

1. Il était depuis février 1771 adjoint à son gendre Trudaine de Montigny.

Après avoir ainsi esquissé « à la hâte une partie des inconvénients résultants des intendants des finances », l'auteur de la « Note » passait « au remède » :

« Les places d'intendants des finances sont nuisibles : leur suppression est donc nécessaire.

Pour que leur suppression produise tout le bien qu'on peut en attendre, il faut qu'elle soit faite selon toutes les loix que la justice impose. Pour supprimer justement une charge dont l'office a été payé en argent, il n'est qu'un moyen : c'est de la rembourser en argent. Ce n'est donc qu'ainsi que les charges des intendants des finances peuvent être supprimées ; et cela se peut, car l'état actuel où M. Necker a porté le Trésor royal le permet.[...]

Le contentieux des finances, tel qu'il existe aujourd'hui, n'est point ou ne peut être l'ouvrage d'un seul homme. Cet objet ne peut être surveillé suffisamment et légalement que par un commité permanent, une commission ou une assemblée de finances quelconque.

Pour donner à l'administration l'ensemble nécessaire, et aux chefs de cette administration l'unité de pouvoir indispensable au bien, les membres de ce commité quelconque ne peuvent jamais être constitués à titre d'offices, mais toujours à titre de simples commissions, et par conséquent toujours révocables sans éclat en cas de besoin.

Donc, on propose, après la nomination d'un directeur général des finances en chef, la nomination de trois magistrats, juges permanents du contentieux de la finance. [...]

Toute affaire contentieuse sera instruitte par les commis du controlle général, selon l'ordre des matières, et rapportée au juge du contentieux par un maître des requêtes pris entre tous et successivement, au choix du directeur général.

[...] il est bien essentiel que les trois juges à établir pour le contentieux n'ayent aucun district séparé, mais au contraire qu'ils jugent toujours en commun et au concours la totalité des causes contentieuses, telle que puisse être le fond de la question. S'ils avoient un district séparé, l'inconvénient des intendants des finances renaîtroit en partie [...].

En cela comme en tout, le choix des personnes importe infiniment. J'ay entendu argumenter en faveur des trois plus anciens intendants des finances ; mais icy j'ose avancer affirmativement deux choses : l'une que l'ancienneté ne consiste icy que dans la probité et le talent ; l'autre que, toute moralité bien comptée, le titre d'intendant des finances doit être plustôt un titre d'exclusion que d'acception.

De tous les intendants des finances existants, le seul prétieux et essentiel à conserver est M. de Fourqueux [...].

À celui-là (à titre d'ancienneté comme conseiller d'État et intendant des finances tout ensemble) pourroi[en]t être admis, d'une part, M. de Beaumont, honnête homme d'un talent médiocre, et M. de Boullogne, assés bon homme, mais d'un talent médiocre aussi, et malheureusement un peu compromis par le désordre de ses affaires.

Il faut se garder de M. Boutin, comme tracassier et dangereux [...].

Idem de M. de Fargès, comme tracassier, sistématique, ignorant, caustique et d'une bonne foy au moins soupçonnée.

Idem de M. d'Ormesson, comme d'un enfant incapable et despotiquement gouverné par Dailli, premier commis, agioteur connu dans toutes les affaires relatives à son département.

M. Trudaine est connu, on n'en parle point.

Le premier résultat positif de tout ceci, c'est que, dans tous les cas, la suppression des intendants des finances ne peut être que bonne, et que la différer d'un jour, c'est s'exposer à des réclamations au moins inutiles et qu'un très grand nerf peut seul empêcher d'avoir leur effet. »

Si l'on choisissait « parmi les conseillers d'État sans calculer les intendants des finances », l'auteur de la « Note » donnait la préférence à MM. d'Argouges, de La Michodière, Dufour de Villeneuve, Vidaud de La Tour et de Monthyon. En cas de refus de tel ou tel, la solution la meilleure serait de retenir MM. de Fourqueux, Vidaud de La Tour et de Monthyon.

Cette « Note » copieuse offre une synthèse édifiante des procédés de Necker et de sa coterie. Elle donne, dans son premier temps, un bel exemple d'intoxication psychologique : sa critique du « régime actuel » est fondée non sur des faits certains ou des chiffres clairs, mais sur des dénigrements, des insinuations et des sous-entendus, assortis de jugements dédaigneux sur les personnes. À la faveur du secret entourant l'administration, on y jette le discrédit sur de grands serviteurs de l'État et sur les institutions. Tous ces traits, et notamment le prétendu montant des dépenses des bureaux, étaient de nature à émouvoir Maurepas et peut-être le Roi. Dans sa seconde partie, celle qui propose les remèdes, la « Note » est beaucoup moins confuse et prône des décisions fort nettes : sans faire nulle mention du poste de contrôleur général, elle préconise la suppression des offices d'intendants des finances et leur remboursement comptant, « la nomination d'un directeur général des finances en chef » et la création à ses côtés d'un comité pour le contentieux, composé de trois conseillers d'État, et devant lequel les affaires seraient présentées par des maîtres des requêtes. Vu la suite des événements, il est évident que, dans cette partie, elle réclame purement et simplement l'adoption de mesures conçues par Necker.

Le grief d'ordre budgétaire invoqué pour les justifier fournissait un prétexte facile plutôt qu'un argument sérieux pour les mettre à exécution. Cette facilité même constituait un risque qu'avait perçu le jeune Henri d'Ormesson lorsque, sous le ministère de Turgot, il avait succédé à son défunt père en novembre 1775 dans son intendance, et y avait alors opéré des économies sur ce chapitre. Mais, rapporte-t-il, « mes confrères intendants des finances me sçurent le plus mauvais gré de cet exemple, dangereux à leur gré pour leurs départements, dans lesquels ils craignoient de pareilles réductions par la suite; quelques-uns se permirent même de m'en faire des reproches à l'assemblée des intendants des finances qui se tenoit alors toutes les semaines chez l'ancien d'entr'eux. L'expérience leur a malheureusement prouvé trop promptement depuis, qu'ils eussent mieux fait de se rapprocher de cet exemple qu'ils blâmoient alors[1] ».

1. *Mémoires* de M. d'Ormesson (Arch. nat., 144 AP 130, p. 26).

Par leur appartenance au Conseil et à son milieu, par leurs relations à la cour et dans le monde des affaires, les intendants des finances ne purent, en ce printemps de 1777, ignorer que leur rôle et leurs fonctions étaient alors l'objet de controverses et de projets. Mais peut-être ne s'attendaient-ils pas à la soudaineté et à la brutalité des mesures qui allaient frapper l'administration suprême des finances, ce « fracas » prophétisé par Condorcet dès le mois d'octobre précédent, d'autant qu'il fut précédé d'un prologue fort paisible.

Dans la première quinzaine de juin 1777, en effet, fut promulgué sans tapage un édit relatif à des charges dont il n'avait guère été question dans les débats en cours depuis des mois : celles des intendants du commerce. Cette discrétion atteste qu'elles jouissaient d'une considération et d'une autorité inférieures à celles des intendants des finances, et aussi que Necker ne pensait pas qu'elles pussent le gêner. Turgot avait déjà fait légiférer à leur sujet par l'édit de novembre 1774, qui, tout en conservant dans leur office les intendants alors en poste, avait statué que ces offices seraient supprimés dès qu'ils viendraient à vaquer et qu'alors les fonctions en seraient conférées par commission. Et depuis, la nomination des nouveaux intendants avait été prononcée par arrêts du Conseil[1].

Cet édit de juin 1777 n'avait rien de fracassant, car il ajustait l'édit de Turgot à ceux par lesquels les intendants du commerce avaient été créés en 1708 et rétablis en 1724. Le Roi y déclarait savoir que « quelques-unes de ces charges [restaurées en 1724] ayant vaqué par le décès ou la retraite des titulaires, ils ont été remplacés par des magistrats de notre Conseil, auxquels nous avons fait expédier des commissions à cet effet. Et voulant récompenser des services aussi utiles et établir une uniformité entre les magistrats chargés des mêmes fonctions, nous avons cru devoir rétablir des commissions à l'instar de celles créées par édit du mois de may 1708 ». À cette fin, il éteignait et supprimait les quatre offices d'intendants du commerce créés par édit de juin 1724, dont les propriétaires seraient remboursés, et érigeait « en titre quatre commissions d'intendans du commerce sans finance, lesquelles ne pourront être conférées qu'à quatre maîtres des requêtes de notre hôtel, pour en remplir les fonctions sous le titre de conseillers en nos Conseils maîtres des requêtes ordinaires de notre hôtel intendans du commerce, lesquelles commissions seront expédiées en notre chancellerie ». Il spécifiait que « les pourvus desdites commissions continueront les mêmes fonctions qu'ils ont exercées jusqu'aujourd'huy » et jouiraient « des séances, droits et prérogatives qui leur étoient attribuées par l'édit du mois de may 1708[2] ».

---

1. Voir *supra*, p. 457-458.
2. Édit daté de Versailles en juin 1777 (Arch. nat., P 2513, fol. 441-444, enregistrement le 27 juin par la chambre des comptes de Paris ; U 1257, impr. – *Actes royaux*, t. VI, n°s 39521-39523).

Cet édit fut envoyé le 12 juin à la cour des aides de Paris [1], qui l'enregistra le 18 [2], formalité accomplie le 27 par la chambre des comptes [3], tous enregistrements opérés sans difficulté et dans l'indifférence du public. Il ne faisait, en effet, que clarifier le statut des intendants du commerce et, reprenant en cela une mesure de celui de 1708, posait que leurs fonctions ne pourraient être dévolues qu'à des maîtres des requêtes. Ce monopole a-t-il été rétabli pour satisfaire des représentations ou réclamations du corps des maîtres des requêtes, voire du garde des sceaux [4] ? La question est sans réponse, car on ne sait rien sur l'élaboration de cet édit, qui, en tout cas, préservait le rôle et le fonctionnement du bureau du Commerce. Mais une de ses dispositions qui paraît avoir laissé les contemporains assez indifférents, ne peut que frapper l'historien : c'est l'attribution à ces charges de la qualité de « commission sans finance ». Elle atteste à la fois le rejet de la vénalité comme celui de l'office, et la recherche d'un statut propre aux postes d'un rang élevé dans la monarchie. D'où une sorte de déviation sémantique de la commission, qui, en droit strict, constituait une mission personnelle, alors qu'elle était ici érigée « en titre » et en nombre limité. Quoi qu'il en ait été, comme les intendants du commerce alors en poste y étaient maintenus tout en changeant de statut et qu'ensuite leurs successeurs y accédèrent dans la continuité jusqu'en 1787 [5], cet édit n'eut aucun retentissement [6]. Il n'en fut pas de même pour celui qui visa les intendants des finances.

1. Lettre de cachet daté de Versailles le 12 juin 1777 (Arch. nat., Z^{1A} 635; orig.).

2. *Ibid.*, Z^{1A} 618.

3. L'édit ne fut pas alors adressé au parlement de Paris, mais ses dispositions furent reprises, avec une teneur légèrement modifiée, par un édit daté du mois de juillet, que cette cour enregistra le 12 août. Il y était précisé que la suppression des offices était prononcée « du consentement des titulaires actuels, attaché sous le contrescel de notre présent édit » et que, sur les commissions alors créées, deux seraient expédiées à MM. de Montaran et de Cotte, « titulaires actuels desdits offices supprimés », le Roi se réservant d'« accorder les deux autres à tels des maîtres des requêtes » qu'il jugerait à propos (*ibid.*, X^{1A} 8820, fol. 74v°-76; U 1258, impr. – *Actes royaux*, t. VI, n°s 39566-39567).

4. L'édit spécifiait que ces commissions seraient expédiées en chancellerie Or les commissions délivrées à partir de l'édit de novembre 1774 avaient été prononcées par arrêts du Conseil en finance. Le garde des sceaux Miromesnil a-t-il voulu être associé de près au choix des futurs intendants du commerce?

5. M. de Cotte fut remplacé par M. de Colonia (commission datée de Versailles le 21 novembre 1780; Arch. nat., O^{1} 124, p. 660-661, copie), auquel succéda M. Devin de Galande (commission datée de Versailles le 10 janvier 1784; *ibid.*, O^{1} 127, p. 17-19, copie). M. Courtois de Minut fut adjoint avec survivance à M. Tolozan (commission datée de Versailles le 28 mars 1784; *ibid.*, O^{1} 127, p. 103-105, copie).

6. Le poste d'intendant du commerce extérieur et maritime créé en 1767 pour M. de Vilevault ne fut pas visé par cet édit, puisqu'il était conféré par commission et sur l'initiative du secrétaire d'État de la Marine. M. de Vilevault en continua donc les fonctions, dont il démissionna en septembre 1783. Il fut alors remplacé par M. de La Porte (brevet du 1er octobre 1783), qui était intendant général de la marine et des armées navales à la cour depuis janvier 1781 et maître des requêtes depuis le 28 août 1783.

Quelques jours après l'édit relatif aux intendants du commerce, fut promulgué celui concernant non seulement les intendants des finances, mais, à travers eux, toute l'administration de celles-ci[1]. Dans le préambule, faisait-on dire à Louis XVI, « les changemens successifs arrivés depuis notre règne dans l'exercice des fonctions de controlleur général de nos finances nous ayant engagé à examiner ce qui pouvoit convenir le mieux à cette administration, nous avons résolu de luy donner, à quelques égards, une forme différente ». Après avoir été instruit de « tout ce qui avoit rapport aux intendants des finances » depuis les origines, « nous avons reconnu, annonçait le Roi, que des fonctions semblables à celles qu'[ils] exercent n'étoient point de nature à rester attachées à des offices et, déterminés encore par des vues d'économie, nous avons jugé qu'il étoit du bien de notre service de supprimer les six offices d'intendants des finances actuellements existans et nous avons eu soin de pourvoir exactement à leur remboursement[2], nous réservant de donner à ceux qui en étoient revêtus des marques de la satisfaction que nous avons de leurs services ». Une première de ces marques apparaissait déjà dans l'édit, où le Roi posait que « ceux des pourvus desdits offices qui ne sont pas encore revêtus de la place de conseiller d'État conserve[ront] néantmoins dans notre Conseil d'État privé les mêmes entrées, rang et séance et autres prérogatives qui étoient attachées auxdits offices et dont ils ont joui jusqu'à présent ».

Louis XVI déclarait avoir arrêté ces décisions, parce qu'« il nous a paru important pour l'accomplissement de nos vues de laisser à l'administration de nos finances la liberté dont elle peut avoir besoin dans le choix des moyens destinés à la seconder », ce qui était rejeter sa structure foncièrement et traditionnellement collégiale. Mais en même temps, croyant « conforme à la justice que nous devons à nos sujets de chercher à prévenir les inconvéniens inséparables du trop grand nombre de décisions abandonnées jusqu'à présent au ministre des finances », il est « de notre sagesse, annonçait le Roi, d'établir un comité sous les yeux duquel passeroient les affaires contentieuses qui y sont relatives. Ce comité, composé des trois personnes que nous choisirons de préférence dans notre Conseil, servira particulièrement à assurer l'observation des règles et des formes et nous y trouverons l'avantage de procurer aux décisions plus de confiance et d'autorité ».

Cet édit fit sensation à la cour, à la ville et, ô combien, parmi ses victimes. Il fut enregistré le 2 juillet par la chambre des comptes, mais, à cette date, il avait déjà déployé beaucoup de ses effets. Le contrôleur général était opposé à la suppression des intendants des finances, avec lesquels il travaillait en toute confiance. Sa résistance, relate Henri d'Ormesson, « ne put retarder que de quelques mois [leur] suppression,

1. Édit daté de Versailles en juin 1777 (Arch. nat., P 2514, fol. 2-4, enregistrement le 2 juillet par la chambre des comptes de Paris; U 1257, impr. – *Actes royaux*, t. VI, n°s 39528-39531).

2. Par arrêt du Conseil daté de Versailles le 20 juillet 1777, le montant de la finance de chacun des six offices supprimés par cet édit fut liquidé à 350 000 livres (Arch. nat., E 2636, fol. 29).

projettée depuis longtems par M. Necker, et même celle du contrôle général, dont M. Taboureau ne voulut plus conserver le titre ni les fonctions, devenues si secondaires et presque nulles après avoir été forcé par son impérieux collègue de signer en cette qualité l'édit[1] ».

Refusant d'être plus longtemps traité en comparse, Taboureau des Réaux présenta le 22 juin sa démission au Roi et fut imité en cela par Necker. Mais ce dernier ne faisait ce geste que pour obtenir des compétences plus étendues que celles de directeur du Trésor dont il se démettait. Comme il ne pouvait, à cause de sa religion, être nommé contrôleur général, une ingénieuse combinaison lui procura dans sa plénitude la conduite des finances. Par brevet du 29 juin, le Roi, « ne jugeant pas convenable de nommer à la place de contrôleur général vacante par la démission du sieur Taboureau des Réaux, conseiller d'État, croyant cependant nécessaire de réunir entre les mains d'une seule personne les fonctions relatives à l'administration des finances et voulant donner au sieur Necker une preuve de la satisfaction qu'il a de ses services, à cet effet Sa Majesté l'a nommé et nomme pour exercer, immédiatement sous ses ordres, la place de directeur général de ses finances[2] ». Et ce même 29 juin, Taboureau des Réaux « a paru à Versailles sans le costume de contrôleur général[3] ». Il fut nommé le lendemain conseiller au Conseil des Dépêches et conseiller au Conseil royal des Finances.

Le poste de contrôleur général était donc vacant et allait le rester plusieurs années, mais les formalités originelles du contrôle général subsistaient dans leur intégralité. Cette situation s'était déjà présentée lors de l'établissement de la Polysynodie[4] et on y fit face de la même manière. Considérant que, durant cette vacance, il importait « à l'ordre de la comptabilité que les expéditions sujettes au contrôle de nos finances soient toujours contrôlées avec la plus grande exactitude », le Roi résolut, « à l'exemple de ce qui s'est pratiqué dans plusieurs circonstances, d'en charger les gardes des registres du contrôle général de nos finances ». En conséquence, en amplifiant le pouvoir donné aux sieurs Perrotin de Barmond et Fougeray de Launay par leurs lettres de provisions, il fut ordonné par lettres patentes datées, elles aussi, du 29 juin, qu'ils tiendraient « alternativement les registres de contrôle de toutes les quittances, tant des gardes de notre Trésor royal, que du trésorier de nos revenus casuels, des commissions des tailles, commissions pour impôt du sel, des arrêts portant impositions, commissions pour la tenue des états des provinces et lettres en dépendantes, acquits patents, baux de nos fermes et des autres expéditions généralement quelconques assujetties au contrôle général de nos finances par notre déclaration du 16 mai

1. *Mémoires* de M. d'Ormesson (Arch. nat., 144 AP 130, p. 29).
2. Brevet daté de Versailles le 29 juin 1777 (publ., d'après l'original, par le comte d'HAUSSONVILLE, ouvr. cité, p. 108).
3. CŒURDEROY, *Diaire*, p. 250.
4. Voir *supra*, p. 392-395.

1655, même de celles qui ont accoutumé d'y être enregistrées ». En même temps, pour flatter le public, étaient prononcées l'extinction et la suppression des « droits établis relativement audit contrôle. Au moyen de cette suppression, notre Trésor royal profitera de ceux auxquels étoient assujettis les baux de nos fermes, les traités des régies et autres actes semblables, lequel produit étoit ci-devant attribué au contrôleur général de nos finances. Et à l'égard de la partie de ces mêmes droits qui se percevoit sur les particuliers, nous nous sommes portés d'autant plus volontiers à leur en faire remise, que nous avons reconnu que les droits de mutation qu'ils sont dans le cas de payer étoient déjà considérables [1] ».

Avec la nomination d'un « directeur général des finances », avec l'extinction des intendances des finances, avec l'annonce d'un comité chargé du contentieux relevant de la finance, étaient prises trois mesures suggérées à Maurepas par la « Note » d'un certain donneur d'avis. Qu'en fut-il de leur accomplissement ?

En créant Necker « directeur général des finances », Louis XVI ne faisait qu'élargir les compétences qu'il lui avait octroyées huit mois plus tôt sur le Trésor royal. Désormais l'homme était à la tête de l'administration suprême des finances en son entier, le Roi en gardant la surintendance. Cette nomination fut instrumentée par un brevet, c'est-à-dire par un acte sans nulle solennité, qui ne prononçait en rien l'érection d'une charge nouvelle dans l'État, mais énonçait une décision propre à une personne et à elle seule, et révocable à tout moment. Pourquoi Necker n'a-t-il pas été nommé contrôleur général ? C'est que, depuis 1661, ce poste créait son titulaire conseiller au Conseil royal des Finances, dont il était le rapporteur attitré, et que, par suite, il n'était pas pensable que Necker pût en être revêtu, puisque les protestants ne pouvaient appartenir au Conseil du Roi. Comme déjà lorsqu'il n'était que directeur du Trésor, il ne put, devenu directeur général, être ministre d'État, ni pénétrer dans les Conseils de gouvernement et au Conseil privé ni participer aux comités de ministres. Il en découla aussi qu'il ne put apposer sa signature à côté de celle du garde des sceaux au bas des arrêts du Conseil rendus en finance, même s'ils exprimaient des décisions qu'il avait dictées : cette formalité incomba au président du Comité contentieux. En revanche, il signa toute la correspondance administrative adressée aux intendants des provinces, aux officiers comptables, aux fermiers généraux et autres personnages dont il était le supérieur.

Placé « immédiatement » sous les ordres du Roi, le directeur général des finances n'avait pas pour autant la faculté de discuter tête à tête avec lui, car Maurepas était toujours présent à son travail avec Sa Majesté.

1. Lettres patentes datées de Versailles le 29 juin 1777 (Arch. nat., P 2514, fol. 4-7, enregistrement le 2 juillet par la chambre des comptes de Paris; U 1257, impr.).

Louis XVI était étroitement soumis à l'influence du vieux ministre « et il ne semble pas qu'il y ait eu chez le Roi, à l'égard de Necker, une ouverture de vraie confiance[1] ». Depuis le 29 juin 1777, le directeur général des finances occupa donc un poste qui, par son titre et par le fait qu'il n'emportait pas par lui-même appartenance au Conseil, était sans précédent dans les annales de l'administration des finances. Tel qu'il fut conçu et pratiqué, Necker put, pendant plusieurs années, s'y montrer fort actif et entreprenant, en partie parce qu'il avait su se ménager la garantie d'y exercer une autorité sans partage.

La suppression des offices d'intendants des finances prit effet dès qu'elle eut été enregistrée le 2 juillet par la chambre des comptes. Cette mesure spectaculaire visait moins les titulaires de ces offices que le principe de collégialité qui caractérisait depuis des siècles la haute administration des finances. Néanmoins, ces intendants étaient des personnalités si en vue, certains jouissaient d'une réputation si unanime d'intégrité et de compétence, que l'extinction de leurs charges fit grand bruit. Leurs personnes, cependant, n'étaient pas mises à l'écart pour autant et ne furent frappées d'aucune disgrâce. À l'exception d'Henri d'Ormesson, ils étaient tous conseillers d'État et, en plus, Moreau de Beaumont et Trudaine de Montigny étaient conseillers au Conseil royal des Finances et au Conseil royal de Commerce, Boullongne conseiller au Conseil royal des Finances; ils pouvaient donc continuer à mener des activités importantes dans les Conseils, leurs bureaux et leurs commissions. Moreau de Beaumont et Bouvard de Fourqueux furent appelés à siéger au Comité contentieux. Le remboursement de leurs offices fut effectué assez rapidement et on leur accorda une retraite[2]. La cessation de leurs fonctions d'intendants fut opérée avec ménagement : Boutin fut nommé le 22 juillet conseiller surnuméraire au Conseil royal des Finances[3]. Quant à Henri d'Ormesson, qui n'avait alors que vingt-six ans, il refusa les intendances de province qu'on lui proposa, plutôt que d'abandonner le conseil de Saint-Cyr, qui le faisait travailler avec le Roi deux fois par mois, et il obtint satisfaction. Le 23 juillet 1777, Necker, tout en l'invitant à « faire remettre les papiers des différents départements dont vous êtes chargé comme intendant des finances entre les mains de M. d'Ailly, [votre premier commis], qui me rendra compte de ces différents objets et que la confiance de M. votre père et la vôtre, soutenue de l'estime publique, m'a fait juger digne de celle de l'administration et de la mienne », l'avertissait qu'on lui conservait le bureau des états au vrai et le poste de chef du conseil de la Maison de Saint-Cyr, ce pourquoi lui seraient allouées 12 000 livres par an pour ses frais de bureau[4]. Et

1. J. Egret, ouvr. cité, p. 59.
2. F. Mosser, ouvr. cité, p. 232-233.
3. Commission datée de Versailles le 22 juillet 1777 (Arch. nat., O[1] 236, fol. 104).
4. Necker à Henri d'Ormesson; Versailles, 23 juillet 1777 (*ibid.;* 144 AP 131, doss. 2; orig.). – Le bureau des états au vrai était une dépendance du Conseil royal des Finances; son existence fut confirmée et maintenue par un arrêt du Conseil daté de Versailles le 10 août 1777, qui commit M. d'Ormesson pour en avoir l'inspection (*ibid.,* E 2356, fol. 143; publ. par F. Mosser, ouvr. cité, p. 274-275).

l'année suivante, grâce à la bienveillance du garde des sceaux, il fut créé conseiller d'État, « quoique n'ayant encore que vingt-sept ans, âge auquel il étoit sans exemple jusqu'alors qu'on fût parvenu si tôt[1] ».

Quelques égards que l'on pût avoir pour chacun d'eux dans ces bouleversements, les intendants supprimés ne pouvaient qu'être pénétrés au fond d'eux-mêmes de sentiments d'humiliation et de frustration, en se voyant « remplacés par des premiers commis dans des fonctions importantes qu'ils avoient bien rempli et honorablement jusqu'alors[2] ». Mais, dominant leur épreuve personnelle et n'envisageant les choses que du point de vue de l'intérêt général, ils considéraient, expliquait l'un d'eux, que l'extinction de leurs charges se faisait au détriment non seulement des titulaires, mais « plus encore peut-être de l'administration, pour laquelle ces administrateurs secondaires, mais permanents et se réunissant entr'eux toutes les semaines, formoient un centre stable et bien utile dans les variations trop fréquentes du ministère, que des premiers commis, plus faciles à changer au gré de chaque nouveau ministre, n'ayant point d'ailleurs de caractère public, ni le même ensemble entr'eux, ne pouvoient pas suppléer sous ce point de vue[3] ». Dans un cas particulier, tout ce remaniement se termina tristement : Trudaine de Montigny, à qui l'on avait offert de conserver les ponts et chaussées, refusa de travailler sous Necker et fut si affecté par la perte de sa place et par la défection de son beau-père Bouvard de Fourqueux[4], qu'il mourut de chagrin le 5 août 1777. Boullongne, au contraire, accepta de collaborer avec le directeur général, qui lui laissa une partie du département qu'il dirigeait auparavant.

Découronnés par la suppression de leurs intendants, les différents départements des finances furent, selon les cas, maintenus ou démantelés, le tout aboutissant à une organisation assez confuse. Si l'on se fie aux informations données à ce sujet par l'*Almanach royal* de 1778[5], le directeur général Necker, installé à Paris en l'hôtel du contrôle général et chargé de « l'administration générale des finances », était assisté, d'une part, par le premier commis des finances, Bertrand Dufresne, et, d'autre part, par quatre magistrats : Boullongne, conseiller d'État et ci-devant intendant des finances, et trois maîtres des requêtes, MM. Dufour de Villeneuve[6], Valdec de Lessart et de Bonnaire de Forges, désignés de façon informelle pour s'occuper de certaines matières confiées naguère aux intendants. Mais, par ailleurs, on voit que les premiers commis prirent la tête des départements dans lesquels ils étaient employés

1. *Mémoires* de M. d'Ormesson (Arch. nat., 144 AP 130, p. 34-35).
2. *Ibid.*, p. 29.
3. *Ibid.*, p. 26.
4. Beau-père de Trudaine de Montigny, Bouvard de Fourqueux lui était associé depuis février 1771 dans son intendance des finances; le fait qu'il ait accepté de siéger au Comité contentieux fut considéré par son gendre comme une défection.
5. P. 228-230.
6. Jean-Baptiste Claude Dufour de Villeneuve (1737-1797), fils du conseiller d'État membre du Comité contentieux.

sous les ordres de l'intendant supprimé. Cette dernière solution choqua beaucoup le monde du Conseil, car elle aboutissait à faire exercer des fonctions importantes par des hommes qui n'en tenaient la responsabilité que sur décision personnelle du directeur général et n'avaient aucun caractère public, quels que pussent être leur zèle et leur expérience.

Alors que la collégialité de Messieurs des finances établissait déconcentration au sommet d'un État centralisateur (mais non centraliste), les bouleversements imposés par Necker provoquaient une concentration de décision en ses mains. C'est que, tout en structurant son ministère selon ses idées, l'homme entendait sauvegarder et même accroître l'emprise que celui-ci exerçait sur l'économie et l'administration générale du royaume. On sait que le contrôle général avait dû, d'assez mauvais gré, céder certaines de ses attributions au secrétariat d'État de Bertin et qu'un conflit aigu avait surgi au sujet de l'agriculture entre ce ministre et Marie d'Ormesson [1]. Or Necker s'estimait frustré par Bertin d'une partie de ses compétences et d'Ailly, qui déjà avait argumenté sous Louis XV les revendications du contrôle général, repartit en campagne en 1779. Il présenta alors à Necker un mémoire qui ne fut que la reprise, souvent mot à mot, de celui qu'il avait rédigé en 1771 à l'intention de l'abbé Terray. Il évoqua de nouveau les desséchements et le fait que « la finance seule pouvoit faire le sacrifice des impositions sur les terres et consentir les différents privilèges accordés aux entrepreneurs. Elle seule peut encore encourager les nouvelles entreprises », notamment les défrichements, et concilier « les intérêts des peuples avec ceux du Roi à l'accroissement de l'agriculture [...]. Le partage des communaux est encore un objet qu'il est impossible de distraire de la finance [...]. Combien de grandes entreprises [...] ne peuvent se faire parce qu'il faudroit réunir les travaux et les efforts des départemens du domaine, des impositions et des ponts et chaussées. Les grands dessèchemens, en particulier, ne peuvent se faire sans le secours de ces deux derniers départemens. Quel avantage a le ministre des finances, qui les tient tous, pour les concilier [2] ! » Necker n'avait guère de considération pour Bertin et celui-ci, sentant sa position minée, préféra se retirer de lui-même plutôt que d'être disgracié : le 26 mai 1780, à l'issue du Conseil des Dépêches, il présenta sa démission à Louis XVI. Le secrétariat d'État créé pour lui en 1763 fut supprimé et, parmi ses attributions, l'agriculture, les mines, les écoles vétérinaires, le roulage et les loteries firent retour à la finance. Ainsi prit fin la seule et timide tentative de constituer un ministère appelé à alléger quelque peu la gestion de l'administration.

Necker avait donc la certitude de ne devoir partager avec personne la conduite des finances, à laquelle sa carrière et son expérience profes-

1. Voir *supra*, p. 463-465.
2. Mémoire présenté à Necker par d'Ailly ; septembre 1779 (Arch. nat., H 1495, n° 32).

sionnelles l'avaient préparé, au moins en partie. Mais il en découla pour lui une besogne considérable et parfois fastidieuse, puisqu'il se trouva ainsi appelé à examiner et à trancher des affaires relevant auparavant des intendants des finances et à signer une multitude de correspondances et de documents expédiés par eux, ce qui risquait à la fois de le gêner pour s'occuper à fond des objets majeurs et pour bien apprécier les mineurs. Mais autant il se jugeait apte à ses tâches de directeur général, autant se sentait-il désarmé face au contentieux, « véritable hidre de la finance, à laquelle on pourroit dire qu'on a voulu attacher des têtes au lieu d'en abattre[1] ». Pour la dompter, il avait préconisé et obtenu la création d'un comité spécialisé dans le contentieux des finances, dont il faut maintenant examiner le sort.

La création de ce comité fut prévue de façon très officielle par l'édit de juin 1777 portant suppression des intendants des finances, mais son établissement se fit en sourdine : il ne fut expédié ni lettres patentes, ni arrêt du Conseil, ni règlement, ni brevet pour en fixer les compétences, en déterminer la composition et en désigner les membres. Il eut pour seul titre fondateur une lettre adressée par Maurepas à M. Moreau de Beaumont, conseiller au Conseil royal des Finances et doyen d'âge et de fonctions des intendants des finances supprimés. Datée du 5 juillet, cette lettre n'était pas destinée seulement à l'avertir de la formation du comité et que la présidence lui en était confiée, mais devait surtout lui servir d'instruction sur ce que l'on en attendait. Aussi mérite-t-elle d'être connue dans son intégralité :

> « Le Roi m'a chargé, Monsieur, de vous informer que Sa Majesté vous a choisi, conjointement avec M. de Fourqueux et M. de Villeneuve, pour remplir le Comité contentieux annoncé par l'édit du mois de juin dernier; et quoique, dans le préambule de cet édit, Sa Majesté se soit déjà expliquée sur la consistance et le but de cet établissement, j'ay cru devoir entrer avec vous dans quelques détails pour vous faire connoître plus particulièrement la nature et la forme des fonctions que vous avez à remplir.
>
> Le Roi, en nommant M. Necker directeur général des finances, a voulu lui confier l'administration entière de ce département, afin de conserver l'unité de dessein et d'opération nécessaire à cette administration; mais comme la partie contentieuse exige des vérifications et un examen auxquels il est impossible qu'un ministre des finances puisse se livrer avec l'attention convenable, Sa Majesté a jugé à propos de choisir trois personnes de son Conseil qui seront chargées de cette importante direction. Les affaires, suivant l'exigence des cas, leur seront ou rapportées par des maîtres des requêtes, ou présentées par les premiers commis à qui le directeur général les aura envoyées, et les projets d'arrêts qui seront dressés, comme à l'ordinaire, dans les bureaux de l'administration des finances, seront signés, après

1. Voir *supra*, p. 508.

l'approbation du Comité, par le président de ce même Conseil en sa qualité de conseiller au Conseil royal.

Le directeur général assistera au Comité toutes les fois qu'il le jugera à propos et, lorsque les affaires qui y seront discutées lui paroîtront de nature à être mises sous les yeux de Sa Majesté ou à m'être communiquées, le Comité suspendra sa détermination.

Le Comité ne connoîtra d'aucune autre affaire que de celles qui lui seront présentées ou de la part du directeur général des finances ou de la mienne, cet ordre étant indispensable pour éviter toute contradiction et tout mélange entre l'administration et le contentieux.

Le directeur général pourra consulter le Comité sur les objets et dans les circonstances où il s'agira de concilier les formes de la législation avec les vues de l'administration et Sa Majesté attend de votre zèle que, dans de semblables circonstances, l'administrateur de ses finances trouvera dans votre expérience et dans vos lumières les secours dont il aura besoin pour assurer l'accomplissement des plans que Sa Majesté aura adoptés.

À l'égard des arrêts qui ne sont que de pure forme ou de simple exécution, ainsi que de ceux qui auront été rédigés conformément aux décisions du Roi, l'intention de Sa Majesté est que le président puisse les signer sans qu'il en soit rendu compte au Comité, Sa Majesté ne voulant point qu'un tems qui peut être employé à l'expédition de ses affaires soit perdu dans des discussions superflues.

Au surplus, Sa Majesté entend que le Comité s'assemble assidûment, de manière que les affaires soient expédiées avec toute la célérité qui peut s'accorder avec la justice. J'ay l'honneur d'être très parfaitement, Monsieur, votre très humble et très obéissant serviteur.

Maurepas.

P.S. – En vous envoyant, Monsieur, la lettre cy-dessus, commune avec M. de Fourqueux et M. de Villeneuve, je suis chargé de la part du Roy de vous annoncer qu'Elle (*sic*) vous a choisi pour président du Comité et qu'Elle attend de votre zèle, qui Luy est connu, que vous seconderez de tous vos efforts un arrangement qu'Elle a adopté comme convenable au bien de son service[1]. »

Il importe de bien peser les dispositions de cette missive, titre constitutif de ce que l'on appela « le Comité contentieux des finances ». Celui-ci avait pour objectif de tarir la veine des diatribes de la cour des aides de Paris contre la fiction que représentait souvent le Conseil en matière de contentieux administratif, diatribes reprises sur un ton plus violent que jamais après l'avènement de Louis XVI. Cette fiction avait déjà choqué le chancelier de Maupeou, qui entendait y mettre fin en établissant un Conseil qui eût été au contentieux de l'administration ce que le Conseil d'État privé était au contentieux entre les particuliers ou les

1. Maurepas à M. Moreau de Beaumont; Versailles, 5 juillet 1777 (Arch. nat., 264 AP 17; orig.). – On sut bientôt dans le public que « le comité du contentieux de l'administration a été formé et décidé, le 6 juillet, devoir être composé de MM. [Moreau] de Beaumont et Dufour [de Villeneuve] » (Cœurderoy, *Diaire*, p. 251).

corps[1]. Le temps lui avait manqué pour mettre en route cette réforme, le temps et aussi les appuis, car il n'est pas certain que l'abbé Terray l'ait vue d'un œil favorable. Et Necker était trop jaloux de ses compétences réelles et supposées pour envisager de partager avec le garde des sceaux la connaissance du contentieux des finances et de revenir ainsi, sans le savoir, à un état de choses antérieur à Colbert. Personne ne pouvait, sous Louis XVI, songer à restaurer le Conseil ordinaire des Finances disparu depuis un siècle, parce que le souvenir s'en était perdu. Au moment de la suppression des intendants des finances, le garde des sceaux Miromesnil pria deux conseillers d'État, MM. d'Aguesseau de Fresnes et Joly de Fleury, de lui faire part de ce qu'ils pensaient d'une remise en activité de la petite Direction des finances. Leurs réflexions lui furent soumises en un mémoire dressé par Joly de Fleury, qui se faisait sans doute l'écho de l'opinion d'un bon nombre de leurs collègues[2]. Il y observait d'abord que la mise en sommeil de la petite Direction, un des « Conseils particuliers » chargé des affaires contentieuses, avait « déplu au public, parce qu'on n'aime pas être jugé par une ou deux personnes dans l'intérieur du cabinet d'un ministre que l'on croit trop occupé pour y donner beaucoup d'attention ». Il y rappelait ensuite que « les intendants des finances avoient eux-mêmes reconnu qu'il y avoit des affaires trop importantes pour les juger seuls et, depuis peu, ils avoient établi entr'eux des assemblées où ils les discutoient, au raport d'un maître des requêtes, et ils portoient ensuite au contrôleur général un veu contenu dans un projet d'arrêt qu'ils lui présentoient à signer, ce qui avoit déplu encore davantage au public, et au Conseil même, comme n'ayant aucune espèce de forme ».

D'où la solution qu'il mettait en avant : « La suppression des places d'intendants des finances exige un nouvel ordre et rien n'est plus convenable que de revenir à la règle. Il paroît donc nécessaire de rétablir la petite Direction et d'y renvoyer les affaires contentieuses des gabelles et autres droits des fermes générales, des francs-fiefs, insinuation, centième denier, amortissements et autres de pareille nature, qui intéressent la perception journalière et qui n'ont qu'un rapport éloigné avec l'administration de la finance. Le public sera satisfait d'avoir des juges connus et de n'être plus jugé dans l'intérieur du cabinet et MM. les maîtres des requêtes y trouveront des occasions fréquentes de s'instruire et d'exercer leur capacité et leurs talents. Enfin, si l'on veut y tenir la main, l'expédition sera plus prompte et la jurisprudence sera plus uniforme. On pourroit même donner à cet espèce de Conseil le pouvoir de terminer briève-

1. Voir *supra*, p. 497-499.
2. Miromesnil accusa réception de ce mémoire à Joly de Fleury le 21 juillet 1777 (Bibl. nat., Joly de Fleury, ms. 1053, fol. 82; orig.). Le mémoire lui-même (*ibid.*, fol. 77-81, minute de secrétaire corrigée de la main de Joly de Fleury) a été publié sous le titre « Mémoire sur la petite Direction des finances par M. Joly de Fleury, conseiller d'État » en appendice à notre article « Les Conseils des Finances sous le règne de Louis XV », dans *Revue d'histoire moderne et contemporaine*, t. V (1958), p. 161-200.

ment toutes ces sortes d'affaires par des jugements en dernier ressort qu'ils signeroient, comme dans touttes les commissions du Conseil, ce qui accéléreroit beaucoup l'expédition. » Puisque la petite Direction se tenait chez le chef du Conseil royal des Finances et sous sa présidence, ce projet aurait pu séduire Maurepas. Mais en eut-il connaissance ? Au reste, il n'était pas pensable que Necker y pût souscrire.

Les directives données par Maurepas à Moreau de Beaumont démontrent que le Comité contentieux des finances n'a été ni une séance particulière, ni même un appendice du Conseil du Roi, bien que ses décisions aient été exprimées par arrêts du Conseil. Il n'était pas tenu par le garde des sceaux, il était présidé par un conseiller au Conseil royal des Finances, le directeur général y assisterait « toutes les fois qu'il le jugera à propos ». Les affaires devaient y être, « suivant l'exigence des cas [...] ou rapportées par des maîtres des requêtes, ou présentées par les premiers commis à qui le directeur général les aura renvoyées », et cette dernière possibilité excluait, à elle seule, que le Comité pût avoir nature de Conseil. Les trois conseillers d'État ses membres furent choisis non par actes du grand sceau ou par arrêt du Conseil, mais par cette lettre missive et il est probable que les maîtres des requêtes appelés à y rapporter furent recrutés de la même manière, voire par simple message verbal. Quant aux arrêts en finance, les projets en seraient « dressés, comme à l'ordinaire, dans les bureaux de l'administration des finances » et « signés, après l'approbation du Comité, par le président de ce même Comité en sa qualité de conseiller au Conseil royal ». Cette dernière disposition est révélatrice : la signature vraiment importante était celle du président, et ensuite le garde des sceaux serait tenu d'y joindre la sienne.

Il ressort de tous ces traits que le rôle et le statut du Comité contentieux ont été combinés avec des desseins très précis, car on pouvait concevoir d'autres modalités pour régler le contentieux administratif. Le Comité contentieux n'eut en pratique d'autre lien avec le Conseil du Roi que l'appartenance à celui-ci de ses trois membres et des rapporteurs. Il ne releva que de l'administration suprême des finances, au sein de laquelle il constitua un organisme particulier, inséré par l'*Almanach royal* parmi les départements de celle-ci. Il entra en activité dès l'été de 1777, une activité qui fut aussitôt permanente et régulière, dont les modalités purent parfois adoucir l'amertume des intendants supprimés. Henri d'Ormesson dut ainsi « à la fidèle amitié de M. d'Ailly », son ancien premier commis, « la consolation de voir au moins dans ce moment les affaires contentieuses de mon département remises à M. de Trimond, jeune maître des requêtes rempli de talent et d'honnêteté, et aussi mon ancien et fidèle ami [1] ». Ce comité joua aussitôt un rôle utile et efficace, rappelant en fait celui de l'assemblée des intendants des finances [2].

1. *Mémoires* de M. d'Ormesson (Arch. nat., 144 AP 130, p. 29).
2. Sur l'histoire de cette institution, on se reportera à la thèse d'A. Logette, *Le Comité contentieux des finances près le Conseil du roi (1777-1791)* (Nancy, 1964, in-8°).

Pendant plusieurs années, Necker, ainsi débarrassé de « l'hydre » du contentieux, put diriger selon ses vues les finances et l'économie du royaume en guerre depuis mai 1778, non sans léser beaucoup d'intérêts et braver certains courants d'opinion. En conséquence, nouvellistes et pamphlétaires prophétisaient périodiquement sa disgrâce. À l'automne de 1780, alors que sa situation semblait menacée, son crédit auprès de Louis XVI parut soudain renforcé, car il obtint qu'à deux secrétaires d'État avec lesquels il était en contestation sur les dépenses militaires fussent substitués des hommes dont il fût sûr : en octobre Sartine fut remplacé à la Marine par le marquis de Castries, et en décembre le prince de Montbarey à la Guerre par le marquis de Ségur. Deux changements faits par le Roi sans l'avis de Maurepas, dont la santé et l'influence étaient en déclin.

C'est dans cette conjoncture favorable que Necker fit publier et mettre en vente, à partir du 19 février 1781, le *Compte rendu au Roi par M. Necker, directeur général des finances, au mois de janvier 1781,* un opuscule de 56 pages in-4°, où, d'une part, il faisait un exposé détaillé de l'œuvre qu'il avait accomplie depuis 1776 et des projets qu'il avait en vue et, d'autre part, présentait un état des recettes et des dépenses ordinaires du Trésor royal, où les premières paraissaient en excédent sur les secondes. Destiné par lui à affermir le crédit public et à favoriser l'émission de nouveaux emprunts exigés par la prolongation de la guerre, ce *Compte rendu* était aussi « un plaidoyer passionné pour lui-même [1] ». Il eut un succès prodigieux, subissant de vives attaques et déclenchant une campagne de libelles furieux et même haineux, dont Necker fut ulcéré, d'autant que le parlement de Paris se montrait alors fort circonspect devant ses projets d'administrations provinciales. Vergennes avait sévèrement jugé ce texte. Or ce ministre était de plus en plus écouté par Louis XVI, alors que Maurepas l'était de moins en moins.

Pour faire face à l'orage qui le menaçait, Necker résolut d'obtenir des marques sensibles de la confiance du Roi et un élargissement de sa situation dans le gouvernement. À cette fin, il réclama d'être créé ministre d'État, que lui fût confiée la direction des marchés de la Marine et de la Guerre, qu'un lit de justice fût tenu au parlement pour y faire enregistrer les lettres patentes établissant l'assemblée provinciale du Bourbonnais et que certains intendants de province, qui parlaient mal de lui, fussent remplacés. Vers le milieu de mai, Maurepas présenta à Louis XVI le mémoire contenant ces exigences et, le 19, signifia à l'intéressé la décision royale : c'était un refus. Bouleversé, Necker présenta aussitôt sa démission et, le 21, quitta l'hôtel du contrôle général.

* *
*

1. J. EGRET, *Necker*, p. 171.

Avec les pouvoirs qui lui avaient été conférés pendant près de cinq ans à la tête de l'administration des finances, Necker venait de lui infliger de telles secousses que le statut et le rôle de celui qui l'y remplacerait apparurent fort conjecturaux. Pour le choix de la personne, on en revint au recrutement traditionnel et l'on pressentit un des conseillers d'État les plus en vue, M. Joly de Fleury. Après avoir refusé deux fois, il finit par accepter. Mais s'il prit la relève de Necker, ce ne fut ni en qualité de directeur général des finances ni en celle de contrôleur général. Par lettres patentes du 21 mai 1781, en effet, « ne voulant pas encore nous expliquer sur la forme en laquelle nous nous proposons de gouverner un département aussi important au bien de notre royaume », le Roi spécifia à Joly de Fleury qu'il l'avait « commis, ordonné et établi [...] pour veiller provisoirement à l'administration de nos finances, nous en rendre compte et avoir, en qualité d'administrateur d'icelles, entrée, scéance et opinion délibérative en notre Conseil royal des Finances, pour par vous jouir et user de ladite commission aux honneurs, autorités et pouvoir qui y appartiennent sur le fait des finances[1] ».

En commettant Joly de Fleury « pour veiller provisoirement à l'administration de nos finances », Louis XVI attestait que la refonte de celle-ci restait d'actualité, mais que, tout en prenant le contre-pied de certaines résolutions de Necker, il n'était pas question d'en revenir intégralement à l'organisation démantelée en 1777, bien que certains en aient prôné le rétablissement pur et simple[2]. Cette recherche d'une solution idéale n'aura pas de cesse et, jusqu'en 1789, les réformes vont se succéder en fonction des personnes et de leurs soutiens à la cour, dans le monde des affaires et dans l'opinion. Toutefois, quels qu'aient été les partis entre lesquels oscilleront les décisions, il apparaît que deux règles furent posées d'emblée et ensuite appliquées de plus en plus : l'une, de ne point ériger en offices vénaux les fonctions des personnages appelés à seconder le responsable suprême des finances et ainsi de les rendre aisément révocables ; et l'autre, de ne point assortir l'appellation de leurs charges de celle de « conseiller ordinaire en nos Conseils d'État et privé ». Deux règles adoptées en considération, d'une part, des griefs

1. Commission datée de Versailles le 21 mai 1781 (Arch. nat., O[1] 125, p. 245-248 ; minute).

2. Dans les papiers du contrôleur général d'Ormesson se trouve un long fragment d'un mémoire suggérant que le Roi pourvoie à la place de contrôleur général, vacante depuis juin 1777, et, par voie de conséquence, rétablisse les intendants des finances tels qu'ils étaient au moment de leur suppression. Ce mémoire est anonyme et n'est pas daté, mais sa teneur permet de le situer entre le 19 mai et la fin de juin 1781. Il insiste sur les inconvénients résultant de ce que les affaires traitées par les intendants des finances aient été mises par Necker « entre les mains des principaux commis tirés des bureaux des intendants des finances supprimés », lesquels commis « ne pouvant par leur état ny par leur position entretenir par eux-mêmes aucune correspondance ny relation, soit avec Mrs les intendants, soit avec les coopérateurs et les subordonnés à l'administration des finances, il devenait indispensable que l'objet le plus minutieux pass[ât] sous les yeux du directeur général, et son temps se trouvoit souvent employé à des expéditions peu faites par leur nature pour lui être présentées, en sorte que la multiplicité des objets ne lui laissoit pas la liberté nécessaire pour se fixer sur le degré d'importance et d'attention qu'il convient à l'homme principal d'attacher et de donner à chacune en particulier » (Arch. nat., 144 AP 131, doss. 2).

que les maîtres des requêtes nourrissaient depuis Henri III contre les intendants des finances et, d'autre part, des doléances formulées par les conseillers d'État contre ces mêmes intendants dans la dernière décennie du règne de Louis XV, doléances à la présentation desquelles Joly de Fleury avait participé [1].

Jean-François Joly de Fleury, âgé maintenant de soixante-trois ans, maître des requêtes en 1743, avait été intendant de Bourgogne de 1749 à 1761 ; devenu conseiller d'État en 1760, il avait été nommé en 1769 conseiller au Conseil des Dépêches et avait surtout réputation de juriste. Il était issu d'une grande famille de la robe, son père et un de ses frères s'étaient succédé dans le poste éminent de procureur général du parlement de Paris, occupé depuis 1778 par un de ses neveux, et il est probable que c'est dans l'espoir que cette parenté faciliterait les relations du gouvernement avec cette cour que l'on recourut à lui. Un peu perplexe devant le caractère provisoire et indécis des fonctions d'« administrateur » qui lui étaient confiées, il aurait alors émis le vœu que fût créée pour lui une charge de secrétaire d'État, à laquelle auraient été rattachées les finances [2], renouant ainsi avec le cumul de responsabilités assumé sous Louis XIV par Colbert, Pontchartrain et Chamillart. Et il est certain qu'à ce moment fut soumis à Louis XVI en faveur d'une telle réunion un mémoire dont l'auteur trouvait « singulier que le département où les affaires sont en plus grand nombre et de plus grande importance, où elles exigent le plus de secret et le plus de célérité, soit le seul dans lequel l'expédition se trouve séparée de l'administration. Il a falu, pour que les affaires n'en souffrissent pas un préjudice notable, établir que les secrétaires d'État signeroient les expéditions de finance dès qu'elles leur seroient présentées, sans examen et d'après la signature du contrôleur général sur la minute [3] ». Joly de Fleury ne joignit point un secrétariat d'État à ses attributions de finance, mais, pour asseoir son autorité dans le gouvernement et aux yeux du public, le Roi le créa ministre d'État dès le 4 juin 1781. Il en profita pour se faire titrer « ministre d'État et des finances » par l'*Almanach royal* [4], innovation de vocabulaire, qui témoigne à sa façon des réflexions dont les hautes fonctions de l'État étaient alors l'objet.

Les arrangements mis sur pied pour son accession au poste d'« administrateur des finances » trahissent un double souci : celui de rompre avec une partie des initiatives de Necker, et celui de renouer, mais de façon circonspecte, avec les traditions. Les responsabilités de Joly de Fleury lui furent conférées par lettres patentes de commission, alors que Necker avait reçu les siennes par brevet et que, depuis Claude Le Peletier, les contrôleurs généraux avaient été investis par des lettres de pou-

1. Voir *supra*, p. 467-468.
2. Cœurderoy, *Diaire*, p. 303.
3. Arch. nat., K 899, n° 41.
4. *Almanach royal*, 1782, p. 210-211, 214-215, 252 ; 1783, p. 209-210, 213-214, 251.

voir. Le contrôle général restait donc vacant et ses formalités originelles allaient continuer à être assumées par les deux gardes des registres en vertu de l'amplification de pouvoirs qu'ils avaient reçue à la fin de juin 1777 [1]. Le public ne se souciait guère de leur sort, mais celui du premier commis des finances fit quelque bruit.

Bertrand Dufresne, premier commis des finances auprès de Necker, était si étroitement lié à lui que sa disgrâce fut aussi la sienne. Son remplacement donna lieu à une combinaison sans précédent. Fut institué, en effet, un directeur du Trésor, qui allait être le bras droit de Joly de Fleury, en particulier pour ce qui touchait la politique d'emprunts et le crédit public. Cet emploi, qui n'avait encore jamais existé, échut à Jacques Marquet de Bourgade, membre d'une famille très active de la haute finance, qui avait eu surtout des activités de munitionnaire et, en outre, se trouvait être oncle de Calonne [2]. Sa nomination semble n'avoir été instrumentée par aucun acte émané du Roi et n'avoir tenu qu'à une décision personnelle de Joly de Fleury. C'est pourquoi, malgré l'importance de son rôle, le personnage eut un caractère si officieux que *l'Almanach royal* en fit silence. Intercalé entre le ministre et le premier commis des finances, il fit passer au second plan ce dernier, qui ne fut autre qu'un des premiers commis de Dufresne, Achille Joseph Gojard.

Il est une création de Necker que Joly de Fleury entendit non seulement conserver, mais consolider : le Comité contentieux des finances. À peine était-il installé qu'il le dota d'une quatrième place de conseiller d'État et la confia à M. d'Ormesson, ancien intendant des finances [3], et ensuite il eut soin de remplacer les conseillers défaillants [4]. Le Comité put donc travailler efficacement sans nulle solution de continuité.

Un des premiers soucis de Joly de Fleury fut de réorganiser son ministère. Celui-ci, lors de la disgrâce de Necker, était comme divisé en deux. Trois maîtres des requêtes, MM. Guerrier de Bezance, de Valdec de Lessart et de Bonnaire de Forges, se répartissaient « le détail de l'administration des finances », coiffant une partie des matières gérées naguère par les intendants des finances. Et, d'autre part, Necker conduisait « l'administration générale des finances », avec l'assistance de « chefs et premiers commis des bureaux », dont les uns dirigeaient des services traditionnels comme le bureau des dépêches et celui des rentes, et dont les autres étaient responsables de secteurs relevant auparavant des intendants des finances, comme, par exemple, les impositions. Joly

1. Voir *supra*, p. 514-515.

2. Sur le personnage et son rôle, voir M. Price, « Les conseillers au contrôle général des finances à la fin de l'Ancien Régime : le cas de Jacques Marquet de Bourgade », dans *L'Administration des finances sous l'Ancien Régime*. Colloque tenu à Bercy les 22 et 23 février 1996 (Paris, 1997, in-8°; Comité pour l'histoire économique et financière de la France), p. 65-80.

3. Décision annoncée à M. d'Ormesson par lettre de Maurepas du 22 et par lettre de Joly de Fleury du 26 juin 1781 (Arch. nat., 144 AP 136, doss. 1 ; orig^x^).

4. M. Dufour de Villeneuve, décédé le 10 novembre 1781, fut remplacé par Tabouread des Réaux, lequel étant mort le 31 mai 1782 eut pour successeur M. Vidaud de La Tour, en place jusqu'en 1791.

de Fleury accrut aussitôt le nombre des maîtres des requêtes chargés du « détail » de son administration et restreignit ainsi les compétences que certains chefs et premiers commis avaient conquises sous Necker. Il maintint en place les trois maîtres des requêtes assistant ce dernier et les fit rejoindre par trois collègues, MM. Michau de Montaran, Chaumont de La Millière et Bertier de Sauvigny[1]. Ce dernier était par ailleurs et resta intendant de la généralité de Paris et Michau de Montaran était aussi et demeura intendant du commerce, ce pourquoi ils eurent auprès de Joly de Fleury des responsabilités peu étendues[2].

D'une façon encore très voilée, ces nominations marquaient un certain retour à la collégialité au sein de l'administration des finances. Il semble que, comme le directeur du Trésor, ces six maîtres des requêtes aient été investis de leurs responsabilités par invitation verbale ou par lettre personnelle de Joly de Fleury et non par un acte émané de Louis XVI. Il est très significatif que ces Messieurs n'aient pas été qualifiés « intendants », mis à part le cas de ceux qui étaient déjà et demeurèrent l'un intendant d'une généralité et l'autre intendant du commerce. Toutefois, quelles que fussent les réserves alors prescrites au langage officiel, il était inévitable de recourir à ce vocable. Par lettres patentes du 17 juin 1781, en effet, l'un de ces maîtres des requêtes, M. Chaumont de La Millière, fut « commis, ordonné et établi [...] intendant des ponts et chaussées, barrages, et entretennement du pavé de notre bonne ville de Paris, des turcies et levées, des pépinières royales, ports de commerce, canaux et navigations des rivières de notre royaume, pour icelle commission exercer tant qu'il nous plaira ». Il était autorisé « en conséquence à recevoir tous mémoires, demandes et propositions concernant les susdits objets, en rendre compte au ministre des finances, les représenter à l'assemblée des ponts et chaussées, entretenir la correspondance nécessaire au bien de notre service avec les intendants et commissaires départis pour l'exécution de nos ordres dans les provinces de notre royaume et vous faire rendre compte de l'exécution des ordonnances et règlements par les ingénieurs, inspecteurs, trésoriers et tous autres officiers et employés attachés audit département. [...] Voulons, en outre, que vous jouissiez de tous les honneurs, droits, prérogatives attachés aux commissions des commissaires départis dans les différentes généralités de notre royaume, ainsi que des appointemens qui seront attribués à la vôtre[3] ».

1. Ayant été destiné en 1783 au poste de premier président de la cour des aides de Clermont-Ferrand, M. Guerrier de Bezance fut remplacé par M. de Vilevault, par ailleurs intendant du commerce maritime.

2. De Bertier de Sauvigny relevèrent les écoles de médecine vétérinaire de Paris et de Lyon, les épizooties et les dépôts de mendicité. À Michau de Montaran Joly de Fleury confia « la correspondance relative aux subsistances » ; comme intendant du commerce, il était adjoint et survivancier de son père, qui mourut au mois d'août 1782.

3. Commission datée de Versailles le 17 juin 1781 (Arch. dép. Yvelines, II J 27, copie ; archives de la famille Chaumont). Sur l'administration des ponts et chaussées entre 1777 et 1781, voir J. Petot, ouvr. cité, p. 158-159.

En adressant cette commission à son destinataire, Joly de Fleury tint à l'informer « que l'intention de Sa Majesté est que vous vous transportiez dans les différents départements et sur les grandes routes touttes les fois que le bien du service semblera l'exiger. Sa Majesté me charge de vous annoncer en même temps que vous datterés de ce jour pour prétendre aux intendances les plus importantes et autres grâces qui sont destinées pour les membres de son Conseil employés dans les provinces[1] ».

Le cas de Chaumont de La Millière ne resta pas isolé. L'année suivante, M. de Bonnaire de Forges quitta les fonctions qu'il exerçait auprès de Joly de Fleury et y fut remplacé par un autre maître des requêtes, M. Douet de La Boullaye, alors intendant d'Auch et Pau, qui hérita certaines de ses attributions. Mais concurremment, par une commission dont la teneur devait être très proche de celle de Chaumont de La Millière, il fut créé intendant des mines et minières du royaume le 23 novembre 1782[2], recevant ainsi une compétence dont les intendants du commerce avaient hérité lors de la suppression du secrétariat d'État de Bertin en 1780.

Les termes et les conditions de cette nomination d'« intendant des ponts et chaussées » et non « des finances » attestent que les maîtres des requêtes chargés de certains détails auprès de l'administrateur général des finances étaient mis sur le même pied que leurs collègues investis d'une intendance de province. Il est significatif que, dans la présentation du « détail de l'administration des finances », l'*Almanach royal* n'attribue à Chaumont de La Millière que « les hôpitaux et prisons ; les établissemens de charité et la distribution des remèdes qui se fait par ordre du Roi dans les provinces », sans mentionner son intendance des ponts et chaussées, qui n'apparaît que beaucoup plus loin, dans la rubrique « Ponts et chaussées de France »[3]. Douet de La Boullaye fut dans le même cas : il n'est signalé d'abord qu'avec les matières dont il avait la charge, soit « les péages, les revenus et dépenses des villes, bourgs et communautés d'habitants autres que celles des pays d'états, les bureaux des finances, les projets » et n'est annoncé comme intendant que bien après, dans la section « Mines et minières de France »[4]. Quant à Bertier de Sauvigny, il est recensé en tête des intendants des provinces et généralités sans référence à ses responsabilités dans l'administration centrale et, pour celles-ci, il n'est pas fait état de son intendance parisienne[5]. Ces menus détails sont révélateurs d'un dessein bien arrêté de ne plus conférer aux postes des responsables des départements des finances un

1. Joly de Fleury à Chaumont de La Millière ; Versailles, 18 juin 1781 (*ibid.*, copie. Cette copie omet le nom du signataire, mais celui-ci ne pouvait être que Joly de Fleury).

2. Nous n'avons pu retrouver le texte de cette commission, mais celle-ci est visée par sa commission du 4 janvier 1784, citée *infra*, p. 534.

3. *Almanach royal*, 1782, p. 215 et 548 ; 1783, p. 214 et 554. Joly de Fleury y est mentionné avec la qualité de « directeur général » des ponts et chaussées.

4. *Almanach royal*, 1783, p. 214 et 557. Joly de Fleury y est qualifié (p. 557) « directeur général » des mines.

5. *Almanach royal*, 1782, p. 214 et 254 ; 1783, p. 213 et 253.

rang équivalent ou assimilé à celui de conseiller d'État, susceptible de porter ombrage à la suprématie du ministre. On rêvait, en somme, d'une collégialité bien tempérée. Cette directive fut bientôt adoucie par celui qui l'avait suggérée ou imposée. Joly de Fleury qui, dès juin 1781, avait appelé Henri d'Ormesson à siéger au Comité contentieux des finances comme quatriéme conseiller d'État, lui rendit en 1782 le département des impositions qu'il dirigeait avant la suppression des intendants des finances, mais sans que soit rétabli pour lui le titre d'intendant[1], dont on estimait sans doute qu'il ne pouvait plus convenir à un conseiller d'État. Il y eut dès lors sept départements aux côtés du ministre.

Le remue-ménage consécutif à la chute de Necker épargna totalement les intendants du commerce. Ils étaient les grands animateurs du bureau du Commerce, dont Joly de Fleury entendait sauvegarder l'activité. L'édit de juin 1777 avait statué que leurs charges seraient désormais au nombre de quatre, conférées exclusivement à des maîtres des requêtes et par commission[2]. Se joignait à eux l'intendant du commerce maritime, M. de Vilevault, maître des requêtes commis par le secrétaire d'État de la Marine. Lorsque le secrétariat d'État de Bertin fut supprimé à la fin de mai 1780, les mines, qui en dépendaient, furent rattachées aux intendants du commerce. Ceux-ci s'en partagèrent la connaissance en fonction des provinces relevant de chacun d'eux, mais firent traiter les affaires par un bureau commun à eux quatre et dirigé par le commis qui s'en occupait déjà sous Bertin, Advenier de Breuilly. Cette solution se révéla sans doute assez boiteuse et l'on a vu qu'en novembre 1782 les mines furent confiées à un intendant.

Lors de cette refonte du ministère des finances, marquée par le remodelage de charges existantes plutôt que par l'établissement de nouvelles, il en fut cependant créé une qui n'avait encore jamais existé, mais dont l'apparition semble être passée inaperçue. Par brevet du 10 mai 1782, le Roi, « prenant en considération les témoignages qui lui ont été rendus des mœurs, capacités et saine doctrine du S^r^ abbé Charrière, l'a nommé, choisi et retenu en titre, état et fonction d'aumônier à la suite du département de ses finances, pour [...] remplir et exercer ledit état aux honneurs, prérogatives, fonctions, privilèges, libertés et autres avantages dont jouissent ou doivent jouir les autres aumôniers attachés aux différents départements de la maison de Sa Majesté[3] ». On ne sait rien de cet ecclésiastique, lié peut-être à la famille Joly de Fleury, ni de l'exercice de ses fonctions au sein de l'administration.

---

1. F. MOSSER, ouvr. cité, p. 20 et 127. L'*Almanach royal* de 1783, en mentionnant d'Ormesson parmi les membres du Comité contentieux, indique comme dépendant de lui (p. 213) : « Le département des impositions, le don gratuit du Clergé, la régie des étapes, celle des poudres et salpêtres, l'agriculture, les travaux de charité. »
2. Voir *supra*, p. 511-512.
3. Brevet daté de Versailles le 10 mai 1782 (Arch. nat., O[1] 126, p. 165-166; copie).

Six mois à peine après que Joly de Fleury eut commencé à diriger un ministère en partie réorganisé, Maurepas, qui était de plus en plus en perte d'influence, mourut le 9 novembre 1781. Louis XVI ne désigna alors personne pour lui succéder dans le poste de chef du Conseil royal des Finances. Le personnage en qui le Roi prenait de plus en plus confiance était Vergennes, d'autant que ce ministre d'État et secrétaire d'État des Affaires étrangères, tout en prenant une part essentielle à la conduite de la guerre et de la diplomatie, et étant ainsi très au fait des questions financières et fiscales, s'occupait aussi d'administration intérieure depuis qu'avaient été rattachées en 1780 à son département les provinces dépendant de celui de Bertin[1].

Les préliminaires de la paix avec l'Angleterre furent signées le 20 janvier 1783 et, pour récompenser son ministre des Affaires étrangères, Louis XVI lui donna le choix entre un brevet de duc et la succession de Maurepas en la place de chef du Conseil royal des Finances. Vergennes opta sans hésitation pour cette dernière et la commission en fut instrumentée le 23 février 1783[2]. Il allait donc, comme le duc de Praslin en 1766, la cumuler avec celles de ministre d'État et de secrétaire d'État, mais entendait s'y montrer beaucoup plus actif que ce prédécesseur, dans l'espoir de s'acheminer par cette voie jusqu'au rang de premier ministre. Sa nomination de chef du Conseil royal était, en effet, l'aboutissement de manœuvres du garde des sceaux Hue de Miromesnil, de Joly de Fleury, de Marquet de Bourgade, directeur du Trésor, de Micault d'Harvelay, garde du Trésor royal, en riposte à l'hostilité de Castries et de Ségur, ministres de la Marine et de la Guerre, qui regrettaient Necker.

Que, bien avant de succéder à Maurepas, Vergennes se soit préparé, avec ses partisans, à prendre une part majeure à la politique financière au lendemain d'une guerre ruineuse, est prouvé par la promulgation, trois jours plus tard, d'un « Règlement fait par Sa Majesté pour l'administration des finances »[3], dont il est impossible qu'il eût alors été hâtivement improvisé. Le Roi y annonçait que « voulant faire goûter à ses peuples les avantages de la paix, Sa Majesté a considéré qu'Elle ne pourroit leur procurer des soulagemens réels et durables que lorsqu'Elle connoîtroit le montant des dépenses dont la durée de la guerre a retardé le payement et qu'Elle auroit fixé invariablement, avec l'esprit d'économie qui L'anime, l'état des dépenses de tous les départemens et de tous les ordonnateurs en temps de paix. [Elle] a pareillement considéré qu'il n'étoit pas moins intéressant de s'occuper des impositions qui sont le plus à charge, de changer la nature et la forme de quelques-unes, de diminuer et simplifier les frais de perception. »

1. Voir à ce sujet J.-F. Labourdette, « Vergennes et la tentation du "ministériat" », dans *Revue historique*, t. CCLXXV (1986), p. 73-107 ; et Id., *Vergennes ministre principal de Louis XVI* (Paris, 1990, in-8°).

2. Commission datée de Versailles le 23 février 1783 (Arch. nat., O^1 126^2, p. 37-39).

3. Règlement daté de Versailles le 26 février 1783 (Arch. nat., U 1269, impr. – *Actes royaux*, t. VI, n°s 41074-41076).

En conséquence, Sa Majesté « a résolu, conformément à l'exemple de Louis XIV, d'appeler auprès d'Elle, pendant le temps qui Lui paroîtra convenable, un comité composé du chancelier ou du garde des sceaux de France, du chef du Conseil royal des Finances et du ministre des Finances, qui fera le rapport des affaires et rédigera les résolutions de Sa Majesté, dont il tiendra registre ». Le Roi tiendrait ce comité une fois par semaine, ou plus souvent si besoin était, « sans rien changer à l'établissement de son Conseil royal des Finances », qu'il se réservait d'assembler « comme par le passé ». Les affaires contentieuses continueraient « d'être portées au Comité contentieux, dont Sa Majesté a confirmé l'établissement ».

Tous les ordonnateurs étaient tenus de remettre incessamment au Roi, d'une part « l'état des dettes arriérées de leur département respectif au 1er janvier dernier », et d'autre part « l'état des dépenses ordinaires et extraordinaires qu'ils estiment indispensables en temps de paix ». Tous ces états devaient être « revus, vérifiés et discutés par le ministre des Finances et l'ordonnateur [...] et ils seront arrêtés au Comité des finances, en présence de l'ordonnateur dont il sera question de régler les dépenses, lequel y sera appelé chaque fois qu'il sera question d'objets relatifs à son département ». Serait faite au Comité « l'adjudication ou délivrance des revenus du Roi en ferme ou en régie ». « Les fermiers, régisseurs ou receveurs des deniers royaux [devraient remettre] incessamment au ministre des Finances l'état de leurs recettes, fermes ou régie et des frais de perception, avec leurs observations sur les moyens de diminuer lesdits frais et de simplifier les impositions. Le ministre des Finances en rendra compte au Comité et il proposera ce qui lui paroîtra le plus capable de parvenir à la libération des dettes exigibles, au soulagement des contribuables et aux changemens qui pourroient être nécessaires dans la nature et la forme actuelle des impositions. »

Un règlement plein de bonnes intentions, mais dont la mise en œuvre donna lieu aussitôt à une grande fermentation à Versailles. Bien des courtisans, en effet, redoutèrent qu'en pâtissent les grâces dont ils jouissaient ou qu'ils briguaient, et surtout quelques ministres s'insurgèrent contre certains de ses points. Parmi les « ordonnateurs » tenus de soumettre à l'examen et à l'approbation de ce Comité des finances « l'état des dettes anciennes de leur département » et celui « des dépenses ordinaires et extraordinaires » indispensables en temps de paix, figuraient évidemment les secrétaires d'État. Deux d'entre eux, Ségur et Castries, se sentirent aussitôt blessés par ces dispositions qui les conduisaient, par le biais de cet examen de leur gestion, à en rendre compte devant un collègue, puisque le chef du Conseil royal n'était autre que M. de Vergennes, secrétaire d'État des Affaires étrangères, auquel ils semblaient ainsi subordonnés. Ils firent entendre qu'il n'était pas question pour eux de se plier à un tel règlement, et leur position dans le gouvernement comme à la cour et dans la noblesse était telle qu'ils l'emportèrent.

Dans ces conditions, Joly de Fleury n'eut plus qu'à démissionner le 29 mars 1783. Le même jour, le Roi désigna M. d'Ormesson pour lui succéder.

Moreau assure qu'Henri d'Ormesson « fut, avec le feu maréchal du Muy[1], le seul ministre choisi de la main même de Louis XVI. Ce prince s'était pris de goût pour lui dans un petit travail qui, deux fois par mois, l'amenait à Versailles pour les affaires de la maison royale de Saint-Cyr; le Roi le regarda comme un homme simple, [... et] s'imagina que l'économie avec laquelle il ménageait les dépenses de Saint-Cyr lui ferait ménager celles du Trésor royal[2] ». D'autre part, d'Ormesson, lié à Joly de Fleury par une « fidèle et constante amitié », a lui-même indiqué qu'à plusieurs reprises celui-ci « l'avoit désigné au Roi comme l'un de ses sujets qu'il croyoit le plus susceptible de lui succéder utilement dans son ministère[3] ». Il refusa d'abord cette charge et ne consentit à en être investi que « sur les instances de Vergennes et pour éviter la venue de Calonne, qu'il jugeait lui-même indésirable[4] ».

Il recouvra les titre et qualité de contrôleur général des finances[5] et, rapporte-t-il, « je sentois [...] n'avoir à faire que des sacrifices immenses par mon acceptation du contrôle général, à mon âge et dans les circonstances fâcheuses à tant d'égards où l'on étoit alors[6] ». Il était, en effet, à peine âgé de trente-deux ans et si, à titre d'ancien intendant des finances et de jeune conseiller d'État, il avait connaissance des finances, il n'était pas pour autant préparé à faire face aux nombreuses et très lourdes responsabilités qui l'attendaient. En outre, il était peu entraîné aux intrigues et manœuvres de cour et fut amené à se fier beaucoup à Vergennes.

Henri d'Ormesson n'eut guère le temps ni le loisir de s'occuper des structures du contrôle général. Dès le lendemain de sa nomination, prit fin l'amplification de pouvoirs décernée en 1777 aux gardes des registres[7]. Le rôle très officieux de directeur du Trésor tenu par Marquet de Bourgade ne survécut pas au retrait de Joly de Fleury, le poste de premier commis des finances retrouva ainsi toute son importance et d'Ormesson y maintint Gojard.

Quant à la combustion suscitée par la création du Comité des finances, elle ne cessa point après le départ de Joly de Fleury, car Ségur et Castries continuaient à refuser d'y aller sans un ordre formel du Roi, que celui-ci ne donnait point. Finalement, fut agréé un accommodement suggéré par le marquis d'Ossun, ministre d'État : les secrétaires d'État

1. Le comte du Muy, nommé secrétaire d'État de la Guerre en juin 1774 à la place du duc d'Aiguillon; promu maréchal de France en mars 1775.
2. Moreau, *Mes souvenirs*, t. II, p. 331.
3. *Mémoires* de M. d'Ormesson (Arch. nat., 144 AP 130, p. 43).
4. F. Mosser, ouvr. cité, p. 22.
5. Pouvoir daté de Versailles le 29 mars 1783 (Arch. nat., O[1] 126^2, p. 87-92; minute).
6. *Mémoires* de M. d'Ormesson (*ibid.*, 144 AP 130, p. 44).
7. Par lettres patentes datées de Versailles le 30 mars 1783, il fut statué (art. Ier) qu'« à compter du jour de l'enregistrement des présentes, le contrôleur général de ses finances reprendra l'exercice du contrôle de toutes les quittances, mandemens et rescriptions de notre Trésor royal et de nos revenus casuels, tel qu'il a toujours été attaché aux fonctions de ladite place » (*ibid.*, U 1269; impr.). L'enregistrement fut opéré dès le 1er avril par la chambre des comptes.

commenceraient par présenter leurs comptes devant le Conseil, et ils ne seraient qu'ensuite examinés par le Comité. C'était une déconvenue pour Vergennes. Le Comité tint encore une vingtaine de séances, puis fut mis en veilleuse.

Henri d'Ormesson a confessé que « l'orageuse corvée du contrôle général » lui avait été « pénible dès le début »[1]. Il s'y adonna avec beaucoup de zèle et de conscience, mais dut, lui aussi, recourir aux emprunts et aux expédients[2]. Dès le mois de mai, on parla de sa démission. L'affaire de la Caisse d'Escompte, puis la rupture du bail des fermes générales présagèrent sa chute. Il refusa le secrétariat d'État de la Maison du Roi, dont Amelot de Chaillou allait se défaire. « Attaqué de tous côtés par les financiers et par la cour qui soutenait les intrigues de Calonne, il fut aussi abandonné par Vergennes. Louis XVI dut céder aux pressions et, malgré l'amitié qu'il portait à d'Ormesson, il le renvoya le 3 novembre 1783[3] », après sept mois seulement de ministère. Le Roi fit appel à Calonne pour le remplacer et, six semaines plus tard, Henri d'Ormesson reparut à Versailles pour travailler avec Louis XVI aux affaires de la maison de Saint-Cyr.

* *
*

Avec l'arrivée de Charles Alexandre de Calonne, Louis XVI en était, depuis son avènement, au huitième changement à la tête de ses finances ! Âgé d'une cinquantaine d'années, l'homme était alors intendant de Lille depuis 1778, après avoir rempli la même fonction à Metz de 1766 à 1778. Comme maître des requêtes, il avait eu à s'occuper du procès de La Chalotais et avait ainsi quelque expérience des affaires politiques. Sa carrière d'intendant de province l'avait bien mis au courant de la fiscalité et des aspects pratiques de la vie financière. Depuis plusieurs années déjà, il avait été question de lui pour ce ministère, les cercles à la mode étant séduits par sa vive intelligence, par ses dons d'expression, ses relations dans le plus grand monde et son aisance d'homme de cour.

Nommé contrôleur général le 3 novembre 1783[4], il prit sans tarder les dispositions qu'il jugeait nécessaires à un bon exercice de ses activités. Il continua Gojard dans son poste de premier commis des finances. Il se garda bien de toucher au Comité contentieux des finances, dont l'utilité n'était pas et ne sera jamais discutée. Il s'empressa, par contre,

1. *Mémoires* de M. d'Ormesson (*ibid.*, 144 AP 130, p. 44).
2. Sur son action à la tête du contrôle général, voir Ch. Gomel, « Le ministère de d'Ormesson, contrôleur général des finances (30 mars – 3 novembre 1783) », dans *Séances et travaux de l'Académie des sciences morales et politiques*, t. 39 (1893), p. 865-882.
3. F. Mosser, ouvr. cité, p. 23.
4. Pouvoir daté de Fontainebleau le 3 novembre 1783 (Arch. nat., O^1 126^2, p. 453-454). Sur le personnage, voir R. Lacour-Gayet, *Calonne, financier, réformateur, contre-révolutionnaire. 1734-1802* (Paris, 1963, in-8°).

de faire prononcer par Louis XVI l'extinction de ce Comité royal des finances créé par le règlement du 26 février précédent, auquel certains secrétaires d'État faisaient l'obstruction qui avait conduit Joly de Fleury à démissionner et d'Ormesson à en ajourner *sine die* les réunions. Comme un rôle majeur revenait à Vergennes dans ce Comité, sa suppression réduisait ce ministre à ne plus s'occuper d'affaires de finance que dans la mesure où ses charges de secrétaire d'État et de chef du Conseil royal des Finances le lui commanderaient, ce qui lui barrait le chemin du ministériat et signifiait que les responsabilités suprêmes relèveraient du seul Calonne. La position de celui-ci se renforça dès le 18 janvier 1784, où Louis XVI le créa ministre d'État.

Quelques jours plus tôt, il avait entamé le remaniement des services du contrôle général, visant à dissiper la confusion qu'y avaient semée les initiatives de Necker et à laquelle Joly de Fleury et d'Ormesson n'avaient remédié qu'en partie. Tout en retenant la plupart des collaborateurs de ces derniers, il en recruta quelques nouveaux et surtout précisa les qualités et les attributions des uns et des autres. Le 4 janvier 1784, furent expédiées sept lettres patentes confiant par commission à autant de maîtres des requêtes la conduite de différents départements. En voici le détail :

M. Douet de La Boullaye, continué en la qualité « d'intendant des mines et minières et substances terrestres de notre royaume » à lui conférée « par notre commission du 23 novembre 1782 »[1].

M. Valdec de Lessart, nommé « intendant au département des municipalités, revenus et dépenses des villes, bourgs et communautés d'habitans »[2].

M. Gravier de Vergennes, nommé intendant du département des impositions[3].

M. Chaumont de La Millière, conservé « intendant au département des ponts et chaussées et hôpitaux de notre royaume »[4].

M. Laurent de Villedeuil, nommé « intendant au département de la régie générale des droits d'aydes et autres réunis »[5].

M. de Bonnaire de Forges, nommé « intendant au département de nos domaines et bois »[6].

M. de Colonia, jusque-là intendant du commerce, nommé « intendant au département des fermes générales »[7].

1. Arch. nat., O^1 127, fol. 36; minute. Voir *supra*, p. 528.

2. *Ibid.*, fol. 37; minute. Cette commission indique que Valdec de Lessart avait été « chargé en différents temps de la liquidation des dettes de la Compagnie des Indes, du département des fermes générales et de celuy des monnoyes ».

3. *Ibid.*, fol. 38; minute. Charles Gravier de Vergennes, alors intendant d'Auch et Pau, était neveu du secrétaire d'État des Affaires étrangères.

4. *Ibid.*, fol. 39; minute. Il avait reçu cette commission le 17 juin 1781 (voir *supra*, p. 527).

5. *Ibid.*, fol. 40; minute.

6. *Ibid.*, fol. 41; minute.

7. *Ibid.*, fol. 42; minute. Sa commission précise qu'il avait été « chargé, depuis l'établissement du Comité contentieux de nos finances, d'y rapporter toutes les affaires contentieuses de notre ferme générale et de la régie générale ».

Calonne conserva donc les sept départements qui existaient à la fin du ministère de Joly de Fleury [1], mais, concurremment à eux, il maintint M. Bertier de Sauvigny, intendant de Paris, et M. Michau de Montaran, intendant du commerce, dans les fonctions que Joly de Fleury et d'Ormesson leur avaient confiées au sein de l'administration des finances [2], cependant qu'un autre maître des requêtes, M. Doublet de Persan, se vit chargé de ce qui concernait les péages [3].

Ce ne fut là qu'une première étape dans la réorganisation de l'administration centrale. Une seconde se déroula l'année suivante. Le « détail de l'administration des finances » pour 1786 fait apparaître, en effet, trois nouveaux départements, dirigés chacun par un conseiller d'État, sans qu'aucun eût qualité d'intendant [4] : la Compagnie des Indes avec M. de Boullongne, ancien intendant des finances [5], la législation des monnaies avec M. Boutin, lui aussi ancien intendant des finances, et le contentieux des postes et messageries avec M. Pajot de Marcheval. La même source révèle, en outre, que M. Blondel fut chargé, parallèlement à son intendance du commerce, de « tous les détails de l'administration de l'Isle de Corse qui sont relatifs au département des finances » [6] ; et que « l'administration des forges royales de La Chaussade, les usines à la manière angloise de Montcenys, les encouragemens qui dépendent du département des finances pour la pêche de la baleine et les autres pêches » relevaient de M. Chardon, maître des requêtes, créé en 1779 par le secrétaire d'État de la Marine commissaire départi pour la visite des ports, havres, pêches, pêcheries et droits maritimes [7] Il apparaît aussi que M. de Vilevault, après avoir démissionné en septembre 1783 de l'intendance du commerce extérieur et maritime qu'il exerçait depuis 1767 auprès de la Marine [8] fut chargé au contrôle général des bureaux des finances [9]. Alors que Necker avait concentré dans ses mains le maximum de responsabilités, Calonne prenait le contre-pied de ce système en se faisant seconder par quelque douze collaborateurs aux compétences bien définies et bien délimitées. Mais, qu'ils en portassent l'appellation officielle ou officieuse, les « départements » qui rayonnèrent ainsi autour de lui étaient si nombreux qu'il lui fallut en coordonner l'action. Un décès lui en fournit l'occasion.

1. Voir *supra*, p. 529.
2. Voir *supra*, p. 527.
3. *Almanach royal*, 1784, p. 216; 1785, p. 215, 1786, p. 220. M. Doublet de Persan était depuis novembre 1782 procureur général de la commission des péages.
4. *Ibid.*, 1785, p. 215.
5. Il se trouvait chargé à la fois de la liquidation de la Compagnie des Indes suspendue par arrêt du Conseil du 13 août 1769 et des fonctions de commissaire du Roi auprès de celle établie par arrêt du Conseil du 14 avril 1785 (*Almanach royal*, 1787, p. 563-564).
6. *Ibid.*, 1785, p. 217 ; 1786, p. 221 ; la même source le dit en 1787 « intendant au département de l'Isle de Corse » (p. 222).
7. *Ibid.*, 1785, p. 216; 1786, p. 220; 1787, p. 221.
8. Le 1er octobre 1783, il avait été remplacé dans cette commission par M. de La Porte, maître des requêtes (voir *supra*, p. 512, note 6).
9. *Almanach royal*, 1785, p. 216 ; 1786, p. 220.

Le 22 mai 1785, mourut M. Moreau de Beaumont, conseiller d'État, conseiller au Conseil royal des Finances et au Conseil royal de Commerce, ancien intendant des finances et président du Comité contentieux. La présidence de ce Comité revint à M. Bouvard de Fourqueux et un autre conseiller d'État, M. Dupleix de Bacquencourt, fut appelé à y remplacer le défunt. D'autre part, la commission de conseiller au Conseil royal des Finances ainsi vacante fut donnée à M. Lenoir, conseiller d'État, lieutenant général de police de Paris et garde de la Bibliothèque du Roi, qui se démit alors de la police. Lenoir était un ami personnel de Calonne, qui entendit recourir à son aide. Le 19 juin 1785, il écrivit à ses intendants pour leur annoncer « l'établissement d'une assemblée des divers départemens de finance, présidée par un conseiller au Conseil roïal, pour examiner et préparer les décisions des affaires de leurs départemens[1] ». Ce conseiller au Conseil royal fut Lenoir, dont la mission fut facilitée par le fait qu'il disposait d'un logement de fonction à la Bibliothèque du Roi, à proximité de l'hôtel du contrôle général. Et de fait, le public fut averti qu'une « assemblée des départemens » se tenait tous les mercredis chez Lenoir, réunissant, outre les sept intendants institués en janvier 1784, l'intendant du commerce Blondel, comme ayant « le département de l'Isle de Corse », et aussi « ceux de Messieurs les maîtres des requêtes qui sont intendans à des départemens de finance »[2], soit MM. Doublet de Persan, de Vilevault, Bertier de Sauvigny, Chardon et Michau de Montaran. Les trois conseillers d'État chargés de certains « détails » de l'administration ne semblent pas avoir participé à cette assemblée.

Calonne conserva les intendants du commerce, que Necker s'était bien gardé de supprimer, et, après avoir confié à l'un d'eux, M. de Colonia, une des intendances établies auprès de lui, il le fit remplacer, comme intendant du commerce, par M. Devin de Galande[3]. On a vu déjà que, comme Joly de Fleury, il confia à certains intendants du commerce des responsabilités qui s'ajoutaient à celles de leur intendance.

Au terme de la réorganisation entamée par Joly de Fleury et d'Ormesson et poursuivie par Calonne, l'administration suprême des finances apparaît à la fois différente de ce qu'elle était devenue au moment où Necker la bouleversa et confirmée dans les trois particularités qui, depuis Henri II, la singularisaient par rapport aux autres ministères : la collégialité de ses membres, leur statut de commissaires et leur appartenance foncière au Conseil du Roi, mais cela avec les accommodements dictés par l'expérience.

---

1. N'ayant pu retrouver cette circulaire de Calonne, on en présente ici la teneur d'après celle de la lettre par laquelle, le 20 juin, M. de Colonia lui en accusa réception (Arch. nat., G^7 1908 ; orig.). On trouve sous la même cote, datée du 21, la réponse de l'intendant Gravier de Vergennes au contrôleur général.
2. *Almanach royal*, 1786, p. 219 ; 1787, p. 220
3. Commission datée de Versailles le 10 janvier 1784 (Arch. nat., O^1 127, p. 17-18).

Vers le milieu de 1785, Messieurs des finances avaient retrouvé leur collégialité traditionnelle, le contrôleur général étant entouré et assisté de collaborateurs, sept desquels étaient revêtus par le Roi de la qualité d'intendant de tel ou tel département, un autre étant en même temps intendant de la généralité de Paris, deux autres parallèlement intendants du commerce et d'autres encore finissant au fil des jours par être en fait dénommés intendants. Mais, remarque majeure, ils étaient créés ou appellés intendants de départements, sans qu'aucun reçût le titre d'intendant des finances, qui, à ce moment, semble avoir encore été proscrit. Il apparaît ainsi que, dans les hautes instances de l'État, fut alors adopté le parti de mettre sur un même pied intendances des départements du contrôle général, intendances des provinces et intendances du commerce, et de les confier exclusivement à des maîtres des requêtes, qui passeraient de l'une à l'autre au gré des ministres ou des nécessités. C'est ainsi qu'un des intendants entourant Calonne, Laurent de Villedeuil, fut nommé en 1785 intendant de la généralité de Rouen et remplacé à la tête du département qu'il quittait par M. Raillard de Granvelle, maître des requêtes[1]. Or si, avant 1777, passer d'une intendance de province à une intendance des finances était une promotion, l'inverse était alors inconcevable[2].

Ces dispositions étaient fondées sur des desseins très précis, visant à frapper les intendances des départements de la finance de deux incapacités : d'une part, celle d'être constituées en titre d'offices vénaux et, d'autre part, celle que leur fussent accolés le titre, le rang et la séance de conseiller d'État en attendant que leurs titulaires en obtinssent la qualité. Il devenait impossible d'être à la fois conseiller d'État et intendant d'un département du contrôle général, ce qui était exclure ces intendants du Conseil royal des Finances, puisque celui-ci n'était accessible qu'à des conseillers d'État gratifiés à cette fin d'une commission particulière. Aussi les trois conseillers d'État auxquels Calonne attribua certains détails de son administration[3] – et deux desquels, Boullongne et Boutin, étaient conseillers au Conseil royal des finances – ne reçurent-ils point pour cela qualité d'intendants et ne participèrent-ils point chaque mercredi à l'assemblée des départements : cela eût été contraire à leur dignité.

De toute évidence, on entendait exclure la réapparition de ces intendants des finances puissants et inamovibles en fonctions entre 1690 et 1777, accusés et de faire ombrage à l'autorité du ministre, et d'empiéter sur le rang et le rôle de Messieurs les conseillers d'État. Institués commissaires par lettres patentes ou par arrêt du Roi en son Conseil, les nouveaux intendants étaient faciles à congédier. Ainsi revenait-on à une des caractéristiques originelles de Messieurs des finances : leur désigna-

1. Commission datée de Versailles à la fin de janvier 1785 (Arch. nat., O^1 128, fol. 32; copie).
2. Sauf pour l'intendance de Paris, très flatteuse et très recherchée.
3. Voir *supra*, p. 535.

tion par commission[1]. Mais, en réservant ces postes à des maîtres des requêtes, c'est-à-dire à des magistrats, on mettait fin à cette combinaison de Necker par laquelle, en supprimant les intendants des finances, il avait transféré leurs attributions à leurs premiers commis, ce qui avait à la fois choqué le monde du Conseil et entraîné dans la pratique beaucoup d'inconvénients[2].

À partir de 1784, Messieurs des finances furent donc tous membres du Conseil, mais à des titres et à des degrés différents. Comme tous les contrôleurs généraux ses prédécesseurs, Calonne eut « entrée, séance, voix et opinion délibérative en tous nos Conseils d'État et direction de nos finances » et fut en outre ministre d'État. Les intendants des différents départements du contrôle général et les intendants du commerce étaient tous maîtres des requêtes et, par là même, appartenaient au Conseil. Trois conseillers d'État coiffaient chacun une manière de département.

Les principes ayant inspiré la réorganisation de l'administration suprême des finances à partir de 1781 ont-ils été arrêtés par Joly de Fleury et Calonne de concert avec Maurepas, avec le garde des sceaux Hue de Miromesnil, voire avec Vergennes ? À cette question, qui se pose d'elle-même, il est difficile de répondre en l'état actuel des connaissances. Il semble, d'autre part, évident que les conseillers d'État exercèrent à ce sujet des pressions sur les ministres, mais, là aussi, les hypothèses attendent d'être avérées.

C'est à la tête de ces nombreux départements que Calonne entreprit de faire face à une situation financière particulièrement difficile. Il fut nommé contrôleur général le jour même de la signature définitive de la paix avec l'Angleterre, ce qui impliquait l'abandon des impositions levées pour financer la guerre et la liquidation d'un gros arriéré de dépenses non encore acquittées. Après avoir mené d'abord une politique systématique de recours au crédit pour couvrir les besoins du Trésor, il fut conduit, devant le poids de la dette publique, à envisager des réformes de grande envergure et, au mois d'août 1786, il présenta à Louis XVI un *Plan d'amélioration des finances.* Il y prévoyait de substituer aux vingtièmes une subvention territoriale payable en nature sans discrimination de privilèges et d'appliquer diverses réformes tentées et ajournées depuis trop longtemps comme l'établissement d'assemblées provinciales, la réduction de la taille, la liberté du commerce des grains, le remplacement de la corvée par une taxe, la création d'une banque d'État. Sachant qu'à de telles mesures les cours supérieures feraient une obstruction forcenée, Calonne obtint du Roi et de Vergennes qu'elles

1. On a déjà noté que, depuis 1683, le contrôleur général n'était plus investi de son poste par commission, mais par un pouvoir révocable.
2. Voir *supra*, p. 524, note 2.

fussent présentées à une assemblée de notables, dont il présumait qu'elle ferait à ses projets meilleur accueil que la magistrature. Cette assemblée s'ouvrit le 22 février 1787, alors que la mort de Vergennes le 13 février venait de priver Calonne d'un puissant appui. Les notables furent très alarmés par l'importance du déficit et comme, pour se justifier, Calonne en vint à critiquer le *Compte rendu* de Necker, les nombreux partisans de celui-ci dans l'assemblée firent à la politique du contrôleur général une opposition dans laquelle ils furent rejoints par plusieurs prélats, dont l'archevêque de Toulouse, Loménie de Brienne. Convoqués pour faire échec à l'hostilité des parlements, les notables se révélaient aussi mal disposés qu'eux. En outre, le garde des sceaux Hue de Miromesnil manœuvrait en coulisse contre le contrôleur général. Dans ces conditions, Louis XVI en vint, le 8 avril 1787, à demander sa démission à Calonne, disgracia Miromesnil le lendemain et confia le 13 les sceaux à M. de Lamoignon, ancien président à mortier au parlement de Paris.

Calonne avait réussi à tenir trois ans et demi au contrôle général, où ses successeurs allaient rivaliser de brièveté dans leurs fonctions[1].

* *
*

Avant de prier le 8 avril 1787 Calonne de se retirer, Louis XVI s'était demandé par qui le remplacer et avait pressenti Chaumont de La Millière, intendant au département des ponts et chaussées et des hôpitaux, où ce maître des requêtes avait acquis une flatteuse réputation de compétence et d'intégrité. Mais celui-ci, malgré l'insistance du Roi, refusa d'être chargé de cette place, se sentant, disait-il, par « le sentiment intime de mon insuffisance », obligé de « supplier [Votre Majesté] de jeter les yeux sur quelqu'autre plus capable que moi de la remplir »[2]. Louis XVI fit alors appel à Bouvard de Fourqueux, président du Comité contentieux des finances et membre de l'assemblée des notables, conseiller d'État et au Conseil des Dépêches, ancien intendant des finances, qui fut créé contrôleur général le 10 avril 1787[3]. Sa nomination fut si mal accueillie par l'opinion publique que, pour renforcer sa position, le Roi l'institua ministre d'État dès le 18 avril. Sur quoi, le 1er mai, Louis XVI confia le poste de chef du Conseil royal des Finances à l'archevêque de Toulouse, Loménie de Brienne, qui s'était mis en vedette parmi les notables par son opposition à Calonne[4]. Sentant que le prélat entendait, en cette nouvelle qualité, diriger en fait les finances, Bouvard de Fourqueux abandonna le contrôle général trois semaines après y avoir accédé !

1. Sur les événements postérieurs à la retraite de Calonne, on se reportera à l'ouvrage de J. EGRET, *La Pré-Révolution française* (Paris, 1962, in-8°).

2. Lettres de Chaumont de La Millière à Louis XVI ; Paris, 6 et 7 avril 1787 (Arch. nat., K 163, nos 7¹ et 7² ; origx autogr.).

3. Pouvoir daté de Versailles le 10 avril 1787 (*ibid.*, O¹ 215, fol. 46-47 ; minute).

4. Commission datée de Versailles le 1er mai 1787 (*ibid.*, fol. 59 ; minute).

Il y fut remplacé le 3 mai par un autre membre de l'assemblée des notables, Laurent de Villedeuil, maître des requêtes et intendant de Rouen[1]. Il comptait s'efforcer de remédier à la crise des finances, et d'autant mieux que les notables se séparèrent le 25 mai. Peu après, furent promulguées d'importantes mesures visant à remodeler, une fois encore, l'administration et la gestion supérieures des finances, toutes mesures trop précises et trop cohérentes pour avoir été improvisées après le départ de Calonne. Elles résultaient nécessairement de discussions approfondies et serrées entre les ministres, le monde du Conseil et les notables, d'autant qu'elles ne furent que la première étape d'une campagne de réformes qui toucha d'autres ministères.

Ces décisions concernant l'administration des finances furent toutes datées du mardi 5 juin 1787. C'était d'abord le « Règlement fait par le Roi pour la formation de son Conseil royal des Finances et du Commerce »[2]. Dans son préambule, Sa Majesté annonçait que « considérant que le Conseil des Finances et celui de Commerce, tels qu'ils sont actuellement, ne peuvent remplir les vues qu'Elle a annoncées aux notables de son royaume être dans l'intention de suivre, pour assurer et maintenir le bon ordre dans toutes les parties de l'administration, Elle a jugé à propos de leur substituer un Conseil royal des Finances et du Commerce [...], auquel Conseil seront portées les affaires les plus importantes concernant la finance et le commerce. Sa Majesté trouvera quelqu'économie dans la réunion de ces deux Conseils en un seul : elle rapprochera des affaires qui doivent être liées et déterminées d'après les mêmes principes et surtout Elle espère trouver, dans la consistance et l'activité qu'Elle donnera à ce Conseil, l'avantage de se préserver des erreurs, des surprises et des variations auxquelles une grande administration est exposée ».

Le Roi décidait en conséquence que « toutes les opérations de finance et de commerce qui étoient ou devoient être ci-devant portées au Conseil royal des Finances et au Conseil royal de Commerce » le seraient « à l'avenir en un seul et même Conseil, qui sera appellé le Conseil royal des Finances et du Commerce ». Celui-ci serait composé du chancelier ou du garde des sceaux, du chef de ce Conseil, des ministres d'État, du contrôleur général des finances et de deux conseillers d'État ; lorsqu'il s'agirait d'affaires de commerce, le secrétaire d'État de la Marine y serait toujours appelé, même s'il n'était pas ministre d'État. Le Conseil s'assemblera aussi souvent qu'il sera nécessaire, mais jamais moins d'une fois par mois. Son chef était tenu de réunir chez lui, aussi fréquemment qu'il faudrait (mais au moins une fois tous les quinze jours), un Comité avec le contrôleur général, les deux conseillers d'État membres de ce Conseil « et telles autres personnes qu'il appartiendra,

1. Pouvoir daté de Versailles le 3 mai 1787 (*ibid.*, fol. 60 ; minute).
2. Règlement daté de Versailles le 5 juin 1787 (Arch. nat., U 1277, impr. – *Actes royaux*, t. VI, n°s 41850-41851).

soit faisant partie dudit Conseil, soit ayant part à l'administration des finances et du commerce, pour préparer les matières qui pourront être portées au Conseil ». Le règlement indiquait « toutes les grandes opérations de finance » qui devaient y être traitées et précisait que, lors de la répartition des fonds entre les départements ministériels, les secrétaires d'État seraient appellés au Conseil, même s'ils n'étaient pas ministres d'État. Le contrôleur général devait tenir un registre « de tout ce qui aura été déterminé par le Roi » en ce Conseil et le présenter « à la séance suivante pour être approuvé et signé par Sa Majesté ». Pour être appliquées effectivement au sommet de l'État, ces dispositions générales en impliquaient de plus particulières touchant le travail au sein du contrôle général.

Celles-ci firent l'objet, le même jour, d'un second règlement connexe au premier, le « Règlement fait par le Roi pour l'administration de ses finances et du commerce »[1], qui, tout en réduisant le nombre des départements multipliés sous Calonne, statuait avec netteté dans la ligne suivie, parfois de façon plus floue, depuis Joly de Fleury en 1781. S'étant « fait rendre compte du nombre et de la composition des divers bureaux et départemens qui ont été établis pour l'instruction et administration des affaires de finance et de commerce, et ayant reconnu qu'il en résultoit un état de dépense considérable que les conjonctures présentes ne pouvoient plus comporter, [Sa Majesté] a jugé, non sans regret, à cause des services qu'Elle reconnoit avec satisfaction Lui avoir été rendus par les magistrats qui en ont été chargés jusqu'à présent, qu'Elle devoit en ce moment à ses peuples le sacrifice de réformer l'ordre actuel et de le simplifier le plus qu'il seroit possible, sans toutes fois nuire au bien du service. En conséquence, après avoir examiné l'étendue du travail nécessaire, Elle a pensé qu'il pouvoit être exécuté en le répartissant en quatre départemens pour la finance, à la tête de chacun desquels Elle préposeroit un magistrat de son Conseil sous le titre d'intendant des finances, l'édit du mois de juin 1777 qui a supprimé les offices de ce nom subsistant néantmoins dans son entier; et à un seul pour le commerce, qu'Elle confieroit aussi à un magistrat de son Conseil, sous le titre d'intendant du commerce ». Par suite, « les commissions d'intendans des départemens et d'intendans du commerce actuellement existans seront et demeureront dès à présent révoquées et supprimées » et les appointements correspondants rayés de l'état des finances à compter du 1er janvier 1788 (Art. Ier). « Tous les différens départemens [...] seront réduits au nombre de cinq, savoir quatre pour la finance, dont le travail sera réparti » entre les quatre intendants des finances, « et un seul pour le commerce », confié à l'intendant du commerce. « Les uns et les autres s'acquitteront, sous les ordres du contrôleur général des finances, des fonctions qui leur seront confiées aux mêmes rangs et honneurs que les

1. Règlement daté de Versailles le 5 juin 1787 (Arch. nat., O^1 353, n° 29, orig.; U 1277, impr. – *Actes royaux*, t. VI, n°s 41852-41852bis).

intendans des départemens supprimés par le présent règlement » (Art. 2).

« Lesdits quatre intendans des finances et l'intendant du commerce seront égaux entre eux, et il ne sera observé à leur égard d'autre ordre et distinction que conformément à leur rang au Conseil. Pour cette fois ils seront choisis parmi les intendans actuels de département et de commerce, et par la suite ils seront pris de préférence parmi les commissaires départis dans les provinces que Sa Majesté jugera à propos de choisir, sans néanmoins que lesdites places d'intendans puissent être conservées par eux lorsqu'ils parviendront au rang de conseiller d'État » (Art. 3).

Le Comité d'administration institué en 1785 « et tous les départemens particuliers confiés à d'autres personnes, même à des magistrats du Conseil », étaient supprimés (Art. 5). Les compétences des nouveaux départements étaient clairement spécifiées (Art. 6). Du contrôleur général relèveraient « immédiatement » :

« Les parties casuelles, les mines, les lotteries, la Compagnie des Indes, les monnoies, les écoles de médecine vétérinaire, les épizooties, le travail relatif aux subsistances, les assemblées provinciales, les forges de La Chaussade, les fonderies à la manière angloise, l'établissement des cristaux de la Reine à Montcenis, les affaires de la Corse, les dépôts de mendicité, la balance du commerce, les poudres et salpêtres, les étapes, les convois militaires, etc., et généralement toutes les parties non comprises dans lesdits cinq départemens, quoique présentement non exprimées. »

Entre les départements des intendants des finances et de l'intendant du commerce, la répartition des tâches était la suivante :

1. – « Tous les objets confiés à l'administration des domaines et bois et droits domaniaux, les péages, passages, pontonages, bacs, pêcheries et moulins, hallages, minages, havages et autres objets de ce genre, et l'exécution des arrêts des 5 août 1777, 15 août et 11 septembre 1779 et 5 mai 1783[1]. »

2. – « Les objets confiés à la ferme générale, soit à titre de bail, soit à titre de régie, et ceux confiés à la régie générale des aides et droits y réunis. »

3. – « Les impositions, les municipalités, les octrois et finances des villes, les bureaux des finances. »

4. – « Les ponts et chaussées, les travaux des ports de commerce, la police du roulage, et en outre les hôpitaux, les prisons, les dépôts de mendicité et la distribution gratuite des remèdes dans les provinces. »

5. – « Le département du commerce aura tous les objets actuellement répartis aux quatre intendans du commerce. »

Les intendants des finances et celui du commerce « seront, ensemble ou séparément selon que les circonstances l'exigeront, appellés au

1. Il s'agit d'arrêts du Conseil en commandement qui, à ces dates, avaient statué sur différents points de l'activité de la Commission des Péages (Arch. nat., U 1258, 1262 et 1269; impr.).

Comité qui, aux termes du règlement de ce jour fait pour le Conseil royal des Finances et du Commerce, doit se tenir tous les quinze jours au moins chez le chef dudit Conseil » (Art. 7).

« Les affaires contentieuses de chaque département continueront d'être renvoyées par le contrôleur général devant les conseillers d'État composant le Comité contentieux. Quatre maîtres des requêtes seront attachés audit Comité, suivant la distribution qui leur sera faite par le président du Comité, auquel néanmoins il sera loisible, en cas de nécessité, de confier quelques affaires à tels autres maîtres des requêtes qu'il jugera convenable. » En conséquence étaient supprimées dès à présent « au-delà dudit nombre de quatre, toutes les places de maîtres des requêtes-rapporteurs, maîtres des requêtes-surnuméraires et maîtres des requêtes-adjoints [...] établies près le Comité contentieux » (Art. 8).

Pour couronner ces règlements, furent expédiées ce même 5 juin 1787 les commissions des intendants nouvellement institués. Chacun de MM. Douet de La Boullaye, Blondel, de Bonnaire de Forges et Chaumont de La Millière fut « commis, ordonné et établi [...] l'un des quatre intendans de nos finances créés par notre règlement du 5 juin dernier donné pour l'administration de nos finances et du commerce et, en cette qualité, [...] chargé de celui des départemens » comprenant tels et tels objets, « pour par vous exercer ladite commission d'intendant de nos finances et en jouir sous les ordres de notre contrôleur général des finances, aux appointemens qui vous seront par nous réglés et attribués, et aux mêmes rang, honneurs et prérogatives que les intendans et commissaires départis pour l'exécution de nos ordres dans les différentes provinces et généralités de notre royaume[1] ». M. Tolozan fut, dans les mêmes termes, créé intendant du commerce[2]. On notera que la commission d'intendant du commerce extérieur et maritime, dans laquelle M. de La Porte avait remplacé M. de Vilevault en octobre 1783[3], ne fut en rien affectée par toutes ces mesures, puisqu'elle s'exerçait sur la nomination et sous la dépendance du secrétaire d'État de la Marine. Parmi les intendants de départements alors révoqués, certains, comme Valdec de Lessart et Laurent de Villedeuil, eurent ensuite une carrière politique, Bertier de Sauvigny conserva l'intendance de Paris, Gravier de Vergennes et Colonia retournèrent à leurs fonctions de maîtres des requêtes.

Ces réformes lancées en juin 1787 méritent la plus grande attention, bien que le cours des événements ne leur ait guère permis d'être mises durablement à l'épreuve. Pour pouvoir s'appliquer à l'ensemble de l'administration des finances, elles touchèrent d'abord le Conseil du Roi

1. Commissions datées de Versailles le 5 juin 1787 (Arch. nat., O[1] 215, fol; 81-88; minutes). Douet de La Boullaye recevait le département dénombré ci-dessus sous le n° 2; Blondel le n° 3; Bonnaire de Forges le n° 1; Chaumont de La Millière le n° 4.
2. Commission datée de Versailles le 5 juin 1787 (*ibid.,* fol. 89-90; minute).
3. Voir *supra,* p. 535, note 8.

et, dans celui-ci, deux des séances de gouvernement, dont l'une, le Conseil royal des Finances, se tenait alors à peine une fois par mois (au lieu de deux fois par semaine sous Louis XIV !) et l'autre, le Conseil royal de Commerce, ne se réunissait plus depuis longtemps [1]. Le premier règlement prononça la fusion de ces deux Conseils en un seul, dénommé Conseil royal des Finances et du Commerce, auquel, avec une prudence dictée par l'expérience du passé, il était enjoint de siéger au moins une fois par mois, et plus souvent si nécessaire. Mais, « pour préparer les matières qui pourront être portées au[dit] Conseil », il était ordonné à son chef de présider chez lui au moins tous les quinze jours un comité avec les deux conseillers d'État membres de ce Conseil, le contrôleur général « et telles autres personnes qu'il appartiendra ». Cette disposition est caractéristique de deux tendances qui se faisaient jour depuis le règne de Louis XVI : l'une, de donner un contenu politique à la commission de chef du Conseil royal, jusque-là aussi lucrative que purement décorative, en l'attribuant au ministre prépondérant (en l'occurrence Loménie de Brienne) ; et l'autre, de généraliser la pratique des comités dans diverses branches de l'administration du royaume. De ce Conseil royal des Finances et du Commerce allaient donc émaner les grandes décisions, ébauchées ou mûries au préalable en comité.

Quant à l'administration centrale des finances et du commerce, si elle recouvrait en juin 1787 les caractères propres qui la singularisaient depuis bientôt deux siècles et demi – la collégialité de ses membres, leur statut de commissaires et leur appartenance foncière au Conseil du Roi – c'était selon des modalités ajustées en fonction, d'une part, des secousses qu'elle avait éprouvées depuis 1777 et, d'autre part, d'une volonté nettement délibérée de remodeler le fonctionnement de tous les ministères.

En réchappant de ses récents déboires, la collégialité de Messieurs des finances se retrouvait fort atténuée par rapport à ce qu'elle était auparavant. Peut-on même encore parler de « Messieurs des finances », malgré la réapparition des intendants des finances et la présence de l'intendant du commerce, leur homologue ? Jusqu'en 1777, en effet, si le contrôleur général n'était pas tout à fait dans des rapports de pair à compagnon avec les intendants des finances, leurs degrés hiérarchiques étaient assez peu tranchés, alors que, par ces règlements de 1787, les intendants des finances devenaient beaucoup plus nettement ses subordonnés, quelle que pût être l'étendue de leurs responsabilités. De plus, s'intercalait entre eux et lui le chef du Conseil royal, qui avait le pouvoir de les appeler au comité tenu chez lui. En fin de compte, les intendants des finances et l'intendant du commerce créés en 1787 se trouvaient dans une position analogue à celle qui revenait jusque-là aux intendants du commerce et, par suite, hors d'état de faire ombrage à l'autorité et au prestige du contrôleur général.

1. Voir *supra*, p. 483-485.

Les intendants des finances et l'intendant du commerce recevaient clairement le statut de commissaires et le règlement avait soin de préciser que l'édit de juin 1777 portant suppression des offices d'intendants des finances subsistait en son entier, ce qui signifiait le rejet absolu de la vénalité pour de telles charges. Il statuait, d'autre part, que ces commissions seraient confiées à des « magistrats du Conseil », c'est-à-dire qu'on en réservait en fait le monopole aux maîtres des requêtes. Comme ces derniers jouissaient déjà en pratique de celui des intendances de provinces, c'était perpétuer la résolution adoptée sous Calonne de mettre sur un même plan ces intendances et celles des départements de la finance, mais en y introduisant une nuance hiérarchique. Le règlement prévoyait, en effet, que présentement ces nouveaux intendants seraient choisis parmi ceux qui étaient alors en poste et que, par la suite, ils seraient pris parmi les intendants des provinces, ce qui semblait faire des intendances provinciales le prologue ordinaire à celles des finances et du commerce.

Quant à l'appartenance au Conseil du Roi, sa persistance allait dépendre de règles précises. Le contrôleur général et deux conseillers d'État étaient membres de droit du Conseil royal des Finances et du Commerce, mais les intendants des finances n'y avaient pas accès, alors qu'avant juin 1777 ils pouvaient être appelés à siéger au Conseil royal avant d'avoir bénéficié d'une commission de conseiller à ce Conseil. Intendants des finances et du commerce allaient donc être recrutés parmi « les magistrats du Conseil », mais – et c'était là une grande nouveauté – le règlement statuait que les titulaires de ces places ne pourraient pas les conserver lorsqu'ils deviendraient conseillers d'État. Incompatibilité instaurée peut-être pour que le contrôleur général ne fût pas assisté par des collaborateurs d'un rang trop élevé, et surtout pour ne plus donner motif aux griefs que les conseillers d'État imputaient aux intendants des finances depuis les années soixante du siècle.

Les conseillers d'État n'étaient pas évincés pour autant de l'administration, puisque quatre d'entre eux animaient le Comité contentieux des finances, organisme fonctionnant au sein du contrôle général, auquel les affaires étaient renvoyées par le contrôleur général et qui se montrait fort actif depuis sa création par Necker et Maurepas en 1777. En supprimant des intendances de départements et des intendances du commerce, en fixant le nombre des maîtres des requêtes attachés comme rapporteurs au Comité contentieux des finances, ces règlements prononçaient aussi l'extinction des appointements et traitements correspondants, ce qui représentait une économie de 380 000 livres[1], tout à fait dans la ligne des compressions de dépenses préconisées par l'assemblée des notables.

1. D'après un calcul indiqué par Joly de Fleury dans un document intitulé « Nouveau Conseil des Finances » (Bibl. nat., Coll. Joly de Fleury, ms. 1444, fol. 170-171).

Toutes ces mesures firent sensation dans le monde du Conseil et des bureaux ministériels, mais ne pouvaient avoir dans le public le retentissement qu'y avaient alors les événements politiques.

Dans son poste de chef du Conseil royal, Loménie de Brienne entendait faire appliquer à sa façon la politique financière et fiscale de ce Calonne à la disgrâce duquel il avait contribué. Mais à peine débarrassé des notables, il se heurta à l'opposition intransigeante des magistrats. D'où lit de justice au parlement de Paris, protestations violentes de celui-ci, puni par son exil à Troyes. C'est dans cette atmosphère de crise que, le 26 août 1787, Brienne fut institué premier ministre. Il allait donc, en cette qualité, être présent au travail du Roi avec le contrôleur général Laurent de Villedeuil, qui, se résignant mal à cette subordination, préféra démissionner le 28 août, sous prétexte de santé[1]. Son successeur – le troisième depuis le départ de Calonne quatre mois plus tôt ! – fut nommé le 31 août[2] : c'était M. Lambert, conseiller d'État depuis 1778, qui, avant de devenir maître des requêtes en 1767, s'était longtemps mis en vedette au parlement de Paris comme l'un des meneurs de l'insoumission de cette cour. Les édits fiscaux furent retirés et le parlement fut rappelé à Paris, Brienne lança des emprunts et concéda, en contrepartie, la convocation des états généraux pour 1792, ce qui n'empêcha pas le parlement de Paris de multiplier proclamations, protestations et refus d'obéissance. Néanmoins, dans tout ce tintamarre politique, les réformes continuaient à être impertubablement menées sans tapage au sein du gouvernement et de la haute administration.

Le 9 octobre 1787 fut promulgué un règlement du Roi « portant établissement d'un conseil d'administration du département de la Guerre, sous le titre de *Conseil de la Guerre* »[3], suivi le 23 octobre d'un règlement particulier concernant ce Conseil[4]. Quelques jours plus tard, le 27 octobre, c'était le Conseil du Roi qui faisait l'objet d'un long règlement fixant la composition des commissions et bureaux dépendant du Conseil royal des Finances et du Commerce. Il prononçait le maintien de la grande Direction des finances, la suppression de la petite Direction, remplacée « dans les fonctions de son institution par le Comité des finances établi en vertu du règlement du 5 juin » ; la fusion en un seul bureau, nommé bureau de la grande Direction, des deux bureaux actuels des domaines et aides et des gabelles, cinq grosses fermes, tailles et autres affaires ; la conservation du bureau des postes et messageries ; la

1. Louis XVI le nomma le 30 août conseiller d'État semestre (Arch. nat., E 2637, fol. 161) et le 31 conseiller au Conseil royal des Finances et du Commerce. Il remplaça le 25 juillet 1788 le baron de Breteuil au secrétariat d'État de la Maison du Roi, dont il démissionna le 11 juillet 1789.

2. Pouvoir daté de Versailles le 31 août 1787 (Arch. nat., O[1] 215, fol. 168 ; minute).

3. Règlement daté de Versailles le 9 octobre 1787 (Arch. nat., U 1277, impr. – *Actes royaux*, t. VI, n°s 41958-41960).

4. Règlement daté de Versailles le 23 octobre 1787 (Arch. nat., *ibid.*, impr. – *Actes royaux*, t. VI, n°s 41964-41966).

réunion de diverses commissions et l'extinction de plusieurs autres ; et, en conséquence du tout, la réduction des appointements spécifiques des conseillers d'État et maîtres des requêtes touchés par ces regroupements et suppressions [1].

Atteints par bien des dispositions des règlements publiés depuis le 5 juin, les maîtres des requêtes furent frappés directement et en corps à la fin de novembre 1787 par un édit portant réduction du nombre de leurs offices que, par un édit d'août 1752, Louis XV avait fixé à quatre-vingts. Mais, faisait-on dire à son successeur, « nous sommes instruits que le service de nos Conseils peut être suivi par un nombre moins considérable de maîtres des requêtes et qu'il en résultera, dans les attributions et émolumens qui y sont attachés, un avantage plus étendu pour ceux de ces magistrats qui s'y livrent uniquement ». En conséquence, l'effectif de ces officiers était ramené à soixante-sept, chiffre auquel on parviendrait progressivement en ne pourvoyant aux charges qu'à raison d'une seule fois sur deux vacances. Mais le point le plus remarquable de cet édit était l'annonce faite par le Roi de son intention d'« assujettir les fonctions de notre Conseil aux principes constants de l'exercice de toutes les charges de notre royaume », en vertu de quoi il était statué par l'article IV « qu'à l'avenir aucune commission d'intendant de nos finances et du commerce, d'intendant et commissaire départi dans nos provinces, même de sous-intendant, ne puisse être remplie que par des maîtres des requêtes titulaires [2] ». Les maîtres des requêtes honoraires perdaient donc l'accès à la carrière des intendances. Cette exclusion tendait sans doute à apaiser le mécontentement éprouvé depuis quelque temps déjà par les maîtres des requêtes titulaires devant le maintien d'honoraires dans leurs fonctions d'intendants de province. Quant à la diminution du nombre de ces offices, n'était-elle pas calculée inconsidérément ? Il y avait alors trente-deux intendances provinciales ; si l'on y ajoute les quatre intendances des finances et celle du commerce, on voit que ces trente-sept commissions auraient occupé plus de la moitié des soixante-sept maîtres des requêtes conservés, ce qui ne pouvait que gêner et ralentir le travail du Conseil d'État privé, du tribunal des requêtes de l'hôtel et des bureaux et commissions relevant du Conseil royal des Finances et du Commerce.

Le règlement du 27 octobre 1787 sur les bureaux et commissions du Conseil n'avait soufflé mot du bureau du Commerce, sur la composition et le service duquel le Roi se réservait « de faire connoître incessamment ses intentions ». Celles-ci furent exprimées le 2 février 1788 par un

1. « Règlement fait par le Roi pour la composition des commissions et bureaux dépendans du Conseil royal des Finances et du Commerce et les traitemens qui y seront affectés, à compter du premier janvier 1788 », daté de Versailles le 27 octobre 1787 (Arch. nat., O[1] 353, n° 30, orig. portant l'« approuvé » de Louis XVI ; U 1277, impr. – *Actes royaux,* t. VI, n°s 41967-41969).

2. Édit daté de Versailles en novembre 1787, lu et publié le 12 décembre à l'audience du sceau et enregistré ès registres de l'audience de France le 13 décembre (Arch. nat., U 1277, impr. – *Actes royaux,* t. VI, n° 41975).

règlement très détaillé et très précis fixant les compétences et les modes de travail de cette assemblée, indiquant qui en ferait partie et marquant sa subordination au Conseil royal des Finances et du Commerce[1].

Venant après l'extinction des offices d'intendants des finances en 1777, la réduction du nombre de ceux de maîtres des requêtes témoignait d'une réserve certaine envers l'office pour l'exercice de postes de haute responsabilité. La même circonspection s'étendit aux premiers emplois de finance. Un autre édit de novembre 1787 prononça, en effet, la suppression de l'office de trésorier des revenus casuels, de celui de trésorier du marc d'or et des places de contrôleur du marc d'or, de trésorier, de directeur et de contrôleur de la Caisse des Amortissements, et statuant qu'à partir du 1er janvier suivant la recette des revenus casuels et celle du droit de marc d'or seraient faites par les administrateurs des domaines, commis à cet effet[2]. Quelques mois plus tard, vint pour les plus prestigieux offices comptables le tour de disparaître. Par édit de mars 1788, le Roi, considérant « les inconvéniens sans nombre qui résultent de la multitude des caisses où [ses] revenus sont successivement versés pour acquitter les dépenses auxquelles ils sont destinés », supprima les offices de gardes du Trésor royal, de trésoriers de la Guerre, de la Marine, de la Maison du Roi et de la Reine, des Bâtiments, des Dépenses diverses et des Ponts et chaussées. Pour remplir leurs fonctions, il créait « un seul et unique Trésor royal, composé de cinq départemens, pour le service desquels, annonçait-il, nous établissons cinq administrateurs, qui auront chacun un département séparé ». Ces cinq administrateurs seraient « comptables en la chambre des comptes pour les parties comprises dans leurs départements respectifs. Pour la sûreté de leur gestion, ils fourniront chacun un cautionnement de douze cents mille livres ». Le Roi leur attribuait par personne « un traitement fixe de 50 000 livres par an, sans retenue, pour tout émolument[3] ».

Ce fut probablement en connexion avec cette réorganisation du Trésor royal que fut institué, au sein du gouvernement, un comité particulier pour assister Brienne et Lambert. Jugeant « utile au bien de son service et à l'affermissement de la confiance publique que les dispositions à faire pour rétablir le meilleur ordre et procurer les économies les plus étendues dans l'administration de ses finances soient concertées par son principal ministre, chef du Conseil royal des Finances et du Commerce, et par le contrôleur général de ses finances avec des personnes particulièrement versées dans les opérations de finance, dignes de la confiance de Sa Majesté et en possession de celle du public, Sa Majesté auroit porté ses vues sur les Srs Magon de La Balue, [banquier de la

1. « Règlement fait par le Roi concernant les fonctions et la composition du Bureau du Commerce », daté de Versailles le 2 février 1788 (*ibid.*, U 1278, impr. – *Actes royaux*, t. VI, n° 42015).

2. Édit daté de Versailles en novembre 1787, enregistré le 31 décembre par la chambre des comptes de Paris (Arch. nat., U 1278, impr. – *Actes royaux*, t. VI, nos 41976-41977).

3. Édit daté de Versailles en mars 1788, enregistré le 28 avril par la chambre des comptes de Paris (Arch. nat., U 1279, impr. – *Actes royaux*, t. VI, n° 42094).

cour] [1], Le Normand, receveur général des finances [2], et Gojard, premier commis des finances. » En conséquence, par arrêt du Conseil du 15 mars 1788, le Roi autorisa « le principal ministre, chef du Conseil royal des Finances et du Commerce, et le contrôleur général de ses finances à donner auxdits Srs Magon de La Balue, Le Normand et Gojard communication de toutes instructions, pièces ou propositions qu'ils jugeront convenable d'examiner ou concerter avec eux sur les différens détails concernant les finances ». Ces Messieurs devaient s'assembler une fois par semaine chez le premier ministre avec le contrôleur général « pour y traiter des plans d'amélioration propres à procurer et affermir le meilleur ordre de toutes les parties des finances, dans lequel comité sera concerté tout ce qui appartient à l'ordre des services du Trésor royal, à l'assignat de tous les payemens, à la direction des services qui se font par anticipation, à la détermination des moyens de diminuer lesdites anticipations et généralement à tout ce qui a rapport au maniement et à la distribution des fonds du Trésor royal. Et seront toutes les dispositions arrêtées dans ledit comité mises sous les yeux de Sa Majesté en son Conseil par le contrôleur général pour être, sur lesdites propositions, donné par Sa Majesté tels ordres qu'il appartiendra [3] ».

Ce recours à des comités ou à des conseils particuliers fonctionnant au cœur ou en marge des institutions devenait caractéristique de cette période. Dans le même mois de mars, la campagne de refonte des ministères et de leurs annexes, qui avait déjà touché au mois d'octobre précédent le secrétariat d'État de la Guerre [4], s'étendit à celui de la Marine. « Désirant que diverses branches de l'administration de son royaume soient soumises au même régime, afin de pouvoir en saisir facilement l'ensemble et tout apercevoir, pour ainsi dire, d'un coup d'œil », le Roi jugea indispensable d'établir dans le département de la Marine, par règlement du 19 mars 1788, un conseil d'administration, aussi semblable à celui créé à la Guerre « que la différence qui existe entre les deux départemens peut le permettre [5]. »

Autant les remaniements concernant le Conseil, les secrétariats d'État et le contrôle général ne pouvaient – quelles que fussent leur étendue et leur originalité – susciter beaucoup d'effervescence dans le pays, autant la réforme judiciaire si remarquable élaborée par le garde des

1. Magon de La Balue (Jean-Baptiste). 1713-1794. D'abord adonné au commerce à Cadix, puis fermier général de 1763 à 1772, il était alors banquier de la cour.

2. Le Normand (Simon, Emmanuel, Julien). Négociant à Cadix, puis secrétaire du Roi (1777), receveur général des finances de la généralité de La Rochelle (1781-1787), de la généralité de Tours (1787).

3. Arrêt du Conseil daté de Versailles le 15 mars 1788 (Arch. nat., E 2645). Cet arrêt fut publié par l'Imprimerie royale sous ce titre : *Arrêt du Conseil d'État du Roi portant établissement d'un Comité consultatif pour la discussion des plans relatifs à l'amélioration des finances et l'ordre du service du Trésor royal* (*ibid.*, U 1312 ; impr.).

4. Voir *supra*, p. 546.

5. « Règlement fait par le Roi portant établissement d'un Conseil d'Administration du Département de la Marine, sous le titre de *Conseil de la Marine* », daté de Versailles le 19 mars 1788 (Arch. nat., U 1279, impr. – *Actes royaux*, t. VI, n° 42094).

sceaux Lamoignon mit, peu après, le royaume en combustion[1]. Elle fut lancée au début de mai 1788 et instrumentée par une déclaration, une ordonnance et de nombreux édits adressés à tous les parlements et conseils supérieurs. Leur enregistrement par le parlement de Paris fut opéré au cours d'un lit de justice tenu par Louis XVI le 8 mai 1788. La même formalité ne s'effectua pas sans incidents dans les cours des provinces. Comme ces lois visaient non seulement les parlements mais aussi les juridictions inférieures, elles dressèrent contre elles l'ensemble de la magistrature. Tous les officiers de judicature firent cause commune avec les parlementaires pour faire échouer cette réforme, rejoints souvent dans leur opposition furibonde par les milieux urbains, qui, directement ou indirectement, vivaient de leurs parlements, et par le particularisme des noblesses locales. En bien des lieux, elle ne fut mise en place, au cours des mois de mai et juin, qu'au terme d'épreuves de force.

Le gouvernement s'énerva et perdit contenance devant l'ampleur et l'audace de ces manifestations. Pour regagner l'opinion, la convocation des états généraux fut annoncée le 5 juillet 1788 par un arrêt du Conseil qui, sans déterminer la date de leur réunion, demandait aux bailliages, aux municipalités et aux corps savants d'envoyer des mémoires sur la tenue des précédentes sessions, dont la dernière remontait à 1614[2]. Loin de calmer les esprits, cette nouvelle ne fit que les exalter, de sorte que, le 8 août, un autre arrêt du Conseil fixa au 1er janvier 1789 l'ouverture des états[3]. Sur quoi, pour parer à la crise du Trésor, Brienne dut faire statuer le 16 août que les dépenses de l'État seraient, pendant quelque temps, payées partie en espèces et partie en billets du Trésor portant un intérêt annuel de 5 % et recevables au comptant dans l'emprunt qui devait être ouvert en 1789. Cette décision provoqua dans le public une telle commotion que Brienne n'eut plus qu'à remettre le 24 août sa démission au Roi et fut imité le lendemain par Lambert. Dans ces circonstances, Louis XVI dut se résigner à faire appel à Necker.

* *
*

Necker revenait dans le gouvernement alors que certaines conjonctures allaient lui permettre d'y agir avec des compétences plus nettes et mieux assises que celles qu'il y avait assumées naguère. Il allait, en effet, bénéficier des dispositions de l'édit de novembre 1787, qui venaient de lever en grande partie les obstacles barrant aux protestants l'accès à la vie publique. En l'occurrence, il pouvait désormais appartenir très officiellement et très légalement au Conseil du Roi.

---

1. Voir à ce sujet M. Marion, *Le Garde des sceaux Lamoignon et la réforme judiciaire* (Paris, 1905, in-8°).
2. Arrêt du Conseil daté de Versailles le 5 juillet 1788 (Arch. nat., E 2651).
3. Arrêt du Conseil daté de Versailles le 8 août 1788 (*ibid.*, AD+ 1085 ; impr.).

Par lettres patentes du 25 août 1788, Louis XVI le commit « pour, en qualité de directeur général de nos finances, nous en rendre compte, avoir entrée, séance, voix et opinion délibérative en notre Conseil royal des Finances et par vous jouir et user de ladite commission aux honneurs, autorités et pouvoir qui y appartiennent sur le fait de nos finances[1]. » On notera, d'une part, que, cette fois, Necker était investi de ses fonctions non plus par brevet, mais par un acte du grand sceau et, d'autre part, que l'appellation de contrôleur général tendait à devenir désuète pour désigner le principal responsable des finances. Deux jours plus tard, le 27 août, Louis XVI le créa ministre d'État, ce qui le faisait siéger au Conseil d'État d'En-haut et au Conseil des Dépêches, les Conseils de gouvernement les plus importants, où étaient portées les grandes questions de politique extérieure et de politique intérieure. Leurs débats étaient beaucoup plus lourds de conséquences que ceux du Conseil royal des Finances et du Commerce, auquel Necker avait accès en qualité de directeur général. Aussi ne s'embarrassa-t-il guère de ce Conseil remis sur pied par le règlement du 5 juin 1787, qui semble ne plus avoir été convoqué après la chute de Brienne[2] !

La réinstallation de Necker aux finances et sa position très forte au sein du gouvernement s'accompagnèrent d'inévitables changements touchant les hommes et les fonctions. Il rétablit le poste de directeur du Trésor, instauré en 1781 par Joly de Fleury et supprimé par Calonne, et le confia à son fidèle Dufresne. Gojard perdit la place de premier commis, qui passa alors à Cornut de La Fontaine. Et voilà que ce Necker, qui avait fait éteindre onze ans plus tôt les intendances des finances, se retrouvait en cet été de 1788 flanqué d'intendants des finances ! Mais ceux-ci n'étaient plus que quatre et n'avaient pas le même statut que ceux qui avaient été supprimés en 1777 : ils étaient non pas officiers mais commissaires, n'avaient pas le rang de conseillers d'État, n'étaient que maîtres des requêtes et, mis sur le même plan que les intendants des provinces, ne pouvaient faire ombrage à la suprématie du ministre. Necker s'accommoda de cette situation, au prix d'une seule et prompte modification. Dès le 31 août, le Roi supprima la commission d'intendant des finances au département des fermes générales et de la régie générale exercée par Douet de La Boullaye et décida que ces matières relèveraient désormais directement du ministre. Résolution fondée sur ce que « les désordres que les circonstances présentes ont occasionnés dans les perceptions dépendantes de la ferme générale et de la régie générale » lui ont fait juger indispensable de « réunir immédiatement au contrôle général ces deux départemens, que cette forme, en simplifiant la correspondance, mettroit le contrôleur général des finances à portée de prendre

1. Commission datée de Versailles le 25 août 1788 (publ., d'après l'original, par le comte d'HAUSSONVILLE, ouvr. cité, t. II, p. 195 ; et Arch. nat., O[1] 216, fol. 194, minute).

2. Voir à ce sujet le mémoire remis à Louis XVI dans l'été de 1789 par le garde des sceaux Champion de Cicé, cité *infra* p. 555.

plus promptement les ordres de Sa Majesté, dans un moment où la célérité de leur exécution peut seule arrêter ou prévenir de plus grands excès ». Et Douet de La Boullaye, assurait-on, « se seroit empressé d'entrer dans [ces] vues[1] ». En fait, il est probable qu'il dut s'effacer pour satisfaire à cette disposition de l'édit novembre 1787 spécifiant que les intendances des finances, du commerce et des provinces ne pourraient désormais être exercées que par des maîtres des requêtes titulaires[2]. Quoi qu'il en ait été, les trois autres intendants des finances, Blondel, Chaumont de La Millière et Bonnaire de Forges, ainsi que l'intendant du commerce Tolozan, restèrent en poste jusqu'au bout, cependant que la ferme générale et la régie générale étaient confiées, sous la tutelle immédiate du directeur général, à quatre premiers commis, les mêmes sans doute qui s'en occupaient déjà auprès de Douet de La Boullaye[3].

Le Comité consultatif groupant, depuis le 15 mars précédent, Magon de La Balue, Le Normand, Gojard, le contrôleur général et le premier ministre disparut avec le retrait de Brienne. Un autre, mais de nature différente, fut mis sur pied dès le 1er septembre. Le Roi, en effet, « ayant connoissance des effets utiles qu'a produits l'établissement du Comité contentieux des finances, Sa Majesté a jugé qu'il seroit convenable d'en établir un du même genre pour les détails d'administration de ce département, et Elle a choisi pour le présider le sieur Lambert, conseiller d'État, ci-devant contrôleur général des finances », auquel Elle accordait en conséquence « entrée, séance et voix » au Conseil royal des Finances et du Commerce[4]. Institué au sein du contrôle général, ce « Comité pour les affaires d'administration » apparaît comme le rétablissement de l'assemblée des départements créée en 1785 par Calonne et supprimée en juin 1787[5]. Il réunissait, en effet, sous la présidence de Lambert, les intendants des finances, l'intendant du commerce et un maître des requêtes, M. Valdec de Lessart[6]. On remarquera que Lambert, tout en cessant d'être contrôleur général, ne fut pas pour autant mis à l'écart. Il fut nommé le 28 août conseiller au Conseil des Dépêches et promu conseiller d'État ordinaire le 26 octobre 1788, et si Necker lui fit attribuer l'entrée au Conseil royal des Finances et du Commerce et la présidence du Comité pour les affaires d'administration, c'est qu'il savait pouvoir compter sur lui.

Chez Necker le directeur général, sans perdre de vue les finances, fut alors concurrencé par le ministre d'État, impliqué dans la politique

1. Arrêt du Conseil daté de Versailles le 31 août 1788 (Arch. nat., U 1313; impr.).
2. Douet de La Boullaye avait cédé en décembre 1781 son office de maître des requêtes à son neveu Douet de Saint-Alyre.
3. *Almanach royal,* 1790, p. 236.
4. Arrêt du Conseil daté de Versailles le 1er septembre 1788 (Arch. nat., E 2646).
5. Voir *supra,* p. 536 et 542.
6. *Almanach royal,* 1789, p. 236-237. La même source mentionne une « commission pour l'administration des monnoies », composée de MM. Boutin, Fargès, conseillers d'État et anciens intendants des finances, et Valdec de Lessart, maître des requêtes.

générale. Très impressionné par les mouvements qui avaient abouti à la retraite de Brienne et qui continuaient à perturber plusieurs provinces, il fit adopter, dans l'espoir de ramener le calme, le rappel des parlements – alors en vacances forcées – et l'abandon de la réforme judiciaire entamée par le garde des sceaux Lamoignon. Ce dernier, ainsi désavoué, n'eut plus qu'à démissionner le 14 septembre. Il fut remplacé le 19 par M. Barentin, premier président de la cour des aides de Paris, à qui il revint de sceller la déclaration du 23, par laquelle Louis XVI ordonnait que l'assemblée des états généraux aurait lieu dans le courant de janvier 1789 et rétablissait dans leur ancien état et dans leurs fonctions les officiers des cours supérieures [1].

Necker compta sur l'administration centrale des finances, telle qu'elle lui était léguée par Brienne et telle qu'il l'avait lui-même un peu réaménagée, pour l'aider, sans éclat et sans bruit, à venir à bout des soucis quotidiens engendrés par la crise du Trésor royal, les menaces de disette et le règlement du contentieux. C'est sans doute pour empêcher toute cette besogne de subir des longueurs ou des retards qu'un édit de janvier 1789 révoqua la suppression d'offices de maîtres des requêtes prononcée par celui de novembre 1787, et cela parce que, comme on pouvait s'y attendre, « le service de nos Conseils et celui des requêtes de l'hôtel ne seroient point suffisamment assurés si la réduction prescrite avoit lieu ». Le nombre de ces offices était donc fixé de nouveau à quatre-vingts, mais le nouvel édit reprenait un article de celui de 1787, celui qui spécifiait qu'« aucune commission d'intendant de nos finances, d'intendant du commerce, d'intendant et commissaire départi dans nos provinces et autres de même nature [2] ne puisse être remplie que par des maîtres des requêtes titulaires », en précisant cette fois qu'il ne pourrait « être dérogé à cette disposition pour quelque cause que ce soit [3] ». Ainsi assisté, Necker entendait concentrer son attention sur la préparation des états généraux, en particulier sur leur mode de convocation et leur composition, qui ne pouvaient plus être ceux de 1614. À cette fin, il poussa Louis XVI à réunir de nouveau l'assemblée des notables, qui se tint du 6 novembre au 12 décembre 1788, soit entre des dates qui obligèrent à reporter l'ouverture des états.

---

1. Déclaration datée de Versailles le 23 septembre 1788 (Arch. nat., U 1313, impr. – *Actes royaux*, t. VI, n°s 42234-42242bis). Par une autre déclaration du même jour, le Roi commettait des officiers du parlement de Paris pour y tenir la chambre des vacations jusqu'à la rentrée de la Saint-Martin (*ibid.* – *Actes royaux*, t. VI, n°s 42243-42245).

2. Par commissions « de même nature » il fallait sans doute entendre les intendances de la marine et des colonies.

3. Édit daté de Versailles en janvier 1789 (Arch. nat., O^1 161, p. 19-22; minute). – Devenu doyen du Conseil en avril, Joly de Fleury avait écrit le 11 novembre 1788 au garde des sceaux en lui remontrant « l'absolue nécessité de rétablir les treize offices » supprimés, mais avec renouvellement de la disposition de l'édit de novembre 1787 réservant aux maîtres des requêtes titulaires l'exercice des commissions d'intendants des finances, du commerce et de province et en spécifiant qu'il ne pourrait y être dérogé « pour quelque cause que ce soit » (Arch. nat., BB^{30} 63, n° 26; orig.).

Celle-ci se fit en grande solennité à Versailles le 5 mai 1789 et dès lors Necker fut au cœur des débats et des mouvements marqués par la décision des députés du tiers de se constituer en assemblée nationale (17 juin), par le serment du Jeu de Paume (20 juin), mais il s'abstint d'assister à la séance royale du 23 juin et présenta même alors sa démission à Louis XVI, qui le pria de la reprendre. Ce ne fut qu'un répit. Le 9 juillet, l'Assemblée nationale se déclara constituante et, devant la tournure des événements, Necker fut invité le 11 juillet à se retirer, ce qu'il fit aussitôt. Le lendemain, le Roi forma un ministère de combat, créant le baron de Breteuil chef du Conseil royal des Finances et du Commerce[1], qualité qui, depuis qu'elle avait été conférée avant lui à Maurepas, à Vergennes et à Loménie de Brienne, faisait de son titulaire le principal personnage du gouvernement. Mais la disgrâce de Necker fit sur le public un effet désastreux. La crainte d'un coup d'autorité déchaîna à Paris l'agitation marquée le 14 par la prise de la Bastille et Louis XVI n'eut plus, le 16, qu'à rappeler Necker, réfugié à Bâle, cependant que Barentin abandonnait les sceaux.

Le 29 juillet, Necker se présenta au Roi, qui lui déclara sa détermination de le nommer premier ministre. Mais, selon la *Gazette*, l'homme « en recevant avec une respectueuse reconnoissance ce témoignage de la confiance de Sa Majesté, L'a priée de permettre qu'il ne fût accompagné d'aucun rang ni d'aucun titre. Ce ministre ayant demandé au Roi d'être soulagé d'une grande partie du département des finances, S.M. a rétabli la place de contrôleur général et l'a confiée au sieur Lambert, qui l'a déjà remplie une fois [...]. Il travaillera avec le Roi en présence du sieur Necker, premier ministre des finances, lequel, avec la permission du Roi, s'est réservé le Trésor royal et les ordres à prendre de S.M. pour la nomination aux places et emplois[2] ». Et de fait, par lettres patentes du 9 août, il fut ordonné que Lambert reprendrait l'exercice du poste de contrôleur général « et toutes les fonctions en dépendantes »[3]. Lettres patentes scellées par le garde des sceaux nommé le 4 août à la place de Barentin : Mgr Champion de Cicé, archevêque de Bordeaux, député à la Constituante et fidèle ami de Necker.

En se bousculant, les événements imposaient au sommet de l'État une révision et une réadaptation des pratiques gouvernementales. Comme, depuis peu de temps, Louis XVI avait dans la pratique fusionné en un seul Conseil de gouvernement tous ceux qu'il présidait, il parut nécessaire de donner à cette décision de fait une forme officielle et d'en tirer toutes les conséquences. C'est pourquoi, à peine nommé, le nouveau garde des sceaux eut à soumettre au Roi diverses propositions « sur la réunion au Conseil d'État du Conseil des Dépêches et du Conseil royal

1. Commission datée de Versailles le 12 juillet 1789 (Arch. nat., O[1] 216, fol. 353-354 ; minute).
2. *Gazette de France*, 7 août 1789, p. 316.
3. Arch. nat., P 2526[2], fol. 531.

des Finances et du Commerce ». Celles-ci se révèlent trop cohérentes et trop élaborées pour que Champion de Cicé ait eu le temps de les préparer et de les rédiger : elles ne peuvent résulter que de délibérations et consultations antérieures et ont peut-être été mises en forme par son prédécesseur Barentin.

Le « Mémoire » ainsi dressé faisait d'abord le point de la situation. On y rappelait que le Conseil d'État et le Conseil des Dépêches se tenaient régulièrement, deux fois par semaine pour le premier et une fois tous les quinze jours pour le second, et qu'en 1787 Loménie de Brienne avait fait prononcer la réunion du Conseil royal des Finances et de celui de Commerce en un unique Conseil royal des Finances et du Commerce. Il avait établi « un ordre de travail qu'il crut propre à donner à ce nouveau Conseil une activité suivie. Cette activité, dont il ne paroît pas qu'il soit résulté de grands avantages, a cessé avec lui. Il faut convenir que le véritable Conseil des Finances, c'est le Comité contentieux, où se rapportent et se discutent toutes les affaires qui étoient originairement portées au Conseil royal et qu'ensuite les contrôleurs généraux s'étoient réservées pour les juger dans leur cabinet, sur le rapport des intendants des finances ou des premiers commis du contrôle général. En arrivant au ministère en 1777, M. Necker fit sentir à Votre Majesté tous les inconvéniens de cette forme, contre laquelle on réclamoit généralement, et il Lui proposa l'institution du Comité contentieux, qui a fait cesser toutes les plaintes et qui a produit les effets les plus utiles ». Après ces constats, venaient les solutions :

> « Aujourd'hui que l'administration est plus embarrassée que jamais, que des affaires de la plus grande difficulté viennent l'assaillir de toutes parts, que le nouvel ordre qui va s'établir lui prépare pour longtems des sujets importans de délibération ; aujourd'hui que toutes les affaires ont entr'elles les rapports les plus intimes et les plus pressans ; aujourd'hui surtout que le ministère, animé du même esprit, doit réunir toutes ses forces pour lutter contre les circonstances, il convient plus que jamais de former un centre unique où tout aboutisse et d'où tout émane. Mais en établissant ce nouvel ordre, il ne faut point mêler à des objets qui exigent une si grande attention des intérêts purement particuliers, des détails minutieux ou indifférens, dont l'examen, la discussion et le rapport font perdre à Votre Majesté et à ses ministres un tems précieux, que le soin de l'État réclame tout entier.
>
> C'est sous ce point de vue que je proposerai à Votre Majesté d'assurer par un règlement la réunion qu'Elle vient de faire de tous ses Conseils et de créer en même tems un Comité où les affaires contentieuses qui étoient portées par les secrétaires d'État au Conseil des Dépêches seront renvoyées par eux, pour y être traitées dans la même forme que celle qui se pratique pour le Comité contentieux des finances.
>
> Ce nouveau Comité portera le titre de *Comité contentieux des départemens.*
>
> Il sera composé de quatre conseillers d'État, et il y sera attaché quatre maîtres des requêtes en qualité de rapporteurs [...].
>
> Le Comité se tiendra régulièrement une fois par semaine, et plus souvent si cela est nécessaire.

[...] Le contrôleur général n'entrant point au Conseil, je proposerai à Votre Majesté d'exprimer par un article du règlement qu'Elle se réserve de l'y appeller toutes les fois que cela sera nécessaire. Cette réserve suffira pour lui donner le droit de signer les arrêts, et il pourra en effet se trouver des occasions où Votre Majesté jugera à propos de l'appeller pour rendre compte de quelque affaire de son département[1]. »

Louis XVI donna son approbation à l'ensemble de ce projet, dont les dispositions furent instrumentées par un arrêt du Conseil du dimanche 9 août 1789. Le Roi y prononçait la fusion de ses différents Conseils en un seul, « composé des personnes [qu'il] jugera à propos d'appeller » et où seraient présentées à sa décision « toutes les nominations aux charges, emplois ou bénéfices dans l'Église, la magistrature, les affaires étrangères, la guerre, la marine, la finance et la maison du Roi ». Il ordonnait que « toutes les demandes et affaires contentieuses qui étoient rapportées au Conseil des Dépêches par les secrétaires d'État [seraient] renvoyées de chaque département à un comité que Sa Majesté établit sous le titre de *Comité contentieux des départements* », composé de quatre conseillers d'État et auquel seraient attachés autant de maîtres des requêtes en qualité de rapporteurs. Sa Majesté se réservait d'« appeller particulièrement à sondit Conseil le contrôleur général de ses finances toutes les fois que les circonstances pourront l'exiger[2] ». Incidemment, cet arrêt du Conseil précisait les positions respectives de Necker et de Lambert, rétabli le même jour contrôleur général. Ce dernier n'avait pas accès ordinaire au Conseil du Roi et ne pouvait y être admis qu'occasionnellement, alors que Necker, en sa qualité de ministre d'État et de premier ministre des finances, en était membre de droit.

En ordonnant que « les affaires contentieuses qui étoient portées par les secrétaires d'État au Conseil des Dépêches » seraient traitées à l'avenir par « un Comité semblable à celui qui existe pour [celles] du département des finances », le Roi entendait à la fois rehausser et renforcer l'autorité politique de son Conseil d'État, délesté de ses attributions judiciaires, et assurer à ses sujets une garantie juridictionnelle dans leurs litiges avec l'administration. Si le Comité contentieux des Départements fut modelé sur celui des Finances, une nuance importante les distingua toutefois l'un de l'autre. Dès l'origine et jusqu'à la fin, le Comité contentieux des Finances fut incorporé à l'administration suprême des finances[3], solution explicable puisqu'elle seule alimentait ses activités, mais difficile à appliquer au Comité contentieux des Départements,

1. « Mémoire sur la réunion au Conseil d'État du Conseil des Dépêches et du Conseil royal des Finances et du Commerce » (Arch. nat., BB^{30} 63, n° 20). Ce Mémoire a été publié par A. Buot de L'Épine, en appendice à son ouvrage *Du Conseil du Roi au Conseil d'État : le Comité contentieux des Départements (9 août 1789 – 27 avril 1791)* [Paris, 1972, in-8°; Publications de la Faculté de Droit et des Sciences économiques de Poitiers, t. 4], p. 240-244.

2. Arrêt du Conseil daté de Versailles le 9 août 1789 (Arch. nat., BB^{30} 63, n° 19 ; expéd. authentique [l'original en deficit dans la série E], publié par A. Buot de L'Épine, ouvr. cité, p. 245-246).

3. Voir *supra*, p. 522. Et *Almanach royal*, 1788, p. 227 ; 1789, p. 236 ; 1790, p. 233.

appelé à accueillir les affaires transmises par les quatre secrétariats d'État. En conséquence, celui-ci releva du garde des sceaux[1] et ainsi préfigura, mieux que son jumeau des Finances, le Conseil d'État établi en 1800.

Le Comité contentieux des Départements, dont la présidence fut confiée à l'ancien contrôleur général Henri d'Ormesson[2], se mit au travail dans les derniers jours d'août 1789. Il prit sa mission très à cœur et, porté par l'expérience et la réussite du Comité contentieux des Finances, se montra fort actif[3]. L'un et l'autre cessèrent de fonctionner en conséquence de la loi des 27 avril-25 mai 1791 portant suppression du Conseil du Roi.

Flanqué de Lambert, Necker allait devoir diriger les finances dans un régime de plus en plus inorganisé[4]. Le Roi choisit encore les ministres, mais l'Assemblée constituante tint à traiter toutes les affaires par elle-même en ses divers comités, qui correspondirent directement avec les administrations, les ministres n'étant pour elle que des commis, réduits à lui envoyer des mémoires sans participer à la discussion. Créé le 11 juillet, le comité des finances de l'Assemblée comprit soixante-cinq membres, parmi lesquels douze furent choisis pour conférer avec Necker.

L'Assemblée devait parer à la fois aux difficultés immédiates et aux réformes théoriques et fondamentales de l'État et du système fiscal, et cela au rythme des secousses infligées par les événements. Necker eut à faire face aux difficultés immédiates, c'est-à-dire le ravitaillement en grain de la capitale, le succès d'un emprunt, le recouvrement exact des impositions, l'éloignement de la banqueroute, tous objectifs dont l'atteinte était perturbée et compliquée par les grandes décisions de principe de l'Assemblée.

Celle-ci vota le 1er octobre la Déclaration des droits de l'homme et comme, dans le même temps, elle était parvenue à arrêter les dix-neuf premiers articles de la constitution qu'elle élaborait, elle décida, le 2, que son président se retirerait devers le Roi pour présenter à son acceptation la Déclaration et ces dix-neuf articles. Cette démarche et d'autres incidents furent à l'origine des mouvements de foule et des troubles sanglants des 5 et 6 octobre, au terme desquels Louis XVI et la famille royale durent venir s'installer à Paris, où l'Assemblée, se déclarant inséparable du Roi, les rejoignit quelques jours plus tard.

1. *Almanach royal,* 1790, p. 241.
2. Les trois autres conseillers d'État appellés à y siéger furent : MM. Fargès (ancien intendant des finances), de Montholon et Angran d'Alleray. Les maîtres des requêtes rapporteurs furent : MM. Blondel (ci-devant intendant des finances), Amelot de Chaillou, de Fumeron de Verrières et de Malartic.
3. Sur l'histoire et le rôle du Comité contentieux des départements, on se reportera à l'ouvrage, déjà cité, d'A. Buot de L'Épine.
4. Voir J. Egret, *Necker,* p. 350-445.

Elle allait y prendre quelques grandes décisions, lourdes de conséquences financières. Ce fut notamment le décret du 2 novembre 1789 mettant à la disposition de la nation les biens du clergé, initiative dont allaient découler le recours aux assignats (qui recevront cours de monnaie en avril 1790) et la constitution civile du clergé en juillet 1790. Au fil des mois, Necker perdit peu à peu sa popularité dans l'opinion et son audience à l'Assemblée, à cause de ses prises de position dans les discussions constitutionnelles et de ses propositions financières, jugées trop circonspectes à l'égard des assignats. Se sentant devenu aussi décrié qu'il avait été acclamé lors de son retour l'année précédente, il démissionna le 3 septembre 1790 et quitta Paris le 8 à destination de la Suisse.

Il n'y avait plus de premier ministre des finances et ses responsabilités retombaient toutes sur Lambert, qui demeurait contrôleur général. Son souci vigilant du recouvrement des impôts, ses plaintes contre le manque de civisme des contribuables, ses appels en faveur d'une ferme réorganisation des pouvoirs publics lui attirèrent en quelques semaines l'hostilité de l'Assemblée, qui bientôt le déclara « déchu de la confiance de la nation ». Il n'eut plus, dans ces conditions, qu'à remettre le 26 novembre sa démission au Roi. Ce geste fit de lui le dernier contrôleur général de la monarchie.

Mais, dans un régime encore incertain[1], il fallait bien placer quelqu'un à la tête des finances. Le sort tomba sur Valdec de Lessart, ce maître des requêtes chargé de 1777 à 1781 de certains détails auprès de Necker et intendant sous Calonne d'un département du contrôle général[2]. Par lettres patentes du 30 novembre 1790, il fut « constitué,ordonné et établi [...] pour, en qualité de ministre des finances, veiller à l'administration d'icelles, nous en rendre compte, avoir entrée et séance en notre Conseil et généralement jouir et user de ladite commission aux honneurs, autorité et pouvoir qui y appartiennent sur le fait des finances, et ce tant qu'il nous plaira », nomination prononcée par « Louis, par la grâce de Dieu et par la loi constitutionnelle de l'État, roi des Français »[3] et non plus « par la grâce de Dieu, roi de France et de Navarre ». Ce changement de titulature du Roi dans la suscription de ses actes, celui d'appellation du nouveau ministre étaient annonciateurs de beaucoup d'autres. Les intendants des finances, l'intendant du commerce, le directeur du Trésor, le premier commis des finances, les premiers commis et le personnel de bureau en poste lors des départs de Necker et de Lambert assumèrent encore leurs fonctions auprès de Valdec de Lessart[4] et c'est ainsi que cette administration, mise sur pied par Henri II quelque deux siècles et demi plus tôt, se survécut à elle-même avant que

1. Le texte définitif de la constitution ne fut adopté par l'Assemblée que le 3 septembre 1791 et ratifié le 14 par Louis XVI.

2. Voir *supra*, p. 517, 526 et 534.

3. Lettres patentes datées de Versailles le 30 novembre 1790 (Arch. nat., O[1] 216, fol. 361 ; minute).

4. *Almanach royal*, 1791, p. 263-266.

la suppression du Conseil du Roi par la loi du 25 mars 1791 et la réorganisation des ministères la même année par la Constitution ne la condamnent à s'éteindre.

* *
*

Guerre d'Amérique, crises financières, rébellions parlementaires, création d'assemblées provinciales, réformes lancées puis ajournées, sessions de l'assemblée des notables, convocation, élection et ouverture des états généraux, érection de ceux-ci en assemblée constituante : tous ces événements du règne de Louis XVI – les plus récents marqués par des mouvements violents et sanglants – ont si fortement ému et passionné le public, que les remaniements internes de l'administration suprême des finances ne pouvaient susciter chez les contemporains l'intérêt que l'historien des institutions leur reconnaît aujourd'hui.

Après que Necker l'eut démantelée en 1777, l'administration des finances a été presque en permanence en mutation. Au reste, depuis la fin du règne de Louis XV, l'édifice était quelque peu fissuré par les diatribes virulentes lancées contre lui par la cour des aides de Paris et aussi par les doléances plus feutrées des conseillers d'État. Avec sa profonde méconnaissance des usages et des traditions, Necker s'en était pris à elle parce qu'il en rejetait le caractère foncièrement collégial, qui le condamnait, lui qui alors n'appartenait pas au Conseil du Roi, à partager les responsabilités avec des hommes qui en faisaient intrinsèquement partie : les intendants des finances. Aussi n'hésita-t-il pas à les faire supprimer et à confier les tâches qui leur incombaient à des premiers commis.

Une fois qu'il eut beaucoup démoli, il se soucia assez peu de reconstruire et, au prix parfois de quelque confusion, eut une gestion surtout pragmatique des affaires, conservant, par exemple, les intendants du commerce en les faisant doter d'un statut à sa convenance. Toutefois, deux des résolutions qu'il inspira eurent un caractère définitif. La première fut l'établissement du Comité contentieux des Finances, dont le rôle efficace et bénéfique ne fut jamais contesté et suscita *in extremis* la création d'un homologue pour les secrétariats d'État, le Comité contentieux des Départements. Et la seconde, en sanctionnant une tendance déjà sensible à la fin du règne de Louis XV, consista à proscrire l'office et sa vénalité pour conférer les hautes charges administratives, un parti concrétisé par l'édit de juin 1777 donnant aux postes d'intendants du commerce la nature de « commission sans finance », et qui ensuite fut de règle.

Tous ceux qui se succédèrent à partir de mai 1781 à la tête des finances revinrent à la collégialité, à la fois par respect des traditions et parce qu'elle s'imposait pour la conduite d'une administration aussi ample et aussi variée. Pour y renoncer, il eût fallu alléger ses attributions en en transférant une partie à un nouveau ministère institué à cette fin, mais l'essai tenté en ce sens de 1763 à 1780 avec le secrétariat d'État de Bertin avait échoué, et ce en raison même de l'obstruction du contrôle général. Ce rétablissement de la collégialité visa, dès le départ, à bien replacer les finances dans l'orbite du Conseil, alors qu'avec Necker elles s'en étaient quelque peu éloignées. Il est significatif que, dans les règlements de 1787, les maîtres des requêtes aient été qualifiés comme tels, mais aussi comme « magistrats du Conseil », auxquels, et à eux seuls, était réservé l'accès aux diverses intendances. Décisions inséparables, d'une part, de celles qui, dans les mêmes temps, touchèrent le Conseil du Roi, et en particulier les Conseils de gouvernement et leur fusion ultime en un seul Conseil d'État et, d'autre part, de celles qui réorganisèrent les secrétariats d'État de la Guerre et de la Marine et, enfin, portèrent établissement du Comité contentieux des Finances, puis de celui des Départements, dont le fonctionnement reposait sur les conseillers d'État et les maîtres des requêtes.

Le retour à la collégialité s'opéra par étapes prudentes, qui, quel qu'ait été leur déroulement, obéirent à un principe bien arrêté de ne pas remettre intégralement les choses sur leur ancien pied et, notamment, de ne plus conférer aux responsables des départements de la finance un rang équivalent ou assimilé à celui de conseiller d'État. Joly de Fleury entendit en finir avec la concentration d'autorité que Necker avait réalisée en ses mains. Pour vaquer aux « détails » de son administration, il retira à certains commis les attributions qu'ils avaient reçues de Necker et s'entoura de maîtres des requêtes, deux desquels étaient et demeurèrent l'un intendant de Paris et l'autre intendant du commerce, cependant que deux autres recevaient discrètement chacun une commission d'« intendant ». Hardiment, Calonne s'engagea dans la voie où Joly de Fleury avait commencé à cheminer à pas comptés. En se réservant les compétences majeures, il répartit les « détails » de son ministère entre une douzaine de services, sept desquels, dénommés « département », furent coiffés chacun par un maître des requêtes, qualifié par commission « intendant de département » et non des finances, ce en quoi était posée une règle déjà esquissée par Joly de Fleury et situant sur un même plan les intendances des provinces et celles du contrôle général.

Comme chef du Conseil royal des Finances puis comme premier ministre, Loménie de Brienne fit adopter plusieurs résolutions qui, tout en amendant sur certains points celles que Calonne avait prises, les perpétuèrent et les précisèrent. Les règlements de juin 1787, en effet, réduisirent à cinq les commissions d'intendants assistant le contrôleur général, pour quatre desquelles renaissait la dénomination d'« intendants des finances », le cinquième étant intendant du commerce, tous choisis, de même que les intendants des provinces, exclusivement parmi les maîtres des requêtes titulaires. Un mode de recrutement qui touchait non seulement le contrôle général, mais l'administration générale du pays, puisqu'il s'appliquait en même temps aux commissaires départis à travers le royaume. Les intendants des finances recouvraient ainsi le statut de commissaire, conforme à la règle posée sous Henri II et à laquelle il avait été dérogé depuis 1690 et pendant près d'un siècle par l'érection de leurs charges en titre d'offices formés. Enfin, il fut statué que les titulaires de ces places d'intendants des finances, du commerce et de province ne pourraient les conserver en étant promus conseillers d'État, ce qui, en une collégialité bien repensée, faisait d'eux, de façon très nette, les subordonnés du contrôleur général et, en même temps, donnait satisfaction à certains griefs des conseillers d'État.

En se précipitant, les événements ont empêché toutes ces mesures de déployer leurs effets et semblent les avoir fait partir en fumée. Il est probable, cependant, qu'à plus long terme elles ont été inspiratrices, d'autant que des agents de bureau restèrent en place dans les finances, certains finissant même par y parvenir aux plus hautes responsabilités [1]. Lorsque, en des temps meilleurs, on se soucia de régler le contentieux administratif et que l'on créa de nouveau des conseillers d'État et des maîtres des requêtes, ce ne put être qu'en se reportant aux ultimes réformes internes de l'Ancien Régime.

1. Voir M. Bruguière, *Gestionnaires et profiteurs de la Révolution* (Paris, 1986, in-8°).

Conclusion

L'histoire de l'administration suprême des finances de la monarchie depuis le XVIe siècle est celle d'un dessein de rationalisation de l'État, dont l'accomplissement allait s'opérer en bien des étapes. La première de celles-ci remonte au règne de François Ier, avec la création en 1523 du Trésor de l'Épargne, dans lequel devaient aboutir toutes les ressources de l'État, ce qui réalisait l'unité de l'administration financière. Ce Trésor ne relevait que du Roi et de son Conseil, et cette dépendance régla le développement de l'organisme commandant la levée, la recette et la gestion des deniers publics. Dès son avènement, Henri II, suivant sans hésiter la voie tracée par son père, institua les charges et les départements des secrétaires d'État et, d'autre part, créa un office de contrôleur général de l'Épargne et des parties casuelles. Cette dernière initiative préludait à une autre de plus grande conséquence, prise quelque cinq ans plus tard, et qui, par le jeu des hommes et des circonstances, eut un caractère fondateur, tout en s'insérant dans certaine tradition. Henri II, en effet, commit quatre personnes de confiance pour rassembler et manier, à partir du 1er janvier 1552, les fonds spéciaux qu'il collectait pour mener dans l'Empire contre Charles Quint une guerre présumée longue et coûteuse. Celle-ci ne fut, en fait, qu'une campagne brève et limitée, alors que l'équipe constituée pour en gérer les frais allait non seulement lui survivre, mais étendre ses activités à l'ensemble des finances royales. Héritiers des vieilles appellations de « Messieurs des finances » et de « gens des finances », ses membres formèrent ce qu'on appela bientôt « surintendance », avec un surintendant, deux intendants et un secrétaire spécialisé. Le sort advenu à cette décision de 1552 illustre l'empirisme organisateur de la monarchie française, car, outre qu'il permet de suivre la naissance, la croissance et l'épanouissement d'une institution majeure, il témoigne aussi, à travers essais, abandons et reprises, de la lente recherche du statut convenant le mieux aux plus hautes charges de l'État.

L'équipe mise en place par Henri II se caractérisait par sa nature collégiale, par l'appartenance de tous ses membres au Conseil du Roi et par l'exercice de leurs fonctions en qualité de commissaires, trois traits congénitaux qui, malgré défaillances et accommodements, constitueront sa spécificité jusqu'à la Révolution. Le troisième de ces traits connut vite une première atteinte, lorsque, par édit d'octobre 1554, Henri II substitua à l'office de contrôleur général de l'Épargne et des parties casuelles érigé en 1547 un office de « contrôleur général des finances », auquel était assignée, sur toutes les catégories de recettes et de dépenses, une inspection si serrée et si universelle qu'aucun mouvement de fonds ne pouvait lui échapper, à charge d'en tenir le Conseil rigoureusement informé. Avec les compétences qui lui étaient attribuées, ce contrôleur général ne pouvait que s'agréger à Messieurs des finances, bien qu'ils occupassent leur emploi par commission et lui le sien en qualité d'officier. Au reste, son office fut supprimé au début du règne si bref de François II et les formalités du contrôle général incombèrent alors, et pour près de dix ans, aux intendants des finances. C'était le premier des avatars qui, au fil d'une suite de rétablissements et d'extinctions, allaient toucher jusqu'en 1665 le poste de contrôleur général, qui, se situant entre le surintendant et les intendants, risquait de faire sourdre brigues ou défiance. Le surintendant pouvait, en effet, suspecter le contrôleur général de lui rogner ses prérogatives ou d'aspirer à le remplacer, alors que, de leur côté, les intendants des finances s'estimaient volontiers très aptes à exercer le contrôle général sans que celui-ci dût échoir à un personnage spécifiquement affecté à ce soin. Cette fonction fut ainsi la source principale des rivalités surgies par moments entre les gens des finances, lesquelles, par ailleurs, reflétaient souvent les épisodes de la compétition entre l'office et la commission pour le statut des hautes charges, c'est-à-dire entre l'inamovibilité et souvent l'hérédité de l'office et le caractère foncièrement révocable de la commission.

À la tête de Messieurs des finances se situa le surintendant, à propos duquel il importe avant tout de noter que jamais il ne fut proposé ou projeté d'en ériger les fonctions en titre d'office. Dans les premiers temps, être surintendant fut une situation de fait où, en considération de ses services antérieurs, de ses compétences, du rôle qu'il tenait déjà dans le Conseil, voire de sa naissance, tel personnage se voyait mis par le Roi à la tête de Messieurs des finances, sans que ce choix fut exprimé ou notifié par un écrit en forme. Dans ces conditions, le poste pouvait rester vacant et être suppléé par un conseil restreint de direction. La charge de surintendant ne fut conférée de façon publique qu'à partir du règne d'Henri III et son titre s'est alors affiné pour désigner de manière exclusive le chef de cette administration, seul habilité à traiter personnellement et directement des affaires avec le Roi. Henri IV la supprima en 1594 et la remplaça par une sorte de surintendance à plusieurs têtes, où Sully déploya tant d'habileté et d'efficacité qu'au cours du second semestre de 1598 il devint seul surintendant, sans que cette promotion ait été instrumentée par un acte royal. Avec cette autorité de fait toute personnelle, il fut le rénovateur de la surintendance, qu'il organisa et structura au point d'en faire le principal ministère de la monarchie, cela en sapant les prérogatives du chancelier de France.

Le retrait de Sully en 1611 provoqua une nouvelle éclipse de la charge, qui ne fit résurgence timidement qu'en 1614, et, durablement cette fois, en 1617. Elle put ainsi atteindre tout son éclat et sa pleine originalité. Ordonnateur suprême non comptable, son titulaire fut plus que jamais seul à rendre raison au Roi de la gestion des finances et à en être responsable devant lui. Ce fut donc un poste au statut propre, conféré depuis 1619 par commission, puis, à partir de 1632, par un pouvoir révocable, qui le situait hors des hiérarchies traditionnelles et constituait chaque fois une mesure individuelle, assortie d'un brevet attribuant à son bénéficiaire un rang protocolaire le plaçant aussitôt après les grands officiers de la couronne et avant les secrétaires d'État. En outre, par la force des choses, il était très vite créé ministre d'État. À plusieurs reprises depuis 1624, la surintendance fut confiée conjointement à deux responsables, l'un desquels se mettait fatalement plus en vedette que l'autre. Selon les conjonctures politiques, selon les besoins du Trésor et les manœuvres de cour ou de parti, elle échut à des gentilshommes ou à des gens de robe qui, quel que fût son prestige foncier, y acquéraient une influence et un ascendant tributaires de leur personnalité et de leurs capacités. En 1648, la surintendance fut dévolue à un personnage si incompétent que pour l'assister, et même le suppléer, deux conseillers d'État reçurent commission de directeurs des finances. En d'autres cas, un contrôleur général actif et hardi se substitua en fait à des surintendants inexpérimentés. Mais qu'un homme éclairé, énergique et zélé occupât le poste, il y gagnait dans le gouvernement un rôle prépondérant, prélude éventuel à des responsabilités encore plus hautes. C'est ainsi que, depuis janvier 1659, la surintendance avait à sa tête un magistrat si fin politique, gestionnaire si avisé des deniers du Roi, si bien introduit dans le monde des financiers, mécène si raffiné et, comme procureur général du parlement de Paris, si mêlé depuis longtemps aux affaires publiques, qu'il se sentait et que beaucoup le croyaient en mesure de devenir premier ministre à la mort de Mazarin. Mais en 1661 Louis XIV entendait prendre entièrement en main le timon de l'État et, en conséquence, se passer à la fois de premier ministre et de surintendant. Nicolas Foucquet fut durement chassé du gouvernement et du Conseil, la charge de surintendant fut supprimée, et le demeura jusqu'à la fin de l'Ancien Régime. Louis XIV et ses successeurs furent eux-mêmes surintendants, c'est-à-dire seuls ordonnateurs des fonds du Trésor. Pour être assisté dans ce rôle, Louis XIV confia aussitôt des responsabilités étendues à Colbert, alors ministre d'État et intendant des finances, et, à la fin de 1665, fit de lui le chef de l'administration des finances avec le titre de contrôleur général.

C'était le brillant couronnement des variations subies depuis plus d'un siècle par le contrôle général, variations résultant de la place intermédiaire qu'il occupait entre la surintendance et les intendances des finances, et aussi des flottements dans le statut de ses responsables. D'avril 1547 jusqu'en août 1559, puis de novembre 1568 à septembre 1574, les fonctions en furent confiées à un officier. Ensuite, elles tinrent à la fois de l'office et de la commission, puis, de janvier 1594 à février 1596, furent purement d'office et de nouveau entre mai 1643 et mars 1655, toutes érections en office souvent motivées par les besoins du Trésor et les combinaisons des gens d'affaires, car elles impliquaient une mise à prix très élevée. En dehors de ces périodes, le contrôle général fut confié par commission, soit collectivement aux intendants des finances, soit à une seule personne. Aussi ce poste pouvait-il être conçu par quelque ambitieux comme un tremplin permettant d'accéder à un autre plus éminent. C'est ainsi que, vu l'incompétence des deux surintendants en place, un contrôleur général fut amené à diriger en fait les finances avant de devenir lui-même surintendant en 1647. Destin d'autant plus tentant que, dès l'origine, le titulaire du contrôle général eut licence de se faire seconder dans sa besogne par un sujet de son choix. L'inspection dont il était chargé l'obligeait, en effet, à tenir en plusieurs exemplaires des registres de comptes, pour la rédaction et la garde desquels il ne tarda pas à se reposer sur un ou plusieurs suppléants. Ceux-ci furent d'abord désignés par lui sous sa seule responsabilité, mais entre 1631 et 1645, entre 1649 et 1675 et ensuite de 1689 à 1790, leurs fonctions furent érigées en offices. Ainsi libéré de ces formalités d'écriture et de conservation sans portée politique, le contrôleur général pouvait concentrer son attention et ses soins sur la conduite des affaires, en sorte que, depuis 1665, contrôle général en son sens strict et originel ne désignait plus qu'une besogne accessoire et correspondait de moins en moins à ce qui était en fait un vaste ministère des Finances et de l'Économie, embrassant beaucoup plus de matières que naguère la surintendance. En 1665, Colbert fut investi de ce poste par commission, mais tous ses successeurs en furent revêtus par un pouvoir, acte aisément révocable lui aussi, mais protocolairement plus prestigieux : c'est de cette manière qu'avaient été institués les derniers surintendants et même les premiers ministres.

Le surintendant et ensuite le contrôle général furent entourés et assistés dans leur gestion par les intendants, qui constituèrent jusqu'en 1790 l'élément de base du collège de Messieurs des finances. Le caractère fondamental de leur appartenance au Conseil du Roi n'a jamais été mis en doute ou altéré, mais le statut de leurs fonctions a connu deux phases, l'une entamée sous Henri II, l'autre en 1678. Depuis 1552 jusqu'aux premières années du règne d'Henri IV, les intendants des finances ont été investis de leur poste par commission, mais, entre septembre 1574 et janvier 1594, en plus et séparément de cette commission, ils exercèrent en commun l'unique office de contrôleur général. Situation un peu confuse, clarifiée par l'édit de janvier 1594 portant création en titre de huit offices d'intendants-contrôleurs généraux. Cet abandon du statut traditionnel de commissaire ne dura qu'un temps : ces huit offices furent supprimés par édit de février 1596 et les intendances des finances furent de nouveau et pendant longtemps conférées par commission.

Les intendants des finances ne furent encore que deux sous le règne d'Henri II, mais leurs rôles de rapporteurs dans les Conseils et de négociateurs avec les compagnies de financiers devinrent si importants qu'il fallut accroître leur nombre, qui tendit à se fixer à quatre, effectif qui, lorsqu'ils étaient chargés ensemble du contrôle général, permettait à chacun d'eux de l'accomplir pendant un trimestre. Par moments s'agrégèrent à eux en surnombre un et même deux autres collègues, que le Roi députait en mission à travers les provinces ou aux armées. Depuis 1552, ces intendants furent choisis parmi les officiers de justice, de finance ou de chancellerie, mais une seule fois et pour peu de temps parmi les maîtres des requêtes. Or ces intendants présentaient dans les Conseils un si grand nombre d'affaires que les maîtres des requêtes s'estimèrent dépossédés par eux de leur prérogative de rapporteurs nés dans les Conseils et, depuis Henri III, allaient de règne en règne s'en plaindre amèrement au Roi.

À partir de 1596, il n'y eut plus, selon les années, qu'un ou deux intendants des finances. Sully n'était assisté que d'un seul lors de son retrait en 1611, après lequel leur nombre s'accrut, oscillant entre trois et quatre, désignés souvent pour un an par commission renouvelable. Mais au long de la Fronde et de l'après-Fronde, leur effectif proliféra, passant de quatre à huit en juin 1649, puis à douze en juillet 1654. Foisonnement suscité par des arrangements et des trafics financiers et assorti d'étranges combinaisons juridiques, car ces nouvelles intendances étaient constituées en commissions vénales, avec survivance et brevet de retenue, tous arrangements qui les faisaient ressembler de près à des offices. Ces extravagances prirent fin en 1658 : les intendances créées en 1649 et 1654 furent éteintes et celles qui subsistaient réduites à deux en 1660, à la suite de décès. À celles-là on en substitua alors deux autres, expressément qualifiées « commissions sans finance ».

C'est ainsi que, de 1665 jusqu'à sa mort, deux intendants des finances seulement entourèrent Colbert au contrôle général. Période à partir de laquelle s'imposa, sauf rares exceptions, l'usage de choisir ces intendants parmi les maîtres des requêtes, privant ainsi ces derniers d'un vieux motif de récriminations. Mais bientôt une initiative peu remarquée devait être à la source d'une autre contestation.

Pour remplacer après son décès l'un de ces intendants, Colbert fit désigner en 1678 son neveu Desmaretz. La commission par laquelle fut instrumentée cette décision innova par sa teneur. L'intéressé, en effet, fut commis, constitué et ordonné « conseiller ordinaire en nos Conseils d'Estat et privé intendant de nos finances » et ainsi, pour la première fois, fut attribué à une intendance des finances le titre de conseiller d'État, le titre mais non la dignité, qui ne pouvait être conférée que par des lettres patentes spéciales. Ce libellé, qui ensuite fut de règle, répondait au dessein de bien marquer que, selon la tradition, les intendants des finances appartenaient, de par leur charge, au Conseil du Roi, mais, en leur donnant un rang équivalent ou assimilé à celui de conseiller d'État, il allait, à long terme, indisposer contre eux les conseillers d'État. Cette innovation, qui passa en son temps assez inaperçue, apparaît comme un signe avant-coureur de celle qui, six ans plus tard, eut plus de retentissement et engendra de telles conséquences qu'elle ouvrit une nouvelle phase de l'histoire de ces charges.

En 1690, le contrôleur général Louis de Pontchartrain fit passer de deux à six le nombre de ces intendances. Il était frappé par l'ampleur des matières que la gestion exécutive des affaires, que Colbert – reprenant les desseins de Sully – avait mise en route aux dépens du chancelier, faisait maintenant ressortir à son ministère. Les premiers commis des deux intendants y assumaient en fait une partie des fonctions de leurs maîtres, débordés de travail. Or ces premiers commis, si capables, expérimentés ou dévoués qu'ils fussent, tenaient leur emploi non du Roi, mais du ministre et des intendants qu'ils servaient et, par suite, n'avaient aucun caractère public et n'appartenaient pas au Conseil, déficiences fâcheuses au regard de la quantité et du poids des décisions dont ils étaient la source. Pour parer à ces inconvénients, il suffisait de répartir les affaires entre davantage de départements, confiés chacun officiellement à un intendant, et c'est à quoi visa la création des quatre nouvelles charges. Si l'arrivée de ce renfort n'avait par elle-même rien de très notable, car elle était commandée par la logique des choses, son mode de recrutement frappa, en revanche, par son caractère insolite. Le Roi, en effet, créait et érigeait « en titre d'office formé quatre nos conseillers en nos Conseils d'Estat et privé intendants de nos finances [...], pour en jouir par eux et leurs successeurs [...] dans les départemens qui leur seront par nous ordonnés ». Cette création, outre qu'elle procura dans l'immédiat des fonds importants au Trésor royal, fit perdre aux intendances des finances le statut de commission qui, à part de brèves exceptions à la fin du XVIe siècle, était resté le leur depuis 1552. Elles conservèrent cette nature d'office jusqu'en 1777, la minorité de Louis XV ne les ayant guère affectées, et c'est ainsi que l'année 1690 ouvrit une nouvelle période de leur histoire.

Avec le statut d'officier, les intendants des finances exercèrent dès lors des fonctions d'une grande stabilité, laquelle, renforcée par l'hérédité qui conserva certains postes dans une même famille pendant trois générations et assura une lente relève des autres, aboutit à clarifier et affermir les attributions de leurs départements respectifs, qui devinrent comme de petits ministères au sein du contrôle général. Ne semble-t-il pas prophétique qu'à la fin du règne de Louis XIV l'un de ces intendants se soit appelé Monsieur de Bercy ? Renforcée par les mérites exceptionnels de plusieurs d'entre eux, la collégialité de Messieurs des finances connut son époque la plus prestigieuse sous Louis XV, où les intendants firent figure d'associés plutôt que de subordonnés du contrôleur général et devinrent, plus que jamais, des personnages très influents et de très haute considération.

Cet apogée fut menacé de déclin à partir de la fin de la guerre de Sept Ans. L'inamovibilité de ces Messieurs allait, en effet, contraster avec la précarité qui, dès lors, marqua souvent le poste de contrôleur général, où un nouveau venu – surtout si le Roi ne le recrutait pas dans le monde du Conseil – se trouvait flanqué de collaborateurs qu'il n'avait pas choisis et qu'il ne pouvait écarter et remplacer que par tout un processus d'édits de suppression, de remboursement et de rétablissement d'offices. D'où les changements et variations qui ont affecté ces charges depuis 1764. Vers le même temps, celles-ci suscitèrent des réserves de la part des conseillers d'État. Les intendants des finances, qui avaient depuis 1678 le titre mais non la dignité de conseiller d'État, parvenaient en général à accéder aisément à celle-ci, occupant ainsi le quart de ces places. Quoi faisant, ils restreignaient l'accès des magistrats qui pouvaient y aspirer et, d'autre part, perturbaient le fonctionnement du Conseil d'État privé. Les conseillers d'État leur reprochaient, en outre, de conserver leur intendance en étant promus à cette dignité et, par là, de contrevenir à la règle voulant que celle-ci fût incompatible avec l'exercice d'un office. Tous ces murmures n'avaient d'échos que dans les milieux du Conseil, alors que Messieurs des finances furent mis en cause de plus en plus vivement par une campagne d'opinion.

En écartant le chancelier de toute participation à l'administration des finances, Colbert avait entraîné la disparition du Conseil ordinaire où aboutissaient les affaires courantes et le contentieux banal. Comme Messieurs des finances appartenaient statutairement au Conseil du Roi, ils tendirent à se considérer comme formant ensemble un Conseil des finances et à donner à leurs décisions la forme d'arrêts du Conseil. En outre, périodiquement depuis 1690, les intendants se réunissaient chaque semaine chez le plus ancien d'entre eux pour harmoniser leur action et examiner les affaires contentieuses, et de cette assemblée émanaient aussi de tels arrêts. Ces usages étaient commodes et utiles, mais, là aussi après la guerre de Sept Ans, leurs défauts furent critiqués par les cours supérieures. En particulier, la cour des aides de Paris en dénonça le caractère fictif et, avec une véhémence croissante, attaqua la captation d'autorité et le manque de garantie juridictionnelle caractérisant à ses yeux l'action des intendants des finances. Ces attaques eurent un très grand retentissement, en sorte que, de manière feutrée de la part des conseillers d'État et avec beaucoup de virulence dans le public, l'autorité et le statut des intendants des finances étaient sérieusement mis en cause. La recherche d'une solution à cette crise aurait sans doute requis beaucoup de temps, de démarches et d'essais. La brutalité de Necker évita les tergiversations.

En faisant supprimer à la fois les offices et les emplois d'intendants des finances, Necker s'en prit au principe de collégialité, qui, depuis plus de deux siècles, régissait l'administration des finances et il en concentra la gestion en ses mains. Au lendemain de sa disgrâce en 1781, le retour à la collégialité s'imposa, sans qu'il ait été envisagé pour autant de rétablir les choses sur leur ancien pied. Fut exclu, notamment, tout recours à l'office et à la vénalité pour le statut des futurs agents. Lentement, prudemment, des départements furent reconstitués, puis confiés à des maîtres des requêtes, que l'on finit en 1787 par appeler intendants des finances, désignés par commission et mis sur le même plan que les intendants des provinces, toutes intendances déclarées incompatibles avec l'accès à la dignité de conseiller d'État, cela pour bien marquer, dans une collégialité revue et corrigée, la subordination de ces commissaires au ministre des finances, cependant qu'était installé près de lui un organe chargé du contentieux administratif.

Pendant que la guerre d'Amérique, les crises financières, les changements de ministres, les différentes campagnes de réforme, les prodromes de ce qui devait être la Révolution passionnaient le public, s'opérait ainsi par retouches successives et discrètes un remaniement de très grande portée, car, tout en ne visant au départ que l'administration suprême des finances, il fut amené, par contrecoup, à concerner l'organisation du gouvernement, les compétences du Conseil du Roi, les intendants des provinces, les maîtres des requêtes, les conseillers d'État, et à préfigurer ainsi la naissance de celui qu'on appellera un peu plus tard le haut fonctionnaire.

Index des noms de personnes [1]

1. Les références en italique renvoient aux notes de bas de page.

Table des matières

www.ingramcontent.com/pod-product-compliance
Lightning Source LLC
LaVergne TN
LVHW011221061026
849535LV00001BA/128
* 9 7 8 2 2 1 3 6 1 4 7 3 1 *